Becker / Langosch

Produktivität und Menschlichkeit

Produktivität und Menschlichkeit

Organisationsentwicklung und ihre Anwendung
in der Praxis

von Dr. H. Becker und Dr. I. Langosch

5. neu bearbeitete und erweiterte Auflage
mit 104 Abbildungen

Lucius & Lucius · Stuttgart

Anschrift der Autoren:

Dr. Horst Becker
Unternehmensberatung
Heidenbachswald 32

57234 Wilnsdorf

Dr. Ingo Langosch
Universität-Gesamthochschule Siegen
Fachbereich 2
57068 Siegen
langosch@psychologie.uni-siegen.de

Bibliografische Information der Deutschen Bibliothek
Die Deutsche Bibliothek verzeichnet diese Publikation in der Deutschen
Nationalbibliografie; detaillierte bibliografische Daten sind im Internet über
http://dnb.ddb.de abrufbar

ISBN 3-8282-0222-5 (Lucius & Lucius)
© Lucius & Lucius Verlagsgesellschaft mbH Stuttgart 2002
    Gerokstr. 51, D-70184 Stuttgart
    www.luciusverlag.com

Druck und Einband: Druckhaus Thomas Müntzer, Bad Langensalza
Printed in Germany

Inhalt

Vorwort zur 5. Auflage

Produktivität und Menschlichkeit – sind das nicht Gegensätze? Ist die Kopplung von beiden nicht ein schier unlösbares Problem?

Produktivität und Menschlichkeit schließen einander nicht aus; sie bedingen sich wechselseitig und stehen in engem Zusammenhang mit unserer wirtschaftlichen und gesellschaftlichen Umwelt.

Organisationsentwicklung – die Lehre von der Entwicklung und Veränderung von Organisationen durch die in ihnen tätigen Menschen – wird immer wieder aufs Neue aktuell und hat in den letzten Jahren ständig an Bedeutung gewonnen. Betroffene werden zu Beteiligten und zu Problemlösungen herausgefordert.

Wir befinden uns in einer Phase vielfältiger und tiefgreifender Veränderungsprozesse. Komplexität und Dynamik prägen das neue Jahrtausend ebenso wie die Suche nach Beständigkeit. Von den Menschen und Unternehmen wird – angesichts der zunehmenden Globalisierung und den notwendigen Umstrukturierungen – ein hohes Maß an Flexibilität und Kreativität verlangt.

Die Neuauflage dieses Buches steht auch im Zeichen solcher Veränderungen. Der Verlag hat gewechselt. Außerdem hat das Buch ein neues Gesicht bekommen: Das Format wurde vergrößert und der Umfang erweitert.

Teil A wurde ergänzt durch die Kapitel:
-   Was macht eine Organisation erfolgreich?
-   Umwälzungen in der Arbeitswelt
-   Zielorientierung oder Problemorientierung?
-   Die Etappen einer Beratung: Organisationsanalyse und Feedback-Sitzung

Teil B wurde erweitert und ergänzt, um Organisationsentwicklung theoretisch und methodisch zu vertiefen. Die Bereiche für Veränderungsprozesse sind die formelle und informelle Organisation. Die Gruppe entwickelt Innovationen und gestaltet sie. Die Kommunikation ist das Medium für die Prozesse des Wandels. Grundlage und Möglichkeiten für aktive Anpassungsprozesse an die Veränderungen der Umwelt sind Lernprozesse. Deshalb ist auch Organisationslernen durch das Kapitel „Wissensmanagement" ergänzt worden.

Teil C wurde teils entlastet, teils erweitert. Das Kapitel „Konflikt und Konfliktbewältigung" wurde in Teil B übernommen. Neben dem Kapitel „Gemeindeberatung: OE in der Kirche" wurde ein Kapitel über „Schulentwicklung" eingefügt.

Bei der Behandlung der Problembereiche wurden die Analyse- und Interventionstechniken erweitert und stärker gegliedert. Insbesondere wurden wichtige Großgruppenverfahren ergänzt:

- Zukunftskonferenz (Future Search)
- Freiräume (Open-Space-Technology)
- Potentialentwicklung (Appreciative Inquiry)

Die Methoden, die den Problembereich „Gruppen in Organisationen" betreffen, wurden stärker aufgegliedert.

Wir hoffen, dass dieses Buch – wie bisher – als Kompendium und Orientierungshilfe für Führungskräfte, Trainer und Berater aber auch für Studierende nützlich ist, die sich mit den Inhalten der Organisationsentwicklung vertraut machen wollen.

Für die Gestaltungsarbeit des Buches möchten wir Frau Andrea Uecker besonders danken.

März 2002   Horst Becker, Ingo Langosch

Vorwort zur 1. Auflage

Sinnerfüllte Arbeit für das Individuum und höhere Effektivität für die Organisation sind Schlüsselprobleme unserer Zeit. Organisationsentwicklung (OE) will beides – Produktivität und Menschlichkeit – in Einklang bringen. Das geschieht in einem planmäßigen Entwicklungsprozess, in dem alle Beteiligten lernen, im Miteinander ihre Probleme selbstständig zu lösen.

Ziel des Buches ist es, den umfassenden Veränderungs- und Problemlösungsprozess, wie er sich bei der OE vollzieht, in seinem Zusammenhängen transparent zu machen. Dazu müssen das Konzept, die wissenschaftlichen Grundlagen, die Vorgehensweise und die Anwendungsmöglichkeiten in der Praxis eingehend behandelt werden.

Dieses Buch soll eine Art Kompendium für den Praktiker sein, der bereits eigene Erfahrungen bei der Entwicklung von Organisationen gesammelt hat und diese kritisch reflektieren möchte. Es wendet sich an diejenigen, die als Führende in Organisationen und Institutionen Verantwortung tragen, um ihren Blick für die vorhandenen Probleme zu schärfen, die Ursachen-Vielfalt zu erkennen und die Möglichkeiten planmäßiger Veränderung zu nutzen. Für den Forscher und für Studierende soll die Verknüpfung zwischen Theorie und Praxis nachvollziehbar werden.

Das Buch soll das relativ neue und weite Gebiet der OE überschaubar machen und Anstöße für die weitere Systematisierung und die Umsetzung der Strategien und Methoden in die Praxis liefern.

Hieraus ergibt sich der Aufbau dieser Schrift.

Im ersten Teil werden die konzeptionellen Grundlagen dargestellt: Was ist OE? Warum wird OE betrieben? Wie wird OE praktiziert? Was kann OE leisten? Das Gesamtkonzept wird in den Bestandteilen und Zusammenhängen dargestellt und analysiert.

Im zweiten, mehr theoretischen ausgerichteten Teil werden die wissenschaftlichen Erkenntnisse und Methoden, die bei der OE eine Rolle spielen, eingehender untersucht.

Im dritten, mehr methodologisch ausgerichteten Teil werden die Anwendungsmöglichkeiten der OE beschrieben: unternehmensspezifische Ansatzpunkte, Problembereiche, Maßnahmen und Methoden. Hier handelt es sich um Analysen und Anleitungen für Wissenschaftler und Praktiker, die OE betreiben, betrieben haben oder betreiben wollen.

Sommer 1984   *Horst Becker, Ingo Langosch*

Teil A: Konzeptionelle Grundlagen

Einleitung

In diesem ersten Teil des Buches wird das Gesamtkonzept der OE dargestellt. Das geschieht auf folgende Weise:

Zunächst wird der Leser - wie auf einem Erkundungsgang - allmählich an die Sache herangeführt, so dass er eine ungefähre Vorstellung davon bekommt, was „OE" überhaupt ist (Kapitel 1). Anschließend wird das Konzept der OE in seinen Bestandteilen und Zusammenhängen beschrieben: Der Leser kann mehr und mehr in die Sache einsteigen. Er erfährt, worum es geht und worauf es bei OE ankommt (Kapitel 2). Er kann die Anwendungsmöglichkeiten und die Probleme erkennen, mit denen man es bei OE zu tun hat (Kapitel 3). Er lernt die Vielfalt der möglichen Maßnahmen und einige der Schwierigkeiten kennen, die in der Praxis eine Rolle spielen (Kapitel 4). Nach dieser eingehenden Entdeckungsfahrt durch das Gebiet der OE, die mit einer Art „Landvermessung" verbunden ist, schließt sich eine Reflexionsphase an. OE wird - gewissermaßen von außen - aus gehöriger Distanz betrachtet (Kapitel 5). Der Leser steigt sozusagen um in ein Flugzeug und betrachtet die ganze Landschaft der OE aus der Vogelperspektive. Er gewinnt dadurch einen Überblick und einen Orientierungsrahmen, der ihm den Zugang zu den weiteren Teilen des Buches, zu den wissenschaftlichen Erkenntnissen und Methoden (Teil B) und zur Anwendung von OE in der Praxis (Teil C) erleichtert.

1. Begriff und Begründung der Organisationsentwicklung

1.1 Was ist Organisationsentwicklung?

In den letzten Jahrzehnten ist im Zusammenhang mit den sich rasch verändernden Anforderungen der Umwelt und den daraus resultierenden sozialen und organisatorischen Veränderungen in den Unternehmen viel von „OE" die Rede. Der aus dem Amerikanischen kommende Begriff „Organization Development" weist, leicht missverständlich, auf einen Problemkreis hin, der im rein Organisatorischen vermutet werden kann. Dieses Missverständnis liegt offenbar darin begründet, dass unter dem Begriff „Organisation" - speziell im deutschen Sprachgebrauch -Verschiedenes verstanden wird.

„Organisation" im engeren Sinn ist die Koordinierung und die innere Ordnung eines Systems, die ein einwandfreies Funktionieren gewährleisten soll. Ein Unternehmen *hat* eine Organisation, d. h. eine Gliederung oder eine Struktur, eine Aufbau- und Ablauforganisation, um deren Regelung sich die Geschäftsleitung selbst oder eine von ihr beauftragte Organisationsabteilung kümmern muss.

„Organisation" im weiteren Sinn ist ein soziales System, z.B. ein Industriebetrieb oder eine Institution, die auf dem Markt und in der Gesellschaft ein gewisses Eigenleben führt. Ein Unternehmen ist eine Organisation.

Wenn von OE gesprochen wird, wird Organisation in diesem umfassenden Sinn verstanden als ein sozio-technisches System, das sich mit den Gegebenheiten der Umwelt - Markt, Technik, Gesellschaft usw. - auseinander setzen muss.

OE ist ein Konzept zur Entwicklung von Organisationen, z. B. eines Industrieunternehmens, mit dem Ziel einer aktiven und flexiblen Anpassung an die Herausforderungen einer sich ständig wandelnden Umwelt. Es ist eine Entwicklung im Sinne höherer Wirksamkeit der Organisation und größerer Arbeitszufriedenheit der beteiligten Menschen.

Wie entstand die Organisationsentwicklung?

Maßnahmen, die man heute rückblickend als erste Ansätze von OE beschreiben könnte, wurden in den 50er-Jahren in den USA von emigrierten deutschen Sozialwissenschaftlern ergriffen. Das Ziel dieser Maßnahmen war es - vereinfacht ausgedrückt - Mitglieder von Organisationen in die Lage zu versetzen, ihre Probleme selbst zu erkennen, die zwischenmenschlichen Beziehungen zu erproben und selbst Bedingungen zu gestalten, die den eigenen Bedürfnissen und den Leistungserfordernissen der Organisation angemessen sind. Dabei hoffte man zunächst, dass der kürzeste Weg zu diesem Ziel darin besteht, die zwischenmenschliche Kompetenz zu steigern, Menschen in die Lage zu versetzen, sich selbst und andere besser zu erkennen und so adäquater miteinander umzugehen. Gruppendynamisches Training in Selbsterfahrungs-Gruppen sollte zu einer humaneren und effektiveren Organisation führen. Tatsächlich änderte sich das Verhalten der Trainierten - allerdings nur in der Trainings-Situation. Kehrten sie zurück an den Arbeitsplatz, wo sich nichts verändert hatte, so war auch ihr Verhalten bald wieder das Alte. Also bemühte man sich zunehmend, nicht nur die zwischenmenschlichen Beziehungen, sondern auch die strukturellen und technologischen Bedingungen gemeinsam zu „diagnostizieren" und sodann gemeinsam zu einer „Therapie" zu gelangen, die nicht verordnet, sondern schrittweise gemeinsam erprobt wird. Man vermeidet dabei sowohl das Konzept „Menschen ohne Organisation" als auch das der „Organisation ohne Menschen" (*Rosenstiel* 1980, 1981).

Definitionsversuche

Um möglichen Missverständnissen vorzubeugen, soll zunächst herausgestellt werden, was *OE nicht ist:*

- OE ist keine rein organisatorische Frage, keine Angelegenheit, die nur Organisationsabteilungen angeht. OE darf nicht mit Organisationsplanung verwechselt werden.
- OE ist auch kein neues Management-Modell wie das „Harzburger Modell" auch kein Management-System wie „Management by Objectives" oder andere Systeme, die erfolgreiches Führen verbürgen sollen.
- OE ist auch keine neue Technik oder eine Methode, durch die man andere Menschen beeinflussen kann, wie z.B. bestimmte Techniken der Gesprächs- und Verhandlungsführung.
- OE ist auch nicht identisch mit Human Relation, Industrial Engineering, Ergonomie oder Arbeitsstrukturierung.
- OE darf auch nicht mit Personalentwicklung verwechselt werden, wo nur ausgewählte Einzelindividuen etwas lernen, ohne Berücksichtigung der organisatorischen Strukturen, in denen sie sich bewegen.

Die wohl allgemeinste Begriffsbestimmung von OE gibt R. *Beckhard* (1972 S. 24):
„Organisationsentwicklung ist ein Verfahren, das
planmäßig
betriebsumfassend
von der Organisationsleitung gesteuert
zum Zweck der Verbesserung von Wirksamkeit und Gesundheit der Organisation
durch geplantes Eingreifen mit Hilfe von Erkenntnissen aus den Verhaltenswissenschaften
angewandt wird."

Diese Definition ist insofern problematisch oder unvollständig, als zwei Komponenten in ihr nicht enthalten sind, die - zumindest im deutschen Verständnis von OE - wichtig erscheinen:

1. die Tatsache, dass die Erneuerung *unter aktiver Beteiligung der Organisationsmitglieder* erfolgen muss, und

2. die Tatsache, dass die Veränderungsbemühungen *prozessual und langfristig* gesehen werden müssen.

Bennis (1972, S. 26 f.) definiert OE folgendermaßen:

„OE ist eine Bildungsstrategie, die dafür eingesetzt wird, geplante Organisationsveränderungen herbeizuführen. Zweitens ist charakteristisch, dass die angestrebten Veränderungen unmittelbar mit den Notwendigkeiten und Problemen zusammenhängen, die die Organisation zu lösen versucht.
Drittens beruht Organisationsentwicklung auf einer Bildungsstrategie, welche Verhaltensweisen betont, die aus der Erfahrung stammen.
Viertens gehören die Veränderungen zustande bringenden Personen (change agents) meist nicht dem Klienten-System (also der Organisation selbst) an.
Fünftens setzt Organisationsentwicklung ein kooperatives Verhältnis zwischen dem „change agent" und dem Klienten voraus, das auf einer gemeinsamen gesellschaftlichen und sozialen Philosophie beruht."

Der von *Bennis - in* Übereinstimmung mit dem amerikanischen Sprachgebrauch - als „change agent" bezeichnete Berater ist immer ein Verhaltenswissenschaftler, der „die menschliche Seite" in einem Unternehmen betont.

Eine dritte, noch etwas andere Definition geben *French* und *Bell* (1977, S. 31) in ihrem Standardwerk über OE, wenn sie schreiben:

„Organisationsentwicklung ist eine langfristige Bemühung, die Problemlösungs- und Erneuerungsprozesse in einer Organisation zu verbessern, vor allem durch eine wirksamere und auf Zusammenarbeit gegründete Steuerung der Organisationskultur - unter besonderer Berücksichtigung der Kultur formaler Arbeitsteams- durch die Hilfe eines OE-Beraters oder Katalysators und durch Anwendung der Theorie und Technologie der angewandten Sozialwissenschaften, unter Einbeziehung von Aktionsforschung."

Wichtig ist hier vor allem der Begriff der „Organisationskultur". „Kultur" in dieser Definition wird verstanden als die „vorherrschenden Muster von Tätigkeiten, Interaktionen, Normen, Empfindungen, Einstellungen, Überzeugungen, Werten und Produkten" (*French* und *Bell* 1977, S. 32).

Durch die Einbeziehung vom „Produkten" wird die Technologie in diese Definition mit eingeschlossen, weil zwischen der Technologie (mit ihren Maschinen, Einrichtungen und Arbeitsabläufen) und dem Verhalten der Menschen (mit ihren Einstellungen, Handlungen und Erlebnissen) ein Zusammenhang besteht. OE-Maßnahmen beziehen das „formale System" einer Organisation zwar mit ein, konzentrieren sich aber mehr auf das „informale System", das meist unsichtbar bleibt wie der Teil des Eisbergs, der unter der Wasseroberfläche liegt. Traditionsgemäß wird dieser „unsichtbare Bereich", die Einstellungen und Gefühle der Organisationsmitglieder, entweder überhaupt nicht oder nur teilweise untersucht, obwohl er für die Wirksamkeit einer Organisation von ausschlaggebender Bedeutung ist.

Eine weitere, scheinbar erschöpfende Definition schließlich, die versucht, das Wesentliche zusammenzufassen, gibt die Gesellschaft für Organisationsentwicklung (GOE) e.V., die *1980* gegründet wurde und in der sich namhafte Berater, Anwender und Wissenschaftler aus Deutschland, Österreich und der Schweiz zusammengeschlossen haben, um die „Philosophie" und die Anwendung von

OE zu verbreiten.

„Die GOE versteht Organisationsentwicklung als einen längerfristig angelegten, organisationsumfassenden Entwicklungs- und Veränderungsprozess von Organisationen und der in ihr tätigen Menschen. Der Prozess beruht auf Lernen aller Betroffenen durch direkte Mitwirkung und praktische Erfahrung. Sein Ziel besteht in einer gleichzeitigen Verbesserung der Leistungsfähigkeit der Organisation (Effektivität) und der Qualität des Arbeitslebens (Humanität).
Unter ‚Qualität des Arbeitslebens‘ bzw. ‚Humanität‘ im Arbeitsbereich versteht die GOE nicht nur materielle Existenzsicherung, Gesundheitsschutz und persönliche Anerkennung, sondern auch Selbständigkeit (angemessene Dispositionsspielräume), Beteiligung an den Entscheidungen sowie fachliche Weiterbildungs- und berufliche Entwicklungsmöglichkeiten.“

Manche sagen sogar: „OE lässt sich nicht definieren. OE muss man erleben. Wir können die Arbeit in Organisationen nur verändern, indem wir uns selber verändern. Und umgekehrt: Wir selber können uns nur verändern, wenn wir unsere Arbeit verändern: die Art und Weise des Arbeitens und die Form der Zusammenarbeit." Demnach wäre „OE“ eine Art Lebensanschauung, eine Grundhaltung, eine Konfession, eine Bewegung.

Andere meinen demgegenüber, OE sei nur „eine neue Sozialtechnologie, die Organisationen effizienter machen soll“. *Herzberg*, der Begründer einer eigenen Motivationstheorie, bemerkt sogar bissig, OE sei nichts anderes als die Suche einiger Verhaltenswissenschaftler nach einer neuen Disziplin.'

Für uns ist OE ein Sammelbegriff für den koordinierten Einsatz sozialwissenschaftlicher Erkenntnisse und Methoden in Organisationen, um diese durch die in ihnen tätigen Menschen und damit auch die Arbeit dieser Menschen selbst humaner und effektiver zu machen.

1.2 Warum wird Organisationsentwicklung betrieben?

Wie kommt es, dass diese Fragen des organisatorischen und sozialen Wandels heute so bedeutsam sind und allgemein diskutiert werden?

Die Bedeutung von OE ist vor allem in der Tatsache begründet, dass der gegenwärtige Zustand in einer Organisation meist nicht befriedigend ist. Die bestehenden Schwierigkeiten in der Organisation, im Informationsfluss und in der Zusammenarbeit der Menschen werden vielfach als gegeben hingenommen. Von denen, die unter den Auswirkungen zu leiden haben, werden sie als Probleme zwar wahrgenommen, aber - aus verschiedenen Gründen - meist totgeschwiegen, vertuscht oder einfach verdrängt. Viele denken: „Man kann nichts daran machen." Und so werden die innerbetrieblichen Reibungsverluste immer größer und die Schwierigkeiten und Verlustquellen weiter mitgeschleppt.

In der Industrie lässt sich Folgendes beobachten:

In wirtschaftlich ruhigen Zeiten, als der Markt noch aufnahmefähig war, wurden betriebliche Schwachstellen und Konflikte, früher vielleicht auch weniger gewichtig als heute, auf dem Hintergrund eines guten Betriebsergebnisses leichter verkraftet. Heute, wo mit allen Mitteln um Marktanteile gekämpft wird, die Technologie rasch fortschreitet und auch die Bedürfnisse der arbeitenden Menschen sich verändert haben, wird der Druck der Umwelt auf die Unternehmen so stark, dass der Vollzug oder Nichtvollzug von Veränderungen zur Existenzfrage wird.

Wenn nach den Gründen gefragt wird, die den geplanten Wandel beinah zwangsläufig erscheinen lassen, so stößt man auf drei Probleme:

Das 1. Problem: Veränderungen der Umwelt

Das 2. Problem: Bürokratische Organisationen

Das 3. Problem: Motivation und Kooperation

Diese Probleme sind nicht isoliert voneinander zu betrachten und bedingen sich gegenseitig.

Anlass für notwendige Veränderungen der Organisation sind in der Regel die Konstellationen in der Umwelt, für die und in der die Organisation tätig ist. Die Anpassung an diese Konstellationen, die mit neuen Anforderungen verbunden sind, wird erschwert durch die relative Starrheit vieler Organisationen, die nach bürokratischem Muster strukturiert sind. Diese Organisationsstruktur prägt auch das Verhalten der in ihr tätigen Menschen. Sie hemmt oder verhindert die notwendige Kooperation und Motivation. Gerade diese sind aber die unabdingbare Voraussetzung für ein wirkungsvolles Funktionieren der Organisation im Hinblick auf die sich ständig verändernden Umweltkonstellationen. Hier schließt sich der Teufelskreis, den es gerade zu durchbrechen gilt.

Problem Nr. 1: Veränderungen der Umwelt

Die Erfüllung des Zweckes einer Organisation hängt nicht allein von ihr selbst ab. Neben der sinnvollen inneren Strukturierung ist zu beachten, dass die Organisation in eine Umwelt gestellt ist, auf die sie sich ständig neu einstellen muss.

Die wesentlichen Veränderungen der Umwelt lassen sich stichwortartig wie folgt zusammenfassen:

- Neue wissenschaftliche Erkenntnisse
- Technischer Fortschritt
- Veränderungen des Marktes
- Verschärfter Wettbewerb
- Verknappung von Rohstoffen und Energie
- Kürzere Lebensdauer von Produkten
- Verbesserte Informationsverarbeitung
- Neue Gesetze und Verordnungen
- Veränderung der menschlichen Bedürfnisse.

Diese Veränderungen gilt es zu bewältigen, nicht passiv, im Sinn einer reaktiven Anpassung, sondern aktiv, gestaltend im Aufgreifen dieser Veränderungen, die damit, weil sie als Herausforderungen verstanden werden, durch eigene Einflussnahme neue Entwicklungsmöglichkeiten eröffnen.

Um aber für solche Entwicklungen offen zu sein, müssen Organisationen in sich anpassungs- und wandlungsfähig werden. Das ist nur möglich durch zielorientiertes und koordiniertes Handeln der in der Organisation tätigen Menschen. Das aber gerade wird erschwert durch einige Bedingungen, unter denen die meisten Unternehmen heute arbeiten.

Problem Nr. 2: Bürokratische Organisationen

Bürokratische Organisationen sind gekennzeichnet durch folgende Merkmale:

* Eindeutige, unverrückbare Machtverteilung
* Arbeitsteilung und Spezialisierung
* Autoritative Führung und hierarchisches Denken
* Zentrale Planung und Kontrolle
* Begrenzte Kompetenzen auf unteren Ebenen.

Hieraus ergeben sich eine Reihe möglicher Schwächen:

* Mangelnde Zielorientierung und ungenügende Information der Mitarbeiter
* Zersplitterung der Leistungen
* Mehrgleisiges Arbeiten an gleichen Projekten
* Zerstörerisches Konkurrenzdenken
* Absicherndes, taktierendes Verhalten
* Entscheidungsschwierigkeiten
* Mangelnde Flexibilität bei der Wahrnehmung neuer Aufgaben
* Verantwortungsscheu, mangelnde Initiative
* Faule Kompromisse.

Die auftretenden Schwierigkeiten wirken sich personell in einer Reihe von Folgeerscheinungen aus: Krankenstand und Absentismus, Fluktuation, Arbeitsstörungen, Unfälle und Konflikte jedweder Art.

Der aufgezeigte Problemzusammenhang wird von Argyris (1962) unter dem Begriff des bürokratischen, „pyramidalen" Wertesystems zusammengefasst (vgl. auch *Schein* 1980).

Der fatale Wirkmechanismus in diesem System besteht darin, dass die bürokratischen Normen „Autorität, Rationalität, Spezialisierung und Kontrolle" Verhaltensweisen provozieren, die auf Gehorsam und Abhängigkeit, auf Vorsicht, Zurückhaltung, Misstrauen, Konformismus und geringe Risikobereitschaft hinauslaufen. Das bürokratische Wertsystem belohnt konformistische Anpassung und bestraft Offenheit, Initiative und Spontaneität, also gerade solche Verhaltensweisen, die für eine konstruktive Problemlösung wünschenswert oder sogar notwendig sind.

Problem Nr. 3 Motivation und Kooperation

Mit den vorher genannten mehr oder weniger institutionellen Problemen hängen - auf individueller Ebene - Erscheinungen zusammen, die man allgemein als

„menschliche Probleme im Betrieb" bezeichnen könnte. Beobachtbar sind folgende Symptome:

1. Man beobachtet heute ein zunehmendes *Desinteresse,* eine wachsende Gleichgültigkeit und Demotivation, bei der Arbeit und auch im mitmenschlichen Bereich, nicht nur in den Betrieben, auch in den Schulen, an den Hochschulen, in allen Institutionen. Es mag sein, dass dieses Desinteresse - vor allem bei einem Teil der jüngeren Generation - weitgehend außenbedingt ist. Bei den Älteren war das anders; sie mussten etwas aufbauen. Für die Jüngeren ist das nicht nötig, oder - wie sie sagen: Es bringt nichts! Es ist alles schon da. Der Wohlstand ist selbstverständlich.

Das NC-Syndrom - der Numerus clausus - ist nur eine Chiffre des gleichen Symptoms. Die Einsatzbereitschaft, der Mut, eine Sache voll verantwortlich zu übernehmen, weil man sie für sinnvoll hält, diese Leistungsbereitschaft hat nachgelassen. Die Freude an der Arbeit ist geringer geworden. Die Zahl derjenigen, die weniger oder nichts mehr leisten wollen, hat zugenommen. Sie wollen *sich* etwas leisten. Das ökonomische Prinzip regiert. Der Betrieb ist zweckrational organisiert: Es gilt, mit geringem Aufwand möglichst viel zu erreichen. Wen wundert es, wenn schon Kinder und Jugendliche so denken. Wozu soll ich mich anstrengen, sagen sie, es geht ja auch so.

Aber auch bei älteren Mitarbeitern und Führungskräften in Organisationen sind ähnliche Symptome zu beobachten. Man spricht sogar von der „inneren Kündigung" im Unternehmen: zu beobachten sind schwindendes Engagement, Konformismus und Flucht in die Routine.

2. Das zweite Problem betrifft die Bereitschaft zur Kooperation, zur fairen und vertrauensvollen Zusammenarbeit. Man beobachtet ein zunehmendes Ich - Denken, ein *Konkurrenzdenken* mit starken Absicherungstendenzen, verkrampftes Taktieren anstelle offener Kommunikation. Und das, obwohl die Notwendigkeit zur Zusammenarbeit im Betrieb, auch die Zusammenarbeit zwischen verschiedenen Bereichen, immer dringender wird. Auffallend ist, dass, Ressort - Rivalitäten zunehmen, dass ein hierarchisches Denken und die damit verbundene Hackordnung triumphiert. Komplizierte Dienstwege, Beamtenmentalität, viel Papierkrieg und verschleppte Entscheidungen sind die Folge. Oft wird nur an den eigenen Vorteil gedacht. Das liegt natürlich auch an den eigenen Lebens- und Arbeitsumständen. Wir sind von Kindheit und Schulzeit daran gewöhnt, in der Ich-Form zu denken und zu handeln. Die Einzelleistung wird belohnt. Das „Wir" -Denken ist unterentwickelt.

3. Das dritte Problem, das sich mit dem ersten und zweiten berührt und eine fatale Klammer bildet, ist eine schwer zu beschreibende *Existenzangst,* eine uneingestandene Unsicherheit. Dieses Gefühl, schwer fassbar und wenig bewusst, ist etwas, was viele nicht wahrhaben wollen. Es wird - psychoanalytisch gesprochen - einfach verdrängt. Dieses Gefühl ist vielleicht auch eine unbewusste

Angst, irgendwann zu versagen, die Angst, zu verlieren (als ob es nur Gewinner und Verlierer gäbe) oder die Angst, das was man hat, zu verlieren *Fromm* (1976) spricht in diesem Zusammenhang - mit dem Titel seines Buches - vom Gegensatz: Haben oder Sein. Tatsache ist, dass die meisten Menschen am einmal Erreichten festhalten wollen, etwas haben und behalten wollen, als ob das Festhalten am Wohlstand weiteres Wohlergehen verbürge. Diese Angst, nicht man selbst, sondern Opfer der Umstände zu sein, ist vielleicht nicht ganz unbegründet, erklärlich als ein Reflex auf die von den beherrschenden Institutionen verordnete Ohnmacht. Das Gefühl der Ohnmacht ist gekoppelt mit einer Verunsicherung der eigenen Identität, einer gewissen Orientierungslosigkeit. Woran soll man sich halten, wo beinahe nichts mehr Bestand hat, ein Gefühl, nahe verwandt dem Erleben der Sinnlosigkeit überhaupt. Da ist es kein Wunder, wenn Ausflüchte gesucht werden (Alkohol, Drogen, Flucht in Religiosität, in die Sekten).

Das sind drei gewichtige Probleme, charakteristisch für unsere Zeit:

- Desinteresse
- Konkurrenzdenken
- Existenzangst

Bemerkenswert scheint, dass diese Probleme als Symptome ambivalent sind.
Dem Desinteresse, der Demotivation und der Gleichgültigkeit entspricht eine untergründige Sehnsucht nach Engagement. Es entspricht ihr der unausgesprochene Wunsch, ein Ziel zu haben, für das der Einsatz sich lohnt.
Dem Konkurrenzverhalten dem Ich-Denken, dem ständigen Schielen nach dem eigenen Vorteil entspricht eine verborgene Sehnsucht nach Gemeinschaft und Gemeinsamkeit, ein uneingestandener Wunsch, sich in einer Gruppe geborgen zu fühlen, auf individuelle Vorteile ganz zu verzichten, ein starkes Bedürfnis, mit anderen einig zu sein und gemeinsam zu handeln.
Die Existenzangst schließlich, die allgemeine Verunsicherung hat auch ihre Entsprechung: Es ist der Wunsch, einen festen Halt zu finden, eine Orientierung. Das ist zutiefst mit der Wertfrage verknüpft, sogar - wenn man so will - mit der Suche nach dem Sinn. Die Frage stellt sich: Wozu bin ich überhaupt da? Wofür arbeite ich? Wofür lebe ich überhaupt?
Tatsache ist, dass diese ursprünglichen Bedürfnisse

- die Sehnsucht nach Engagement
- der Wunsch nach Gemeinschaft
- die Suche nach Sinn

heute notgedrungen verkümmern. Sie werden durch die Bedingungen, unter denen viele Menschen heute üblicherweise arbeiten, eher verdrängt als gefördert.

Organisatorische Hintergründe

Der Mensch verhält sich den Bedingungen der Umwelt gemäß und fügt sich den betrieblichen Bedingungen. Die Arbeitssituation, in der jemand lebt, prägt den

Menschen.

Es hat den Anschein, als seien viele Organisationen heute weder in der Lage, den veränderten Anforderungen der Umwelt noch den beschriebenen Bedürfnissen ihrer Mitglieder gerecht zu werden. Es ist vielmehr so, dass bürokratische Organisationen dazu tendieren, den sie bedrängenden Außendruck an ihre Mitglieder weiterzugeben. Das geschieht wiederum, wie beschrieben, in einer reaktiven, dem bürokratischen Wertesystem entsprechenden Weise. Die Mitglieder der Organisation werden nicht zu aktiver Mithilfe aufgerufen und zu neuen konstruktiven Problemlösungen ermuntert, sondern zunehmend kontrolliert und eingeengt. Dadurch geraten sie - ebenso wie die Organisation - immer mehr in die Defensive.

Ein Beispiel soll diesen Sachverhalt verdeutlichen:

Durch eine verschärfte Marktsituation gerät ein Unternehmen in wirtschaftliche Schwierigkeiten. Wenn ein Unternehmen Existenzsorgen hat, werden diese häufig - auch unter Rationalisierungsmaßnahmen - in die Belegschaft projiziert. Eine Organisation, die sich als Opfer der Umstände erlebt, macht ihre Mitglieder selbst zu Opfern, mehr noch: sie ist sogar bereit, einzelne Mitglieder aufzuopfern. Da ist es nicht weiter verwunderlich, wenn die Organisationsmitglieder eigene Überlebensstrategien entwickeln, die nun kaum noch auf die Bewältigung der externen Schwierigkeiten des Unternehmens ausgerichtet sind, sondern auf die Bewältigung der unternehmensinternen Schwierigkeiten, denen sie sich ausgesetzt fühlen. Jeder ist bemüht, die eigene Position zu sichern, koste es, was es wolle. Beobachtbar sind folgende Verhaltensmuster: Sich-Einigeln, Vogel-Strauß -Taktik, Devisen wie „Heiliger Sankt Florian, verschon mein Haus, zünd andere an!" ...

Durch diese interne Dynamik werden die externen Schwierigkeiten konserviert und potenziert. Die Organisationsmitglieder haben dann nicht mehr die Unternehmensziele vor Augen, sondern nur noch ihre eigenen Ziele, die mit dem Unternehmensziel nicht mehr konform sind. Wenn aber das Außenziel, für das ein Unternehmen tätig ist, wegfällt, genauer: Wenn die Einsicht der Menschen in die Notwendigkeit dieser Zielsetzung schwindet, dann besteht Gefahr, dass ein Unternehmen erstarrt, sich selbst verwaltungsmäßig am Leben erhält, ohne den Anforderungen der Umwelt gerecht zu werden, und schließlich zugrunde geht.

Die Notwendigkeit von Veränderungen

Aus alledem wird deutlich, warum Unternehmen nach außen so schwerfällig reagieren und nach innen immer bürokratischer werden, und dass die im Unternehmen arbeitenden Menschen mehr und mehr die Lust verlieren, sich für Dinge einzusetzen, die von der Organisation letztlich doch nicht entsprechend honoriert werden.

Wenn man das Unternehmen als ein sozio-technisches System, als ein offenes System begreift, das mit der Umwelt in Wechselwirkung steht, werden die internen Schwierigkeiten als Reflexe einer starren Organisation bei veränderten Umweltanforderungen verständlich.

Dabei böten sich - bei einer anderen Art von Führung und Zusammenarbeit in der Organisation - vielfältige Gelegenheiten, die beschriebenen Schwierigkeiten in Chancen zu verwandeln, die der arbeitende Mensch auch nutzen würde, wenn die organisatorischen Bedingungen es ihm erleichtern würden. Die Kernfrage ist die der Partizipation. Es spricht vieles dafür, dass der arbeitende Mensch sich mehr engagieren würde, dass er gern mit anderen zusammenarbeiten möchte und dass er einen Sinn in seiner Arbeit finden würde, wenn er wirklich beteiligt werden könnte.

Hier wird die Notwendigkeit erkennbar, ein Unternehmen durch Aktivierung des menschlichen Potentials sozusagen aus sich selbst heraus zu erneuern und es im Hinblick auf die Anforderungen der Umwelt zu höherer Wirksamkeit zu entwickeln. Es kommt darauf an, die Arbeitssituation in eine Lernsituation zu verwandeln. Der entscheidende Gesichtspunkt ist der, dass die Änderungsbedürfnisse einer Organisation und die Lernbedürfnisse ihrer Mitglieder kontinuierlich ineinander greifen und einander verstärkend wirksam werden.

Die neue Erkenntnis ist, dass durch gemeinsame Arbeit an konkreten Problemen Lernprozesse ausgelöst werden, die dazu beitragen können, produktive Fähigkeiten der Menschen, die unter den gegenwärtigen Lebens- und Arbeitsumständen vielfach verdrängt sind, zu fördern, zu entwickeln und zu entfalten.

Die einzelnen Bestandteile, die dem Konzept der OE zugrunde liegen, sollen in den folgenden Kapiteln näher beschrieben werden. Erst danach kommen wir zu einer kritischen Analyse, an die sich eine Darstellung der wissenschaftlichen Grundlagen und der praktischen Anwendung anschließen soll.

2 Das Konzept der Organisationsentwicklung

Einleitung

Das Gebiet der OE erscheint vielen als ein weites, schwieriges und unübersichtliches Terrain: als eine Mischung von humanistischen Zielen, strategischem Denken, sozialwissenschaftlichen Methoden und partizipativen Bemühungen mit einem weithin noch uneingelösten pragmatischen Anspruch.

Das der OE zugrunde liegende Konzept erschließt sich einem am ehesten anhand folgender Fragen:

1. Was sind die Ziele und die dahinter stehenden Grundannahmen und Wertvorstellungen?
2. Was sind die wesentlichen Kriterien und Prinzipien, die beachtet werden müssen?
3. Was kennzeichnet die Vorgehensweise und den ganzheitlichen methodischen Ansatz?
4. Welche Methoden spielen bei der Anwendung eine Rolle?

Diese Fragen sollen in den folgenden Kapiteln systematisch untersucht und beantwortet werden. Damit sind alle für Organisationsentwicklung wesentlichen Merkmale erfasst. Die verschiedenen Modelle und Maßnahmen, die später dargestellt werden, sind Umsetzungen und Varianten dieses Grundkonzepts.

2.1 Ziele und Leitbild der Organisationsentwicklung

OE intendiert einen langfristigen Veränderungsprozess im Sinne höherer Wirksamkeit einer Organisation (Produktivität, Effektivität) und stärkerer Beteiligung und Entfaltung der Organisationsmitglieder (Motivation und Kooperation, Qualifizierung und Arbeitszufriedenheit).

> Arbeitshypothese der OE ist die Annahme, dass Leistungsoptimierung und Humanisierung der Arbeit einander nicht ausschließen, sondern sich wechselseitig bedingen und in engem Zusammenhang mit bestimmten (gegenwärtigen und zukünftigen) Veränderungen der gesamtgesellschaftlichen Umwelt stehen.

2.1.1 Ziele der Organisationsentwicklung

Das Ziel der OE besteht darin, die Organisation so zu verändern, dass sie den veränderten und sich weiter verändernden Anforderungen der Umwelt im weitesten Sinne gerecht werden kann.

Diese Zielsetzung hat zwei Seiten:

Sie ist einerseits nach außen gerichtet: auf eine äußere Umwelt, von der jede Organisation ihre Daseinsberechtigung und ihre Legitimation erhält. Diese Zielsetzung ist nahezu identisch mit dem Unternehmenszweck, z. B. Versorgung des Marktes mit Produkten, die einem wirtschaftlichen Zweck dienen (Industrieunternehmen) oder Versorgung der Menschen mit bestimmten Dienstleistungen, die seinem Wohlleben oder seiner Gesundheit dienen (z. B. Banken, Behörden, Krankenhäuser usw.). Ihr formales, ausdrückliches Ziel läuft auf Optimierung dieses Zweckes hinaus. Es heißt „Effektivität" (oft auch umschrieben als „Produktivität" oder bei gewinnorientierten Wirtschaftsunternehmen - als „Rentabilität").

Die Zielsetzung ist andererseits nach innen gerichtet: auf eine innere Umwelt, d. h. auf die „Binnenwelt" der Organisation, nämlich auf die Menschen, die diese Organisation verkörpern und beleben. Diese sind nicht ohne weiteres austauschbar, ebenso wenig wie die äußere Umwelt, die Kunden. Diese Menschen - und alle durch sie bewegten Güter, Rohstoffe, Anlagen, Leistungen - stellen die internen Ressourcen dar, von denen ein Unternehmen lebt. In grober Verkürzung könnte man sagen: Ein Unternehmen lebt für den Markt, aber es lebt *von* den Menschen, die in ihm tätig sind. Dialektisch lässt sich das Verhältnis natürlich jederzeit umkehren, weil es sich um jeweils wechselseitige Abhängigkeiten handelt. Das Unternehmen - könnte man sagen - lebt auch *vom* Markt, den es beliefert, für die Menschen, denen es eine Existenzgrundlage schafft.

Ebenso wie das Unternehmen die Bedürfnisse des Marktes befriedigen muss, um existieren zu können, muss es auch die Bedürfnisse der im Unternehmen tätigen Menschen befriedigen.

Bemerkenswert ist, dass sich die Ziele einer Organisation und die Bedürfnisse der Organisationsmitglieder keineswegs diametral wiedersprechen, sondern dass sie sich wechselseitig entsprechen, in Grenzfällen sogar kongruent werden können. D.h., hohe Effektivität der Organisation nach außen sollte gute Arbeitsbedingungen für die Menschen nach innen sichern und umgekehrt. Auch der Arbeitsvertrag beruht auf dem Äquivalenz-Prinzip: gute Bezahlung für gute Leistung. Dass diese Forderung nicht immer erfüllt ist, ist eine andere Sache.

OE hat also eine doppelte Zielsetzung: Einmal die Verbesserung der Produktivität des Unternehmens und zum anderen die Verbesserung der Arbeits- und Entfaltungsmöglichkeiten der in diesem Unternehmen tätigen Menschen. Diese Zielsetzungen - das ist eine Grundannahme der OE - sind gleichrangig und interdependent. Ohne Produktivität gibt es keine menschlich befriedigende Arbeitswelt und ohne zufriedene und engagierte Mitarbeiter gibt es, zumindest längerfristig, keine Produktivität in der Wirtschaft.

Nun wäre es in der Tat zu einfach, die postulierte Wechselwirkung zwischen den Leistungszielen einer Organisation und den individuellen Zielen und Bedürfnissen der beteiligten Menschen im Sinne einer „prästabilisierten Harmonie" zu interpretieren. Die in vieler Hinsicht bestehenden oder immer wieder neu auftre-

tenden Interessengegensätze zwischen den Zielen oder daraus sich ergebenden
Regelungen einer Organisation und den persönlichen Bedürfnissen der Organisationsmitglieder sind einfach nicht zu leugnen und lassen sich auch nicht wegdis-
kutieren. Das simpelste Beispiel für einen solchen Interessengegensatz liegt auf
der Hand: Was für den Mitarbeiter in einem Unternehmen sein Arbeitsentgelt ist
- sein Lohn oder Gehalt -, das bedeutet für das Unternehmen, das ihn beschäftigt, einen ertragsmindernden Aufwand, also Kosten. An Konflikten mangelt es
nicht. Die vielfach gewünschte Übereinstimmung zwischen Organisationszielen
und persönlichen Bedürfnissen gleicht einer Quadratur des Kreises.
Trotzdem erscheint die schwierige, aber doch plausible Forderung, die berechtig-
ten Wünsche der Mitarbeiter mit den Interessen des Unternehmens in Einklang
zu bringen, durch OE im Licht neuer Realisierungsmöglichkeiten.
Ein wesentliches Ziel der OE liegt in der Tat darin, den Gegensatz zwischen
Individuum und Organisation abzubauen (vgl. *Argyris* 1960, *Kieser* 1980), und
zwar in einer Form, die sowohl dem Individuum als auch der Organisation nützt.
Die Art und Weise, in der dies geschieht, ist nämlich ebenso entscheidend wie
das Ziel; befriedigende Veränderungsmaßnahmen können nur in einem kontinuierlichen Entwicklungsprozess unter hoher Partizipation der Beteiligten durchgeführt werden. Entscheidend ist weiter, dass sowohl die Personen als auch die
Situationen, in denen sie handeln, also die Arbeitsabläufe und Organisationsstrukturen, in den Veränderungsprozess einbezogen werden. Dabei ergeben sich
Veränderungen auf allen induzierten Ebenen: in der Einstellung und im Verhalten der Organisationsmitglieder, in der Art der Zusammenarbeit und schließlich
auch im Verhalten der Organisation ihrer Umwelt gegenüber.
Hier werden Wechselwirkungen zwischen Form und Inhalt erkennbar. Die Art
des Vorgehens und die Ziele der OE hängen eng zusammen. Auf die Vorgehensweise und die methodischen Gesichtspunkte der OE werden wir im nächsten Kapitel näher eingehen.
Unter Wissenschaftlern und Praktikern, die sich mit OE eingehend beschäftigen,
gibt es Meinungsunterschiede in der Antwort auf die Frage, was denn das wichti-
gere Merkmal von OE sei - das Ziel (Inhalt) oder die Vorgehensweise (Methode). Die einen meinen: entscheidend sei vor allem, was durch OE erreicht wird.
Die anderen meinen: entscheidend sei vor allem, wie dabei vorgegangen wird.
Dieser Meinungsstreit hat sogar praktische Konsequenzen. Wer sich nur auf die
Ziele einlässt und die partizipative Vorgehensweise vernachlässigt, der läuft Gefahr, mit Macht oder manipulativen Methoden die Organisation umzukrempeln
und den Mitarbeitern „Mitwirkungsrechte" und „freien Handlungsspielraum" zu
verordnen, den diese gar nicht wollen. Und umgekehrt: Wer nur die partizipative
Vorgehensweise praktiziert, OE also nur als Methode versteht und die wesentlichen Ziele - produktive Veränderung der Organisation und Kreativität der Mitarbeiter - außer acht lässt, dem kann es passieren, dass die Beteiligten - auf ihre
Kompetenzen pochend, sich selbst bescheidend oder sich selbst bestätigend - die
Organisation unproduktiv verändern in Richtung auf noch mehr Bürokratie und

hierarchische Abhängigkeiten.

Die anfangs genannten Ziele der OE:

1. Verbesserung der Leistungsfähigkeit der Organisation (Effektivität) und
2. Verbesserung der erlebten Arbeitssituation der beteiligten Menschen (Humanität)

lassen sich in entsprechende Feinziele gliedern und differenzieren:

Zu 1.

Verbesserung der Produktivität der Organisation im weitesten Sinne bedeutet:

- Erhaltung oder Steigerung der Flexibilität
- Förderung der Innovationsbereitschaft
- Förderung der Lernfähigkeit des Systems.

Zu 2.

Verbesserung der Arbeitssituation der beteiligten Menschen im weitesten Sinne bedeutet:

- mehr Entfaltungs- und Entwicklungsmöglichkeiten
- mehr Handlungs- und Entscheidungsspielraum
- mehr Mitwirkung an Beratungs- und Entscheidungsprozessen.

Da die genannten Ziele interdependent, aber - wie bereits erläutert - keineswegs immer kongruent sind, ist die integrative Verwirklichung dieser Ziele nur in einem langfristig angelegten Entwicklungs- und Veränderungsprozess der Organisation und der in ihr tätigen Menschen zu erreichen.

Wenn man sich fragt, welche Bedingungen erfüllt sein müssen, damit dieser Prozess erfolgreich verläuft, ergeben sich eine Reihe von Unterzielen, die folgendermaßen umschrieben werden können (*Bennis* 1972, *Gebert* 1974, *Sievers* 1978, u.a.):

1. Es soll ein offenes Klima geschaffen werden, in dem Probleme offen diskutiert und gelöst werden können.
2. Es soll ein Klima des Vertrauens geschaffen werden.
3. Es soll eine zielorientierte Organisationsstruktur geschaffen werden.
4. Es soll erreicht werden, dass sich alle Mitglieder der Organisation mit den Zielen der Organisation identifizieren.
5. Es soll Kooperation und Wettbewerb um die Festlegung von Arbeitszielen geschaffen werden.
6. Es soll erreicht werden, dass die Verantwortung für die Entscheidungen und für die Problemlösung an die Informationsquellen gelegt wird.
7. Es soll mehr Selbstkontrolle und weniger Fremdkontrolle erreicht werden.
8. Es soll Statusautorität abgebaut und die Autorität der Fähigkeiten und Kenntnisse stärker betont werden.

Nur die ersten beiden dieser Teilziele sind eindeutig personenbezogen. Die anderen Unterziele sind strukturbezogen. Die Mitglieder der Organisation und die formale Organisationsstruktur werden mithin als Elemente eines Systems verstanden, die in gegenseitiger Abhängigkeit stehen. Änderungen der Organisationsstruktur sind nicht ohne Änderungen der Organisationsmitglieder möglich und Änderungen im Verhalten der Organisationsmitglieder können sich nur in einem veränderten Verhalten der Organisation gegenüber der Umwelt ausdrücken, wenn auch die Organisationsstruktur verändert wird. Daher wird hier von einem Systemkonzept der OE gesprochen.

Die wechselseitigen Abhängigkeiten zwischen dem Verhalten der Menschen und den Verhältnissen, in denen sie leben, ist einer der wichtigsten Aspekte der OE. Aber: Jede Veränderung vollzieht sich in der Zeit! Und die Interdependenz zwischen Weg und Ziel, zwischen Form und Inhalt ist ein ebenso wichtiger Aspekt. Die Zielsetzung intendiert bereits eine bestimmte Vorgehensweise. Und die Vorgehensweise beeinflusst rückwirkend die Zielsetzung. Das hängt damit zusammen, dass OE nicht statisch, sondern als ein dynamischer Prozess verstanden werden muss. Die Art und Weise, in der die Ziele verwirklicht werden, hat selbst einen normativ-zielsetzenden Akzent.

Die dadurch aktualisierten Subziele der OE lassen sich treffend durch einige Stichworte charakterisieren, die durch den Club of Rome im Bericht für die achtziger Jahre als die Merkmale „innovativen Lernens" beschrieben und gefordert wurden (*Botkin* u.a. 1979).

Es geht um dreierlei, um:

1. Antizipation

d.h. Ausrichtung aller Bemühungen zur Lösung der Probleme an den Anforderungen der Zukunft. Antizipation ist die Fähigkeit, sich neuen, möglicherweise noch nie da gewesenen Situationen zu stellen.

2. Partizipation

d.h. aktive Mitwirkung der Betroffenen an allen Problemen, die ihre betriebliche Arbeit betreffen. Partizipation ermöglicht besseres Verständnis, Identifikation und Zugehörigkeit.

3. Emanzipation

d.h. wachsende Mündigkeit der Beteiligten durch den gemeinsamen Lernprozess im Sinne von verantwortungsbewusster Selbst- und Mitbestimmung. Emanzipation bedeutet gesellschaftliche Autonomie und kulturelle Identität. Sie ist eine Waffe, um nicht überwältigt zu werden, und zugleich ein Schlüssel zur Integration in übergreifende Zusammenhänge.

Wenn man die Ziele der OE im Zusammenhang sieht und auf einen Nenner bringen will, lässt sich folgendes feststellen: Ziel der OE ist letzten Endes, die Arbeit für alle Beteiligten *sinnvoll zu* machen.

Die große Frage ist:
Wie lässt sich dieses Ziel erreichen?

2.1.2 Leitbild und anthropologische Grundannahmen

Wenn man die Ziele der OE auf ihre wissenschaftlichen Wurzeln und die in ihr wirksamen Grundannahmen hin untersucht, so stößt man auf zwei Bereiche:

Eine Wurzel der OE liegt im Pragmatismus, der seit eh und je als eine besondere Stärke der Amerikaner herausgestellt wird. Dieser „Pragmatismus" hat eine philosophische Tradition, die im wesentlichen auf *John Dewey* (1933) zurückgeht. Nach *Dewey* lassen sich 5 Phasen des reflektierenden Denkens unterscheiden, die auch das wissenschaftliche Vorgehen bestimmen, wie es im amerikanischen „Funktionalismus" sichtbar wird.

Mit seinen Denkansätzen schuf *Dewey* die Basis, auf der OE entstehen konnte.

Die von ihm identifizierten Phasen und ihre wissenschaftstheoretischen Konsequenzen sind:

1. Anstoß $\rightarrow$ Problem oder Schwierigkeit gegenüber einer neuen Idee oder Erfahrung

2. Gedankliche $\rightarrow$ Identifizieren und Nachdenken über das Problem
   Vertiefung

3. Hypothesen- $\rightarrow$ Vermutete Ursachen über das Problem formulieren
   bildung

4. Folgerungen $\rightarrow$ Überdenken der Konsequenzen aus den Hypothesen

5. Hypothesen- $\rightarrow$ Beobachten, Prüfen und Experimentieren, um zu sehen, ob
   Überprüfung   die Hypothese bestätigt oder widerlegt wird.
   durch Aktion

Diese Schritte der wissenschaftlichen Methode nehmen wesentliche Bestandteile der „Aktionsforschung" vorweg.

Die „pragmatische Grundhaltung" ist ein charakteristisches Merkmal der OE.

Eine zweite Wurzel der OE liegt in bestimmten Annahmen und Wertvorstellungen, im Menschenbild der sog. Humanistischen Psychologie, wie es sich von *Lewin, Maslow, McGregor, Argyris* u.a. herleiten lässt.

Die Bezeichnung „Humanistische Psychologie" stellt zunächst einfach die buchstäbliche Übersetzung des amerikanischen Wortes „Humanistic Psychology" dar. Dieses Wort bezeichnet in Nordamerika nicht nur eine psychologische Schulrichtung, sondern gleichzeitig ein Konzept für eine auf Persönlichkeitsentwicklung zielende Lebenseinstellung und darüber hinaus eine ganze Bewegung, nämlich des „Human Potential Movement". In diesem Konzept verbinden sich Traditionen der phänomenologischen Philosophie *Edmund Husserls* mit denen der Tiefenpsychologie *Freuds* und den Auffassungen der modernen Verhaltenstheorie und der Sozialpsychologie aus dem Umkreis von *Kurt Lewin*. Die Bezeichnung „Humanistic Psychology" wurde auf einem Kongress 1962 unter Vorsitz von *Abraham Maslow* als Programmbegriff bestimmt. Neben *Maslow* sind *McGregor, Rogers, Bühler, Koestler, Fromm, Perls, May* zu nennen.

Die Annahmen, von denen die Humanistische Psychologie ausgeht, lassen sich anschaulich an dem Konzept von *McGregor* verdeutlichen, der zwischen der „Theorie X" und der „Theorie Y" unterscheidet (*McGregor* 1960).

Die „Theorie Y" ist - in allen möglichen Varianten - zur Grundannahme der Humanistischen Psychologie und zugleich zu einer Art „Leitbild" der OE geworden. Die Konsequenzen für Mensch und Organisation liegen auf der Hand.

Huse (1975) hat in Anlehnung an *French* und *Bell* (1973) die wesentlichen Annahmen wie folgt zusammengestellt:

Annahmen über den Einzelnen als Individuum

1. Die meisten Menschen in unserer Gesellschaft haben das Bedürfnis nach Entwicklung und das Bedürfnis, sich selbst zu verwirklichen.

2. Die meisten Menschen haben das Bedürfnis nach mehr Verantwortung und haben ein echtes Interesse daran, einen größeren Beitrag zur Realisierung der Ziele einer Organisation zu leisten als ihnen normalerweise in der Organisation eingeräumt wird.

Annahmen über den Einzelnen in Gruppen

1. Gruppen haben grundsätzlich eine große Bedeutung für den Einzelnen, wobei die Arbeitsgruppe in besonderem Maße für die Befriedigung von Bedürfnissen in Frage kommt.

2. Arbeitsgruppen sind in der Regel neutral. Sie können jedoch je nach Lage besonders dienlich und nützlich, aber auch negativ und schädlich für eine Organisation sein.

3. Kooperatives anstelle von kompetitivem Verhalten kann sehr wesentlich die Effizienz von Arbeitsgruppen erhöhen. Der formale Führer einer Gruppe kann nicht alle Führungsfunktionen zu jeder Zeit und in allen Situationen ausüben. Die Mitglieder einer Gruppe können ihre Effizienz erhöhen, wenn sie sich gegenseitig unterstützen.

Annahmen über den Einzelnen in Organisationen

1. Da man eine Organisation als System begreifen muss, haben die Änderungen in einem Teilsystem Auswirkungen auf andere Teilsysteme.

2. Das Verhalten von Mitarbeitern in einer Organisation wird von ihren Emotionen und Einstellungen beeinflusst. Das Klima bei den meisten Organisationen lässt jedoch nicht zu, dass man seine Emotionen und Gefühle zum Ausdruck bringt. Die Unterdrückung von Emotionen wirkt sich nachteilig auf die Arbeit im Unternehmen und auch auf die eigene Entwicklung aus.

3. In den meisten Organisationen ist der Grad der gegenseitigen Unterstützung und Zusammenarbeit sowie des gegenseitigen Vertrauens wesentlich geringer als es notwendig und wünschenswert ist.

4. Obwohl „Gewinner-Verlierer-Strategien" für manche Situationen als geeignet erscheinen, sind die meisten Gewinner-Verlierer Situationen für die Mitarbeiter und für das Unternehmen in gleicher Weise als nachteilig einzuschätzen.

5. Viele Konfrontationen und Zusammenstöße zwischen einzelnen Mitarbeitern und Gruppen im Unternehmen werden durch die Art und Weise des Organisationsaufbaus und des Organisationsablaufs verursacht und weniger durch die davon betroffenen Mitarbeiter.

6. Wenn die Emotionen der Mitarbeiter als wichtige Daten akzeptiert werden, ergeben sich neue Möglichkeiten für Kommunikation, Zielsetzung, Zusammenarbeit zwischen Gruppen und die Arbeitszufriedenheit des einzelnen.

7. Wenn zur Lösung von Konflikten eine offene Aussprache gewählt wird, ergibt sich daraus ein positiver Effekt sowohl für die Entwicklung des einzelnen als auch für die Erreichung der organisatorischen Ziele.

8. Struktur und Ablauf einer Organisation sowie die Gestaltung des Arbeitsfeldes können so modifiziert werden, dass sie den Bedürfnissen des einzelnen, einer Gruppe und der gesamten Organisation eher entsprechen.

Diese psychologischen Annahmen führen im Hinblick auf die praktische Umsetzung des OE-Konzepts zu folgenden *Schlussfolgerungen:*

- Unternehmen sind sozio-technische Systeme, die sich in Auseinandersetzung mit den Anforderungen einer sich ständig verändernden Umwelt dynamisch weiterentwickeln (müssen!).

- In jeder Organisation gibt es lebenswichtige Probleme, die von den Mitgliedern der Organisation, insbesondere vom Management, gelöst werden müssen ("müssten!").

- Die in der Organisation tätigen Menschen besitzen mehr Problemlösungspotential (Kenntnisse, Fähigkeiten, Kreativität und Leistungsbereitschaft) als wirklich genutzt wird, weil die herkömmlichen organisatorischen Bedingungen dem entgegenstehen.

- Die Mitglieder einer Organisation - nicht nur die Manager -wären auch bereit, sich für die Ziele der Organisation einzusetzen und die anstehenden Probleme zu lösen, wenn sie verantwortlich mitwirken könnten und dadurch einen individuellen (nicht nur materiellen) Nutzen haben würden.

- Durch das Arrangieren anderer Bedingungen zur gemeinsamen Problemlösung und zielorientierten Zusammenarbeit der beteiligten Menschen wird ein Lern- und Veränderungsprozess innerhalb der Organisation eingeleitet, der zur persönlichen Entfaltung der Organisationsmitglieder ebenso beiträgt wie zur Entwicklung der Organisation.

2.2 Kriterien der Organisationsentwicklung

Die Auswertung vieler bisher erfolgreich durchgeführter Organisationsentwicklungsprojekte hat gezeigt, dass bei der Durchführung eine Reihe von Gesichtspunkten beachtet werden müssen, die noch näher zu erläutern sind.

Das Verhalten der Menschen und die Verhältnisse, unter denen sie arbeiten, dürfen nicht getrennt voneinander, sie müssen im Zusammenhang gesehen werden. Wenn überhaupt etwas verändert und verbessert werden kann, dann nur durch die am Arbeitsprozess beteiligten Menschen selbst. Diese können aber, wie die Erfahrung zeigt, allein und auf sich gestellt wenig machen. Daher stammt wohl auch ein Teil jener Ohnmacht, jener Verdrossenheit und Gleichgültigkeit, die heute so viele Menschen erfasst hat. Wir können auch wenig machen, wir - damit sind diesmal die Manager gemeint und alle, die sich verantwortlich fühlen. Wir können wenig für andere machen. Wir wissen nicht einmal, ob das, was wir für andere planen, auch wenn wir es selbst für gut halten, von den anderen überhaupt gewünscht wird. Und erst recht nicht, wie es sich auswirkt.

Die Einführung von Neuerungen und dauerhaften Veränderungen können heute nicht mehr durch Anweisungen vom grünen Tisch aus durchgesetzt werden, auch nicht durch eine neue, besonders raffinierte Management-Strategie, die einseitigen Interessen dient, eine Strategie, die einige mehr oder weniger Sachkundige einbezieht und die Gesamtheit der Betroffenen ausschließt oder sie letztlich doch manipuliert. Dadurch werden nur neue Unsicherheiten und Widerstände aufgebaut, gerade aus Angst vor der verordneten Veränderung. Ergebnis: Die im Ansatz vielleicht wirklich gut gemeinten Maßnahmen werden von den Mitarbeitern einfach unterlaufen oder - den Auswirkungen nach zu urteilen - ins Gegenteil verkehrt. Das bekannteste Beispiel: Gespart muss werden, egal was es kostet.

Was aber können wir tun? Die Frage, vor die wir uns immer wieder neu gestellt sehen, heißt: Ertragen oder Verändern?

„Mach dir nichts draus!" ist der Ratschlag, der einem über Schwierigkeiten hinweghelfen soll. „Mach was draus!" müsste es heißen, weil Schwierigkeiten - als Herausforderung verstanden - positive Veränderungen möglich machen. Dieser Ansatz, sofern er nicht auf den Einzelnen beschränkt bleibt, sondern Gruppen und ganze Betriebe umfasst, ist der Kerngedanke der OE.

OE wird in der Praxis nur durch eine Reihe von methodischen Schritten möglich, nämlich dadurch,

1. dass die Menschen eigene Schwierigkeiten als Herausforderung erleben und als gemeinsames Problem erkennen (gemeinsames Problembewusstsein)
2. dass die Menschen durch einen Außenstehenden angeregt und ermutigt werden, diese Probleme aufzugreifen und selbständig zu lösen (Mitwirkung eines Beraters)
3. dass die Probleme gemeinsam aufgegriffen werden und die Betroffenen an der Erarbeitung von Maßnahmen zur Problemlösung aktiv mitwirken (Beteiligung der Betroffenen)
4. dass sämtliche das Problem bedingenden Faktoren, die sachlichen Ursachen ebenso wie die persönlichen und zwischenmenschlichen Hintergründe und

Konflikte, geklärt und bearbeitet werden (Klärung von Sach- und Beziehungsproblemen)

5. dass durch die intensive Auseinandersetzung mit den sachlichen und persönlichen Problemen kreative Fähigkeiten geweckt, neue Erkenntnisse gewonnen und andere Einstellungen und Verhaltensweisen entwickelt werden (erfahrungsorientiertes Lernen)

6. dass dies alles in einem gemeinsamen Prozess geschieht, der von allen getragen, immer wieder neu reflektiert und kontinuierlich weitergeführt wird (prozessorientiertes Vorgehen)

7. dass ausdrücklich alle Einflusskomponenten im Systemzusammenhang berücksichtigt und die als wirksam erkannten Kräfte in den Problemlösungsprozess einbezogen werden (systemumfassendes Denken).

Dadurch werden Entwicklungen möglich, die zu *Veränderungen der Verhaltensweisen und der Verhältnisse* führen.

Aus dieser programmatischen Aufgliederung lassen sich die wesentlichen Kriterien der OE leicht ableiten:

1. Gemeinsames Problembewusstsein

Ausgangspunkt von Maßnahmen zur OE ist meist eine gewisse Unzufriedenheit mit den bestehenden Verhältnissen, die den Wunsch nach Veränderungen weckt.

2. Mitwirkung eines Beraters

In aller Regel kann ein Organisationssystem mit den beteiligten Menschen sich nicht - wie Münchhausen - am eigenen Schopf aus dem Sumpf herausziehen. Als „change agent" wird ein OE-Berater in Anspruch genommen. Diese „Einwirkung von außen" wird methodisch meist als „Prozessberatung" (im Gegensatz zur Fachberatung) oder - wissenschaftlich anspruchsvoller - als „Aktionsforschung" beschrieben.

3. Beteiligung der Betroffenen

Die Entwicklung und Veränderung der Organisation muss unter aktiver Mitwirkung der betroffenen Organisationsmitglieder erfolgen. Der Problemträger wird zum Problemlöser. Durch gemeinsame Bemühung aller Beteiligten um eine konstruktive Lösung wächst das Engagement, die Kompetenz und die Identifikation mit dem, was man selber mitgestaltet hat.

4. Klärung von Sach- und Beziehungsproblemen

Bei der OE geht es um konkrete Probleme der täglichen Zusammenarbeit und der gemeinsamen Zukunft. Dabei werden nicht nur Sachprobleme, sondern auch Kommunikationsprobleme behandelt. Außerdem kommen nicht nur die internen Angelegenheiten der beteiligten Gruppe, sondern auch ihre Beziehungen nach „außen" zur Sprache.

5. Erfahrungsorientiertes Lernen

Der Mensch ändert seine Einstellung und sein Verhalten nur durch praktische „Erfahrung am eigenen Leib", im direkten Kontakt mit anderen Menschen und in der direkten Auseinandersetzung mit konkreten Problemen, von denen er selbst betroffen ist. Offene Information und aktive Mitwirkung der Betroffenen in Arbeitsgruppen spielen deshalb in der OE eine zentrale Rolle bei der Lösung der konkreten betrieblichen Probleme.

6. Prozessorientiertes Vorgehen

Veränderungsbemühungen dürfen nicht statisch, sie müssen dynamisch - als ein gemeinsamer Entwicklungsprozess - begriffen werden. Nicht nur Ergebnisse sind wichtig, sondern auch die Art und Weise des Vorgehens. Dabei besteht eine enge Wechselwirkung zwischen Weg und Ziel. Das „Wie" bestimmt oft über das „Was". Die Planung erfolgt von Schritt zu Schritt aufgrund von Auswertung und Reflexion der jeweils erzielten Ergebnisse.

7. Systemumfassendes Denken

Kennzeichnend für das Vorgehen der OE ist der systemtheoretische Ansatz: Individuum, Organisation, Umwelt und Zeit müssen ganzheitlich, d. h. in ihren Wechselwirkungen und Systemzusammenhängen gesehen werden. Bei der Veränderung einzelner Elemente oder Subsysteme einer Organisation sind die Konsequenzen für andere Elemente und für das Gesamtsystem zu berücksichtigen. Wünschenswerte Verhaltensänderungen müssen mit entsprechenden Strukturveränderungen einhergehen - und umgekehrt. Den jeweiligen Machtkonstellationen ist besondere Beachtung zu schenken. Außerdem darf die Zeitperspektive nicht vernachlässigt werden: Organisationen haben - ebenso wie Individuen - ihre eigene Geschichte und eine eigene Identität. Die lebendige Vergangenheit ist bei der Zukunftsplanung zu berücksichtigen.

2.2.1 Gemeinsames Problembewusstsein

Ausgangspunkt von Maßnahmen zur OE ist meist eine gewisse Unzufriedenheit mit den bestehenden Verhältnissen, die den Wunsch nach Veränderungen weckt. Die entscheidende Frage lautet:
Was sind unsere Ziele? Was sind unsere Probleme? Was muss bei uns anders werden, damit wir in Zukunft unsere Ziele besser erreichen als in der Vergangenheit?

Auslösende Bedingung für OE-Prozesse ist fast immer ein mehr oder weniger stark ausgeprägtes Problembewusstsein bei einer oder mehreren verantwortlichen Personen in einer Organisation. Oft ist es ein vages Unbehagen, eine Unzufriedenheit mit den gegebenen Verhältnissen, die irgendwelche Veränderungen als wünschenswert erscheinen lassen. Dabei brauchen die Verhältnisse objektiv nicht einmal schlecht zu sein. Entscheidend ist das Bewusstsein und der Impuls der Verantwortlichen oder der Sich -Verantwortlich-Fühlenden, irgendetwas zu verändern: die Organisation effektiver und die Arbeit sinnvoll zu machen. Anlass ist die Wahrnehmung irgendwelcher Störungen in der Zusammenarbeit, im Arbeitsablauf, in der Zielerreichung oder Unklarheit über die zu erreichenden Ziele. Nicht das Problem an sich - die Ausgangssituation, in der die Organisation steht - ist entscheidend für geplante Entwicklungsprozesse (wie auch immer man derartige Projekte bezeichnen oder beschreiben will), sondern das Erleben der Organisationsmitglieder, das zur Motivation für Veränderungen wird.

Manche Autoren sprechen in diesem Zusammenhang von einem „Leidensdruck", der die Menschen in einer Organisation - vor allem die verantwortlichen Manager - für Veränderungen empfänglich macht.

Wir bezeichnen diese auslösende Bedingung für OE-Prozesse mit „Betroffenheit".

Betroffenheit ist ein unmittelbarer Ausdruck für die Wahrnehmung von Geschehnissen, von Planungs- oder Entscheidungsprozessen, deren Auswirkungen einem emotional bedeutsam erscheinen (*Rambeck* 1978). Betroffenheit ist der intensive Eindruck von Geschehnissen, die befremdend, bedrohlich oder auch beglückend erlebt werden.

Dabei muss streng genommen zwischen einer „objektiven" und „subjektiven" Betroffenheit unterschieden werden. Die Analyse von Planungsprozessen in Städten und Gemeinden hat beispielsweise gezeigt, dass Menschen von „höhererorts" ausgearbeiteten Plänen, z. B. Verkehrnutzungs- und Bebauungsplänen, sofern diese zur Ausführung kamen, in ihrer Wohn- und Lebenssituation unmittelbar berührt waren. Sie waren objektiv betroffen, aber subjektiv keineswegs beunruhigt, also ohne ein Problembewusstsein. Demgegenüber gibt es aber auch Menschen, die von den zu erwartenden Auswirkungen zwar nicht objektiv betroffen, aber durch die Wahrnehmung dieser Planungs- und Entscheidungsprozesse, vom „Unverstand der Ämter und Organe" so irritiert, entsetzt und aufgebracht waren, dass sie ihren Unmut äußerten und zu Aktionen aufgerufen haben. Diese Menschen waren in hohem Maße subjektiv betroffen.

Diese subjektive Betroffenheit, die in der Regel allerdings meist mit der objektiven Betroffenheit zusammenhängt, ist entscheidend für die Auslösung von Veränderungsimpulsen, für das Bewusstwerden und die Wahrnehmung der eigenen Interessen und für die allmählich wachsende Bereitschaft, auf die Planungsprozesse selbst Einfluss zu nehmen, sich zu beteiligen und sich zu engagieren. Hier liegt auch die Wurzel für viele Bürgerinitiativen.

Damit die Betroffenheit wirksam wird, sind drei Bedingungen wichtig:

1. Die Betroffenheit darf nicht im Emotionalen stecken bleiben, sondern muss die realen Zustände erkennen, die Probleme als Problem wahrnehmen, also wirklich zum *Problem-Bewusstsein* führen.

2. Die Betroffenheit muss sich artikulieren, sie muss ausdrücklich werden. Sie muss sich mitteilen und andere einbeziehen, andere zu Verbündeten machen, kurz: sie muss zu einem *gemeinsamen* Problembewusstsein werden. Das gilt

selbst dann, wenn nur einer sich äußert. Er spricht dann, sozusagen stellvertretend, für andere mit.

3. Die Betroffenheit muss - aus dem gemeinsamen Problembewusstsein heraus - in den *Wunsch* einmünden, *etwas zu unternehmen,* damit die Verhältnisse sich ändern. Die Schwierigkeiten werden als Herausforderung erlebt, als Chance zu eine Neuorientierung, die weitere Entwicklungen möglicht macht. Der Veränderungsimpuls führt zu einer „koordinierten Suchhaltung". Das „Was können wir tun?" und „Wie gehen wir vor?" orientiert sich an dem, was „ist" im Hinblick auf das, was „sein soll".

Eine weitere Voraussetzung für die Lösung der Probleme im Sinne der OE liegt darin, dass die Probleme nicht auf andere abgeschoben oder eine Lösung von anderen erwartet werden darf, sondern dass der Problemträger die Lösung der Probleme aus eigener Kraft - natürlich unter Nutzung aller möglichen Umstände - versuchen muss.

Zur Veranschaulichung dessen, was gemeint ist, können *Sinnbilder* weiterhelfen.

Der Frosch in der Milch

Zwei Frösche waren in ein Milchglas gefallen. Der eine versuchte, den Glasrand raufzuklettern, rutschte aber immer wieder ab und fiel zurück in die Milch. Er gab schließlich auf und ertrank. Der andere Frosch schwamm hin und her. Er strampelte und strampelte. Dadurch schlug er die Milch allmählich zu Butter. Er konnte Tritt fassen und sprang heraus.

Der Rumpelstilzchen-Effekt

In dem Märchen der Gebrüder Grimm war der jungen Königin von einem Zwerg ihr Kind geraubt worden. Die Königin, der König und das ganze Volk waren beunruhigt. Der Zauber des Zwerges war erst gebannt, als die Königin seinen Namen wusste: Rumpelstilzchen. Als der Zwerg das hörte, riss er sich mitten entzwei.

In Problemsituationen, die Angst auslösen, kann man der Beunruhigung nur dadurch Herr werden, indem man die Störfaktoren wirklich benennt, um sie „dingfest" zu machen. In diesem Sinne sprechen wir vom *Rumpelstilzchen-Effekt.* Unbekanntes macht unsicher. Es ist in der Tat so, dass der Kobold, auch der im eigenen Innern, nur so lange tanzt, wie man seinen Namen nicht kennt.

Das Mutabor-Syndrom

Es gibt ein Märchen von *Wilhelm Hauff,* das Märchen vom Kalifen Storch, der das Wort „Mutabor" kennen musste, um sich zu verwandeln, der aber - einmal zum Storch geworden - den Zauberspruch vergessen hatte und sich nicht mehr zurückverwandeln konnte, so sehr er sich auch bemühte. Erst durch die Hilfe der Eule, des weisen alten Vogels, wurde er darauf gebracht, die Zauberer bei einer ihrer Zusammenkünfte zu belauschen, als sie sich alle ihre Tricks erzählten. So erfuhr er die Formel, mit der die Rückverwandlung möglich wurde: Mutabor. D.h. verändere dich!

Wir aufgeklärten Mitteleuropäer würden hier, was die Eule angeht, von der Mitwirkung eines Beraters oder, was die Runde der Zauberer angeht, vom Erfahrungsaustausch der Experten sprechen und, was das Lauschen des Kalifen Storch betrifft, vielleicht von Wirtschaftsspionage.

2.2.2 Mitwirkung eines Beraters

In aller Regel kann ein Organisationssystem mit den beteiligten Menschen sich nicht - wie Münchhausen - am eigenen Schopf aus dem Sumpf herausziehen. Als change agent wird ein OE-Berater in Anspruch genommen. Diese „Einwirkung von außen" wird methodisch meist als Prozessberatung (im Gegensatz zur Fachberatung) oder wissenschaftlich anspruchsvoller - als Aktionsforschung beschrieben.

Die entscheidende Frage lautet: Was und auf welche Weise kann ein Außenstehender dazu beitragen, dass die Organisation und die in ihr tätigen Menschen nicht in ihren Schwierigkeiten stecken bleiben, sondern erkennen und erfahren, (1) dass sie ihre Probleme wirklich selbst lösen können, (2) wie sie dabei vorgehen müssen und (3) was letzten Endes dadurch erreicht wird?

Bei allen Organisationsentwicklungsprozessen, die sich - wie wir erkannt haben - anfangs immer als Problemlösungsprozesse darstellen, kommt dem OE-Berater besondere Bedeutung zu. Er ist es, der wesentlich dazu beiträgt, dass die Probleme, die eine Organisation hat, klar angesprochen werden und dabei - wenigstens prinzipiell - als lösbar erscheinen. Er ist es, der in enger Zusammenarbeit mit dem Auftraggeber für die künftige Entwicklung gewissermaßen die Weichen stellt. Andererseits kann der OE-Berater nicht „Changer" sondern nur „change agent" sein, wie diese Funktion mit einem amerikanischen Fachausdruck umschrieben wird. Die deutschen Bezeichnungen - Innovationsagent, Begleitforscher, Entwicklungshelfer, Moderator, Veränderungsstratege, Prozess-Begleiter - meinen im Grunde das Gleiche.

Die Rolle eines OE-Beraters ist prinzipiell anders als die eines Unternehmensberaters.

Der Unternehmensberater kommt - anders als der OE-Berater - mehr oder weniger als Fachberater, als Experte, der über einen in ähnlichen Fällen bewährten Erfahrungsschatz verfügt und mit fertigen Lösungsvorschlägen (Empfehlungen) aufwarten kann oder zumindest in der Lage ist, durch Analysen in dem angesprochenen Klientensystem relativ selbständig, wenn auch in engem Kontakt mit dem Auftraggeber (und nur diesem verpflichtet) bestimmte Lösungsvorschläge zu erarbeiten. Gegebenenfalls bietet sich der Unternehmensberater dann noch an, dem Klienten bei der Durchführung dieser Lösungsvorschläge behilflich zu sein. Die Regel ist die: Die Verantwortung für den Vorschlag trägt der Experte, die Verantwortung (und das Risiko) für die Durchführung trägt der Klient.

Anders die Rolle des OE-Beraters. Die Hauptaufgabe des OE-Beraters liegt darin, dass er dem Klienten hilft, die eigenen Probleme selbst zu lösen. Er ist in seiner Funktion einem Trainer vergleichbar, der neue Impulse auslöst für eine Vielzahl von Verbesserungen und Veränderungen. Auf die sachlichen Probleme selbst geht er jedoch nicht ein. Natürlich ist der OE-Berater in gewisser Weise auch Experte, nämlich Fachmann für organisatorische und psychologische Probleme, Träger und Vermittler von wissenschaftlicher Information und methodischem Know-how. Er ist kompetent für Fragen der Kommunikation und der Kooperation. Er ist kompetent für zwischenmenschliche Probleme und für das Arrangieren von Situationen, die dem Prozess der Lösung von Problemen angemessen sind. Nur: Er bietet keine Empfehlungen und keine Lösungen an. Der OE-Berater kann also, wenn er für ein Unternehmen tätig wird, kein fachlich legitimiertes Arbeitsfeld vorweisen. Dieses entwickelt sich erst aus der Beziehung zu dem Klienten und zu dem Klientensystem. Insofern ist die Wirksamkeit des OE-Beraters weniger von fachlichen Aufgaben, sondern mehr von seiner Person bestimmt. Er vermittelt keine Rezepte, sondern Konzepte. Er bietet keine Vorgaben, sondern „Suchhilfe" an.

In der Betriebspraxis ist das schwer einzusehen: Man erwartet konkrete Lösungen, Vorschläge für bestimmte Maßnahmen. Wenn ein Problem vorliegt, soll der OE-Berater - meistens ein Psychologe - doch sagen, was da zu tun ist. Dazu, meint man, ist er doch da. Erwartet werden praktische Ratschläge, die den Ratsuchenden der Mühe des weiteren Nachdenkens entheben. Im Regelfall tut der OE-Berater das genaue Gegenteil. Er problematisiert die Frage, klärt Voraussetzungen, macht auf Konsequenzen aufmerksam, zeigt Zusammenhänge auf, weist darauf hin, was alles beachtet werden muss. Er wirkt wie ein Katalysator. Er wirkt weniger als Macher, eher schon als „Möglich-Macher". Seine Berater-Aufgabe ist als eine „Erziehungsfunktion" zu verstehen, indem „Hilfe zur Selbsthilfe" angeboten wird.

Der Unterschied zwischen dem herkömmlichen Unternehmensberater, der Fachwissen und Lösungen anbietet, und dem Entwicklungsberater, der den Menschen dazu verhilft, selbst neue Lösungen zu suchen, kann durch folgende fernöstliche Parabel deutlich werden, durch die Geschichte vom Wassermelonenjäger (*Kopp* 1979, S. 16):

Es war einmal ein Mann, der sich verirrte und in das Land der Narren kam. Auf seinem Weg sah er die Leute, die voller Schrecken von einem Feld flohen, wo sie Weizen ernten wollten. „Im Feld ist ein Ungeheuer", erzählten sie ihm. Er blickte hinüber und sah, dass es eine Wassermelone war.
Er erbot sich, das „Ungeheuer" zu töten, schnitt die Frucht von ihrem Stiel und machte sich sogleich daran, sie zu verspeisen. Jetzt bekamen die Leute vor ihm noch größere Angst, als sie vor der Melone gehabt hatten. Sie schrien: „Als Nächstes wird er uns töten, wenn wir ihn nicht schnellstens loswerden" und jagten ihn mit ihren Heugabeln davon.
Wieder verirrte sich eines Tages ein Mann ins Land der Narren, und auch er begegnete Leuten, die sich vor einem vermeintlichen Ungeheuer fürchteten. Aber statt ihnen seine Hilfe anzubieten, stimmte er ihnen zu, dass es wohl sehr gefährlich sei, stahl sich vorsichtig mit ihnen von dannen und gewann so ihr Vertrauen. Er lebte lange Zeit bei ihnen, bis er sie schließlich Schritt für Schritt jene einfachen Tatsachen lehren konnte, die sie befähigten, nicht nur ihre Angst vor Wassermelonen zu verlieren, sondern sie sogar selbst anzubauen.

Hieran wird deutlich, dass „Wahrheiten" allein nicht weiterhelfen. Einstellungen werden nicht durch Tatsachen verändert. Durch „richtige Ratschläge" werden noch keine Handlungen ausgelöst. Und wenn Handlungen erfolgen, bewirken sie nicht ohne weiteres das, was erwünscht ist.

Die Aufgabe des OE-Beraters ist dadurch gekennzeichnet, dass er in enger Zusammenarbeit mit dem Auftraggeber - pädagogische Situationen arrangiert, in denen die an den Problemen einer Organisation Beteiligten zu bestimmten Erkenntnissen und Entschlüssen kommen, die Neuentwicklungen möglich machen. Dazu muss der OE-Berater die Unternehmenssituation, die wünschenswerten Ziele und die Motivationslage der beteiligten Menschen recht genau kennen, ohne selbst in die Probleme mit verstrickt zu sein.

Der OE-Berater hat, zumindest was die Einführung von OE-Programmen angeht, gewissermaßen eine Stabsfunktion, die ihm einerseits eine gewisse Unabhängigkeit, andererseits aber auch einen direkten Zugang zur Organisationsleitung garantiert. Nicht selten ist der „change agent" ein Exponent des Bildungswesens, der seine Funktion in enger Zusammenarbeit mit versierten externen Fachleuten wahrnimmt. Insofern vermittelt er zwischen „Drinnen" und „Draußen" mit dem Ziel, die Mitglieder der Organisation in die Lage zu versetzen, mit eigenen Mitteln den permanenten Prozess der Durchleuchtung und Anpassung ihrer Organisation an die Anforderungen der Umwelt vollziehen zu können.

Dazu muss der Berater sich verschiedener Strategien bedienen, um die für die Organisation wirklich wichtigen Probleme zu erkennen und - auch mit Hilfe externer Kollegen - das bei den Organisationsmitgliedern vorhandene Problemlösungspotential zu aktivieren.

In der Praxis findet man häufig - beinah idealtypisch - die Situation, dass ein interner und ein externer Berater bei der Durchführung von OE-Programmen eng zusammenarbeiten.

Außerdem sorgt der OE-Berater - das ist geradezu kennzeichnend für die Qualität seiner Arbeit - für die Beachtung der genannten Ziele und Kriterien der OE. Er tut es beispielhaft, indem er sich selbst nach diesen Kriterien richtet. Er tut es methodisch durch das Arrangieren von Lernsituationen, die im Klientensystem einen offenen Informations- und Meinungsaustausch ermöglichen, die Zusammenarbeit verbessern und das Lösen von Problemen erleichtern. Soweit die Beteiligten merken, dass ihnen diese Vorgehensweise und diese Art des Umgangs miteinander selbst Vorteile bringt, verändern sich die wirksamen Normen im Sinn der anfangs beschriebenen Ziele. So kann - zumindest potentiell - jeder der Beteiligten zum „Entwicklungshelfer" der anderen werden. Für den OE-Berater heißt das, dass bei erfolgreich verlaufenden OE-Projekten sein Ziel letztlich darin bestehen muss, sich selbst überflüssig zu machen.

2.2.3 Beteiligung der Betroffenen

Die Entwicklung von Veränderungen der Organisation muss unter aktiver Mitwirkung der betroffenen Organisationsmitglieder erfolgen. Der Problemträger wird zum Problemlöser. Durch gemeinsame Bemühung aller Beteiligten um eine konstruktive Lösung wächst das Engagement, die Kompetenz und die Identifikation mit dem, was man selber mitgestaltet hat.

Die entscheidende Frage lautet:

Wie können die von Veränderungsprozessen direkt betroffenen Mitglieder einer Organisation an der Lösung der Probleme verantwortlich mitwirken, so dass sie durch die gemeinsam erarbeiteten Problemlösungen sich selbst und die Organisation produktiv weiterentwickeln?

Die Betroffenen zu Beteiligten machen. Das ist die Kurzformel, die den Prozess der OE so gut charakterisiert, dass manche meinen, damit sei alles gesagt. Diese Formel entspricht auch dem Demokratieverständnis unserer Zeit. Sie klingt wie ein Patentrezept für all diejenigen, die glauben, ihre eigenen Ideen durch Beteiligung der anderen besser durchsetzen zu können. Sie entspricht auch der Erwartungshaltung mancher Unternehmensberater, die mit ihren Klienten die Erfahrung gemacht haben, dass all ihre Bemühungen scheitern, wenn sie ihre Beratungsvorschläge dem Klientensystem nicht „beibringen" können. Diese Formel birgt eine große Gefahr: die Verführung zur Manipulation. Das im Partizipationsprozess angelegte Konfliktpotential wird meist übersehen. Wenn die Partizipation bei Problemlösungen nur vorgeschoben wird, wird sie von den Beteiligten im Laufe des Prozesses meist als „Mittel zum Zweck" durchschaut und als „Motivation durch Manipulation", als „Motipulation" gebrandmarkt. Die „Scheinpartnerschaft" wird abgelehnt.

Außerdem ist es eine Erfahrungstatsache, dass Menschen sich für eine Sache nur dann voll einsetzen, wenn sie sie einsehen und daran beteiligt sind. Niemand wird sich für eine Sache engagieren, die er nicht versteht und die ihm keinen Nutzen bringt. Für Organisationen bedeutet das: Die beste technische oder organisatorische Lösung würde nichts nützen, wenn die Menschen, die sie einführen oder diejenigen, die danach arbeiten müssen, sie nicht akzeptieren oder sogar boykottieren, weil sie an ihrem Zustandekommen nicht beteiligt sind.

Bei der OE geht es immer um Veränderungen, um Problemlösungen, um die Einführung von Neuerungen. Bei derartigen Prozessen - die Vernunft gebietet es und die Erfahrung beweist es - kommt es auf die aktive Mitwirkung der Betroffenen an. Mitwissen ist nur eine Voraussetzung für das Mitwirken. Grundlage hierfür ist eine offene Information. Und genau hier setzt die OE an mit der für viele Menschen neuen These: Probleme können nicht stellvertretend für andere, sondern durch die Betroffenen selbst am besten gelöst werden. Der Problemträger wird zum Problemlöser.

Diese These hat praktische Konsequenzen.

Wenn die Betroffenen zu Beteiligten werden sollen, setzt das voraus oder es hat zur Folge, dass anstehende Probleme mit den Betroffenen oder *von* den Betroffenen *gemeinsam* aufgegriffen und bearbeitet werden. Das bedingt Arbeit in überschaubaren Gruppen, direkte Mitwirkung, unmittelbare Kommunikation in und zwischen Gruppen. Nur so und nicht anders ist eine Beteiligung der Betroffenen an der Meinungs- und Entscheidungsbildung möglich. Dadurch wird nicht nur Solidarität geweckt, Teamarbeit praktiziert, Befriedigung individueller Bedürfnisse im Vollzug des Mitgestaltens ermöglicht, sondern auch eine Art „kommunikativer Konsens" erreicht und eine Identifikation mit dem, was man selber mitgestaltet hat.

Allerdings stehen diesem Ziel, das man beinah als frommen Wunsch bezeichnen kann, eine Reihe von Bedingungen entgegen, die bei allen Partizipationsprozessen zu beachten sind und die Realisierung erschweren.

Zunächst stellen sich folgende Fragen:

1. *Können* die von einem Problem Betroffenen überhaupt an der Problembearbeitung und an der Problemlösung beteiligt werden?

Die Beantwortung dieser Frage hängt nicht nur von der Art, der zur Lösung anstehenden Probleme (probleminhaltliche Begrenzung), sondern auch von der Anzahl der Betroffenen (quantitative Begrenzung), von der Befähigung der Betroffenen (qualitative Begrenzung), von der Motivation der Betroffenen (intentionale Begrenzung) und nicht zuletzt von den zu erwartenden Auswirkungen ab (resultative Begrenzung).

2. *Wollen* die von einem Problem Betroffenen überhaupt an der Problembearbeitung und an der Problemlösung beteiligt werden?

Die Beantwortung dieser Frage hängt primär von der Motivation der Betroffenen, indirekt natürlich auch von ihrer Qualifikation, ihren Interessen und Fähigkeiten ab, aber nicht zuletzt eben auch von den objektiven Bedingungen, die sich im Partizipationsprozess mit den absehbaren Aussichten auf die erreichbaren Resultate und für ihren persönlichen Nutzen ergeben. Es ist nicht zu übersehen, dass die Mitwirkung der Betroffenen an der Bearbeitung gemeinsamer Probleme ein gewisses Maß an Lernfähigkeit und Lernbereitschaft erfordert. Umgekehrt: Man muss damit rechnen, dass es immer Mitarbeiter geben wird, die gleichgültig reagieren oder sich der Mitwirkung, der Mitverantwortung und damit verbundenen Konfliktaustragung entziehen (passiver Widerstand).

Die Fragen: Wer soll mitmachen? Und: Wer macht mit? - erhalten im OE-Prozess eine eminent große Bedeutung.

Im Zusammenhang damit steht die nicht weniger bedeutsame Frage: *Wie* kann und soll dieser Partizipationsprozess verlaufen?

Auch ein partizipativ eingestelltes Management ist häufig unsicher in der Frage, ab welchem Stadium und in welcher Form es die betroffenen Mitarbeiter in Problemdiskussionen, Planungs- und Entscheidungsprozesse einbeziehen soll.

Unbeantwortet ist auch die Frage, wie die mit der umfassenden Beteiligung aller

Betroffenen jeweils verbundene hohe Komplexität und Kontingenz der Prozesse und Interessen noch gesteuert und die Handlungsfähigkeit des Systems garantiert werden kann.

Bei hohem „Partizipationsgrad" in einer Organisation kann es leicht zu Situationen kommen, wo in Teamsitzungen lange „partnerschaftliche" Diskussionen geführt werden, wo um Problemlösungen gerungen und partizipative Entscheidungen getroffen werden, die aber - nach dem Gefühl der beteiligten Mitarbeiter - eigentlich im Management schon lange vorbereitet, wenn nicht gar schon gefällt worden sind.

Rieckmann (1981, S. 165 ff) hat diese Schwierigkeiten im Prozess einer Werksneugründung anschaulich beschrieben. Er spricht - aus der Sicht des partizipativ eingestellten Managements - von einem „Entscheidungstrilemma":

„Das ‚Trilemma' bestand darin, dass - auf welcher Stufe auch immer die Mitarbeiter in den Prozess der Problemlösung ‚eingeschaltet' werden würden - in jedem Fall mit einer hohen Produktion von Komplexität, Konflikt, Unsicherheit und Unzufriedenheit zu rechnen ist:

1. Entschied sich das Management, das Prozess- und Strukturdesign eigenständig zu erarbeiten und den Mitarbeitern als fertigen Beschluss zu präsentieren, so dass die *Betroffenen nur noch Einfluss auf Implementations-Detailfragen hatten, so* konnte dadurch zwar die Prozesskomplexität zunächst erheblich reduziert werden. Anschließend würde jedoch die Prozesskomplexität durch Implementationswiderstände, Interessenkonflikte, Kontrollprobleme etc. wiederum deutlich zunehmen, so dass dadurch letztlich ‚nichts zu gewinnen' war. Darüber hinaus war bei dieser Vorgehensweise mit hohen Identifikations- und Vertrauensverlusten gegenüber dem Ideal partnerschaftlicher Zusammenarbeit zu rechnen.

2. Ließ man hingegen *die Mitarbeiter auf den Prozess der Gestaltung des nachfolgenden Implementationsprozesses Einfluss nehmen,* würde mit hohen Planungs- und Diskussionszeiten zu rechnen sein und der vom Management erwartete Prozess der Umgestaltung würde selbst wiederum abhängig vom laufenden Prozess werden, also wiederum neue systeminterne Komplexität produzieren. Hinzu kam die Gefahr, dass ein Einstieg dieser Art von den Mitarbeitern als Scheinpartnerschaft und Prozesstrick abqualifiziert werden würde: Das Management wolle durch Pseudoeinflussnahme bei den Betroffenen das Gefühl der Identifikation vermitteln und die Möglichkeit erreichen, bei eventuellen Fehlentwicklungen später sagen zu können, dass die Mitarbeiter es ja selber so mitgewollt hätten. ...

3. *Wenn man bei der ‚Stunde O' anfangen würde, also schon bei der Problemartikulation alle Betroffenen Einfluss nehmen lassen* (Entwicklung von Möglichkeits- und Rahmenbedingungen, unter denen der Prozess der Strukturierung des Problemlöseprozesses abzulaufen hätte), so käme eine solche Entscheidung zwar dem Partizipations- und Gemeinschaftsgedanken des ‚Offenen Systems' sehr nahe, schien andererseits jedoch die Organisation mit einem derartigen Grad an Überkomplexität zu überfordern, dass das Rationalitätsprinzip wirtschaftlichen Handelns vollends in. Frage gestellt würde. Die vom Management sicherzustellende Handlungsfähigkeit des Systems wäre dadurch gänzlich abhängig vom laufenden Prozess und käme somit einer totalen ‚Auslieferung' gleich. Hinzu kam die (nicht unberechtigte) Furcht des Managements, dass auch unter diesen Bedingungen Mitarbeiter Protest erheben würden, nämlich, „dass das Management offensichtlich nicht wisse, was es wolle" - und dieses Problem nun auch noch auf den Rücken der Mitarbeiter abzuwälzen versuche - sie ihrerseits jedoch schon genug Arbeit hätten. Außerdem sei Planung und Planung der Planung eine Aufgabe des Managements. Dafür würden sie schließlich bezahlt und dafür hätten sie ja auch die Zeit. ...

Eine Lösung dieses Trilemmas erwies sich als außerordentlich diffizil. Seine Schwierigkeit beruhte zum einen auf dem Basiskonflikt unterschiedlicher Interessen, Rollen, Informationen und Bedürfnisse von Mitarbeitern und Managern. Zum anderen wurzelte das Trilemma in der erwähnten Problematik, wie die mit multipersonalen, partizipativen Prozessen einhergehende und mitproduzierte Komplexität und Kontingenz sowohl für die Problemlösung kreativ genutzt und entfacht, als auch wiederum so reduziert und gesteuert werden könnte, dass die Handlungs- und Leistungsfähigkeit der Organisation sichergestellt bleiben würde."

In einem längeren und konfliktreichen Prozess wurde als Situationsdiagnose ein „Entscheidungskontinuum" erarbeitet, das sich zwar als „letztlich unbefriedigend", aber doch als „praktikabel" erwies (Abb. 1).

C „totale Partizipation":	B „repräsentative Partizipation":	A „autoritäre Ausübung des Direktionsrechts seitens des Managements":
1. Involvierung aller Betroffenen 2. Konsens als Entscheidungsbasis 3. Zahlreiche Rückkopplungen notwendig 4. Hoher Zeitaufwand 5. Entscheidungsfähigkeit: sehr fragwürdig	1. Rätesystem ähnlich Entscheidungsfindung mit Delegierten und Rückkopplungen zur Basis (Teams) 2. Bevollmächtigung des Parlaments, Entscheidungen zu treffen 3. Entscheidungsbasis: Abstimmungsverfahren, Mehrheit entscheidet 4. Machtkonflikte erschweren Handlungsfähigkeit	1. Basierend auf eigenen Analysen 2. Teams haben nur Anhörungs- und Informationsrecht (input) 3. Lediglich der Betriebsrat hat, basierend auf dem Betriebsverfassungsgesetz, Mitbestimmungsmöglichkeiten

Abb. 1 Kontinuum alternativer Gestaltung des Entscheidungsprozesses

„Eine weitere Diskussion dieser Situation und die Erarbeitung einer Meta-Entscheidung hinsichtlich der Vorstrukturierung von Prozessen partizipativer Entscheidungsfindung erschien im Rahmen von ‚Parlamentssitzungen' als nicht durchführbar ... Die Grenzen ‚totaler', aber auch ‚repräsentativer' Partizipation wurden deutlich ... Mitarbeiter wie Manager trafen inoffiziell und formal unausgesprochen eine Art ‚Vereinbarung', nämlich die partizipative Einflussnahme auf das ‚Wie' der Ausführungsfragen und auf das ‚Was' gestaltungsinhaltlicher *Probleme nur noch im Rahmen der Grenzbedingungen des Managements* stattfinden zu lassen. Dieser Partizipationsgrad wurde als macht- und interessenpolitisch akzeptable und informationsverarbeitungsmäßig praktikable Form angesehen" (*Rieckmann* 1981, S. 173).

Hierbei ist festzuhalten, dass sich die Beteiligung der Betroffenen üblicherweise auf verschiedenen Ebenen einer Organisation abspielen wird. Vom Problembezug her gibt es Entscheidungsprozesse, die sich auf der Gesamtunternehmensebene, auf Werksebene, auf Betriebsebene oder unmittelbar am Arbeitsplatz abspielen.

Zwischen den Entscheidungsinhalten und dem Entscheidungsspielraum auf verschiedenen Ebenen einer Organisation muss klar unterschieden werden.

Es wäre beispielsweise wenig sinnvoll, in einem Großunternehmen mit mehreren Tausend Beschäftigten die Frage einer möglichen Kooperation mit einem anderen Unternehmen - vielleicht auch die Frage einer Fusion zwischen beiden Unternehmen - mit allen Beschäftigten des Unternehmens durchzudiskutieren. Obwohl, auch das muss man sehen, von den Entscheidungen der Führungsspitze letztlich doch alle Beschäftigten des Unternehmens direkt oder indirekt betroffen sein werden. Wichtig ist vor allem, dass in dem Planungs- und Entscheidungsprozess die für alle Beschäftigten relevanten Aspekte angemessen berücksichtigt werden. Gerade hierin aber liegt das Problem.

Andererseits hat sich bei der Auswertung von norwegischen Experimenten mit teilautonomen Arbeitsgruppen gezeigt, dass „Versuche mit selbststeuernden Arbeitsgruppen dann erfolgreich verlaufen, wenn Arbeiter an den Entscheidungen über Ziele und Mittel zur Zielerreichung im Bereich des Arbeitsplatzes beteiligt werden. Wird das Konzept dagegen in verwässerter Form als Sozialtechnik mit Pseudo-Beteiligung eingesetzt, so ist langfristig mit Widerständen der Betroffenen zu rechnen, weil die manipulative Absicht in der täglichen Arbeitspraxis erfahren wird" (*Steinmann*, zitiert nach *Rieckmann* 1981).

Bei der Förderung partizipativen Verhaltens ist also das Autonomie-Kriterium ebenso zu beachten wie die von unterschiedlichen Systemebenen bestimmten Entscheidungsinhalte.

Das in Abb. 2 (s. S. 34) dargestellte Schema von *Rieckmann* (1981, S. 91), das auf *Rohmert/Weg* (1976) zurückgeht, differenziert zwischen Entscheidungsinhalten, die auf unterschiedlichen Einfluss- und Systemebenen angesiedelt sind (Dimension 1) und zwischen kontinuierlich abgestuften Autonomiegraden von Macht- und Willensausübungen (Dimension 2, Skalierung von 0 bis VI). Mit Hilfe dieser beiden Dimensionen lassen sich dann die in der Praxis üblichen betrieblichen und politischen Entscheidungsprozesse nach ihrem Autonomieumfang klassifizieren (A bis E).

Autonomie, darauf muss in diesem Zusammenhang noch hingewiesen werden, darf hier nicht verstanden werden als „der Grad, in dem eine Gruppe unabhängig von anderen Gruppen ist" *(Hemphill*, 1969, S. 225), sondern als der Grad des „partizipativen Entscheidungsspielraums" im vorgegebenen System.

Abschließend und zusammenfassend ist darauf hinzuweisen, dass eine stärkere Beteiligung der Betroffenen an Problemlösungs-, Planungs- und Entscheidungsprozessen keineswegs auf eine Minimierung von Konflikten hinausläuft. Das Gegenteil ist richtig: je mehr Partizipationsmöglichkeiten für die Organisationsmitglieder bestehen, d.h. je größer das Ausmaß an Partizipation ist, desto häufiger treten Konflikte auf" *(Naase* 1978, S. 112f.). Die Erklärung hierfür ist nahe liegend: Ein hohes Ausmaß an Partizipationsmöglichkeiten für Gruppenmitglieder an Entscheidungen ist der Artikulation von bestehenden Ziel- und Interessenkonflikten förderlich. Diese Konflikte müssen aber durchaus nicht destruktiv sein. Außerdem kann durch ein hohes Ausmaß von Partizipation zwar nicht die Häufigkeit, wohl aber das Ausmaß solcher Konflikte vermindert werden.

Je größer das Ausmaß an Partizipation ist, desto eher besteht für die Beteiligten die Chance, Konflikte auszutragen und nach Wegen zu ihrer Lösung zu suchen. Partizipation verhindert die Unterdrückung von Konflikten. Je mehr Partizipationsmöglichkeiten den Gruppenmitgliedern zugestanden werden, desto stärker wird das Gefühl der Machtlosigkeit abgebaut und desto stärker werden die Ziele und Interessen der Beteiligten berücksichtigt. Über die Förderung der persönlichen Ziele wird die Kooperation in der Gruppe verbessert *(Naase* 1978, S. 203 f.).

Entscheidungsinhalt

Autonomieumfang
Auswirkungsniveau, Systemebene

System/Umwelt

Unternehmens-ebene

Betriebs-ebene

Abteilungs-/Teamebene

Arbeitsplatz-ebene

E — Einfluss auf Entscheidungen, die das Gesamtunternehmen betreffen (Strategien, Investitionen, Gewinnverteilung etc.)

D — Einfluss hinsichtlich Produkt/Produktion (Art, Quantität, Qualität)

C — Einfluss auf die Gestaltung des sozio- technischen Arbeitssystems, seiner Strukturen und seiner Grenzbedingungen

B — Einfluss auf Personal- und Führungsfragen

A — Einflussmöglichkeiten auf Prozesse innerhalb des vorgegebenen Arbeitssystems

	(I)	(II)	(III)	(IV)	(V)	(VI)
Keine Vorausinformation an die Untergebenen	Vorausinformationen werden gegeben, (Informationsrecht)	Untergebene können ihre Meinung äußern (Anhörungs- und Vorschlagsrecht)	Die Meinung der Untergebenen wird im Entscheidungsprozess berücksichtigt zum Zwecke der Optimierung von Problemlösungen, Legitimation und Motivation, basierend auf einem diffusen informellen Konsens der Beteiligten (faktische Kraft des Nützlichen)	Teilautonomie innerhalb von Grenzen, die vom Management unter Mitwirkung der Mitarbeiter definiert und weiterentwickelt werden. (Höherer Authentizitäts- und Formalisierungsgrad als "Mitwirkung".)	Machtparitätisch abgesicherte Form der Mitbestimmung und Vetoausübung (symmetrische Gegenabhängigkeit, "authentische Partizipation)	Entscheidungsfindung liegt in der Hand der Betroffenen, (unvermittelter Umweltzugang)
	"Mitwissen"		"Mitwirken"	"Teilautonomie"	"Mitbestimmen"	"Selbstbestimmen"

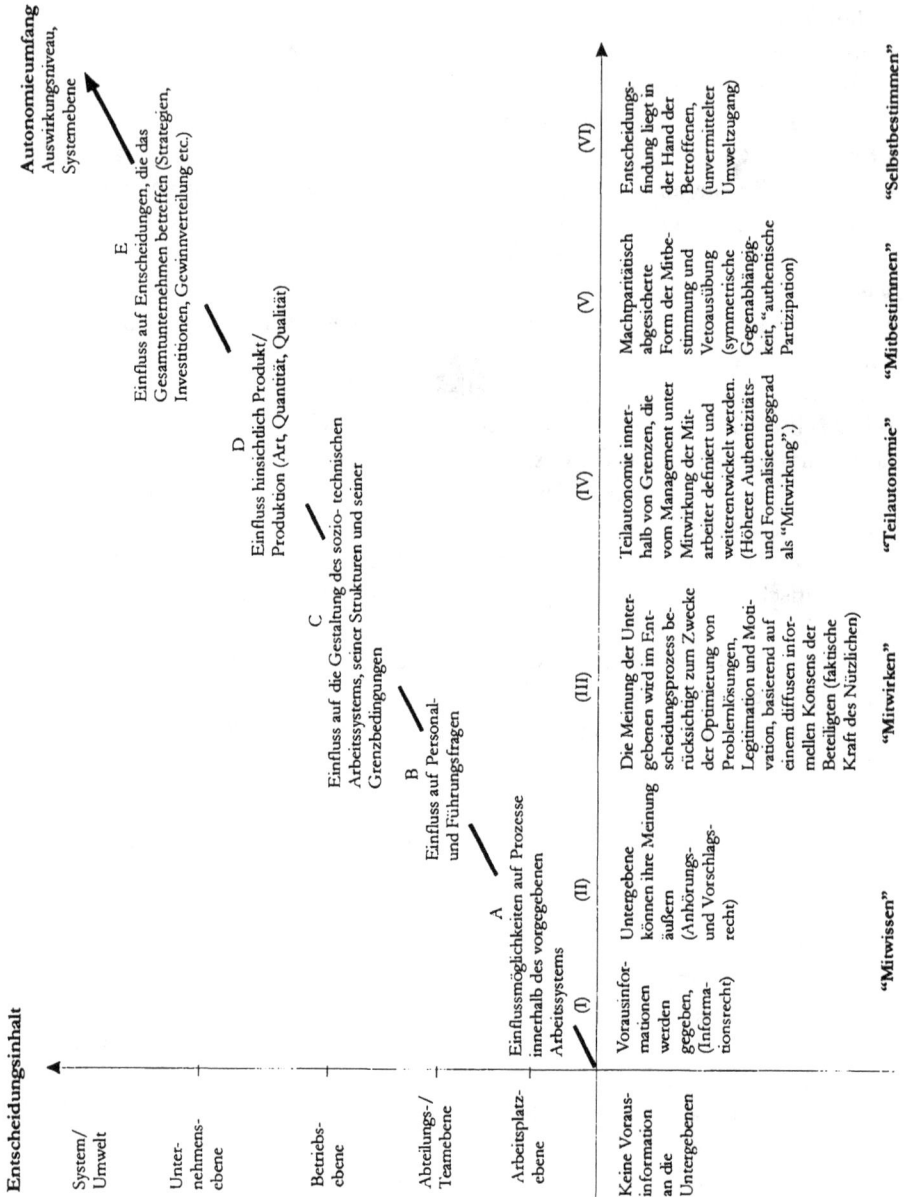

Abb. 2 Autonomiekontinuum (*Rieckmann* 1981, S. 91)

2.2.4 Klärung von Sach- und Beziehungsproblemen

Bei der OE geht es um konkrete Probleme der täglichen Zusammenarbeit und der gemeinsamen Zukunft. Dabei werden nicht nur Sachprobleme, sondern auch Kommunikationsprobleme behandelt. Außerdem kommen nicht nur die internen Angelegenheiten der beteiligten Gruppe, sondern auch ihre Beziehungen nach „außen" zur Sprache.

Die entscheidende Frage lautet:

Wie können die den Problemen und den Veränderungswünschen zugrunde liegenden Ursachen und Einflussgrößen, die in aller Regel nicht nur Sachprobleme, sondern auch Kommunikations- und Verhaltensprobleme sind, klar erkannt, offen erörtert und im Sinne einer konstruktiven Zusammenarbeit erfolgreich bearbeitet werden?

Die Tatsache, dass in der betrieblichen Arbeit sachliche Fragen behandelt und Sachprobleme gelöst werden müssen, ist eine Selbstverständlichkeit.

Weniger selbstverständlich, aber unbestreitbar ist die Tatsache, dass in der betrieblichen Arbeit auch menschliche Einstellungen, Emotionen- und Beziehungsprobleme eine Rolle spielen. Diese werden aber in aller Regel nicht angesprochen. Allenfalls wird darüber „getuschelt". Über „so etwas" spricht man nur, wenn man „über andere" spricht. Die Verhaltensweisen und die Einstellung einzelner Menschen und ihrer Beziehungen zueinander werden mehr als „Störfaktoren" behandelt und sind eher Gegenstand des betrieblichen Tratsches, als dass sie offen erörtert und konstruktiv bearbeitet werden.

Das hat Gründe: In unserer Zivilisation, erst recht in der rationalen Sphäre eines Wirtschaftsunternehmens, gilt Sachlichkeit als sozial erwünscht. Es wird übersehen, dass auch die Forderung nach strenger Sachlichkeit die Gefühlswelt nicht ausklammern kann. Wer sagt: „Jetzt lassen Sie uns einmal ganz sachlich sein", löst gewöhnlich gerade damit bei einem Gesprächspartner mit anderer Einstellung zur Sache heftige Emotionen aus. Man muss sich - auch in der Industrie - eines klarmachen: Gefühle und Einstellungen sind kein zu negierender Bereich, sondern bestimmen das Verhalten der Menschen im Betrieb und schlagen sich deshalb auch betriebswirtschaftlich unter dem Strich in harten Zahlen nieder.

Die Schwierigkeiten bestehen auch darin, dass es vielen Menschen offenbar schwer fällt, Gefühle zu äußern, zu sagen, was einem nicht passt, anderen zuzuhören und mitzukriegen, wie ihnen zumute ist. Die Gefühle werden im Arbeitsleben normalerweise zurückgehalten. Wenn sie einmal geäußert werden, geschieht dies meist unter Hochdruck, also als Emotion, als Eruption. Das ist dann eher schädlich als nützlich.

Wenn aber solche Gefühle, die nicht selten auf verzerrten Wahrnehmungen beruhen, einmal ausgesprochen werden, ruhig und ohne Vorbehalt, dann ist das meist hilfreich, weil dann den Beteiligten Situationen und Reaktionen ohne Zwang und ohne Sanktionen verständlich werden.

Allerdings ist dies nur bei strukturell „guter Zusammenarbeit" möglich. Und umgekehrt: Die Klärung sachlicher und zwischenmenschlicher Probleme ist wiederum Voraussetzung für gute Zusammenarbeit.

Deshalb sollte, meist eingeleitet durch einen Berater oder Moderator, eine andere Art der Verständigung zwischen den am Arbeitsprozess beteiligten Menschen entwickelt werden, die es möglich macht, in annehmbarer Weise auch Hintergründe im täglichen Arbeitsablauf zur Sprache zu bringen, sozusagen die „Tatsachen hinter den Tatsachen". So wird es möglich, in einer angstfreien Atmosphäre, in einem Klima der Offenheit und des gegenseitigen Vertrauens Gefühle ansprechbar zu machen, Missverständnisse aufzuklären und Konflikte zu lösen. Es zeigt sich, dass man den anderen, wenn dessen Sichtweise einem klar und einsichtig geworden ist, wirklich besser versteht, dass man ihn akzeptiert, so wie man selber verstanden und in seiner Eigenart akzeptiert werden möchte. Hier gewinnt die „Metakommunikation" - die Reflexion über die Kommunikationsprozesse - eine entscheidende Bedeutung:

Bei der Analyse von Problemen muss deshalb darauf geachtet werden, dass es prinzipiell zwei Formen von Konflikten gibt, nämlich Inhaltskonflikte, die sich tatsächlich auf die unterschiedliche Beurteilung von Sachproblemen richten, und Beziehungskonflikte, die in Wahrheit die Schwierigkeiten im Umgang miteinander zum Inhalt haben.

Meist ist es so, dass nur die Sachprobleme gesehen werden, obwohl sie vorgeschobene Erscheinungsweisen darstellen für einen versteckten Beziehungskonflikt. Bei jeder Probleminventur ist es deshalb erforderlich, nach diesen beiden Kriterien die Probleme zu sichten und zu analysieren.

In der Regel gilt, dass Sachprobleme gar nicht zu lösen sind, wenn nicht die damit verbundenen Beziehungskonflikte zuvor gelöst werden. Die Erfahrung zeigt auch, dass dann - wenn nach der Beziehungsebene entsprechende Klärungen stattgefunden haben - manche Sachprobleme wie von selbst verschwinden. Dies macht die Problemlösungsfrage einfach und kompliziert zugleich. Der Begriff „einfach" bezieht sich hier auf die Sachprobleme, die - wie gesagt -häufig genug abgeleitete Probleme sind und sich von selbst erledigen können.

Kompliziert wird die Sache dadurch, dass die Konflikte und Probleme auf der Beziehungsebene in aller Regel eine historische Dimension haben, also in einem langen Entwicklungs- und Sozialisierungsprozess des einzelnen erworben worden sind, dass sie nicht nur arbeitsplatz- und arbeitsfeldbezogen sind, also auch induziert werden von sozialen Bedingungen außerhalb der Organisation und dass sie oft eine größere Zeitspanne erfordern, um überhaupt bearbeitet werden zu können.

Um zwischenmenschliche Konflikte als Voraussetzung für Sachkonflikte erkennen zu können, ist ein offener Umgang in der Organisation notwendig. Je größer die Freiheitsgrade des Verhaltens sind und je mehr Spontaneität die Verhaltensweisen des Menschen kennzeichnen, desto eher ist es möglich, Beziehungskonflikte offen anzusprechen.

Organisationen haben oft ein sehr formalisiertes System der Kommunikation. Die Menschen in einer Organisation bedienen sich oft einer speziellen Fachterminologie, die Kommunikation ist auch oft vermittelt durch Medien wie Telefon, Fernschreiber, Schrifttext, Formulare usw. Dies alles erschwert die Wahrnehmung und erst recht die Bearbeitung von Beziehungskonflikten. Hinzu kommt das Problem, dass die Verweildauer in der Organisation beschränkt ist, dass der Mensch sich aber ganzheitlich mit seinen Bedürfnissen und Erfahrungen auch in die Organisation einbringt.

Es ist hier also zu achten auf den gegenseitigen Transfer von Beziehungskonflikten aus der Arbeitswelt in die private Sphäre und umgekehrt. Wer zum Beispiel einen privaten Partnerschaftskonflikt hat, wird das auch in seinem Verhalten innerhalb der Organisation nicht unterdrücken können. Und umgekehrt: Wer zum Beispiel unter dem Führungsverhalten seines Vorgesetzten leidet, wird diese Erfahrung auch mit nach Hause und in den Umgang mit seinen Kindern hineinnehmen. Inwieweit Beziehungskonflikte im Rahmen der Organisation erfolgreich bearbeitet werden können, ist abhängig vom Stärkegrad dieser Konflikte und vom Reifegrad der Organisation, von der „Kultur" des Betriebes.

Eine personen- bzw. bedürfnisorientierte Führung kann viel dazu beitragen, dass der Mitarbeiter das Gespräch mit dem Vorgesetzten oder auch mit dem Kollegen sucht und auf diese Art und Weise Beziehungen klären kann.

Die Institution der Arbeitsbesprechung oder Dienstbesprechung oder auch der „jour fix" können Instrumente sein, durch die auch Beziehungsklärungen in der Organisation möglich werden. In schwierigen Fällen wird es sogar zweckmäßig sein, dass ein spezielles Konfliktlösungstraining für den jeweiligen Problembereich der Organisation durchgeführt wird. Solche Veranstaltungen haben dann nicht selten einen therapeutischen Anspruch und bedienen sich der Instrumente der Gruppendynamik und der Gruppenpädagogik. Präventiv kann eine Organisation am ehesten die Entstehung von Beziehungskonflikten vermeiden oder bestehende Beziehungskonflikte in ihrer Wirkung neutralisieren, wenn sie ein ausgewogenes Maß an persönlicher Freiheit und sachlicher Bindung gewährleistet und wenn die Kommunikation von „Offenheit" und „Vertrauen" bestimmt wird.

2.2.5 Erfahrungsorientiertes Lernen

Der Mensch ändert seine Einstellung und sein Verhalten nur durch praktische „Erfahrung am eigenen Leib" im direkten Kontakt mit anderen Menschen und in der direkten Auseinandersetzung mit konkreten Problemen, von denen er selbst betroffen ist. Offene Information und aktive Mitwirkung der Betroffenen in Arbeitsgruppen spielen deshalb in der OE eine zentrale Rolle bei der Lösung der konkreten betrieblichen Probleme.

Die entscheidende Frage lautet:
Wie können die verborgenen Fähigkeiten der in der Organisation tätigen Menschen so zur Entfaltung gebracht werden, dass sie kompetenter an der Lösung von Problemen mitwirken können und durch neue Einsichten und Erfahrungen ihre Einstellung und ihr Verhalten ebenso verändern wie die durch sie geprägten Verhältnisse?

Lernen heißt in der Psychologie: Verhaltensänderung durch Auseinandersetzung mit der Umwelt. Wir können davon ausgehen, dass fast immer ein Lernprozess vorliegt, wenn wir bei einem Menschen eine bestimmte Einstellungs- und Verhaltensänderung beobachten. Lediglich Reifungsprozesse und Verhaltensveränderungen, die auf temporären Ausnahmezuständen beruhen oder auch auf angeborenen Reaktionstendenzen, sind hiervon ausgeschlossen.

Dies zeigt, dass wir heute von einem sehr weitgehenden Lernbegriff ausgehen müssen, der keineswegs beschränkt ist auf die Fähigkeit, bestimmte Fakten und Daten auswendig zu lernen, wie es das Bild vom „Nürnberger Trichter" nahe legt. Zum Lernbegriff gehören heute vor allem auch das „Soziale Lernen" und das Problemlösungsverhalten.

Aber nicht nur in der Auffassung des Lernbegriffs, sondern auch in der Frage, wie die Aneignung von Erfahrungen am besten geschieht, gibt es heute neue Einsichten. Zum beherrschenden Prinzip in der Erwachsenenbildung wurde das erfahrungsorientierte Lernen, das „Learning by doing". In der Psychotherapie, die ebenfalls sehr stark auf Lernprozesse angewiesen ist, gilt der Satz: Jeder Mensch ist für sich selbst der beste Experte. Hiermit ist gemeint, dass jeder Mensch am ehesten lernt, wenn er auf seine eigenen Erfahrungen zurückgreifen kann und wenn die neue Situation verständlich wird auf dem Hintergrund eigener Erfahrungen und Erlebnisse.

Der Vorteil des erfahrungsorientierten Lernens ist aber nicht nur die starke Individualisierung von Lernprozessen, sondern vor allem auch die große Akzeptanz, die diese Art des Lernens für den einzelnen mit sich bringt. Fremdbestimmtes Lernen hat immer das Problem, dass die Lernanforderungen, die von außen kommen, vom einzelnen nicht immer akzeptiert werden können. Es gibt einen gewissen Widerstand, den manche Menschen nur sehr schwer überwinden. Das mag mit ein Grund dafür sein, warum das schulische Lernen so unbeliebt ist.

Schließlich gibt es noch so etwas wie ein genetisches Primat des erfahrungsorientierten Lernens. Bereits das kleine Kind, ja der Säugling lernt seine ersten Reizreaktionsverbindungen über eigene Erfahrungen. Beim Erwachsenen werden die Reize schwächer. Die Gewöhnungstendenzen nehmen zu. Wir laufen Gefahr, unser Verhalten nach nicht realitätsgerechten Informationen auszurichten.

Neben dem positiven Effekt von Erfahrungen im Zusammenhang mit Lernen gibt es nämlich eine Kehrseite der Medaille. Erfahrungen können auch Lernhemmungen sein, nämlich dann, wenn Erfahrungen zu festgefügten Wahrnehmung- und Entscheidungsrastern führen. In diesem Fall ist es nötig, dass Erfahrungen aufgebrochen werden, dass neue Erfahrungen gemacht werden, die gewissermaßen dem Denken eine neue Chance geben, also divergente Denkgewohnheiten neu entstehen lassen. In vielen Fällen kommt es zur Lösung von Problemen oder zu kreativen Prozessen, wenn es den Menschen gelingt, ihre bisherigen Erfahrungen in neue Zusammenhänge zu bringen. Sehr gut kann man dies an bestimmten Denksportaufgaben demonstrieren, wie z. B. bei der Lösung des sog. Neun-Punkte-Problems (*Wertheimer* 1957, *Watzlawick* 1974).

Lernen hat aber auch immer mit der Strukturierung kognitiver Elemente zu tun, d. h. die neu erworbenen Einsichten müssen eingeordnet werden in die vorhandene kognitive Struktur. Auch darin liegt eine besondere Anforderung der OE. Lernerfahrungen werden nur dann zum kreativen Bestandteil der eigenen individuellen Fähigkeiten, wenn die bereits vorhandenen kognitiven Strukturen so weit aufgebrochen werden können, dass neue Inhalte überhaupt einzubeziehen sind. Auch beim Aufbrechen solcher kognitiver Strukturen spielen Erfahrungen wieder eine besondere Rolle. Appelle an die Einsicht eines Menschen nützen meist gar nichts. Lediglich die eigene Erfahrung, dass etwas anders ist als man bisher gedacht hat, bringt einen Menschen dazu, neu über die Dinge nachzudenken.

Das bedeutet praktisch, dass der Mensch am meisten lernt (und seine Fähigkeiten dabei entwickelt), wenn er sich bewusst auf die Auseinandersetzung mit der Umwelt einlässt. Das ist am ehesten möglich in einem kontinuierlichen Prozess des Problemlösens in der Gruppe, an Problemen, von denen er selbst direkt betroffen ist. Dieser Problemlösungsprozess muss jedoch ausdrücklich organisiert werden. Das ist durch OE möglich. Hier wird - in der Kleingruppe - ein neues Terrain erschlossen und ein neuer Weg gebahnt, der es uns ermöglicht, existentiell neue Erfahrungen zu machen und zwar ähnlich intensive Erfahrungen, wie wir sie sonst nur aus den „Primär-Gruppen" (Familie, Freundeskreis) kennen. Wir ändern unser Verhalten in der Regel deshalb nicht, weil wir in gewohnten Rollen leben, die wir womöglich zeitlebens beibehalten, obwohl andere Umstände längst ein anderes Rollenverständnis und andere Verhaltensweisen erfordern und wir uns vielleicht sogar nach einem anderen Leben sehnen. Unser Verhalten und die Wirkung unserer Verhaltensweisen auf andere ist uns selbst nur teilweise bekannt. Bei fast allen Menschen ist der „blinde Fleck", wie sie bei anderen ankommen, sehr groß. Auch über die eigenen Fähigkeiten macht man sich meist wenig Gedanken, sondern handelt so, als ob sie das einzig mögliche, fast unabänderliche „Handwerkszeug" im Umgang mit Menschen darstellen. Tatsächlich verfügt jeder von uns über weit mehr Kommunikationspotential als er im Alltag nutzt. In Problemlösungsprozessen, wie sie die OE ermöglicht, können durch sog. Feedback-Übungen kommunikative Erfahrungen gewonnen, reflektiert und aufbereitet werden, die zu einer Ausweitung der eigenen Möglichkeiten führen, vor allem im Hinblick auf die verkümmerten sozialen Verhaltensweisen wie „Zuhören-Können", Hinhören, Anteil nehmen oder „etwas wahrnehmen", ungetrübt wahrnehmen, ohne sogleich zu werten oder zu beurteilen, also ohne dass sofort die alten Vorurteile wirksam sind.

Zum erfahrungsorientierten Lernen gehört aber nicht nur das emotionale, sondern auch das verstandesmäßige, das „kognitive" Element.

„Um aus Erfahrung zu lernen, genügt es nicht, allein etwas zu erleben; man muss auch die- Erfahrung reflektieren. Die Organisationsmitglieder machen in ihrer alltäglichen Arbeit bestimmte Erfahrungen und reflektieren dann diese Erfahrungen, umso aus dem Erlebten zu lernen und Generalisierung abzuleiten. Viele OE--Interventionen sehen von vornherein eine Reflektionsphase im Anschluss an bestimmte Ereignisse vor, in der die Mitglieder folgende Fragen untersuchen können: Welche Kausalbeziehungen fanden wir in dieser Aktivität? Was haben wir anscheinend bei dieser Aufgabe richtig gemacht? Was hat uns beim Erreichen unseres Zieles gehindert? Was können wir aus dieser Erfahrung für zukünftige Aufgaben lernen? Durch dieses fortwährende Fragen und Nachdenken verbessern die Menschen ihre Fähigkeit *zu lernen, wie man lernt*. Wesentlich ist dabei, dass die Menschen zu allen ihren Erfahrungen eine experimentelle Haltung einnehmen, dass sie fortwährend ihre eigenen Erfahrungen untersuchen, um aus ihnen zu lernen und sich zu verändern und zu entwickeln." (*French/Bell* 1977, S. 82)

Erfahrungsorientiertes Lernen - so können wir zusammenfassend feststellen - bedeutet konstruktive Auseinandersetzung mit der eigenen Umwelt. Es bedeutet zugleich das Entwickeln und Einüben von Fähigkeiten und Entfaltung der eigenen Persönlichkeit. Erfahrungsorientiertes Lernen bedeutet eine Erweiterung des Informationsstandes und des geistigen Horizontes. Das Erfahrungslernen sichert Einsicht in die Zusammenhänge, oft auch Einsicht in die Notwendigkeit bestimmter Abläufe, die man zuvor selbst kritisiert hat. Und schließlich sichert das erfahrungsorientierte Lernen den kommunikativen Konsens mit anderen und die Identifikation mit dem, was man selbst mitgestaltet hat.

2.2.6 Prozessorientiertes Vorgehen

Veränderungsbemühungen dürfen nicht statisch, sie müssen dynamisch - als ein gemeinsamer Entwicklungsprozess - begriffen werden. Nicht nur Ergebnisse sind wichtig, sondern auch die Art und Weise des Vorgehens. Dabei besteht eine enge Wechselwirkung zwischen Weg und Ziel. Das „Wie" bestimmt oft über das „Was". Die Planung erfolgt von Schritt zu Schritt aufgrund von Auswertung und Reflexion der jeweils erzielten Ergebnisse.

Die entscheidende Frage lautet:

Wie können Veränderungsbemühungen, die üblicherweise auf ein bestimmtes Ziel ausgerichtet sind und ausschließlich ergebnisorientiert sind, durch die Art und Weise des Vorgehens, durch schrittweise Erprobung und fortschreitende Planung in einen kontinuierlichen Lernprozess für alle Beteiligten verwandelt werden, wobei die Art der Realisierung ebenso wichtig wird wie die zu erreichenden Ziele?

Es besteht eine enge Wechselwirkung zwischen Weg und Ziel. Das „Wie" bestimmt oft über das „Was" und wirkt als „normative Kraft".
Wir sind - gerade in einem Wirtschaftsunternehmen - in aller Regel einseitig auf ein Ergebnis fixiert. Auch eine Bilanz, die sich ja üblicherweise auf das abgelau-

fene Geschäftsjahr bezieht, verleitet dazu, das gute oder schlechte Bilanzergebnis ursächlich auf die Aktivitäten eben dieses Jahres zurückzuführen. Dabei wird allzu leicht übersehen, dass dies Ergebnis oft nur die Auswirkung von Aktivitäten oder Inaktivitäten darstellt, die meist Jahre zurückliegen. „Die Beweglichkeit des Tankers" ist kennzeichnend für diesen komplexen Sachverhalt. Auch ein Unternehmen ist eher einem schwer zu manövrierenden Konvoi vergleichbar als einem Mietshaus, das Einnahmen abwirft und gelegentlich renoviert oder umgebaut werden muss. Die Mechanik lehrt uns: Aus der Bewegung heraus sind Veränderungen leichter möglich.

Die zweite - nicht minder verhängnisvolle - Fixierung ist die auf einen einmal gefassten Plan, insbesondere die Fixierung auf die sogenannte „strategische Planung". Dabei werden - in der Regel nach aufwendigen Vorbereitungen - umfassend und langfristig lohnende Ziele gesetzt und ganz bestimmte Wege zur Zielerreichung vorgeschrieben. Die Kalamität dieser Planung lässt sich durch ein banales Sprichwort umschreiben: „Erstens kommt es anders. Und zweitens als man denkt!" Der britische Staatsmann *Benjamin Disraeli* hat es etwas anspruchsvoller ausgedrückt: „Was wir voraussehen, tritt selten ein. Was wir am wenigsten erwarten, das geschieht meistens."

Damit soll nicht gesagt sein, dass strategische Planung falsch oder überflüssig wäre - das Gegenteil ist der Fall. Wohl aber kann das bedeuten, dass bei sich schnell verändernden Umweltkonstellationen die strategischen Pläne oft nicht durchzuhalten sind oder mit Rücksicht auf die „taktische Lage" abgewandelt werden müssen.

Strategische Planung ist „Planung in Prosa" (*Götzen* und *Kirsch* 1979). Dabei sind immer Alternativpläne oder Modifikationen angebracht. Entscheidend ist, dabei „antizipatorisch" zu denken, d. h. verschiedene mögliche „Zukünfte" vorauszusehen und auch die Folgen eigener Handlungsweisen planspielerisch vorwegzunehmen. Die Konsequenz dieses strategischen Denkens ist ein im wahrsten Sinne des Wortes „zuvorkommendes" Handeln, eine Handlungsweise nämlich, bei der die erwarteten Umstände ebenso wie die voraussichtlichen Reaktionen anderer Akteure, z. B. das Verhalten der Kunden, der Konkurrenten, der Zulieferanten, der Gewerkschaften und der gesetzgebenden Stellen, mit berücksichtigt werden müssen.

Erfolg versprechend ist ein flexibles, undogmatisches, pragmatisches Vorgehen, ein „experimentelles Vorgehen". Die Planung erfolgt „von Schritt zu Schritt". Neue Maßnahmen werden zuerst in kleinerem Umfang entwickelt und erprobt und nach gründlicher Auswertung und Reflexion der jeweils erzielten Resultate weitergeführt, ausgeweitet oder abgewandelt.

Diese Haltung, die sich einerseits nicht begnügt mit dem was ist, sondern immer etwas Neues anstrebt, die andererseits aber auch das, was sein könnte, immer wieder an der Wirklichkeit überprüft, diese Haltung ist nicht weit verbreitet. Die entscheidenden Leute im Unternehmen halten sich für nahezu unfehlbar und haben oft die Angewohnheit, schon im Vorhinein Annahmen darüber zu treffen, wo die „wirklichen" Probleme stecken und wie man ihnen beikommen kann.

Die Ursachen hierfür liegen tiefer: Die meisten Menschen neigen dazu, vorschnell zu urteilen, d.h. auch *die* Dinge von ihrer rein theoretischen Überlegung her zu entscheiden, die man nur induktiv, von praktischen Versuchen her entscheiden kann (*Poppelreuter* 1929).

Beispiel:
Man kennzeichnet das mittelalterliche Denken dadurch, dass die Gelehrten über die Zahl der Zähne eines Pferdes stritten, ohne dass es auch nur einem eingefallen wäre, dem Gaul ins Maul zu gucken und einmal nachzuschauen.

Wer die Praxis in den Betrieben kennt, weiß, dass wir das Mittelalter noch längst nicht überwunden haben. Die meisten Menschen hängen so in ihren Vorurteilen fest, dass es ihnen nicht einmal einfällt, andere Wege als die gewohnten auch nur zu erproben.

Dieses Verhalten ist in Krisenzeiten besonders verhängnisvoll, weil es nicht weiterführt, da es unter den einengenden Umständen bei den gewohnten Wegen keinen Ausweg gibt. Auch gewaltige Anstrengungen bei den gewöhnlichen Bemühungen helfen nicht weiter. „Wer mit dem Kopf durch die Wand will" - ein Aphorismus des polnischen Satirikers *Stanislaw Lec* - „der landet schließlich in der Nachbarzelle".

Wer Veränderungen will, erreicht sie am leichtesten durch die Veränderung der Prozesse. Sonst stellen sich - wie bei vielen Reorganisationen im Unternehmen - gleichsam unter der Hand die alten Zustände und Schwierigkeiten wieder ein. *Kirsch* (1979) vergleicht derartige rein ziel- und zweckbestimmte Reorganisationen mit der Strategie des Bombenwurfs und untersucht die entsprechenden Aktions-Reaktions-Verläufe.

Viele Organisationen denken vorwiegend zielorientiert und verdrängen damit die Tatsache, dass Weg und Ziel immer eine Einheit bilden müssen. Ein Ziel kann nicht erreicht werden, wenn nicht zugleich auch der Weg dorthin, die Vorgehensweise, geklärt wird. Vor allem aber können neue Ziele nicht erreicht werden, wenn nicht auch Rechenschaft gegeben wird über den Weg zu den Zielen.

Ziele sind eigentlich nur Weg-Markierungen, Orientierungspunkte und Stationen, wünschenswerte Ergebnisse, die antizipiert, vorweggenommen werden. In der Praxis werden nicht erreichte oder nicht erreichbare Ziele oft korrigiert, meist ohne dass die Bedingungen hinreichend analysiert werden, welche die Zielerreichung verhindert haben. Ziele sind nur angenommene Ergebnisse; sie sind also statisch. Mit der Prozessorientierung kommt eine neue Dynamik ins Spiel, die oft auch neue Perspektiven eröffnet und nicht vorhersehbare Auswirkungen und Neben-Effekte haben kann, sogar die Erreichung von „Meta-Zielen" ermöglicht, die bedeutsamer sind als das, was ursprünglich beabsichtigt war.

Ein chinesisches Sprichwort sagt: „Wenn du einen Menschen einmal satt machen willst, gib ihm einen Fisch. Wenn du einen Menschen auf Dauer sättigen willst, so lehre ihn das Fischen."

Durch prozessorientiertes Vorgehen, wie es die OE intendiert, können Lern-
und Entwicklungsprozesse der Organisation und der in ihr tätigen Menschen in
Gang gesetzt werden, die zu immer besseren Ergebnissen führen und Wege zur
kontinuierlichen Weiterentwicklung erschließen.

Auf die Wechselwirkung zwischen „Weg" und „Ziel" und auf das Dilemma bei
einer Fixierung auf einen dieser beiden Aspekte wurde bereits im Kapitel 2.1
(Ziele der OE) eingegangen.

2.2.7 Systemumfassendes Denken

Kennzeichnend für das Vorgehen der OE ist der systemtheoretische Ansatz:
Individuum, Organisation, Umwelt und Zeit müssen ganzheitlich, d. h. in ihren
Wechselwirkungen und Systemzusammenhängen gesehen werden. Bei der Veränderung einzelner Elemente oder Subsysteme einer Organisation sind die Konsequenzen für andere Elemente und für das Gesamtsystem zu berücksichtigen.
Wünschenswerte Verhaltensänderungen müssen mit entsprechenden Strukturveränderungen einhergehen und umgekehrt.

Den jeweiligen Macht-Konstellationen ist besondere Beachtung zu schenken.
Außerdem darf die Zeitperspektive nicht vernachlässigt werden: Organisationen
haben - ebenso wie Individuen - ihre eigene Geschichte und eine eigene Identität. Die lebendige Vergangenheit ist bei der Zukunftsplanung zu berücksichtigen.
Die entscheidende Frage lautet:

Wie können bei geplanten Organisationsveränderungen alle wichtigen Einflussfaktoren in ihren wechselseitigen Abhängigkeiten erfasst und die als wirksam
erkannten Kräfte so berücksichtigt werden, dass der gesamte Entwicklungsprozess in der gewünschten Weise gefördert wird?

Organisationen - das gilt mittlerweile als gesicherte Erkenntnis der Betriebswirt-
schaft und der Verhaltenswissenschaften - werden gemeinhin verstanden als
zielgerichtete, mehr oder weniger formalisierte und offene soziotechnische Systeme, die sich durch eine Grenze von ihrer Umwelt abheben und mit dieser in
Austausch stehen (*Luhmann* 1964, *Thompson* 1967, *Maurer* 1971, *Pfeiffer* 1978).

Die Systemtheorie hat die Zusammenhänge, die Austauschbeziehungen und die
Regulierungsvorgänge in Organisationen eingehend untersucht. Während ältere
Ansätze sich auf die Analyse der inneren Ordnung (Struktur) des Systems be-
schränkten („closed-system-model"), tritt in der modernen Systemtheorie das
Verhältnis von System und Umwelt in den Vordergrund („open-system-model").
Das System und seine innere Ordnung werden gesehen vor dem Hintergrund
des Problems der Bestandserhaltung in einer veränderlichen, unsicheren und
fluktuierenden Umwelt, deren Einwirkungen verarbeitet und kompensiert werden. Die Austauschbeziehungen zwischen Organisation und Umwelt lassen sich
als „Input-throughput-output" -Prozess darstellen, d. h. bestimmte materielle
und immaterielle Eingaben werden durch die Arbeit der Organisationsmitglieder

umgewandelt und an die Umwelt abgegeben. Dieser Prozess des Austauschs ist in Aktions-Reaktions-Modellen im Sinne eines kybernetischen Regelkreises vielfach rückgekoppelt (*Pfeiffer* 1981, S. 287).

Versuche zur Entwicklung einer umfassenden Konzeption sozialer Systeme wurden von *Parsons* (1951) und *Luhmann* (1970,1975) unternommen. Ausgangspunkt ist die Bestimmung der Besonderheit sozialer Systeme als sinnhafter Zusammenhang von Handlungen: „Unter sozialem System soll ein Sinnzusammenhang von sozialen Handlungen verstanden werden, die aufeinander verweisen und sich von einer Umwelt nicht dazugehöriger Handlungen abgrenzen lassen" (*Luhmann* 1970, S. 115).

Nach *Pfeiffer* (1981) steht die Frage nach der „intersubjektiven Konstitution von Sinn angesichts des Problems übermäßiger Komplexität" im Mittelpunkt soziologischer Systembetrachtung. Man fragt sich:

„Wie können die unterschiedlichen Handlungen, Perspektiven, Motivationslagen etc. von Menschen so aufeinander abgestimmt werden, dass geordnete Interaktion möglich wird? Die Antwort hierauf lautet: durch Strukturbildung. *Parsons* zufolge besteht die Struktur eines Handlungssystems aus den Mustern normativer Kultur, die im sozialen System institutionalisiert sind, und die durch Internalisierung (Verinnerlichung) im Zuge von Lernprozessen zu Bestandteilen der Motivationsstruktur des Individuums werden. Kulturelles, soziales und personales System durchdringen sich somit wechselseitig (Interpenetration) zur Bildung eines einheitlichen Gesamtmusters. Auch *Luhmanns* Begriff von Struktur als Komplex generalisierter Verhaltenserwartungen zielt bei allen Unterschieden zu *Parsons* im einzelnen in die gleiche Richtung normativer Arrangements (Programme) der Verhaltenssteuerung" (*Pfeiffer* 1981, S. 349).

Damit wird der Strukturbegriff - das ist ein für die OE eminent wichtiger Aspekt - auf die wechselseitigen Verhaltenserwartungen der Organisationsmitglieder reduziert, wobei allerdings - hierauf wird von marxistischen Autoren besonders hingewiesen - die nicht normativen Elemente (ökonomische Verhältnisse) keineswegs ignoriert werden dürfen.

Von hierher gesehen erscheinen auch die Bemühungen der OE, die auf eine Veränderung der Wahrnehmungsweisen und Einstellungen der Organisationsmitglieder hinauslaufen, keineswegs aussichtslos. Denn die formale Organisation eines Unternehmens ist nur insoweit wichtig und wirksam, als sie von den beteiligten Menschen - von Außenstehenden und Organisationsmitgliedern - akzeptiert wird. Die Organisationsstruktur eines Unternehmens wäre demnach, wenn man von den Organisationsplänen und anderen Vorschriften absieht, nichts als die sich wiederholenden und dadurch üblich gewordenen Verhaltensweisen der Organisationsmitglieder. Provokativ und beinah paradox könnte man sagen: Struktur erscheint als Verhalten. Und: Verhalten gibt Struktur.

Hier liegt auch der wesentliche Grund, weshalb die Wesenselemente einer Organisation - Struktur/Verhalten/Normen - bei allen Veränderungsmühungen stets im Zusammenhang gesehen werden müssen. Struktur und „Kultur" einer Organisation stehen in enger Wechselwirkung zueinander und können deshalb nicht losgelöst voneinander beeinflusst und verändert werden.

Außerdem muss bei allen Veränderungsbemühungen die Zeitachse beachtet werden, und zwar nicht nur die Gegenwart und die Zukunft, sondern auch die

Vergangenheit mit ihren Prägungen und Traditionen, ihren normativen und Ge-wohnheiten bildenden Kräften. Auch Unternehmen haben ihre eigene Geschich-te und ihre eigene Identität, die nicht ohne weiteres von heute auf morgen ver-ändert werden kann. Betriebliche Traditionen sind nicht „erledigte Vergangen-heit", sondern so etwas wie ungeschriebene Gesetze, den Außenstehenden und „Newcomern" meist unbekannt, aber deshalb nicht weniger wirksam. Darum werden auch durch abrupte Eingriffe „von oben" meist mehr neue Probleme geschaffen als alte gelöst. Organische Entwicklung setzt voraus, dass die Mitglie-der einer Organisation unter Berücksichtigung ihrer besonderer Vergangenheit in der Gegenwart gemeinsam ihre Zukunft planen. Das bedeutet zugleich, dass jeder Betrieb seine eigenen Wege zu neuen und besseren Formen der Zusam-menarbeit finden muss.

Systemumfassendes Denken bedeutet auch, dass Individuum, Gruppe, Organisa-tion und Umwelt im Zusammenhang betrachtet werden müssen. Interventionen beispielsweise, die nur der „Binnenwelt" eines Unternehmens Beachtung schen-ken, z. B. die technisch-organisatorischen Arbeitsabläufe und die Interaktion der Produktionsarbeiter verbessern, können daran scheitern, dass die Marktsituation - die Reaktion der Kunden auf die eigenen Produkte -total vernachlässigt wird.

Uns ist - durch den Bericht eines schweizerischen Beraters - ein OE-Projekt von einem großen Krankenhaus bekannt, das im wesentlichen die Beseitigung der Spannungen zwischen der Ärzteschaft, dem Pflegepersonal und der Verwaltung zum Inhalt hatte. Das Ergebnis: Nach einem Entwicklungsprozess von fast 2 Jahren -mit Problemdiagnose, Konfrontationstreffen und planmäßiger Team-entwicklung - stellte man fest, dass alle sich prächtig verstanden. Nur eines war nicht in der Ordnung: das „Krankengut" - die Patienten und deren Wohlbefin-den - hatte man in dem Prozess total vergessen.

Andererseits kann auch die einseitige Orientierung an der „Außenwelt" des Un-ternehmens für die Organisation sehr schädlich sein. *French/Bell* (1977) weisen darauf hin, dass die Konzentration auf den Finanz- und Investitionsbereich (In-put) oder das Marketing (Output) unter Vernachlässigung der Leistungsfähigkeit der sozio-technischen Organisation verheerende Folgen haben kann. Sie berich-ten davon, „wie ein Firmenleiter seine Organisation fast dadurch zerstörte, dass er beinahe alle seine Energien auf externe Vorgänge konzentrierte und die Quali-tät der internen Kommunikation und Verwaltung vernachlässigte". (*French* und *Bell* 1977, S. 102)

Wir haben - bei kleineren Projekten - die Erfahrung gemacht, dass auch die Ein-flüsse der betrieblichen Hierarchie für den erfolgreichen Verlauf der Entwick-lungsprozesse von hoher Bedeutung ist, und zwar selbst dann, wenn es sich nur um die Bearbeitung betriebsinterner Probleme - eine Teamentwicklung an der Basis - handelt. Die „Verdrahtung" des Projekts über drei bis vier Ebenen, die Information auch der übergeordneten Vorgesetzten bis zur Werksleitung ebenso wie die Einbeziehung des Betriebsrates waren Rahmenbedingungen, die den Erfolg des Projekts entscheidend beeinflusst haben. Insofern ist der Kontext, in dem sich ein OE-Projekt abspielt und den es mit zu berücksichtigen und zu beeinflussen gilt, oft ebenso wichtig wie das eigentliche Projekt selbst. Systemumfassendes Denken bedeutet, dass sowohl bei der Diagnose und bei der Analyse von Problemen als auch bei der Planung von Maßnahmen zu deren Lösung alle wichtigen Einflussfaktoren in ihren wechselseitigen Abhängigkeiten berücksichtigt werden.

Die GOE (1980) spricht in diesem Zusammenhang von der „Ganzheitlichen Perspektive":

„In der OE werden Individuum, Organisation, Umwelt und Zeit ganzheitlich, d.h. in ihren Wechselwirkungen und Systemzusammenhängen betrachtet:

a) Individuum
Um sich in eine soziale Gemeinschaft integrieren zu können, muss das menschliche Individuum sich in seinen körperlichen, geistigen und seelischen Bedürfnissen ernst genommen und mit seinem kulturellen Hintergrund sowie mit seinen persönlichen Werten akzeptiert fühlen.

b) Organisation
Gegenstand von Diagnose, Reflektion und möglichen Entwicklungen sind sowohl technische und organisatorische Strukturen und Abläufe als auch zwischenmenschliche Kommunikations- und Verhaltensmuster sowie die in der Organisation herrschenden Normen, Werte und Machtkonstellationen.

c) Umwelt
Probleme im Zusammenhang mit einzelnen Personen, Gruppen oder Betrieben werden nicht isoliert, sondern immer in ihren Wechselwirkungen mit den Einflüssen der organisatorischen, ökonomischen und gesellschaftlichen Umwelt untersucht und behandelt.

d) Zeit
Die Planung von Veränderungen in der Gegenwart erfolgt unter Berücksichtigung sowohl der besonderen historischen Entwicklung der Organisation in der Vergangenheit als auch einer weit blickenden Vorausschau in deren mögliche Zukunft."

Dieses Denken in Systemzusammenhängen, der Umgang mit Komplexität und Zeitstrukturen, die Berücksichtigung vielfältiger Bedingungen und Einflussfaktoren im Prozessverlauf, dieses systemumfassende Denken ist ein wichtiges Kriterium für die Arbeitsweise der OE.

2.3 Vorgehensweise der Organisationsentwicklung

Organisationen und die in ihnen tätigen Menschen befinden sich - gewollt oder ungewollt - in einem Prozess ständiger Veränderung. Die Einflussnahme auf die Gestaltung und Entwicklung der Organisation beginnt bei den Fragen und Problemen der Organisationsmitglieder und erfolgt mit diesen gemeinsam als ein bewusst geplanter Prozess in einem fortwährenden Zyklus von Diagnose, Planung, Realisierung und Auswertung.

Die Vorgehensweise ist durch dreierlei gekennzeichnet:
- durch das planmäßige Vorgehen bei der Problembearbeitung (Systematik: Diagnose, Planung, Aktion, Auswertung);
- durch die Art und Weise des Vorgehens, wobei die Ziele und die Methode zueinander passen und die einzelnen Schritte im Prozessablauf überprüfbar sein müssen (Aktionsforschung und „Survey Feedback");

- durch die Beachtung bestimmter Gesetzmäßigkeiten im Prozessverlauf, die den Lern- und Entwicklungsprozess begünstigen oder ihn sogar erst ermöglichen (Phasen-Modell von Kurt *Lewin*).

Diese drei Gesichtspunkte der Vorgehensweise ergänzen sich gegenseitig. Sie werden anschließend näher beschrieben.

2.3.1 Systematik: Diagnose, Planung, Aktion, Auswertung

Die Vorgehensweise wird, wie im Kapitel 2.2 bei den Kriterien bereits beschrieben, vorwiegend vom Berater gesteuert, immer in enger Zusammenarbeit mit dem Klienten. Methodisch vollzieht sich die OE als ein geplanter Prozess in mindestens vier Schritten.

Die Mitglieder einer Organisation sollen unter Anleitung eines Beraters

1. Probleme erkennen und analysieren   **(Diagnose)**
2. Lösungen suchen: d. h. Ziele setzen und Möglichkeiten zur Bearbeitung der Probleme erkunden, Maßnahmen zur Veränderung entwickeln und in Handlungsschritte umsetzen   **(Planung)**
3. Maßnahmen durchführen: Veränderungen erproben, schrittweise einführen und absichern   **(Aktion)**
4. Ergebnisse und Verfahrensweisen überprüfen   **(Auswertung)**.

Dieser Prozess verläuft zyklisch, d. h. nach der Auswertung werden die erzielten Ergebnisse gemeinsam reflektiert und durch diese neue Problemerhebung wird wiederum ein neuer Einstieg in den beschriebenen Zyklus ermöglicht (Abb. 3).

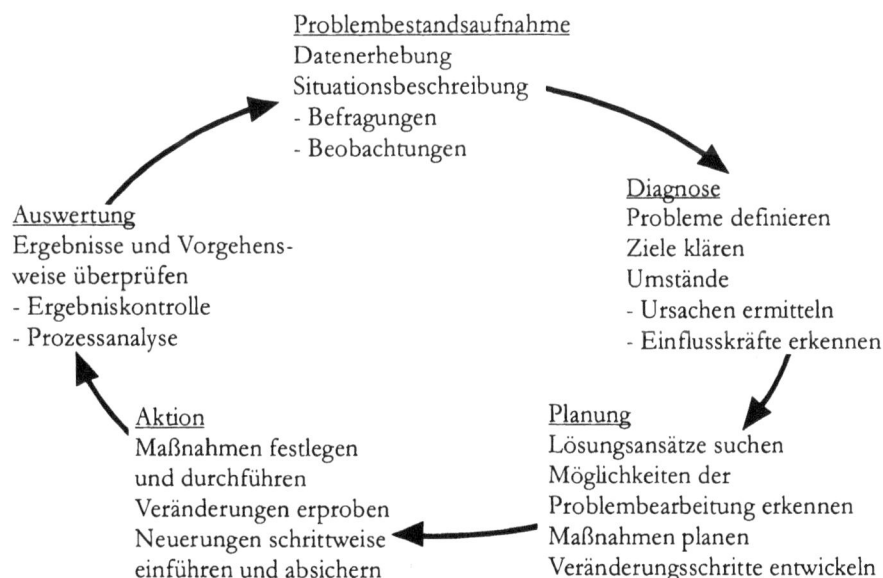

Problembestandsaufnahme
Datenerhebung
Situationsbeschreibung
- Befragungen
- Beobachtungen

Diagnose
Probleme definieren
Ziele klären
Umstände
- Ursachen ermitteln
- Einflusskräfte erkennen

Auswertung
Ergebnisse und Vorgehens-
weise überprüfen
- Ergebniskontrolle
- Prozessanalyse

Aktion
Maßnahmen festlegen
und durchführen
Veränderungen erproben
Neuerungen schrittweise
einführen und absichern

Planung
Lösungsansätze suchen
Möglichkeiten der
Problembearbeitung erkennen
Maßnahmen planen
Veränderungsschritte entwickeln

Abb. 3 Vorgehensweise der Organisationsentwicklung

Die einzelnen Schritte der Problembearbeitung im Prozess der OE folgen dem soeben dargestellten Schema:

1. Die Diagnose

Ausgangspunkt der OE sind immer die konkreten Probleme in einer Organisation. Welche Vorgänge überhaupt als Probleme empfunden werden, hängt von den in der Organisation beschäftigten Mitarbeitern ab. Deshalb wird der Berater zu Beginn seiner Tätigkeit weniger die besonderen Strategien der OE dem Klienten darstellen, sondern vielmehr die Probleme, wie sie der Klient sieht, zu erkunden suchen.

Der erste Schritt einer Diagnose ist also die Erfassung der Situation. Vor allem werden es unstrukturierte Interviews sein, die zuerst nur eine vage Problembeschreibung zulassen. Von diesen ersten Befunden ausgehend werden dann je nach Lage so systematisch wie möglich weitere Daten eingeholt, wobei die verschiedensten Verfahren angewendet werden können. So kommt es zu einer Problembestandsaufnahme, an die sich dann eine Analyse zur Klärung der Ursachen anschließt. Die Präzisierung der Problembeschreibung kann in systematischer Form durch ein Problemanalyseverfahren gesteuert werden, wie es z. B. in der Analysetechnik nach *KepnerTregoe* zur Verfügung steht. Andere Verfahren, z. B. durch Anwendung der Moderatorentechnik (Kartenabfrage usw.) sind ebenso üblich. Im Anschluss darauf kommt es darauf an, die wirklichen Ursachen für die aufgedeckten Problem herauszufinden. Dabei ist es wichtig, dass aus den zur Verfügung stehenden wissenschaftlichen Theorien die für die Probleme passenden Erklärungsansätze gewählt und mit dem Klienten gemeinsam für das Erkennen der Ursachen benutzt werden. Ein Konzept zur Gestaltung des Gesamtablaufs für das Zusammenwirken von Berater und Klient kann die „Aktionsforschung" bieten.

2. Die Planung

Hat man Probleme analysiert und erklärt, kann der nächste systematische Schritt erfolgen: die Planung. Probleme können als eine Abweichung des Ist-Zustands von einem Soll-Zustand verstanden werden. Es ist deshalb notwendig, im nächsten Schritt erst einmal die Soll-Vorstellungen transparent zu machen, d h. man muss die Ziele formulieren. Dabei sind verschiedene Abstraktionsniveaus von Zielformulierungen möglich. Je abstrakter ein Ziel formuliert ist, umso mehr kann es von verschiedenen Seiten interpretiert werden. Man unterscheidet verschiedene Abstraktionsniveaus: Richt-, Grob- und Feinziele. Ein weiterer Gesichtspunkt ergibt sich aus der Bewertung der Zielsetzungen, z. B. bei der Festlegung von Prioritäten für die Problembearbeitung. Anhaltspunkte für ein solches Bewertungssystem stellt die Systemtechnik zur Verfügung, z.B. bestimmte Verfahren zur Entscheidungsanalyse.

Manchmal muss schon bei der Problemanalyse mit gruppendynamischen Interventionen gearbeitet werden, um z.B. Wahrnehmungsmuster, Vorurteile, Stereotypen aufzutauen oder abzubauen. Wichtig ist, für jeden der Beteiligten die Vorstellungen transparent zu machen.

Geht es dann um die Entwicklung von Lösungsansätzen, wird man kreative Verfahren anwenden müssen, um sich von den gradlinigen Denkgewohnheiten zu lösen. Es kommt vor allem darauf an, dass das vorhandene Wissen der Beteiligten für das Entwickeln von Problemlösungsansätzen kreativ genutzt werden kann. Innovationen werden nur dann möglich sein, wenn neue Erkenntnisse gewonnen werden oder schon bekannte Ideen in neuen Kombinationen wirksam werden können (divergentes Denken). Insofern kommt - gerade in dieser Phase der Problembearbeitung - den kreativen Techniken eine instrumentelle Bedeutung zu.

Bei der Anwendung solcher Verfahren wird man in der Regel zunächst nur recht vage Lösungsansätze produziert bekommen. Im weiteren Verlauf der Problembearbeitung gilt es, diese Ansätze in Verbindung mit den formulierten Zielsetzungen zu bewerten und weiter zu entwickeln. Hat man sich für bestimmte Lösungen entschieden, kommt es darauf an, die Umsetzung entsprechend zu planen. Die einzelnen Schritte zur Verwirklichung des Vorhabens und ihre Zeitfolge müssen festgelegt werden. Diese Festlegung kann bei komplexen Lösungsstrategien durch entsprechende Verfahren, wie Netzplantechnik usw. erfolgen. Dabei sollte man allerdings auch nicht vergessen, potentielle Probleme bei der Realisierung der Planung vorher zu berücksichtigen (*Kepner-Tregoe-Methode*).

3. Die Aktion

Ist die Planung abgeschlossen, erfolgt die Aktion. Die Bedeutsamkeit der Beteiligung aller von den Veränderungen Betroffenen wird spätestens bei der Realisierung deutlich werden. Ist es nämlich nicht geschehen, wird man mit entsprechenden Widerständen bis hin zur Blockierung der Aktionen rechnen müssen. Dies war bisher immer ein kritischer Punkt in der traditionellen Organisationsberatung. Die Vorschläge konnten noch so zutreffend sein und die Schlussfolgerungen aus den angestellten Untersuchungsergebnissen noch so einleuchtend sein, es tauchten in der Praxis immer wieder neue Schwierigkeiten auf, wenn die von anderen entwickelten Vorstellungen realisiert werden sollten. Die strikte Ausrichtung nach den Bedürfnissen und Kenntnissen der Klienten fällt den der Tradition verhafteten Beratern in der Regel schwer.

4. Die Auswertung

Aus diesen Gründen bekommt der letzte Schritt der Problembearbeitung eine besondere Bedeutung: die Auswertung. Nach den durchgeführten Aktionen müssen die Veränderungen festgestellt und beurteilt werden. Die Bewertung muss sich nach den aufgestellten Zielen richten. Es sind also bestimmte Beurteilungsverfahren zu entwickeln, die es ermöglichen, den jeweiligen Stand der gemeinsamen Bemühungen im Hinblick auf die angestrebten Ziele festzuhalten. Entsprechend den Ergebnissen müssen dann weiterhin Überlegungen angestellt werden, wie man das eine oder andere Ziel besser erreichen kann. Oft ist auch nicht nur die Zielerreichung zu überprüfen, sondern auch die Wege, die zu ihrer

Lösung führten (Manöverkritik).

Hier kommt der Prozessanalyse und der Meta-Kommunikation besondere Bedeutung zu. Diese ist sogar unerlässlich, wenn zwischenmenschliche Probleme aufgearbeitet werden müssen, um Störungen und Behinderungen zu beseitigen. Schaubildartig ist die Systematik zur Problembearbeitung im Prozess der OE dargestellt (Abb. 4).

Methodisches Vorgehen zur Problemlösung

1. Diagnose
    1.1 Problemerhebung
    1.2 Problemanalyse
    1.3 Auswertung der Analyse
2. Planung
    2.1 Zielklärung
    2.2 Problemlösungsansätze
    2.3 Aktionsplanung
3. Aktion
    3.1 Einführung und Erprobung von Maßnahmen
    3.2 Überprüfung durch Zwischenergebnisse
    3.3 Durchführung bis zur Institutionalisierung
4. Auswertung
    4.1 Neue Bestandsaufnahme
    4.2 Ergebniskontrolle und Prozessanalyse
    4.3 Schlussfolgerungen, neue Planung

Abb. 4 Systematik der Problembearbeitung

2.3.2 Andere Formen des Vorgehens bei Organisationsentwicklungsprojekten

Die beschriebene Vorgehensweise stellt sich aus der Sicht eines OE-Beraters noch etwas anders dar, zumal hier die Fragen der Beziehungen zwischen dem Berater und dem Klienten mehr im Mittelpunkt der Betrachtung stehen. Außerdem spielen Aspekte der Aktionsforschung hier eine Rolle, die im nächsten Kapitel kurz behandelt werden sollen.

Sievers (1980) unterscheidet in seinem prototypisch dargestellten Verlaufsmodell der OE folgende acht Phasen:

1. Phase: Kontakt
Erste gegenseitige Orientierung und Vorentscheidung über eine mögliche Zusammenarbeit.

2. Phase: Vorgespräche
Abwehr vorschneller Lösungsvorschläge des Klienten durch den Berater; Klärung der anzuwendenden Methoden, der Ziele des Klienten und der Rolle des Beraters

3. Phase: Vereinbarung
Entwicklung einer gemeinsamen Arbeitsbeziehung und eines „Kontraktes"; erste Problemsicht; Auswahl der Datensammlungs- und Daten-Feedback Methoden

4. Phase: Datensammlung
Aufnahme des Ist-Zustandes durch entsprechende Methoden der Datenerhebung (im wesentlichen

Befragung)

5. Phase: Datenfeedback
Rückgabe der aufbereiteten Daten an das Klientensystem zur Diskussion und Diagnose

6. Phase: Diagnose
Einsicht in die derzeitige „innere Verfassung" der Organisation (Stärken, Defizite und Probleme)

7. Phase: Maßnahmenplanung und -durchführung
Entwicklung spezifischer Maßnahmenpläne, die eine Entscheidung darüber einschließen, wer die Pläne ausführt und wie der Erfolg gemessen und bewertet werden kann. Ausführung der erarbeiteten Veränderungsstrategien.

8. Phase: Erfolgskontrolle
Bewertung der Effektivität/Ineffektivität der durchgeführten Maßnahmen.
Entscheidung über Abschluss oder Weiterführung des Projektes.

Von anderen Vertretern der OE werden ähnliche, in der Phasen-Folge aber durchaus unterschiedliche Ansätze favorisiert.

Lippitt (1972 u. 1973) beschreibt folgende Phasen des Vorgehens:
Entwicklung eines Bedürfnisses nach Veränderung
Herstellung der Beziehung Berater – Organisation
Identifikation des Ziels
Prüfung von Alternativen
Erprobung von Wandlungsansätzen
Stabilisierung und Generalisierung des Wandels
Beendigung der Beziehung Berater-Organisation bzw. Formulierung einer neuen Beziehung.

Das Modell von *Glasl* und *de la Houssaye* (1975) umfasst folgende Stufen:
Orientierungsphase:
Aufbau der Beziehung zwischen Berater und Organisation, erste Problemerhebung.

Zukunftskonzeption und Situationsdiagnose:
Aufzeigen von Soll-Ist-Diskrepanzen

Operationelle Zielsetzung und Analyse:
Die Konzeptionen der zweiten Phase werden konkretisiert

Planen von experimentellen Projekten und Situationen:
Ablauf, Ort und Finanzierung erster Teilprojekte werden festgelegt

Realisierung und Auswertung:
Einführung der Maßnahmen, Auswertung und Berücksichtigung der Zwischenergebnisse beim weiteren Vorgehen.

In einer Veröffentlichung des Bundesverbandes junger Unternehmer (1978) wurden 4 Phasen unterschieden:

- Analysephase
- Konzeptionsphase
- Durchführungsphase
- Kontrollphase,

die dann wiederum in Arbeitsstufen untergliedert sind. In einem Schaubild (Abb. 5) sind die wichtigsten OE-Maßnahmen - ausgewählte „Instrumente" - den genannten Phasen des Vorgehens zugeordnet (BJU 1978, S. 115).

Planungs-phase	Arbeitstufe	Ausgewählte Instrumente
Analyse-	1. Soll-Ist	- Kommunikationstechniken - Problemlösungstechniken - Ist-Aufnahme und Analysetechniken - Organisationstechniken - Gruppendynamische Trainingsmethoden - Teamentwicklung - Gruppenarbeit - Survey-Feedback-Methoden - Konfrontationstreffen - Rollenanalysetechnik
	2. Diagnose	- Problemlösungstechniken - Analysetechniken - Kommunikationstechniken - Organisationstechniken - Prognoseverfahren - Teamentwicklung - Gruppenarbeit - Survey-Feedback-Methode - Konfrontationstreffen - Rollenanalysetechnik
Konzept-ionsphase	3. Ziel-setzung	- Kommunikationstechniken - Problemlösungstechniken - Zielfindungsmethoden - Gruppenarbeit
	4. Strategie-und Maß-nahme-Entwicklung	- Kommunikationstechniken - Problemlösungstechniken - Systems Engineering - Entscheidungs- und Bewertungstechniken - Operations Research Methoden - Wirtschaftlichkeitsrechnung - Teamentwicklung - Gruppenarbeit - Rollenanalysetechnik - Lebens- und Laufbahnplanung - Arbeitsstrukturierung
Durchfüh-rungs-phase	5. Reali-sierung	- Kommunikationstechniken - Problemlösungstechniken - Organisationstechniken - Operations Research Methoden - Gruppendynamische Trainingsmethoden - Teamentwicklung - Gruppenarbeit - Rollenanalysetechnik - Lebens- und Laufbahnplanung - Arbeitsstrukturierung
Kontroll-phase	6. Über-wachung	- Kontrolltechniken - Gruppenarbeit - Survey-Feedback-Methode - Konfrontationstreffen - Rollenanalysetechnik

Abb. 5 Phasen und Instrumente des OE-Prozesses

2.3.3 Aktionsforschung und Survey Feedback

Bei der Vorgehensweise der OE spielt nicht nur die bereits beschriebene Systematik der Problembearbeitung eine Rolle, sondern auch die Art und Weise, wie die Organisation und der Berater sich zueinander verhalten.

In diesem Zusammenhang ist immer wieder von der sog. Aktionsforschung die Rede, die - ebenso wie die von ihr favorisierte Survey-Feedback-Methode - in ihren Ansätzen auf *Collier* (1945) und *Lewin* (1946) zurückgeht. Den Wissenschaftlern, die sich schon damals als Berater der Praxis verstanden, ging es nicht nur um das Erforschen des sozialen Umfelds, z. B. der Geschehnisse in Gruppen und Institutionen, sondern auch um die Veränderung dieses sozialen Umfelds. Sie gingen von der seinerzeit neuen, heute aber kaum noch bestrittenen Erkenntnis aus, dass der Wissenschaftler bei der Erforschung sozialer Prozesse diese durch seine Eingriffe nicht unberührt lässt, sondern sie unausweichlich beeinflusst, und sie - da er ohnehin nicht umhinkommt, zu beobachten, Auskunft zu geben und zu beraten - dies ausdrücklich bejaht, auch aus dem Bewusstsein heraus, dass er der Praxis ebenso wichtige Erkenntnisse vermitteln kann wie er sie durch Erforschung der Praxis gewinnt. Insofern trägt die Aktionsforschung der - von Marx verkündeten und von *Horkheimer* und Adorno empirisch ausgewiesen - Erkenntnis Rechnung, dass die Wissenschaft nicht nur dazu da sei, die Wirklichkeit so, wie sie ist, zu erforschen, sondern auch dazu, sie zu verändern.

Durch diese Vorgehensweise wird die Brücke von der Theorie zur Praxis geschlagen, wobei durch den Austausch von Erkenntnissen und Handlungen ein wechselseitiger Lernprozess in Gang kommt. Handeln, Forschen und Erziehen (Lernen) werden von *Lewin* als ein Dreieck betrachtet, das den gegenseitigen Bezug ausdrücken soll (*Lewin* 1963).

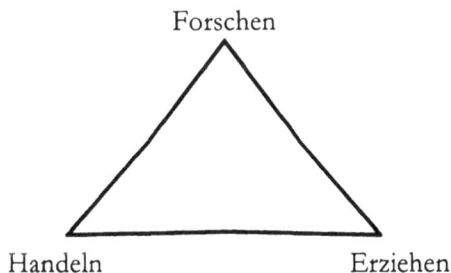

Die Aktionsforschung ist also dadurch charakterisiert, dass der Berater - meist ein Wissenschaftler - die Probleme in der Praxis erforscht und die Praxis dadurch verändert, dies aber wiederum reflektiert, wodurch sich - den Anforderungen der Praxis entsprechend - auch die Forschung verändert. Da diese, so verändert, wiederum Einfluss auf die Praxis nimmt, entsteht hieraus ein Regelkreis, der zu immer neuen Erkenntnissen führt und diese für die Praxis nutzbar macht.

Die Aktionsforschung sieht den Forschungsgegenstand, in diesem Fall den Menschen, nicht als Objekt, sondern als Subjekt. Das bedeutet konkret, dass der Klient bei der Forschung mitbestimmt. Der Klient entscheidet nicht nur darüber, ob Forschung stattfindet, sondern er arbeitet konkret mit und entscheidet letztlich, was und wie etwas durchgeführt werden soll. Dies hat maßgeblichen Einfluss auf den Einsatz von empirischen Methoden. Der Berater selbst bekommt dadurch eine andere Funktion.

Außerdem trägt diese Vorgehensweise der schon erwähnten Forderung Rechnung, dass der Klient seine Probleme selbst lösen muss. Der Berater kann ihm nur Mittel zur Verfügung stellen, mit denen er sein Problem besser lösen kann.

Diese Verfahrensweise schließt bestimmte Zielsetzungen ein, die schon *Lewin* fordert. Es war sein Anliegen, Probleme innerhalb und zwischen Gruppen auf „demokratische" Art und Weise zu lösen.

Nach Auffassung von *Pauls* und *Walther* (1979) beinhaltet die Feldtheorie *Lewins* das Grundprinzip der echten wechselseitigen Abhängigkeit. Eigene Bedürfnisbefriedigung, Selbstentfaltung sollte gemeinsam mit anderen geschehen und niemals auf Kosten anderer. Handeln in einer Situation, „hier und jetzt", vollzieht sich in Kenntnis eigener und gemeinsamer Ziele sowie aus der Verantwortung für sich und andere. Das Handeln soll durch eigene Antriebe gesteuert sein: Selbst-, nicht Fremdbestimmung.

So kennzeichnen auch *Cremer* u.a. (1977, S. 174) die Ziele der Aktionsforschung folgendermaßen:

Die Problemdefinition orientiert sich an gesellschaftlichen Bedürfnissen der am Forschungsprozess Beteiligten. Diese sind diskursiv zu erheben und nicht etwa durch wissenschaftliche Erkenntnisziele zu ‚überstimmen'.
Der Forschungsprozess wird als Analyse eines gesamten Feldes betrachtet, in dem einzelne Variable nicht isoliert werden können.
Die grundlegende Forschungsabsicht besteht einerseits darin, theoretische Aussagen zu gewinnen, andererseits konkret verändernd in das jeweilige soziale Feld einzugreifen."

Das beeinflusst auch den Einsatz von Forschungsmethoden. So sollte nach *Moser* (1978) die Datensammlung folgenden Kriterien genügen:

Transparenz. Der Ablauf, der Einsatz von Methoden muss für die Beteiligten nachvollziehbar sein.
Stimmigkeit. Ziele und Methoden müssen miteinander vereinbar sein. Dies bedeutet auch, dass z. B. der Einsatz von Fragebogen vorher abgestimmt sein muss und die Ergebnisse nachher miteinander diskutiert werden (Berater/ Klient).
Einfluss des Forschers. Der Berater muss sich bemühen, dass kein von ihm verursachter verzerrender Einfluss in den Forschungsprozess hineingetragen wird.

Jeder methodische Schritt muss also gemeinsam besprochen, geplant und umgesetzt werden. Die Auswertung und Rückmeldung der Daten ist von vornherein zu sichern. Konsequent beschreibt *Moser* (1978) deshalb auch die Methoden unter dem Gesichtspunkt der Klientenbeteiligung.

Die Begriffe „Aktion" oder „Handlung" betonen das Prozessartige dieser Vorgehensweise, wobei der Prozess aus bestimmten Handlungselementen besteht: Zustandsbeschreibung der beim Klienten vorliegenden Situation, Erstellung von Annahmen und Hypothesen zur Deutung der Situation, Entwicklung von Veränderungsmaßnahmen gemeinsam mit dem Klienten, Durchführung dieser Maßnahmen und Analyse ihrer Wirkungen. Dieses Vorgehen deckt sich im Ansatz mit OE-Interventionen. Auch der Zyklus, das Wiederholen dieses Prozesses, ist in dem Modell eingeschlossen. Ein solches Projekt besteht nämlich darin, fortlaufend Daten zu sammeln, zu analysieren und die Ergebnisse in die Organisation zurückzukoppeln, um Verhaltensänderungen in Gang zu setzen (*Whyte* und *Hamilton* 1964).

Das Modell der Aktionsforschung im Hinblick auf die OE ist in dem folgenden Schaubild (Abb. 6) dargestellt.

An diesem Modell wird schon deutlich, dass die Aufnahme des Ist-Zustandes einer Organisation durch den Berater, die Sammlung von Daten und ihre Aufbereitung sowie die Erörterung dieser Daten mit dem Klienten von entscheidender Bedeutung ist für die Einleitung und Steuerung möglicher und wünschenswerter Veränderungen.

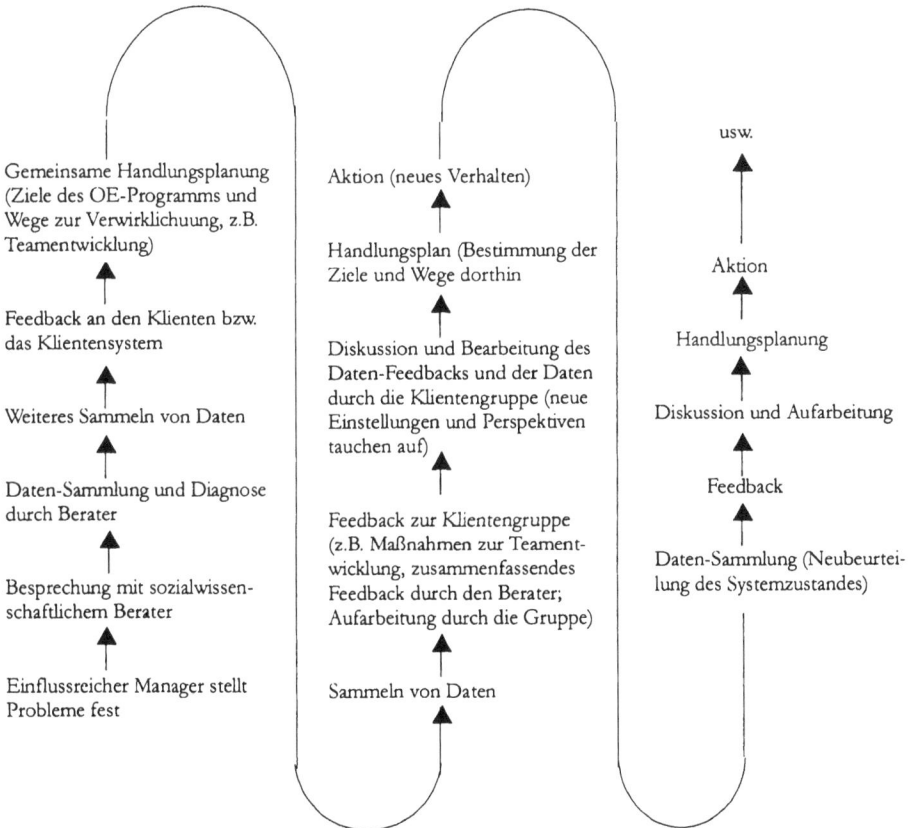

usw.

Gemeinsame Handlungsplanung (Ziele des OE-Programms und Wege zur Verwirklichuung, z.B. Teamentwicklung)
↑
Feedback an den Klienten bzw. das Klientensystem
↑
Weiteres Sammeln von Daten
↑
Daten-Sammlung und Diagnose durch Berater
↑
Besprechung mit sozialwissenschaftlichem Berater
↑
Einflussreicher Manager stellt Probleme fest

Aktion (neues Verhalten)
↑
Handlungsplan (Bestimmung der Ziele und Wege dorthin
↑
Diskussion und Bearbeitung des Daten-Feedbacks und der Daten durch die Klientengruppe (neue Einstellungen und Perspektiven tauchen auf)
↑
Feedback zur Klientengruppe (z.B. Maßnahmen zur Teamentwicklung, zusammenfassendes Feedback durch den Berater; Aufarbeitung durch die Gruppe)
↑
Sammeln von Daten

Aktion
↑
Handlungsplanung
↑
Diskussion und Aufarbeitung
↑
Feedback
↑
Daten-Sammlung (Neubeurteilung des Systemzustandes)

Abb. 6 Diagramm des Aktionsforschungsprozesses (*French* und *Bell* 1977, S. 112)

Diese *Survey-Feedback-Methode* ist demnach eine sehr wichtige Vorgehensweise im OE-Prozess, die zuerst in der amerikanischen Sozialforschung angewandt und auch beschrieben wurde (*Bowers* 1973). Sie erzielte dort für den Veränderungsprozess im Vergleich mit anderen Methoden die höchste Effektivität.

Survey Feedback besteht aus 3 Komponenten:

1. Erhebung des Ist-Zustandes einer Organisationseinheit unter besonderer Berücksichtigung des Systemkultur-Zustandes mit Hilfe eines standardisierten Fragebogens oder durch Interviews.
2. Rückkopplung der aufbereiteten Daten (gewichtete Darstellung der Probleme, z. B. detaillierte Problemlandkarte bzw. Ermittlung statistischer Mittelwerte und Abweichungsanalysen bei Verwendung des Fragebogens) an die Mitglieder der untersuchten Organisationseinheit.
3. Diskussion der Ergebnisse, Ableiten von Folgerungen und Beschluss der Maßnahmen.

Die Ist-Erhebung und ihre Auswertung wird von internen oder externen Organisationsberatern durchgeführt. Dabei hat die Erhebung durch einen standardisierten Fragebogen den Vorteil für die Betroffenen, sich wirklich anonym äußern zu können. Dies ist bei Fragen zum Systemkultur-Zustand von Bedeutung. Die Daten werden so aufgelistet, dass jeweils jeder Vorgesetzte die zusammengefassten Daten seiner ihm unmittelbar Unterstellten erhält.

Bei der Rückkopplung können verschiedene Wege beschritten werden:

a) Rückkopplung an Vorgesetzte und Mitarbeiter gleichzeitig,
b) zunächst Unterrichtung des Vorgesetzten, dann Rückkopplung an die Mitarbeiter.

Die Rückkopplung kann auch stufenweise erfolgen: Zuerst Feedback an die übergeordneten Stellen, dann an die nachgeordneten Stellen.

Survey Feedback ermöglicht eine Konfrontation mit den von der untersuchten Organisationseinheit selbst wahrgenommenen Problemen. Durch die Aufbereitung und Rückkopplung der erhobenen Daten wird eine gewichtete Problemsicht geboten, und die sich anschließende Diskussion und Aufarbeitung der Probleme ist ein Beitrag zur Nutzung des eigenen Problemlösungspotentials der betroffenen Organisationseinheit.

Voraussetzung dazu ist die Akzeptanz der partizipativen Vorgehensweise für eine Veränderungsstrategie durch die Unternehmensleitung.

Die Schwierigkeit der Durchführung von Survey-Feedback liegt in der Anforderung an das Konfliktbewältigungspotential der betroffenen Organisationseinheit. Die damit verbundenen Aufgaben im Berater-Klienten-Verhältnis sind in einem Schaubild von *Swartz* und *Lippitt* (1975) übersichtlich dargestellt (Abb. 7).

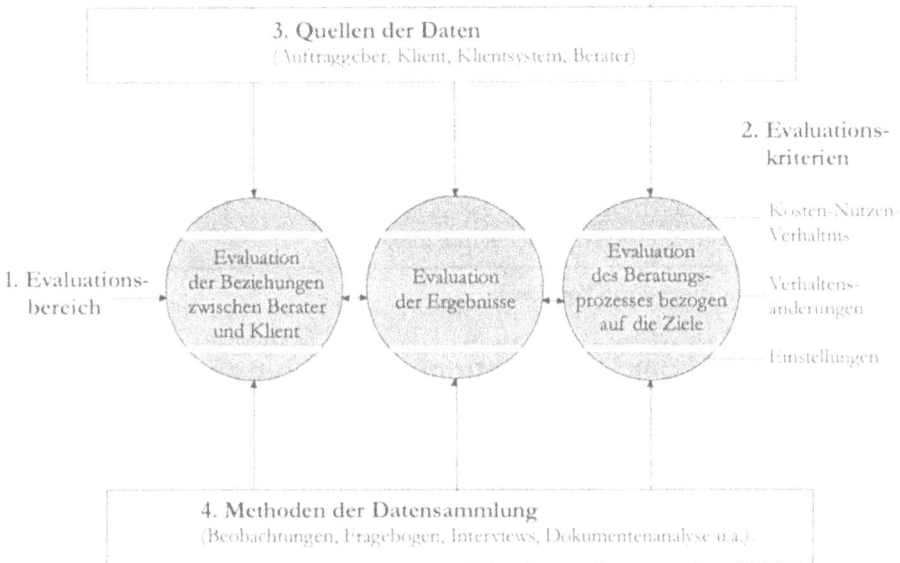

Abb. 7 Evaluation des Beratungsprozesses (*Swartz* u. *Lippitt* 1975, S. 310)

2.3.4 Das Phasen-Modell von Kurt Lewin

Ein weiterer methodischer Gesichtspunkt, der für die Vorgehensweise bei der OE wichtig ist, liegt in der Beachtung bestimmter Gesetzmäßigkeiten im Prozessverlauf, die den Lern- und Entwicklungsprozess begünstigen oder ihn sogar erst ermöglichen.

Lewin sieht das Verhalten in einem institutionellen Rahmen nicht als feste Gewohnheit oder als statisches Muster, sondern als dynamische Balance zwischen Kräften, die im sozial-psychologischen Raum der Institution in einander entgegengesetzter Richtung wirksam sind, z.B. als Balance zwischen Leistung und Leistungszurückhaltung bei Akkordarbeit (*Lewin* 1947 a).

Man weiß, dass auf Änderungen in einer Organisation häufig eine Reaktion in Richtung auf das frühere Muster erfolgt, eine Reaktion, die dann einsetzt, wenn der Änderungsdruck nachlässt.

Will man ein Subsystem oder einen Teil von ihm ändern, dann muss man die relevanten Aspekte seines Umfeldes ebenfalls ändern.

Schließlich vollziehen sich Änderungen - auch darauf hat *Lewin* hingewiesen - immer im Zusammenhang mit emotionalen Widerständen und Stabilisatoren, die erst „aufgeweicht" und labilisiert werden müssen, ehe bestimmte Einstellungs- und Verhaltensänderungen möglich werden.

Diese Zusammenhänge werden im 3-Phasen-Modell von *Kurt Lewin* deutlich (Abb. 8).

Dies ist u.E. das wichtigste Modell für den Ablauf von OE-Prozessen, das - als die „klassische" Verlaufsform - in immer neuen Varianten wieder auftaucht.

Phase 1: *unfreezing*
auftauen, in Frage stellen, Motivation für Änderung wecken
Phase 2: *moving*
verändern, in Bewegung setzen, neue Verhaltensweisen und
Arbeitsabläufe entwickeln
Phase 3: *refreezing*
einfrieren, veränderte Verhaltensweisen und veränderte
Verhältnisse stabilisieren und integrieren

Abb. 8 Das Phasen-Modell von *Kurt Lewin*

2.4 Methoden der Organisationsentwicklung

Bei der Beschreibung der Kriterien und der Vorgehensweise ist bereits deutlich geworden, dass für die Bearbeitung von Problemen in der OE immer wieder wissenschaftliche Erkenntnisse herangezogen und bestimmte Methoden und Techniken angewendet werden.

Die Problematik der Verwertung wissenschaftlicher Erkenntnisse sowie ihre Ableitung aus verschiedenen Wissenschaftsgebieten wird in Teil B dieses Buches näher beschrieben.

Die wissenschaftlichen Erklärungsansätze stammen im wesentlichen aus folgenden Disziplinen:

- Systemtheorie
- Organisationstheorie
- Sozialpsychologie
- Kommunikationstheorie.

Aus diesen Wissenschaftsbereichen ergeben sich spezielle Methoden und Techniken für das praktische Vorgehen bei der OE:

1. Systemtechnik und Organisationslehre
2. Gruppenpädagogik und Gruppendynamik
3. Gesprächs- und Beratungstechniken.

2.4.1 Systemtechnik und Organisationslehre

Die Systemtechnik hat in erster Linie die Aufgabe, Probleme möglichst effizient zu lösen. Dabei ist es vom Prinzip her gleichgültig, um welche Art Probleme es sich handelt. Üblicherweise geht es um sehr komplexe Probleme, meistens sogar darum, vorhandene Systeme neu zu gestalten und auch die unmittelbare System-umgebung zu berücksichtigen, möglicherweise sogar mitzugestalten. Dabei ist zu beachten, dass die realisierten Systeme wirklich funktionstüchtig sind *(Dreger* 1980).

Die Systemtechnik ist eine sehr junge Wissenschaft. Es ist daher nicht verwunderlich, dass ihr Begriffsinhalt nicht einvernehmlich definiert wird und dass noch keine scharfe Abgrenzung gegenüber anderen Disziplinen wie der Kybernetik oder der herkömmlichen Organisationslehre existiert. Die Entwicklung der Systemtechnik begann etwa um 1960 in den USA. Der auslösende Anlass bestand in den Schwierigkeiten bei der Planung und Steuerung von Großprojekten im Bereich der Rüstung sowie der Luft- und Raumfahrtindustrie (Nichteinhaltung von Terminen, Budgetüberschreitungen, Scheitern von -Großprojekten in Milliardenhöhe, die sich nachträglich als"nicht machbar" erwiesen). Bemerkenswert ist, dass es gerade die Methoden der Systemtechnik waren (Komplexe Planung, Risikominimierung, Analyse potentieller Probleme), die den Erfolg der großen, z.T. sogar spektakulären Weltraumprojekte erst ermöglichten.

Bei der Anwendung der Systemtechnik auf Fragen der OE kommt den Methoden zur Problemanalyse und zur Entscheidungsanalyse (z. B. *Kepner-Tregoe* 1967 und 1971), den Kreativitätstechniken, den Methoden zur Prioritätensetzung und den Bewertungsverfahren sowie den Methoden der Projekt-Planung (z.B. Netzplantechnik usw.) besondere Bedeutung zu.

Neben der Systemtechnik sind bei OE-Projekten auch die herkömmlichen Methoden der Organisationslehre zu berücksichtigen, wie z.B. die Organisationsanalyse. Darüber hinaus liegen hier bereits Ansätze der Survey-Feedback-Methode, die mit der Datenerhebung eine Rückkopplung der aufbereiteten Daten an die Mitglieder der untersuchten Organisationseinheit verbindet und schließlich die Diskussion der Ergebnisse in neue Planungsüberlegungen einmünden lässt.

2.4.2 Gruppenpädagogik und Gruppendynamik

Die Gruppenpädagogik und Gruppendynamik spielt in der OE eine ganz entscheidende Rolle, weil Veränderungsprozesse immer auch als Interaktionsprozesse zwischen den beteiligten Menschen vollzogen werden und weil es wesentlich darauf ankommt, die Beteiligten selbst zu aktivieren, ihre Probleme in eigener Zuständigkeit zu lösen.

Besondere Bedeutung hat die Gruppendynamik beim Erkennen und Bearbeiten von zwischenmenschlichen Konflikten, aber auch in der Vertiefung der Kommunikation sowie in der Aufklärung von Kommunikations- und Entscheidungsprozessen. Eine eingehende Prozessanalyse als Metakommunikation ist vielfach unerlässlich, um die wirksamen Verhaltensmuster und die Beziehungen der Beteiligten untereinander bewusst und bearbeitbar zu machen.

Die Gruppendynamik ist dabei in zweifacher Hinsicht wichtig (*Becker* 1975):

1. als wissenschaftliche Erkenntnisquelle und Methode zur Deutung von Vorgängen in und zwischen Gruppen, und

2. als bewusste Anwendung dieser Erkenntnisse und Methoden in Organisationen und Institutionen, also im Arrangieren von Lernsituationen nach gruppendynamischen Gesichtspunkten.

Dass das Lösen von Problemen in Gruppen besonders erfolgreich ist, lässt sich durch zahlreiche Beispiele belegen (*Franke* 1975, *Rüttinger* 1977 u.a.). Dabei kann der gezielte Einsatz der Gruppendynamik über die Förderung des Prozesses der Problemlösung noch mehr bewirken, und zwar:

1. bessere Selbst- und Fremdwahrnehmung statt der üblichen Beurteilungen, die häufig Vorurteile enthalten,
2. bessere Kommunikation statt der üblichen „Einbahnstraßen" der Information, wo die Rückkopplung fehlt, falls nicht überhaupt nur Weisungen erteilt oder Auskünfte gegeben werden;
3. bessere Kooperation statt des üblichen Konkurrenzdenkens. Wir sind von Kindheit und Schulzeit an daran gewöhnt, in der Ich-Form zu denken und zu handeln. Das „Wir"-Denken ist unterentwickelt und kann geübt werden.

Der größte Lerneffekt, der von Teilnehmern an Trainingsgruppen immer wieder hervorgehoben wird und der auch von Mitarbeitern und Kollegen am Arbeitsplatz bestätigt wird, ist der, dass die Kommunikation in aller Regel freier, runder und offener wird. Hemmungen werden abgebaut. Man gewinnt Einsicht in Gruppenprozesse, entwickelt ein Gespür für die Gefühle und Bedürfnisse der anderen und ein gesteigertes Verständnis für die eigene Rolle und für die Auswirkungen des eigenen Verhaltens.

Es ist jedoch wichtig zu bemerken, dass die Gruppendynamik als Methode nur eine unterstützende Wirkung haben kann.

2.4.3 Gesprächs- und Beratungstechniken

Ein drittes „Fach" im „Instrumentenkasten" der OE stellen die Gesprächs- und Beratungstechniken dar, die sich aus der Verbindung der Kommunikationstheorie und der Sozialpsychologie im Hinblick auf praktische Anwendungen ergeben haben. Es sind im Wesentlichen drei Varianten, die hierbei eine Rolle spielen:

1. die klientenzentrierten Beratungsmethoden,
2. die Moderationsmethode,
3. die Techniken der Gesprächsführung.

2.4.3.1 Die klientenzentrierten Beratungsmethoden

Diese gelten zunächst für die Beziehung zwischen dem OE-Berater und dem Klienten bzw. den Mitgliedern des Klientensystems, darüber hinaus aber als Problemlösungshilfe bei allen Interaktionsprozessen und zur Förderung der gegenseitigen Zuwendung. Zu nennen sind in diesem Zusammenhang die non direktive Gesprächsführung, das aktive Zuhören, die Fragetechnik usw. Wesentliche Hinweise für die klientenzentrierte Beratung finden sich bei *Rogers* (1945, 1973, 1976) und *Gordon* (1955, 1979).

2.4.3.2 Die Moderationsmethode

Hier handelt es sich um die ursprünglich von den Gebrüdern *Schnelle* (o.J.) in Quickborn als Metaplan-Technik entwickelte Methode zur Aufbereitung und Darstellung von Problemen, Meinungen, Prozessen und Ergebnissen bei Zusammenkünften mehrerer Menschen. Es handelt sich um eine Mischung aus Frage- und Antwort- und Bewertungstechniken sowie um die Nutzung vieler Möglichkeiten zur Visualisierung von Äußerungen der Teilnehmer.

Die Moderationsmethode wird daher auch bei Gruppenarbeiten verschiedenster Art, bei Workshops, Konferenzen, Tagungen und Trainings in zunehmendem Maße angewandt. Der Erfolg dieser Methode hängt im Wesentlichen von der Rolle des Moderators ab.

Der Moderator versteht sich als Katalysator im Lern- und Entscheidungsprozess einer Gruppe. Sein Verhalten soll eine eigenständige Entwicklung der Gruppe ermöglichen und zu ihrer Selbststeuerung beitragen.

Zu seiner Funktion gehört es u.a., durch Einsatz bestimmter Methoden (z. B. Visualisierungstechnik, Gruppen-Fragetechnik) die Gruppenmeinung transparent zu machen, zur Reflektion des Gruppenprozesses anzuregen, eine gelockerte und kommunikationsfördernde Atmosphäre aufzubauen, bei der Aufdeckung latenter Konflikte zu helfen und die kreative Energie der Gruppe zu mobilisieren.

2.4.3.3 Die Techniken der Gesprächsführung

Diese beziehen sich sowohl auf formale Aspekte bei der Vor- und Nachbereitung von Gesprächen und Arbeitsbesprechungen als auch auf deren methodische Durchführung und auf das Kommunikationsverhalten der Beteiligten. Zu den Techniken der Gesprächsführung gehören z. B. das Verhalten des Besprechungs- oder Diskussionsleiters im Sinne der nicht-direktiven Gesprächsführung, der Einsatz von Medien, Hilfsmitteln oder Techniken zur Auflockerung und Ideenfindung wie z. B. Brainstorming, Kleingruppenarbeit und Gruppen-Fragetechniken sowie die Beachtung von Verhaltensregeln, etwa für den Umgang mit Konflikten und Feedback durch die Gesprächsteilnehmer. Dabei geht man von der Erkenntnis aus, dass neben der sachlichen Inhaltsebene auch die emotionale Ebene, d. h. die Beziehungen zwischen den Gesprächsteilnehmern für den Gesprächsverlauf und die Problem- bzw. Konfliktlösung von Bedeutung sind und gleichermaßen im Gruppenprozess beachtet werden müssen.

Insgesamt liegt dieser instrumentellen Variante das Konzept der „Themenzentrierten Interaktion" (TZI) der Psychoanalytikerin *Ruth Cohn* (1975) zugrunde. Danach beeinflussen sich in einem Zielorientierten Gruppengespräch der Einzelne (Ich), die Gruppe (Wir) und das Thema (Es). Alle drei Faktoren sollten in einem lebendigen Gespräch in Ausgewogenheit zueinander stehen. Das theoretische Modell wird bildlich durch die Form eines Dreiecks dargestellt. Dieses Dreieck ist in eine Kugel (Umwelt) eingebettet, die situative, historische und soziale Gegebenheiten ausdrückt (Zeit, Ort, Anlass etc.).

Umwelt

Es

Ich

Wir

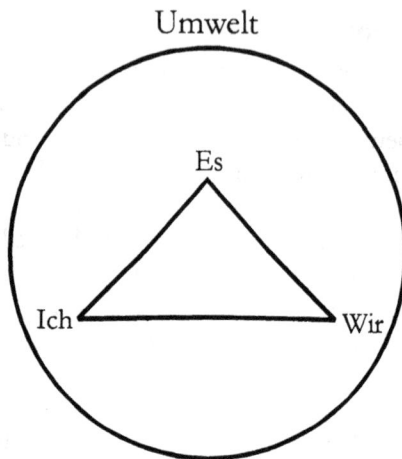

Abb. 9 Das TZI - Modell (*Cohn* 1975)

Die TZI versteht den Menschen als eine Einheit aus Fühlen, Denken und Handeln. Der Mensch ist gleichzeitig selbständig und von anderen Personen abhängig. Diese Sachverhalte führen jeden Menschen in Konflikte und stellen ihn vor die Aufgabe, für sein inneres und äußeres Gleichgewicht zu sorgen. Von diesen Grundannahmen ausgehend werden für Gespräche nach der TZI-Methode eine Reihe von Grundforderungen und Regeln aufgestellt, die den Teilnehmern an solchen Gruppengesprächen vermittelt werden und die hier nur verkürzt angeführt werden sollen (*Cohn* 1975):

1. Versuche, in dieser Sitzung das zu geben und zu empfangen, was du selbst geben und empfangen möchtest!
2. Sei dein eigener Chairman! Bestimme, wann du reden oder schweigen willst und was du sagst!
3. Es darf nie mehr als einer auf einmal reden. Wenn mehrere Personen auf einmal sprechen wollen, muss eine Lösung für die Situation gefunden werden.
4. Unterbrich das Gespräch, wenn du nicht wirklich teilnehmen kannst, z.B. wenn du gelangweilt, ärgerlich oder aus einem anderen Grund unkonzentriert bist ... (Störungen haben Vorrang).
5. Sprich nicht per „man" oder „wir", sondern per „ich"!
6. Es ist beinahe immer besser, eine persönliche Aussage zu machen, als eine Frage an andere zu stellen.
7. Beobachte Signale aus deiner Körpersphäre und beachte Signale dieser Art bei den anderen Teilnehmern!

Ruth Cohn vertritt die Auffassung, dass nur eine feste Struktur Freiheit ermöglicht. Dennoch ist das Verfahren offen für ergänzende Techniken oder Übungen wie z. B. Psychodrama (*Moreno* 1959), Gestalttherapie (*Perls* 1974) oder Encounter-Techniken (*Rogers* 1974) u.a.

3 Anwendungsfelder der Organisationsentwicklung

3.1 Probleme von Organisationen und in Organisationen

Nachdem die Ziele, Kriterien, Vorgehensweise und Methoden der OE beschrieben worden sind, stellt sich die Frage nach den Anwendungsbereichen: den Anlässen, Themen oder Problemfeldern, die Frage nach dem „Objektbereich" der OE.

Die Themen, mit denen es die OE zu tun hat, sind naheliegender weise „Probleme von Organisationen". Das können Probleme sein, die eine Organisation durch die Auseinandersetzung mit ihrer Umwelt hat, aber auch solche, die sie durch Auseinandersetzung mit den in der Organisation tätigen Menschen hat, also mit Bereichen, Gruppen oder Personen.

Man kann den Standpunkt vertreten, dass es einen Objektbereich „Organisation" gar nicht gibt. Das Vorhandensein vieler, sehr unterschiedlicher Organisationen mache eine Theorie „der" Organisation unmöglich. Es sei, so wird behauptet, etwas grundsätzlich anderes, ob man als Organisation eine Unternehmung oder eine Gewerkschaft, eine Universität, eine Partei, ein Krankenhaus oder einen Jugendverband untersucht. Hier ist das unterschiedliche Abstraktionsniveau zu beachten. Man kann dieser These Recht geben und muss sie sogar noch verschärfen, weil es konkret immer nur eine ganz bestimmte Organisation geben kann, die zu untersuchen und zu behandeln ist. Bei dieser Art der Betrachtung gibt es nicht nur grundsätzliche Unterschiede etwa zwischen wirtschaftlichen und sozialen Organisationen, mehr noch: auch das „Unternehmen A" in einer ganz bestimmten Branche (z. B. ein Kleinbetrieb der Werkzeugindustrie) ist etwas anders als ein „Unternehmen B" in einer anderen Branche (z. B. ein Großbetrieb der chemischen Industrie).

Trotzdem scheint es gerechtfertigt, die Phänomene zu untersuchen, die mehr oder weniger für alle Organisationen gelten. Untersuchungsgegenstand ist die Organisation im Allgemeinen.

Was ist unter „der" Organisation zu verstehen? „Organisationen können definiert werden als soziale Systeme mit einem angebbaren Mitgliederkreis, einer kollektiven Identität und Verhaltensprogrammen, die der Erreichung spezifischer Ziele dienen." (*Ziegler* 1967, S. 237). Als Erklärungsansätze für das Verhalten von Organisationen und in Organisationen sind in der Organisationstheorie zwei Richtungen zu unterscheiden: der strukturelle Ansatz und der personale Ansatz. Beide Ansätze sind interdependent. So sind beispielsweise die Größe und Komplexität einer Organisation, die Art der Arbeitsabläufe, ihre Gliederung, ihre „Verwaltung" ebenso wichtig wie das Verhalten von Personen und Gruppen. Umgekehrt ist alles, was in Organisationen vor sich geht, also auch die Regelung der Arbeitsabläufe, ein Ergebnis der Entscheidungen und Handlungen von Personen, die in sozialen Beziehungen zueinander stehen und bestimmte Verhaltensweisen und Praktiken des Umgangs miteinander entwickeln. Es ist u.E. wenig sinnvoll, beide Seiten ein und derselben Sache - eben der Organisation - getrennt voneinander zu behandeln. Eine solche jeweils einseitige Betrachtungsweise verstellt die Probleme, die es gerade zu untersuchen gilt.

„Probleme von Organisationen" oder „Probleme in Organisationen" sind also immer sowohl strukturelle als auch psychologische Probleme. Um welche Art von Problemen handelt es sich, die bei der OE eine Rolle spielen?

Die Probleme, die zum Anlass für Programme zur OE werden können, sind außerordentlich vielfältig und unterschiedlich. Ausgangspunkt der OE ist immer die konkrete Arbeitssituation, die -gemessen an den Zielen der Organisation und den Wünschen der Beteiligten - Schwierigkeiten erkennen lässt. Phänomene wie Absatzeinbußen, Qualitätsmängel, Kundenreklamationen, sinkende Produktivität, Fehlplanungen, Ausfallzeiten, Fluktuation, Unfälle, Krankenstand, Konflikte zwischen verschiedenen Abteilungen etc. werden als Störungen, als Probleme wahrgenommen. Sie sind auslösend für irgendwelche Veränderungsprozesse. Diese Probleme sind nie nur objektiv. Durch die Wahrnehmung - durch die Art der Wahrnehmung und Problemverarbeitung - sind es zugleich auch psychologische Probleme. Hier wird das „Problembewusstsein" wirksam, das wir als erstes Kriterium der OE beschrieben haben.

In diesem Zusammenhang ist darauf hinzuweisen, dass es sich bei den wahrgenommenen Problemen, die für OE-Projekte auslösend sein können, nicht unbedingt um negative Sachverhalte, um offensichtliche Missstände handeln muss. Maßgeblich ist die Wahrnehmung und das Anspruchsniveau derjenigen, die über die Zielerreichung oder mögliche Veränderungen zu befinden haben. Es ist eine Erfahrungstatsache, dass OE-Programme oft gerade von solchen Managern eingeführt oder angeregt werden, deren Arbeit von anderen als „problemlos" und „unproblematisch" oder sogar als besonders „erfolgreich" und „fortschrittlich" angesehen wird. Offenbar sind bestimmte Manager für Innovationen besonders aufgeschlossen und sensibilisiert, sei es, dass die Wahrnehmung bestimmter Symptome für sie ein Anlass ist, etwas „noch besser zu machen", sei es, dass sie an bestimmten Symptomen schon Anzeichen für mögliche künftige Schwierigkeiten erkennen, denen sie durch geplante Veränderungen vorbeugen wollen.

3.2 Problembereiche einer Organisation

Welche Bereiche sind es nun, denen sich die für OE relevanten Probleme zu-ordnen lassen?

Bei der Klassifikation der Probleme lassen sich, der Problementstehung nach, drei Bereiche unterscheiden. Es gibt:

1. *Probleme, welche die Organisation als Ganzes berühren,* also die Auseinandersetzung mit der Umwelt und die Strukturbedingungen betreffen. Dieser Bereich - Probleme der Gesamtorganisation - ist die erste Ebene für eine Analyse und eine Intervention.

2. *Probleme, die die sozialen Beziehungen der Organisationsmitglieder betreffen,* also Probleme der Zusammenarbeit in bestimmten Bereichen, Abteilungen oder Gruppen. Dieses - Probleme *in* und *zwischen* Gruppen - ist die zweite Ebene, an denen die Analyse ansetzen kann.

3. *Probleme, die das Organisationsmitglied - also das Individuum - betreffen.* Dies ist die dritte Ebene.

Die drei Bereiche, in denen Probleme auftreten können, beeinflussen selbstverständlich einander. Es versteht sich auch, dass auf den verschiedenen Ebenen, also in jedem der drei Bereiche, sowohl strukturelle als auch psychologische (personelle) Faktoren in Wechselwirkung eine Rolle spielen.

Das vorgestellte Analyse-Modell - Determinanten von Problemen in einer Organisation - berührt sich mit einem von *Fürstenberg* (1964) entwickelten Schema zur Klassifikation innerbetrieblicher Konfliktursachen.

Fürstenberg unterscheidet drei Sektoren:
- institutionelle Rahmenordnung,
- soziales Interaktionsgefüge
- Individuum.

Jeder dieser Sektoren kann als Entstehungsbereich von Konflikten betrachtet werden. In diesen Bereichen ist nach Konfliktdeterminanten zu suchen. Durch Kombination jedes Sektors mit jedem anderen kommt *Fürstenberg* zu folgendem Schema von Typen innerbetrieblicher Konfliktursachen (Abb. 10).

Abgesehen von der Einengung der Problemfelder auf Konfliktdeterminanten, die wir jedoch - ohne auf die Unterschiede einzugehen - hier für zulässig halten, kann uns das dargestellte Schema als Bezugsrahmen für die Analyse und für die Entwicklung spezifischer OE-Maßnahmen dienen.

	Beeinflusster Sektor der Sozialstruktur		
Entstehungs-sektor	Institutionelle Rahmenordnung	Soziales Interaktionsgefüge	Individuum
Institutionelle Rahmenord-nung	Widersprüche in der Organisation, z. B. Kompetenzstreitigkeiten	Kommunikationsprobleme („Abteilungszäune") Mangelnde Kontaktmöglichkeiten, Missachtung sozialer Tatbestände durch einseitig technisch- ökonomische Orientierung	Loyalitätsprobleme Normenkonflikte Übermäßiger „Betriebszwang" oder zu wenig bzw. unklare Anweisungen
Soziales Interaktions-gefüge	Spannungen zwischen formalen und informalen Verhaltensnormen Spannungen zwischen Gruppenzielen und Betriebsziel Widerstand gegen Betriebsordnung	Gruppenrivalität Spannungen zwischen Interessengruppen	Rollenkonflikte Spannungen zwischen formalen und informalen Verhaltensanforderungen
Individuum	Anpassungsprobleme durch vorgeprägte Werthaltungen, Motivationsstrukturen, soziale Vorurteile (z.B. Missachtung von Vorschriften)	Anpassungsprobleme durch Verhaltensabweichungen und soziale Vorurteile (z.B. soziale Isolierung)	Persönliche Rivalität, persönliche Feindschaft, persönliche Abwehrhaltungen auf der Grundlage sozialer Vorurteile

Abb. 10 Typen innerbetrieblicher Konfliktursachen (*Fürstenberg* 1964, S. 129)

OE-Programme können sich, gemäß dem dargestellten Raster, auf die drei Sektoren erstrecken. Sie beziehen sich auf

1. *die Gesamtorganisation (institutionelle Rahmenordnung)*
durch eine stärkere Sensibilisierung in Bezug auf Veränderungen der Umwelt. Die möglichen Instrumente und Maßnahmen reichen von verfeinerten Methoden der Beobachtung solcher Veränderungen bis zu besserer organisatorischer und personeller Ausstattung der Abteilungen, die in Verbindung mit der Umwelt stehen. Darüber hinaus ergeben sich fast immer tief greifende strukturelle Veränderungen in der Organisation: technische, organisatorische und häufig auch personelle Veränderungen. Diese zielen nicht nur dahin, sich der veränderten Umwelt anzupassen, sondern auch dahin, die Umwelt aktiv zu beeinflussen (Öffentlichkeitsarbeit, Einfluss auf Verbände, Parteien, Parlamente). Die Bemühungen können sogar auf die Antizipation von Umweltänderungen und auf entsprechende Maßnahmen zur Beeinflussung der erkennbaren Trends hinauslaufen und zu einer völligen Neuorientierung der Unternehmenspolitik an den Anforderungen der Zukunft führen. Das ist häufig gekoppelt mit einer stärkeren Divisionalisierung, der Entwicklung leistungsfähiger Suborganisationen, der Einführung dezentral gesteuerter, eigenverantwortlicher Unternehmensbereiche und einer

Enthierarchisierung der Organisationseinheiten. Dabei werden meist team-orientierte Strukturen geschaffen (*Likert* 1972). Die Organisation besteht dann aus ineinander greifenden Gruppen. Rangniedrigere Gruppen sind durch Verbindungsleute („linking pin') mit der ranghöheren Gruppe verbunden. Dadurch wird eine Einflussnahme von „unten nach oben" gewährleistet, d. h. das Ausmaß an Partizipation wird erhöht. Durch eine derartig vermischte Gruppenstruktur werden die Voraussetzungen für eine konstruktive Austragung und Reduzierung von Konflikten in und zwischen Gruppen verbessert (*Krüger* 1972). Durch eine Reduzierung von Machtunterschieden werden Machtverteilungskonflikte reduziert. Die OE-Maßnahmen zur Veränderung der institutionellen Rahmenordnung setzen in aller Regel bei eingehenden Beratungsrunden mit und zwischen dem Top-Management ein, das damit zum Träger solch weit greifender Veränderungsprozesse wird.

2. *Die sozialen Beziehungen der Organisationsmitglieder*
durch „trouble-shooting", Entwicklung von Teamarbeit, Herbeiführung von Kontakten zwischen verschiedenen Gruppen zur Beseitigung von Interessenkonflikten und Rivalitäten, gemeinsame Trainings zur Verbesserung der Kommunikation und Kooperation, Entwicklung von „Spielregeln" für die Zusammenarbeit, Vereinbarung anderer Arbeitsabläufe, die Konflikte vermeiden helfen usw. Wichtig ist vor allem der Abbau negativer Fremdbilder zwischen verschiedenen Abteilungen oder Funktionsbereichen oder zwischen verschiedenen Mitgliedern einer Gruppe. Wichtig ist auch die Anerkennung übergeordneter Ziele zwischen verschiedenen Gruppen und verschiedenen Gruppenmitgliedern, notfalls durch die Hinzuziehung eines „Schiedsrichters". Auch hier ist die Mitwirkung eines oder mehrerer OE-Berater praktisch unerlässlich.

3. *Das Individuum*
durch die Integration und Förderung des einzelnen in entsprechenden Gruppen der Organisation, d. h. durch die Berücksichtigung seiner Bedürfnisse, Fähigkeiten und Interessen im Hinblick auf die Ziele der Organisation und die betrieblichen Erfordernisse. Dabei geht es im wesentlichen um das Arrangieren partizipativer Lernprozesse, um die Überbrückung von Zielkonflikten und das Ausagieren von Rollenkonflikten, die in jeder Funktion innerhalb einer Organisation beinah unvermeidlich angelegt sind. Durch die Einbindung des einzelnen in Gruppenbeziehungen und die Überwindung bestehender Kommunikationshindernisse können neue (soziale) Fähigkeiten geweckt, Konflikte entschärft und die Motivation für bestimmte Arbeitsaufgaben gefördert werden. Besondere Beachtung ist dem Informationsfluss, dem Führungsstil und der Aufgabenverteilung zu schenken. Ein allmählicher Abbau allzu großer Spezialisierung, ein Abbau hierarchischer Machtstrukturen und bürokratischer Kontrollen führt zur Verminderung der Abhängigkeit des Individuums, zur Reduzierung latenter Konflikte und - bei zielorientierter Zusammenarbeit aller Beteiligten - zu einer stärkeren Persönlichkeitsentfaltung. Beiträge der OE liegen im Arrangieren von Maßnah-

men zur Personalentwicklung, zur Laufbahnberatung, zur Arbeitsgestaltung (Job design), insbesondere in der Arbeitsbereicherung (Job enrichment) und in der Förderung des Fähigkeitspotentials der Organisationsmitglieder durch entsprechende Trainings. Derartige Bemühungen werden durch Projekte wie „Qualitätszirkel", „Lernstatt" oder KVP (kontinuierlicher Verbesserungsprozess) im Produktionsbereich realisiert.

4 Was macht eine Organisation erfolgreich?

4.1 Eine offene Frage

Um es vorweg zu sagen: die ideale Organisation gibt es nicht!

Andererseits: Es gibt immer wieder Firmen, Schulen, Kliniken, Behörden, Gemeinden, die vorbildlich sind. Organisationen also, die besonders erfolgreich sind, mit denen die „Kunden" hochzufrieden sind und in denen die dort arbeitenden Menschen sich wohlfühlen.

Was ein Unternehmen florieren lässt, ist offenbar eine Sache besonders günstiger Umstände, eine Sache der richtigen Produkte oder guter Dienstleistungen, besonders tüchtiger und aufgeschlossener Menschen (Geschäftsleitung, Mitarbeiter, Fach- und Führungskräfte) und einer spezifischen Organisationskultur.

Die Frage, was denn eine Organisation besonders erfolgreich macht, hat immer wieder Forscher und Praktiker veranlasst, nach Anhaltspunkten und Gemeinsamkeiten zu suchen, nach Kriterien erfolgreicher Unternehmensführung.

4.2 Auf der Suche nach Spitzenleistungen

Eines der ersten und bekanntesten Bücher der Management-Literatur, das sich dieser Frage widmete, ist 1982 in den USA erschienen:

"In Search of Excellence" (deutsch: Auf der Suche nach Spitzenleistungen) Untertitel: Was man von den bestgeführten US-Unternehmen lernen kann. Die deutsche Auflage erschien im Oktober 1983. Auch hier waren – mit der neunten Auflage 1984 – rasch über 1 Million Exemplare verkauft. Weltweit waren es 1985 über 20 Millionen.

Die Autoren, *Thomas J. Peters* und *Robert H. Watermann*, waren zwei langjährige Mitarbeiter der Unternehmensberatung McKinsey. Sie machten sich einige Jahre lang daran zu untersuchen, worin sich die erfolgreichsten US-Unternehmen von den weniger erfolgreichen unterschieden.

Der eingehende Vergleich der Topfirmen führte zur Feststellung auffallender Gemeinsamkeiten. Die Autoren haben acht Charakteristika herausgefiltert. die diese Unternehmen auszeichnen. Die wichtigsten Ergebnisse sind hier stichpunktartig zusammengefasst:

Acht „Grundtugenden" der bestgeführten US-Unternehmen

1. Primat des Handelns
   - Mut zum Experiment, zum Risiko (Projekte!)
   - Kontinuierliche Innovationen in Produkt und Prozess
   - Probieren geht über Studieren!

2. Klare und anspruchsvolle Ziele
   - Orientierung am Markt und strategisches Denken
   - Realistische Planung und Ergebnisverantwortung
   - Freiraum für Unternehmertum
3. Nähe zum Kunden
   - Gute Produkt- und Service-Qualität
   - Enge Kundenbeziehungen (Leistung und Interaktion)
   - Vom Kunden lernen, ihm helfen, auf ihn hören!
4. Produktivität durch Menschen
   - Gute Leute gewinnen und halten (Commitment)
   - Erreichbare Ziele setzen, Erfolge anerkennen
   - Betroffene zu Beteiligten machen (Eigenverantwortung)
5. Sichtbar gelebtes Wertsystem
   - Identifikation mit den Zielen und Werten der Firma
   - Starke, von allen akzeptierte Unternehmenskultur
   - „Wir meinen, was wir sagen – und tun es auch!"
6. Konzentration auf Kernkompetenzen
   - Bindung an das angestammte Geschäft
   - Vertrauen auf die eigene Stärke
   - Vorsicht bei Diversifikation (Nicht verzetteln!)
7. Einfache, flexible Aufbauorganisation
   - Klare und transparente Aufgabenverteilung
   - Offene Kommunikation untereinander (Möglichst viel Teamarbeit)
   - Kleine Zentrale, dezentrale Durchführung
8. Überzeugende (straff – lockere) Führung
   - Autoritär in den Grundwerten, partizipativ in Details
   - Die „Richtung" muss stimmen!
   - Langer Zügel – klares Feedback

Der Reiz des Buches liegt in vielen praktischen Beispielen und Beobachtungen, die im wesentlichen darauf hinauslaufen, dass das rational-technokratische Managementdenken vergangener Jahre und Jahrzehnte abgewirtschaftet hat und die „Menschen-Orientierung" Vorrang gewinnt. Entscheidend für die Leistungs- und Innovationsfähigkeit eines Unternehmens ist die „Organisationskultur", der Geist, der eine Firma beseelt. Und einer der wesentlichen Gründe für die Anpassungsfähigkeit eines Unternehmens liegt in der gezielten Evolution.

Die Tatsache, dass einige der als exzellent ausgewiesenen Firmen heute – zwanzig oder dreißig Jahre später - auch ihre Schwierigkeiten haben oder sogar vom Markt verschwunden sind, zeigt nur, dass es „Erfolg auf Dauer" nicht gibt. Es ändert aber nichts an den grundsätzlichen Erkenntnissen, die durch neuere Untersuchungen erhärtet wurden.

4.3 Erfolgsfaktoren heimlicher Weltmarktführer

Hermann Simon schrieb 1995 ein Buch über die „Hidden Champions" (Die heim-
lichen Gewinner. Die Erfolgsfaktoren unbekannter Weltmarktführer).
Es gibt zahlreiche, äußerst erfolgreiche Unternehmen, kleine bis mittelgroße
Firmen, die in der Öffentlichkeit weitgehend unbekannt sind, obwohl sie bestimmte Produkte herstellen, die in der ganzen Welt gebraucht werden, oder
Dienstleistungen anbieten, die sonst kaum jemand beherrscht. Sie sind auf ihrem
Gebiet unangefochten „Weltmarktführer", oft in einer „Nische", die wenig öf-
fentlichkeits-wirksam ist. Sie sind hochprofitabel, vorbildlich geführt, sehr inno-
vativ und verbinden „Produktivität" und „Menschlichkeit" in hohem Maße.

Simon hat mehr als 500 dieser Firmen unter die Lupe genommen. Er stellt fest,
dass die „Hidden Champions" die meisten Kümmernisse vermeiden, unter denen Großunternehmen leiden. z. B. Inflexibilität, Bürokratie, Kundenferne und
übertriebene Arbeitsteilung. „Die Riesen" sagt er, „können eine Menge von den
Zwergen lernen". Es scheint so zu sein, dass „jene Merkmale, die der wissenschaftlichen Analyse am wenigsten zugänglich sind, wie z. B. Führung, Motivation, Verlassen auf die eigene Kraft, die wichtigsten Bestimmungsgrößen für den
Erfolg der „Hidden Champions" sind."

Die meisten Chefs der kleinen Weltmarktführerunternehmen erklären, dass sie
keine einfache Erfolgsformel gegen ihre Konkurrenten haben. Wichtig sei „*gesun-
der Menschenverstand*".
Notwendig sind *kontinuierliche Verbesserungen* aller betrieblichen Prozesse. Sie erreichen die kontinuierlichen Verbesserungen weniger durch ein formalisiertes
Vorschlagswesen als vielmehr durch aktive Beteiligung ihrer Mitarbeiter.
Eine hervorstechende Erkenntnis liegt in der *Fokussierung* der „Hidden Champions" auf einen speziellen Markt.
Und schließlich – sagt *Simon* – sei *Einfachheit* eine wichtige Lehre, die von den
„Hidden Champions" abzuleiten sei. Einfachheit hat viele Facetten. Sie bezieht
sich auf organisatorische Strukturen und Prozesse. Viele „Hidden Champions"
waren immer „schlank", so wie es die Lehren vom Lean Management und Reengineering fordern. Ein wichtiger Bestandteil von Einfachheit liegt – nach *Simon* –
in der Beachtung der Bedingung „*mehr Arbeit als Köpfe*". Sie hält Mitarbeiter davon ab, neue künstliche Komplexität zu erfinden. Das Wichtige ist Trumpf!

4.4 Die vier „Kernkompetenzen"

In ihrem Buch „Kernkompetenzen. Was Unternehmen wirklich erfolgreich
macht" stellen *J. Strasmann* und *A. Schüller* vier Kernkomponenten heraus, die
nicht so sehr im sachlich-technischen Bereich, sondern mehr in der Meta-Ebene
– in der Unternehmenskultur und im Verhalten der Menschen - verwurzelt sind,
nämlich

die Fähigkeit zur Kundenorientierung
die Fähigkeit zur Qualitätsorientierung
die Fähigkeit zur Innovationsorientierung und
die Fähigkeit zur Mitarbeiterorientierung.

Derartige Kompetenzen sind das Resultat von langjährigen individuellen und kollektiven Lernprozessen, und sie spiegeln auch Einstellungen und Normen, die im Rahmen der Entwicklung einer Organisation entstanden sind und ihre Identität ausmachen. Hier liegt auch ihre strategische Bedeutung, denn derartige Kompetenzen können nicht ohne weiteres vom Wettbewerb kopiert werden.

4.5 Die Kunst der Erneuerung

Bernhard von Mutius, ein Unternehmensberater, hat 1993 gemeinsam mit einem Kollegen eine breit angelegte Untersuchung unter den 500 umsatzstärksten Unternehmen in Deutschland durchgeführt mit der Frage, wie das Topmanagement in turbulenten Zeiten die Wettbewerbsfähigkeit angesichts von Rezession und Strukturkrise meistern will. Aus dem Kreis der befragten 500 Top-Unternehmen wurden nach intensiven Recherchen 13 Unternehmen ausgewählt, die sich als erfolgreiche Erneuerer einen Namen gemacht hatten (z. B. Mettler-Toledo, Hewlett-Packard, Opel Eisenach, ABB, Bosch-Siemens-Hausgeräte, Mercedes-Benz, Boge, Schott, TUI, Hypo-Bank, Junghans, SAP, Hilti).

Mit diesen Unternehmen wurden eingehende Interviews über die eingeleiteten oder schon durchgeführten Erneuerungsprozesse geführt, immer auf der Suche nach dem Geheimnis des Erfolges, mit der Frage: Was unterscheiden erfolgreiche Transformationsprozesse von weniger erfolgreichen?
Was machen die Besten anders?
Das Ergebnis fand seinen Niederschlag in dem Buch: „Die Kunst der Erneuerung. Was die Erfolgreichen anders machen: 12 Gebote des Gelingens". (Frankfurt 1995).
Die zentrale These des Buches: „Die geforderte radikale Neugestaltung des Unternehmens braucht ein grundlegend anderes Herangehen des Managements an Erneuerungsprojekte: Es geht nicht einfach um das Entwickeln neuer Produkte, um das Verordnen und Einführen neuer Strukturen, nicht um die Implementierung fertiger Pläne und nicht um die Mobilisierung von Entscheidungen von oben, sondern um das Formen von Prozessen und das Gestalten von Beziehungen, um Einbeziehung von Mitarbeitern, um Zusammenspiel und Sinnvermittlung, um die Freisetzung von Kreativität für den Wettbewerb von morgen."
Es geht um integrierte Gestaltung unternehmerischen Wandels, um einen „Quantensprung" der Veränderung. Dabei kommt der Information und der Kommunikation eine ganz entscheidende Bedeutung zu. Wenn auch in den beschriebenen Werkstatt-Berichten aus den Unternehmen keine Lösung der anderen gleicht, so gibt es doch ähnliche Muster des Herangehens an die Prozessgestaltung und an die Vorgehensweise im Erneuerungsprozess.

Uns will scheinen, dass die Art des Vorgehens und die Leitgedanken viel mit Organisationsentwicklung zu tun haben.

4.6 Leitvorstellungen aus Sicht der OE

Hauptziel von OE ist die Befähigung der Organisation zur planmäßigen Weiterentwicklung und Selbsterneuerung durch ihre Mitglieder. Nur wo verantwortliche Mitwirkung möglich ist und die Verbesserung der Arbeitsbedingungen und der Zusammenarbeit als legitimes Anliegen angesehen und von der Organisationsleitung gefördert wird, sind Mitarbeiterinnen und Mitarbeiter bereit und in der Lage, sich für die Ziele der Organisation verantwortlich einzusetzen und Probleme zu lösen. Organisationen werden durch kooperative und partizipative Planungs- und Problemlösungswege in die Lage versetzt, ihre Strukturen und Abläufe flexibel zu gestalten und auf Veränderungen der Umwelt besser zu reagieren.

Effizienz („die Dinge richtig tun") und Effektivität („die richtigen Dinge tun") beruhen beide auf der Voraussetzung der Motivation. Dies erfordert Partizipation und Kooperation – und eine moderierende Führung.

Konsens besteht über die drei elementaren Faktoren erfolgreicher Kooperation:

→ Zielorientierung
   Wissen wir, was wir können und was wir wollen?
→ Kommunikation
   Wie kommen wir bei der Arbeit am besten miteinander klar?
→ Organisation
   Funktionieren die Abläufe?

Diese drei Faktoren bestimmen daher auch die Interventionsebenen von Führung: Ziele klären - die Zusammenarbeit entwickeln - die Abläufe organisieren.

Leitvorstellung ist das Verständnis von Mitarbeit als einem Netzwerk von Kooperationsbeziehungen. Die alles beherrschende Grundfrage ist daher nicht: Wie funktioniert eine zentral gesteuerte Personalführung? Sondern: Wie regulieren Mitarbeiterinnen und Mitarbeiter ihre Kooperation in komplexen Zusammenhängen? Schließlich wissen sie am besten, worauf es ankommt. Was muss zentral gesteuert werden und was kann viel besser durch die Förderung dezentrierter Steuerungskompetenz reguliert werden? Welche Querverbindungen, welche Knoten im Netzwerk sind zu knüpfen? Was können Mitarbeiterinnen und Mitarbeiter selbst tun, um effektiver miteinander zu arbeiten? Wie können sie zur Zielklärung, Kommunikationsverbesserung und Organisation ihres Arbeitsfeldes und des Gesamtsystems beitragen? Wie kann auf allen Ebenen Selbststeuerung gefördert, Partizipation gestaltet und Koordination ermöglicht werden?

Diese mehr konzeptionellen Fragen sollen im folgenden konkretisiert und vereinfacht werden durch praktische Handlungsanleitungen für Organisationen – vorwiegend Wirtschaftsunternehmen – die noch auf althergebrachte Art und

Weise schaffen und es schwer haben in einer Zeit der ständigen Veränderungen, wo angemessenes Reagieren und vorausschauendes Handeln verlangt wird.

Deshalb werden hier einige Kriterien genannt, die für Unternehmen – für dynamische Unternehmen – erfolgversprechend sind, die aber in der Praxis noch zu wenig beachtet werden. Die Nummerierung von 1 bis 10 soll keine Prioritäten und keine Rangreihe bedeuten. Die Kriterien und die Erläuterungen sollen vielmehr Orientierungsmarken („Leuchtfeuer") darstellen. Sie erheben weder den Anspruch auf Vollständigkeit noch auf objektive Gültigkeit. Sie sollen nicht als Rezepte, sondern als Anregungen verstanden werden.

4.7 Zehn handlungsleitende Prinzipien („Erfolgsfaktoren") eines dynamischen Unternehmens

1. Zielorientierung (Strategisches Denken)

Ein Unternehmen, das erfolgreich sein soll, muss zielorientiert geführt werden.

In der Führungslehre ist das „Management by objectives", das Vereinbaren von Zielen, nach wie vor ein wichtiges Prinzip und Voraussetzung selbständigen Arbeitens. Dieses Prinzip gilt für alle im Unternehmen Beschäftigten, für die Führungsebene ebenso wie für die Mitarbeiter. Die Menschen müssen in jeder Phase ihres Einsatzes wissen, was sie tun sollen, und auch, warum sie das später erledigt haben müssen. Die Aufträge sollen nicht einfach übertragen, sondern als ein zu lösendes Problem dargestellt werden.

Die Kernfrage ist immer, wie der Mitarbeiter eine Aufgabe erlebt. Wenn die Ziele partnerschaftlich vereinbart werden oder bestimmte Aufgaben als Teilziele auf einem festgelegten Weg plausibel sind, wächst auch die Motivation und der Anreiz, das gesteckte Ziel zu erreichen.

2. Kundenorientierung (Dienstleistungsgeist)

Kundenorientierung heißt hier: enge Verbindung zum Abnehmer bzw. Verbraucher halten und sich am Bedarf orientieren. Das Service-Denken ist vielfach noch unterentwickelt. Die entscheidenden Fragen lauten: Was wird verlangt? Wie können wir helfen? Wie kommen wir weiter?

Welche Produkte, welche Dienstleistungen, welche Problemlösungen braucht der Kunde? Was braucht er jetzt? Was braucht er in Zukunft? Das Prinzip greift noch weiter. Jede Abteilung im Unternehmen, in der Kette vom Verbraucher über den Verkauf, der Fertigung, die Arbeitsvorbereitung, das Einkaufs- und Beschaffungswesen bis hin zu den Lieferanten ist Kunde der vorhergehenden und Zulieferer für die nachfolgende, für die Abteilung nämlich, für die sie die Dienste erbringt.

Deshalb ist eine ständige Rückkopplung zwischen Kunden und der eigenen Entwicklung, Fertigung, Instandhaltung und Montage vonnöten. Vom „Kunden" lernen, auf ihn hören, ihm helfen.

3. Mitarbeiterorientierung (Eigenverantwortung)

Es ist entscheidend wichtig, die im Unternehmen tätigen Menschen verantwortlich in den Dienstleistungsprozess einzubeziehen. Eine Regel der Organisationsentwicklung lautet: Betroffene zu Beteiligten machen!

Warum fragt man die Mitarbeiter vor Ort nicht öfter um ihre Meinung? Die Verantwortung für die Arbeitergebnisse und für das, was sie dazu brauchen, sollte beim Mitarbeiter selbst liegen, nicht beim Vorgesetzten. Voraussetzung dazu ist eine offene und umfassende Information der Arbeitenden über Ziele, Inhalte und Ablauf eines Projekts – vor allem über seine Bedeutung im Hinblick auf das Erreichen der Unternehmensziele. Der Mitarbeiter ist sozusagen der Kunde, um den sich alles dreht. Er will angeregt und immer wieder überzeugt sein, dass das, was er tut, sinnvoll ist. Lernen heißt: neue Erfahrungen machen, Fortschritte erzielen, Fehler vermeiden, Ziele erreichen. Die Mitarbeiter müssen lernen, - natürlich unter Anleitung – sich selbst Ziele zu setzen. Bei der Durchführung der übertragenen Aufträge möglichst viel Handlungsspielraum geben! Den natürlichen Tätigkeitsdrang auch der Anfänger und der Auszubildenden nutzen! Die Mitarbeiter müssen sich, angeleitet und mit Hilfen ausgerüstet, alle wichtigen Informationen und Eindrücke selbst beschaffen und unter Umständen sie sogar an andere weitergeben. Die Aufgabe der Führungskräfte ist es, interessante Aufgaben und „Schlüsselsituationen" zu finden oder zu arrangieren.

Die Führungskräfte sind Moderatoren des ständigen Lernprozesses. Sie geben „Hilfe zur Selbsthilfe". Das bedeutet: neue Ideen fördern, Fehler tolerieren, den Mitarbeitern Mut machen. Bei erreichbaren Zielen wachsen die Erfolgserlebnisse. Zum Partizipationsprozess gehört auch eine gewisse Toleranz den Mitarbeitern gegenüber, der Mut zum Risiko. „Nur wer nichts tut, macht keine Fehler"

4. Qualitätsbewusstsein (Produkte und Abläufe)

Jeder Mitarbeiter muss wissen, dass es bei den Arbeitsverrichtungen immer auf das Ergebnis ankommt. Das Qualitätssicherungssystem (TQM) schreibt sogar fehlerfreie Arbeit vor. Dabei müssen die Anforderungen klar sein´, die Maßstäbe, nach denen gemessen wird, und die vorgeschriebenen Toleranzen. Vor allem aber muss den Mitarbeitern ein klares Feedback gegeben werden über das, was sie jeweils geleistet haben. Dazu gehört auch Lob und Anerkennung für qualitativ gute Arbeit. Die Anregung für die Vorgesetzten zur Kontrolle der Mitarbeiter in einem fortschrittlichen Betrieb lautet: Erwisch ihn, wenn er gut ist!

5. Ergebnisorientierung (Kostenbewusstsein)

In guten Unternehmen wird auf allen Ebenen und in allen Bereichen ziel- und ergebnisorientiert gearbeitet. Effizientes Management und persönliche Einsatzbereitschaft gehören zum Stil des Hauses. Die Mitarbeiter handeln sowohl kostenbewusst als auch ertragsorientiert. Man weiß, wo man Geld verdient und wo man drauflegt. Der Mitarbeiter muss wissen, wie teuer das Material, und erst recht, wie teuer dem Unternehmen Fehler und Ausschuss zu stehen kommen. Das bedeutet manchmal auch, unter verschiedenen Alternativen die kostengünstigere Variante zu wählen.

In vielen Betriebe kann die Bearbeitung von Aufträgen erheblich vereinfacht und beschleunigt werden. Im Produktionsbetrieben lassen sich wesentliche Kostensenkungen erreichen durch radikale Verkürzung der Durchlaufzeiten. Deshalb müssen die Arbeitsprozesse überdacht und neu gestaltet werden. Nicht die Zeit der Bearbeitung soll verkürzt werden, sondern die Zeit, die nicht zur Wertschöpfung beiträgt. Zwischenzeiten, in denen nichts passiert (Wartezeiten, Lagerzeiten), müssen so weit wie möglich vermieden werden. Kurze Bearbeitungszeiten helfen außerdem, die Kunden schneller zu bedienen. (Prozessoptimierung)

6. Innovationsbereitschaft (Kontinuierliche Verbesserungen)

In fortschrittlichen Unternehmen herrscht ein veränderungsfreudiges Klima.

Die Optimierung der Produkte, der Produktionsmittel und der Arbeitsorganisation ist ein ständiges Thema. Das muss für alle Mitarbeiter gelten.

Neue Ideen und Kritik am Bestehen werden aufgenommen. „Querdenker" werden nicht ausgegrenzt. Brauchbare Vorschläge sind hochwillkommen und werden wohlwollend geprüft. Über die Funktionsgrenzen hinweg wird offen diskutiert und zusammengearbeitet. Fehler werden als Lernchance betrachtet. Der Prozess der kontinuierlichen Verbesserungen muss für jede Abteilung gelten und zwar für Unternehmensleitung, für die Führungskräfte und für die Mitarbeiter, sogar für die Auszubildenden.

Die Veränderungen im Umfeld, in der Strategie des Unternehmens, in den zur Bewältigung der Zukunftsaufgaben notwendigen Strukturen und Abläufen bringen nicht nur Unruhe ins System, sondern erfordern nachgerade Unruhe im System. Pioniergeist und Kreativität sind unabdingbar notwendige Bestandteile der Veränderungskultur. So können z. B. clevere Mitarbeiter nicht nur im eigenen Betrieb, sondern auch in Nachbarbereichen Möglichkeiten der Vereinfachung entdecken, die den dort beschäftigten Mitarbeitern, die in gewisser Weise betriebsblind geworden sind, überhaupt nicht in den Sinn kommen würden. Eine kleine Gruppe von kreativen und engagierten Mitarbeitern könnte wie ein Stosstrupp auf dem Abenteuer-Spielplatz „Betrieb" vieles „umkrempeln" und ungenutzte Chancen zur Arbeitsorientierung erkennen.

7. Handlungsorientierung (Experimentierfreude)

In vielen Betrieben kann man immer wieder feststellen, dass über Jahre hindurch nach dem gleichen Schema produziert wird.

Nicht nur die Produkte bleiben im wesentlichen unverändert, auch die Regelung des Durchlaufs durch die Betriebe und Abteilungen. Und das, obwohl einige Stationen sich als wenig effektiv erwiesen haben. Der Arbeitsablauf muss flexibel den Erfordernissen entsprechend umgestaltet werden.

Neue Ideen und gute Vorschläge werden kaum aufgegriffen, weil es Mühe macht und oft auch mit bestimmten Risiken verbunden ist. Es fehlt der Mut zum Experimentieren und auch der Mut zum Risiko. Wenn etwas Neues ausprobiert werden soll, werden sofort Bedenken geäußert. Fortschritte können aber nur erzielt werden, wenn Neuerungen ausprobiert werden, vielleicht nicht gleich flächendeckend, aber doch in einzelnen Modellversuchen. Probieren geht über Studieren! Die Amerikaner sagen: Do it, try it, fix it!

Bessere Kundenbeziehungen und eine drastische Senkung der Kosten lassen sich oft nur erreichen, wenn man die eingefahrenen Wege verlässt, alte Gewohnheiten aufgibt und die Arbeitsabläufe flexibel gestaltet. Kreativität bringt Veränderungen in Gang. Kreativität bedeutet aber auch, Ideen zu entwickeln für neue Produkte und Dienstleistungen, die bisher nicht angeboten wurden.

8. Gemeinschaftsgeist (Offene Kommunikation)

Führungskräfte und Mitarbeiter – auch die Auszubildenden – identifizieren sich mit dem Unternehmen und engagieren sich persönlich für die „gemeinsame Sache". Die Menschen müssen das Gefühl haben, dazuzugehören. Das „Wir-Gefühl", d. h. die „Zusammengehörigkeit" gilt es zu entwickeln und zu pflegen. Deshalb sind Gemeinschaftsveranstaltungen so wichtig, gemeinsame Feste, aber auch Ausflüge, Fahrten (möglichst in kleinen Gruppen) zu anderen Betrieben, zu Kunden, zu Lieferanten. Auch gemeinsame Arbeitsbesprechungen – insbesondere bei neu in Angriff zu nehmenden Projekten – sind wichtig und sichern „commitment". Die Kommunikation, die formelle ebenso wie die informelle ist außerordentlich wichtig. Das Motto: Miteinander reden wo immer es geht, in Teams, in Workshops und bei Informationsveranstaltungen. Alle müssen Bescheid wissen. Dabei muss der Kommunikationsstil von Offenheit und Vertrauen geprägt sein. Auch heikle Fragen, ungünstige Ergebnisse oder Kritik an der Führung dürfen nicht tabuisiert werden. Eine konstruktive „Streitkultur" wird zum Erfolgsfaktor.

Mitarbeiterinnen und Mitarbeiter, die mit ihren Kollegen reden, Erfahrungen und Ideen austauschen, können kreativer arbeiten, eher Fehler vermeiden und auch mehr Freude an der Arbeit haben. Solche Gesprächsrunden, etwa im Sinn der in manchen Betrieben üblichen Qualitätszirkel, müssen arrangiert werden.

9. Projektorientierung (Teamarbeit)

Als zentrales Prinzip gilt: Kooperation statt Konkurrenz. In fast allen Betrieben müssen komplexe Aufgaben erledigt werden, bei denen mehrere Personen mitwirken. Das gilt vor allem für die Abwicklung von Aufträgen und für die Durchführung bestimmter Projekte. Es ist eine Erfahrungstatsache, dass Menschen sich für eine Sache nur dann voll einsetzen, wenn sie sie einsehen und direkt daran beteiligt sind. Die anstehenden Probleme können von den davon Betroffenen am besten gemeinsam bearbeitet werden. Das bedingt Arbeit in überschaubaren Gruppen, direkte Mitwirkung, unmittelbare Kommunikation. Dadurch wird eine Art „kommunikativer Konsens" erreicht und Identifikation mit dem, was man selbst mitgestaltet hat. Und umgekehrt: Durch die Projektarbeit und die Problemlösungsprozesse in Gruppen wird die Kommunikation intensiviert und die Motivation und Arbeitszufriedenheit der beteiligten Menschen gesteigert.

10. Umfassende Erfolgskontrolle (Evaluierung)

Man muss sich wundern, wie viele Produkte und Arbeitsprozesse in einem Betrieb ungeprüft gemacht, vollzogen und beibehalten werden. Eine gute Kundenbefragung gehört ebenso wenig zum Allgemeingut wie eine detaillierte Belegschaftsbefragung zu bestimmten für Verhalten und Leistung wichtigen Fragen. Betriebsklima-Untersuchungen sind Ausnahmeerscheinungen. Dabei liegt es nahe, die Arbeitenden öfter als es gemeinhin geschieht, über ihre Aufgaben und die Arbeitssituation zu befragen. Eine solche Befragung bringt manchmal erstaunliche Ergebnisse. Sie würde manchem Vorgesetzten im Betrieb die Augen öffnen. Es gibt nur wenige Unternehmen, die nicht nur Beurteilungen von oben, sondern auch regelmäßige Beurteilungen von unten – also Befragungen der Mitarbeiter über das Verhalten der Vorgesetzten – durchführen. Noch besser sind gelegentliche „Feedback-Runden", bei denen sich alle Teammitglieder offen über einander äußern und ihre subjektiven Wahrnehmungen und Wünsche einander mitteilen können. Natürlich müssen dabei – unter einer kundigen Anleitung – bestimmte Regeln eingehalten werden. Wo das geschieht, hat das eine heilsame Wirkung und letztendlich positive Auswirkungen auf das Betriebsklima und die betriebliche Zusammenarbeit.

Die umfassende Erfolgskontrolle (Evaluation) sollte sich aber auch auf die Betriebsorganisation, auf die Effizienz der Arbeit und letztlich auf alle hier dargestellten Kriterien beziehen. In diesem Sinne wird die Erfolgskontrolle Ausgangspunkt für eine genauere Analyse und Problemlösung und damit ein Mittel zur Erfolgsförderung.

5 Die Umsetzung von Organisationsentwicklung durch Maßnahmen

5.1 Modelle und Interventionen

Welche Strategien und „Interventionstechniken" zur OE in der Praxis angewandt werden, hängt von der Art der zu lösenden Probleme, von den Bedingungen in der Organisation, von der Motivation der beteiligten Organisationsmitglieder und nicht zuletzt von den OE-Beratern ab, die bestimmte Modelle als Erfolg versprechend favorisieren.

Die Vielfalt der möglichen Maßnahmen ist entsprechend groß. Auch an Klassifizierungsversuchen hat es nicht gefehlt. *Gebert* (1974) differenziert zwischen „strukturalen" und „personalen" Vorgehensweisen. Der bekannteste Gliederungsversuch stammt von *Friedländer* und *Brown* (1974), die zwischen überwiegend „technisch-strukturellen" Ansätzen einerseits und „human-prozessualen" Ansätzen andererseits unterscheiden. Sie haben die Verschränkung beider Ansätze in einem Schema deutlich gemacht (Abb. 11).

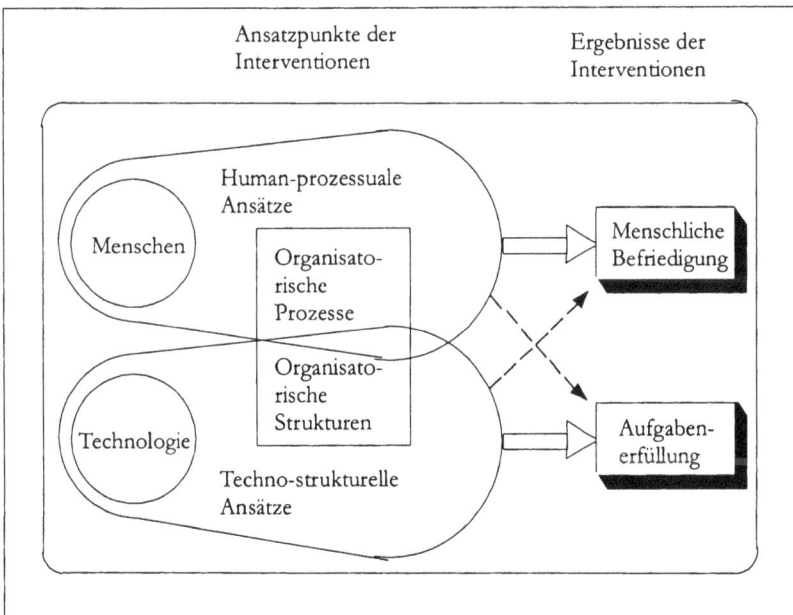

Abb. 11 Darstellung der OE-Ansätze (*Friedländer* und *Brown* 1974, S. 315)

In der Praxis sind unter dem Etikett „OE" sehr unterschiedliche Vorgehensweisen und Maßnahmen üblich. Bekannt geworden sind besonders:

- das Grid-Modell von *Blake* und *Mouton,*
- das Strategie-Konzept von *Greiner*
- das Kontingenz-Modell von *Lorsch* und *Lawrence,*
- die Prozessberatung nach E. *Schein,*
- das NPI-Modell nach *Glasl* und *de la Houssage.*

Diese Modelle sind an anderer Stelle eingehend beschrieben worden. Darüber hinaus sind zahlreiche Varianten und vielerlei spezifische Interventionstechniken üblich. Eine ziemlich umfassende Darstellung geben *French* und *Bell* in ihrem Standardwerk „Organisationsentwicklung" (1977), wobei sie in ihrem Klassifikationsschema die OE-Interventionen nach solchen unterscheiden, die mehr auf das Individuum und anderen, die mehr auf Gruppen zugeschnitten sind.

Vorwiegend auf das Individuum zugeschnittene Maßnahmen sind z. B.:
- Rollen-Analyse (role analysis),
- Förderung und Beratung (coaching and counseling),
- Karriere-Planung,
- Gruppendynamik (T-Group und sensitivitytraining),
- Grid-OE-Phase 1,
- Transaktionale Analyse,
- Arbeitsbereicherung,
- Management by Objectives (Mb0).

Vorwiegend auf Gruppen ausgerichtete Maßnahmen sind z. B.:
- Strukturell-technologische Veränderungen,
- Survey Feedback,
- Teamentwicklung,
- Intergruppen-Aktivitäten,
- Konfrontationstreffen,
- Prozessberatung,
- Management by Objectives (MbO),
- Grid-OE-Phasen 2 und 3,
- Strategische Planung.

Dabei gibt es vielfältige Überschneidungen. Die *French-/Bell*-Liste lässt sich. beliebig erweitern.

Als grobe Übersicht über die Maßnahmen zur OE bietet sich ein von *Porter Lawler* und *Hackman* (1975) entwickeltes Gliederungsschema an, das von uns weiterentwickelt wurde (Abb. 12). Hier ergeben sich auch Berührungspunkte mit dem von *Fürstenberg* (1964) entwickelten Raster zur Typologie innerbetrieblicher Konfliktursachen, das uns zur Ableitung erster Ansätze für die Entwicklung spezifischer OE-Maßnahmen dienlich war (vgl. S. 65: 3.2 Problembereiche einer Organisation). In den 80er- und 90er-Jahren wurde das Interventions-Spektrum in Industriebetrieben unter dem Druck der Wirtschaftlichkeit durch Ansätze wie KVP (Kontinuierlicher Verbesserungsprozess), Qualitätszirkel, Lean Production, Total-Quality Management u.ä. wesentlich erweitert.

Bezugsebene für Änderungen	Typische Interventions-techniken	Angestrebte Ziele	Implizierte Annahme
Individuum	- Selbsterfahrungsgruppen - Laboratoriumstraining - Encounter-Gruppen - Skill-Training	- Soziale Wahrnehmung - Belastbarkeit - Teamfähigkeit - Befähigung für Problem-lösungen	Personen bilden und prägen die Organisation und das Verhalten der Organisations-mitglieder
Soziale Beziehungen der Organsiations-mitglieder	- Survey Feedback - Team-Training für Arbeitsgruppen - Prozessberatung - Konfrontationssitzungen	"Spielregeln" der Zusammenarbeit: - Vertrauen - Offenheit - Kooperation - Konfliktberatung	"Klima" der Beziehungen bestimmt die Organisation und das Verhalten der Organisationsmitglieder
Technologische und organisatorische Struktur	Veränderung von techno-logischen Bedingungen und organisatorischen Regelungen, z.B.: - andere Arbeitsabläufe - Arbeitsstrukturierung - Systematische Gruppen-arbeit - "Humanisierung" der Arbeitsbedingungen	Schaffen von (dauerhaften) Bedingungen, in denen Kooperation honoriert und individuelle Bedürfnisse berücksichtigt werden	Organisation und situative Bedingungen bestimmen das Verhalten der Organisations-mitglieder

Abb. 12 Klassifikation von Organisationsentwicklungsmaßnahmen (Quelle: in Anlehnung an *Porter, Lawler, Hackman* 1975, S. 440)

Heute wissen wir, dass bei der Umsetzung von OE eine Reihe unterschiedlicher Aspekte zu berücksichtigen und verschiedene Dimensionen involviert sind. Die wichtigsten Aufgaben sind:

→ Überprüfen und Entwicklung des Leitbildes
(Klare strategische Ausrichtung)

→ Anpassung der Organisation an die Umwelt/Öffentlichkeit

→ Optimierung der Produkte bzw. Dienstleistungen und der Kunden-Beziehungen

→ Optimierung der Arbeitsabläufe

→ Optimierung der organisatorischen Struktur

→ Optimieren der Infrastruktur (Führung, Kommunikation)

→ Optimieren der Mitarbeiter-Beziehungen (Kooperation, Teambildung und Teamentwicklung usw.)

→ Entwicklung von Fähigkeiten und Fertigkeiten
(Permanente Qualifizierung der Mitarbeiter)

Weitere Einzelheiten sind bei dem Diagnose-Modell zur Organisationsentwicklung nachzulesen (S. 93 - 101). Zusätzliche Hinweise folgen in Teil C (Anwendung von OE in der Praxis).

5.2 Umwälzungen in der Arbeitswelt

Wir leben in bewegten Zeiten. Die Zeiten sind schnell-lebiger, die Veränderungen nehmen zu: wirtschaftlich, gesellschaftlich, kulturell, politisch. Die Ansprüche der Menschen ändern sich. Die Werthaltungen ebenso.

Die Unternehmen stehen in einem harten Wettbewerb und unter hohem Kostendruck. Nicht nur die Technologie, insbesondere die Informationstechnologie, hat Fortschritte gemacht in nahezu allen Bereichen unseres Lebens andere Verhältnisse geschaffen. Die Art und die Form unserer Kommunikation hat sich geändert. Die „Globalisierung" schreitet fort, damit auch die multinationale Zusammenarbeit. Die Arbeitslosigkeit, weltweit, nimmt zu – trotz der Beschwörungen unserer Politiker. Zugleich wächst der Bedarf an spezialisiertem und qualifiziertem Personal. Die Schere zwischen „Reichen" und „Armen" klafft immer weiter auseinander. Es gibt mehr erwerbstätige Frauen, und mehr qualifizierte Frauen – zumindest in unserem Kulturkreis. Es gibt mehr „Singles". Die Ehen werden brüchiger. Lebenspartnerschaften – oft auf Zeit – treten an ihre Stelle, auch Lebensgemeinschaften mit gleichgeschlechtlichen Partnern. In den Industrienationen sinken die Geburtenraten und die Überalterung der Gesellschaft nimmt zu.

Was sich aber auch ändert, ist das Verhältnis der Menschen zur Arbeit und das Verhalten in der Arbeitswelt. Der Druck auf die Mitarbeiter – speziell auf die Führungskräfte – nimmt zu, der Druck der Verhältnisse. Mehrarbeit ist nahezu selbstverständlich geworden. Natürlich ist dabei auch der Wunsch nach Selbstbestimmung in der Arbeit gewachsen. Es gibt neue Entwicklungen zu einer „Vertrauensorganisation", zumindest in „intelligenten" Systemen.

Die Turbulenzen und Diskontinuitäten – und die zunehmende Komplexität der Geschehnisse – verlangen auch in der Arbeitswelt neue Arbeitsformen. Der Weg führt von der stabilen Hierarchie hin zur flexiblen Prozessorientierung. Die Dynamik der Umstände erzwingt neue Ansätze zur Strukturierung der Arbeit. Heute gilt nicht mehr der Satz: die Großen besiegen die Kleinen, sondern: die Schnellen besiegen die Langsamen.

„Zelte" ersetzen die „Paläste". Die „Tempel-Organisation" hat abgewirtschaftet. Die Netzwerk-Organisation tritt an ihre Stelle. Es findet eine Umorientierung im Management statt: Von der Technokratie zur humanistisch orientierten Führung. Die Achsenverschiebung von der vertikalen zur horizontalen Ausrichtung der Strukturen erzwingt folgerichtig, dass die Zeiten der aufwändigen Abstimmung zwischen den Leistungsträgern in der Produktion und im Vertrieb abnehmen zugunsten zielorientierter Zusammenarbeit und der Mitarbeit in bestimmten Projekten.

Das hat zwangsläufig Auswirkungen auf die Arbeitsgestaltung. Die Prozessketten bestimmen die Produktivität. Die Fremdkontrolle ist vielfach ersetzt worden durch Selbstkontrolle der Beschäftigten. Früher galt der Grundsatz:

Qualitätskontrollen müssen „neutral" sein, objektiviert und fremdbestimmt. Heute heißt es: Qualität muss nicht „er-kontrolliert", sondern „er-produziert" werden. Jeder Arbeitende weiß, wo die Fehlerquellen sitzen, wie man sie aufspürt und wie man sie beseitigt.

Gefährlich ist die Selbstüberschätzung der Mächtigen. Der Erfolg enthält bereits die Ansätze des Scheiterns. Man sagt: Wen die Götter bestrafen wollen, dem schenken sie zehn gute Jahre! Die Hybris der Führungskräfte ist vielfach verantwortlich für die Schwierigkeiten im eigenen Unternehmen („Die haben abgehoben!")

In Richtung Zukunft tritt die flexible „Netzwerk" -Organisation an die Stelle der starren „Pyramiden" -Organisation.

Es gibt **Arbeitseinheiten** anstatt funktionaler Stellen und Abteilungen
→ prozessorientierte Arbeitsgruppen.

Es gibt wichtige **Arbeitsinhalte** statt einförmiger und arbeitsteiliger Arbeitsverrichtungen
→ multifunktionale Aufgaben.

Die **Rolle der Mitarbeiter** hat sich gewandelt vom Aufgabenträger, der vom Chef gelenkt wird, zum
→ eigenverantwortlichen Mitarbeiter.

Die **Art der Qualifizierung** hat sich geändert vom funktionalen Training zum
→ organisationalen lernen (by doing).

Die **Arbeitsbewertung** und die Art der Vergütung hat sich gewandelt vom stellenbezogenen Arbeitsentgelt zu
→ ziel- und ergebnisbezogenen Leistungskriterien.

Die **Beförderung** ist weniger eine Frage des Dienstalters und der funktionsgebundenen Arbeitsleistung, sondern eine Frage der
→ Befähigung für die anstehenden Aufgaben.

Die **Wertvorstellungen** und geltenden Normen haben sich verändert vom absichernden Taktieren zum
→ produktiven Beitrag für die Organisation.

Die **Rolle der Führungskräfte** verändert sich vom hierarchisch zuständigen Leiter bestimmter Bereiche oder vom Supervisor seiner Mannschaft zum
→ Couch und Moderator der Mitarbeiter.

Die **Rolle des Top-Managers** geht weg von der Machterhaltung, Statthalterschaft und Zahlengläubigkeit zur
→ Führerschaft durch Zielsetzung und Sinngebung
  („Leadership" und Leitbild).

Diesen Herausforderungen muss eine moderne Organisationsentwicklung, die den Namen verdient, in hohem Maße Rechnung tragen.

5.3 Zielorientierung oder Problemorientierung?

Bei der Umsetzung von Organisationsentwicklung geht es um die planmäßige Veränderung, Entwicklung oder Erneuerung eines Unternehmens, eines Betriebes, eines Krankenhauses, einer Schule, einer Behörde, einer Körperschaft, einer Gemeinde o. ä. Es geht also jeweils um ein ganz bestimmtes Projekt.

Das Projekt kann zweierlei Gesichter haben:

Es geht um das Erreichen eines ganz bestimmten Zieles, um die Herbeiführung eines gewünschten Zustandes (Zielorientierung bzw. Lösungsorientierung).

Es geht um die Beseitigung ganz bestimmter (klar oder unklar erfasster) Probleme und die Beseitigung von Schwierigkeiten (Problemorientierung).

In der heutigen Zeit steht – anders als früher – meist die Zielorientierung im Vordergrund. Viele Firmen stehen in hartem Wettbewerb miteinander, unter starkem Kostendruck und in einem dramatischem Wettlauf mit der Zeit. Was „falsch läuft", interessiert weniger als das, was man erreichen will. Man ist bereit, die unbefriedigende Gegenwart zu ignorieren, um möglichst schnell die erstrebten Ziele in der Zukunft zu erreichen. Man will sozusagen die „Fabrik neu aufbauen". So erklärt es sich auch, dass Denkmodelle wie „Lean Production" oder „Business Reengineering" schnelle produktive Veränderungen propagieren, sozusagen „von heut auf morgen".

Personalentlassungen („Gesundschrumpfen") und Betriebsschließungen (Desinvestitionen) oder Betriebsverlagerungen sind die üblichen Begleiterscheinungen solcher meist vom Verdrängungswettbewerb erzwungenen „Fitness-Kuren" für das Unternehmen.

Widerstände der Betroffenen, Rückschläge bei der Durchführung und „Nachbesserungen" sind die unausbleiblichen Folgen.

Insofern muss der Berater immer wieder darauf hinweisen, dass Veränderungen Zeit kosten und dass die betroffenen Mitarbeiter an Veränderungen beteiligt werden müssen.

Ungeachtet dessen macht es einen Unterschied, ob ein Projekt „zielorientiert" oder „problemorientiert" durchgeführt wird. Dabei darf man sich nicht darüber hinwegtäuschen, dass Zielorientierung und Problemorientierung meist nur zwei Seiten ein- und derselben Medaille sind.

Wenn das Top-Management eines Unternehmens – als Träger einer OE-Beratung – als Ziel erklärt: „Wir müssen flexibler und schlagkräftiger werden!" so klingt das zwar markig und zielsicher. Dahinter verbergen sich aber – da kann man sicher sein – eine Fülle ungelöster Probleme.

Wenn als OE-Projekt ein Kostensenkungs- und Ertragsverbesserungsprogramm eingefordert wird, so gibt es sicher eine Fülle von Schwachstellen und Problemen, die planmäßig bearbeitet werden müssen: von der Überprüfung der Produktpalette und der Absatzwege über die Analyse der Fertigungsprozesse und der internen Organisation (Optimierung der Abläufe und der Strukturen) bis zur

Überprüfung der Führungs- und Entscheidungsprozesse (Verbesserung des Informationsflusses, der Infrastruktur, der Kommunikation und Kooperation).

Trotzdem ist nicht zu verkennen, dass die Zielorientierung gegenüber der Problemorientierung einen Vorteil hat: Sie ist optimistisch, zukunftsträchtig, voller Tatendrang. Beim Suchen und Klären von Zielen und Zielvorstellungen geht es um das, was sein sollte, was noch nicht so ist, wie wir es wünschen. Es geht um die Kategorien: Wunsch, Hoffnung, Zuversicht. Von solchen Vorstellungen geht eine eigentümlich beflügelte Kraft aus, die einem hilft, manche Mühe auf sich zu nehmen, um zu erreichen, was man erreichen möchte.

In der systemischen Therapie heißt es scherzhaft: Man kann vielleicht ein Problem noch nicht lösen, aber man kann aufhören, sich davon faszinieren zu lassen! Der österreichische Dramatiker und Possenschreiber Nestroy hat einmal gesagt: Wie kann man Kümmernisse und Konflikte lösen? Ignorieren! Nicht einmal ignorieren! – Der polnische Satiriker *Stanislaw Lec* bemerkt sarkastisch: Kein Ausweg ist auch einer!.

Ben Gurion soll einmal gesagt haben: Nur wer an Wunder glaubt, ist Realist.

„Ein Kennzeichen von Wundern scheint mir zu sein, dass sie auf erwünschte Weise instabile Verhältnisse schaffen – immerhin kommt die „wunderbare" Wirkung von Wundern wohl dadurch zustande, dass es vor dem Wunder relativ stabil trübe aussah. Die Versuchung liegt nahe, sich das Wunder nun ebenfalls als stabil zu wünschen – und es somit außer kraft zu setzen" (*W. Loth*, 1998, S. 12).

Zulässig scheint indes, die „Problemlandschaft" ebenso wie die „Potentiallandschaft" zu destabilisieren. Es macht durchaus Sinn, tendenziell vom „Sprechen über Probleme" zum „Sprechen über Veränderungen" zu kommen.

Optionen für die Zukunft sind immer gut. Ein berühmt gewordener Satz von *Harry Goolishian* lautet: „Ein Problem ist ein Problem, sobald es als Problem benannt wird." Eine etwas andere, umgangssprachliche Formulierung lautet wie folgt: „Ein Problem ist die Formulierung einer Aufgabe, die einer Lösung bedarf". Diese Sätze besagen nichts anderes, als dass es keine Probleme „an und für sich" gibt, sondern dass Problemdefinitionen sprachgebunden und damit verhandelbar sind. Menschen werden über Sprache an Problemdefinitionen gebunden oder –entbunden (nach *Deissler, Keller, Schug*, 1995, S. 18).

Organisationsberatung erweist sich hier – in systemischer Sicht – als ein „sozialer Konstruktionsprozess". Entsprechend lautet die Frage an die Träger der Beratung, an das zu beratende System: „Wer möchte über das Problem verhandeln bzw. wer möchte dazu beitragen, dass es sich auflöst und dass sich damit das Problemsystem auflösen kann zugunsten einer neuen lebensvolleren Wirklichkeit?"

„Am Problem / vorbei / zur Lösung" – dieser Ansatz bricht mit der Vorstellung, dass Lösung aus dem Problem zu entwickeln sei. Schaut man intensiv nur auf das Problem, so kommt dabei oft eine Bindung an das Problem anstatt einer Lösung heraus.

Lösungswege, die aus einer solchen „Problemtrance" entworfen werden, bleiben dann meist im Problemraum gefangen, während die Lösung jenseits dieses Raumes im Lösungsraum liegt. Übrigens: ein Problem ist auch nicht einfach nur ein Problem, sondern selbst schon ein Lösungsversuch, in dem viel anerkennenswerte Kompetenz verborgen ist – wenn auch meist ein Lösungsversuch mit hohem persönlichen Preis und organisationalen Kosten.

Die Forderung, in Organisationen und Teams von der Lösung her zu arbeiten, stellt die Frage, wie ich dorthin komme und was dann weiter geschehen soll. Zum Handwerkszeug, das solches Arbeiten fördert, gehören u. a. spezifische Frageweisen, das Denken und Handeln aus einer angenommenen Zukunft, die Nutzung von Bildersprache und Metaphern, Rollenspiele u. ä.
In diesem Zusammenhang gehört auch die berühmte Wunderfrage von *De Shazer* (1989, S. 24):
Nehmen wir an, über nacht würde ein Wunder passieren, und ihre Probleme wären gelöst, was wäre dann anders?

Wir wissen, dass die meisten Menschen sich mehr „öffnen", wenn man danach fragt, was sie sich wünschen.
Häufig kommt aber, wenn Klientinnen und Klienten ihre Probleme schildern und man nach ihren Wünschen fragt, der Wunsch, nicht mehr unter dem Problem X leiden zu wollen. „Das Problem mit dem Nicht-Problem ist, dass es immer noch das Problem impliziert" (*Deissler* u.a., a.a.O., 1995, S. 23).
Um aus diesem Dilemma herauszukommen, sind weiterführende Fragen angebracht, die aus dem Problemkreis herausführen, „Unausgesprochenes" oder „Noch-nicht-Ausgesprochenes". Gibt es etwas, was wir bisher noch nicht gesagt haben, das aber auch noch eine Rolle spielt? Gibt es etwas, über das Sie eigentlich nicht sprechen möchten?

Hier berührt sich die ziel- und lösungsorientierte Strategie mit der problemorientierten. „Lieber gelöst mit Problemen umgehen als sich in Lösungsnormen verstricken" sagt *W. Loth* (a.a.O., 1998, S. 13) „Es geht darum, sowohl Lösungsbewegungen wie auch Problemhaftungen als valide Beiträge aufzugreifen und auf Möglichkeiten hin zu beleuchten (gemeinsam), wie die jeweiligen Blickwinkel und aktuellen Schlussfolgerungen zu nächsten Schritten werden können."

Wie auch immer – sei es auf Wunsch der Klienten, sei es aufgrund der Präferenzen des Beraterteams – die Akzente gesetzt werden: auf die ziel- und lösungsorientierten oder auf die problemorientierten Vorgehensweise – unerlässlich ist immer eine klare Diagnose über den Zustand des zu beratenden und zu entwickelnden Systems.
Der Berater und das zu beratende System müssen wissen, „was Sache ist". Man darf sich nicht mit dem Augenfälligen und manchmal nur Vorgeschobenen begnügen. Jede Therapie ist nur so gut wie die ihr zugrunde liegende Diagnose.

6 Bedeutung der Diagnose

6.1 Probleme und Erklärungsfallen

An Anfang aller OE-Maßnahmen steht eine umfassende Problemerhebung („Worum geht es? In welchem Zustand ist die zu beratende und zu entwickelnde Organisation?") und eine klare Diagnose („Was ist die Ur-Sache, der Kern der Probleme?")

Dabei ist, ausgehend von dem Auftrag des Projekts, immer wieder zu fragen:

1. nach dem Anlass und den Ursachen für die Entstehung betrieblicher Probleme,
2. nach den zu erreichenden Zielen und den Möglichkeiten zur Problemlösung,
3. nach den Maßnahmen zur Realisierung der angestrebten Lösung,
4. nach den Auswirkungen der durchgeführten Maßnahmen und den daraus abzuleitenden Konsequenzen.

Die Beantwortung der ersten Frage wird stark bestimmt durch den Zugang, der zur Analyse der Probleme gewählt wird.

Verschiedene Wissenschaften und die von ihnen beeinflussten Berater konzentrieren sich bei der Untersuchung ein und desselben Phänomens auf jeweils verschiedene Ursachenkomplexe bzw. verschiedene Faktoren, die Konflikte bedingen und sie in ihrem Verlauf beeinflussen. Diese Sachverhalt soll durch ein an *Bernard* (1957) angelehntes Schaubild verdeutlicht werden (Abb. 13).

Das zu untersuchende Phänomen sei in unserem Beispiel ein Konflikt zwischen zwei verschiedenen Abteilungen in einem Unternehmen, zwischen der Verkaufsabteilung und dem Produktionsbetrieb. Der Konflikt manifestiert sich in einem anhaltenden Streit zwischen den beiden Abteilungsleitern, greift aber verständlicherweise auf die in den beiden Abteilungen beschäftigten Mitarbeiter über. Diese kurze Beschreibung mag als Zustandsschilderung genügen. Jede zusätzliche Information würde weitere Fragen provozieren. Das Abstraktionsniveau gebietet hier Verzicht auf weitere Einzelheiten.

Die Hypothese ist die, dass verschiedene Wissenschaften zur Analyse und Lösung dieses Konflikts jeweils verschiedene Erklärungsmodelle verwenden, dass also schon bei der Diagnose, bei der Problemdefinition und bei der Frage nach den Ursachen unterschiedliche Wahrnehmungsmuster und Deutungsansätze eine Rolle spielen. Jeder Wissenschaftler (und fast jeder OE-Berater) tendiert dazu, *die* Determinanten aufzuspüren, die ihm den Zugriff zur Realität erleichtern, und *den* Lösungsvorschlag zu favorisieren, der seinem Erklärungsmodell am meisten entspricht.

Das ist *ein* Grund dafür, dass so viele Bemühungen zur Konfliktlösung erfolglos bleiben. Das ist aber auch ein Grund dafür, dass OE möglichst multikausal ansetzen und interfakultativ sein sollte. Der OE-Berater muss sich - bei aller Vielseitigkeit - seiner „eigenen Brille" bewusst sein und sich bei der Komplexität sozialer Phänomene immer wieder bemühen, alle wichtigen Einflusskräfte bei der Problemanalyse und bei der Problemlösung zu berücksichtigen. Hier können bestimmte Probleme, so wie der Klient sie vorträgt und damit bestimmte Ursachen und Lösungsvorschläge schon impliziert, geradezu zu Erklärungsfallen werden, in die ein unerfahrener Berater hineintappt, ohne es zu bemerken.

Phänomen: Streit zwischen zwei Abteilungen	Individualpsychologisch (Eigenschaften)	Sozialpsychologisch (Interessen)	Betriebswirtschaftlich (Kosten)
Anlass und Ursache des Konflikts	- Charakterliche Verschiedenheiten der Chefs (der eine ist impulsiv und großzügig, der andere kleinlich und genau)	- Unterschiedliche funktionsspezifische Zielsetzung (z.B. Verkauf und Produktion) - Machtkämpfe	- Verteilungskampf um Budget - Behandlung von Kundenreklamationen - Rationalisierungsdruck
Bedingungen für die Verschärfung des Konflikts	- Häufig gemeinsame Besprechungen - Strikte Trennung der Arbeitsbereiche (Dienstweg einhalten)	- Konkurrenzsituation - mangelndes Verständnis für die Situation des anderen	- ungünstige Geschäftsentwicklung - zu hohe Autonomie der beiden Abteilungsbereiche
Erklärungsansatz	- charakterliche Eigenarten - individuelle Vorteile - Projektionen	- unterschiedliche Interessen - Rollenkonflikte - Zielkonflikte	- unzweckmäßige Aufbauorganisation - unklare Kompetenzen
Lösungsvorschlag	- Arbeitsplatzwechsel des einen oder anderen Stelleninhabers	- Rollentausch durch Intergruppentraining - Versuch, Einstellungen und Motive zu ändern	- Kosten./Nutzen-Analyse - Änderung der Strukturorganisation

Abb. 13 Drei Zugänge zu einer Analyse sozialer Konflikte (in Anlehnung an *Bernard* 1957)

Ein Beispiel:
Von der Leitung eines mittleren Unternehmens der Bekleidungsindustrie wurde ein Organisationspsychologe herangezogen, um ein Training zur Teamentwicklung für die im Produktionsbetrieb beschäftigten Mitarbeiter und Mitarbeiterinnen durchzuführen Der Psychologe verstand sich als Berater und erkundigte sich nach den Gründen für das Trainingsvorhaben. Dabei wurde ihm erklärt, dass es unter den im Produktionsbetrieb tätigen Arbeiterinnen ständig zu Streitereien käme und dass die Maschineneinrichter und Meister in diese Streitereien mit hineinverwickelt würden. Die Ursache für den Streit läge, so meinte der Betriebsleiter, in den bei Frauen „nun mal üblichen" Rivalitäten in den zwischenmenschlichen Beziehungen untereinander, aber auch in den Rangeleien um die Gunst des Vorgesetzten. Und deshalb - so der Betriebsleiter - müssten die gegenseitigen Aversionen einmal aufgearbeitet und durch ein kooperationsförderndes Training beseitigt werden.
Der Psychologe äußerte den Wunsch, zunächst eine Bedarfsanalyse zur Ermittlung der Trainingsinhalte durchzuführen. In den Gesprächen mit den Arbeiterinnen, Einrichtern und Meistern gewann er den Eindruck, dass die Rivalitäten unter den Arbeiterinnen sehr reale Hintergründe hatten. Bei Störungen an den Maschinen waren sie auf die Hilfe der Einrichter angewiesen, die diese Störungen beseitigen mussten. Da die Verlustzeiten den Arbeiterinnen „kein Geld brachten" waren alle an einer schnellen Behebung der Störungen interessiert. Die Einrichter hingegen seien den Arbeitsgruppen nur locker zugeordnet und würden die Störungen „nach Gutdünken" beheben, d.h. mal die eine, mal die andere Arbeitsgruppe bevorzugt bedienen. Die hieraus entstehenden Streitereien würden vom Meister immer so geschlichtet, dass die Gruppe mit den voraussichtlich höchsten Produktionsausfällen bevorzugt wurde, dass also die größtmögliche Effektivität gewährleistet war. Das war jedoch vor allem von *den* Arbeiterinnen nicht einsehbar, die nun, weil der

betriebliche Schaden bei ihnen weniger hoch war, auf die Behebung der Störung länger warten mussten und dadurch gewisse Verdienstausfälle hatten.

Eine genauere Analyse zeigte dann, dass der Arbeitsablauf nicht optimal organisiert war. Außerdem stellte sich heraus, dass es an den Maschinen zwar viele kleine Störungen, aber ganz selten größere Störungen gab. Eine Untersuchung der kleinen Störungen zeigte, dass die Arbeiterinnen nach entsprechender Anleitung durchaus in der Lage waren, die meisten dieser Störungen selbst zu beheben. Ferner zeigte sich, dass einige der Arbeiterinnen für bestimmte Arbeiten, die sie ausführen mussten, weniger geeignet waren und deshalb mit zur Verursachung der Störungen beitrugen. Dafür konnten sie andere Arbeiten, z. B. in der Qualitätskontrolle, einwandfrei ausführen. Alles in allem ergab die Analyse eine Vielzahl von Verbesserungsvorschlägen.

Die Ursachen für das Problem, das durch ein Training gelöst werden sollte, waren also, wie sich herausstellte, überwiegend arbeitsorganisatorischer Art. In dieser Richtung waren dann auch die zur Lösung geeigneten Maßnahmen zu suchen. Nach Änderung der Arbeitsabläufe, Umsetzung einiger Mitarbeiterinnen, Zuordnung der Einrichter zu den neu gebildeten Arbeitsgruppen, gezielten Anlernmaßnahmen usw. konnte auf das ursprünglich geforderte Teamtraining ganz verzichtet werden.

Zwei weitere Beispiele für die Bedeutung der Diagnose finden sich bei *Doppler* und *Voigt* (1981 S. 350 ff).

„Im Rahmen der mehrjährigen wissenschaftlichen Begleitung eines umfänglichen Modellprojekts war es unsere Aufgabe, in dezentralen Teilsystemen einer Institution sozialmedizinischer Dienste Teamtrainings durchzuführen mit dem Ziel, die Bewältigung einer gesetzlichen Reform und deren praktische Umsetzung effektiver leisten zu können.

Zur Vorbereitung der Trainings standen uns von den Teilnehmern vorher ausgefüllte Fragebogen zur Problemanalyse zur Verfügung. Als Hauptprobleme wurden darin nahezu durchgängig benannt: Konflikte untereinander, zwischenmenschliche Störungen, Reibungsverluste in der persönlichen Zusammenarbeit - also Probleme auf der Beziehungsebene.

Erst nach einer Reihe von Trainings wurde uns klar, dass diese Analyse am eigentlichen Problem völlig vorbeiging, ja dass in Wahrheit genau das Gegenteil zutraf.

Wir hatten anfangs - in bester Selbsterfahrungsmanier - in Richtung Teambildung interveniert, Beziehungskonflikte bearbeitet und zu klären versucht, bis wir merkten, dass diese Lösung das eigentliche Problem war. Oder: Das Ei war diesmal vor dem Huhn da. Wir erkannten zunehmend, dass in diesen relativ kleinen Teams von 4 bis 15 Leuten nahezu keine formalen Strukturen oder Vereinbarungen vorhanden waren. Die Ideologie war: Wir sind ein Team, alle sind gleich und jeder macht alles. Das führte mangels konkreter Arbeitsverteilung, abgegrenzter Arbeitsbereiche und Vereinbarungen über Notwendigkeit und Grenzen der Zusammenarbeit zu einer Überstrapazierung von Beziehungen, über die allein Zusammenarbeit geregelt und Konflikte gelöst wurden.

Nach dieser Erkenntnis wechselten wir Interventionsebene, -stil und -fokus völlig. Ab jetzt ging es um die Schaffung klarer Kompetenzbereiche, klarer Zeitabsprachen, das Festlegen von Kommunikationssträngen und das verbindliche Vereinbaren von Entscheidungswegen.

Erst die damit garantierte Sicherheit von Verhaltenserwartungen reduzierte das Konfliktpotential auch zwischen einzelnen Mitarbeitern. Erst die Entproblematisierung der Basis der Zusammenarbeit - durch das Einziehen klarer, verbindlicher Strukturen - brachte den Erfolg, dass sich das Klima deutlich verbesserte, die Personalfluktuation sank und starker Zuwachs von Patienten engagiert und ideenreich bewältigt werden konnten.

Genau umgekehrt lag das Problem in einer großen öffentlichen Verwaltung. Hier bestand das typische und problematische Konfliktregelungsmuster darin, neue formale Regelungen auszuarbeiten. So wurden zwischenmenschliche Spannungen, aktuelle Rivalitäten und traditionsreiche Konkurrenzhaltungen nicht angesprochen, sondern um sie herum ein offizielles Netz von Regelungen, Dienstanweisungen und Aktenvermerken angelegt, bis der Gesamtapparat nahezu handlungsunfähig, zumindest aber hochgradig ineffektiv war. Ein Großteil der Verwaltungsenergie war dadurch gebunden, mit Macht den Deckel auf einem Topf zu halten, über dessen brodelnden Inhalt in der Kantine und auf den Fluren - also im informellen System - ganz offen gesprochen wurde.

Gegen viel Widerstand weigerten sich die Trainer hier, den Auftrag kooperative Arbeits- und Entscheidungstechniken' weiterhin als Lernziel zu akzeptieren; wir schlugen vielmehr vor, die Situation der Zusammenarbeit und die Unterschiede zwischen formaler Organisation und informellem Geschehen zum Thema und damit die Ebene informeller Beziehungen zur öffentlichen Arbeitsebene zu machen um dann anschließend aus einer gemeinsamen Problemsicht durch tragfähige Vereinbarungen die bürokratischen Wehrhecken zu stutzen. Hierarchie und ressortübergreifendes Aushandeln sollte an die Stelle formaler Dienstanweisungen treten.

Der Anfangswiderstand in beiden Situationen stieß uns auf ein Werte- und Normproblem, eine Art Ideologie der Organisationskultur:

Sie hieß im ersten Fall, grob formuliert: Wichtig sind unsere Beziehungen. Wenn wir wirklich wollen, brauchen wir keine formalen Strukturen und Regelungen; wir sind ein Team. Jeder, der es anders sieht, ist ein Bürokrat.

Im anderen Fall ließ sich die Ideologie auf die Kurzformel bringen: Ein gutes Regelungs- und Anweisungsgefüge schließt ‚persönliche' Konflikte und Störungen aus. Über Persönliches darf in der Organisation ohnehin nicht gesprochen werden. Es darf es eigentlich nicht geben.

Im ersten Fall war das Resultat eine Verleugnung der Steuerungs- und „Entlastungsfunktion" formaler Organisation und eine Personalisierung aller Konflikte. Hinter der Angst vor Bürokratisierung verbarg sich eine existentielle Angst vor Beziehungsverlust und letztlich vor Einsamkeit durch Entfremdung. . Im zweiten Fall war das Resultat eine Verleugnung der Beziehungsaspekte in der komplexen Steuerung des Organisationsverhaltens mit einer gleichzeitigen Pseudoversachlichung aller Konflikte. Hinter der Angst, über „Persönliches" also über Gefühle, Beziehungen, Interessen und Befürchtungen zu sprechen, stand die Angst, angesichts einer jedermann bekannten blühenden Beziehungsunterwelt in einem unentwirrbaren Chaos sich zu verlieren.

In den beiden geschilderten Beispielen wurde uns vom Klientsystem eine Problemdefinition geliefert und von uns eine entsprechende Problemlösung per Arbeitsauftrag erwartet, die - angesichts der eben dargestellten Diagnose - nur zur Verfestigung und Verlängerung des Ausgangsproblems hätte führen können. Das heißt: Die gewünschte Problemlösung war in beiden Fällen das Problem selber!"

Diese Beispiele bestätigen eine alte Erkenntnis: Eine wirksame Therapie setzt eine richtige Diagnose voraus. Was am Anfang eines OE-Projekts bei der Analyse falsch gemacht oder versäumt wird, z.B. eine unsaubere Problemdefinition durch ungenügende Ortung oder falsche Einschätzung der Problemursachen (und der beteiligten Personen), kann zu völlig falschen Maßnahmen führen.

Was der Klient anfangs als Beschwerden vorbringt oder an Wünschen äußert und was der Berater auf Anhieb in Erfahrung bringen kann, reicht meistens nur für eine „Vor-Diagnose". Es kommt vor, dass diese das eigentliche Problem mehr verschleiert als aufdeckt („Wasch mir den Pelz, aber mach mich nicht nass!"). Oft ist das, was zu Anfang erkannt wird, auch nur die Spitze des Eisbergs. Deshalb ist eine genaue Datensammlung durch den Berater und eine gründliche Analyse der erhobenen Daten für eine klare Diagnose unerlässlich.

6.2 Organisationsdiagnose als Prozess

Ziel der Organisationsdiagnose ist es, ein stimmiges Bild vom Funktionieren der Organisation (eines Betriebes, einer Gemeinde, einer Institution) zu gewinnen und die wesentlichen Probleme dieser Organisation sowie deren Ursachen und

Auswirkungen zu erkennen.

Für den Berater kommt es darauf an, die Organisation und ihre Konflikte aus der Sicht der Mitglieder zu verstehen. Für die Organisationsmitglieder kommt es darauf an, über das, was in der Organisation nicht in Ordnung ist, was sie stört oder irgendwie unbefriedigend ist, überzeugende Erklärungen zu finden und - durch Offenlegung und Verknüpfung aller relevanten Daten und Aspekte - eine neue Perspektive zu finden, die zu Veränderungen anregt und zu weiteren gemeinsamen Aktionen ermutigt.

Die Organisationsdiagnose ist ein Prozess, der sich am ehesten durch das Bild einer aufstrebenden Spirale beschreiben lässt, ein Prozess, bei dem - vermittels geeigneter Diagnose-Instrumente - die problemrelevanten Symptome erfasst, geordnet und ausgewertet werden im Hinblick auf die eigentlichen Problem-Ursachen und die Auswirkungen (Abb. 14).

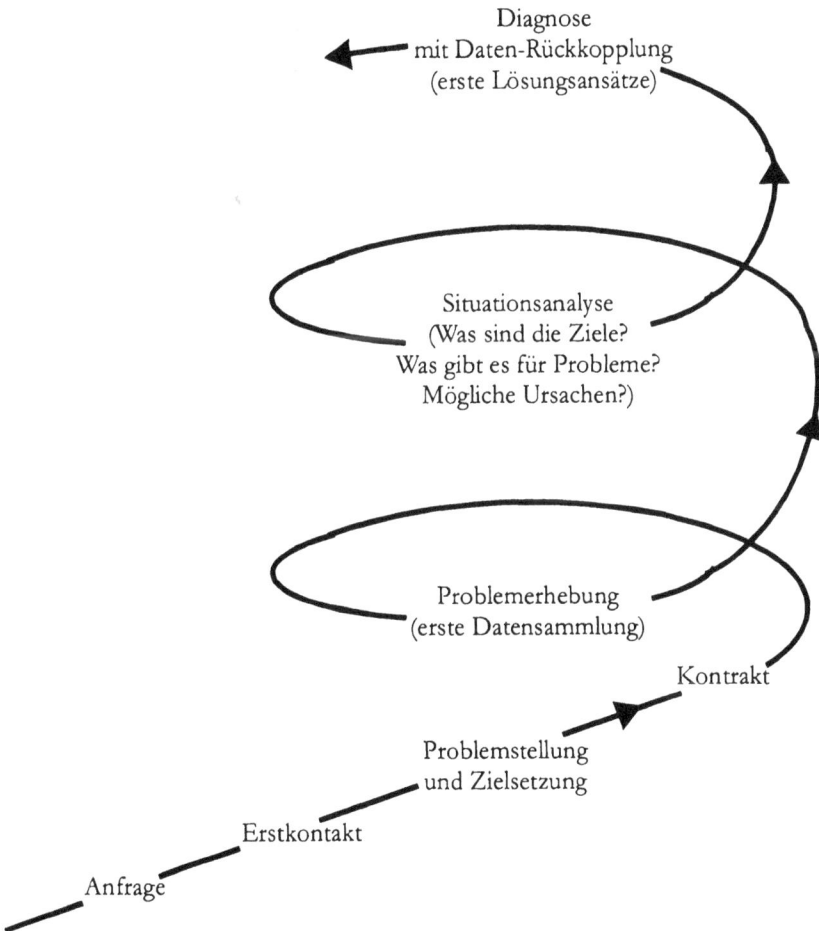

Diagnose
mit Daten-Rückkopplung
(erste Lösungsansätze)

Situationsanalyse
(Was sind die Ziele?
Was gibt es für Probleme?
Mögliche Ursachen?)

Problemerhebung
(erste Datensammlung)

Kontrakt

Problemstellung
und Zielsetzung

Erstkontakt

Anfrage

Abb. 14 Die Prozess-Spirale bei der Organisationsdiagnose
Vorgehensweise nach dem Regelkreis-Modell

Die Diagnose beginnt mit einer ersten, vorläufigen Problemerhebung. Wichtig dabei: Das zunächst genannte Problem ist meist nicht das, worum es wirklich geht. Die Diagnose schreitet, die Sachverhalte und die Aussagen der Beteiligten aus verschiedener Perspektive immer wieder überprüfend und erweiternd, fort bis zur hinreichenden Klärung der wirklichen Ziele und Probleme der Organisation und ihrer Mitglieder.

Organisationsdiagnose bedeutet auch: Erarbeitung einer gemeinsamen Problemsicht der Betroffenen und Beteiligten im Diagnoseprozess. Die Mitglieder der Organisation sind also nicht nur Problemträger, Auskunftgeber und Daten-Lieferanten; sie sind zugleich auch Mitwirkende bei der Auswertung dieser Daten. Der Berater ist Moderator, der Impulse gibt und methodisches Know-how vermittelt, der Fragen stellt und Zusammenhänge verdeutlicht und schließlich - durch Vorbereitung des Daten-Feedbacks - gemeinsame Erkenntnisse ermöglicht.

Organisationsdiagnosen bereiten nicht nur organisatorische Eingriffe vor, sie stellen in der Regel selbst schon einen organisatorischen Eingriff dar. Sie sind Ausgangspunkt von Veränderungsstrategien, ganz gleich, ob sie auf der Ebene der zwischenmenschlichen Beziehungen ansetzen oder auf der Ebene der Organisationsstrukturen oder auf der Ebene der Zielvorstellungen und der Beziehungen zu Markt und Umwelt.

Jede Diagnose ist bereits eine Intervention und muss deshalb im Rahmen des Gesamtprozesses gesehen werden, in dem sich Organisationsentwicklung vollzieht und in dem Veränderungen durchgeführt werden.

Die Diagnose erweckt Aufmerksamkeit und schafft Erwartungen, die den sich entwickelnden Prozess beeinflussen. Sie setzt auf Seiten des Klienten-Systems nicht nur die Bereitschaft zur Mitarbeit voraus, sondern auch die Bereitschaft, die gewonnenen Erkenntnisse umzusetzen, weiterzutreiben und die notwendigen Konsequenzen zu ziehen.

Allerdings darf dabei das Klienten-System nicht überfordert werden. Die Sammlung von Daten (Interviews, Befragungen, Gruppengespräche, Auswertung von Stellenplänen, interne Vorschriften und Arbeitsanweisungen etc.) kann in der Organisation Unruhe und Angst auslösen:

- Angst vor Neuem und Unbekanntem
- Angst vor der Hinterfragung ungeschriebener Normen
- Angst vor aufkommender Kritik
- Angst vor nicht einlösbaren Erwartungen
- Angst vor Sanktionen bei offener Äußerung von Kritik
- Angst vor unerwünschten Konsequenzen.

Schließlich sind die Mitglieder der Organisation und ihre Arbeitsabläufe von möglichen Veränderungen direkt betroffen.

Deshalb muss jeder Schritt bei der Diagnose sorgsam bedacht und informativ vorbereitet werden. Vor Durchführung einer Diagnose muss überlegt werden (und möglichst auch bekannt gegeben werden), wie über die Ergebnisse informiert wird und bei welcher Gelegenheit darüber gesprochen werden kann.

Grundsätzlich gilt, dass jeder, der Informationen liefert, auch Informationen erhalten soll. Hierzu gehört auch die Information über Ergebnisse, die für die Leitung unbequem sind. Hier ist der Berater gefordert, dafür zu sorgen, dass die Dinge beim Namen genannt werden und dass doch keiner „sein Gesicht verliert". Die Diagnose soll nicht nur darauf festlegen „wie es ist", sondern zugleich erkennen lassen, wie es werden kann und wie es weitergeht. Die Diagnose ist ein Lernprozess für alle Beteiligten.

6.3 Ein Diagnose-Modell zur Organisationsentwicklung

Jeder Berater, der Organisationsentwicklung betreibt, lässt sich - bewusst oder unbewusst - von bestimmten Konzepten leiten, von Arbeitshypothesen „für den Hausgebrauch", die ihm die Vielfalt der beobachtbaren Erscheinungen ordnet und durchschaubar macht.

Ein brauchbarer Ansatz ist das „Diagnose-Dreieck", das - äußerlich gesehen - dem TZI-Modell gleicht (vgl. Abb. 9, S. 62) und – auf die Gesamtorganisation bezogen - in Form eines Dreiecks die verschiedenen Aspekte einer Organisation anschaulich darstellt (Abb. 15).

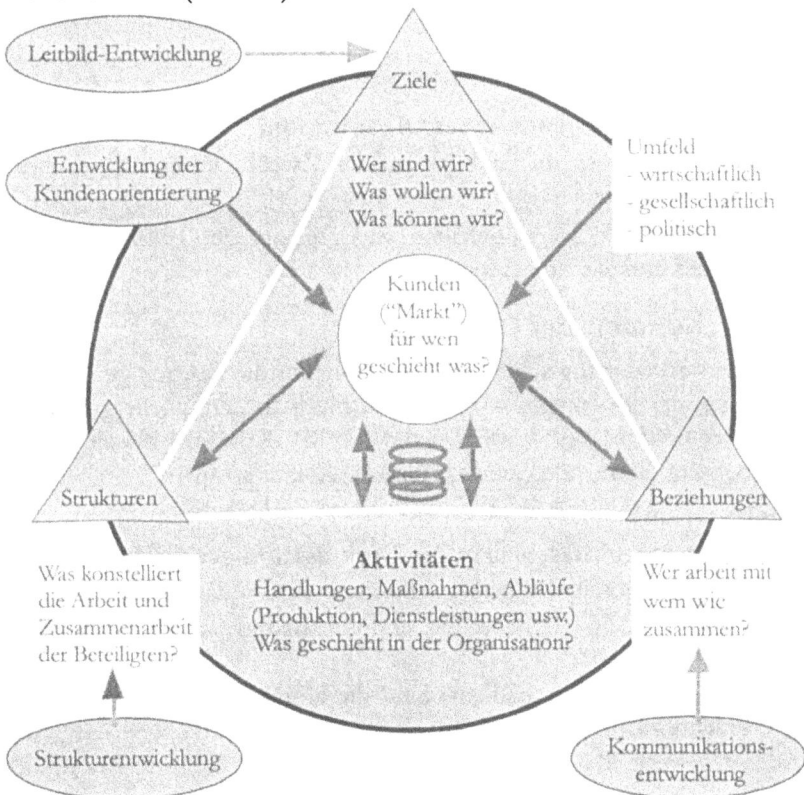

Abb. 15 Das Diagnose-Dreieck

Das Diagnose-Dreieck ermöglicht es, die Komplexität einer Organisation (Betrieb, Gemeinde, Schule, Klinik etc.) transparent zu machen und auf einige wesentliche System-Elemente zurückzuführen. Dadurch wird es dem Berater und dem Klienten-System erleichtert, die Schwachstellen der Organisation richtig zu „orten".

Ausgangspunkt ist zunächst die Frage, mit welcher Art von Organisation man es jeweils zu tun hat. Dabei sind der Zweck und die Dimensionen der Organisation, ihr „Markt" und ihr „Umfeld" zu beachten. Es gilt zunächst, das System, das diagnostiziert werden soll, und die Grenzen des Systems zu definieren. Das System kann sein: das ganze Unternehmen, eine Sparte oder eine Abteilung. Es kann sein eine Schule, eine Klinik oder eine Kirchengemeinde, die natürlich - wie jede Organisation - eingebettet ist in eine Kommune oder einen Stadtteil. Auch wenn man die Organisation als offenes System betrachtet, so sind doch die Grenzen zu beachten, damit das Projekt nicht zu komplex wird.

6.3.1 Die Aktivitäten der Organisation

Zunächst richten wir unser Augenmerk auf das, was durch die Grundlinie im Modell symbolisiert wird: die **Aktivitäten** der Organisation (Handlungen, Maßnahmen, Abläufe). Es kann sich um Dienstleistungen oder um Produktionsprozesse handeln.

Die Kernfrage lautet:

- **Was geschieht überhaupt in der Organisation?**
- Ist das, was geschieht, im Hinblick auf den Zweck, der erreicht werden soll, überhaupt effizient?

Diese Frage gilt es im Auge zu behalten, wenn die anderen Parameter, auf die es ankommt, näher untersucht werden.

6.3.2 Die „Kunden" der Organisation

In diesem Zusammenhang schiebt sich, noch bevor die Eckpunkte des Dreiecks fixiert werden, der im Mittelpunkt stehende Kreis in den Vordergrund der Betrachtung, der den „Markt" symbolisieren soll: die **Kunden,** für die das Unternehmen (Betrieb, Gemeinde, Schule, Klinik o. ä.) tätig ist.

Die Kernfrage lautet:

- **Für wen geschieht das, was in der Organisation geschieht?**
- Welches Produkt oder welche Dienstleistung wird verlangt oder geboten?
- Welcher Art sind die Kunden? Was sind ihre Bedürfnisse, ihre Wünsche, ihre Anforderungen?
- Wie werden die Kunden bedient? Sind die Kunden (die „Verbraucher") mit den erbrachten Leistungen zufrieden?
- Ist der gegebene Markt überhaupt der richtige für die Zukunft des Unternehmens?

- Was wird außer den beabsichtigten Leistungen (Dienste oder Produkte) - vielleicht ungewollt - noch mit-„produziert"? (Nebenwirkungen)

Die Aktivitäten der Organisation sind zu überprüfen im Hinblick auf die Bedürfnisse und Anforderungen der Kunden (Produkt/ Markt-Analyse).

6.3.3 Das Umfeld der Organisation

Korrespondierend mit dem Innenkreis, auf den das Dreieck ausgerichtet ist, ist der Außenkreis zu beachten: das **Umfeld**, in dem das Unternehmen steht (der Ort, die Landschaft, die Bevölkerung und darüber hinaus die wirtschaftliche Lage, die gesellschaftliche und politische Situation, die das Unternehmen tangiert, auch die Zeitsituation, kurz: alle Rahmenbedingungen, die eine Rolle spielen).

Das Umfeld ist ein wesentlicher Faktor für ein Unternehmen, weil der Unternehmenszweck und die Arbeitsumstände von der Umwelt angenommen oder abgelehnt werden können. Wird z. B. ein Unternehmen wegen seiner die Umwelt verschmutzenden Produkte abgelehnt, kann das Unternehmen auf lange Sicht nicht mehr existieren. Die Organisation muss sich also mit den sich laufend ändernden Umweltbedingungen in Einklang befinden (Umwelt-Analyse).

Das eigentliche Dreieck, das von der Grundlinie („die laufenden Aktivitäten") getragen wird, markiert an den drei Ecken bestimmte Aspekte, welche das „Funktionieren" der Organisation bestimmen.

6.3.4 Die Strukturen

An der linken Ecke des Dreiecks sind die **Strukturen** symbolisiert, die das Unternehmen charakterisieren: zunächst die Gebäude, Räume, Anlagen und Arbeitsmittel, aber auch die Arbeitsbedingungen, Arbeitsplätze, Regeln und Regelungen (Arbeitszeit, Entlohnung, Vorschriften und Sanktionen). Hier geht es um die Ressourcen: personell, finanziell, räumlich und zeitlich. Und es geht um die Organisation der Arbeit, die in der Aufbauorganisation und in der Ablauforganisation ihren Niederschlag gefunden hat.

Die Kernfrage lautet:
- **Was konstelliert die Arbeit und die Zusammenarbeit der Beteiligten?**
  Um das, was mit „Strukturen" gemeint ist, besser greifbar zu machen, ist die linke Ecke in ein kleines Dreieck aufgegliedert (Abb. 16):
- **Arbeitsbedingungen und Ressourcen**
  Gebäude, Räume, Anlagen, Technologie
  Anzahl der Mitarbeiter und Art der Beschäftigung
  Arbeitsvertragliche Regelungen (z.B. Schichtarbeit) etc.
- **Aufbauorganisation**
  Organigramm, Stellenpläne, hierarchische Gliederung etc.
- **Ablauforganisation**
  Gliederung des Produktionsflusses, Art der formalen Zusammenarbeit.

Aufbau-Organisation

Strukturen

Arbeitsbedingungen
und Ressourcen

Ablauf-
Organisation

Was konstelliert die Arbeit und die Zusammenarbeit der Beteiligten?

Abb. 16 Das formale Subsystem: Struktur

Das alles gilt es, wenn nötig, näher zu untersuchen.

- Wie ist die Organisation aufgebaut?
- Passt der Aufbau der Organisation zu den Zielen?
- Sind die Aufgaben richtig verteilt?
- Sind die Abläufe sinnvoll geregelt?

Es gibt verschiedene Arten der Aufbauorganisation, die sich im Organigramm niederschlagen (Linien-Organisation, Stab-Linien-Organisation, Mehrlinien-System, Matrixorganisation, Gruppen und Projektorganisation etc.).

- Stimmt die offizielle und formale Struktur der Unternehmung mit der informellen Organisation überein?
- Wie ist der Fluss der Produktion bzw. die Dienstleistungskette?
- Wie sind die voneinander abhängigen Bereiche einander zugeordnet?
- Gibt es „Schnittstellen" -Probleme?
- Wie läuft der Informationsfluss im Unternehmen?
- Wer übernimmt Aufgaben, die keinem bestimmten Verantwortungsbereich zugeordnet sind?
- Wie werden Stellen besetzt?
- Wie ist das Entlohnungs- und Belohnungssystem?
- Wie hängen die Technologie und die Arbeitsbedingungen mit der Art der Kooperation und dem Führungsstil zusammen?
- Welche Vorschriften, Regeln und Sanktionen bestimmen die Zusammenarbeit im System?

6.3.5 Die Beziehungen

An der rechten Ecke des Dreiecks sind die **Beziehungen** symbolisiert. Hier geht es um die in der Organisation tätigen Menschen und die Art ihrer Zusammenarbeit.

Die Kernfrage lautet:

- **Wer arbeitet mit wem und wie zusammen?**

Das, was mit dem Stichwort „Beziehungen" gemeint ist, lässt sich im Wirkungs-
zusammenhang auch als **Organisationskultur** beschreiben.
- Wie reagieren die Menschen auf die Arbeitsaufgaben und die strukturell vor-
  gegebenen Umstände?
- Was ist charakteristisch für ihre Einstellung zur Arbeit, ihre Arbeitsweise, ihre
  Motivation, ihr Verhalten?
- Wie ist das Zusammenspiel der verschiedenen Stellen in der Organisation?
- Was sind die ungeschriebenen Regeln des Umgangs miteinander?
- Welche Leitsätze, Parolen, Redensarten oder Witze charakterisieren das Zu-
  sammenleben in der Firma?

Auch hier ist das, was mit „Beziehungen" gemeint ist, in ein kleines Dreieck
aufgegliedert (Abb. 17):

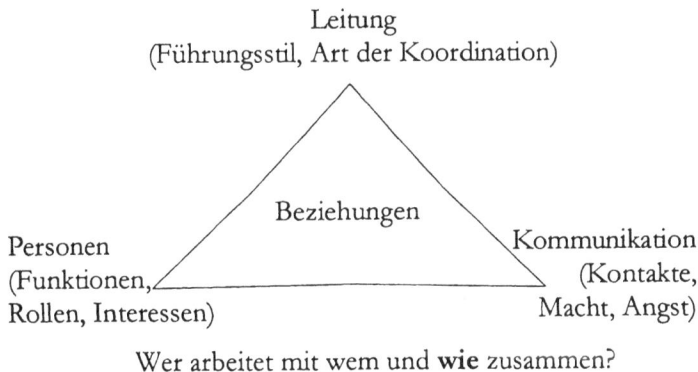

Leitung
(Führungsstil, Art der Koordination)

Beziehungen

Personen
(Funktionen,
Rollen, Interessen)

Kommunikation
(Kontakte,
Macht, Angst)

Wer arbeitet mit wem und **wie** zusammen?

Abb. 17 Das informelle Subsystem: Beziehungen

- **Personen** (Funktionen, Rollen, Interessen)
- **Kommunikation** (Kontakte, Macht, Angst)
- **Leitung** (Führungsstil, Art der Koordination).

Die nähere Untersuchung dieser Aspekte, die sich sämtlich auf die Zusammenarbeit der beteiligten Menschen beziehen und in den Kommunikationsbeziehungen ihren Ausdruck finden, gibt Aufschluss über die Organisationskultur und die
Art des Umgangs miteinander. Nicht nur die Häufigkeit und Dichte der Kontakte, auch die unterschwellig wirksamen „Vermeidungen", Tabus und Ängste,
Macht und Einfluss sind dabei zu berücksichtigen.

Während man die Struktur einer Organisation durch das Organigramm oder
durch Ablauf-Diagramme darstellen kann (dadurch werden die formalen und
offiziellen Arbeitsbeziehungen sichtbar), muss die Art der Beziehungen der Abteilungen oder der Personen untereinander qualitativ unterschiedlich gekennzeichnet werden, z. B. durch grüne Verbindungslinien (= konfliktfreie Zusammenarbeit) oder rote Verbindungslinien (= problematische Zusammenarbeit).
Spezielle Blitze, welche die Klienten an bestimmten Stellen einzeichnen, machen

deutlich, wo es „knirscht" oder „kracht" (Konflikte).

Eine solche Darstellung lässt sich ergänzen durch eine Darstellung der informellen Beziehungen, der Freundschaften, Bündnisse und Rivalitäten. Ein Soziogramm kann helfen, den personellen Problemen auf die Spur zu kommen. Auch durch Einzelinterviews, durch Gruppengespräche und durch teilnehmende Beobachtung bei unternehmensinternen Arbeitsbesprechungen ergeben sich gute Anhaltspunkte für die spezifische Art der Zusammenarbeit der Beteiligten in der Organisation. Das informelle System stimmt niemals ganz mit dem formalen System überein.

Genauer zu untersuchen sind die Beziehungen zwischen Abteilungen oder Einheiten mit verschiedenen Aufgaben und die Beziehungen zwischen den Menschen in diesen Abteilungen untereinander. Hier gibt es charakteristische Unterschiede.

Zu achten ist auch darauf, ob das Verhalten zwischen gleichgestellten Mitarbeitern innerhalb der Organisation sich von dem Verhalten zwischen Vorgesetzten und Untergebenen unterscheidet.

Der Führungsspitze des Systems (Top-Manager) und den Personen, die Leitungsaufgaben wahrnehmen, ist besondere Beachtung zu schenken. Von den Führungspersonen gehen leitbildartige Wirkungen aus. Sie geben - gewollt und ungewollt - positive Anreize, Bestätigungen und Sanktionen. In diesen Zusammenhang gehört auch die Frage nach den informellen Führern. Wer steuert den Prozess der Zusammenarbeit und der Leistungserstellung? Die nähere Untersuchung der Anlässe zur Koordinierung der Arbeitsabläufe (Arbeitsbesprechungen, Rücksprachen, Schriftwechsel, Meetings, Arbeit in Projektgruppen etc.) ist hierbei besonders aufschlussreich.

6.3.6 Die Ziele

An der oberen Ecke des Dreiecks sind die **Ziele** der Organisation symbolisiert. Die Unternehmensziele sind nicht nur für das Management wichtig, sondern auch für jeden Mitarbeiter. Die Unternehmensziele sollten jedem bekannt sein. Sie bestimmen das Leitbild und die Strategie des Unternehmens. In manchen Fällen widersprechen die operationalen Ziele den erklärten Unternehmenszielen. Die Unter- und Oberziele müssen in Übereinstimmung gebracht werden. Die Zielklarheit und Ziel-Klärung sind auch entscheidend für das Bedürfnis der Mitarbeiter, sich mit dem Unternehmen (Betrieb, Gemeinde, Institution) zu identifizieren.

Die Fragen, welche die Ziele einer Organisation kennzeichnen, lauten:

- **Wer sind wir?**
- **Was wollen wir?**
- **Was können wir?**

Auch hier ist das, was mit „Zielen" umschrieben wird, in ein Dreieck aufgegliedert (Abb. 18):

Leitbild
(Visionen, Werte)

Ziele

Strategie
(Pläne,
Vorhaben)

Identität
(Image, Wünsche
und Erwartungen)

Wer sind wir?
Was wollen wir?
Was können wir?

Abb. 18 Das intentionale Subsystem: Ziele

- **Leitbild** (Visionen, Werte)
- **Strategie** (Pläne, Vorhaben)
- **Identität** (Image, Wünsche und Erwartungen).

Eine Diagnose, welche die Untersuchung der Ziele (Leitbild) vernachlässigt, ignoriert auch die Dynamik, die sich aus dem Zusammenwirken von Strukturen und Beziehungen im Hinblick auf den Markt und die Kunden ergibt.

Um die Art, wie die Ziele und das Leitbild einer Organisation wirksam sind, genauer kennen zu lernen, ist zu untersuchen, wie sie wahrgenommen werden (a) im Außenverhältnis (von Kunden, Lieferanten, Öffentlichkeit) und (b) im Innenverhältnis (von den Mitgliedern der Organisation).

Möglichkeiten, das zu erkunden, bieten:

- *Image-Untersuchungen*
  durch Befragung der Kunden einer Organisation und der Öffentlichkeit
  „Wie sehen wir die Firma XY?"
  „Was ist für sie charakteristisch?"
  „Was für einen Ruf hat das Unternehmen?"

- Betriebsklima- Untersuchungen
  durch Befragungen der Mitarbeiter einer Organisation
  „Wie sehen wir die Firma XY?"
  „Was gefällt und was missfällt uns?"
  „Was sind Stärken und Schwächen dieser Firma?"

In ähnlicher Weise kann bei einem Workshop oder bei einem Informationsmarkt durch eine Metaphern-Assoziation zu der Frage: „Unsere Firma ist wie..." (Antworten auf Karten schreiben und visualisieren) eine Fülle von Erkenntnissen gewonnen werden.

Schließlich ist auch die Tatsache, ob es im Unternehmen eine *strategische Planung* gibt und ob man sich ausdrücklich mit den Zielen und der zukünftigen Entwicklung des Unternehmens beschäftigt (und wie weit die Führungskräfte und die Mitarbeiter in den Prozess mit einbezogen sind) ein wichtiger Hinweis für die Wirksamkeit leitbildartiger Zielvorstellungen („Wir haben eine Devise und wir handeln auch danach!").

Letzten Endes geht es immer wieder um zwei Fragen:

1. ob die Ziele und das Leitbild einer Organisation im Bewusstsein der Organisationsmitglieder der erlebten Wirklichkeit entsprechen oder zumindest positiv mit ihr korrespondieren,
2. ob die Ziele und das Leitbild einer Organisation „zukunftsträchtig" sind, d.h. ob sie den Markterfordernissen und den Ansprüchen der Gesellschaft ebenso entsprechen wie den laufenden und geplanten Aktivitäten der Organisation.

6.3.7 Ortung der vorherrschenden Probleme

Die Organisationsdiagnose, die der Reihe nach die genannten Aspekte beachtet und die wahrgenommenen Vorgänge, Meinungen und Verhaltensweisen untersucht, wird auf jeweils unterschiedlich geartete Probleme stoßen:

Bei der Organisationsstruktur sind es

- **Schwachstellen (Störungen der Effizienz)**

bei den Beziehungen sind es

- **Konflikte (Störungen der Zusammenarbeit)**

bei den Organisationszielen sind es

- **Identifikationsprobleme** (Orientierungsdefizite, Zielkonflikte, Strategie-Schwächen)

beim Verhältnis zu den Kunden und dem Umfeld sind es

- **Qualitäts-, Service- und Image-Probleme**

6.3.8 Zielrichtung der möglichen Maßnahmen

Bei der Bearbeitung der Probleme in den verschiedenen Feldern, sofern sie klar erkannt und in ihren Interdependenzen abgegrenzt sind, bieten sich entsprechend unterschiedliche Interventionsansätze an. Demnach lässt sich das, was man zusammenfassend als Organisationsentwicklung bezeichnet, prototypisch aufgliedern in

→ **Struktur-Entwicklung**
    so weit es die Organisationsstruktur betrifft

→ **Kommunikations-Entwicklung**
    so weit es die Beziehungen der Organisationsmitglieder und der -bereiche betrifft

→ **Leitbild-Entwicklung**
    so weit es die Klärung der Ziele, der Werte und Strategien betrifft

→ **Entwicklung der Kundenorientierung**
    so weit es den Markt betrifft, auf den die Aktivitäten ausgerichtet sind.

Natürlich müssen die wechselseitigen Abhängigkeiten berücksichtigt werden.

Organisationsentwicklung ist immer mehrdimensional. Und in dem zu diagnosti-
zierenden System hängt jedes Subsystem mit jedem anderen Subsystem zusammen. Manche Aspekte, die bei der Organisationsdiagnose eine Rolle spielen, sind
in dem dargestellten Modell nur ungenügend berücksichtigt. So spielt z. B. die
Geschichte eines Unternehmens (Betrieb, Gemeinde, Schule, Klinik etc.) - das
Zusammenwirken von tradierter Vergangenheit, gelebter Gegenwart und inten-
dierter Zukunft -eine ganz entscheidende Rolle. Trotzdem kann mit diesen Einschränkungen das Diagnose-Dreieck als hermeneutisches Modell gerade beim
Einstieg in einen Prozess der Organisationsentwicklung gute Anhaltspunkte
liefern und den Zugriff erleichtern, für die Organisationsdiagnose also ein
brauchbares Pack-Ende bieten.

6.4 Andere Ansätze zur Organisationsdiagnose

6.4.1 Der OSTO - Ansatz von *H. Rieckmann*

Eine spezifische Art, Organisationen zu betrachten, hat H. *Rieckmann* in Anlehnung an Forschungsergebnisse des Tavistock Institutes London entwickelt.
Das Unternehmen ist ein sozio-technisches System, bei dem verschiedene Sys-
tem-Dimensionen in ihrem Zusammenwirken berücksichtigt werden müssen.
Rieckmann sieht die Unternehmung als „offenes sozio-techno-ökonomisches
System" (OSTO). Zur Vervollständigung sind, wie das Schaubild zeigt (Abb. 19),
noch zwei weitere Subsysteme in das Systemkonzept aufgenommen, um den in
der Praxis ablaufenden Prozessen besser gerecht zu werden, und zwar das Pro-
dukt-Markt-Zukunft-Subsystem und das politische Steuerungssystem.

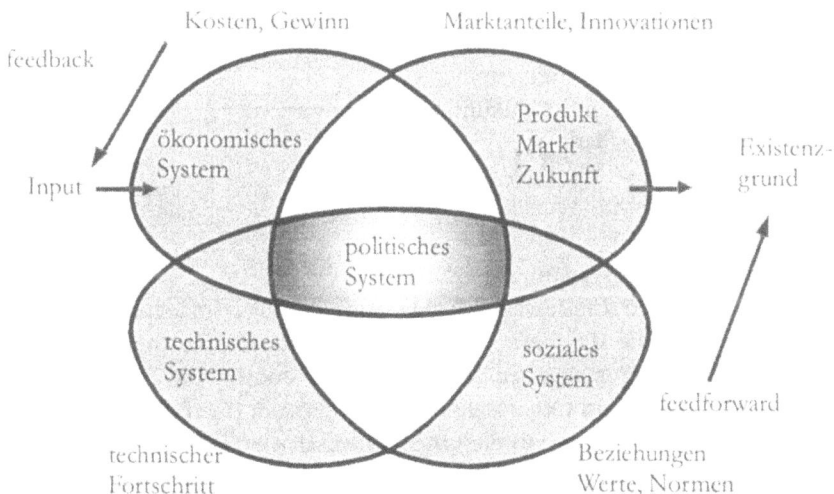

Abb. 19 Das OSTO-Modell von *H. Riekmann* (1987, S. 8)

Darüber hinaus muss die Zeit-Dimension berücksichtigt werden (die „Geschichte" des Systems) und die Umwelt-Dimension, die aber schon in der Deklarierung

der Organisation als „offenes" System zum Ausdruck kommt, weil jede Organisation vielfältige Austauschbeziehungen zur jeweiligen Umwelt unterhält.
Die Organisation wird ganzheitlich gesehen, d. h. jedes Subsystem ist mit dem anderen Subsystem verbunden. Alle Subsysteme bilden eine Einheit.

Das Schaubild soll durch einige Stichworte kurz erläutert werden:
Das soziale Subsystem:
- Strukturen der Organisation (Aufbau)
- Ablauforganisation
- Werte, Normen, Regeln
- Klima (Arbeitsklima in der Abteilung)
- Motivation
- Einstellung der Mitarbeiter zur Organisation (z.B. Identifikation mit den Zielen).

Das soziale Subsystem beinhaltet den wichtigen Faktor Mensch. Aus diesem Grund ist dieses Subsystem sehr vorsichtig zu behandeln.

Das technische Subsystem:
- Maschinen (alte/neue Maschinen)
- Ausstattung der Büros
- technischer Fortschritt
- Lizenzen, Material.

Das ökonomische Subsystem:
Dieses Subsystem beinhaltet die Wirtschaftlichkeit der Organisation.
- Aufwand/Ertrag
- Eigenkapital/Fremdkapital
- Gehaltssystem
- Liquidität
- Bilanzen
- Investitionen.

Das Produkt-Markt-Zukunft Subsystem:
Dieses Subsystem beinhaltet die Zukunft der Organisation.
- Frühwarnsystem (falscher Markt)
- Marketing
- Innovationen
- langfristige Planungen.

Das politische Steuerungssystem:
Es beinhaltet diejenigen Interessen, Machtansprüche, Zielvorstellungen, Werte und Gruppierungen, die die Basis und die Prämissen für die Steuerung und Strukturierung des Systems abgeben und maßgeblich sind für die Zielsetzungen, strategischen Planungen und Organisationsentscheidungen (*Rieckmann* 1987).
Die Feedback-Schleifen zeigen, ob die Organisation den Soll-Output erbringt (z. B. Qualität, Kostenvergleiche etc.). Hier werden die harten Daten einem Soll-Ist-Vergleich unterzogen.
Die Feedforward-Schleife deutet auf den Existenzgrund und den Sinngrund der Organisation.

Der Existenzgrund sagt aus, ob ich mich am richtigen Markt befinde, ob mein Produkt am richtigen Markt verkauft wird, Qualität des Produktes etc.

Der Sinngrund setzt sich mit den ethischen Fragen der Zukunft auseinander. Ein Beispiel: Ist es vertretbar, im Jahr 2000 noch Autos mit Benzin zu betreiben?

Jedes Unternehmen hat demnach auch ethische Verpflichtungen gegenüber der Umwelt (Natur und Mensch). Das OSTO-Modell ist - vor allem für Wirtschafts-unternehmen - gut geeignet, um Problemkreise und Zusammenhänge in einer Organisation zu lokalisieren und zu analysieren.

6.4.2 Das „6-Schubladen"-Modell von M. Weisbord

Das von *Weisbord* (1978) entwickelte Modell der sechs Schubladen einer Organisation, die nacheinander aufzuziehen und zu durchforschen sind, kann helfen, „die Diagnose von Organisationen über zwischenmenschliche und Gruppen-probleme hinaus in das weiße Feld der komplizierten organisationalen Zusammenhänge zu treiben" (*Weisbord* 1983, S. 18).

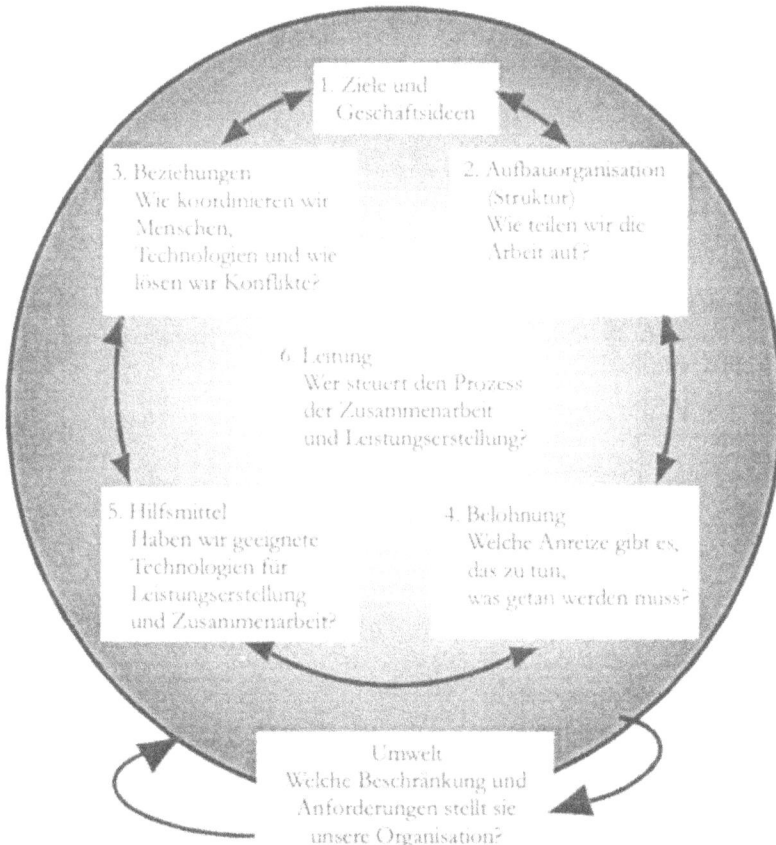

Abb. 20 Das 6-Schubladen-Modell von *M. Weisbord*

Wie in Abb. 20 dargestellt, werden in die sechs Schubladen alle wichtigen Informationen einsortiert. Natürlich sind in der Realität alle Schubladen - als Subsysteme der Organisation - miteinander verbunden.

Bei der Organisationsdiagnose werden die einzelnen Subsysteme (Schubladen) der Reihe nach untersucht, wobei von *Weisbord* eine ganz bestimmte Reihenfolge favorisiert wird.

Wichtig ist auch, dass die Beziehungen der Organisation zur Umwelt beachtet werden, weil durch diese bestimmte Anforderungen an die Organisation gestellt und ihr bestimmte Beschränkungen auferlegt werden (wirtschaftliche und gesellschaftliche Rahmenbedingungen, Gesetze etc.).

Um das von *Weisbord* vertretene Konzept zu praktizieren, werden im folgenden einige Reflexionsfragen wiedergegeben, wie sie beispielsweise in der Gemeindeberatung häufig zur Anwendung kommen:

Reflexionsfragen zu den einzelnen „Schubladen"

1. *Ziele*
- Nennen Sie die. drei wichtigsten Ziele Ihrer Organisation?
- Sind die Ziele Ihrer Meinung klar und eindeutig beschrieben?
- Stimmen die Mitglieder/Mitarbeiter Ihrer Organisation mit den Zielen überein oder gibt es informelle, unausgesprochene Ziele, an denen sich die Mitarbeiter orientieren?
- Werden die erklärten Ziele wirklich erreicht? In welchem Umfang?

2. *Arbeitsstruktur*
- Wie klar ist die Arbeit aufgeteilt?
- Wer macht was?
- Gibt es eine formelle (offizielle) Arbeitsaufteilung und eine informelle (nach Sympathie, Freundschaft ...)?
- Sind die Aufgaben nach
  - Funktionen
  - Projekten, Programme, Aktionen
  aufgeteilt?
- Gibt es Aufgaben, die niemand übernimmt?

3. *Beziehungen*
- Wie erleben Sie die Beziehungen zwischen den Mitarbeitern:
  - den Mitarbeitern untereinander
  - zwischen Vorgesetzten und Untergebenen
  - zwischen haupt- und ehrenamtlichen Mitarbeitern?
- Gibt es Probleme, die die Zusammenarbeit und die Arbeitsergebnisse behindern?
- Wie werden Konflikte normalerweise behandelt?

4. *Anreize, Anerkennung, Belohnung*
- Was tut Ihre Organisation, um ihre Mitarbeiter zu belohnen oder zur Mitarbeit anzuregen?
- Welche Tätigkeiten werden formal belohnt? Welche nicht?
- Gibt es Arbeiten, für die es keine Anerkennung gibt?
- Gibt es Sanktionen in Ihrer Organisation? Welche sind es?
  Wofür werden sie verhängt und von wem?
- Gibt es informelle Anreize oder Belohnungen dafür, etwas Wichtiges *nicht* zu tun?

5. *Hilfsmittel*
- Welche Hilfsmittel (Räume, Arbeitsmittel, Finanzen etc.) stehen zur Verfügung?
- Wer hat Zugang zu den Hilfsmitteln?
- Wer verfügt über sie?
- Gibt es Privilegien und wer hat sie?
- Welche (eigentlich notwendigen) Hilfsmittel fehlen? Und warum?
- Welche (vorhandenen) Hilfsmittel werden ungenügend genutzt? Und warum?

6. *Leitung*
- Wie wird Leitung wahrgenommen? (Leitet einer, alle? Nach welchem Leitungsstil?).
- Gibt es Mitarbeiter mit übergreifenden Aufgaben?
- Wie zufrieden sind die Mitarbeiter mit der Leitung?
- Gibt es eine informelle Leitung oder Versuche dafür?
- Versucht die Leitung, die Balance zwischen den fünf Schubladen herzustellen oder gibt es Übergewichte in einer Schublade?

Generelle Fragen
- In welchen der sechs Schubladen vermuten Sie Ursachen für mögliche Unzufriedenheit?
- In welcher Schublade möchten Sie etwas verändern?
- Welche Anforderungen stellt die Umwelt an die Organisation (Kunden, Markt, Öffentlichkeit)?
- Welche Beschränkungen durch die Umwelt hat die Organisation zu berücksichtigen (wirtschaftliche Rahmenbedingungen, Gesetze usw.)?

6.4.3 Das 7-S-Modell von McKinsey

Bei der Untersuchung der erfolgreichsten amerikanischen Großunternehmen (in Search of Excellence") entwickelten zwei Berater der bekannten amerikanischen Beratungsfirma McKinsey ein Modell, das als diagnostisches Hilfsmittel für die Analyse von Organisationen dienen sollte *(Peters* und *Waterman* 1984, S. 30 ff).
Sie fanden, dass bei der Bearbeitung von Organisationsproblemen wenigstens

sieben Variable zu berücksichtigen sind, die als voneinander abhängig betrachtet werden müssen: die Struktur, die Strategie, die Menschen, der Führungsstil, die Systeme und Verfahren, die Leitmotive und das Wertsystem (d.h. die Firmenkultur) sowie die vorhandenen oder angestrebten Stärken und Spezialkenntnisse des Unternehmens.

Um das Modell anschaulich und eingängig zu machen, haben sie die sieben Variablen so umformuliert, dass sie alle mit dem Buchstaben S anfangen, und diese haben sie nach Art des Atom-Modells grafisch so dargestellt, dass auch Querverbindungen deutlich werden (Abb. 21).

Strategie, Struktur und System sind „harte" Faktoren, Selbstverständnis (Organisationskultur), Spezialkenntnisse (Stärken) und Stil (Führung und Zusammenarbeit) sind die „weichen".

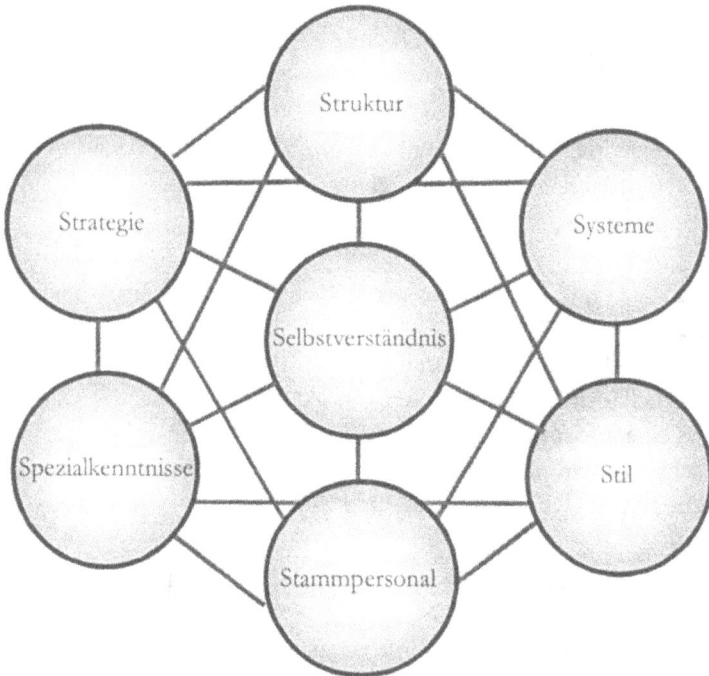

Abb. 21 Das 7-S-Modell von *McKinsey* (nach *Peters* und *Watermann* 1984, S.32)

„Fest steht inzwischen", schreiben *Peters* und *Waterman,* „unser Modell hat der Gemeinde professioneller Manager die Erkenntnis ‚Weich ist hart' ins Gedächtnis zurückgerufen. Wir können sagen: All das, was man solange als nicht beeinflussbare, irrationale, intuitive oder informelle Elemente der Organisation abgetan hat, kann *doch* durch Führungsmaßnahmen gesteuert werden. Und diese Faktoren haben mit Sicherheit genauso viel oder noch mehr mit dem Erfolg (oder Misserfolg) des Unternehmens zu tun wie die formellen Strukturen und Strategien..." (vgl. *Peters* und *Waterman,* 1984, S. 33).

Acht Grundtugenden hervorragender Unternehmensführung haben *Peters* und *Waterman* ausgemacht. Die wahrscheinlich wichtigste Erkenntnis: Kreativität und Engagement der Mitarbeiter tun mehr für die Leistungsfähigkeit eines Unternehmens als alle Finanzmittel und ausgefeilten Planungen zusammen.

Bei der Organisationsdiagnose darf man nicht nur die harten Daten beachten, sondern auch und vor allem das, was das eigentliche Leben der Organisation als Ganzes ausmacht.

Peters und *Waterman* weisen darauf hin, dass die Beziehungen der Organisation zu seiner Umwelt nicht zu trennen sind von der „inneren Verfassung" der Organisation. Wenn Veränderungen angestrebt werden, gehören dazu

- die wirkungsvolle Außen-Ausrichtung auf Märkte und Kunden (Effektivität)
- die wirkungsvolle Innen-Ausrichtung auf die Mitarbeiter, die produktiv die Leistungen erbringen (Effizienz).

6.5 Instrumente der OE-Diagnose

Die Instrumente einer Organisationsdiagnose sollen

- der Organisation und dem zu erkundenden Problem angemessen sein
- die Organisationsleitung und die Organisationsmitglieder als Verantwortliche in den Diagnose-Prozess einbeziehen
- punktuell ansetzen, aber die Ganzheit des Systems, die Interdependenzen und die Komplexität des Geschehens, auch den „Markt" und die Umwelt, berücksichtigen
- die Zeitperspektive beachten, sowohl die „Geschichte" der Organisation als auch den Zeithorizont der diagnostischen Maßnahmen
- die möglichen Konsequenzen, d. h. die zu erwartenden Wirkungen   und Nebenwirkungen der diagnostischen Eingriffe voraussehen
- iterativ ansetzen, d. h. schrittweise geplant und eingesetzt und dabei nach Aufwand („man-power") und Ertrag verantwortbar sein.

Um die verschiedenen Symptome und auch unterschiedliche Aspekte zu erfassen, ist es sinnvoll, verschiedene Diagnose-Instrumente einzusetzen („Methoden-Mix").

Dadurch wird der Erfolg erhöht. Die zunächst nur vage erkannten Probleme und Symptome können zunehmend verdichtet und die verursachenden Bedingungen und Einflusskräfte klarer herausgearbeitet werden.

Die wichtigsten Instrumente der Organisationsdiagnose sind:

- Erstkontakt
  (Problemanzeigen, „Auskünfte" der Organisationsleitung oder anderer Gewährpersonen)
- Einzelinterviews
  (telefonisch, persönlich, kursorisch, gezielt)

- Rundgang
  (Betriebsbesichtigung, Betriebsbegehungen, Besuche)
- Teilnehmende Beobachtung
  (bei Sitzungen, Arbeitsbesprechungen, Verhandlungen)
- Gruppeninterviews
  (strukturiert oder unstrukturiert)
- Befragungen
  (mündlich oder schriftlich, offen oder standardisiert, durch den Berater oder
  durch geschulte Mitglieder der Organisation, mit geschlossenen oder offenen
  Fragen, Mischformen)
- „Schnittstellen" - Befragung
  (bei Konflikten zwischen verschiedenen Bereichen, evtl. auch Konfrontati-
  onsmeeting)
- Systematische Problemanalyse der Schwachstellen
  (z. B. nach der Kepner-Tregoe-Methode)
- Arbeitsablaufanalysen
  (speziell Analyse kritischer Vorfälle, „Critical incident" -Technik)
- Dokumentenanalyse
  (Auswertung vorhandener Unterlagen: Geschäftsberichte, Organisations-
  pläne, Stellenbeschreibungen, Führungsgrundsätze, Anstellungsbedingungen,
  Ausschussquote, Unfallziffern, Krankenstand, Fluktuationsrate etc.)
- Erfassen betriebsspezifischer Kennzahlen
  (Produktionsziffern, Umsatz, Gewinn vor Steuern, Verhältnis von Eigenkapi-
  tal zu Fremdkapital, Liquidität, Cashflow etc.)
- Informationsmarkt (Großgruppen-Exploration)
- Kundenbefragungen (Image-Untersuchung)
- Erstellen einer Problemlandschaft
  (bildhafte Darstellung der Probleme, einzeln oder in Kleingruppen; Collagen
  kleben; Szenarien entwickeln).

Als ein Beispiel für typische Interviewfragen zur Organisationsdiagnose sei eine
Liste von Fragen wiedergegeben, die von *Chris Argyris* zusammengestellt wurde
(Abb. 22). Weitere Beispiele finden sich im Anwendungsteil (Teil C).
Die dargestellten Methoden sind nicht vollständig und eignen sich auch nicht für
jeden Zweck; alle haben ihre Vorzüge und ihre Nachteile.
Wichtig ist, dass bei der Diagnose jeder methodische Schritt vorher gründlich
überlegt und mit dem Klienten abgestimmt wird. Entscheidend ist dabei, dass
der Klient alles, was getan wird, versteht und auch zur Mitarbeit bereit ist. Nur
dann wird er das, was bei der Diagnose herauskommt, richtig verkraften und
durch weiterführende Maßnahmen verarbeiten können.

Beispiele für Fragen:

1. Wie würden Sie Ihre Arbeit/Tätigkeit beschreiben? Worin sehen Sie den wichtigsten Teil Ihrer Tätigkeit?

2. Sind Sie mit Ihrer Arbeit zufrieden? Was - wenn überhaupt etwas -macht Sie zufrieden?

3. Was trägt vor allem dazu bei, dass Ihnen Ihre Arbeit effektiv erscheint?

4. Was hindert Sie daran, in Ihrer Arbeit effektiver zu sein?

5. Worin sehen Sie in den nächsten 3-5 Jahren Ihre besondere Aufgabe?

6. Wenn Sie jemanden für eine Tätigkeit wie die Ihre einzustellen hätten, worauf würden Sie dabei achten?

7. Wie würden Sie ihr Verhältnis zu Ihren Untergebenen beschreiben?

8. Wie würden Sie ihr Verhältnis zu Ihren Vorgesetzten beschreiben?

9. Wie würden Sie ihr Verhältnis zu Ihren Kollegen beschreiben?

10. Gibt es irgendetwas im Verlauf der letzten Jahres, das Sie als außergewöhnlich betrachten?

11. Was - wenn überhaupt etwas - macht Sie in Ihrer Arbeit unzufrieden?

12. Wenn Sie zurückdenken an die Leute, die im letzten Jahr befördert worden sind, welche Eigenschaften scheinen dabei zum Erfolg geführt zu haben?

13. Haben Sie irgendeine Vorstellung, wie ihr Vorgesetzter über die Effektivität Ihrer Arbeit denkt, fühlt?

14. Wie, glauben Sie, würden Ihre Untergebenen Ihre Arbeit bewerten?

15. Gibt es irgendetwas in Ihrer jetzigen Tätigkeit, dass Sie gern geändert haben würden?

16. Wie würden Sie Ihre Vorgesetzten einschätzen im Hinblick auf
    a) Offenheit gegenüber neuen Ideen und Informationen
    b) Risikobereitschaft
    c) Vertrauen
    d) Selbstbehauptung gegenüber Druck von außen?

17. Wie würden Sie sich selbst in dieser Hinsicht einschätzen?

18. Besteht irgendein Konflikt in der Organisations-/Unternehmensspitze? Falls ja, wie wird er behandelt?

19. Wenn Sie am Verhalten Ihres Vorgesetzten einen Aspekt verändern könnten, welcher wäre das?

20. Wie erfolgreich ist Ihrer Meinung nach die Unternehmens- bzw. Organisationsführung?

21. Worin besteht Ihrer Meinung nach das wichtigste ungelöste Problem dieser Organisation?

22. Wie würden Sie Ihren Führungsstil beschreiben?

23. Wenn Sie mich beraten würden, worauf ich in erster Linie achten sollte, um Ihre Organisation wirklich zu verstehen, was wäre das?

Abb. 22 Typische Interviewfragen zur Organisationsdiagnose
(aus *Chris Argy*ris: Intervention, Theory and Method 1970).

7 Etappen einer OE-Beratung

7.1 Vom Anfang bis zum Abschluss der Beratung

Die Vorgehensweise bei der Organisationsentwicklung ist in Kapitel 2.3 ausführlich dargestellt. Sie soll im folgenden aus der Sicht des Beraters ergänzt werden. Dabei soll vor allem auf einige kritische Punkte und mögliche „Tretminen" in der Berater-Klient-Beziehung hingewiesen werden.

Die erste Etappe „Vom Kontakt zum Kontrakt" lässt sich als „Weg ins System" bezeichnen, ale eine „in sich klar abgrenzbare Phase der Beratung, in der – wie bei einer Ouvertüre – die Hauptthemen des „Stücks" bewusst oder unbewusst anklingen. In dieser Phase durchläuft die Beratung bereits mehrere Stufen – allerdings auf einem noch nicht differenzierten Niveau der Bearbeitung bis dahin, dass im formulierten Ziel der Beratung das mögliche Ergebnis als Perspektive bereits präsent ist." (nach Hinweisen der Gemeindeberatung der Gemeindeakademie *Rumelsberg*, 1992).

Die zweite Phase – „die Arbeit mit dem System" – ist die individuelle Phase einer jeden Beratung. Es sind deshalb kaum allgemeine Verfahrenshinweise zu geben. Wir beschränken uns hier auf die wichtigsten Fragen der Organisationsanalyse, auf die Diagnose und die Feedback-Sitzung (Präsentation vorläufiger Ergebnisse) und einige Hinweise für die weitere Beratung.

Die dritte Phase – „der Weg aus dem System" – ist die Abschlussphase einer Beratung und als solche von großer Bedeutung für die langfristige Wirkung eines Beratungsprozesses. Der Berater geht – nicht ohne noch einmal Resümee gezogen zu haben, vielleicht mit einem Abschlußbericht, einer Rückschau (Was hatten wir vor? Was ist daraus geworden?). Die Organisation geht ihren Weg weiter, jetzt ohne Berater, vielleicht auch mit inzwischen ausgebildeten internen Beratern. Nach unseren Erfahrungen erfolgt der Abschied oft – wie im Leben: mittendrin. Wir hoffen zwar, dass die begonnene Entwicklung weitergeht; aber wir wissen nicht, was daraus wird.

7.2 Der Erstkontakt

Aus Sicht des OE-Beraters beginnt die Arbeit mit der Anfrage, mit einem Telefonanruf oder einem Brief.
- Wer fragt an?
  (Machthaber? Beauftragter? Fragestellung? Leidensdruck? Offene oder verborgene Absichten und Erwartungen?)
- Wie wird beim Erstkontakt das Problem definiert?

(Was ist Anlass? Hat der Klient ein klares Anliegen oder nur diffuse Vorstellungen? Wer soll beraten werden? Nur die Geschäftsleitung, das Führungsgremium, die gesamte Organisation?)

- Wie reagiere ich als Berater?

(Rückfragen, Erkundung der Problemlage, Vorschlag zu einem Vorgespräch).

Der Berater muss, was den Hintergrund der Anfrage angeht, beim Erstkontakt mit zwei unterschiedlichen Situationen rechnen:

1. Der Klient kommt mit klaren Vorstellungen auf den Berater zu. Der Anfragende weiß, was er will und kann sein Anliegen auch formulieren.

   Der Berater wird von diesem „Netz der Wünsche" eingefangen; er wird - überspitzt ausgedrückt -„eingekauft": als Auftragnehmer oder als Erfüllungsgehilfe des Klienten.

   Er fragt sich: Kommt die Anfrage von der Spitze des Systems, vom Top-Manager, oder von untergeordneter Stelle? Was wird bezweckt?

   Er fragt sich: Ist der Auftrag nur für den Anfragenden so klar oder für die ganze von ihm vertretene Organisation (was einen hohen Reifegrad des Systems voraussetzt)-

   Er fragt sich: Ist der Auftrag wirklich problemrelevant oder entspricht er einer einseitigen Problemwahrnehmung? Beispiel: Es wird um Konzeptklärung ersucht; eigentlich geht es aber um Konflikte zwischen verschiedenen Personen.

2. Der Klient kommt mit unklaren Vorstellungen auf den Berater zu. Der Klient weiß nicht recht, was er will und kann sein Anliegen nicht klar formulieren.

   Die Unklarheit kann bedeuten:

   - Was ist OE überhaupt? Brauchen wir das?

   Oder:

   - Was ist bei uns los? Kann OE helfen?

   Sollen wir uns auf „So was" einlassen?

Es kann auch sein, dass die Vertreter der Organisation untereinander uneinig sind („Eine Beratung könnte nicht schaden!" Aber: „Wer weiß, was da auf uns zukommt!")

Der Berater sieht sich einer diffusen Situation gegenüber: „Was will der Klient eigentlich?" Und: „Will er Veränderungen oder will er sie nicht?"

Er fragt sich: Ist nur der Anfragende so konfus oder ist es das ganze System? Was ist die Motivation dieser Anfrage? Weiß der Klient nicht, was ihn bedrückt? Oder scheut er sich, „die Katze aus dem Sack zu lassen"?

Er fragt sich: Soll ich nur „vorsingen" oder kann ich mich auf die Anfrage einlassen? Gelingt es mir möglicherweise, dem Klientensystem zur Klarheit zu verhelfen, Probleme aufzudecken und zu bündeln bzw. ein Ziel zu erkennen und zu benennen? Die Erfahrung zeigt, dass sich auch aus einer unklaren Anfrage eine klare Beratung entwickeln kann.

Ein Vorgespräch mit demjenigen, der den Wunsch nach Beratung in der Organisation vertritt, mag nützlich sein, kann aber dem Berater nicht genügen. Er braucht eine breitere Basis, um zu einer verbindlichen Vereinbarung zu kommen. Verantwortlich für den „Weg ins System" ist in jedem Fall der Klient, nicht der Berater. Der Wunsch nach Beratung sollte aber nicht nur von einem Einzelnen, sondern von einem für die Organisation verbindlichen Entscheidungsgremium vertreten werden (z.B. Geschäftsleitung, Kirchenvorstand/Pfarrgemeinderat, Klinikleitung o. ä.). Keinesfalls darf der Berater, wenn er der Anfrage Folge leistet, plötzlich als Träger der Beratung oder als Aquisiteur dastehen.

7.3 Die Einführungskonferenz

Der Berater regt deshalb eine erste Sitzung an, an der möglichst alle vom Problem betroffenen und an der Beratung interessierten Personen (auch die Skeptiker) teilnehmen sollten.

Diese Sitzung hat im wesentlichen zwei Funktionen:
1. Der Berater stellt sich vor und präsentiert OE.
2. Der Berater lernt die Vertreter des Systems, ihre Motivation und die Problemlage kennen.

In dieser ersten Sitzung entsteht und entwickelt sich die Berater-Klient-Beziehung, die von gegenseitigem Vertrauen geprägt sein muss, wenn das Projekt aussichts- und erfolgreich sein soll.
Die Vorbereitung dieser Sitzung ist entscheidend wichtig. Der Berater sollte deshalb, wenn möglich, auf den Arbeitsrahmen Einfluss nehmen (Termin, Dauer des Treffens, Ort, Teilnehmer, Sitzordnung, Hilfsmittel z. B. Flipchart usw.).

Der Ablauf einer solchen Veranstaltung gliedert sich idealtypisch in vier Phasen:
- Der Anfrager als Vertreter der Organisation eröffnet die Sitzung, erklärt Zielsetzung und Ablauf und gibt dem Berater das Wort.
- Der Berater stellt sich vor. Er macht sich, seine Befähigung, seine Ansichten und Absichten dem Entscheidungsgremium bekannt. Er schildert den Weg vom Erstkontakt zu dieser Sitzung (falls der Leiter des Gremiums dies nicht von sich aus tut).
- Die Vertreter des Klientensystems stellen sich vor. Falls der Leiter des Gremiums dies nicht von sich aus anregt, sollte der Berater eine solche Kurzvorstellung veranlassen (Name, Funktion, Erwartungen usw.).
- Der Berater informiert über OE und über die Art, wie die Beratung erfolgen soll. Dazu gehört der Hinweis, dass es zunächst darum geht, dass sich alle Anwesenden einen ersten Überblick über die Probleme und Wunschvorstellungen verschaffen, die sie bewegen. Der Berater sollte - außer der Zielklärung - aber auch darüber informieren, wodurch sich OE-Beratung von einer Fachberatung (Beispiel: Steuerberatung) unterscheidet, was Prozessberatung und „Wegbegleitung" bedeutet, welche Kriterien und „Spielregeln" für die

Organisationsentwicklung wichtig sind. Und er muss klarmachen, dass OE für alle Beteiligten Bereitschaft zum Mitmachen und harte Arbeit (auch Zeit!) erfordert - zusätzlich zum üblichen Arbeitsalltag.

- Der Berater erkundet die Problemlage. Er knüpft dabei an die Äußerungen an, welche die Organisationsmitglieder bei der vorangegangenen Vorstellung schon gemacht haben: ihre (übereinstimmenden oder unterschiedlichen) Wünsche und Erwartungen, auch eventuelle Einwände, Bedenken oder Befürchtungen, ihre Hinweise zum gegenwärtigen Zustand der Organisation, die benannten Schwachstellen oder Konflikte. Er stellt Fragen, klärt Standpunkte, ordnet, fasst zusammen und benennt ggf. einen Fokus, indem er das Kernproblem neu formuliert und sich vergewissert, wie weit die Beteiligten dem zustimmen. Er formuliert, so weit möglich, ein vorläufiges, realistisches Arbeitsziel und schließt darüber mit allen Anwesenden ein Arbeitsbündnis (evtl. Wandzeitung, Flipchart-Aufschrieb, Pin-Wand etc.). Er vergewissert sich, dass alle bereit sind, mitzumachen.

Es empfiehlt sich, dass der Berater - entweder vorher oder nachher - auch die Rahmenbedingungen klärt:
- Den Zeitrahmen (evtl. Zwischenschritte)
- Die Kosten der Beratung
- Die Installierung einer Steuerungsgruppe (Planungsausschuss), die aus kompetenten Vertretern des Systems bestehen sollte
- Das weitere Vorgehen (Arbeitsschritte)
- Die Dokumentierung (Protokolle, Ansprechpartner etc.).

7.4 Wichtige erste Informationen für den Berater

Anfrage, Erstkontakt, Vorgespräch und Einführungskonferenz liefern dem Berater wichtige Erkenntnisse über den Zustand der Organisation, mit der er es zu tun hat:
- Welches Gefühl hatte er beim ersten Anruf?
- Wie stellt er sich das Klientensystem vor?
- Hat die Wirklichkeit seine Eindrücke bestätigt oder widerlegt?
- Mag er den „Promotor" des Systems oder stört ihn etwas an ihm?
- Wie stark ist die Veränderungsbereitschaft des Klienten?
- Wie kompetent wird gefragt, telefoniert, geschrieben?
- Wie werden Termine und Verabredungen eingehalten?
- Wie steht es mit der Hierarchie?
- Welche Gesprächskultur herrscht im System?
- Wie werden Gäste empfangen, begrüßt, verabschiedet?
- Wie wirken die Räume?
- Wie war die Sitzordnung?
- Gab es Koalitionen, Rivalitäten?
- Wo gab es Akzeptanz? Wo gab es Widerstände?

7.5 Der Kontrakt

In der Regel wird der Berater als Ergebnis seiner Gespräche mit dem Klienten und als Resümee der Einführungskonferenz dem Entscheidungsgremium einen schriftlichen Vorschlag für eine Vereinbarung (Kontrakt) übermitteln, der Grundlage für die Zusammenarbeit zwischen ihm und dem System sein soll.

Das Entscheidungsgremium wird - ohne Anwesenheit des Beraters - diese Vereinbarung zur Kenntnis nehmen, vielleicht auch darüber diskutieren, in jedem Fall aber einen Beschluss darüber fassen, ob die OE-Beratung unter diesen Prämissen zustande kommt oder nicht.

Die Vereinbarung ist - je nach Berater und Situation - unterschiedlich und nicht standardisiert. Sie stellt eine Art „Auftragsbestätigung" für den Berater dar: mit Zielvereinbarung, Vorgehensweise, Arbeitsplan, Terminabsprachen, Festlegung der Verantwortlichkeit und den Kosten der Beratung.

Marvin Weisbord warnt vor den Gefahren unklarer und unhaltbarer Verträge, die - so meint er - „wie Flugzeuge ohne Treibstoff sind. Mögen sie auch noch so wunderschön anzusehen sein, sie können nicht fliegen. Der Treibstoff für einen Beratungsvertrag ist:

1. das Engagement des Klienten
2. ein gutes Verhältnis zwischen uns und
3. eine klare Struktur dieses Verhältnisses, die symbolisiert wird durch unsere Fähigkeit, uns darüber zu einigen, welche Dienstleistungen ich zu welchen Kosten und mit welchem Zeitaufwand einbringe."

(*M. Weisbord*, zitiert nach *Adam/Schmidt* 1977, S. 108).

Der Kontrakt ist die Grundlage für alles, was sich aus der Zusammenarbeit zwischen Berater und Klienten entwickelt:
- eine Reihe von Arbeitsbesprechungen und Workshops
- die Installierung des Steuerungsgremiums (Lenkungsausschuss)
- die Bildung von Arbeitsgruppen (Projektgruppen) für bestimmte Aufgaben
- die Durchführung von Datenerhebung, Analyse, Daten-Feedback und Diagnose
- die Vorbereitung aller Maßnahmen, die notwendig sind, um weiterzukommen

Der Klient sollte durch den Kontrakt immer die Möglichkeit haben, die Zusammenarbeit mit dem Berater nach Durchführung der zunächst vereinbarten Schritte entweder abzubrechen, zu verlängern oder auch z.B. durch Hinzuziehung weiterer Berater oder Moderatoren zu erweitern oder zu verändern.

7.6 Die Organisationsanalyse

Die wichtigste Voraussetzung für das weitere Vorgehen und Ausdruck des geschlossenen Kontraktes ist, dass
- der Klient weiß, was er erreichen will
- der Berater weiß, was von ihm erwartet wird.

Der erste Schritt der weiteren Arbeit, der Zusammenarbeit des Beraterteams mit dem Klientensystem ist eine Standortbestimmung mit „Richtstrahlern" in die Zukunft: die Organisationsanalyse.

Es geht um die Erarbeitung eines treffenden, von allen Beteiligten mitvollzogenen und akzeptierten Bildes vom Ist-Zustand des Systems und seine Gegenüberstellung mit einem Bild des Soll-Zustandes, um daraus Handlungskonsequenzen zu entwickeln.

Wichtig für die Berater-Rolle ist das Erkunden, das unbefangene Wahrnehmen des Systems, das Eindringen ins System unter Aufrechterhaltung der beraterischen Distanz. Deshalb empfiehlt es sich, gleich zu Beginn der Beratung eine Vorbereitungsgruppe zu bilden, aus der sich später – vielleicht unter Hinzuziehung repräsentativer Vertreter des Systems, den hierarchischen Promotoren – die „Steuerungsgruppe" installiert. Diese ist nötig, um wichtige Entscheidungen zu treffen und Maßnahmen durchzusetzen, die zwar von allen Beteiligten getragen, aber doch mit dem nötigen Nachdruck „von oben" (auch unter Bewilligung der damit verbundenen Kosten) angeleiert und umgesetzt werden müssen.

Die Vorbereitungsgruppe, die einschließlich des Beraterteams nicht mehr als 6 Personen umfassen sollte, gibt sich selbst einen „Fahrplan" für den Prozess, der zur Erkundung des Systems eingeleitet werden muss. Dieser muss die nötige Rückkopplung an diejenigen einschließen, die an der Erarbeitung der Organisationsanalyse nicht aktiv beteiligt sind, z. B. die Geschäftsleitung, der Betriebsrat, Mitarbeiter und Mitarbeiterinnen des Systems, die befragt worden sind und gespannt darauf sind, „was denn nun dabei herausgekommen ist".

Dieser **Prozess** vollzieht sic in drei Phasen:

1. Was wollen wir fragen?   **Und wie?**
- Wie gehen wir vor?
- Was wollen wir wissen?
- Wie können wir was erfahren?

2. Was haben wir herausgefunden?
- Was sind Fakten? Was sind Meinungen?
- Was sagen uns die gesammelten Fakten?
- Was ist wichtig?   Was weniger wichtig?

3. Was wollen wir sagen?   **Und wie?**
- Was ist das „Besondere" des Systems?
- Was sind „charakteristische Aktivitäten"?

- Was sind Stärken und Schwächen des Systems?
- Was sind die Probleme und ihre Ursachen?
- Was sind Leitbilder und Ziele?
- Was könnte man tun?

Bei der Vorgehensweise spielen in der Praxis drei Aspekte eine Rolle:

1. Was soll erfragt werden?
2. Wer soll befragt werden
3. Wie soll befragt werden?

7.6.1 Was soll erfragt werden?

Wir wissen: Jede Therapie ist nur so gut, wie die ihr zugrunde liegende Diagnose. Deshalb steht am Anfang eines Veränderungsprojektes immer die Datenerhebung (Problembestandsaufnahme) mit einer Befragung von repräsentativen Vertretern des Systems.

Die Kernfragen der Diagnose sind

- Was ist das Besondere an diesem System?
- Was läuft gut?
- Was läuft weniger gut?
- Was stört?
- Was für Veränderungen wären erwünscht?
- Wie könnten sie realisiert werden?
- Was hilft? Was hindert?
- Wie war es früher? (Vorgeschichte)
- Wie wird es voraussichtlich in Zukunft sein?

Die Datenerhebung wird sich stark an dem der Organisationsanalyse zugrunde liegenden Diagnose-Modell orientieren (vgl. S. 92 bis 102). Die folgende Abbildung gibt dazu in verkürzter Form – einige Erläuterungen. (Abb. 23)

Das formale Subsystem: Strukturen
Was konstelliert die Arbeit und die Zusammenarbeit der Beteiligten?

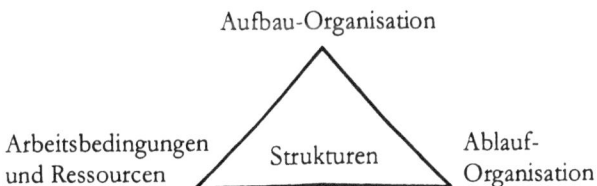

Aufbau-Organisation

Arbeitsbedingungen und Ressourcen   Strukturen   Ablauf-Organisation

Das informelle Subsystem: Beziehungen

Wer arbeitet mit wem und *wie* zusammen?

Leitung
(Rührungsstil, Koordination)

Personen (Funktionen,   Beziehungen   Kommunikation
Rollen, Interessen)   (Kontakte, Macht, Angst)

Das intentionale Subsystem: Ziele

Welche Vorgeschichte, Wünsche und Visionen hat das Unternehmen?

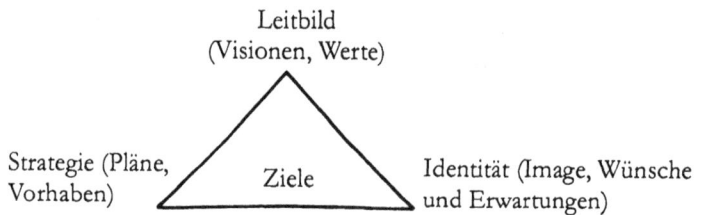

Leitbild
(Visionen, Werte)

Strategie (Pläne,   Ziele   Identität (Image, Wünsche
Vorhaben)   und Erwartungen)

Abb. 23 Erläuterungen zum Diagnose – Modell

Es empfiehlt sich, dass sich die Vorbereitungsgruppe für ihre Erhebungen aufteilt, selbständig Fragenkataloge erarbeitet und Daten ermittelt, die dann später zusammengetragen und gemeinsam ausgewertet werden.
Auf die Wiedergabe bestimmter Fragebogen wir hier verzichtet.

Erwähnt werden muss noch, dass bei der Problembestandsaufnahme zwischen „harten Daten" und „weichen Daten" unterschieden werden muss. Schließlich spielen noch „persönliche Daten" (leistungsbezogen) und „private Daten" (Intimsphäre) eine Rolle.
Es ist nicht unwichtig, wenn beispielsweise der Chef mit einer Mitarbeiterin ein Verhältnis hat, worüber allerdings „nicht gesprochen werden darf". Auch bestimmte Rivalitäten werden selten – oder erst im zweiten Anlauf – zur Sprache gebracht.
Schwierigkeiten der Datenerhebung liegen auch darin, dass zunächst nur die „Sachebene" auf den Tisch kommt. Daneben spielen aber auch die Gefühle und Beziehungen der Beteiligten eine Rolle, die meist „unterm Teppich" bleiben. Manche Vorfälle und Animositäten, auch verborgene Normen, an denen man sich ausrichtet, bleiben „im Keller" oder in den „Katakomben". Es gibt Dinge, die man einfach nicht wahrhaben will.

7.6.2 Wer soll befragt werden?

Es gibt drei Ansatzmöglichkeiten für die Befragungen innerhalb der Organisation – und eine vierte, die Möglichkeit nämlich, die Beziehung der Organisation

„nach außen" zu erkunden. Dadurch können die Ergebnisse der internen Befragung wesentlich erweitert und ergänzt werden.

- Erster Adressat: Die oberen Führungskräfte
  Geschäftsführung, Betriebsleitung, Entscheidungsträger als privilegierte Mit-
  glieder der Organisation)
- Zweite Adressat: Die Führungskräfte der unteren und mittleren Stufen
  die die Geschäftsprozesse steuern und die Entscheidungen umsetzen)
- Dritter Adressat: Die Mitarbeiter an der Basis
  Experten der Praxis, Träger des Geschehens im Detail und Vor-Ort)

Die *Vogelperspektive* und die *Froschperspektive* sind gleichermaßen wichtig.

Außerdem – soweit möglich – eine vierte Fragerichtung:

- Vierter Adressat: Die Kunden
  (die „Abnehmer" der Produkte und Dienstleistungen, Interessenten und „Öffentlichkeit" (Was weiß man von der Firma?), Kunden, auch „Nicht mehr
  Kunden". Eine aufschlussreiche Frage: „Wären sie gerne ihr eigener Kunde?
  Stellen sie ihr Unternehmen auf die Probe, ohne sich dabei zu erkennen zu
  geben.)

7.6.3 Wie soll befragt werden

Die wichtigsten Methoden der Datenerhebung
- Auskünfte beim Betriebsrundgang
- Einzelinterview
- Teilnehmende Beobachtung
- Gruppen-Interview
- Hearing (Kurzbefragung verschiedener Personen)
- Diagnose-Workshop
- Standardisierte Befragung
  (mit Fragebogen, mündlich oder schriftlich)
- Auswertung vorhandener Unterlagen
  (Organisations- und Stellenpläne, betriebswirtschaftliche Daten, Firmenbro-
  schüre, Richtlinien, Führungsleitsätze u. ä.)

Die methodischen Details der Datenerhebung sind in diesem Buch an anderer
Stelle ausführlich beschrieben.

Die Befragung geschieht in erster Linie durch das Beraterteam, zum anderen
durch die in der Vorbereitungsgruppe vertretenen Mitarbeiter und Mitarbeiterin-
nen des Klientensystems. Diese Mitglieder der Organisation – „Promotoren" des
Projekts – müssen nicht nur gut ausgewählt werden (tüchtige und anerkannte
Mitarbeiter und Mitarbeiterinnen), sondern auch gründlich eingewiesen werden.
Die mitwirkenden „internen Berater" haben den Vorteil, das Unternehmen und

die betrieblichen Zusammenhänge einigermaßen zu kennen. Die Mitwirkung bei der internen Befragung, für die sie zu einem gewissen Teil ihrer Arbeitszeit freigestellt werden müssen, ist eine motivierende Herausforderung. Das Beraterteam muss die in der Vorbereitungsgruppe Mitwirkenden in ihrer Sozialkompetenz bestärken und die Methoden-Kompetenz erweitern.

Die Beteiligten sollen lernen,

- wie man Interviews führt
- wie man Gruppengespräche moderiert
- wie man die erarbeiteten Ergebnisse präsentiert
- wie man Visualisierungen gestaltet.

Eine gute Übersicht über die für die Interviewer wichtige Methodik geben Doppler und Lauterburg (1995). In Abb. 24 soll die „Diagnostische Grundhaltung", in Abb. 25 sollen „Methodische Hinweise für die Gesprächsführung" dargestellt werden.

Diagnostische Grundhaltung

Was soll der Interviewer tun?
Fragen; zuhören, nachfragen – fragen, zuhören, nachfragen ...

Mit welchem Ziel?
Die individuelle Sicht, die subjektive Meinung und die persönlichen Empfindungen des Gesprächspartners erfassen und verstehen.

Warum „nachfragen"
Erstens: Weil nicht jede Antwort auf Anhieb verständlich ist. Zweitens: Weil es nicht nur darum geht, Fakten zu sammeln, sondern auch darum, Hintergründe und Zusammenhänge zu verstehen.

Auf was muss besonders geachtet werden?
Darauf, wie der Befragte seine Arbeitssituation subjektiv erlebt: seine Gefühle, seine Grundstimmung, seine „emotionale Lage".

Was soll der Interviewer nicht tun?
Widersprechen, korrigieren, diskutieren – als vermeintlich oder tatsächlich „besser Informierter" versuchen, aufzuklären, wie die Dinge „in Wirklichkeit" liegen.

Welche Eigenschaften zeichnen einen guten Interviewer aus?
Neugier, Interesse für Menschen, Einfühlung in andere Menschen (die andere Erfahrungen, andere Interessen, andere Ansichten haben) – d. h. unter anderem auch: eine gewisse Bescheidenheit!

Welches ist die Funktion des Interviewers?
Überbringer der „Botschaft" des Befragten – nicht Überbringer seiner eigenen Meinung. Ehrlicher Vermittler zwischen dem Befragten und der Projekt-Organisation. Engagierter Reporter – nicht Schiedsrichter!

Welches ist die Funktion des Befragten?
Kompetenter Auskunftgeber über das Geschehen in seinem Arbeitsumfeld – und darüber, was dieses in ihm selbst auslöst.

Abb. 24 Hinweis zum Interview:
   Die diagnostische Grundhaltung (Doppler u. Lauterburg, 1995, S. 203)

Methodische Hinweise für die Gesprächsführung

- **Im Rahmen der einzelnen Themen offener Dialog**
  Es handelt sich um ein sogenanntes „halbstrukturiertes" Interview, d.h., die Themenbereiche sind vorgegeben und müssen alle angesprochen werden – zu den einzelnen Themen findet jedoch ein freies Gespräch statt.

- **Konkretisierung durch praktische Beispiele**
  - „Können sie mir ein praktisches Beispiel nennen?"
  - „Denken sie da an einen bestimmten Fall?"
  - „Bei welcher Gelegenheit haben sie diesen Eindruck gewonnen?"
  - „Wann waren sie zuletzt in so einer Situation?"

- **Nicht nur nach Problemen, sondern auch nach Lösungen fragen**
  - „Woran liegt das – und wie könnte man es ändern?"
  - „Wer könnte oder müsste was tun, um hier Abhilfe zu schaffen?"
  - „Was würden sie tun, wenn dieser Betrieb ihnen gehören würde?"

- **Zum Thema zurückführen**
  Wenn der Befragte beim Reden „vom Hundertsten ins Tausendste" gerät, unterbrechen und durch entsprechendes Anknüpfen zum Thema zurückführen:
  - „Ich würde gerne nochmals bei folgendem Punkt anknüpfen ..."
  - „Sie sagten vorhin ..."
  - „Nochmals zurück zur Frage ..."
  - „Was ich vorhin noch nicht genau verstanden habe: ..."

- **Die Zeit im Auge behalten**
  Die für die einzelnen Gesprächsphasen budgetierten Zeiten in etwa einhalten – d.h. rechtzeitig zur nächsten Frage überleiten (es sei denn, beide Gesprächspartner haben genügend Zeit und stehen nicht unter Druck). Im Zweifelsfalle einen Themenbereich nur kurz ansprechen (das Wichtigste spontan abfragen) – aber kein Thema auslassen.

- **Aussagen über Personen sind wichtig – und fast immer heikel**
  Die Arbeitssituation wird nicht zuletzt durch die Menschen im Arbeitsumfeld geprägt. Vor allem Probleme werden häufig überhaupt nur an Personen erlebt und auf Personen zurückgeführt. Aussagen zu einzelnen Personen sind deshalb immer wichtig und müssen festgehaltne werden. Der Befragte darf aber nicht intensiv über Personen „ausgequetscht" werden, denen er kritisch gegenübersteht. Die Gefahren: peinliche Situationen, schlechtes Gewissen, Beeinträchtigung des offenen Gesprächsklimas.

- **Auf die „Körpersprache" achten**
  Die innere Einstellung des Befragten zu bestimmen Fragen und seine Gefühle in bezug auf seine Arbeitssituation teilen sich manchmal nicht durch das gesprochene Wort mit, sondern durch Mimik, Gestik oder Schweigen – also durch das, was nicht gesagt wird.

- **Stichwortartige Gesprächsnotizen**
  Die wichtigsten Aussagen während des Gespräches in Stichworten kurz festhalten – aber nicht alles mitschreiben, was gesagt wird. Der Interviewer ist überwiegend in direktem Blickkontakt mit dem Befragten und darf nur ab und zu aufs Blatt schauen. Tonbandgeräte sind strikt verboten. Nur sehr erfahrene Interview-Geber (öffentliche Prominenz) behalten ihre Unbefangenheit auch bei elektronischen Aufzeichnungen.

- **Besonders prägnante Aussagen wörtlich protokollieren**
  Besonders treffende Formulierungen oder charakteristische Aussagen als wörtliches Zitat festhalten und für die spätere Auswertung optisch markieren. Zitate dokumentieren besonders anschaulich die emotionalen Hintergründe und tragen entscheidend zur Lebendigkeit, Plausibilität und Überzeugungskraft der Ergebnisse bei.
- **Unergiebige Interviews oder Interview-Teile gehören zum Geschäft**
  Es gibt ergiebigere und weniger ergiebige Interviews. Und es gibt Fragen, die beim einen Befragten viel, beim andern wenig oder nicht hergeben. „Weiße Zonen" in den Interview-Protokoll sind etwas ganz Normales. Nicht „auf Teufel komm raus" Resultate festhalten wollen!
- **Kurze Bilanz nach jedem Gespräch**
  Nach jedem Gespräch eine Viertelstunde allein und in Ruhe die Notizen ordnen, das Gespräch gedanklich „Revue passieren lassen" und die persönlichen Eindrücke über den Verlauf des Interviews, das Gesprächsklima und den Gesprächspartner (Offenheit, Stimmung, Verhalten) gesondert kurz festhalten.

Abb. 25 Methodische Hinweise für die Gesprächsführung

7.7 Auswertung und Feedback-Sitzung

Mit der **Datenerhebung** (Problemsbestandsaufnahme) ist es nicht getan. Die nächsten Schritte sind:

Datenverdichtung
- Reduktion der Datenflut auf das Wesentliche
- Zusammenhänge und Hintergründe klären

und

Datenanalyse
- Analyse der Zusammenhänge
- Verborgene Ursachen und Ziele herausfinden
- Definition der Schwachstellen
- Stärken / Schwächen / Besonderheiten
- Aufzeigen von Lösungsansätzen

Danach kommt es zum

Datenfeedback
- Information aller Beteiligten über die Ergebnisse
- Diskussion der Ergebnisse
- Beschlüsse über das weitere Vorgehen

Das Datenfeedback, d. h. die Präsentation der Ergebnisse (Situationsanalyse und Diagnose) erfordern eine gründliche Vorbereitung:
- Wer soll berichten?
  Festlegung des oder der Moderatoren. Manchmal empfiehlt sich ein „fliegender Wechsel" bei der Darstellung der Ergebnisse.

- Wie soll visualisiert werden?
  Vorbereitung von Schaubildern, Skizzen und Grafiken,
  Plakatierung der wesentlichen Ergebnisse.
  („Ein Bild sagt mehr als tausend Worte")

Eine Flipchart (besser noch zwei) und tragbare, frei aufstellbare Pinwände sind als Requisiten für die Präsentation beinah unentbehrlich.

Heutzutage ist es auch möglich und nicht unüblich, die Präsentation mit Hilfe von Laptop und Beamer vorzubereiten. Manchmal ist eine Sofortbild-Kamera für Außenaufnahmen oder Innenaufnahmen „neuralgischer Punkte" eine gute Hilfe.

Bei der Vorbereitung der Präsentation ist es sinnvoll, nicht nur die Ergebnisse, sondern auch den Weg dorthin, also den Prozess der Datenerhebung kurz darzustellen: Was haben wir gemacht? Wie haben wir die nötigen Informationen erhalten? Was haben wir dabei erlebt? Wie aufschlussreich waren die Betriebsbesichtigung, die Auskünfte der Beteiligten, die beabsichtigten und unabsichtlichen Beobachtungen, die übergebenen Unterlagen, die Äußerungen von Kunden?

Vielleicht müssen für die Präsentation einige Zwischenschritte oder bestimmte, bei der Informationsbeschaffung erlebte Widerstände (z. B. Einige der Beteiligten haben „gemauert"!) ausdrücklich gemacht werden. Erst wenn der Arbeitsprozess – die Vorgehensweise des Beraterteams und der Vorbereitungsgruppe – allen bei der Präsentation Anwesenden klar ist, werden sie ohne Skepsis bereit sein, den darzustellenden Ergebnisse die volle Aufmerksamkeit zu schenken.

Bei der Präsentation der Ergebnisse können bildhafte Darstellungen das Verständnis ungemein erleichtern. Eine Abbildung des Betriebes (bzw. der Schule, der Kirche, der Klinik), natürlich entsprechend vergrößert, eine Skizze oder eine Metapher („Ihr Betrieb ist wie ein Schiff, das...") sind gute Hilfen zum Einstieg in die Zustandsbeschreibung und die Problemlage.

Dabei ist es sinnvoll, vom großen Ganzen allmählich ins Detail und vom Bekannten zum (noch) Unbekannten zu kommen.

Die dargestellten Ergebnisse sollten prägnant formuliert und konzentriert dargestellt werden, in großer Schrift und für alle gut lesbar. Sie sind beim mündlichen Vortrag kurz und bündig zu kommentieren. Über wichtige Diskussionspunkte und die Ergebnisse der Feedback-Sitzung und die zu treffenden oder in der Sitzung bereits getroffenen Entscheidungen sollte eine Dokumentation gefertigt werden, am besten – für alle sichtbar und von allen Beteiligten akzeptiert – ein Ergebnis-Protokoll am Flipchart.

Der Ablauf der Feedback-Sitzung ist prototypisch in der folgenden Abbildung dargestellt (Abb. 26).

Die sich anschließenden Fragen des Klienten (aller an der Feedback-Sitzung Beteiligten) sind in Abb. 26 wiedergegeben. Sie müssen ggfs. von den Beratern provoziert werden.

Datenfeedback (Auswertung)

Information aller Beteiligten über die Ergebnisse der Datenerhebung und der Diagnose

Wie soll die „Präsentation" aussehen?
1. Dank an die Beteiligten für ihre Bereitschaft für brauchbare Auskünfte
2. Kurze Prozess-Übersicht / Erfahrungsbericht
   Was haben wir gemacht?
3. Wesentliche Wahrnehmungen
   - Ganzheitliche Darstellung des Systems
   - Das für Sie (als Klient) Bekannte, für uns Neue
   - Besonderheiten
   - Stärken / Schwächen
   - Problemanzeigen
        Kritische Punkte (Schwachstellen, Konflikte)
        Widersprüche im System
        Zusammenhänge (Ursachen, Wechselwirkungen)
        Fehlstellen („blinder Fleck")
4. Überleitung ins Gespräch
   - Wie sieht das der Klient? („Was sagen Sie dazu?")
        Diskussion der Ergebnisse, Erörterung der Hintergründe
   - Wichtig für den Berater:
        Interessante (noch nicht erwähnte) Details / Beispiele / Beobachtungen /
        Zitate „nachschieben" („Nüsse" und „Rosinen" in petto)

Abb. 26 Datenfeedback (Auswertung)

Fragen aus Sicht des Klienten

- **Welchen Punkten der Diagnose kann ich zustimmen?**
  Nennen Sie die drei wichtigsten Punkte!
- **In welchen Punkten bin ich anderer Meinung?**
  Nennen Sie die drei wichtigsten Punkte!
- **Was fehlt noch, bzw. wäre zu ergänzen?**
  Offene Fragen, unbeantwortet gebliebene Punkte
- **Wie geht es weiter?**
  (Wichtig für den Handlungsplan!)
- **Was wollen wir erreichen?**
  Wen oder was brauchen wir dazu?
  Was tun wir?
  Wer tut was? Wann? Mit wem? Wie?

Abb. 27 Fragen aus Sicht des Klienten

Wichtig ist – im Zusammenhang mit der Feedback-Sitzung – die **Plausibilitäts-prüfung**. Diese wird dadurch erleichtert, dass sich bei der Feedback-Sitzung zwei Gruppen gegenübersitzen: die Beratergruppe (externe und interne Berater bzw. die Vorbereitungsgruppe) und die Vertreter des Klientensystems (Geschäftsleitung und verantwortliche, durchaus auch kritische Mitglieder der Organisation).

Wenn die Diagnose sauber durchgeführt wurde und das Beratergremium repräsentativ zusammengesetzt ist, dann ist die größte Gefahr vermieden, nämlich die, dass die vorgetragenen Probleme der subjektiven Sicht der Beratergruppe entsprechen.

Dennoch ergeben sich Fragen in Bezug auf die Auswahl und die Präsentation der genannten Probleme, inwieweit sie „wirklich" dem aktuellen Zustand der Organisation entsprechen.

Alle Zweifel und Bedenken müssen öffentlich gemacht werden, alle Fragen hinsichtlich der Informationsbeschaffung müssen freimütig beantwortet werden – allerdings (und das muss ausdrücklich erklärt und begründet werden) ohne die Namen der Informanten preiszugeben. Das ist insbesondere in der ersten Phase der Beratung erforderlich, um mögliche Sanktionen seitens der Mächtigen zu vermeiden. Später dann, wenn ein tragfähiger Vertrauenspegel aufgebaut ist, können „Ross und Reiter" genannt und auch heikle Dinge beim Namen genannt werden.

Prinzipiell gilt, dass das Beratergremium hilft, das System in die Lage zu versetzen, sich weitere, gültige Informationen zu verschaffen. So hebt sich der Bewusstseinsgrad des Systems.

Eine klare Diagnose, die einstimmig ist und von allen Beteiligten akzeptiert wird, ist schon die halbe Lösung der anstehenden Probleme. Albert Einstein hat einmal gesagt: Ist ein Problem erst einmal richtig erkannt, so ist die Lösung eine reine Selbstverständlichkeit!

In sozialen Systemen allerdings ist die Problemlösung, d.h. die Schritte der Problembearbeitung, eine höchst voraussetzungsvolle Angelegenheit. Sie erfordert klare Stellungnahmen und mutige Entscheidungen bzw. eine gründliche Entscheidungsvorbereitung.

Bei Entscheidungen spielen subjektive Momente eine große Rolle. Im Hintergrund steht immerzu die Frage: Was bedeutet das für mich? Insofern sind Ängste, Irritationen und Projektionen, auch verborgene Widerstände unvermeidlich.

Der Berater kann manches abfangen. Er kann die versteckten Emotionen zur Sprache bringen („Ich könnte mir vorstellen, dass Sie das hier Erkannte irritiert, vielleicht auch ärgert...") Er kann die Tragweite klären, Alternativen anbieten, Zeit lassen für die anstehenden Entscheidungen.

Aber aufgeben kann er nicht! Von den Konsequenzen, die sich aus der Diagnose ergeben, hängt der weitere erfolgreiche Verlauf des Projekts ab. Es geht um die Planung, Erarbeitung von Lösungsmöglichkeiten und die Vorbereitung bestimmter Aktionen.

7.8 Hinweise für die Beratung

Der Berater soll **keine Ratschläge** geben:
Stattdessen:
- Sachverhalte darstellen
- Fragen stellen
- „Spiegeln" (Ich verstehe Sie so, dass...)
- Den Prozess steuern
- Methodisches Know-how einbringen

Beratung soll
- verständlich / plausibel sein
- bedeutsam / neuartig / innovativ sein
- nicht zu angepasst sein („Friseur")
- nicht zu provokativ sein („Störenfried")
- den Klienten überraschen
- Widersprüche im System aufdecken
  (nicht „verkleistern", nicht „dramatisieren")
- Anhaltspunkte zu Veränderungen geben

Mögliche Interventionen bei der Beratung:
- Gegenthema zum Hauptthema machen
- das „Vergessene" zur Sprache bringen
- Kausalstrukturen umkehren
- Widersprüche aufzeigen (konfrontieren)
- Urheberschaft vertauschen
- ein Thema „entwichtigen" oder „dramatisieren"
- Themen umdeuten
- neue Möglichkeiten eröffnen (Phantasie-Alternativen)
- Realitäten planspielerisch verändern
- die Zeit als Variable nutzen
  - → Vergangenheit oder Zukunft ins Spiel bringen
  - → mit kleineren oder größeren Intervallen operieren
  - → Entwicklungen umdefinieren
  - → Beginn oder Ziel neu definieren

Neuralgische Punkte:
- Akzeptanz versus Widerspruch
- Nutznießer versus Geschädigte
- Veränderungswille versus Widerstand

Bei den Kriterien für Organisationsentwicklung ist die Berater-Rolle eingehend beschrieben (Seite 26 bis 28). Sie ist für Problemlösungs- und Veränderungsprozesse im System unentbehrlich.

Wir müssen uns darüber klar sein, dass der Berater auch „Macht" hat und zwar „Deutungsmacht". Wenn er den Zustand eines Systems definiert – natürlich in Zusammenarbeit mit den Betroffenen – oder wenn er die Geschichte eines Unternehmens aufrollt und die organisationsinternen Lebensvollzüge erklärt, die Leitvorstellungen verdeutlich, hat er - nach dem Verständnis der Systemtheorie – eine kybernetische Funktion. Dabei ist der Sinn-Frage die größte Bedeutung beizumessen. „Sinn" ist das eigentliche Steuerungsmedium. Wer die Deute-Systeme bestimmt, bestimmt die Wirklichkeit.

In diesem Zusammenhang muss man sich klarmachen, dass der Berater natürlich nicht der „Steuermann", der Kapitän des Schiffes ist und dass nicht er den Kurs bestimmt. Aber in unruhiger See, in Hafennähe oder bei möglichen Untiefen, Sandbänken und Hindernissen hat der Berater doch eine gewisse Lotsen-Funktion. Er ist so etwas wie ein „Navigator".

In kybernetischer Sicht bedeutet das: Systeme entwickeln sich in die Richtung, in die sich Fragen stellen. Die Erkundung der Wirklichkeit, die ja immer auch Wertschätzung der Befragten bedeutet, ist im Kontext der Systemtheorie eine erstaunliche Möglichkeit, Organisationen neu wahrzunehmen, diese Wahrnehmung zu verifizieren und nachhaltige Veränderungen einzuleiten und zu begleiten.

7.9 Der Weg aus dem System

Der Abschluss der Beratung ist schwer vorhersehbar. Er wird zwar eingeplant, er kann sich aber verschieben. Solche Verschiebungen sind deshalb nicht selten, weil sich aus einem ganz bestimmten Projekt, das mit Kontrakt und Arbeitsphasen auf einen bestimmten Zeitrahmen gespannt war, immer wieder neue, weitere Projekte ergeben. Der Kontrakt wird verlängert.

Die Beratung – auch das gibt es – kann durch irgendwelche Umstände plötzlich abgebrochen werden, z. B. durch einen Wechsel des Top-Managers oder – heute gar nicht so selten – durch eine Fusion. Trotzdem bleibt auch der Abschluss integraler Bestandteil der Beratung. Er schließt in der Regel letzte Feedback-Runden mit ein, eine Rückschau gemeinsam mit dem Klientensystem, mit der Geschäftsleitung und den gebildeten Arbeitsgruppen.

Manchmal ist ein mehr oder weniger ausführlicher Abschlußbericht des Beraters oder der Beraterin bzw. des Beraterteams unumgänglich (Was hatten wir vor? Was haben wir gemacht? Was ist daraus geworden?).

Manchmal findet noch eine Auswertesitzung im Klientensystem statt, die dann mit dem Ergebnisprotokoll den Beratungsprozess endgültig beendet.

Wichtig ist, dass sich der Abschlußbericht oder das Abschlussprotokoll strikt an eine Zusammenfassung der bisher gelaufenen Prozesse hält und nicht im Schutze eines Papieres noch etwas sagt, was bisher nicht zur Sprache kam, neue Empfehlungen etwa oder Anregungen zur Weiterarbeit aus eigener Kraft. Solche Impulse müssen vorher und so rechtzeitig in den Prozess eingebracht werden, dass auf sie noch reagiert werden kann!

Es ist zweckmäßig, die Abschlusssitzung oder den Abschlußbericht gründlich vorzubereiten und dabei nicht nur die Phasen und Schritte der Beratung zu rekonstruieren, sondern auch die eigene Rolle bei der Beratung zu reflektieren.

Und schließlich ist es sinnvoll, auch im Beraterteam – also unabhängig von dem Klientensystem – die Ziele und den Weg der Beratung zu dokumentieren, die Rollenverteilung zu reflektieren und sich über die getroffenen Vereinbarungen und die Folgen zu vergewissern. Dabei geht es letztlich auch um die Fragen: Was haben wir gemacht? Wie haben wir uns dabei gefühlt? Was haben wir dabei gelernt? Und: Was müssen wir bei künftigen neuen Projekten besonders beachten?

8 Zusammenfassung und Analyse des Gesamt-konzepts der OE

In den vorangegangenen Kapiteln sind die konzeptionellen Grundlagen der OE eingehend beschrieben worden. OE - so viel ist deutlich geworden - ist eine komplexe Veränderungs- und Problemlösungsstrategie, die einerseits an den Aufgaben und Zielen der Organisation und andererseits an den Bedürfnissen und Fähigkeiten der in ihr tätigen Menschen orientiert ist und darauf abzielt, das Verhalten der Menschen in einer Organisation und damit die Effektivität der Organisation ihrer Umwelt gegenüber zu verbessern. Bei der Durchführung werden gewisse Prinzipien und Kriterien beachtet, sozialwissenschaftliche Erkenntnisse und Methoden angewandt und bestimmte Vorgehensweisen favorisiert.

Trotz aller Erklärungsversuche und trotz (oder gerade wegen) der vielen methodischen Aspekte, die bei der OE eine Rolle spielen, fragt man sich immer wieder, was OE denn „eigentlich" sei.

Ist OE - so fragt man sich - letztlich nicht doch ein Konglomerat unausgegorener sozialwissenschaftlicher Erkenntnisse und Methoden, so weit sie für die Arbeit in Betrieben und Institutionen brauchbar sind? Ist OE nicht nur eine schwer zu durchschauende Mischung von mehr oder weniger abgesicherten Hypothesen („Glaubenssätzen") über das Verhältnis von Mensch und Umwelt, optimistischer Bemühung um „Veränderungen" und „Lebensqualität", systemtechnischem Instrumentarium und gruppendynamischen Techniken, getragen von einem unverhohlenen Schielen auf wirtschaftlichen Erfolg (für Klienten und Berater)? Ist OE nichts als eine „Schönwetter-Strategie" mit einem Schuss Sozialromantik oder sogar nur eine wissenschaftlich garnierte Utopie?

Die Skepsis ist berechtigt. Hieraus ergibt sich die Notwendigkeit, die „OE" gründlicher zu untersuchen auf die ihr zugrunde liegenden Annahmen, Prinzipien und Methoden, auf ihre Anwendungsmöglichkeiten. Es gilt also, alle Bestandteile in ihrem systematischen Zusammenhang zu analysieren.

Eine derartige Analyse der OE ist längst überfällig, u.W. noch nirgendwo geleistet, aber dringend notwendig für das Verständnis und die praktische Wirksamkeit der OE.

Wir fragen uns: *Was sind die wesentlichen Komponenten der OE und wie lassen sie sich einander zuordnen?* Wie kann man das Durcheinander von Annahmen, Prinzipien und Methoden überschaubar machen?

Die folgende Beschreibung der Komponenten von OE ist das Ergebnis einer gründlichen Analyse, die den wissenschaftlichen Ansprüchen in gleicher Weise gerecht zu werden versucht wie den Anforderungen der Praxis. Es kommt uns darauf an, einen Bezugsrahmen zu schaffen und die Zusammenhänge zu klären.

Die verschiedenen Komponenten sollen zunächst nur begrifflich unterschieden, kurz beschrieben und später näher erläutert werden.

Kennzeichnend für die OE sind:

1. Ein bestimmtes *humanistisches Leitbild und eine pragmatische Grundhaltung.* Hieraus erklären sich die Definitionen, die Ziele, die Annahmen und Wertvorstellungen, die bei OE eine Rolle spielen. Es ist die „philosophy" der OE.

2. Eine ganzheitliche Perspektive, ein Denken in Systemzusammenhängen und *die Berücksichtigung einiger maßgeblicher Prinzipien,* die damit zu Kriterien für das praktische Vorgehen werden (Betonung des Prozessdenkens, Mitwirkung eines Beraters, Beteiligung der Betroffenen usw.). Es ist das, was im Amerikanischen die „policy" genannt wird.

3. *Eine systematische Vorgehensweise,* die bei allen Veränderungs- und Problemlösungsprozessen durchgehalten wird und die in der Gesamtplanung der zu steuernden Prozesse ihren Ausdruck findet („strategy").

4. *Die methodischen Instrumente,* d. h. die Verwertung wissenschaftlicher Erkenntnisse (z. B. der Organisationslehre und der Sozialpsychologie) und die Anwendung wissenschaftlicher Methoden (Systemtechnik, Gruppendynamik, Gesprächs- und Beratungstechnik). Es ist das „Instrumentarium" der OE („methods").

5. *Die Anwendungsfelder,* von denen die OE ausgeht. Es sind bestimmte Anlässe und Probleme („Objektbereiche"), die durch die Wechselwirkungen zwischen Individuen, Gruppen, Organisation und Umwelt gekennzeichnet sind („situations").

6. *Eine Vielzahl von Maßnahmen,* also bestimmte Interventionen, Strategien und Techniken, die sich aus der Vorgehensweise, den Anlässen und Problemen ergeben („operations").

Diese Systematik findet in folgendem Schaubild ihren Niederschlag (Abb. 27).

Das Schaubild wird durch eine Tabelle erläutert, in der alle Bestandteile der OE, kategorial gegliedert, aufgelistet sind (Abb. 28).

Im folgenden sollen die genannten Komponenten, die bei der OE eine Rolle spielen, näher analysiert werden.

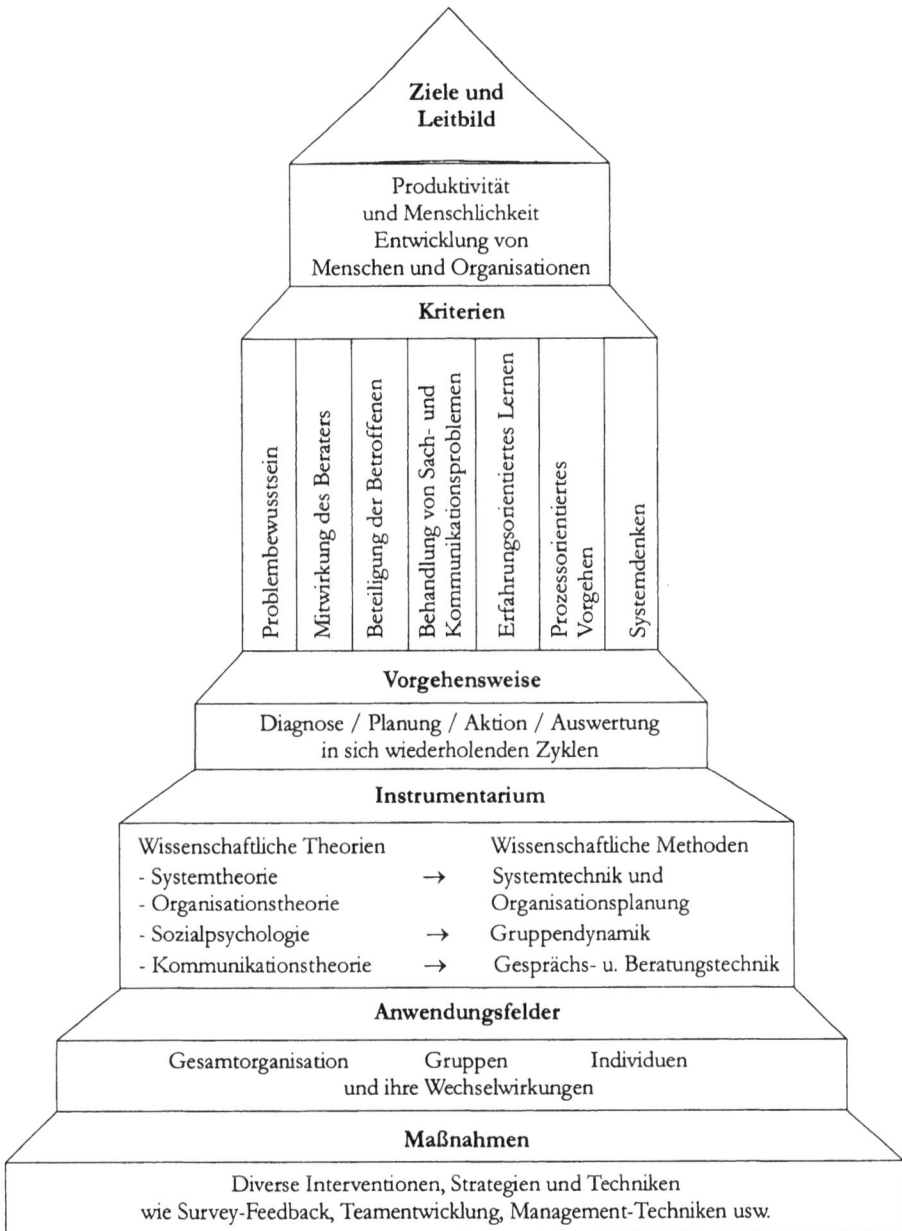

Abb. 28 Systematik aller Komponenten der OE

"philosophy" Leitideen	*1. Ziele und Leitbild* a) Produktivität und Menschlichkeit b) Der Mensch ist ein sich entwickelndes und (durch vielerlei Umstände) lernendes Wesen
"policy" Prinzipien d. Handelns	*2. Kriterien* 2.1 Problembewusstsein 2.2 Mitwirkung eines Beraters 2.3 Beteiligung der Betroffenen 2.4 Klärung von Sach- und Beziehungsproblemen 2.5 Erfahrungsorientiertes Lernen 2.6 Prozessorientiertes Vorgehen 2.7 Systemdenken
"strategy" Gesamtplanung	*3. Vorgehensweise (im Sinne der Punkte 1 und 2)* 3.1 Diagnose in Wechselbeziehung unter Anwendung wis- 3.2 Planung zwischen Klienten und senschaftlicher Erkennt- 3.3 Aktion Berater nisse und Methoden 3.4 Auswertung

"instruments" method. Anwendung	*4. Methoden*
	Wissenschaftliche Erkenntnisse und Methoden
	4.1 Systemtheorie und Organisationsforschung
	     Anwendung: Systemtechnik und Organisationslehre
	4.2 Sozialpsychologie
	     Anwendung: Gruppendynamik und Gruppenpädagogik
	4.3 Kommunikationstheorie
	     Anwendung: Gesprächs- und Beratungstechniken

"situations" Objektbereiche, Anlässe	*5. Anwendungsfelder von OE*
	5.1 Gesamtorganisation
	     a) umweltbedingte Probleme
	     b) strukturbedingte Probleme
	5.2 Soziale Beziehungen
	     a) Probleme in Gruppen
	     b) Probleme zwischen Gruppen
	5.3 Individuen
	     a) Wahrnehmungsprobleme
	     b) Kommunikationsprobleme
	     c) Interaktionsprobleme

"operations" Maßnahmen	*6. Maßnahmen, Techniken, Interventionen* 6.1 Survey-Feedback-Methode 6.2 Komplexitätsmodell und Kraftfeldanalyse 6.3 Beurteilungs- und Anreizsysteme 6.4 Organisationsinterne Einsatzberatung 6.5 Führungsverhaltensentwicklung 6.6 Management by objectives 6.7 Teamentwicklung 6.8 Intergruppen-Training 6.9 Transaktionsanalyse usw.

Abb. 29 Auflistung aller Komponenten der OE

1. Die „Leitideen" der OE: das humanistische Menschenbild und eine pragmatische Grundhaltung

Kennzeichnend für die OE ist ein bestimmtes Leitbild, eine Auffassung vom Menschen, eine Überzeugung, die besagt, dass „Produktivität" und „Menschlichkeit" einander nicht ausschließen, sowie die Annahme, dass der Mensch ein sich entwickelndes und (durch vielerlei Umstände) lernendes Wesen ist. Diese Wertvorstellungen sind in der humanistischen Psychologie verwurzelt. Dem philosophischen Ansatz nach liegt ihr Ursprung in einer Verschmelzung der deutschen idealistisch-humanistischen Tradition mit dem amerikanischen Behaviorismus. Das Menschenbild entspricht etwa dem, das *Mc Gregor* (1960) als Übergang von Theorie X zur Theorie Y beschrieben hat. Insofern hat OE immer einen bestimmten und bestimmenden Werthintergrund, bei aller Unterschiedlichkeit der dahinter stehenden „Ideologien".

Die dem Leitbild zugrunde liegenden Erkenntnisse der angewandten Sozialwissenschaften sind von der „Gesellschaft für Organisationsentwicklung" (1980) wie folgt skizziert worden:

- Die Einstellungen und Verhaltensweisen des menschlichen Individuums sind nicht nur durch seine Erbanlagen, sondern in wesentlichem Maße auch durch physische, psychosoziale und geistige Einflüsse seiner Umwelt, d.h. durch seine frühere und aktuelle Lebens- und Arbeitssituation bedingt.
- Jeder Mensch besitzt ein nicht vorhersehbares individuelles Entwicklungspotential, dessen eigenverantwortliche Entfaltung unter den gegebenen Arbeits- und Lebensbedingungen oft erschwert oder unmöglich gemacht wird. Unter geeigneten sozialen und organisatorischen Voraussetzungen kann der Mensch nicht nur Wissen und Fertigkeiten, sondern auch emotionale Bedürfnisse und Einstellungen, soziale Verhaltensweisen und persönliche Werte „lernen" und „verlernen" d. h. verändern und entwickeln.
- Persönliche Entwicklung in diesem Sinne setzt Lernen durch Erfahrung „am eigenen Leib" voraus. Der Mensch lernt und entwickelt sich im direkten Kontakt mit anderen Menschen und in der direkten Auseinandersetzung mit konkreten Problemen, von denen er selbst in irgendeiner Weise betroffen ist.

Offene Information und aktive Mitwirkung der Betroffenen spielen deshalb in der Organisationsentwicklung eine zentrale Rolle bei der Lösung der konkreten betrieblichen Probleme.

Das von der OE vertretene Wertsystem ist idealtypisch auch von *Tannenbaum* und *Davis* (1969) beschrieben: Der Mitarbeiter braucht positive Bestätigung, Anregungen durch seine Umwelt, Entwicklungsspielraum. Interindividuelle Unterschiede sind zu akzeptieren und zu nutzen. Authentisches Verhalten ist zu fördern. Gefühle sollen nicht unterdrückt, sondern als wirksam anerkannt und. geäußert werden. Organisatorische Macht und Status müssen aufgabenorientiert eingesetzt werden. Es geht um den Aufbau eines kooperativen Arbeitsklimas, um vertrauensvolle Zusammenarbeit, die offene Problemkonfrontation einschließen muss.

Gekoppelt mit solchen humanistischen Wert- und Zielvorstellungen und ebenso charakteristisch für die Philosophie der OE ist' eine pragmatische Grundhaltung, d.h. eine Einstellung, die sich undogmatisch an der Realität orientiert und sich prinzipiell um ein sinnerfülltes Dasein bemüht. Die wissenschaftlichen Theorien sind nur hinsichtlich ihrer praktischen Verwertbarkeit bedeutsam. Die Vorgehensweise ist überwiegend empirisch, experimentell, stets offen für neue Erfahrungen. Die meisten Probleme werden im Ansatz als lösbar betrachtet (Tendenz: Es ist immer mehr möglich, als man gemeinhin denkt!).

2. Die „Prinzipien" der OE: die ganzheitliche Perspektive und ein Denken in Systemzusammenhängen

Kennzeichnend für die OE ist eine Betrachtungsweise, in der Individuum, Organisation, Umwelt und Zeit in ihren Wechselwirkungen und Systemzusammenhängen gesehen werden. Bei geplanten Veränderungsprozessen werden die Wechselwirkungen zwischen menschlichem Verhalten und den organisatorischen Strukturen ebenso berücksichtigt wie die (meistens ignorierte) Vorgeschichte einer Organisation in der Vorausschau auf ihre mögliche Zukunft. Dieses ganzheitliche Denken der OE ist einerseits von der Systemtheorie, andererseits von den Verhaltenswissenschaften beeinflusst.

Aus diesem Denkansatz ergeben sich eine Reihe von Prinzipien für das praktische Vorgehen, die wir als Kriterien der OE bezeichnet haben: gemeinsames Problembewusstsein, Mitwirkung eines Beraters, Beteiligung der Betroffenen, prozessorientiertes Vorgehen usw. Diese Kriterien der OE sind in Kap. 2.2 beschrieben worden.

3. Die „Strategie" der OE: eine bestimmte systematische Vorgehensweise

OE verfolgt eine bestimmte Systematik des Vorgehens, die sich aus der Systemtechnik herleitet und von der Aktionsforschung ergänzt wird. Die einzelnen Schritte sind:

a) Erkennen von akuten und zukünftigen Problemen, Datensammlung und Analyse (Diagnose),
b) Entwicklung von Maßnahmen (Planung),
c) Durchführung dieser Maßnahmen (Aktion),
d) Wirkungskontrolle (Auswertung).

Da OE nicht allein auf die Problemlösung und die Änderung organisatorischer Strukturen ausgerichtet ist, sondern auf eine stärkere Beteiligung der betroffenen Organisationsmitglieder abzielt, stehen in den einzelnen Schritten aktivierende Lernmethoden zur Problemlösung im Vordergrund. Die Vorgehensweise wurde in Kap. 2.3 näher beschrieben.

4. Das „Instrumentarium" der OE: die Anwendung sozialwissenschaftlicher Erkenntnisse und Methoden

Bei der Vorgehensweise der OE werden ständig wissenschaftliche Erkenntnisse verwertet und sozialwissenschaftliche Methoden angewandt.

Die wissenschaftlichen Erklärungsansätze stammen im wesentlichen aus folgenden Disziplinen:

- Systemtheorie,
- Organisationstheorie,
- Sozialpsychologie
- Kommunikationstheorie

Dementsprechend ergeben sich methodische Anwendungen aus folgenden Bereichen:

- Systemtechnik und Organisationslehre,
- Gruppenpädagogik und Gruppendynamik,
- Gesprächs- und Beratungstechniken.

Die bei OE-Projekten angewendeten Methoden sind in Kap. 2.4 näher beschrieben worden.

5. Die „Anwendungsfelder" der OE: Probleme in den Wechselbeziehungen von Organisation und Umwelt, Gruppen und Individuen

Die Anwendungsfelder sind - allgemein ausgedrückt - immer Probleme von Organisationen und in Organisationen. Von der Systematik her bietet sich folgende Aufgliederung an:

1. Gesamtorganisation
   a) umweltbedingte Probleme
   b) strukturbedingte Probleme

2. Gruppen in Organisationen
   a) Probleme in Gruppen
   b) Probleme zwischen Gruppen

3. Individuen in der Organisation
   a) Wahrnehmungsprobleme
   b) Kommunikationsprobleme
   c) Interaktionsprobleme.

Einzelheiten sind in dem vorangegangenen Kapitel 3 bereits beschrieben worden. Weitere Hinweise sind den entsprechenden Kapiteln von Teil C zu entnehmen (Anwendung der OE in der Praxis).

6. Die „Maßnahmen" der OE: eine Vielzahl von Modellen, Strategien und Interventionen

Aus den Zielen und dem methodischen Instrumentarium einerseits und aus den Anlässen andererseits ergeben sich eine Vielzahl von praktischen Maßnahmen, die entweder an der Gesamtorganisation oder an Gruppenbeziehungen oder an Individuen orientiert sind. Diese Interventionen und Strategien sind in Kap. 4 schon dargestellt worden.

Es handelt sich teilweise um mehr oder weniger straff systematisierte Vorgehensweisen, wie z.B. das Grid-Modell *(Blake u. Mouton)*, das 3-D-Modell *(Reddin)*, das Kontingenz-Modell *(Lorsch u. Lawrence)*, die Prozessberatung (E. *Schein)*, das NPI-Modell *(Lievegoed, Glasl, de la Houssaye)* oder um diskursiv anzuwendende

Strategien und Verfahren, wie Survey Feedback, Kräftefeldanalyse, organisationsinterne Einsatzplanung, Teamentwicklung, Konfrontationstreffen oder Inter-
gruppen-Training. Auch Strategien wie „Management by Objectives" oder ‚Lean
Production" gehören in diesen Zusammenhang.

Das Interventions-Spektrum bzw. der Katalog möglicher Maßnahmen ist sehr
breit und wird in Theorie und Praxis ständig erweitert. Es handelt sich sowohl
um Analyse-Ansätze als auch um Planungen und Aktionen, die meist in verschiedene Phasen gegliedert sind und, mit den nötigen Erfolgskontrollen gekoppelt, aufeinander folgen.

Teil B: Wissenschaftliche Erkenntnisse und Methoden (Langosch)

1 Einleitung

In diesem Teil sollen theoretische Grundlagen und Besonderheiten ausgeführt werden, die bei der Anwendung von Erkenntnissen und Methoden in der Praxis auftreten. Es geht dabei um wissenschaftliche Erklärungen, Erkenntnisse, Methoden und ihrer Vernetzung für die Strukturierung des Problemlösungsprozesses in Organisationen. Die Instrumente für das verstehende Eindringen in Probleme und die Gestaltung von Veränderungen sollen in der Verschränkung von Theorie und Praxis dargestellt werden. Mit dem Eindringen in die Problematik erarbeiten sich die Ausführende auch eine Distanz zu den Problemen und eine Transparenz der Sichtweisen. Kommunikation über Verbesserungsbereiche und die Erarbeitung von Veränderungen werden dadurch möglich.

Das ist bei der Anwendung von Alltagswissen, Erfahrungen, Commonsense-Denken nicht möglich. Individuelle Vorstellungen, Erfahrungen, Vorurteile bilden den Hintergrund für schnelle Entscheidungen (try it, do it, fix it). Diese Handlungsstrategie hat den Vorteil, dass die Prozesse schnell gestaltet werden können. Man bleibt handlungsfähig, was in vielen Alltagssituationen durchaus genügen kann. Aber wie die Entscheidungen zustande kommen, ist nicht nachprüfbar, Fehlerprognosen sind dadurch erschwert. Das ist nicht weiter tragisch, wenn die abgeleiteten Maßnahmen oder Handlungsweisen keine weitreichenden Folgen haben.

Wissenschaftliche Erklärungen haben dagegen den Vorteil, dass die Theorien und Konstrukte in ihren Merkmalen bekannt sind. Die Erklärungen zu einem Problem können so von allen nachvollzogen werden. Auch die Einschränkungen durch eine Theorie in ihren Erklärungsmöglichkeiten sind transparent. Der Nachteil bei diesem Vorgehen liegt allerdings im Zeitaufwand. Ein wissenschaftliches Forschungsprogramm kann sich über Jahre erstrecken. Ein viel zu langsamer Vorgang für die Lösung von Problemen und die Einleitung von Veränderungen. In der Praxis verkürzt man das Vorgehen, in dem man Datengewinnung, Datenauswertung und Generieren von Handlungskonzepten weniger aufwendig durchführt. Den Verlust an Genauigkeit kompensiert man durch einen zirkulären Prozess: „Überprüfung-Handlung-Prüfung". Fehler können durch Überprüfung des Erfolges, weiterer Informationen und Maßnahmen korrigiert werden.

Ein prognostisch wenig gehaltvolles Wissen kann am Ende eines zirkulären Anwendungsprozesses in eine befriedigende Leistung münden. Wenden wir dieses Verfahren im pädagogischen Bereich an:

Problem: Ein Schüler hat mangelhafte Leistungen in Deutsch.

Erklärung: Der Schüler ist dumm. Wird Dummheit als angeboren verstanden, so erübrigt sich ein weiteres Vorgehen.

Maßnahme: Der Schüler soll in eine andere Schulform. Bei der Diskussion des Problems mit den anderen Lehrkräften stellt sich heraus, dass die Leistungen nur bei ihm schlecht sind. In den anderen Fächern hat der Schüler überdurchschnittliche Leistungen.

Erklärung: Das Verhältnis zwischen Lehrer und Schüler ist negativ, deshalb strengt sich der Schüler nicht an.

Maßnahme: Verschiedene Gespräche werden geführt, in denen die Beziehung zwischen Lehrer und Schüler geklärt wird und sich das Verhältnis auch positiv verändert.

Die Deutschleistungen des Schülers bleiben immer noch mangelhaft. Eine weitergehende Analyse des Lehrers führt dazu, dass der Schüler inzwischen gravierende Wissensdefizite hat.

Erklärung: Das Wissen des Schülers in bestimmten Bereichen reicht nicht aus, um die geforderten Leistungen zu erbringen.

Maßnahme: Der Schüler muss sich durch spezielle Übungen das fehlende Wissen aneignen. Gezielte Nachhilfe wird organisiert. Dies führt dann tatsächlich zum Erfolg.

Gesteuert wird das Vorgehen durch Systematiken, die in den folgenden Kapiteln weiter besprochen werden. Zum einen geht es um das Erklären von Verhaltensweisen eines Schülers. Warum hat der Schüler schlechte Leistungen? Wissenschaftliche Theorien und Konstrukte haben bekanntlich die Aufgabe, Erklärungen zu liefern. In den Abschnitten über Organisation soll deutlich gemacht werden, welche Erweiterungen Theorien in der Sichtweise von Problemen liefern können. Damit ergeben sich auch Erweiterungen in den Möglichkeiten auf eine Organisation einzuwirken.

Die Erklärung des Lehrers, der Schüler sei „dumm",, ist vorwissenschaftlich, alltagsorientiert. In dem Begriff „dumm" wird nicht nur beschrieben, dass der Schüler die Leistungen in Deutsch nicht erbringt, sondern auch interpretiert, dies läge an der Intelligenz. Darüber hinaus wird der Schüler abgewertet. Die monokausale Sicht liefert auch eine Sichtweise, die den Lehrer als Ursache ausschaltet, was durchaus praktisch sein kann. Der Lehrer ist an dem Versagen nicht „Schuld", er braucht nicht zu handeln. Allerdings ist das Problem nicht gelöst. Wissenschaftsorientierte Analysen zerlegen ein Problem in Problembeschreibung, vermutete Ursachen und Zielvorstellungen. Gleichzeitig wird durch die Analyse ereicht, dass man über das Problem mit den Interpretationen diskutieren kann.

Ein Problem muss also vorher beschrieben werden. Man muss systematisch Informationen über den Schüler einholen (Befragungen, Intelligenztest etc.), erst dann kann man versuchen, das Problem zu erklären. Auch die Ziele des Deutschunterrichts müssen klar als Maßstäbe formuliert sein, damit die Lücken kenntlich gemacht werden können. Die Maßnahmen für den Schüler müssen dann geplant und ihr Erfolg erfasst werden. Systemtechniken können den Ablauf in geordneter Form ermöglichen und dabei Transparenz schaffen.

In den Erklärungen steckt aber noch mehr, nämlich die Anwendung von Erkenntnissen. Das Verhältnis zwischen Lehrer und Schüler kann tatsächlich die Leistung gravierend beeinträchtigen, aber auch fördern. Dies ist inzwischen allgemein bekannt. Wenn Vermutungen über Ursachen bei einer Problematik aufgestellt werden, können solche Kenntnisse hilfreich sein. Sie können aber auch in die Irre führen. Wenn wir Probleme lösen wollen, arbeiten wir mit Vermutungen. Sie sollten entsprechend dargestellt werden, um jedem die Möglichkeit des Eingreifens zu geben. Nur so können Vermutungen diskutiert, evtl. neue hinzugefügt werden, die es dann mittels vorliegender oder noch einzuholender Informationen zu überprüfen gilt. Einige Erkenntnisse aus dem Bereich der Organisation, der Sozialpsychologie und der Kommunikation werden in den folgenden Abschnitten dargestellt.

1.1 Theorien

Theorien und die Methoden zur Datengewinnung gestalten in der OE den Bereich der *Diagnose*. Die gewonnenen Daten aus Befragungen z.B. haben dabei die Funktion, die Probleme exakter zu beschreiben, aber auch vermutete Ursachen abzusichern. Beide Bereiche stehen in wechselseitiger Abhängigkeit. Je weniger Informationen vorliegen, umso vager fallen Problembeschreibungen und die vermuteten Ursachen aus.

In der traditionellen Wissenschaft haben die Theorien das Ziel, **befriedigende Erklärungen** zu formulieren, für alles, was einer Erklärung zu bedürfen scheint. *Laucken* und *Schick* (1978) beziehen sich dabei auf *Popper*. Im Folgenden gehen wir dem nach, was unter „Erklärungen" und unter „befriedigend" zu verstehen ist.

Erklärungen erster Ordnung sind regelhafte, voraussagbare Beziehungen zwischen Variablen, so genannte Gesetze, z.B.: „*Wenn* Frustration, dann Aggression." Solche Gesetzmäßigkeiten haben allerdings die unangenehme Eigenschaft, dass sie in der Komplexität der Realität nur bedingt Voraussagen machen können. Gesetzmäßigkeiten kommen nur dann ihrer Erklärungsfunktion nahe, wenn sie in künstlichen Situationen - Experimenten - ablaufen. Dies gilt im Übrigen nicht nur für die Verhaltenswissenschaft, sondern auch für die anderen empirischen Wissenschaften, z. B. Physik, Chemie etc.

Unabhängige Variable Bedingungsvariable	Verknüpfungsart Folgevariable	Abhängige Variable
Wenn a	dann	b
Wenn nicht – a	dann	nicht - b
a = Frustration	b = Aggression	Verknüpfung = wenn, dann

Abb. 30 Bestandteile eines erfahrungswissenschaftlichen Gesetzes

Bei Erklärungen zweiter Ordnung werden die Gesetze selbst zu einem erklärungsbedürftigen Gegenstand. Es werden Annahmen formuliert, wie eine solche Verbindung zustande kommt. Diese Annahmen werden als Konstrukte oder Theorien formuliert und in Modellen veranschaulicht. Der Unterschied zwischen Konstrukt und Theorie besteht darin, dass bei Konstrukten ein kleinerer Verhaltensbereich erklärt wird (z.B. Intelligenz, Einstellung, Motivation etc.), bei Theorien (z. B. psychodynamische, kognitive Theorien, Feld-, Gestalttheorie) werden umfangreiche Verhaltensbereiche durch Erklärungsbegriffe, die untereinander verbunden sind, zu erklären gesucht. Erklärungsbegriffe werden als intervenierende Variable bezeichnet (vgl. *Laucken* und *Schick* 1978).

Unabhängige Variable beobachtbar	Intervenierende Variable erschlossen	Abhängige Variable beobachtbar
Situation Reize	Theorien Konstrukte	Verhalten Erleben
Beschreibungsbegriffe	Erklärungsbegriffe	Beschreibungsbegriffe

Abb. 31 Variable und Begriffsarten einer Theorie

Für den Bereich der Organisationspsychologie veranschaulicht ein Beispiel ein solches System (Abb. 32).

Unabhängige Variablen	Intervenierende Variablen	Abhängige Variablen
Art der Arbeitsteilung - Zentralisierung/ Dezentralisierung - Delegationsform - Machtverteilung - Kontrollspannen	Art der zwischenmenschlichen Beziehungen zu Mitarbeitern, zu Vorgesetzten, in Gruppen, zwischen Gruppen Kommunikationsabläufe	Produktivität Qualität Fehlzeiten Krankheitsstand
Art der Arbeit - Anforderungen, - Grad der Schwierigkeit der Arbeit - Art der Entscheidungs- findung - Zielsetzungen	Führungsstil Motivation	Fluktuation Zufriedenheit Leistungsfähigkeit

Abb. 32 System der Variablen einer Organisation

Nachdem der Begriff „Erklärungen" geklärt ist, muss jetzt noch die Beifügung „befriedigend" dargestellt werden. Die Erklärungsfunktion einer Theorie gilt nur dann als „befriedigend", wenn sie bestimmten Kriterien standhält. Sind diese erfüllt, so können mit einer Theorie wissenschaftliche Zielsetzungen erreicht werden: Verhaltensweisen zu erklären, bzw. vorauszusagen und zu beeinflussen. Es handelt sich um folgende Kriterien:

Syntaktische Kriterien: Sie betreffen die Struktur der Theorie als Symbolsystem. Für dieses System wird Einfachheit und konzeptionelle Ökonomie gefordert. Hinzu kommt, dass eine interne Konsistenz vorhanden ist. Das verwendete Begriffssystem, das zur Erklärung von Phänomenen dienen soll, darf keine Widersprüche aufweisen.

Semantische Kriterien: Die Beziehungen zwischen dem Symbolsystem (Erklärungssystem) und dem Bereich von Beobachtungsdaten, mit denen die Theorie verknüpft ist, müssen ausformuliert sein. Erst dadurch wird es möglich, eine Theorie zu überprüfen und zu bestätigen. Voraussagen müssen möglich und nachprüfbar sein. Die verwendeten Begriffe müssen klar und eindeutig definiert sein (operationale Definition).

Pragmatische Kriterien: Eine Theorie sollte sich auf die Wissenschaft auswirken, zur Forschungsproduktivität beitragen und theoretisch fruchtbar sein (*Laucken* 1974, S. 193).

1.2 Theorie und Praxis

Die Wirkungen von Theorien im praktischen Bereich kommen aber nicht nur von der Erklärungsfunktion der Theorien her, sondern auch von den anthropologischen Grundannahmen, die mit den Konzepten verbunden sind. Gerade die Veränderungen der Sichtweise im Menschenbild setzten wesentliche Impulse, Probleme anders zu sehen und anders zu behandeln.

Im betrieblichen Bereich waren es vor allem die Konzepte und Forschungsergebnisse der so genannten „Humanistischen Psychologie" die entscheidende Impulse für die Humanisierung der Arbeitswelt setzten. Als Beispiel kann die Bedürfnishierarchie von *Maslow* angeführt werden, der zu den Begründern der Humanistischen Psychologie gehört. In dieser Konzeption geht es um die Ziele der „Selbstverwirklichung, Selbstaktualisierung und Selbsterfüllung". Er geht in seinem Konzept von einer Hierarchie der Bedürfnisse aus. Grundlegend sind die physiologischen Bedürfnisse, die auch entsprechend wichtig sind, insbesondere, wenn sie nicht angemessen befriedigt werden. Darauf aufbauend kommen die Sicherheits- und Wertschätzungsbedürfnisse sowie das Bedürfnis nach Selbstverwirklichung, das an der Spitze der Hierarchie steht. Die Selbstverwirklichung gehört zu den Wachstumsbedürfnissen, die zur Erweiterung der Persönlichkeit führen *Maslow* (1973). *Neuberger* (1974) weist auf die unpräzisen Begriffe hin, die den Erklärungswert der Theorie von *Maslow* in starkem Maße einschränken. Es ist deshalb auch unmöglich, die Konzeption empirisch zu überprüfen und zu belegen (*Todt* 1977).

In den anthropologischen Grundannahmen der Theorien finden wir einen weiteren Faktor, der bei der Bearbeitung von Problemen und ihrer Wahrnehmung eine wichtige Rolle spielt. Es erscheint aber notwendig, dass man beim Benutzen von Theorien den Erklärungswert und den anthropologischen Wert einer Theorie trennt.

Wenn man im wissenschaftlichen Bereich arbeitet, ergeben sich einige Probleme überhaupt nicht. Man kann in einem Theoriesystem denken, damit Untersuchungen durchführen, ohne Grenzen überschreiten zu müssen. Organisieren aber vorliegende Probleme die Anwendung von Theorien, so ergeben sich verschiedene Schwierigkeiten.

Bei komplexen Problemen in Organisationen müssen meist verschiedene wissenschaftliche Gegenstände und verschiedene Theorien bzw. Konstrukte herangezogen werden. Vernachlässigt man einen Bereich, aus welchem Grund auch immer, so macht sich dies spätestens nach der Durchführung der Maßnahme bemerkbar. *Kubicek* u.a. (1979) kritisieren bei der OE u. a., dass oft der organisatorische Aspekt nicht berücksichtigt wird. Dies kann dazu führen, dass Innovationen nicht durch organisatorische Maßnahmen abgesichert werden. Der alte Zustand stellt sich dann schnell wieder ein. Auf die Verzahnung beider Strategien (betriebswirtschaftliche Organisationsveränderung und sozialwissenschaftliche OE) gehen *Haidekker* und *Langosch* (1975) ein. Sie beziehen dies nicht nur auf die Diagnose, sondern auch auf die Gesamtstrategie.

Für die Nutzung von Theorien in der Praxis müssen verschiedene Schritte durchgeführt werden. Ausgangspunkt sind die Problemdefinitionen und Problembeschreibungen.

Je nach Art der Probleme sind zuerst die Analyse-Aspekte zu bestimmen, unter denen die Probleme betrachtet und erklärt werden sollen.

So können z.B. Theorien aus betriebswirtschaftlicher Organisationslehre, Organisationspsychologie, Gruppendynamik und Kommunikation herangezogen werden.

Im nächsten Schritt bestimmt in der Regel der Berater weiter, welche Theorien bei der Ursachendarstellung benutzt werden. Die abstrakten, noch nicht ausformulierten Theorien müssen durch die vorliegenden Daten inhaltlich präzisiert und konkretisiert werden. Es genügt nicht, dass man von informellen Beziehungen spricht. Die Art der informellen Beziehungen ist zu beschreiben und ihre Wirkungen deutlich zu machen. So können informelle Beziehungen in Diskrepanz zu den formalen Beziehungen stehen.

Auf diese Weise konstruiert man ein Problem-Ursachen-Modell (Ishikawa-Diagramm, s. Qualitätszirkel):

Probleme   vermutete Ursachen

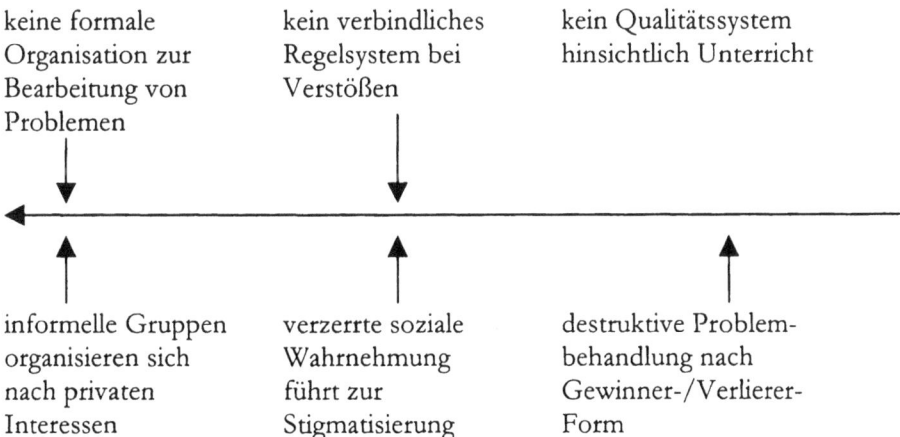

Verluste beim Absatz   Änderung des
von Produkten   Kaufverhaltens

                                        betriebliche Organisation
                                        Organisationsstruktur
                                        bürokratisch
                                        - problemlösende Gruppen fehlen

                        Mitglieder der Organisation konkurrieren miteinander

                        Konfliktstrategie: Gewinnen/Verlieren

                        Mangelnde Kommunikation über Probleme

                        Spannung in und zwischen Gruppen (Verkauf, Marketing)

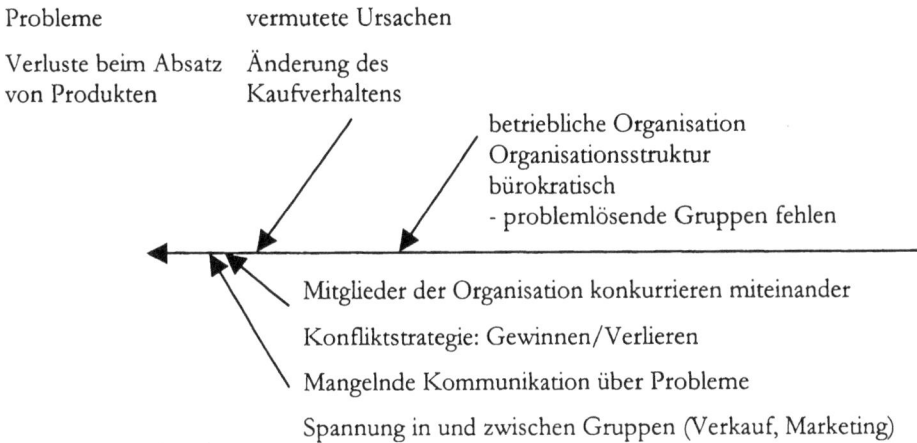

Abb. 33 Problem-Ursachen-Modell

Das folgende Beispiel stellt ein solches Modell noch etwas konkreter dar. Man
stelle sich vor, in einer „normalen" Schule gibt es zwischen den Lehrern kaum
eine Zusammenarbeit. Es finden sich höchstens Gruppen zusammen, die gleicher Auffassung sind, was aber für die schulischen Probleme nicht allzu viel
bringt. Probleme des Unterrichtens und Probleme bei einzelnen Schülern bleiben
weitgehend ungelöst.
Eine Problemanalyse führt zu verschiedenen Problemdefinitionen, die sich aus
den vermuteten Ursachen erklären lassen.

Probleme einer Hauptschule: Die Schule ist bekannt für eine schlechte Ausbildung, gute Noten stehen nicht für gute Leistungen, die Abgänger haben Schwierigkeiten eine Lehrstelle zu bekommen. Der Unterricht wird in den meisten
Klassen massiv durch eine Anzahl von Schülern gestört, der Umgangston ist
verletzend, besonders gegenüber Schülerinnen und auch Lehrerinnen.
vermutete Ursachen:

keine formale	kein verbindliches	kein Qualitätssystem
Organisation zur	Regelsystem bei	hinsichtlich Unterricht
Bearbeitung von	Verstößen	
Problemen		

informelle Gruppen	verzerrte soziale	destruktive Problem-
organisieren sich	Wahrnehmung	behandlung nach
nach privaten	führt zur	Gewinner-/Verlierer-
Interessen	Stigmatisierung	Form

Sicher sind die Problemdefinitionen zu ungenau, um ein plausibles Erklärungssystem vorzuführen. Das Beispiel soll nur verdeutlichen, wie verschiedene Erklärungsansätze kombiniert und zu einem Gesamtsystem ergänzt werden können. Natürlich kann man dieses Gesamtsystem noch dahingehend weiter bearbeiten, dass die Beziehungen zwischen den vermuteten Ursachen und die Relevanz der einzelnen Ursachen dargestellt werden.

Das Modell weist ebenfalls auf die Unterschiede zwischen wissenschaftlichen und praxisorientierten Denken hin. In den Wissenschaften kann man isoliert Fragestellungen von bestimmten theoretischen Ansätzen aus verfolgen. Man untersucht z.B. Lernen nur nach dem Modelllernansatz.

Probleme richten sich weder nach bestimmten Theorien noch nach bestimmten wissenschaftlichen Gegenständen. Meist sind sie nur in der Kombination verschiedener Theorien, Erkenntnisse teilweise verständlich. Man muss folglich zu jedem Problem erst ein interdisziplinäres vermutetes Ursachensystem erzeugen und mit den vorhandenen Daten konkretisieren. Das erfordert ein eigenes praxisorientiertes, konzeptionelles Denken, das kaum gelehrt wird. Bezogen auf Organisationen sollen deshalb diese Denkansätze weiter verfolgt werden.

Konstruktive Kommunikations- und Interaktionsprozesse zwischen den Betroffenen helfen bei der Entwicklung von komplexen, interdisziplinären Verstehensansätzen. Die Zusammenarbeit bei Problemlösungen erbringen aber auch eine gemeinsame Basis für gemeinsames Handeln. Vielleicht ist das wichtiger als die Synergie der Vorstellungen und Kenntnisse. Deshalb sind die Abschnitte über Gruppe und Kommunikation so wichtig für die Gestaltung von OE-Prozessen. Gruppe ist eigentlich das zentrale Thema für OE. In dem Abschnitt werden deshalb unterschiedliche Ansätze integriert dargestellt und mit den praxisorientierten Ansätzen der angewandten Gruppendynamik verbunden.

2 Organisation

Zur Zeit ist das Umfeld der Organisationen durch viele sich verändernde Einflüsse gekennzeichnet. Die Unternehmen müssen um ihre Marktanteile kämpfen, Technologien verändern sich, Produkte haben immer kürzere Lebensspannen. Die Unternehmen müssen auf die unterschiedlichen Bedürfnisse, Einstellungen der Menschen ihre Produkte, Leistungen anpassen und die Arbeitsbedingungen so gestalten, dass sie gute Kräfte einstellen und halten können. Daraus ergeben sich Problembereiche, auf die Organisationen reagieren müssen:

1. Gefährdung der Existenz durch Veränderungen der Umwelt
2. Mangelnde Leistungsfähigkeit und Produktivität bürokratischer Organisationen
3. Konkurrenzverhalten und steigende Ablehnung autoritärer Einflussnahme

Zu 1. Gefährdung der Existenz durch Veränderungen der Umwelt

Die größte Herausforderungen sind und werden die ökologischen Probleme und die Globalisierung für die Unternehmen sein. Weitere dynamische Veränderungen sind die Tendenz zu weltweiter Präsenz, Tendenz zur Durchlässigkeit von Organisationen (Verbindung mit anderen Organisationen, enge Verbindung mit Kunden), Tendenz zur Demassifizierung von Produkten, zu steigenden Turbulenzen (s. *Perich* 1992, S. 33 ff.).

Die neuen Technologien, wie der sich radikal verändernde Markt, fordern Wandel und Wandlungsfähigkeit von unseren Organisationen. Nur das Beispiel der relativen Kurzlebigkeit von Produkten soll dies veranschaulichen.

Durchschnittliche Lebensspanne von Produkten auf dem US-Markt		
Branche	Lebensspanne in Jahren 1934	1984
Gebrauchsgüter	23	11
Industriegüter	21	9
Medikamente	24	8
Nahrungsmittel	20	5
Werkzeuge	16	4
Kleingeräte	14	3
Kosmetika	11	3
Spielzeuge, Spiele	14	3

Abb. 34: Durchschnittliche Lebensspanne von Produkten auf dem US-Markt *Schedlitz* (1985, S. 146).

Einige Unternehmen haben sich zu „superfast Innovators" und „superfast Producer" entwickelt.

Zu 2. Mangelnde Leistungsfähigkeit bürokratischer Organisationen

Die Organisationsprinzipien der bürokratischen Organisation herrschen noch in den meisten Organisationen. Die Form der Arbeitsteilung ist noch häufig verrichtungsorientiert mit unvollständigen Handlungen gestaltet. Im Gegensatz dazu stehen Organisationen mit ganzheitliche Objektorientierung und vollständigen Handlungsabläufen, die flexibler und produktiver sind.

Zu 3. Konkurrenzverhalten und steigende Ablehnung autoritärer Einflussnahme

Immer noch sind die Ausbildungssysteme einseitig auf eine Sozialisierung konkurrierender Verhaltenweisen ausgerichtet. Zusammenarbeit ist noch nicht zum zentralen Thema und Erziehungsziel geworden.

Andererseits wird autoritäres Verhalten und Fremdbestimmung immer mehr abgelehnt. Es wird für die Unternehmen, die auf traditionelle Formen des Umgehens und Motivierens setzen, immer schwerer werden, geeignete Mitarbeiter auf einem enger werdende Arbeitsmarkt zu finden.

Aus den skizzierten Problemfeldern wird deutlich, dass die geforderten Veränderungen umfassend sind. Es geht nicht mehr um Veränderungen eines Organisationssystems. Es müssen neue Systeme gebildet werden, die eine Entfaltung der menschlichen Ressourcen ermöglicht. Von vergangenen Machtstrukturen wird man sich verabschieden müssen, andere mitarbeiterorientierte Umgangsformen müssen entwickelt werden. Die Steigerung der Produktivität in neuen Organisationsformen ist u.a. dadurch zu erklären, dass Vorgesetzte keinen direkten Einfluss mehr haben (teilautonome Gruppen) und die Mitarbeiter vollständige Handlungen ausführen und verantworten. Folgende Aspekte sind für die Gestaltung von Organisationen wichtig:

• Gestaltung der Organisation als formales System und informales System
• Gestaltung von Gruppenarbeit in neuen Organisationsformen

Im Mittelpunkt neuer Organisationsformen steht die Gruppe. Sie ist die Keimzelle für Veränderungen des informellen wie des formellen Systems. Sie ist der Ausgangspunkt für ein lernendes System. Deshalb ist es wichtig, vorrangig die Gruppe zu einem konstruktiv arbeitenden System zu entwickeln.

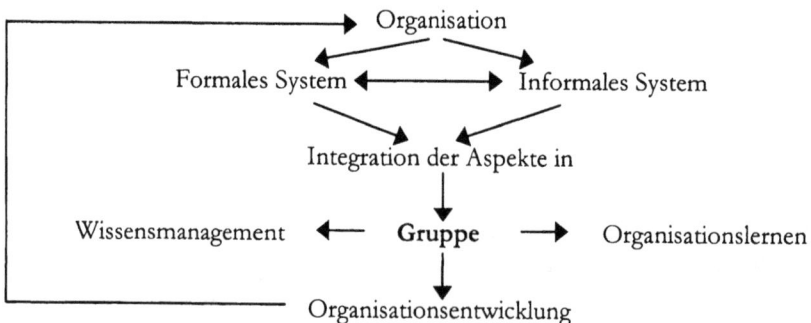

Abb. 35: Verbindung der Themen

3 Organisationsbegriff und Organisationstheorien

In den folgenden Abschnitten soll deshalb ein interdisziplinär Wissen zusammengestellt werden, das die Vorgänge und die Gestaltungsmöglichkeiten in Organisationen erweitern soll. Organisatorische Veränderungen haben nicht nur ökonomische Folgen, Reduzieren von Kosten, sondern auch Auswirkungen auf das Verhalten der Mitarbeiter. Die Leistungsfähigkeit einer Organisationen wird durch die organisatorische Gestaltung und durch das Umgehen der Mitarbeiter untereinander beeinflusst. Auch im zwischenmenschlichen Bereich bilden sich Strukturen, die allerdings meist nicht bewusst gestaltet sind. Die informellen Strukturen können das Leistungsverhalten positiv wie negativ beeinflussen, z.B. durch die Bildung eines positiven oder negativen Arbeitsklimas. Für das Verstehen dieser Prozesse sollen sozialwissenschaftliche Theorien herangezogen werden.

Es gibt deshalb auch keine einheitliche Vorstellung, was eine Organisation ist. Verschiedene Zielsetzungen wie Theorien ergeben unterschiedlichen Sichtweisen. Das kann schon am Beispiel folgender Definitionen deutlich gemacht werden.

Unter Organisation soll die Gesamtheit der auf die Erreichung von Zwecken und Zielen gerichteten Maßnahmen verstanden werden, durch die ein soziales System strukturiert wird und die Aktivitäten der zum System gehörenden Menschen, der Einsatz von Mitteln und die Verarbeitung von Informationen geordnet werden. Unter Organisation versteht man die Gesamtheit aller Regelungen, deren sich die Leitung und die untergeordneten Organe bedienen, um die durch Planung entworfene Ordnung aller Organisationsprozesse und Erscheinungen zu realisieren (*Hill, Fehlbaum, Ulrich* 1981).

Unter Organisation kann auch die Ansammlung von Ressourcen verstanden werden. Sie entstehen, wenn Individuen sich entschließen, einige ihrer Ressourcen –beispielsweise Geld (Kapital, Mitgliedschaftsbeiträge), Arbeitskraft, Wissen oder Rechte (beispielsweise im Fall der Gewerkschaften das Recht im Namen der Mitglieder zu handeln) –zusammenzulegen und sie einer einheitlichen Disposition zu unterstellen *Vanberg* (1982, S. 10ff).

Andere Definitionen akzentuieren andere Merkmale der Organisation: Organisation wird als soziales Gebilde bezeichnet, die dauerhaft ein Ziel verfolgen und eine formale Struktur aufweisen, mit deren Hilfe Aktivitäten der Mitglieder auf das verfolgte Ziel ausgerichtet werden sollen (*Kieser* und *Kubicek* 1992).

Die Vielfalt von Theorien kann man nach Grundperspektiven ordnen. *Pugh* (1966) schlägt ein Konzept von sechs Theoriengruppen vor:

1. Technologie-Theorie
2. Management-Theorie
3. Struktur-Theorie
4. Gruppen-Theorie
5. Individual-Theorie
6. Ökonomische-Theorie

Weinert (1998)

Jede dieser Theorien ist einseitig und akzentuiert eine Sichtweise, einen Aspekt von Organisationen. Zusammen ergänzen sich die Theorien zu einer Sichtweise, die differenzierte Analysen und Interventionen möglich macht.

Zu 1.: Technologie-Theorie. Zu seinem Hauptvertreter gehört *Taylor* (1911), der Begründer des „Scientific Managements". Im Mittelpunkt seines Ansatzes stehen Methoden und Techniken, die eine Organisation effizienter machen sollen. Ergebnisse von Zeit- und Arbeitsstudien sollten zu Verfahren führen, die zu kontrollierten Handlungen bei den Arbeitsprozessen führen. Die Ergonomie beschäftigte sich mit der Passung von Mensch und Maschine. Dieser Ansatz führte zu den bekannten Fließbandproduktion mit immer gleichen standardisierten Tätigkeitsabläufen, die eine Massenproduktion ermöglichte, aber zur Entfremdung der Mitarbeiter hinsichtlich der Güterherstellung führte.

Zu 2. Management-Theorie. Hauptvertreter sind *Fayol* (1949) und *Taylor* (1911). Die Verbindung in der Denkweise mit der Technologie-Theorie wird durch den Namen *Taylor* deutlich. Spezialisierung, hierarchischer Aufbau verbunden mit Entscheidungskompetenz, Leitungsverantwortung sind die Prinzipien, nach denen Organisationen gestalten werden sollen.

Zu 3. Struktur-Theorie. Das Konzept der bürokratischen Organisation hat insbesondere *Weber* (1922) beschrieben. Die standardisierten Aktivitäten der Organisation werden strikt geplant, dirigiert und reglementiert, um zuverlässige, transparente Arbeitsabläufe zu ermöglichen.

Zu 4. Gruppen-Theorie. Das Individuum, die Gruppe stehen im Mittelpunkt. Der Mensch wird als Produktivitätsfaktor gesehen. Seine Emotionen und Kognitionen sind wichtig für das Funktionieren einer Organisation. Ausgangspunkt war die „Hawthorne-Studien" (*Mayo* 1945, 1966; *Roethliberger* und *Dickson* 1966, s. hierzu auch *Walter-Busch* 1989). Eine Vielzahl von Untersuchungen folgten, die sich z.B. mit dem Führungsstil beschäftigten (s. *Lewin, Lippit, White* 1939). Wesentliche Ergebnisse der Untersuchungen sind:

Die Arbeitsgruppe beeinflusst im hohem Maße das Verhalten ihrer Mitglieder. Sie bildet eigene Normen, die sich negativ oder auch positiv auf die festgelegten Normen der Organisation auswirken können (informelle Normen, informeller Führer).

Der positive Einfluss des Vorgesetzten auf die Mitarbeiter ist abhängig von seinen Verhaltensweisen (aufgaben- bzw. personenorientiertes Verhalten).

Gruppenprozesse können bewusst gestaltet werden (gruppendynamisches Training).

Die Gestaltung des informellen Systems ist Ausgang für die Veränderung der Organisation (Organisationsentwicklung).

Zu 5. Individual-Theorie. Die Persönlichkeit des Mitarbeiters steht im Mittelpunkt der Betrachtung. Selbstverwirklichung und Zufriedenheit werden als wichtige Faktoren gesehen, welche die Produktivität einer Organisation beeinflussen (Vertreter sind z.B. *Maslow* 1970 und *Herzberg* u.a. 1967). Neue Gesichtspunkte leiten sich daraus ab: Gestaltung des Arbeitsplatzes, der Arbeitsbedingungen, Auslese, Training, Be- und Entlohnung, Gestaltung der Motivation, Einstellungsuntersuchungen bis zur Betreuung der Mitarbeiter (Supervision, Coaching). Motivation und Zufriedenheit der Mitarbeiter werden durch die Gestaltung der Gruppenarbeit zu vollständigen Handlungen beeinflusst (Job enrichment, Job enlargement, Job rotation, Gruppenklima).

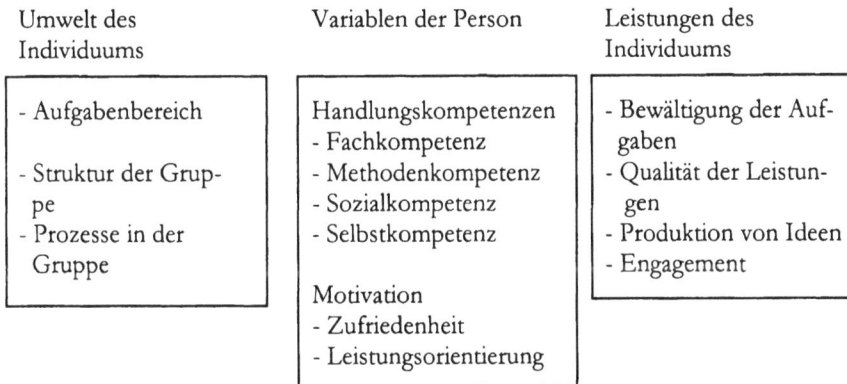

Umwelt des Individuums	Variablen der Person	Leistungen des Individuums
- Aufgabenbereich - Struktur der Gruppe - Prozesse in der Gruppe	Handlungskompetenzen - Fachkompetenz - Methodenkompetenz - Sozialkompetenz - Selbstkompetenz Motivation - Zufriedenheit - Leistungsorientierung	- Bewältigung der Aufgaben - Qualität der Leistungen - Produktion von Ideen - Engagement

Abb. 36: Individuelle Leistung mit unabhängige und intervenierende Variablen

Zu 6. Ökonomische Theorie. Die Organisation wird unter wirtschaftlichen Gesichtspunkten erfasst. Die Mitarbeiter sind so zu organisieren, dass sie die Ziele der Organisation möglichst kostengünstig und effektiv erreichen. Das Hauptproblem besteht darin, die verschiedenartigen Voraussetzungen der Mitarbeiter zu berücksichtigen. Die verschiedenen Zielvorstellungen, Fähigkeiten, Einstellungen, Neigungen sind so einzusetzen, dass ein effektives und effizientes System entsteht.

Die Hauptaufgabe ist, die erforderlichen Leistungen zu erbringen. Das Überleben der Organisation muss gewährleistete sein. Die Tätigkeiten werden von Abteilungen ausgeführt, die mehr oder weniger koordiniert sind und mittels Standardprozeduren miteinander agieren. Innerhalb der Organisation werden Informationen verarbeitet, Entscheidungen gefällt, Resultate evaluiert und Prozesse gelenkt und kontrolliert. Wesentliche Faktoren der Analyse und Gestaltung sind: Einfluss- und Kontrollmechanismen, Autoritätsstrukturen, Kommunikationssysteme und vor allem das Entscheiden.

Ein wichtiger Gesichtspunkt für die Organisationsgestaltung sind die Umweltverhältnisse. Eine flexible Organisationsstruktur benötigt man dann, wenn die Veränderungen sich schnell und abrupt vollziehen. Die immer größer werdende Abhängigkeit von vielen Faktoren macht es notwendig (Globalisierung), ständig Organisationen zu verändern. Auch der Wandel von Wertvorstellungen, Einstellungen in der Gesellschaft sind Faktoren, die einzubeziehen sind.

Bezieht man diese verschiedenen Umfeldeinflüsse ein, die sich dann in den Zielen einer Organisation niederschlagen, ergibt sich ein Analyse- und Interventionsbereich, der durch einen wissenschaftlichen Gegenstand und einer einzelnen Theorie nicht zu bewältigen ist. Aus der Aufstellung der Variablen ergibt sich, dass betriebswirtschaftlich Ansätze und sozialwissenschaftliche Ansätze integriert werden müssen.

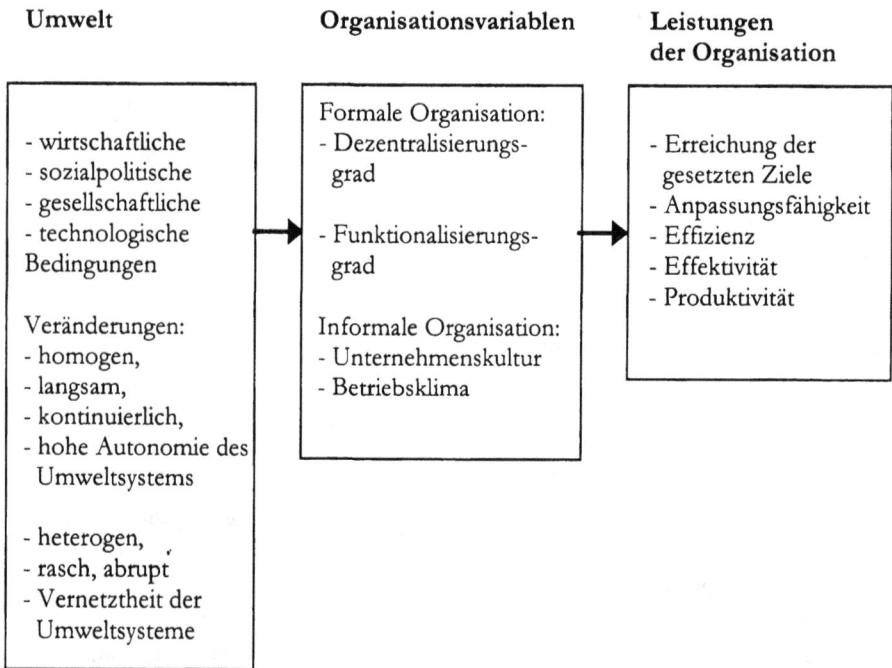

Umwelt	Organisationsvariablen	Leistungen der Organisation

- wirtschaftliche
- sozialpolitische
- gesellschaftliche
- technologische
Bedingungen
 	
Veränderungen:
- homogen,
- langsam,
- kontinuierlich,
- hohe Autonomie des
  Umweltsystems
 	
- heterogen,
- rasch, abrupt
- Vernetztheit der
  Umweltsysteme
	Formale Organisation:
	- Dezentralisierungs-
	  grad
	
	- Funktionalisierungs-
	  grad
	
	Informale Organisation:
	- Unternehmenskultur
	- Betriebsklima
		- Erreichung der
		  gesetzten Ziele
		- Anpassungsfähigkeit
		- Effizienz
		- Effektivität
		- Produktivität

Abb. 37: Leistungen der Organisation mit ihren beeinflussenden Variablen

3.1 Formales, formelles System

Der Aspekt Aufbau- und Ablauforganisation mit ihren Informationssystem betont die Gestaltung der Arbeitsteilung. In jedem arbeitsteiligen System muss die Arbeit funktional organisiert sein. Jeder muss wissen, welche Aufgaben er hat und wie sie zu erledigen sind. Umwelteinflüsse und gewünschte Verhaltensweisen bei den Mitarbeitern beeinflussen, welche Organisationsform zweckmäßig ist.

Organisieren ist eine koordinierende Tätigkeit, die das Zusammenwirken betrifft:

* zwischen Menschen
* zwischen Menschen und Sachmitteln
* zwischen Sachmitteln

Die Sichtweise bei der formalen Organisation ist auf die Variablen beschränkt, die bewusst beeinflusst werden können, um die Arbeitsteilung, die Arbeitsabläufe und die Informationsprozesse zu gestalten. Das System soll möglichst effizient sein, damit man mit möglichst wenig Kosten die gewünschten Ergebnisse erzielt.

Drei Bereiche können von dieser Sichtweise ausgehend analysiert und gestaltet werden:

Verteilung der Aufgaben	⟶	Aufbauorganisation,
Arbeit als Erfüllung der Aufgabe	⟶	Ablauforganisation,
Organisation der Informationsflüsse	⟶	Informationssystem

Die Objekte der Organisation sind:

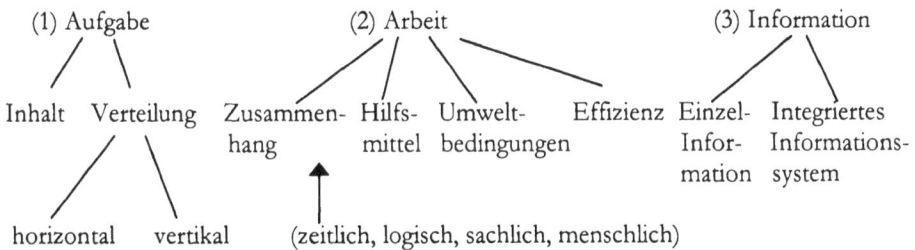

Bei dieser Sichtweise vernachlässigt man häufig, dass auch die Verhaltensweisen der Mitarbeiter durch die Strukturen beeinflusst werden. Die vorgegebenen Arbeitsstrukturen beeinflussen das Verhalten und Erleben der Mitarbeiter. Deshalb soll die Verteilung der Aufgaben (Aufbauorganisation) ausführlicher dargestellt werden, weil die Art und Weise, wie die Aufgaben verteilt werden, bedeutsame Einflüsse auf die Verhaltensweisen, die Leistungen, Motivation und das informelle System haben.

1. Aufbauorganisation

Ein wichtiger Bereich für die Analyse einer Organisation ergibt sich aus der Art, wie die Inhalte der Aufgaben verteilt sind. Das Kriterium ist, wie die erforderlichen Aufgaben am besten die gesetzten Ziele erfüllen. Dazu müssen folgende Fragen geklärt werden:

- Welche Aufgaben fallen überhaupt an?
- Welche Aufgaben werden an mehreren Stellen wahrgenommen?
- Welche Aufgaben werden nicht erfüllt?
- Welche Aufgaben sind überflüssig?
- Welche Aufgaben können an anderer Stelle besser gelöst werden?
- Welche Stelle ist für was verantwortlich?

Sind die Fragen beantwortet, können die Aufgaben in Stellenbeschreibungen festgelegt werden. Eine Stellenbeschreibung beinhaltet folgende Informationen:

- Bezeichnung der Stelle
- Einbindung in die Organisation
- Ziele der Stelle
- Unterstellung disziplinarisch/ fachlich
- Überstellung disziplinarisch/fachlich
- Stellvertretung
- Aufgaben mit Angabe der Verantwortlichkeit (Eigenverantwortung, Mitverantwortung, Fremdverantwortung)

Eine Stelle ist eine abstrakte Struktureinheit und nicht ein konkreter Arbeitsplatz. Zu den meisten Stellen gehört ein Arbeitsplatz. Es ist jedoch kein generelles Definitionsmerkmal. Eine Arbeitsstelle kann auch aus mehreren Arbeitsplätzen bestehen, z.B. ein Reparaturteam. Es besteht dann eine Aufgaben-, Kompetenz- und Verantwortungseinheit, die auch nach außen als Einheit auftritt, wie z.B. auch bei teilautonomen Gruppen.

Die horizontale Aufgabenverteilung führt zu einer Ordnung nach Aufgabeninhalten, Bildung von Gruppen. Jedes größeres arbeitsteilige System ist gegliedert in Subsystemen (Hauptabteilungen, Abteilungen) und den kleinsten Einheiten (eine Stelle). Je nach Entscheidungskompetenz kann in ausführende Stelle und eine Leitungsstelle unterschieden werden.

2. Ablauforganisation

Die Ausführung der Arbeit wird in der Ablauforganisation beschrieben. Wie und mit welchen Mitteln werden die Aufgaben verrichtet. Es geht um die Arbeitszusammenhänge in ihrer Logik und in ihrer zeitlichen Folge. Außerdem werden die Hilfsmittel erfasst, mit denen die Arbeit vollzogen wird (Formulare, Softwareprogramme, Dateien).

Bei der Erfassung der Umweltbedingungen geht es nicht nur um die sachlichen Bereiche wie Räume, Licht, Luft, Lärm.

3. Informationssystem

Damit die arbeitsteilige Organisation funktionieren kann, benötigt sie ein Informationssystem. Die Inhalte von Informationen und die Informationswege sind zu bestimmen und die Verarbeitung der Informationen festzulegen. Die Verdichtung und Auswertung der Informationen geben Auskunft über den Zustand der Organisation. Außer den betriebswirtschaftlichen Kennzahlen wie Umsatz, Rendite, Cash Flow, Return of Investment etc. sind auch die Daten über das Betriebsklima, die Zufriedenheit der Mitarbeiter, die Unternehmenskultur wichtig, um eine Organisation zu kontrollieren und zu verbessern.

Immer mehr an Bedeutung wird ein Informationssystem über das Wissen in der Organisation sein, das auch in Berufserfahrungen vorliegt. Internes und externes Wissen muss dokumentiert, gepflegt, weiter entwickelt und allen Interessierten zur Verfügung gestellt werden, s. Abschnitt Wissensmanagement.

3.1.1 Variablen der Organisation.

Die Aufbauorganisation wird so gestaltet, dass die Arbeitsprozesse verlässlich vollzogen und die Ziele erreicht werden können. Dazu sollen auch Managementsysteme wie Beurteilungssysteme, Führen durch Zielsetzungen (Management by Objectives), Qualitätssysteme etc. beitragen. Die Meinungen und Erfahrungen darüber, wie Leistungen am besten erzielt werden, verändern sich ständig und müssen stetig weiter entwickelt werden.

Ebenso beeinflusst die Gestaltung von Organisationen, in welchem Umfeld sie agiert. Die Organisation benötigt für ständige Veränderungen und komplexe Aufgabenstellungen eine entsprechende flexible Struktur mit gut ausgebildeten Fachleuten. Folgende Variablen kennzeichnen die Form der Organisation:

1. Dezentralisierungsgrad
niedriger Dezentralisierungsgrad: Hierarchische Gliederung nach Zweckbereichen.

Hoher Dezentralisierungsgrad:
Gliederung in selbständigen Einheiten mit hoher Autonomie und Verantwortung.

2. Funktionalisierungsgrad
Niedriger Funktionalisierungsgrad: Reine Linienorganisation mit stark arbeitsteiliger Struktur

Hoher Funktionalisierungsgrad: prozessorientierte Gruppeneinheiten mit ganzheitlichen Aufgabenstellungen

3. Delegationsgrad für ein Subsystem
Niedriger Delegationsgrad: Keine Entscheidungskompetenz.

Hoher Delegationsgrad: Alleinentscheidungskompetenz.

4. Partizipationsgrad
Niedriger Partizipationsgrad: autoritärer Führungsstil.

↕

Hoher Partizipationsgrad: autonome Arbeitsgruppe mit eigener Verantwortung.

5. Standardisierungsgrad
niedriger Standardisierungsgrad: keine Programmierung der Arbeitsabläufe, flexible Gestaltung der Abläufe.

↕

Hoher Standardisierungsgrad: Starre Routineprogrammierung, die einzuhalten ist.

6. Arbeitszerlegung
niedriger Grad der Arbeitszerlegung: ganze Produkte, umfassende Dienstleistungen bilden Arbeitsplätze. ↕

Hoher Grad der Arbeitszerlegung: spezialisierte, elementare Teilarbeit (Fließband).

Die Variablen sind bei Matrixorganisationen deutlich in einer anderer Weise ausgeprägt als bei Liniensystemen. In den Projektgruppen ist die Autonomie höher und die Arbeitsteilung weitaus ganzheitlicher. Auch in solchen Gruppen findet man hierarchische Elemente.

Variablen	**Linienorganisation**	Matrixorganisation
Dezentralisationsgrad:	niedrig	meist höher
Funktionalisierungsgrad:	niedrig	hoch
Delegationsgrad:	niedrig	höher
Partizipationsgrad:	niedrig	höher
Standardisierungsgrad:	hoch	niedriger
Grad der Arbeitszerlegung:	hoch	niedriger

Abb. 38: Ausprägung von Variablen in verschiedenen Organisationsformen

Hill u.a. (1974) unterscheiden zwei gegensätzliche Typen von Organisationsformen. Je nach Umfeldbedingungen und Aufgaben ist die eine Form besser als die andere Form geeignet.

Typ A: Die anfallenden Aufgaben können in Routinen erledigt werden. Es werden immer wieder die gleichen Faktoren verarbeitet, die dann entsprechend in die Produkte eingehen. Die einwirkenden Faktoren bleiben weitgehend konstant, entwickeln sich langsam und stetig. Ziele und Methoden sind ausformuliert und für die Organisationsmitglieder klar. Das Problemlösungspotential kann entsprechend niedrig ausgeprägt sein. Veränderte Technologien spielen kaum eine Rolle, ein entsprechendes Wissen ist nicht notwendig. Das Ausbildungsniveau der Organisationsmitglieder braucht nicht sehr hoch sein. Eine starke Hierarchisierung gewährleistet eine hohe Handlungsfähigkeit, wird auch von den Organisationsmitgliedern als legitim erachtet. Unmittelbare Kontakte der Organisationsmitglieder untereinander sind in starkem Maße reduziert. Es kommt also vor allem darauf an, dass eine hohe Produktionsleistung (Quantität) gesichert wird. Kommen Veränderungen aus den relevanten Umweltfaktoren auf solche Organisationen zu, so sind sie in der Regel hilflos und haben große Schwierigkeiten, sich ihnen zu stellen.

Typ B: Für die heutigen Anforderungen sind Organisationen von dem B-Typ zweckmäßiger. Routineaufgaben werden heutzutage durch Automaten und elektronische Datenverarbeitung erledigt und stellen keinen hohen Personalaufwand mehr dar. Organisationen müssen sich mehr mit turbulenten Umwelten auseinandersetzen und Probleme lösen können. Dies führt dazu, dass die Mitglieder der Organisation einen höheren Ausbildungsstand haben müssen, um Probleme zu lösen und Konzepte zu erarbeiten. Die Erfüllung von Sicherheitsbedürfnissen führt dazu, dass immer mehr die Selbständigkeit, Eigenverantwortung gefordert wird. Statusunterschiede werden unwichtiger, Gruppenaktivitäten bedeutungsvoller.

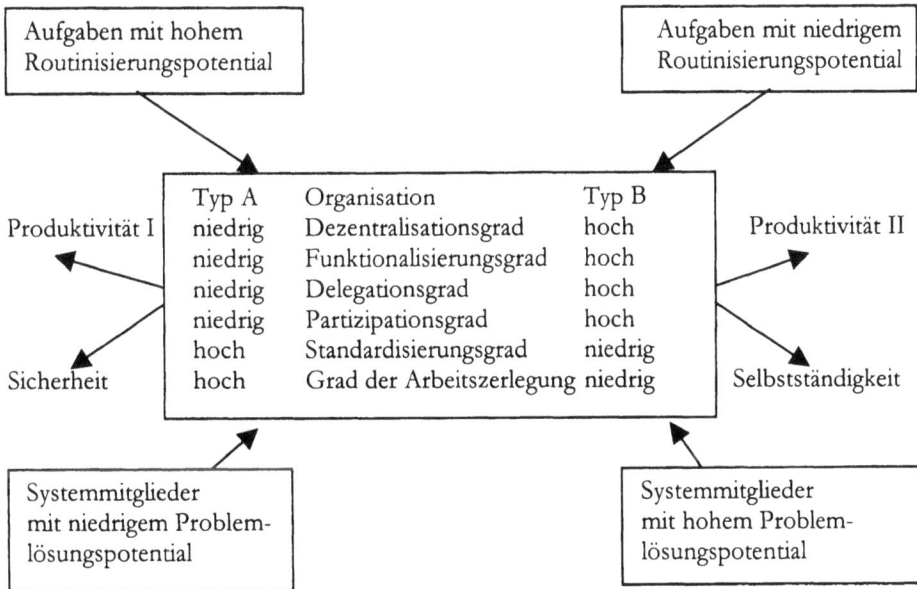

	Typ A	Organisation	Typ B
Produktivität I	niedrig	Dezentralisationsgrad	hoch
	niedrig	Funktionalisierungsgrad	hoch
	niedrig	Delegationsgrad	hoch
	niedrig	Partizipationsgrad	hoch
	hoch	Standardisierungsgrad	niedrig
Sicherheit	hoch	Grad der Arbeitszerlegung	niedrig

Aufgaben mit hohem Routinisierungspotential · Aufgaben mit niedrigem Routinisierungspotential · Produktivität II · Selbstständigkeit · Systemmitglieder mit niedrigem Problemlösungspotential · Systemmitglieder mit hohem Problemlösungspotential

Abb. 39: Organisationsformen Typ A und B (*Hill* u.a. 1974, S. 397)

Bei einer Cluster-Organisation ist das Gruppenprinzip noch eindeutiger ausgeprägt. Vollständige Abwicklungen von Aufgaben werden vom Anfang bis zum

Ende durch eine Gruppe durchgeführt. Die Gruppen werden durch Stabsabteilungen und Spezialisten unterstützt. Das Management koordiniert die Gruppen. Nach diesem Prinzip organisieren sich die Unternehmungen, deren Tätigkeiten stark kundenorientiert und kaum standardisierte Tätigkeiten kennt (z.B. Beratung, Werbung). Solche Organisationsformen entsprechen dem B-Typ.

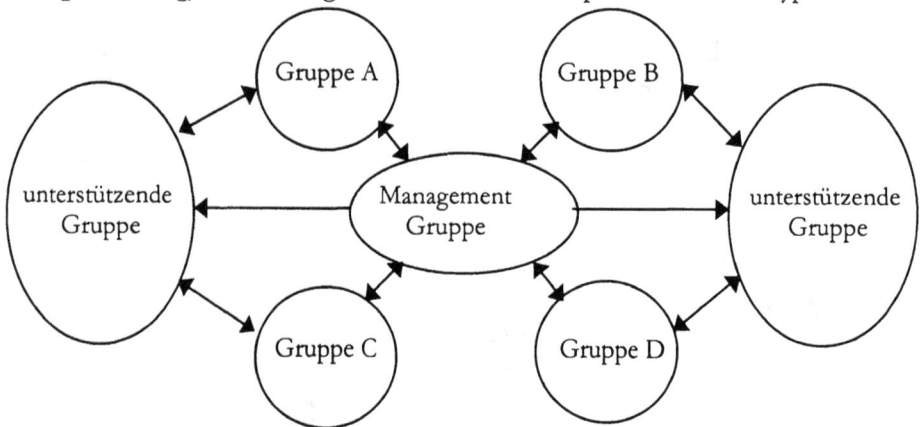

Abb. 40: Clusterorganisation

Variablen	Clusterorganisation
Dezentralisationsgrad:	hoch
Funktionalisierungsgrad:	hoch
Delegationsgrad:	hoch
Partizipationsgrad:	hoch
Standardisierungsgrad:	niedrig
Grad der Arbeitszerlegung:	niedrig

Abb. 41: Variablen der Clusterorganisation

Hinsichtlich der Organisationsform ist immer noch die bürokratische Organisation grundlegend. Sie ist uns selbstverständlich, durch sie sind wir geprägt worden. Unsere Schulen, Behörden aber auch Unternehmen sind nach ihren Gesichtpunkten organisiert. Deshalb soll zuerst diese Organisationsform beschrieben und in ihren Auswirkungen auf das Verhalten dargestellt werden. Damit soll verständlich gemacht werden, mit welchen grundlegenden Veränderungen wir es heute zu tun haben.

3.1.2 Die bürokratische Organisation

Eine bürokratische Organisationsstruktur soll eine hohe Verlässlichkeit bei der Durchführung von Aufgaben garantieren und bringt den Systemmitgliedern ein hohes Maß an Sicherheit in den Arbeitsabläufen. Diese Form passt bei operativ orientierten Organisationen, die insbesondere auf die Stabilität von Abwicklungen ausgerichtet sind. Zu dieser Organisationsform gehört ein stabiles Umfeld mit wenig Veränderungen.

Die Struktur ist hierarchisch, die Abläufe sind festgelegt (Linien-, Stab-Linien-Organisationen). Es besteht eine festgelegte Verteilung von regelmäßig auftretenden Tätigkeiten. Jeder Mitarbeiter hat bestimmte Kompetenzen, Entscheidungsbefugnisse und einen sachlich abgegrenzten Bereich mit Leistungspflichten (Stelle). Aufgaben werden nach generellen, mehr oder minder festen, erschöpfenden Regeln erfüllt.

Zur Erfüllung der Pflichten gibt es notwendige Leitungs- und Weisungsbefugnisse. Ein festes System von Über- und Unterordnungen regelt die Verteilung der Befehlsgewalten. Festgelegte Appellationswege kanalisieren Beschwerden.

Die Variablen der Organisationsstruktur sind gekennzeichnet durch einen hohen Grad an Arbeitsteilung und Routine, sowie einer hohen Stabilität und Standardisierung der Arbeitsabläufe. Alle Vorgänge werden schriftlich erfasst und dokumentiert. Die Leistungen müssen den formalen Vorgaben genügen und werden durch Aufsichtsorgane kontrolliert. Fehlerlokalisierungen werden mit dem Ziel angestrebt, den Verantwortlichen zur Rechenschaft zu ziehen. Weiterhin ist kennzeichnend, dass in der oberen Hierarchiestufe entschieden und in der unteren Hierarchiestufe ausgeführt wird. Die Leitungsfunktionen sind wenig spezialisiert. Die Entscheidungskompetenz ist von der Fachkompetenz getrennt. Die Verantwortlichkeit ist entsprechend zugeordnet.

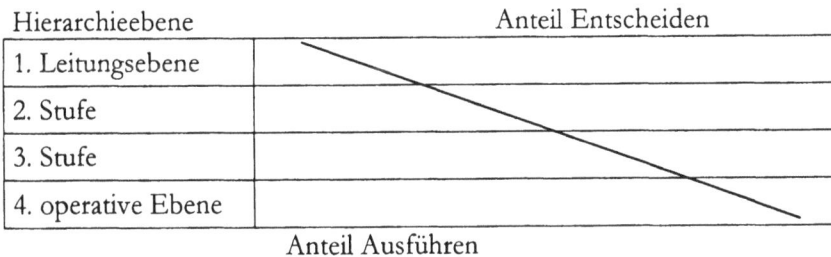

Hierarchieebene	Anteil Entscheiden
1. Leitungsebene	
2. Stufe	
3. Stufe	
4. operative Ebene	

Anteil Ausführen

Abb. 42: Entscheiden und Ausführen in Abhängigkeit zur Hierarchieebene

Auch andere Handlungsteile wie Planen und Kontrollieren sind aufgeteilt. Die Handlungsabläufe sind hierarchisch getrennt: Planen, Entscheiden, Durchführen, Kontrollieren.

Bei einer hohen Zentralisierung ist die horizontale Autonomie gering und die notwendige Beziehungsintensität hoch. Die Abhängigkeit zwischen den verschiedenen Subsystemen ist stark ausgeprägt. Bei der Durchführung der Tätigkeiten müssen die Vorgaben genau beachtet werden. Ein ausgefeiltes Kostenmanagement und eine strenge Budgetierung sind weitere Kennzeichen dieser Organisationsform. Eine hohe Effizienz wird dadurch angestrebt, dass möglichst alles geregelt und rational durchgestaltet ist.

Dienstwege bestimmen, wer mit wem kommunizieren darf. Die Kommunikation erfolgt meist schriftlich über Briefe, Formulare, Protokolle, Aktennotizen etc. Vorgänge werden schriftlich erfasst und in Akten dokumentiert.

Die Informationssysteme haben hauptsächlich die Aufgabe, Vorgaben durchzusetzen und zu kontrollieren. *Krähe* (1957) unterscheidet folgende typische Formen der Kommunikation:

- Anordnungen
- Anweisungen
- Vorschläge
- Mitteilungen
- Rückfragen
- Beschwerden

Bürokratische Organisationen beziehen sich auf die entsprechende Organisationstheorien (*Weber* 1922, *Taylor* 1911 und *Fayol* 1949).

Auswirkungen auf das Verhalten der Mitarbeiter

Die Struktur der Organisation bedingt ein hierarchisches Denken und wenig Möglichkeiten zum selbständigen Handeln. Dies betrifft insbesondere den operativen (ausführenden) Teil der Organisation.

Leistungen, die sich auf Fähigkeiten des Veränderns beziehen und Fähigkeiten Probleme zu lösen, sind in solchen Organisationen kaum zu erwarten.

Ein emotionaler Bezug zur Arbeit kann sich ebenfalls nicht entwickeln. Die monoton auszuführenden Tätigkeiten, ohne eigene Verantwortung, führen zur Entfremdung hinsichtlich der durchzuführenden Arbeiten. Lediglich durch eine extrinsische Motivation versucht man positive Erlebnisse hinsichtlich der Arbeitsergebnisse zu stiften. Prämien, Statuskennzeichen, ausgefeilte Belohnungssysteme sollen positive Anreize für Leistungen vermitteln, was die Arbeit selbst nicht erzeugen kann. Um Leistungen zu erzwingen, benutzt man auch negative Verstärker und Bestrafungen. *Sprenger* (1992, S. 50) fasst die Motivationsmittel in seinen 5 B zusammen: Belobigen - Belohnen - Bestechen - Bedrohen - Bestrafen. Erst in den oberen Hierarchiestufen kommen positive Erlebnisse zustande, die mit der Machtausübung und den Möglichkeiten, Erfolgserlebnisse zu haben, zusammenhängen.

Abhängigkeit, die Furcht vor Bestrafungen und Bedrohungen sind die Grundlage für die Entwicklung von Ängste. Angst ist ein nicht zu unterschätzender Motivanteil in diesen Organisationen. Ob dadurch die Leistungen mittel- bis langfristig erhöht werden können, ist mehr als zweifelhaft. Es werden eher hohe Verluste durch mangelnde Leistungsmotivation und Krankheiten erzeugt *Panse* und *Stegmann* (1996).

Mit dezentralen Strukturen und gruppenorientierten Organisationen will man heute Leistungen ermöglichen, die sich vor allem auf Problemlösefähigkeiten, konzeptionellen Fähigkeiten, Engagement, Verantwortung für das eigene Handeln der Mitarbeiter beziehen. Die intellektuellen Fähigkeiten und die Motivation der Mitarbeiter sollen intensiver genutzt werden.

3.1.3 Selbstorganisation und Lean Management

Das Leitmotiv solcher Organisationen ist: Wie schafft man Situationen, in denen Menschen und Gruppen selbständig und intelligent im Sinne des größeren Ganzen handeln können?

Intelligent handeln:
Grundsätze und Prinzipien des eigenen Handelns sind bewusst. Die Prozesse sollen selbst geregelt, geplant, organisiert, ausgeführt und kontrolliert werden.

Im Sinne des größeren Ganzen:
Ziele der Leistung und eigene Funktion müssen bekannt sein. Zusammenhänge mit anderen Funktionen bis zum Ganzen der Leistungen müssen hergestellt werden können.

Das Organisationsprofil wird von *Gomez* und *Zimmermann* (1992) als Selbstorganisation bezeichnet. Selbstorganisation wird bestimmt durch die Dimensionen Eigengestaltung und Umfeldorientierung, die ein Agieren und nicht ein Reagieren auf Umweltveränderungen ermöglicht.

Das Profil kennzeichnet innovative Organisationen. Die strukturellen Regelungen sind so ausgelegt, dass kreative Prozesse möglichst ungestört und produktiv ablaufen können (Clusterorganisationen, Lean Management mit entsprechenden Managementsysteme wie Total Quality Management). Veränderungen sind normal und stetig (Kaizen). Konflikte, Widersprüche und Fehler sind die Basis von Veränderungen und werden konstruktiv genutzt. Kennzeichnend ist:

- Freier Zugang zu allen Informationen,
- Teamstrukturen und Zusammenarbeit,
- Originalität und Denken in Zusammenhängen,
- Transparenz, Autonomie und Risikofreude,
- Flexibilität, viele Alternativen und Vorurteilslosigkeit,
- Engagement, Identifikationen,
- materielle Freiräume, frei gestaltbare Budgets,
- Fehlerlokalisierung dient der Erkenntnisgewinnung,
- Veränderbarkeit und Lernfähigkeit.

(s. *Riekhof* 1987, S. 15)

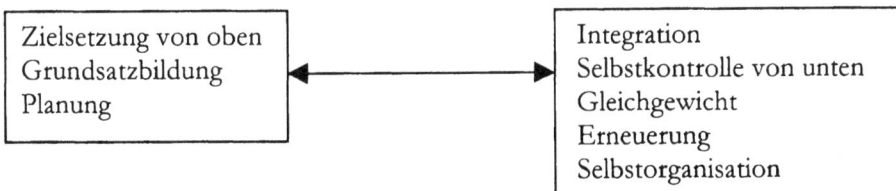

Zielsetzung von oben Grundsatzbildung Planung	◄──►	Integration Selbstkontrolle von unten Gleichgewicht Erneuerung Selbstorganisation

Die Organisation wird als „Durchlauf-System" verstanden, in dem Prozesse gestaltet werden:
Güter- bzw. Dienstleistungsströme, Bearbeitungsvorgänge, Abstimmungs- und Entscheidungsprozesse, Informationsketten, etc.
Es werden drei verschiedene Arten von Prozessen unterschieden und organisatorisch gegliedert:

- Mittelorganisation: Materielle Grundlage für die Herstellungsprozesse
- Prozessorganisation: Gestaltung des Herstellungsprozesses und der Kontrolle
- Beziehungsorganisation: Gestaltung der Kommunikations- und Interaktionsprozesse innerhalb und außerhalb der Organisation

Damit sind auch die Gestaltungsbereiche der Mitarbeiter gekennzeichnet. Insbesondere die Beziehungsgestaltung ist die Herausforderung an das Management und die Mitarbeiter.

Prozesssteuerung wird zu einer wesentlichen Funktion an jeder Stelle im Ablauf. Die Mitarbeiter müssen über weite zeitliche und sachliche Horizonte verfügen. Sie müssen wissen, was vor und nach ihnen geschieht. Es werden auch keine reinen Ausführungshandlungen vollzogen wie in einer bürokratischen Organisation. Die Mitarbeiter gestalten, planen, organisieren, kontrollieren den Ablauf selbst. Nur durch eine Mitbeeinflussung entsteht auch Mitverantwortung. Dazu müssen Beziehungen zwischen den Mitarbeitern positiv und konstruktiv sein, damit die Zusammenarbeit funktioniert, s. Abschnitt Gruppe.

Die Organisation ist gruppenorientiert, in denen Teilprozesse weitgehend autonom gestaltet werden. Kriterien für die Bildung autonomer Einheiten sind echte, eigene Zielsetzung und eigenständiges Gestalten der Tätigkeiten, die ein bestimmtes Wissen und Können bedingen.
Höhere Führungsstellen werden dadurch entlastet und für umfassendere Aufgaben frei, um z.B. Intergruppenprozesse zu verbessern, neues Wissen für die Organisation zu erschließen, Zukunftsstrategien zu entwickeln.
Abteilungen müssen miteinander verbunden sein, damit die Kommunikations- und Verbesserungsprozesse reibungslos ablaufen können. Es muss ein wirkungsvolles Kommunikationsnetz vorhanden sein, um die komplexen Prozesse kontrollieren und optimieren zu können. Die notwendigen Organisationsformen und Managementsysteme müssen dazu eingerichtete sein.

Die Entflechtung von Lohn und Leistung ist eine notwendige Maßnahme, um Erfolgserlebnisse bei der Arbeit als Motivation voll zu nutzen. Motivation durch Leistungslöhne ist fragwürdig. Geld und Statusdenken trennen Menschen voneinander.
Durch die entstandenen vollständigen Handlungen werden bei allen Mitarbeitern Erfolgserlebnisse möglich, die mit ihren Arbeitstätigkeiten unmittelbar verbunden sind. Es ist nämlich ihre Planung, Durchführung, Entscheidung und Kontrolle, die Erfolge bedingt. Dadurch ist Selbstverantwortung unmittelbar erlebbar

geworden. Bezug zur Arbeit, Engagement ergeben sich (*Probst* 1987, S. 84 ff) kennzeichnend ist ebenfalls der ganzheitliche, systemtheoretische Ansatz (s. auch *Gomez* und *Zimmermann* 1992).

Ähnliche Grundsätze verfolgt das Lean Management. Lean Management ist zu einem Schlüsselwort geworden, das alles kennzeichnet, was sich an Veränderungen in Industrie und Verwaltung heute vollzieht. Viele aufeinander bezogene Systembestandteile sorgen für die Optimierung des Systems. Auch im Lean Management Konzept ist die Kooperation ein grundlegender Bestandteil, wenn auch meist in der Sichtweise von Managern die Kostenvorteile im Vordergrund stehen mögen. Die folgende Übersicht soll die Unterschiede zu den bisherigen Organisationsformen verdeutlichen:

Bürokratische Organisation	Lean Management
Hierarchie	
starke Hierarchie	kleine Managementebenen, flache Führungspyramiden
Delegation	
Entscheidungen werden in zentralen Einheiten gefällt. Sehr bürokratisch	Entscheidungen werden weitgehend auf die Ebene delegiert, auf der sie anfallen. Jede Tätigkeit wird in Eigenverantwortung durchgeführt.
Arbeitsteilung	
Klar abgegrenzte Aufgabengebiete. Extrem: Fließbandfertigung mit einfachen Handgriffen	Aufgaben werden von Teams interdisziplinär und über Hierarchieebenen hinweg gelöst.
Flexibilität	
Schwerfällig, keine unmittelbare Rückkopplung	Organisation reagiert auf jede Änderung Ziel: das lernende Unternehmen.
Entwicklung	
Technikorientiert. Beschränkt auf die dafür zuständige Abteilung	Kundenorientiert. Alle betroffenen Abteilungen sind von vornherein und simultan in Entwicklungsprozesse eingebunden.
Verbesserung	
In großen Sprüngen, z.B. durch Einführung neuer Techniken.	Ständig fortlaufender Prozess unter Beteiligung aller Mitarbeiter.
Verschwendung	
Systemimmanent durch starke Bürokratie und geringe Verantwortung der Beteiligten.	Wird kontinuierlich durch Verbesserungssysteme vermindert
Qualität	
Endkontrolle: Fehler werden zu spät entdeckt. Die Beseitigung der Mängel kostet viel Geld.	Permanente Kontrolle während des gesamten Prozesses.
Arbeitszeit	
Starr. Feste Arbeitszeiten.	Flexibel, im Extremfall bestimmen die Mitarbeiter (in Abstimmung mit ihrer Gruppe) selbst, wann sie kommen oder gehen. Mehr- oder Minderarbeit wird über ein Zeitkonto ausgeglichen.

Abb. 43: Revolution in den Betrieben (*Der Spiegel* 11/1994, S. 97)

Im folgenden werden die Bestandteile systematisch und ausführlicher:

Organisation mit flachen Hierarchien und Dezentralisierung

Die veränderte Aufbau- und Ablauforganisation sind kennzeichnend für das System. Statt sieben Hierarchiestufen sind es noch vier. Damit sind die Entscheidungsprozesse schneller, die Kommunikation direkter, Verfälschungen der Informationen schwieriger.

Ergänzt wird die Verschlankung der Organisation durch eine verstärkte Dezentralisierung, Auslagerung von Stabsaufgaben und Produktionsteilen an Lieferanten. Die Prozesse werden übersichtlicher und können besser gesteuert werden. Die Folge sind Produktivitätssteigerungen (*Knebel* 1992).

Allerdings kann dieser Effekt ebenso verführerisch sein, die mühselige Arbeit des ständigen Verbesserns zu unterlassen. „Vielleicht wird sich deshalb am Ende, trotz aller Anstrengungen, im weltweiten Wettbewerb gar nicht viel ändern. „Dann wären wir wieder 25 Prozent zu teuer", fürchtet *Hauck* (Chef von Müller-Weingarten) (*Der Spiegel* 11/1994, S. 111).

Informationssysteme

Das Gesamtsystem des Lean Managements kann nur dann erfolgreich arbeiten, wenn vernetzte Informationssysteme benutzt werden können. Jeder Mitarbeiter muss auf dieses Informationssystem schnell zugreifen können, um z.B. eine Störung durch ein Expertensystem schnell lösen zu können. Der intensive Informationsaustausch dient vor allem dazu, dass der Wissensstand in der Organisation ein möglichst hohes und auch gleiches Niveau erreicht, s. Abschnitt Wissensmanagement.

Natürlich ist ein solches Informationssystem nur so gut wie es die Mitarbeiter gestalten und nutzen. Offen werden aber nur Informationen weitergegeben, wenn die Mitarbeiter sich gegenseitig vertrauen.

Gruppenarbeit

Die kleinste Einheit in der Organisation ist die Gruppe. Die Teamarbeit steht für das System „Lean Management". Als zentrales Prinzip gilt: Kooperation statt Konkurrenz. Zusammenarbeit bezieht sich nicht nur eng auf eine Abteilung. Sie umfasst die Beziehung innerhalb der Organisation und was noch viel wichtiger ist, die Beziehung der Organisation zu seinem unmittelbaren Umfeld, zu seinen Lieferanten, zu seinen Kunden.

Auf der Basis der Zusammenarbeit wachsen die Erfolge, funktionieren die Systeme des Lean Managements.

Wertorientierte Personalführung

Eine mitarbeiterorientierte Personalpolitik darf sich nicht nur in den Führungsleitlinien niederschlagen, sondern muss auch von den Führungskräften gelebt werden. Erst dann bildet sich eine Grundlage für das System Lean Management. Die Entwicklung einer nach innen ausgerichteten Informationspolitik ist deshalb wichtig, um die Mitarbeiter über das Unternehmen, die Vorgänge ständig auf dem Laufenden zu halten. Auch Schautafeln mit Leitmaximen sollen die gemeinsame Orientierung des Unternehmens veranschaulichen. So schreibt z.B. Nissan in England: „Jeder ist sein eigener Kontrolleur. Akzeptiere keine Fehler. Gib keine schlechten Teile weiter. Schlechte Qualität bedeutet Verschlechterung der Position im internationalen Wettbewerb".

Die Personalentwicklung mit ihren Bestandteilen wie Beurteilungssysteme, Assessment Center, Weiterbildung, Management Development sind neu auszurichten und zu gestalten (*Berthel* u.a. 1988).

Mitsprache und Eigeninitiative

Jeder Mitarbeiter soll mit seinen Fähigkeiten und Fertigkeiten mit einbezogen werden. Deshalb ist es eine wichtige Führungstätigkeit, Mitsprache und Eigeninitiative systematisch zu fördern. Supervisoren sorgen z.B. dafür, dass ein Problem von allen Mitgliedern eingehend erörtert, jeder Einwand ernsthaft behandelt und begründet wird. Die Gruppe versucht in jedem Fall, einen Konsens zu erreichen. Der Vorgesetzte ist für jeden als Ansprechpartner verfügbar und direkt erreichbar. Die Wertschätzung der Mitarbeiter und die Unterstützung der Leistungsbeiträge tragen dazu bei, dass ein positives Klima für ein einwandfreies Funktionieren des Systems entsteht.

Motivation

Lean Management bedeutet auch, sich von den bisher praktizierten Motivationskonzepten zu verabschieden. Extrinsische Motivation über Anreizsysteme spielen - wenn überhaupt - nur eine untergeordnete Rolle.

Eigene Erfolgserlebnisse sind unter diesen Rahmenbedingungen möglich, Selbstentfaltung durch kontinuierliches Lernen, Spaß an der Arbeit, Anerkennung der Leistungen führen zu den Motivatoren, die aus der Arbeit entstehen und sich positiv auf die Arbeit auswirken *Atkinson* (1975). Engagement führt verbunden mit der Erweiterung der Handlungskompetenzen zu höheren Leistungen (Wollen + Können führt zu mehr Leistung).

Instrumente des Lean Management

Total Quality Management (TQM)

Auch dieser Aspekt des Lean Managements ist ganzheitlich zu verstehen. Dieses Qualitätssicherungssystem bezieht den Kunden ebenso ein wie das gesamte Unternehmen mit ihren verschiedenen Aufgabenfeldern (s. *Juran* 1987, 1992). Alles kann verbessert werden: die Strategien der Unternehmung, die Konzeptionen, die Tätigkeiten in den verschiedenen Funktionsbereichen... Kennzeichen für dieses System ist die Null-Fehler-Zielsetzung. In ihr drückt sich aus, dass die Qualitätssteigerung eine nie endende Aufgabe eines Unternehmens ist. Jeder Mitarbeiter in einem Unternehmen ist für die Qualitätssicherung, für die Qualitätssteigerung, wie für die dafür notwendige Gestaltung der Bedingungen, verantwortlich.

Die Qualität kann nur dann kontinuierlich verbessert werden, wenn getrennt von der Routinearbeit systematisch über Verbesserungsmöglichkeiten nachgedacht werden kann. So befassen sich z.B. Qualitätszirkel in der Produktion mit der ständigen Verbesserung von Produkten (*Oess* 1989, s. Teil C, Kapitel Total Quality Managment).

Kaizen

Auch dieser Aspekt umfasst das ganze Unternehmen mit seinem Umfeld (KAI = Wandel, ZEN = das Gute). Die Handlungsmaxime ist die ständige, kundenorientierte Verbesserung der Produkte, Dienstleistungen und der dazu notwendigen innerbetrieblichen Prozesse. Zwei in Spannung stehende Zielbereiche sollen konsequent verfolgt werden: Senkung der Kosten, des Materialverbrauchs, des Einsatzes von Personal und gleichzeitig die Erhöhung der Qualität, Zuverlässigkeit der Leistungen. Merkmale des Kaizens sind:

• Kein Verbesserungsvorschlag ist zu unbedeutend.

• Alle Mitarbeiter sind am Kaizen mitbeteiligt.

• Die Verbesserungen werden vor der Umsetzung im Vergleich zum bisherigen Verfahren genau analysiert und bewertet.

• Eine Entscheidung wird vor Ort gefällt und sofort umgesetzt.

Das Wesentliche liegt in der kontinuierlichen Veränderung der Prozesse und davon abhängig steigern sich die Leistungsergebnisse einer Organisation. Die kontinuierliche Auseinandersetzung beruht auf einer ständigen erfahrungsorientierten Lerngestaltung. Individuelles Lernen wie Organisationslernen bekommt für das Lean Management eine entscheidende Bedeutung.

Durch die Philosophie des Kaizens wird der einzelne Mitarbeiter ständig aufgefordert, aktiv an Verbesserungen mitzuarbeiten. Auch kleinste Teillösungen werden honoriert, veröffentlicht und finanziell belohnt (*Imai* 1992). Das Kaizen ist ein sich selbsttragender Optimierungsprozess der permanenten Verbesserung. Verbesserungsvorschläge pro Mitarbeiter betragen in Japan 61,6 im Vergleich zu 1,4 bis 0,4 Vorschlägen pro Mitarbeiter in Europa.

Benchmarking

Verbesserung der Leistungsfähigkeiten kann ebenso durch den Vergleich mit anderen Konzepten aus allen Branchen erfolgen. Die Besonderheit besteht darin, dass außer den Produkten oder Dienstleistungen auch die Methoden, Verfahren verglichen werden. Auch branchenfremde Unternehmen können für solche Vergleiche wichtige Impulse geben. Schließlich kommt das Lean Management von der Automobilindustrie.

Ziel des Benchmarking ist, alle betrieblichen Aktivitäten an den Standards der Besten zu orientieren. Methoden und Prozesse werden auf die eigene Organisation übertragen und angepasst. Leistungslücken können so erkannt und geschlossen werden (*Herter* 1993, *Tucker* und *Seymour* 1987).

Simultaneous Engineering

Innovationsschnelligkeit mit geringerem Personaleinsatz erreicht man dadurch, dass man Produkt- und Produktionsentwicklung parallel verfolgt. Die Kundenbedürfnisse werden dabei durch eine Marktorientierung besonders berücksichtigt. Eine enge Zusammenarbeit zwischen der Projektgruppe für Produktentwicklung und den Ausführenden in der Linie ist selbstverständlich. Vor allem aber sind die Zulieferer in diesen Prozess mit eingeschlossen. Sie entwickeln in eigener Verantwortung Teile des Gesamtprodukts, wobei die Passungen ein entscheidender Faktor sind. Kennzeichnend sind folgende Merkmale (*Zenker* 1992):

- Parallelisierung und Synchronisation von Produkt- und Produktionsmittelentwicklung,
- frühzeitige und umfassende Marktorientierung, festlegen kritischer Qualitätsmerkmale des neuen Produktes,
- Bildung von Teams über die Funktionsbereiche hinaus,
- umfassende Planung und rechtzeitige Abstimmung, um zeit- und kostenintensive nachträgliche Änderungen zu vermeiden,
- interne und externe Integration von Konsumenten- und Herstellererfahrungen,
- Kooperation mit Kunden und Zulieferern bei der Produktentwicklung.

Just-in-Time

Die Partnerschaft mit ausgewählten Zulieferern ist eng und umfasst sowohl die Lieferung, die Entwicklung und sogar die Montage der Zuliefersysteme vor Ort. Die Zulieferer fertigen nicht mehr einzelne Teile an, sondern ganze Systemteile, die sie selbständig auf das neue Produkt hin entwickeln.

Der Zulieferer verfolgt die gleichen Zielsetzungen und sorgt ebenso für Kostensenkung wie für ständige Qualitätsverbesserung. Sicherung der Standards ist allein seine Aufgabe. Der Zulieferer arbeitet mit denselben Qualitätssystemen. Eine werksinterne Qualitätskontrolle findet deshalb nicht mehr statt. Wenn der Zulieferer auch noch seine Teile selbst vor Ort einbaut, ist er über auftretende Probleme sofort informiert und kann sie in eigener Verantwortung abstellen.

Durch eine höhere Anzahl von Zuliefersystemen wird die Produktion wesentlich entlastet. Der Zulieferer trägt so dazu bei, die Komplexität der Fertigung zu reduzieren.

Ebenso ist der Zulieferer ein wesentlicher Faktor bei der Logistik. Er liefert die notwendigen Teile unmittelbar zur Fertigungsstelle hin (Just-in-Time-System) (*Gelink* und *Conrad* 1993).

Ändern Unternehmen ihre Organisationsstruktur hin zu einer gruppenorientierten Organisation, so beeinflusst das die Verhaltensweisen der Mitarbeiter. Das Individuum ist für die Leistungen in den Gruppen von hoher Bedeutung. Sein Engagement und Wissen entscheidet mit über den Erfolg seiner Gruppe. Er ist nicht mehr das austauschbare Rädchen in einer Organisation. Wichtig wird nun das informelle System. Man organisiert bei gruppenorientierten Organisationen auch zusätzliche, mögliche Problemfelder mit ein, die den Erfolg neuer Organisationsformen beeinträchtigen, vielleicht sogar verhindern können. Deshalb ist die Gestaltung des informellen Systems eine wichtige Aufgabe. Erst positive Rahmenbedingungen unterstützen und ermöglichen den notwendige offenen Informationsaustausch und das Kooperieren. Das war in der bürokratischen Organisation nicht notwendig. Im Gegenteil teile und herrsche als Führungsprinzip und Angst als Motivationsfaktor waren durchaus hilfreich, um Leistungen zu erzielen.

3.2 Informales, informelles System

In jeder Organisation entwickeln sich durch die Kommunikation und die Interaktionen innerhalb der formalen Strukturen ein informelles System. Trotz gleichartiger formaler Strukturen entwickeln sich unterschiedliche informale oder informelle Systeme. Wie man miteinander in einem sozialen System umgeht, ist gekennzeichnet durch sich wiederholende Merkmale. Das Klima in einer Gruppe kann freundlich oder feindlich, konkurrierend oder unterstützend, beleidigend oder höflich sein. Die Mitarbeiter tragen zum Entstehen bei und werden durch das informelle System in ihrem Verhalten beeinflusst. Die informelle Organisation umfasst die Formen des Miteinanderumgehens in Gruppen-, Abteilungen bis zur Gesamtorganisation. Typische, immer wiederkehrende Merkmale des Verhaltens können für eine Organisation beschrieben werden. Die erzeugten Interaktionsformen sind meist nicht bewusst gestaltet und entziehen sich deshalb auch der bewussten Kontrolle und Beeinflussung. Formuliertes Führungsverhalten und gelebtes Führungsverhalten brauchen nicht überein zustimmen.

Es bedarf der aktiven Auseinandersetzung, um das informale System zu gestalten. Es ist eine Managementaufgabe das informale System zu formen, d.h. es ist Gegenstand von Analysen, Planungen, Entscheidungen und Kontrollen. Organisationskultur und Organisationsklima sollen als Beispiele für informale Systeme näher ausgeführt werden, s. auch Abschnitt Gruppe.

3.2.1 Organisationskultur

Unter Kultur versteht man die Gesamtheit der typischen Lebensformen größerer Gruppen einschließlich der sie tragenden Geistesverfassung, besonders der Wertvorstellungen. Die Kultur beeinflusst Verhalten und Wahrnehmungen der Mitglieder. Dabei geht man von folgenden Grundannahmen aus:

a) Wo immer Menschen zusammenkommen, entsteht nach einer gewissen Zeit eine Kultur, bzw. Subkultur.

b) Jede Kultur entwickelt ungeschriebene, häufig unausgesprochene Normen und gegenseitige Erwartungen, die das Verhalten der Mitglieder beeinflussen.

c) Menschen sind heute eher bereit, eine Kultur aktiv zu entwickeln, zu formen und zu gestalten, als sich passiv von einer gegebenen Kultur vereinnahmen und prägen zu lassen.

Eine Organisationskultur entsteht in der Abhängigkeit zu ihren Umfeld und durch das Interagieren seiner Mitglieder (s. auch *Holleis* 1987).

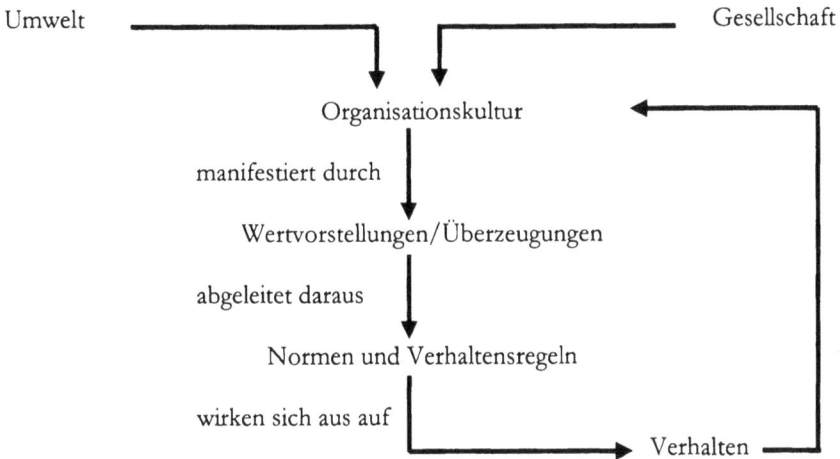

Umwelt ⟶ ⟶ Gesellschaft

Organisationskultur

manifestiert durch

Wertvorstellungen/Überzeugungen

abgeleitet daraus

Normen und Verhaltensregeln

wirken sich aus auf ⟶ Verhalten

Abb. 44: Organisationskultur (*Rüttinger* 1986, S. 58)

Rollenmodelle

Es gibt eine Vorstellung, dass sich die Kultur einer Organisation in Personen manifestiert (corporate heroes). In ihrem Verhalten personifizieren und symbolisieren sie das geltende Wertsystem. Um die Kultur zu erfassen, müssen dann folgende Fragen gestellt werden:

-   Gibt es im Unternehmen Leitbilder?
-   Wer gibt sie vor?
-   Wie sichtbar sind sie?
-   Welche Botschaft strahlen sie aus?
-   Stehen diese Botschaften im Einklang mit der Kultur des Unternehmens? Wenn nein: Was entsteht möglicherweise an Neuem?
-   Stimmt dieses Neue mit der Strategie des Unternehmens überein?

Wirkungen der Rollenmodelle auf ihre Organisation sollten idealer Weise folgendermaßen sein:
Es sind Menschen zum Anfassen, man kennt sie, man erzählt Geschichten über sie. Sie glänzen vor allem durch das, was sie tun, und weniger durch das, was sie sagen. Die Personen stimmen in ihren Reden und Handeln überein. Sie symbolisieren die Organisation nach innen wie nach außen und setzen durch ihr Verhalten Standards.

Eine Kultur zu analysieren ist schwierig, weil die Art des Umgehens immer mit Inhalten verbunden ist, die stetig wechseln. Die Kultur formt einerseits die Interaktionen, ist aber auch gleichzeitig das Ergebnis der Interaktionen. Das Gleichartige in den Interaktionen ist herauszufinden.

Außerdem kommen die Sichtweisen und Bewertungen aus dem System, die auch die Wahrnehmung beeinflussen. Es ergeben sich die Tendenz der Überbewertung, der selektiven Wahrnehmung, des blinden Flecks, so dass Mitglieder einer Organisation nur bedingt ihr Kultur erfassen können.

Es geht schließlich um das Erkennen des Bezugsrahmens für Interaktionen, das Modell für die Wahrnehmungs-, Denk- und Bewertungssysteme.

Analyse der Organisationskultur

Sie kann sich auf verschiedene Organisationseinheiten, auf die gesamte Organisation, auf die Prozesse zwischen Abteilungen und Bereiche, auf die Prozesse zwischen Vorgesetzten und seinen Mitarbeitern, auf die Prozesse zwischen Mitarbeitern beziehen.

Eine Analyse bezieht sich immer auf die Inhalte, von denen die Art und Weise getrennt werden muss, wie die Inhalte im Prozess gestaltet werden. Es können die Gespräche am Schreibtisch, in der Kantine sein (informelle Kommunikation); es können die Inhalte im geschäftlichen Alltag sein (mündliche Kommunikation). Über was wird wie gesprochen? Über was wird nicht gesprochen? Welche Annahmen stecken hinter den Äußerungen?

Es können aber auch Spiele und Manöver sein, die in der Organisation praktiziert werden, z.B. destruktive Spiele wie „Wir brauchen mehr Daten. Das hätte nie passieren dürfen. Wer kann das entscheiden? Wir sind ganz nahe dran. Was werden die Vorgesetzten dazu sagen? Ja, aber...“

In Geschichten kann sich eine spezielle Kulturform ausdrücken. Meist werden solche Geschichten über leitende Personen erzählt.

Auch Rituale, die bei Jubiläen, Siegesfeiern, beim Eintritt in die Organisation ablaufen, können interessante Hinweise über die spezifischen Formen des Umgehens liefern. Im diesem Sinne sind solche Rituale szenische Dramatisierungen von Wertvorstellungen.

Symbolische Handlungen sind oft eindrucksvoller als manche Worte. Gemeint sind Handlungen, Aktionen, Inszenierungen, die allen Beteiligten klar machen, wo es lang geht. Ein Chef wirft z.B. die Führungsleitlinien in den Papierkorb.

Die Analyseergebnisse lassen Schlüsse zu, welche Orientierungen in der Organisation vorherrschen, z.B. Streben nach Dominanz, Machtorientierung, Berücksichtigung der Interessen der Mitarbeiter, Interessen der Organisation.

Zusammenhänge zwischen formalen und informalen Sichtweisen

Eine Organisation formuliert in der Regel ihre Ziele und wie sie diese erreichen will aus (normativer Dimension einer Organisation). Das schlägt sich z.B. in der Unternehmenspolitik, Personalpolitik nieder. Für die Realisierung der Organisationsziele benötigt die Organisation eine Organisationsstruktur (strategische Dimension, formale Organisation) und Mitarbeiter, die eben miteinander arbeiten und interagieren (informelle Organisation). In der folgenden Abbildung sind die Zusammenhänge zwischen den verschiedene Faktoren dargestellt. Der Erfolg einer Organisation hängt von den formalen Strukturen und den Ausformungen der Prozesse innerhalb der Strukturen ab, also vom informalen System (*Gomez* und *Zimmermann* 1992).

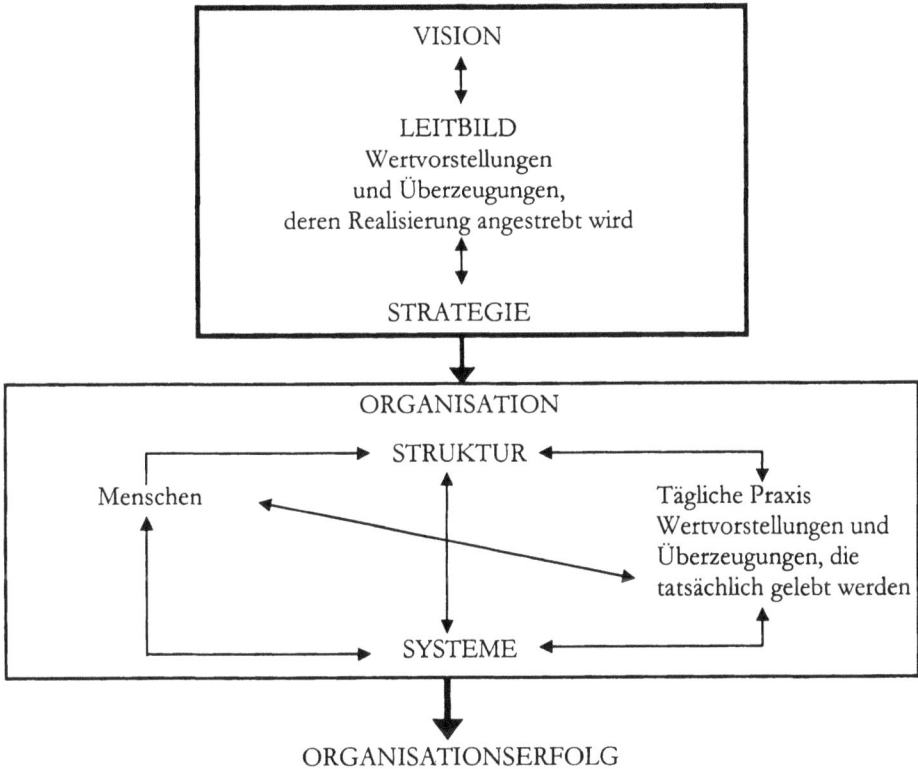

Abb. 45: Zusammenhänge zwischen formalen und informalen Strukturen (*Rüttinger* 1986, S. 201)

Es können sich Gegensätze und Widersprüche zwischen formaler und informeller Strukturen ergeben:

Formale Vorgaben	Informelle Ausprägung
Personalleitlinien: kooperativer Stil	autoritäre Vorgesetzte
Kooperation	Konkurrenz
geforderte Kreativität	Abblocken von Ideen
geforderte Offenheit	Tabus über bestimmte Sachen zu reden, Konflikte auszutragen
formaler Vorgesetzter	informeller Führer

In der Regel entwickeln sich verschiedene Subkulturen in einer Organisation, die Gegensätze in ihren Einstellungen, Normen, Wertvorstellungen vertreten können. Spannungen, Missverständnisse sind dadurch vorprogrammiert. In einer Linienorganisation entwickeln sich oft unterschiedliche Kulturen in den verschiedenen funktionalen Bereiche wie Verkauf, Marketing, Administration... Die Zusammenarbeit kann gestört sein, wenn negative Vorurteile entstehen. Nicht genügend präzisierte Zielvorstellungen und mangelnde Kontrollen können diese Erscheinungen begünstigen. Welche Organisation kontrolliert schon ihre Kultur. Eine Kontrolle wird auch nur dann wirksam, wenn die Analyseergebnisse zu konkreten Maßnahmen für eine Veränderung führen.

3.2.2 Betriebsklima, Organisationsklima

Für die Abgrenzung und Definition des Begriffs wird hier die Facettenanalyse benutzt. Ziel ist die Abgrenzung zu ähnlichen Begriffen wie z.B. Arbeitszufriedenheit.

Man geht bei dieser Definitionsart so vor, dass man den Begriff, das Konzept in Einzelkomponenten zerlegt (Facetten). Bei der Bestimmung der Facetten muss man darauf achten, dass die Facetten bedeutsame und voneinander abhängige Merkmale enthalten. Bei der Befindlichkeit von Menschen im Betrieb sind drei Facetten wichtig: Das Erleben der Arbeit, die Beschreibung und/oder die Bewertung des Erlebens und die Organisationseinheit.

Die Analyseeinheit :
- Auf welche soziale Einheit soll sich der Begriff beziehen, das Individuum, ein soziales Kollektiv?
- Welcher abgrenzbaren Bereich in der Organisation soll gemeint sein: Arbeitsplatz, Gruppe, Organisation?
- Was soll erfasst werden, geht es um eine Beschreibung oder Bewertung?

Konzept	Arbeitszufriedenheit-	Betriebsklima
Analyseeinheit	Individuum	soziales Kollektiv
Analyseelement	Arbeitsplatz	Organisation, Abteilung
Art der Messung	Bewertung	Beschreibung und Bewertung

Abb. 46: Konzept des Betriebsklima

Aus empirischen Untersuchungen von Organisationsklimadaten lassen sich folgende Dimensionen herausfiltern (*von Rosenstiel* 1995, S. 361ff).

1. Strukturierung. Darunter versteht man die Verhaltensspielräume durch organisatorische, formale Regelungen.

Planlosigkeit	Bürokratisierung
Durcheinander ←——————→	Reglementierung
Chaos, Normlosigkeit	Routinisierung

2. Autonomie. Man erfasst damit das Ausmaß an Unabhängigkeit und Entscheidungsfreiheit.

Abhängigkeit ←——————→	Selbständigkeit
Fremdbestimmung	Gestaltungsmöglichkeit

3. Wärme und Unterstützung. Die Dimension drückt das Organisationsklima im engeren Sinne aus. Es geht um die Qualität der sozialen Beziehungen.

Misstrauen	Vertrauen
Kälte, Ablehnung ←——————→	Wärme, Achtung
Distanzierung	Nähe, Hilfe

4. Leistungsorientierung. Es wird das Bild der Organisation hinsichtlich Leistungsorientierung beschrieben.

Trägheit	Schwung, Motivation
Desinteresse ←——————→	Engagement
Lahmheit	Energie, Dynamik
Leistungsablehnung	Leistungsbetonung

5. Zusammenarbeit. Wie bei der 3. Dimension wird hiermit die Qualität der Arbeitsbeziehungen erfasst.

Spannungen	Solidarität
Cliquenbildung ←——————→	Integration
Destruktive Konflikthaftigkeit	konstruktive Auseinandersetzung
Nebeneinander	Interdependenz

6. Belohnungshöhe und Belohnungsfairness

7. Innovation und Entwicklung. Es wird das Maß für Veränderungsbereitschaft beschrieben.

Starrheit, Intoleranz ←——————→	Änderungsbereitschaft
Sicherheitsdenken	Risikobereitschaft
Unbeweglichkeit	Flexibilität
Dogmatismus	Offenheit

8. Hierarchie und Kontrolle. Rang-, Statusunterschiede können unterschiedliche Bedeutung haben.

Differenzierung	Gleichheit
Unterordnung ←——————→	Partnerschaftlichkeit
Kastendenken	
Kontrolle, Überwachung	

Das Organisationsklima kann durch einen Fragebogen erfasst werden (s. von *Rosenstiel* u.a. 1983)

In den folgenden Abschnitten wird eine Organisationstheorie abgehandelt, bei der die Wechselwirkungen zwischen der formalen Struktur und den dadurch entstehenden Verhaltensmöglichkeiten der Mitglieder in einer Organisation deutlicher wird. Im Modell werden nur die Ausrichtung der Entwicklung eines informalen Systems geschildert. Es wäre zu einfach, wenn durch die Einrichtung von Gruppen sich auch automatisch ein kooperatives Verhalten ergäbe. Andererseits können sich keine kooperativen Strukturen entwickeln, wenn organisatorisch keine Möglichkeit der Zusammenarbeit besteht.

3.3 Mix Modell

Das Modell von *Argyris* (1964) integriert formale und informale Sichtweisen. Die Theorie geht von folgender Grundannahme aus: Konflikte zwischen Individuum und Organisation bestimmen die Prozesse in einer Organisation. Es kommt darauf an, wie man die Konflikte verarbeitet und zu welchen Ergebnissen man kommt.

Argyris (1964) formuliert folgende Zielsetzungen:

• Eine Organisation soll psychische Gesundheit der Mitarbeiter ermöglichen.
• Sie soll keine übermächtige manipulative Organisation sein.
• Sie soll aber auch keine Organisation sein, die den Menschen glücklich machen will.

Durch Integration verschiedener Erkenntnisse versucht die Theorie, einen umfangreicheren Erklärungsgehalt zu entwickeln. Organisationssoziologische Untersuchungen zur formalen Organisation wie Erkenntnisse der Motivations- und Persönlichkeitstheorien werden zusammengefügt. Grundlagen seiner Theorie sind:

1. Persönlichkeit und Motivation

Er geht von der Inkongruenz zwischen Bedürfnissen der Individuen und den Zielen einer Organisation aus. Den Konflikt sieht er als Herausforderung, um individuelle Entwicklung zu fördern und lebensfähige, effektive Organisationen zu entwickeln. Konflikte sind die Grundvoraussetzung für positive Veränderungen. Die Konflikte müssen allerdings konstruktiv gestaltet werden (s. *Deutsch* 1976, *Gordon* 1979).

Ein weiterer Bestandteil ist ein Motivations-/Persönlichkeitsmodell, das den Aufbau von einem stabilen *Selbst* beinhaltet. Das Selbst kommt durch Erfolgserlebnisse bei der Durchführung der Aufgaben zustande. Von der Ausformung des Selbst ist die Leistungsfähigkeit eines Mitarbeiters abhängig, insbesondere wenn seine Problemlösungskompetenz genutzt werden soll. Nur selbstbewusste Mitarbeiter bringen den Mut und die Fähigkeiten mit, konstruktiv Konflikte anzugehen. Selbstbewusstsein entwickelt sich durch Erfolgserlebnisse. Solche Erlebnisse sind aber nur in formalen Strukturen möglich, die vollständige Handlungen als Arbeitseinheiten enthalten. Die Handlung ist dann unter eigener Kontrolle und Verantwortung (s. *Hacker* 1995).

Das *Selbst* eines Individuums bildet sich aus der Gesamtheit bewusster und unbewusster Aspekte der Persönlichkeit. Es ist eine organisierte Struktur, in der Bedürfnisse, Werte und Fähigkeiten integriert sind. Das *Selbst-Konzept* ist der bewusste Aspekte des Selbst. Die Funktion des Selbst-Konzept beeinflusst die Wahrnehmung und die Bewertung der Umwelt. Das *Ideal-Selbst* integriert die angestrebte Werte und Bedürfnisse.

Eine unverzerrte, realitätsorientierte Wahrnehmung ist von dem Selbst abhängig. Nur ein selbstbewusster Mensch kann sich mit Diskrepanzen und Veränderungen auseinandersetzen, ohne Angst vor einer Selbstzerstörung zu haben. Selbsterkenntnis ist auch Grundlage für soziale Kompetenzen. Diese Kompetenzen beeinflussen auch die kognitiven Kompetenzen zur Bewältigung von Problemen. Nur eine gute Zusammenarbeit führt zu einem intensiven Meinungsaustausch und Diskussion, die Grundlage für eine intensive Problembearbeitung und Veränderung ist.

Bedürfnisse bedingen bei Aktivierung einen Spannungszustand, der die notwendige Energie für Handlungen aufbaut. Die Bedürfnisse initiieren oder steuern ein zielgerichtetes Handeln, das die Spannungen abbaut. Die physiologischen Bedürfnisse wie Hunger, Durst sind die grundlegende Bedürfnisse. Ein Streben nach Selbstverwirklichung ist die höchste Stufe der Bedürfnisse (*Maslow* 1970).

Psychische Energie existiert in den Bedürfnissen aller Menschen. Psychische Energie kann nicht permanent blockiert werden. Das Individuum muss Wege zur Bewältigung oder Umgehung der Hindernisse finden, um Spannungen abzubauen. Ständige Blockaden führen zu neurotischen Verhalten. Neurosen erzeugen Handlungen, die nicht zu einem Spannungsabbau führen.

Die Menge der Energie ist weder konstant noch begrenzt. Sie hängt vom individuellen psychischen Zustand ab und ist ebenfalls bedingt durch Erfolgserlebnissen. Erfolgerlebnisse ermöglichen, dass sich Interessen und ein Engagement für Tätigkeiten entwickeln. So kann die Bewältigung einer Arbeit positiv erlebt werden und zu einer Leistungsmotivation hinsichtlich der Arbeit führen. Die Arbeit löst selbst positive Spannungen aus. Man fühlt sich durch die Aufgaben herausgefordert. Wichtig ist, dass Erfolgserlebnisse möglich sind.

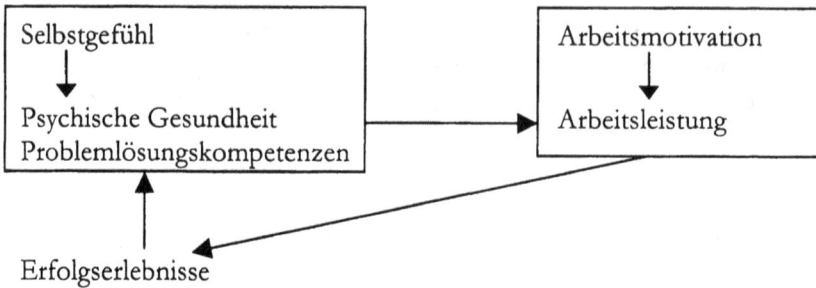

Abb. 47: Erfolgserlebnisse und ihre Auswirkung auf das Selbstgefühl

Voraussetzungen für Erfolgserlebnisse sind, dass der Mitarbeiter Selbstverantwortung, Selbstkontrolle über Ziele und Mittel hat. Der Mitarbeiter kann Ziele langfristig verfolgen, mit denen er sich identifizieren kann. Der Einsatz relativ wichtiger Fähigkeiten des Individuums muss für die Zielerreichung notwendig sein, damit der Mitarbeiter die Arbeit als bedeutungsvoll erlebt.

Für die Höhe des Selbstwertgefühls sind folgende Bedingungen notwendig:
- Möglichkeiten, selbst eigene Ziele zu bestimmen,
- Ziele verfolgen, welche die eigenen zentralen Bedürfnisse und Werte betreffen,
- Möglichkeiten, selbst die Mittel der Zielerreichung zu bestimmen,
- Erreichen von Zielen, die mit Risiko und Anstrengung verbunden sind.

Für die psychische Gesundheit sind folgende Bedingungen wichtig:
- Art, Häufigkeit und Zunahme von Erfolgserlebnissen,
- Gesellschaftliche Bedingungen und Normen hinsichtlich Humanität,
- Bedingungen und Normen der Organisation.

2. Organisation und Effektivität

Organisationen sind offene, dynamische Systeme. Sie befinden sich in ständigen Austauschprozessen mit der Umwelt, die sie verändern und durch die sie verändert werden. Das Agieren im Umfeld und Reagieren auf Umfeldveränderungen kann unterschiedlich sein. Das Engagement der Mitarbeiter ist für ständige Veränderungen notwendig. Je nach Ausprägung der Eigenschaften von einer Organisationen ist das in unterschiedlicher Weise möglich.

Organisationen bestehen aus mehreren Teilen, die untereinander in Beziehung stehen. Durch die Bewältigung spezifischer Aufgaben (Kernaktivitäten) werden die Funktionen der Teile aufrecht erhalten, die gleichzeitig die Anpassung an die externen Umwelt gewährleisten. Kernaktivitäten sorgen für das Überleben der Organisation. Die Kernaktivitäten haben folgende Funktion:
- Anpassung an die Umwelt: Die Strukturen und Systeme müssen auf die Veränderungen hin gestaltet werden.

- Aufrechterhaltung des inneren Systems: Alle formellen und informellen Aktivitäten der Führung und Kontrolle müssen integriert und aufeinander abgestimmt funktionieren.
- Bewältigung der Aufgaben: Aktivitäten müssen effizient durchgeführt und koordiniert werden.

Teile sind Organisationsstrukturen wie Abteilungen, Gruppen oder Managementsysteme wie Belohnungs-, Kontroll-, Qualitätssystem. Teile sind aber auch Organisationskultur, Organisationsklima, Führungsstil...

Ein stabiler Zustand der Organisation ist dann eingetreten, wenn die Wechselbeziehungen zwischen den Teilen sich nicht ändern, sich zu einer Struktur verfestigt haben. Innerhalb der Strukturen laufen die aktuellen, inhaltlichen Prozesse ab.

Für Diagnose, Prognose und Strategie zur Verbesserung der Effektivität zieht *Argyris* (1964) sechs Dimensionen hinzu. Ihre Mischung (Mix-Modell) ergibt den Zustand der Organisation. Die Ausprägung der verschiedenen Dimensionen (1. bis 6.) beschreibt den Zustand der Organisation.

	Wesentliche Merkmale fehlen	Wesentliche Merkmale sind vorhanden
1. Integriertheit der Teile Gegenstand der Kontrolle von Kernaktivitäten	Ein Teil dominiert und kontrolliert das Ganze	Das Ganze entsteht durch die Integration der Teile untereinander und wird umfassend kontrolliert
2. Wahrnehmung der Beziehung der Teile Erkennen der vorhandene Struktur gegen Verzerrungen	Die Pluralität und Unverbundenheit der Teile wird wahrgenommen	Die integrierte Struktur der Teile wird wahrgenommen
3. Leistungen für das Ganze Zusammenarbeit - Konkurrenz	Leistungen werden nur für Teile erbracht	Leistungen werden für das Ganze erbracht
4. Einfluss auf die nach innen gerichteten Kernaktivitäten Effiziente Abläufe, Störungen beseitigen	Es besteht kein Einfluss auf die nach innen gerichteten Kernaktivitäten	Es besteht ein hoher Einfluss auf die Kernaktivitäten

5. Einfluss auf die nach außen gerichteten Kernaktivitäten Anpassungen	Es besteht kein Einfluss auf die nach außen gerichteten Kernaktivitäten	Es besteht ein Einfluss auf die Kernaktivitäten
6. Berücksichtigung der früheren, gegenwärtigen und zukünftigen Bedingungen	Kernaktivitäten werden nur unter Berücksichtigung der gegenwärtigen Bedingungen ausgeführt	Berücksichtigung auch der vergangenen, gegenwärtigen und zukünftigen Bedingungen

Störungen müssen identifiziert werden, um Maßnahmen entwickeln zu können. Das kann aber nur funktionieren, wenn man die wichtigen Teile einer Organisation auch kontrolliert. Kontrollen beziehen sich nach diesem Modell sowohl auf formelle wie auf informelle Teil der Organisation. Berücksichtigen sollte man vor allem die Teile, die für das Überleben der Organisation notwendig sind. Den Zusammenhang zwischen formaler Organisationsform und den möglichen Leistungsmöglichkeiten beschreibt *Argyris* (1964) durch Organisationstypen. Mit den Ausprägungen der Dimensionen kann man bestimmen, welche Möglichkeiten und Grenzen eine Organisationsform hat, was eine Organisationsform leisten kann. In der folgenden Aufstellung werden Ausprägungen von Organisationsformen in Typen gefasst und ihre Leistungsfähigkeit beschrieben.

Struktur I: Die traditionelle Pyramidenstruktur

Alle Werte der sechs Dimensionen sind extrem niedrig ausgeprägt, wie es bei einer bürokratischen Organisation der Fall ist. Eine solche Struktur ist nur unter bestimmten Bedingungen effektiv:

- wenn Entscheidungen unter Zeitdruck und mit Akzeptanz der Organisationsmitglieder getroffen und durchgeführt werden,
- wenn Entscheidungen von unten nach oben delegiert werden,
- wenn Entscheidungen Routinecharakter haben und sich in der Struktur nichts ändert,
- wenn es zu aufwendig ist, eine große Anzahl von Mitarbeitern in zu knapper Zeit zusammenzuholen,
- wenn Organisationsmitglieder eher apathisch, uninteressiert sind oder der Organisation schaden wollen.

Struktur II: Die veränderte formale Organisationsstruktur

Die Entscheidungshierarchie unterscheidet sich in wesentlichen Punkten nicht von der Struktur I: wie Löhne, Aufstieg, Abstieg... Aber jeder Vorgesetzte fungiert als Verbindungsglied von zwei Gruppen: er gehört zu seiner Arbeitsgruppe als Vorgesetzter und er ist Mitglied in der Gruppe der Vorgesetzten, in der er Interessen der Arbeitsgruppe vertritt und Probleme zwischen den Gruppen ansprechen kann, damit werden Teile koordiniert.

Effektiv ist eine solche Struktur:
- wenn reine Routineentscheidungen zu treffen sind,
- wenn aus Zeitknappheit nicht alle Mitarbeiter einbezogen werden können,
- wenn Entscheidungen an die Betroffenen nicht delegiert werden können.

Struktur III: Der funktionale Beitrag bestimmt den Einfluss

Bei allen Dimensionen herrscht eine stärkere Ausprägung vor. Voraussetzungen ist, dass Erfolgserlebnisse bei allen Mitarbeitern möglich sind. Jedes Mitglied hat die gleiche Chance, Macht, Kontrolle auszuführen und Informationen zu erhalten. Ein Problem wird von fachlich kompetenten Mitgliedern gelöst. Sie erhalten erforderliche Entscheidungsbefugnisse. Das ist nur in Organisationen möglich, wo teilautonome Gruppen eingerichtet worden sind (Matrixorganisation, Selbst-Organisation).

Diese Struktur ist effektiv:
- wenn neue Produkte entwickeln werden müssen,
- wenn Probleme zu lösen sind, die die Mitarbeit verschiedener Abteilungen erfordert,
- wenn die Gruppen hinreichende Kompetenzen zur Problemlösung besitzen.

Struktur IV: Organisationale Verantwortungsbereiche bestimmen den Einfluss.

In allen Dimensionen liegen maximale Werte vor. Jedes Organisationsmitglied hat gleiche Macht und Verantwortung. Jeder hat uneingeschränktes Recht, die Kernaktivität zu beeinflussen. Dazu sind funktionierende Managementsysteme notwendig, welche die formale und informale Organisation analysieren und gestalten (Organisationsentwicklung, Total Quality Management etc.).
Psychische Erfolgserlebnisse sind optimal möglich. Die höchste Effektivität der Organisation ist zu erwarten.
Diese Struktur sollte benutzt werden, wenn zentrale Fragen anstehen, die Höchstmaß an Verantwortung erfordern.

Die effektive Gestaltung einer Struktur hängt ab:
- von den situativen Bedingungen,
- von der Aufgabenstellung der Organisation,
- von der Art der zu entscheidenden Probleme.

Aus dem Ansatz wird deutlich, dass die Arbeitssituation einen wichtigen Einfluss auf das Individuum ausübt. Ein selbstbewusstes Individuum, das Ideen einbringt und offen gegenüber Veränderungen ist, kann sich nur in einem entsprechenden Umfeld entwickeln.
Die menschlichen Fähigkeiten zu nutzen, ist ein Hauptanliegen heutiger Organisationen. Das kann nur gelingen, wenn man diese Erkenntnisse nutzt. Die eigentlich alte Theorie ist deshalb wieder hoch aktuell geworden.

Die Umwelt fordert ständig Veränderungen von der Organisationen, deshalb besteht die Notwendigkeit sich mit diesen Thema auch prinzipiell auseinander zusetzen.

4 Entwicklung und Krisen von Organisationen

Veränderungen relevanter interner und/oder externer Faktoren zwingen Unternehmungen Veränderungsmaßnahmen durchzuführen, damit sie ihre Existenz nicht verlieren. Extern haben sich z.B. die Technologien, die Kundenbedürfnisse, die Wettbewerbssituation, die ökonomischen Rahmenbedingungen, die gesellschaftlichen Werte, die Gesetze verändert. Die größten Herausforderungen sind und werden die ökologischen Probleme für unsere Gesellschaft und die Unternehmen sein (s. auch *Perich* 1992).

Auf Probleme, Krisen können Unternehmen in verschiedener Weise reagieren, meistens wird reaktiv und nicht agierend geantwortet. Bei Veränderungen entstehen grundsätzliche Konflikte:
- Das Ziel, die vorhandene Stabilität und Kontinuität des Systems zu wahren,
- das Ziel, die Anpassungsfähigkeit gegenüber Umweltveränderungen zu gewährleisten (*Böhnisch* 1979).

Intern behindern folgende Faktoren die Maßnahmen zur Erhöhung der Produktivität: schwerfällige Organisationen mit umständlichen Entscheidungsprozessen, Unzufriedenheit der Mitarbeiter, mangelndes Engagement, Fluktuation und Fehlzeiten.

Bürokratisch organisierte Unternehmen kommen immer häufiger in Krisen. Sie versuchen zuerst, die Probleme systemimmanent zu lösen. Unternehmen haben verschiedene Möglichkeiten Erfolgspotentiale zu erschließen, ohne ihre Struktur aufgeben zu müssen:

Akquisition. Eine Organisation verändert sich, indem sie andere Unternehmen übernimmt (Diversifizierung, Entwicklung zu einer Finanzholding).

Kooperation. Die Zusammenarbeit mit anderen Unternehmen kann zeitlich befristet, auf bestimmte Bereiche eingeschränkt oder von Dauer sein (z.B. Franchising, Joint Ventures, Lizensvergabe). Es können auch Vernetzungen mit Marktpartnern vorgesehen werden, um gemeinsam Nutzungspotentiale zu entwickeln (z.B. strategische Allianzen). Auch mittelständige Unternehmen können sich für Projekte zusammenschließen und mit Hilfe des Internets bewältigen, virtuelle Organisationen.

Regionale Veränderung. Das Unternehmen bleibt bei seinen Produkten und wechselt in andere Märkte und Produktionsstätten. Die Produkte können auf diese Weise wieder zum Erfolg beitragen.

Allerdings kommen heute sogar Großunternehmen in Krisen, die neue Bewältigungsformen notwendig machen, ein Wandel ist nicht mehr vermeidbar, wie z.B. in der Automobilindustrie „Lean Production" (*Womack*, *Jones* und *Roos* 1991). In manchen Branchen sind die Ausweichstrategien offenbar erschöpft. Statische, bürokratische Organisationen müssen in flexible, lernfähige Organisationen verändert werden.

Geplante Veränderungen beginnen schon mit der Vorwegnahme der zukünftigen Entwicklungen mit ihren Schwierigkeiten, Bedrohungen und Chancen für das Unternehmen. Methoden dafür sind (s. *Reibnitz* 1992):

- Konventionelle Prognosen,
- Portfolio-Analyse,
- Simulation,
- Szenariotechnik.

Mit Hilfe der Techniken sucht man Strategien für die Zukunft zu entwickeln.

4.1 Veränderungsformen: Intensität und Umfang

Im Verständnis von *Lewin* (s. *Comelli* 1985, S. 97) ist eine Organisation ein soziales System, das sich in einem Gleichgewichtszustand befindet. Die bestehenden Kräfte stabilisieren Strukturen, in denen die Prozesse einer Organisation verlässlich ablaufen. Verändern bedeutet, das Kräftegleichgewicht und die Abläufe von Prozessen zu stören. Dabei können die Veränderungen dann mehr oder weniger einschneidend sein. Man unterscheidet zwischen Veränderung erster und zweiter Ordnung:

Veränderungen erster Ordnung

Das System mit seinen wesentlichen Bestandteilen bleibt erhalten. Lösungen zielen nur auf isolierte Teile des Gesamtsystems der Organisation. Neu eingeführte Systeme berücksichtigen die wesentlichen Elemente des Systems (*Watzlawick* u.a. 1988, S. 51 ff). In einem bürokratischen System könnten solche Veränderungen höhere Formalisierung und Standardisierung beinhalten oder neue Systeme werden eingeführt. Ein z.B. neu eingeführtes Beurteilungssystem wird in das bürokratische System zu einem Machtinstrument angepasst, um zu belohnen oder zu bestrafen. Probleme wie mangelnde Motivation werden „systemimmanent" gelöst z.B. durch ein differenziertes Belohnungssystem. Solche „Veränderungen" können Probleme verschärfen, wenn die eigentlichen Ursachen nicht erfasst werden. Die mangelnde Motivierung, Engagement der Mitarbeiter nimmt trotz ausgeklügeltem Anreizsystem noch zu.

Argyris und *Schon* (1978) bezeichnen die mit den Veränderungen bedingten Lernprozesse als „single-loop learning". Veränderte Prozesse bewegen sich innerhalb der Zielsetzungen und der Unternehmenspolitik der Unternehmung.

Geplante Veränderungen sind:

Restrukturierung. Teile der Organisationsstruktur und Organisationsabläufe werden verändert.

Repositionierung. Ziele und Verbindungen zur Umwelt werden verändert, Aktivitätsfelder oder Produkte werden gewechselt.

Erst bei einer grundlegenden Systemveränderung, die auch die normative Grundlage der Organisation betrifft, ist ein „double-loop learning" notwendig. Veränderungen 2. Ordnung betreffen alle Dimensionen einer Organisation.

Veränderungen zweiter Ordnung

Sie müssen dann durchgeführt werden, wenn die Probleme mit Korrekturen 1. Ordnung nicht gelöst werden und sich weiter verschärfen (s. *Watzlawick* u.a. 1988, S. 99 ff). Das gesamte System mit allen Teilen wird verändert: die Organisationsstruktur, Organisationsabläufe und damit auch die Informations-, Kommunikations- und Interaktionsprozesse. Auch der normative Bereich, die Organisationskultur ist bei dieser Veränderungsart betroffen.

Die Einführung bestimmter Systeme bedingen grundlegende Wandlungsprozesse. Sie funktionieren nur dann einwandfrei, wenn die normativen Grundlagen einer Organisation und alle anderen Bereiche der Organisation verändert werden. Ein Total-Quality-Konzept in einer bürokratischen Organisation kann nicht funktionieren. Das gesamte System muss verändert werden, s. als Beispiel Kap. Total Quality Management.

Solche Veränderungen sind:

Revitalisierung. Verändert wird insbesondere der normative Bereich in Verbindung mit Organisationsänderungen, z.B. Vergrößerung des Handlungs-, Entscheidungs- und Interaktionsspielraums mit einer Enthierarchisierung (z.B. teilautonome Gruppen). Damit ändern sich auch entscheidend die Führungsstile und Interaktionsformen.

Rekreation. Das Gefüge der Organisation wird grundlegend geändert. Wertvorstellungen, Weltbilder, Interpretationsformen erhalten eine andere Ausrichtung. Dies wäre der Fall, wenn von einer operativen zu einer innovativen Organisationsform gewechselt würde.

Bei diesen Veränderungen ist zu erwarten, dass die Widerstände am größten sind. Bei der Realisation von Innovationsvorhaben wird das bisher Praktizierte in Frage gestellt. Keiner weiss genau wie das Ganze ausgehen wird. Befürchtungen bis hin zu Existenzängsten entstehen. Deshalb muss von vornherein mit Widerständen gerechnet und bei Implementierungen berücksichtigt werden.

4.2 Veränderungsmodelle

4.2.1 Phasen einer Organisation

Jedes Unternehmen ist ein einmaliges soziales System mit einem spezifischen Umfeld, in dem es agiert. Trotz dieser Einmaligkeit gibt es allgemeine Regeln, wie sich ein Unternehmen entwickelt und welche Krisen dabei auftreten. Jede Veränderung ist mit dem Durchlaufen einer Krise verbunden, die unterschiedlich schwer und verschiedenartig ausgehen kann.

Glasl teilt die Entwicklung in 4 Phasen auf in (*Goerke* 1981, S. 79 ff):
- Gründerphase
- Differenzierungsphase
- Spannungsphase
- Integrationsphase

Krisen können recht unterschiedliche Ausgänge haben.
Rieckmann (1983) schildert 4 mögliche Ausgänge:
1. Reifung
2. Gesundschrumpfen
3. Dahinvegetieren
4. Konkurs

Der Entwicklungsstand wie die Art und Ausprägung der Krise sind für ein Organisationsentwicklungsprogramm wesentlich. Danach richten sich die Möglichkeiten und Grenzen, mit Interventionen systematisch Veränderungen zu erzielen (*Rieckmann* 1983).
Interventionsmöglichkeiten sollen deshalb bezogen auf ein Entwicklungsphasen-Modell mit typischen Krisen dargestellt werden (*Goerke* 1981):

1. Gründerphase

Ideen und Persönlichkeit des Pioniers gestalten und prägen die Organisation. Ziele, Sinn und Zweck der Organisation werden direkt im persönlichen Kontakt zum Pionier und zu den Kunden erlebt.
Persönliche Beziehungen, direkte Kommunikation dominieren. Die Führung ist meist autokratisch, charismatisch und vollauf akzeptiert.
Die Organisation ist durch große Beweglichkeit gekennzeichnet. Improvisation, Befriedigung von Sonderwünschen sind möglich.

Krisenerscheinungen. Mit dem organischen Wachsen des Unternehmens verliert die Leitung immer mehr die Übersicht. Die direkte Führung ist nicht mehr wirksam. Vieles ist so komplex, dass es nicht mehr von einem Einzelnen über den Daumen gepeilt oder aus direkter Erfahrung beurteilt werden kann. Die Entscheidungsfähigkeit und Wendigkeit der Organisation nimmt ab. Die Kommunikation ist zunehmend gestört.

Interventionen. Nach *Rieckmann* (1983) sind bei einer solchen Krise meist ganzheitliche Systemgestaltungen und Entwicklungen möglich. Verfahren mit hoher Extensität und Interventionstiefe können in diesem Fall angewendet werden.

2. Differenzierungsphase

Die Organisation wird als ein geschlossenes System verstanden, das steuerbar, beherrschbar und kontrollierbar sein muss. Es entsteht eine bürokratische Organisation mit hoher Mechanisierung, Standardisierung und Spezialisierung. Eine entsprechende Koordinierung ist notwendig, damit sich die Abteilungen nicht verselbständigen. Der gesamte soziale Bereich ist ebenfalls durchorganisiert:

Funktionsbeschreibungen, Leistungsnormen, standardisierte Prozeduren für Entscheidungen und Kommunikation, Beurteilungssysteme, Belohnungssysteme, Führungsleitlinien...

Krisenerscheinungen. Das System erstarrt. Beweglichkeit und Schlagkraft der Organisation nehmen ab.

Abteilungsdenken herrscht vor. Sinn, Ziel und Zusammenhang des Ganzen sieht man in den Abteilungen nicht mehr. Man denkt positions- und statuszentriert, was Konkurrenzdenken zur Folge hat.

Innerhalb und zwischen den Abteilungen verschärfen sich die Spannungen durch konkurrierende Verhaltensweisen.

Die Arbeitsstelle fordert den Mitarbeiter nicht mehr. Er fühlt sich als Nummer und verhält sich entsprechend. Prämien- und Anreizsysteme sind in ihren Wirkungen begrenzt, um noch Motivation zu erzeugen.

Intervention. *Rieckmann* (1983) schlägt ein langsames und punktuelles Vorgehen auf Abteilungsebene vor. Auf der operativen Ebene können die Strukturen durch Lernstätten und Quality-Circles verändert werden. Hat das Management positive Erfahrungen gemacht, können die Interventionen ausgedehnt werden.

3. Integrationsphase
Hat ein Unternehmen diese Phase erreicht, so ist es zur Zeit optimal an die Umwelt angepasst. Es handelt sich hier also um ein Ideal-Modell, das bei weiterer Umweltveränderungen in die Krise kommt. Wie diese aussehen wird, ist zur Zeit unbekannt.

Die Organisation wird als „Durchlauf-System" verstanden: Güterströme, Bearbeitungsvorgänge, Abstimmungs- und Entscheidungsprozesse, Informationsketten, ...

Prozessorientiertes Denken löst das statische ab. Abläufe von Prozessen, Beziehungen zwischen Menschen, Abteilungen haben zentrale Bedeutung, s. Abschnitt Selbstorganisation und Lean Management und (*Probst* 1987, S. 84 ff).

4.2.2 Lebenszyklus einer Organisation
Eine Organisation lässt sich als ein „Sozialorganismus" wie ein Individuum betrachten, das bestimmte Reifungsphasen durchläuft. Lebenszyklustheorien gehen von einer endogenen Entwicklungslogik aus. Wie bei einem Individuum werden die Grobphasen Geburt, Wachstum, Reife, Degeneration bis zum Tod durchlaufen. Je nach Theorie werden bei den Veränderungen bestimmte Aspekte einer Organisation akzentuiert (*Reibnitz* 1992):

- Politisch-strategische Handlungsorientierung (*Gray* und *Ariss* 1985),
- Effizienzorientierung (*Quin* und *Cameron* 1983),
- Machtkonfigurationen (*Mintzberg* 1984),
- Strukturen und Rollenverhaltensweisen (*Adizes* 1979).

Allerdings sollte man auch -analog wie bei einem Individuum- exogene Faktoren annehmen, die das Leben verlängern oder verkürzen.

Lebenszyklusphasen sind:

1. Unternehmerische Phase = Pionierphase (Kindheit).
2. Kollektivitätsphase (Jugendphase). Starke Expansion der Organisation führt zu einem Orientierungsbedarf hinsichtlich Leitvorstellungen, Ideologisierung und Mitarbeiterorientierung kennzeichnen die Vorgänge in der Unternehmung.
3. Formalisierungsphase (Reife). Stabilisierung des System erfolgt durch Ausbau der Planungs-, Informations- und Kontrollsysteme.
4. Anbau- und Umbauphase (Erwachsenenalter). Das System verfestigt sich immer mehr zu einer bürokratischen Form. Verschleißerscheinungen treten auf, die durch weiteres Durchorganisieren und Schaffung von Anreizsystemen begegnet werden. Formale Regeln und standardisierte Verfahren kennzeichnen die Abläufe.
5. Degenerationsphase (Alter). Beharren auf Kontinuität und Einsicht in Veränderungsnotwendigkeiten kommen in Konflikt. Je nach Ausgang des grundlegenden Widerspruchs kommt es zur Regeneration oder zum frühzeitigen Ende.

4.2.3 Weitere Modelle

Selektionsmodelle

Organisationsform und Umwelt stehen in einen unmittelbaren Zusammenhang. Die Organisation überlebt, die am besten auf die Umweltverhältnisse eingestellt ist. Mangelnde Flexibilität und Anpassungsfähigkeit der Organisationen führen dazu, dass die Organisationen durch die Umwelt selektiert werden.

Adaptionsmodelle

Auch in diesen Modellen ist das Umwelt-Organisationsverhältnis von entscheidender Bedeutung. Die Rolle der Organisation kann mehr oder weniger passiv sein. Eine passive Organisation passt sich reaktiv an die Erfordernisse an.

Bei aktiver Ausrichtung ist die Organisation prinzipiell in der Lage, eigenständig neue Gleichgewichtsverhältnisse aktiv herzustellen. Die Organisation wird als offenes System gesehen, das durch einen kybernetischen Prozess mit der Umwelt in Verbindung steht: Input-Throughput-Output. Die Organisation muss über transformative Kapazitäten verfügen, um Veränderungen in der Umwelt durch Veränderungen in der Organisation aufzufangen („Fitness-Problematik"). Effektives Gleichgewicht mit der Umwelt (externer Fit) ist zu verbinden mit effizienter Angleichung innerhalb der Organisation (interner Fit). Die strategischen Wahlmöglichkeiten des Managements sind die Einflussgrößen auf die Organisation, die die Umweltbedingungen interpretieren und Handlungs- wie Veränderungsalternativen eröffnen.

Notwendigkeit aktiver Veränderung

Aktive Veränderungen können nur erfolgen, wenn strategische und problemlösende Denk-/ Lernstrategien vom Management durchgeführt werden und alle Mitglieder die Veränderungen vollziehen also lernen. Dann kann man von einem kognitiven Organisationslernen sprechen.

Meistens wird den Mitgliedern einer Organisation solches Lernen zeitlich abrupt und aufgezwungen abverlangt. Beides verstärkt Widerstände. Deshalb beinhaltet die Organisationsentwicklung ein stetiges von den Mitarbeitern gestaltetes Lernen. Wandel wird dann zu einem selbstverständlichen Bestandteil der Organisation, man spricht von lernenden Organisationen (s. Organisationslernen).

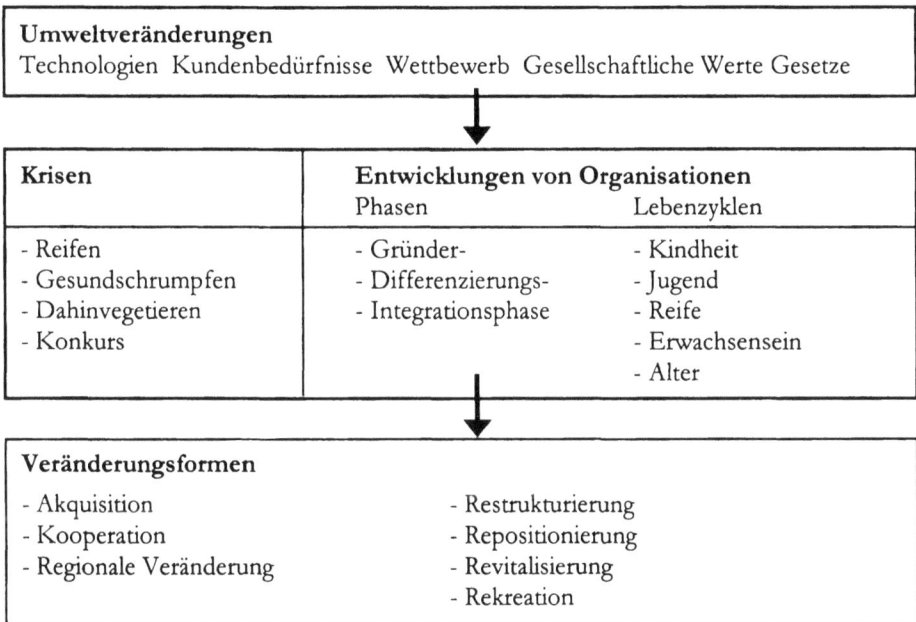

Umweltveränderungen
Technologien Kundenbedürfnisse Wettbewerb Gesellschaftliche Werte Gesetze

Krisen	Entwicklungen von Organisationen	
	Phasen	Lebenzyklen
- Reifen	- Gründer-	- Kindheit
- Gesundschrumpfen	- Differenzierungs-	- Jugend
- Dahinvegetieren	- Integrationsphase	- Reife
- Konkurs		- Erwachsensein
		- Alter

Veränderungsformen

- Akquisition	- Restrukturierung
- Kooperation	- Repositionierung
- Regionale Veränderung	- Revitalisierung
	- Rekreation

Abb. 48: Umwelt und Organisationswandel

5 Widerstand bei Veränderungen in Organisationen

Widerstände in Organisationen sind normale Begleiterscheinungen bei Veränderungen. Unterschiedliche Auffassungen, Ängste vor unbekannten Folgen sind Grundlage für negative Spannungen und organisieren Widerstandshandlungen. Je nach erlebter Bedeutung der Situation, organisatorischen Bedingungen, persönlichen Formen der Verarbeitung von negativen Spannungen äußern sich die Widerstände in unterschiedlichen Formen. Aufgabe des Management ist das Entstehen von negativen Erlebnissen zu kontrollieren und aufzugreifen. Dazu müssen die Widerstände ernst genommen und aufgearbeitet werden. Sonst muss man mit ernsthaften Verzögerungen, schwerwiegenden Blockaden und kostspieligen Fehlschlägen rechnen (*Doppler* und *Lauterburg* 1994).

5.1 Ausdrucksformen des Widerstandes

Abrupte tiefgreifende Veränderungen in Organisationen können Befürchtungen, Ängste auslösen. Nur selten werden Bedenken, Meinungen offen und direkt zu Veränderungen geäußert. Der Unmut macht sich in Symptomen bemerkbar, die man nicht direkt dem eigentlichen Ereignis zuordnen kann: passiver Widerstand, Nörgeleien, Aufsässigkeit oder betretenes Schweigen, Unzufriedenheit. Beispiele für solche indirekten Formen des Widerstandes sind:

Kündigungen. Fünf Schreibkräfte kündigten kurz hintereinander und gaben auf Befragung an, dass sie mit der Vorgesetzten Schwierigkeiten haben. Das Ereignis Kündigungen stand jedoch im unmittelbaren Zusammenhang mit der Anschaffung neuer Schreibgeräte. Gezielt darauf befragt, gaben alle Mitarbeiterinnen an, gegen die Anschaffung dieser Geräte gewesen zu sein.

Krankheit. Nach einer umfangreichen Reorganisation ohne Beteiligung der Mitarbeiter wurden sehr viele Positionen im Management verändert. Es kam zu Rückstufungen, Versetzungen und Kündigungen. Kündigungen wurden mit Outplacementberatungen begleitet. Ein Manager mit veränderter Position berichtete, dass er eine schwere Nierenerkrankung bekam, die sich somatisch nicht erklären ließ.

Demotivation. In einer Unternehmung finden zwei Organisationsberatungen statt. Die Ergebnisse werden den Hauptabteilungsleitern jeweils mitgeteilt. Die Hauptabteilungsleiter äußern in privaten Gesprächen, dass sie nur noch wenig Interesse haben, sich für die Belange der Firma einzusetzen und bei Veränderungen der Organisation mitzuarbeiten.

Mangelnde Mitarbeit. An einem neu eingeführten DV-System mit entsprechender Software wird ständig herumgemäkelt und diskutiert, was es alles nicht kann. Die Einführung verzögert sich immer mehr. Es dauert unverhältnismäßig lange, bis endlich mit dem Standardsystem sicher gearbeitet wird.

Indirekte Sabotage. Ein altes Beurteilungssystem wird von der Personalabteilung verändert, weil es oft Kritik daran gab. Die Handhabung des veränderten Systems ist ausführlich schriftlich erläutert worden. Die ausgefüllten Bögen laufen nur zögernd und auch nur nach Mahnungen zurück. Viele Beurteilungen sind offensichtlich nicht korrekt bearbeitet worden.

Indirekter Widerstand macht es schwierig, Widerstände zu erfassen und wirksam zu bearbeiten. Er ist besonders in solchen Organisationen zu finden, wo Misstrauen vorherrscht.

5.2 Ursachen für Widerstände.

Widerstände sind durch unterschiedliche Ursachen bedingt. Es muss nicht immer der unfähige Mitarbeiter sein. Projekte scheitern auch, wenn die organisatorischen Rahmenbedingungen nicht unterstützend sind. Als Ursachen allgemeiner Art werden in einer Befragung angegeben:

- Erklärter Widerstand der Betroffenen	45%
- Mangelndes Anpassungsvermögen der Betroffenen	43%
- Beeinträchtigung bestehender Positionen	34%
- Mangelnde Anpassungsmöglichkeiten in den Funktionsbereichen	34%
- Ungenau formulierte Ziele	30%
- Unzureichende neue Konzeption	30%
- „ungeprüfte" Übernahme von Konzeptionen durchgeführter Reorganisationen in anderen Unternehmen	19%
- „ungeprüfte" Übernahme von Konzeptionen bereits durchgeführter Teilreorganisationen im eigenen Unternehmen	12%
- zu starke Beteiligung externer Berater	18%
- zu geringe Beteiligung externer Berater	18%
- zu geringe Beteiligung interner Spezialisten	31%
- zu starke Beteiligung interner Spezialisten	7%
- unzureichende Ausbildung bzw. Kenntnisse der für die Reorganisation eingesetzter Bereiche	28%
- Einsatz ungeeigneter Methoden, Verfahren	26%
- unzureichende Macht der Akteure bzw. mangelndes Durchsetzungsvermögen der eingesetzten Personen	43%
- falsch gewählter Zeitpunkt	33%
- unzureichende Informationsversorgung	15%
- strukturelle, organisatorische Gründe	28%
- zu knapp vorgegebene Zeit	24%
- untragbare finanzielle Belastungen	22%

Übersicht: Gründe für den Abbruch von Reorganisationsprozessen in Anlehnung an *Knopf, Esser* und *Kirsch* (1976, S.78)

Die betroffenen Mitglieder einer Organisation bringen hauptsächlich Projekte zum Scheitern weniger die ausführenden Mitglieder. Die betroffenen Mitglieder werden offensichtlich zu wenig bei den Einführungsstrategien beachtet. An zweiter Stelle stehen die Projektmitglieder selbst. Sie machen konzeptionelle Fehler und setzen die internen und externen Berater und die Spezialisten falsch ein. An dritter Stelle werden organisatorische Mängel genannt.

Natürlich ist die Voraussetzung für eine Veränderung und Projektdurchführung, dass die Geschäftsleitung voll hinter dem Projekt steht. Die Geschäftsleitung muss konkret das Projekt fördern und unterstützen. Am besten geschieht dies durch eine Steuerungsgruppe oder direkte Zuordnung von Mitgliedern der Geschäftsleitung zu den einzelnen Projekten, damit entstehende Probleme sofort aufgriffen und gelöst werden können. Damit ist auch gewährleistet, dass die fähigsten Mitarbeiter und nicht die „ausgeguckten" in der Projektgruppe sind. Dadurch lassen sich einige Probleme vorbeugend vermeiden.

Aber bei der Überwindung von Widerständen bei den Mitarbeitern sind Machtstrukturen Grenzen gesetzt. Ein noch vorhandener positiver Bezug gefährdet das Management, wenn es Machtmittel einsetzt. Die Regel ist: Der Widerstand wächst. Das ist die emotionale Seite bei Veränderungen. Außerdem verhindert oft die Machtstruktur, dass fachlich kompetente und betroffene Mitarbeiter mitwirken.

Veränderungen sind immer von Spannungen begleitet, die sich schnell ins Negative bis zu existentiellen Ängsten wandeln können. Die eigene Identität könnte gefährdet werden. Allerdings sind die Befürchtungen unterschiedlich ausgeprägt. Die Mitarbeiter erleben die Veränderungssituation in unterschiedlicher Weise. Deshalb kann ein Manager sein Erleben nicht verallgemeinern und meinen, dass seine Mitarbeiter die Situation in ähnlicher Weise erleben. Dafür gibt es unterschiedliche Gründe.

5.3 Widerstand in Abhängigkeit zur Rolle der Beteiligten

Es lassen sich bei Veränderungen zwei Arten von Rollen unterscheiden:
- der aktiv Innovierende, der mit der Durchführung betraut ist,
- der passiv Innovierende, der von den Maßnahmen betroffen ist und sein Verhalten ändern muss (*Böhnisch* 1979).

Die Rolle des aktiv Innovierenden im Innovationsprozess

Als aktiv innovierend wird eine Person gekennzeichnet, die die Notwendigkeit einer Innovation erkannt hat und nun die Aufgabe hat, diese neue Innovation in der Unternehmung durchzusetzen. Im Einzelnen erfordert diese Aufgabe das Entwickeln und Vertreten eines Innovationsplans, das Herbeiführen eines Konsensus zwischen den betroffenen Parteien, die Autorisierung für die Durchführung des Entscheidungsprozesses und schließlich die Realisation und Kontrolle der Lösung.

Man kann davon ausgehen, dass auf der Seite des aktiv Innovierenden keine Widerstände auftreten, wenn er aus der Erkenntnis der Notwendigkeit einer Veränderung handelt. Beachten sollte der aktiv Innovierende, wie lange er gebraucht hat, um von einer Veränderung überzeugt zu sein, die ihn vielleicht nicht einmal betrifft, und wie viel Zeit er dem passiv Innovierenden dafür gibt, sich mit den Veränderungen auseinanderzusetzen. Es wäre kurzsichtig, wenn nicht daran gedacht wird, auch ihn zu überzeugen (*Böhnisch* 1979).

Die Rolle des passiv Innovierenden im Innovationsprozess

Der passiv Innovierende kann eine Einzelperson, eine Personengruppe oder auch die gesamte Unternehmung sein. Die idealtypische Funktion des passiv Innovierenden besteht in einer möglichst reibungslosen und vollständigen Anpassung an die geänderten Rollenanforderungen. Bedauerlicherweise funktionieren Mitarbeiter nicht in dieser Art. Welche konkreten Widerstandsformen sich entwickeln, hängt von der Veränderung selbst, von den Persönlichkeitsstrukturen und von der Veränderungsstrategie ab. Das Verhalten des passiv Innovierenden bei der Einführung von Innovationen wird durch das Erleben der Veränderungssituation beeinflusst.

Positives Erleben der Veränderung

Die individuelle Veränderungsbereitschaft hängt davon ab, ob für die Person ein Anreiz besteht, sich den neuen Anforderungen anzupassen. Der betroffene Mitarbeiter ist bereit, sein Verhalten zu ändern, wenn die gebotenen Anreize und die neuen Aufgaben aus subjektiver Sicht positiv sind (z.B. höhere Vergütung interessantere Arbeit nach den Veränderungen). Der Mitarbeiter stellt zunächst eine Prognose und Bewertung der Innovationskonsequenzen auf und versucht, die Folgen einzuschätzen. Dieser Vorgang erfolgt nicht rein rational, sondern ist durch Erfahrungen und die Persönlichkeit beeinflusst.

Negatives Erleben der Veränderung

Veränderungen können Furcht und Angst auslösen, wenn die Maßnahmen negativ bewertet werden. Im Gegensatz zur Angst ist Furcht immer auf ein konkretes Objekt bezogen. Angst hingegen hat ihren Objektbezug verloren. Man kann nicht mehr angeben, wovor man Angst hat.

Furcht und Angst entstehen bei passiv Innovierenden, wenn der Mitarbeiter die Aufgabenstellung als ungewöhnlich schwierig oder gar unlösbar empfindet. Verstärkt werden diese Gefühle, wenn negative Folgen und Sanktionen erwartet oder sogar angekündigt werden (*Böhnisch* 1979). Der Mitarbeiter muss z.B. neue Kenntnisse erwerben (schaffe ich das), sich mit neuen Technologien auseinandersetzen (kann ich die teuren Maschinen bedienen), vielleicht droht eine Versetzung mit Einbußen im Gehalt und im Status (was werden die anderen über mich denken). Angst wird dann ausgelöst, wenn die eigene Identität in Frage gestellt wird. Bei Kündigungen und Abwertungen der Stellung ist dies zu erwarten. Die Intensität und der Umfang der Angst ist abhängig davon, wie tief verwurzelt die eigene Identität mit der beruflichen Karriere ist.

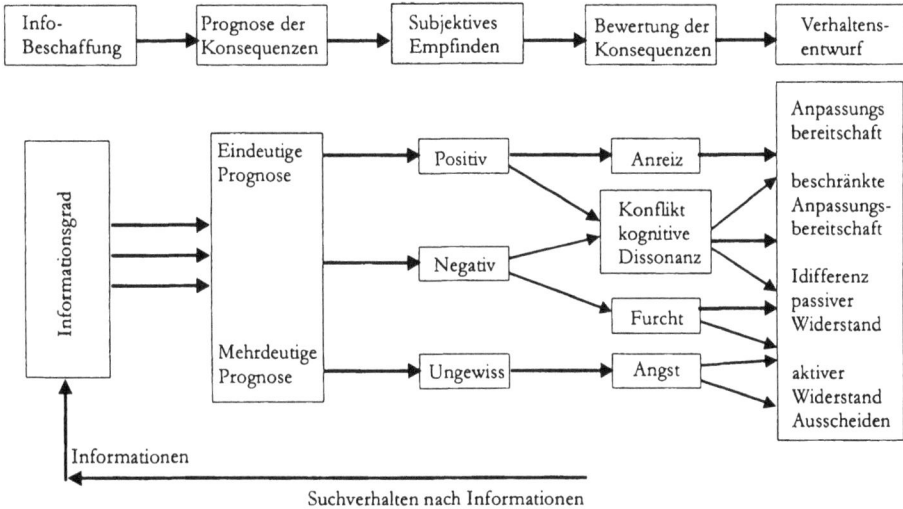

Abb. 49: Die Anpassungsbereitschaft des passiv Innovierenden
 (*Böhnisch* 1979, S. 86)

5.4 Personelle Innovationswiderstände

Passiv Innovierende reagieren unterschiedlich auf Veränderungen. Dies hängt mit der unterschiedlichen Lerngeschichte, der Persönlichkeit zusammen.

Flexible versus rigide Persönlichkeit

Nach Meinung von *Böhnisch* lassen sich flexible und rigide Individuen als konträre Persönlichkeitstypen bezüglich ihres Anpassungsverhaltens voneinander unterscheiden. Flexibel ist eine Person, wenn sie über eine stabile Identität verfügt. Ein flexibles Individuum ist offen gegenüber Umwelteinflüssen. Es ist bereit, neue Ideen (z.B. Innovationen) aufzugreifen und überkommene Meinungen und Präferenzen zu korrigieren. Es kann die damit verbundenen Spannungen aushalten, weil die Identität nicht als gefährdet erlebt wird. Selbstbewusstsein entwickelt sich durch Erfolgserlebnisse, die auch durch die Organisation vermittelt werden (s. Teil B, Kapitel 3.3 Mix Modell, S. 172).

Rigide Personen stabilisieren ihr Selbst über „äußere Faktoren". Alles muss möglichst sicher, überschaubar und unveränderlich sein. Sie neigen dazu, auf ihren eigenen Ideen, Prinzipien und Wertvorstellungen zu beharren, um keine Unsicherheit entstehen zu lassen (*Böhnisch* 1979).

In der Realität gibt es die reinen Formen nicht. Personen sind meist auch nicht in allen Bereichen rigide oder flexibel, auch das gilt es zu unterscheiden.

192· 5 Widerstand bei Veränderungen in Organisationen

Flexible Mitarbeiter mit einer stabilen Identität sind wichtig für die Mitgestaltung des Innovationsprozesses. Diese Personengruppe muss allerdings überzeugt und aktiv einbezogen werden. Für andere Mitarbeiter gilt dies auch. Bei ihnen ist es wichtiger, die Veränderungsprozesse so zu gestalten, dass sie nicht als Bedrohung empfunden werden.

5.5 Gestaltung der Veränderungsprozesse

Zuerst sollte man an Maßnahmen denken, damit Veränderungen möglichst positiv erlebt werden oder wenigstens negative Erlebnisse nur mit geringer Intensität verursachen. Der Widerstand lässt sich durch eine Planung der Veränderung beeinflussen.

Die folgende Erkenntnisse von *Watson* (1971) verringern Wiederstände.

1. Wer bewirkt den Wandel?
1.1 Der Widerstand ist dann am geringsten, wenn die Beteiligten das Gefühl haben, dass das Projekt ihr eigenes ist und nicht eines, das von Beratern entworfen wurde.
1.2 Der Widerstand ist am geringsten, wenn das Projekt die volle Unterstützung der Spitzenkräfte des Systems hat.

2. Welche Art von Änderungsprozess erhöht die Chance für einen Erfolg?
2.1 Der Widerstand ist geringer, wenn die Teilnehmer den Änderungsprozess als eine Verringerung ihrer gegenwärtigen Bürden ansehen.
2.2 Der Widerstand ist geringer, wenn das Projekt mit Werten und Idealen in der Organisation übereinstimmt.
2.3 Der Widerstand ist geringer, wenn das Programm interessante neue Erfahrungen bringt.
2.4 Der Widerstand ist geringer, wenn die Teilnehmer nicht in ihrer Autonomie und Sicherheit bedroht sind.

3. Wie wird der Wandel am besten durchgeführt?
3.1 Der Widerstand ist geringer, wenn die Teilnehmer an der Diagnose beteiligt sind.
3.2 Der Widerstand ist geringer, wenn das Projekt durch eine Gruppenentscheidung akzeptiert wird.
3.3 Der Widerstand ist geringer, wenn die Befürworter auf die Vorbehalte der Gegner eingehen und Maßnahmen ergreifen, um ihre Furcht zu beseitigen.
3.4 Der Widerstand ist geringer, wenn die Innovation selbst in Frage gestellt werden kann.
3.5 Der Widerstand ist geringer, wenn die Teilnehmer in ihren gegenseitigen Beziehungen Verständnis, Unterstützung, Vertrauen erfahren.
3.6 Der Widerstand ist geringer, wenn das Projekt für Revision und Überprüfung offen ist und Korrekturen erfahren kann.

Auch bei Berücksichtigung der Erkenntnisse kann man Widerstände bei den Mitarbeitern nicht vermeiden. Sind engagierte und mitdenkende Mitarbeiter für die Organisation wichtig, sollte das Management folgende Grundsätze beachten.

1. Grundsatz: Es gibt keine Veränderung ohne Widerstand!
Widerstand gegen Veränderungen ist etwas ganz Normales und Alltägliches.
Wenn bei einer Veränderung keine Widerstände auftreten, bedeutet dies, dass
niemand an ihre Realisierung glaubt.
Nicht das Auftreten von Widerständen, sondern deren Ausbleiben ist Anlass zur
Beunruhigung!

2. Grundsatz: Widerstand enthält immer eine „verschlüsselte Botschaft"!
Wenn Menschen sich gegen etwas notwendig Erscheinendes sträuben, haben sie
irgendwelche Bedenken, Befürchtungen oder Ängste.
Die Ursachen für Widerstand liegen im emotionalen Bereich!

3. Grundsatz: Nichtbeachtung von Widerstand führt zu Blockaden!
Widerstand zeigt an, dass die Voraussetzungen für ein reibungsloses Vorgehen
im geplanten Sinne nicht bzw. *noch nicht* gegeben sind. Verstärkter Druck führt
lediglich zu verstärktem Gegendruck.
Denkpause einschalten - nochmals über die Bücher gehen!

4. Grundsatz: Mit dem Widerstand, nicht gegen ihn gehen!
Die unterschwellige emotionale Energie muss aufgenommen - d.h. zunächst
einmal ernst genommen- und sinnvoll kanalisiert werden. Die Kunst im Umgang
mit Widerstand heißt „Judo"!

Druck wegnehmen	(dem Widerstand Raum geben)
Antennen ausfahren	(in Dialog treten, Ursachen erforschen)
Gemeinsame Absprachen	(Vorgehen neu festlegen)

(*Doppler* und *Lauterburg* 1994, S. 212)

In einer Übersicht sollen die verschiedenen Faktoren, die zu Widerständen führen, und die Einflussmöglichkeiten, Widerstände zu beeinflussen, dargestellt
werden.

Widerstand:
Kündigungen, Krankheit, Demotivation, mangelhafte Übernahme neuer Systeme, indirekte Sabotage, offener Protest.

---

abhängig

---

von den Rollen beim Veränderungsprozess:
- passiv Innovierende
- aktiv Innovierende

von der erlebten Situation:
- Anreiz, Veränderung zu gestalten,
- Furcht vor bestimmten Veränderungen
- Angst bei erlebter existentieller Bedrohung durch die Veränderung

von der Persönlichkeit
- flexible
- regide Persönlichkeit

---

abhängig

---

von der Gestaltung der Veränderungsprozesse
klare Informationen
richtige Wahl des Vorgehens
Mitbeteiligung der Betroffenen
Bewusstmachen der Widerstände
Aufarbeiten der Widerstände, neue Maßnahmen

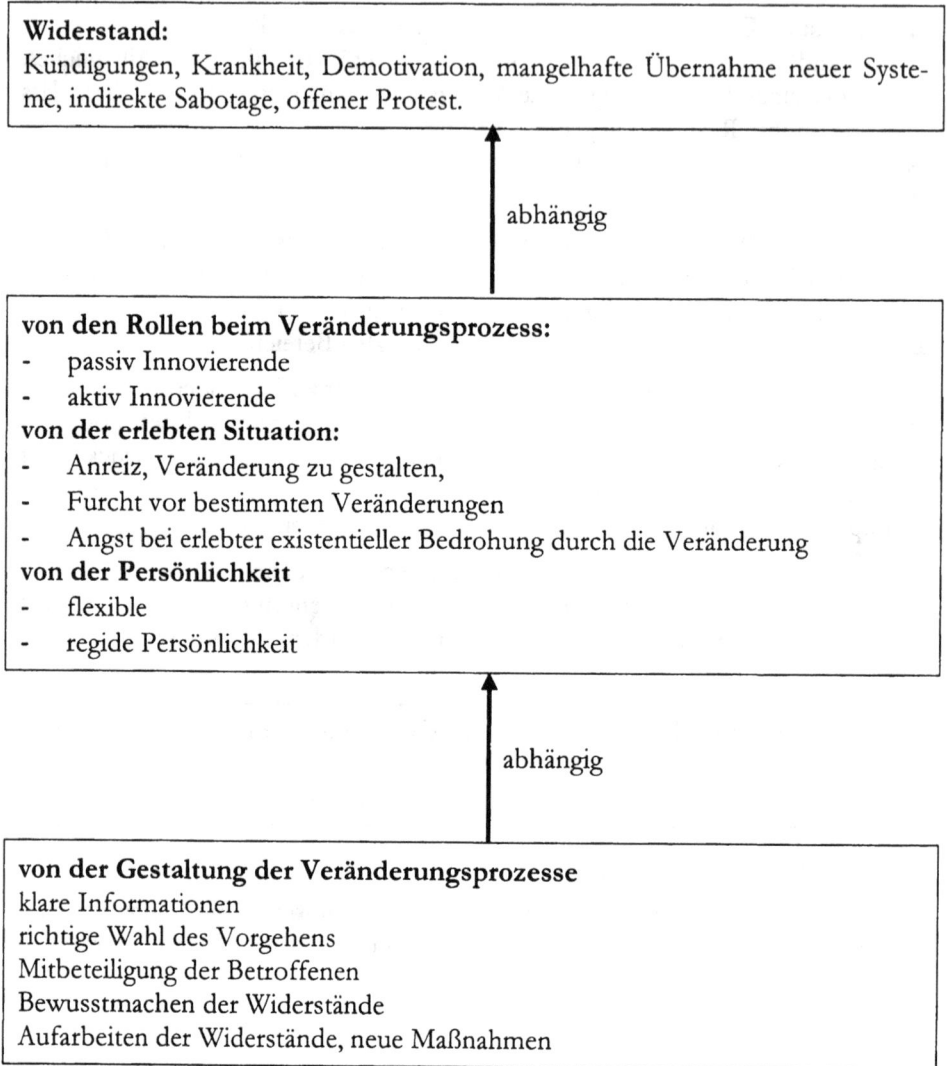

Abb. 50: Zusammenfassung: Widerstand gegen Veränderungen

6 Organisationslernen

Organisationslernen ist eine Veränderung des relevanten verfügbaren und ge-
nutzten Wissens einer Organisation. Lernergebnisse entstehen durch ein alltags-
praktisches Erfahrungslernen, Analysen, Problemlösungen und betriebspädago-
gische Lehr- und Lernarrangements. Beispiele sollen dies erläutern. Anschließend
wird das Prinzipielle des Organisationslernens herausgearbeitet.

Erstes Beispiel: Ein Mitarbeiter lernt aber nicht die Organisation

Ein neu eingestellter Mitarbeiter eignet sich in der ersten Phase seiner Tätigkeit
das notwendige Wissen an, das er für die Erfüllung seiner Aufgaben benötigt. Er
bedient eine Abfüllanlage in einer Brauerei. Seine technische Vorbildung und der
Wunsch, seine Aufgabe gut auszuüllen, führen dazu, dass er sich über die Anlage weiter informiert. Bei Störungen sieht er genau zu, wie die Ursachen von einer
Wartungsmannschaft beseitigt werden. Außerdem macht er seine eigenen Erfahrungen mit der Anlage, so dass er im Laufe der Zeit über ein umfangreiches Wissen verfügt. Dieses Wissen befähigt ihn, viele Störungen selbständig zu beseitigen und auch Störungsanfänge zu erkennen und vorbeugend zu beseitigen. Die
Folge ist, dass Stillstandzeiten, Glasbruch in seiner Schicht sinken. Das erworbene Wissen wird allerdings nicht weitergeben. Die Stillstandzeiten bei anderen
Schichten bleiben konstant hoch.

Die Vorgesetzten bemerken sein Engagement und die Wirkungen auf die Stillstandzeiten und reagieren darauf, indem sie ihn loben und ihm signalisieren, dass
er sicherlich für größere Aufgaben bei einer neuen Anlage geeignet sei. Er wird
auch kurze Zeit später an die neue Anlage mit erweiterten Handlungsspielraum
und höherer Bezahlung versetzt.

Beispiel zwei: Gruppenlernen aber kein Organisationslernen.

Die Automobilindustrie stellt ihre Unternehmen auf eine gruppenorientierte
Organisation um (Lean Management). Im operativen Bereich sind die Mitarbeiter sehr bemüht, diese Arbeitsform mit Leben zu erfüllen. Das Umdenken macht
ihnen Schwierigkeiten, z.B. sollen alle Entscheidungen im Konsens gefällt werden, wie geht man mit destruktiven Beiträgen um, etc. Natürlich diskutieren die
Gruppen auch Probleme an, die sie selbst nicht lösen können. Wer nimmt sich
dieser Probleme an? Die Vorgesetzten sind weit weg und bewegen sich auch
nicht von ihren Schreibtischen: "Wenn Sie Schwierigkeiten haben, kommen Sie
doch zu mir".

Eine Produktionsabteilung hat sogar alle Vorgaben erfüllt, die Produktivität zu
erhöhen. Sie liegt mit ihren Werten besser als Zulieferfirmen. Der Vorstand
schließt trotzdem die Abteilung. In der Belegschaft weiß man nicht, welche
Gründe ausschlaggebend dafür sind.

Das Lernen stagniert. Die Gefahr, dass sich Frust ausbreitet, ist wahrscheinlich. Das Arbeiten in den Teams wird dadurch gestört.

Beispiel drei: Eine Organisation lernt.

In einem Werk wurden hohe Investitionen für neue Technologien (NC-/CNC-Maschinen, CAD) getätigt. Die Folge davon war ein hoher Bedarf an Weiterbildung. Das Unternehmen löste das Problem, indem es geeignete Maschineneinrichter zu Multiplikatoren ausbildete und einsetzte. Die Multiplikatoren eigneten sich das fachliche Wissen und Können im Umgang mit diesen Maschinen an. Die Schulung umfasste auch das Didaktikkonzept, das Wissen als Multiplikatoren weiterzugeben. Das Konzept beinhaltete ein Training in kleinen Gruppen mit fünf bis sechs Bedienern. Sie übten vor Ort das Bedienen der Maschinen ein und brachten ihren Kollegen das notwendige Wissen bei.

Die Multiplikatoren trafen sich regelmäßig zu einer Sitzung, in der sie mit Fertigungsingenieuren, NC-Planern und betrieblichen Bildungsplanern ihre Erfahrungen austauschten.

In diesen Treffen entwickelte das Team das Lernsystem weiter. Darüber hinaus fingen sie an, Ärgernisse in der Organisation zu diskutieren. Es bestand die Gefahr, dass sich diese Treffen zu einer destruktiven Problemquelle entwickelten. Man griff jedoch die Probleme auf und stellte Teams zusammen, die fachlich kompetent die Probleme weiter diskutierten und Maßnahmen entwickelten (*Beutel-Wedewardt* 1991).

Folgendes wurde gelernt:

*   Viele Mitglieder der Organisation eigneten sich das notwendige Wissen an, das zur Steuerung der neuen Maschinen notwendig war.
*   Das Multiplikatorenteam entwickelte mit Fachleuten das betriebliche Didaktiksystem weiter.
*   Problemlösungsgruppen veränderten die Organisation.
*   Ebenfalls entwickelte sich die Unternehmenskultur positiv.

6.1 Lernarten

Individuen lernen Unterschiedliches: Gefühlsmäßiges, Erfahrungen, Bewertungen, Kenntnisse, Methoden etc. Was in einem Betrieb gelernt wird, ist davon abhängig, was vom Individuum als nützlich angesehen und wie die Situation erlebt wird. Nützlich ist z.B., das Wissen über eine Anlage zu erweitern, weil es die Karriere im Betrieb positiv beeinflusst (Beispiel 1).

Löst eine Situation existentielle Angst aus, so setzt ein Vermeidungsverhalten ein, das ein Lernen beeinträchtigt oder sogar unterbricht (Beispiel 2).

Bei Unterstützung und positiver Bestätigung setzt ein Problemlösungslernen ein, das sich immer mehr erweitert und die Organisation verändert (Beispiel 3).

Unterschiedliches Lernen führt zu unterschiedlichen Einflüssen auf das Handeln. Dies wird im Folgenden durch die Beschreibung von Lernarten ausgeführt.

Erfahrungen machen: Das Lernen bleibt situativ verhaftet. Das Lernen wird durch positive oder negative Erfahrungen, durch Erfolg/Misserfolg bedingt. Positive Erfahrungen bedingen ein Annäherungsverhalten, negative Erfahrungen ein Vermeidungsverhalten. Erfolgserlebnisse führen zu einem Festhalten an der durchgeführten Handlungsweise. Allerdings sind die gemachten Erfahrungen weitgehend unbewusst. Das Gelernte kann nicht flexibel kognitiv gesteuert eingesetzt und vermittelt werden.

Erfahrungslernen: Die gemachten Erfahrungen werden systematisch analysiert. Es wird kognitiv herausgearbeitet, was genau zum Erfolg oder Misserfolg führte. Die dadurch entstehenden kognitiven Elemente können nun bewusst genutzt und auch weitergegeben werden. Voraussetzung dafür ist, dass eine entsprechende Denk-/Lernstrategie von dem Individuum eingesetzt werden kann, um die wichtigen kognitiven Elemente herausarbeiten zu können. Der Diskurs geht von einem emotionalen Meinen zu einem konkreten Wissen und Verstehen bis zu einem bewussten Einsetzen des Gelernten in Handlungen. Dazu müssen gezielt Informationen aus dem Erfahrungsbereich herausgearbeitet werden. Systematiken steuern den Verstehensprozess. Kennzeichnend für solche Prozesse ist die Distanz zur Situation und die Kommunizierbarkeit der Denkergebnisse.

Lernen von Begriffen, Theorien, Modellen: Erkenntnisse aus den verschiedenen Theorien können isoliert abgespeichert werden, indem man sie auswendig lernt. Das Individuum ist dann nicht in der Lage, diese erworbenen Kenntnisse für Handlungen zu nutzen. Dies funktioniert erst, wenn das Gelernte in praxisbezogene Handlungsstrategien integriert wird. Dies bedeutet, dass der Lernvorgang verschiedene Phasen durchlaufen muss:

- Wissensaneignung,
- verarbeitendes Verstehen,
- integriertes Anwenden in Handlungen.

Denk-/Lernstrategien: Umfassende Strategien organisieren die systematische Auseinandersetzung mit komplexen Situationen. Problemlösungsprozesse durchlaufen die Systematik der Diagnose, der Planung, der Durchführung und Evaluation. Die einzelnen Abschnitte wie Diagnose werden wiederum in Denkschritte aufgegliedert: Problem beschreiben, Problem erklären, Soll-Vorstellungen formulieren. Mit dem Durchlaufen dieser Systematik wird ein transparenter Problemlösungsprozess organisiert, an dem andere Individuen teilhaben können. Es wird ein Lernprozess strukturiert, der ein verstehendes Eindringen in eine Problematik erlaubt und aufgrund des Verstehens eine logisch schlüssige Konzeption für Maßnahmen ermöglicht. Solche Strategien gibt es bei allen komplexen kognitiven Tätigkeiten wie Planen, Konzepte erstellen, Erfahrungen kognitiv auswerten etc.

Die gemeinsame Auseinandersetzung in der Gruppe führt außerdem zu einer Harmonisierung des Verstehens. Sie bildet die Grundlage für ein gemeinsames Handeln.

Organisationslernen bedeutet, Umwelt und die betrieblichen Abläufe kognitiv zu durchdringen. Ein besseres Verstehen führt zu einer besseren Beherrschung der Vorgänge. Erfahrungen kognitiv aufzuarbeiten und neues Wissen in die Organisation hineinzubringen ist dabei gleichermaßen wichtig. Die Voraussetzung für ein Organisationslernen ist, dass die Mitarbeiter über die entsprechenden Lern-/Denkstrategien verfügen und das Gelernte weitergeben.

6.2 Lerninhalte

Was in einer Organisation gelernt wird, ist vielfältig und kann nur grob klassifizierend erfasst werden. In diesem Zusammenhang erweitern wir das System von *Argyris* und *Schon* (1978).

Umweltsystem

Der Umweltbezug ist für ein Unternehmen lebensnotwendig, will es nicht seine Legitimation verlieren und die entstehenden Möglichkeiten für eine Verbesserung der Produktivität nützen. Kundenbedürfnisse, Technologien, Gesetze bilden Einschränkungen wie Möglichkeiten für eine Organisation. Eine Organisation muss die Prozesse analysieren, um daraus Strategien und neue Aufgabenstellungen für sich abzuleiten.

Arbeitsteiliges System

Komplexe Aufgaben können nur arbeitsteilig erledigt werden. Individuelle Aufgabenstellungen werden zu Gruppenaufgaben zusammengefasst. Gruppenaufgaben werden gebündelt in Abteilungen etc. Dadurch ergibt sich ein hierarchisches Gebilde, das die Bearbeitung von Aufgaben, das Lösen von Problemen ermöglicht. Hierfür muss ein spezifisches Wissen vorhanden sein, das auch ständig ergänzt werden muss, wenn sich die Aufgaben ändern. Was soll erreicht werden? Welche Mittel und Verfahren stehen zur Verfügung, um die Aufgaben zu erfüllen?

Für die Orientierung einer Organisation ist die normative Dimension notwendig: Unternehmensverfassung, Unternehmenspolitik, Unternehmenskultur (*Gomez* u. *Zimmermann* 1992).

Lerninhalte ergeben sich nicht nur für den operativen Bereich, sondern auch in den normativen und strategischen Dimensionen einer Organisation.

Soziales System

Damit die Arbeitsteilung auch funktioniert, ist es notwendig, dass zwischen den Mitgliedern einer Organisation kommuniziert und interagiert wird. Dazu sind Regeln notwendig, die entweder ausformuliert (formale Regeln) oder als Selbstverständlichkeiten (informale Regeln) wirken. Jedes neue Mitglied einer Organisation muss dieses Regelwerk lernen und beherrschen, um seine Aufgabe erfüllen zu können. Die Gestaltung dieses System ist die Grundlage für Organisationslernen. Dabei sollte nicht vergessen werden, dass es Regeln gibt, die das Ausbreiten von Wissen verhindern (s. Beispiel 1).

Politisches System

Die Willensbildung in einer Organisation und die Durchsetzung des Willens ist ebenfalls geregelt. Wer Entscheidungen trifft oder an ihnen mitwirkt, unterliegt einem Regelungssystem. Der Grad der Verantwortlichkeit ist bei jedem Arbeitsplatz festgelegt. Die Ausführung der Entscheidungen vollzieht sich durch Delegationsregeln. Die Art der Machtausübung im Bereich der Entscheidungen ist ebenfalls ein wichtiger Faktor, ob in einer Organisation Lernprozesse zu Veränderungen und zu Anpassungen an die Umwelt führen können.

Durch das Lernen erweitert sich die Handlungskompetenz: Fach-, Methoden-, Sozial- und Selbstkompetenz. Fach-, Methodenkompetenz bilden die kognitiven Voraussetzungen für einen Veränderungsprozess. Sozialkompetenz ist die Voraussetzung für die konstruktive Auseinandersetzung und das Entstehen von Konsens. Die Selbstkompetenz schlägt sich in der Selbstsicherheit nieder, die Grundlage für das individuelle Einbringen in Veränderungsprozesse ist. Selbstsicherheit bildet sich durch Erfolgserlebnisse in der Organisation. Die Abbildung veranschaulicht die Bestandteile des Lernvorganges.

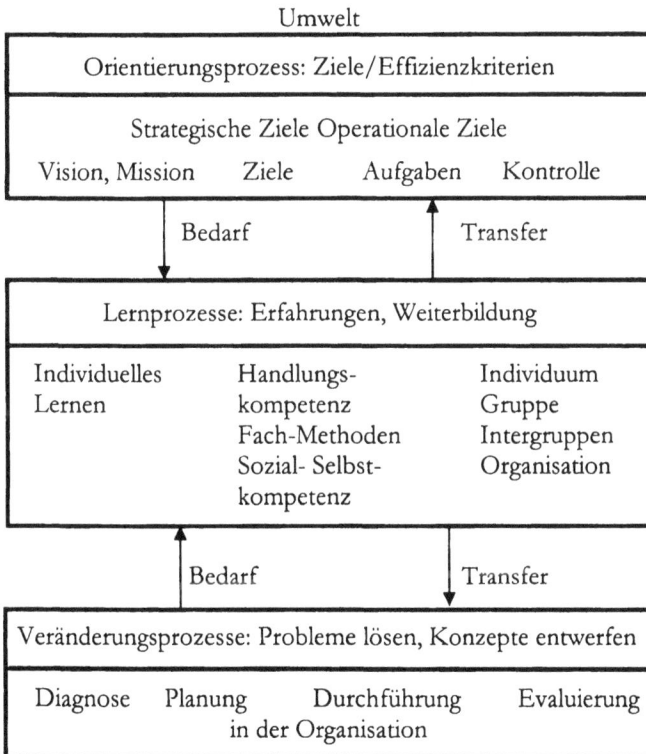

Umwelt

Orientierungsprozess: Ziele/Effizienzkriterien
Strategische Ziele Operationale Ziele
Vision, Mission   Ziele   Aufgaben   Kontrolle

Bedarf   Transfer

Lernprozesse: Erfahrungen, Weiterbildung

Individuelles Lernen	Handlungs- kompetenz Fach-Methoden Sozial- Selbst- kompetenz	Individuum Gruppe Intergruppen Organisation

Bedarf   Transfer

Veränderungsprozesse: Probleme lösen, Konzepte entwerfen
Diagnose   Planung   Durchführung   Evaluierung in der Organisation

Abb. 51: Lernvorgänge in einer Organisation

Das Konzept des "Douple-loop learning" von *Argyris* und *Schon* 1978 beinhaltet Veränderungen des Systems, aber lässt die politische Dimension der Organisation ausgeblendet (*Geissler* 1994, S. 103). Dies ist aber notwendig, um eine bürokratische Organisation von den Mitarbeitern in eine Selbst-Organisation zu überführen (*Probst* 1987).

Organisationslernen umfasst alle Aspekte einer Organisation. Im Diskurs können die Mitglieder der Organisation selbst ihre eigene Verfassung in Frage stellen und ein anderes Modell entwerfen und einführen (*Geissler* 1994).

6.3 Lernebenen

Individuelles Lernen

Lernen ist eine Erweiterung und/oder Umstrukturierung des vorliegenden Erfahrungs-, Konzept-, Planungs- und Handlungswissens mit verschiedenen Inhalten (*Kolb* 1984). Im Zusammenhang mit dem Wissenserwerb werden auch Gefühle und Bewertungen gelernt. So sind bei jedem Begriff wie zum Beispiel Hard- und Software auch emotionale, bewertende Anteile mit verbunden.

Für das Handeln von Individuen in einer Organisation ist die Klarheit (Rationalität) des Wollens und Wissens über die Bedingungs- und Wirkungszusammenhänge der Realität wichtig, damit sie handlungsfähig sind. Trotz aller Regelungen in einer Organisation sind die Ziele nicht immer eindeutig und damit sind auch die Beurteilungskriterien für Kontrollen vage, was die Unterscheidung in Wichtiges und Unwichtiges erschwert. Auch die Regeln im Umgang mit der Technik, den Kollegen, Vorgesetzten etc. sind meist nicht eindeutig. Jedes Individuum bildet deshalb seine eigenen Vorstellungen aus, um die "Leerräume" zu füllen. Diese Vorstellungen bleiben individuell und damit auch verschieden, wenn es nicht zu kollektiven Lernvorgängen kommt. Dadurch ergeben sich unkontrollierbare Bereiche und Konfliktfelder durch unterschiedliche Sichtweisen.

Gruppenlernen

Das Lernen in Gruppen ist der wesentliche Bestandteil für das Organisationslernen. In der Gruppe können Wissensbestände ausgetauscht, erweitert, harmonisiert werden. Die gesetzten Regeln im sozialen, politischen, arbeitsteiligen System einer Organisation sind insgesamt nicht so genau ausformuliert und/oder kognitiv zugänglich. Die Auseinandersetzung in der Gruppe kann den kognitiven Zugang eröffnen und neue, gemeinsame Verabredungen initiieren. Unsicherheit und störende Regeln können durch einen Konsens verändert werden. Der Spielraum, durch eigene Verabredungen in der Gruppe selbst Regeln zu verändern, zu entwerfen und zu praktizieren, ist durch die Organisation vorgegeben. In einer bürokratischen Organisation sind viele Bereiche starr geregelt, Abweichungen werden sanktioniert. In anderen Organisationen ist der Freiraum sehr viel größer und muss durch die Gruppe durch ein eigenes Regelwerk gefüllt werden. Die Mitglieder einer Organisation können die Begrenzungen nur erweitern, wenn ein

Organisationslernen möglich ist (s. Beispiel 2 und 3). Organisationsformen, in denen Gruppen bezogen auf verschiedene Inhalte lernen, sind Qualitätszirkel, Lernstatt, Workshops und teilautonome Gruppen, s. Abschnitt Gruppe.

Organisationslernen

Teams funktionieren nur dann einwandfrei und gestalten ihre Lernprozesse, wenn die Unternehmenspolitik und die Organisationsstruktur passende Rahmenbedingungen vorgeben. Es ist die Aufgabe des Managements, diese Dimensionen von Organisation zu gestalten und zu entwickeln. Die Organisation ist Lerngegenstand und gleichzeitig auch Bedingungsgefüge für Lernprozesse, insbesondere auch für das Ausdehnen des Lernens auf die gesamte Organisation.
Es ist dabei nicht notwendig, dass alle Mitglieder der Organisation alles gleichermaßen wissen. Das Entscheidende ist, dass das Wissen für die Organisation nutzbar ist und sich stetig erweitert. Grundlegend ist wieder ein Kommunikations- und Interaktionssystem, das Austausch und Veränderungen ermöglicht. Kooperative Systeme sind auf der gleichen aber auch zwischen den Hierarchieebenen zu schaffen. Auf diese Weise geben die operativen Gruppen Probleme, die sie auf Grund ihrer Aufgabenstellungen nicht lösen können, an die nächste Hierarchiestufe weiter. Dort erarbeiten Teams Lösungen, die ganze Bereiche, Prozesse oder die Organisation insgesamt betreffen können.
Das Wissen in einer Organisation bildet sich in gleicher Weise wie das individuelle Wissen. Es ist schließlich ein individuelles Wissen, das nur in der Organisation verfügbar und wirksam durch Interaktionen gemacht wurde. Durch die Interaktionen entfaltet das individuelle Wissen erst seine Wirksamkeit und seine Kraft, die Aufgabenerfüllungen in einer Organisation immer mehr zu optimieren und den Umweltveränderungen aktiv anzupassen. Dies ist durch das gemeinsame Denken und Handeln möglich. Von daher hat das kollektiv benutzte Wissen eine andere Qualität. Die andere Qualität besteht darin, dass das Gruppenwissen und das individuelle Wissen vom Organisationswissen maßgeblich beeinflusst wird. Außerdem ist das kollektive Wissen unabhängig und überdauernd vom Wissen einzelner Individuen. Allerdings kann das kollektive Gedächtnis mit seinem gespeicherten Wissen hemmend sein (Beispiel 1 und 2) oder fördernd (Beispiel 3).

Individuen, Abteilungen, Organisation sind durch eine dynamische Kommunikation miteinander vernetzt. Auf diese Weise kommt ein integriertes Lernen innerhalb einer Organisation zustande (s. folgende Abbildung).

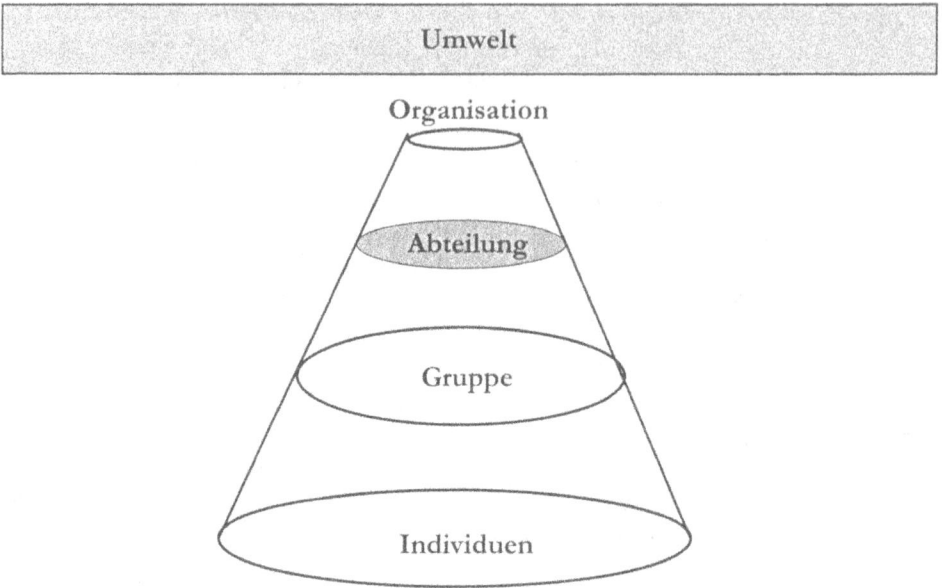

Abb. 52: Aufeinander bezogene Lernsysteme: Individuum, Gruppe, Abteilung, Organisation

6.4 Lernziele und Lernkontrolle

Lernen geschieht nur dann, wenn sich Spannungen entwickeln (Motivation). Spannungen ergeben sich aus Abweichungen: Produkte sind fehlerhaft, Kunden reklamieren, Mitarbeiter sind unzufrieden, die Produktivität im Vergleich niedriger als bei der Konkurrenz etc. Allerdings können nur dann Korrekturen erfolgen, wenn Vergleiche zwischen Ist und Soll durchgeführt und Konsequenzen eingeleitet werden.

Die Korrekturen können sich auf Handlungen, aber auch auf Ziele und auch auf den Sinnbezug der Organisation richten, s. Inhalte des Lernens. Das Modell des Deutero-Learning soll folgende Abbildung veranschaulichen (*Bateson* 1972).

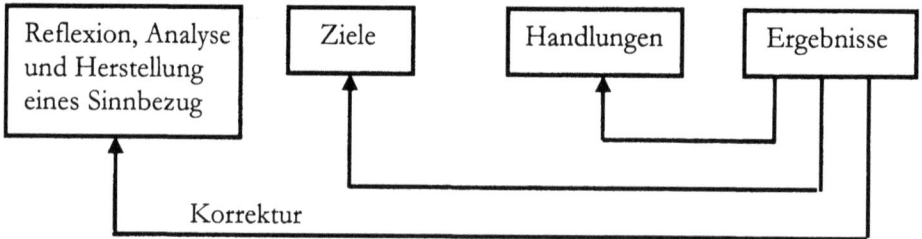

Abb. 53: Modell des Deutero-Learning

Die Auseinandersetzung mit der Umwelt und das Einbeziehen neuen Wissens erfolgt nach den Aufgabenstellungen der Gruppen in der Organisation. Die Ausbreitung des Wissens ist nur durch die horizontale wie vertikale Verzahnung von Teams möglich.

Lernsysteme sind deshalb wichtige Bestandteile von Organisationen. Neben der Arbeitsorganisation sind verschiedene Lernsysteme aufzubauen. Sie ermöglichen die Aufarbeitung von Störungen und das "Einfüttern" neuer Lerninhalte. Die Lernsysteme selbst sollten ebenfalls durch die gemachten Erfahrungen mit ihnen verändert werden.

Das systematische Nutzen von Wissen bedarf eines eigenen Managementsystems.

7 Wissensmanagement

In Organisationen haben die Mitarbeiter schon immer Wissen weitergegeben, Wissen ausgetauscht und neue Erkenntnisse herangezogen. In dieser Hinsicht ist Wissensmanagement nichts Neues. Heute spricht man von einer Wissensgesellschaft. Das beinhaltet, dass Wissen als eine grundlegende wirtschaftliche Ressource begriffen wird. Neben den klassischen Produktionsfaktoren Arbeit, Boden, Kapital hat sich die Ressource Wissen als eigenständiges Kapital etabliert (*Mohr* 1999). VW Mitarbeiter haben mit 68 000 Vorschlägen 291 Mio. DM Ersparnis erbracht (dpa 3.5.2001). Durch Wissensnutzung verschaffen sich Unternehmen Wettbewerbsvorteile. Das verfügbare Wissen nimmt rasch zu, verändert sich mit seiner Verwendung, differenziert sich weiter, veraltet schnell und muss erneuert werden. Die Einstellung zu Wissen verändert sich. Es wird für unsere Gesellschaft immer wichtiger (*Wendt* 1998).

Man versucht, Wissen in Organisationen systematischer zu managen, um es optimaler zu nutzen. Die Befragung von Unternehmen von *Döring, Katerkamp* und *Trojan* (2000, www.knowledgemarkt.de) ergibt allerdings, dass wir erst am Anfang stehen, Wissen systematisch zu nutzen.

Wissensmanagement wird als eine Managementphilosophie beschrieben, welche die bessere Nutzung von Wissen und Informationen in einer Organisation zum Ziel hat. Wissensmanagement umfasst die Entwicklung, Unterstützung, Überwachung und Verbesserung von Strategien, Prozessen, Organisationsstrukturen und Technologien zur Wissensverarbeitung in Organisationen (s. *Fraunhofer Institut* 2000, www.do.isst.fhg.de). „Wissensmanagement steuert den Erwerb, die Entwicklung, die Verteilung und die Nutzung von Kenntnissen, Fähigkeiten in einer Organisation" (*Wendt* 1998, S. 7). Management bedeutet die Prozesse der Gewinnung und Verwendung von Kenntnissen und Fähigkeiten zielwirksam zu steuern.

Dazu noch folgende Definition: „Wissensmanagement ist ein ganzheitliches, integratives Konzept, das psychologische, organisatorische und informationstechnologische Faktoren beinhaltet, um die effektive Erschließung und den Transfer von Wissen zu gewährleisten." (*Wilkens* 1997, 1 von 3, http//home.t-online.de/home/norbert.wilkens/wm.htm).

```
        ┌─────────────────────────┐
        │   Wissensmanagement     │
        │      Psychologie        │
        │    Arbeitsorganisation  │
        │  Informationstechnologie│
        └─────────────────────────┘
           ↙                  ↘
┌────────────────────┐   ┌────────────────────┐
│ Wissenserschließung│   │  Wissenstransfer   │
│ - Fachkompetenz    │   │  - Kommunikation   │
│ - Sozialkompetenz  │   │  - Kooperation     │
└────────────────────┘   └────────────────────┘
```

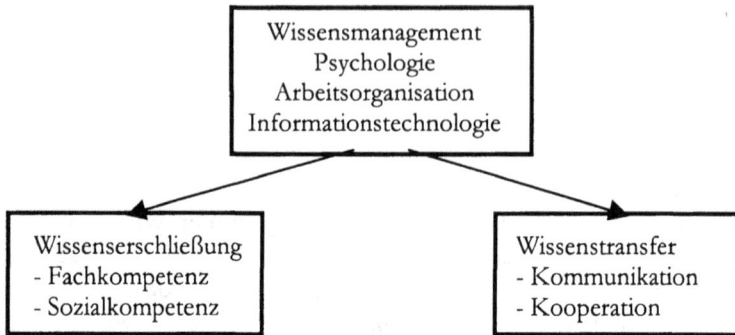

Abb. 54: Bestandteile des Wissensmanagements

7.1 Wissensformen

Wissen beinhaltet für *Wilkens* (1997): Informationen, verarbeitete („verstande-
ne") Informationen, Erfahrungen, Erlebnisse, Wahrnehmungen und Einstellungen. Wissen entsteht individuell. Eigenverantwortliches Lernen im Rahmen eines
persönlichen Wissensmanagements ist die Grundlage. Dazu muss dem Individuum in einer Fortbildung vermittelt werden, wie er ein problemorientiertes
Lernen für sich organisiert. In einem Seminar lernt der Teilnehmer Strategien,
wie man den Umgang mit Informationen und Wissen verbessern kann (*Reinmann
- Rothmann* und *Mandl* 2000).

Man unterscheidet zwischen **externen** und **internen** Wissen. Damit wird beschrieben, ob sich das Wissen innerhalb oder außerhalb des Unternehmens befindet (*Kurtzke* und *Popp* 1999). Ein Wissensimport ist immer problematisch. Er
soll neue Ideen in die Organisation bringen und die Kernaktivitäten verändern.
Das Wissen kann aber nur seine Wirkungen entfalten, wenn das Wissen mittels
eines Verarbeitungsprozesses integriert wird. Wissen rezeptartig zu nutzen, birgt
die Gefahr, dass es nicht funktioniert oder abgelehnt wird (*Schmitt* in *Antoni* und
Sommerlatte 1999).

Einen weiteren Aspekt beschreibt die Unterscheidung zwischen **impliziten** und
expliziten Wissen (*Polanyi* 1998, S. 12ff in *Nonaka* und *Takeuchi* 1997, S. 71ff
zitiert). Implizites Wissen ist subjektiv und ist an eine bestimmte Person gebunden. Es entsteht aus den spezifischen Erfahrungen, aus dem, was eine Person
gehört und gesehen hat. Es ist nur schwer erfassbar (*Wendt* 1998). Qualitätszirkel,
Lernstatt, Workshops, gruppendynamische Trainings sind organisatorische Möglichkeiten, um ein implizites Wissen zugänglich zu machen. Explizites Wissen ist
artikulierbar und bewusst. Es kann ohne Probleme weiter gegeben werden. Nach
Nonaka und *Takeuchi* (1997, S. 72) stellt das bewusst zugängliche Wissen allerdings nur die Spitze des Eisbergs dar. Der größte Teil des Organisationswissens
liegt mehr oder weniger verborgen vor. Diese Ressource ist erst wirksam zu erschließen.

Explizites Wissen muss zu internen Wissen, implizites Wissen muss zu expliziten Wissen verarbeitet werden, damit es überhaupt genutzt werden kann.

Die Unterscheidung zwischen **individuellen** und **kollektiven** Wissen macht deutlich, dass das Wissen auch in einem Unternehmen verbreitet werden muss. Es muss in einer Gruppe, in einer Organisation aufbereitet und für die Zwecke der Organisation angepasst werden. Für die Verbreitung, Steuerung und Nutzung der Informationen benötigt man eine Verankerung in der Aufbauorganisation mit einer eigenen Struktur. Für die Speicherung und für den Zugriff auf die Informationen verwendet man Informationstechnologien (Groupware-Systeme wie Lotus Notes oder die Standards des Intranets).

Wissensmanagement soll für die Praxis direkt anwendbar sein. Deshalb stellt man folgende Anforderungen an ein Wissensmanagementsystem (*Probst* u. *Romhardt* 2000, www.uni-kl.de):

- *Anschlussfähigkeit:* Das System soll bereits bestehenden Konzepten zugeordnet sein.
- *Problemorientierung:* Das gespeicherte Wissen soll Beiträge für bestehende Probleme liefern, die Ideen müssen für die Praxis nutzbar sein.
- *Verständlichkeit:* Die Auswahl ist so zu treffen, dass die relevanten Begriffe und Ideen in der Organisation verstanden werden.
- *Handlungsorientierung:* Das Wissen muss die Mitarbeiter in ihren Entscheidungen und Handlungen unterstützen.
- *Instrumentenbereitstellung:* Das Wissenssystem soll bewährte Methoden und Instrumente bereitstellen, die die Mitarbeiter nutzbringend anwenden können.

7.2 Modell Wissensmanagement

Ein allgemein verbindliches Modell Wissensmanagement gibt es nicht. Deshalb sollen Bausteine aufgeführt werden, mit denen man ein System aufbauen kann. Folgende Bausteine des Wissensmanagement sind bei *Probst* und *Romhardt* (2000) aufgeführt.

In diesem Modell werden zwei Kreisläufe unterschieden:

Der *äußere Kreislauf* mit den Elementen Zielsetzung und Kontrolle bildet den traditionellen Managementprozess ab. Dadurch wird die Steuerung des Systems und die Einbettung in die gesamten Aufgaben der Organisation gewährleistet.

Der *innere Kreislauf* mit den Elementen Wissenstransparenz, Wissenserwerb, Wissensentstehung, Wissens(ver)teilung, Wissensbewahrung und Wissensnutzung beschreibt das Wissensmanagementsystem (s. auch *Bullinger* u.a. 1998 u. praxisorientiert *Herbst* (2000).

1. Äußerer Kreislauf
Wissensziele
Die Ziele müssen für die Entwicklung von konkreten Programmen konkretisiert werden (operative Ziele). Der Vorgang strukturiert sich wie bei den Zielen von Richtziele, Grob-

ziele zu Feinziele, die so formuliert sind, dass sie überprüfbar sind.
Durch das Operationalisieren der Ziele definiert man konkrete Ziele und entwickelt
Kriterien für die Kontrolle des Systems.
Wissensbewertung (Controlling, Evaluation, Kontrolle)
Eine Erfolgsbewertung soll Aussagen über die Ereichung der Ziele und den Nutzen
ergeben. Allerdings müssen die Kriterien klar und die entsprechende Messverfahren
entwickelt sein, damit eine präzise Bewertung erfolgen und Verbesserungen geplant
werden können.

2. Innerer Kreislauf
a) Wissensidentifikation.
Für die Zielsetzungen muss man das interne und externe Wissen identifizieren und zusammenstellen. Es müssen Suchsysteme gebildet werden, die den systematischen Zugriff
auf das vorhandene Wissen unterstützen. Dabei geht es nicht nur um die Organisation
der Daten, sondern auch darum, welche Personen bestimmte Kenntnisse, Erfahrungen
zu einer Thematik beisteuern können. Dazu müssen Wissensanbieter und Wissensnach-
frager auf einer Plattform in Kontakt treten können.

b) Wissenserwerb
In allen Wissensbereichen generiert sich eine unüberschaubare Flut von Informationen.
Für die Sichtung und Aufnahme kann man verschiedene Strategien einsetzen.
Nutzen von internen Wissensquellen. Schon das systematische Zusammentragen des vorhan-
denen Wissens kann eine gute Basis für die Erarbeitung von Planungen ergeben (Arbei-
ten in Fachteams). Zusätzlich können die Erfahrungen, systematisch erfasst und genutzt
werden (z.B. durch Qualitätszirkel).
Erwerb von Wissen von externen Wissensträgern. Die Quellen sind vielfältig, um neue Erkennt-
nisse zu gewinnen. Hochschulen mit ihren Forschungsaktivitäten können allgemeine
Erkenntnisse aber auch spezifisches Wissen durch Drittmittelforschungsprojekte liefern.
Beratungsunternehmen verfügen über bestimmtes Methoden, Verfahrenswissen und
Erfahrungen aus unterschiedlichen Branchen.
Erwerb von Wissen anderer Organisationen. Inzwischen liegen einige Erfahrungen vor, wie
man überbetriebliche Lernallianzen organisieren kann, z.B. Lufthansa mit anderen Unternehmen (www. Lufthansa.com). IHK´s bringen Firmen für solche Lernpartnerschaf-
ten zusammen und organisieren Arbeitskreise (*Webers* in *Antoni* und *Sommerlatte* 1999).
Die notwendige Voraussetzung für Lernpartnerschaften zwischen Unternehmen und
zwischen verschiedenen Organisationen (z. B. Gewerkschaft und Unternehmensleitun-
gen) setzt eine Vertrauensbasis voraus. Vertrauen muss meist erst entwickelt und dann
gepflegt werden. Man denke nur an die gestörten Beziehungen durch den „LOPEZ-
Effekt" (*Webers* in *Antoni* und *Sommerlatte* 1999).
Erwerb von Wissensprodukten. Auf dem Markt gibt es inzwischen eine Fülle von Materialien.
Der Markt für Software entwickelt sich schnell und die Produkte werden immer besser.
Es muss allerdings darauf geachtet werden, dass auch die passenden Wissensprodukte
erworben werden. Branchen können dazu Kooperationen einrichten, die bei der Aus-
wahl behilflich sind.

c) Wissensentwicklung
Wissensentwicklung umfasst alle Anstrengungen, neue Fähigkeiten zu entwickeln, um die
Wertschöpfungsprozesse effektiver zu gestalten. Prozesse der individuellen Wissensent-
wicklung beziehen sich auf kreative Leistungen und auf Leistungen, Probleme systema-

tisch zu lösen und Konzepte zu entwickeln (divergentes und konvergentes Denken). Kollektive Prozesse, in Gruppen Wissen zu entwickeln, ist meist wirkungsvoller. Komplementäre Fähigkeiten können sich ergänzen und gemeinsame kognitive Handlungsgrundlagen können sich entwickeln. Ebenso können Gruppen gemeinsame Erfahrungen kognitiv erschließen (erfahrungsorientiertes Lernen). Erfahrungen bilden ebenso eine wichtige Wissensbasis wie neue Erkenntnisse. Der Vorteil von Erfahrungsauswertungen ist, dass es wenig Schwierigkeiten beim Transfer in die Praxis gibt. Das gelingt allerdings nur in einer Atmosphäre der Offenheit und des Vertrauens, s. Abschnitt Gruppe.

d) Wissens(ver)teilung

Es geht um das Nutzen von Wissen in der Organisation. Wer soll, was, in welchem Umfang wissen? Wie kann das Wissen verteilt werden?

Mit den heutigen Informationstechnologien ist es relativ einfach, Wissensbestände zu sammeln und jedem in der Organisation zugänglich zu machen. Dabei sollte man jedoch nicht unterschätzen, wie wichtig die direkte Weitergabe von Informationen ist. Deshalb sind gruppenorientierte Organisationen so erfolgreich, weil an gleichen Sachverhalten Interessierte direkt ihr Wissen weiter geben und ihre Erfahrungen austauschen können. Gruppen müssen aber nicht ständig zusammenarbeiten. Es können auch Projektgruppen sein. Die Voraussetzung ist allerdings, dass die Zusammenarbeit funktioniert.

e) Wissensnutzung

Wissenssysteme müssen konsequent genutzt werden, sonst erleiden sie schnell einen Tod (Abb. 55 Todesspirale). Neues Wissen erzeugt Widerstände, besonders wenn es von außen übernommen werden soll. Es wendet sich gegen bewährte Routinen, die Sicherheit im Handeln geben. Es stimmt ja meist, dass neues Wissen nicht ohne weiteres rezeptartig genutzt werden kann. Es muss oft mit viel Aufwand angepasst werden und das bei ständiger Überlastung. Die eigene Generierung von Wissen kann mehr überzeugen. Gemeinsame Planungen sparen schließlich Zeit ein. Das Risiko des Misslingens ist geteilt.

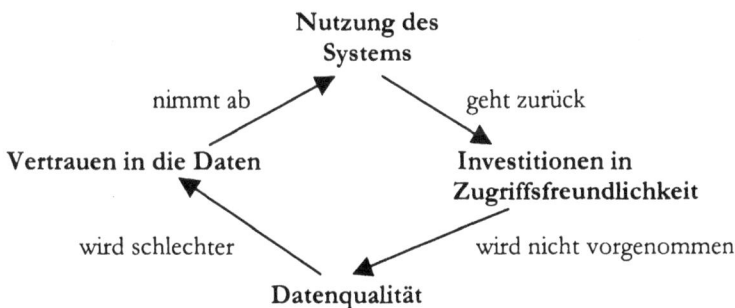

Abb. 55: Todesspirale einer elektronischen Wissensbasis (*Probst* und *Romhardt* 2000)

f) Wissensbewahrung

Die Wissensbewahrung ist mit erheblichen Aufwand verbunden. Wenn Mitarbeiter 30 bis 40 Berufsjahre hinter sich haben, haben sie mit Sicherheit ein umfassendes Wissen entwickelt, das man nur erfassen, ordnen und aktualisieren muss.

Nur ein Wissen, mit dem gearbeitet wird, ist ein lebendiges, nutzbringendes Wissen. Sonst wird ein Wissen vergessen. Nicht alles muss aufbewahrt werden. Kriterien aus den

Zielsetzungen können herangezogen werden, um Wichtiges von Unwichtigem zu unterscheiden.

Das Wichtige muss so gespeichert werden, dass die Benutzer es leicht benutzen können. Das Dokumentationssystem muss den Bedürfnissen der Organisation angepasst sein. Dazu müssen passende Technologien entwickelt und eingesetzt werden (*Böhmann* u. *Krcmar* in *Antoni* u. *Sommerlatte* 1999).

Wissen wird von Individuen, Gruppen, Organisationen und mit Hilfe von Software-Programmen gespeichert. Ebenso kann es auf den verschiedenen Ebenen auch vergessen werden (s. Abb. 56).

Form Modus	Individuell	kollektiv	elektronisch
Gedächtnis-inhalt wird gelöscht	Kündigung Tod Amnesie Pensionierung	Auflösung eines Teams Umorganisation	Irreversibler Datenverlust durch Viren, Hardwarefehler, Systemabstürze, mangelnde backups, Hacker
befristet	Befristete Überlastung, Versetzung, Krankheit, Urlaub, mangelndes Training, Dienst nach Vorschrift	Tabuisierung von alten Routinen kollektive Sabotage	reversible Datenverluste befristete Überlastung Schnittstellenproblem
Zugriff auf Dauer nicht möglich	permanente Überlastung, kein Bewusstsein für Wichtigkeit eigenen Wissens, innere Kündigung	Abwanderung von Teams	dauerhafte Inkompatibilität von Systemen permanente Überlastung falsche Kodifizierung

Abb. 56: Formen des Vergessens in einer Organisation (*Probst* u.a. 1999, S. 58)

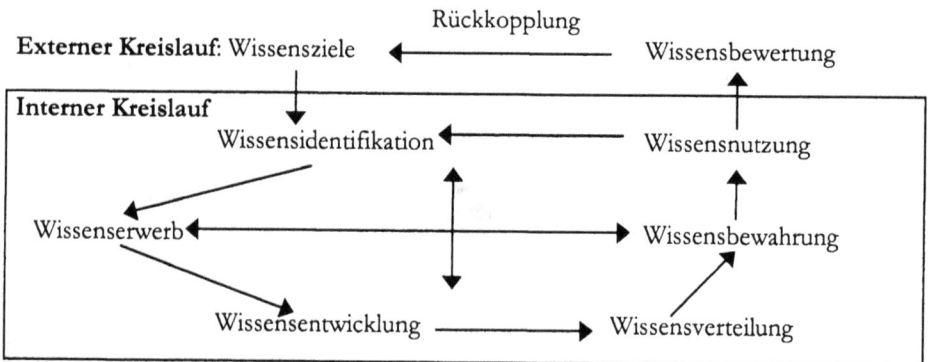

Abb. 57: Externer und interner Kreislauf des Wissensmanagements

Rahmenbedingungen:
Wissensmanagement ist verbunden mit der Thematik Organisationslernen und deshalb auch nur gruppenorientierten Organisationen wirksam zu gestalten. In diesen Organisationen hat Wissen eine besondere Bedeutung. Jeder Mitarbeiter ist in Qualitäts- und Veränderungsprozesse eingebunden und arbeitet in dem Bewusstsein wichtig für die Organisation zu sein. Das ist in bürokratischen Organisationen schlecht vorstellbar. Es kommt auf das Funktionieren des Systems an. Die Mitarbeiter sind austauschbar, ihr Wissen nur im Zusammenhang des Funktionierens bedeutsam. Deshalb wird in diesen Organisationen nicht nur Wissen mangelhaft genutzt, sondern auch vernichtet.

7.3 Wissensmanagement in der Praxis

Wenn man ein System in seiner Organisation einrichten will, sollte man auf folgende Punkte achten (*Reinmann - Rothmann* und *Mandl* 2000):

1. Die Bedeutung von Wissensmanagement muss den Mitarbeitern bewusst sein.
2. Die Inhalte müssen eindeutigen Bezug zu den Organisationszielen haben. Dazu gehört die Unterstützung der Leitung.
3. Die Inhalte müssen konkreten Bezug zu den Tätigkeiten haben und die Techniken müssen leicht handhabbar sein.
4. Kooperation und Wissensaustausch muss von Nutzem sein.
5. Die eingesetzte Technologie für die Speicherung des Wissens müssen funktionsfähig und effizient sein. Dabei ist zu beachten: Wissen erst austauschen dann archivieren.
6. Es sollte sich um Lernprojekte handeln. Dazu gehören auch Lernen aus Erfahrungen und Lernen aus Fehlern. Überzeugen kann man am besten durch Erfolgsberichte.
7. Der Nutzen steht im Vordergrund. Es sollten möglichst alle Interessierten beteiligt sein und an der Erarbeitung und Umsetzung mit arbeiten.
8. Realisiert werden kann nur ein ganzheitliches Konzept des Wissensmanagements, das die Faktoren Organisation, Technik und Mensch gleichermaßen einbezieht.

Wissensmanagement zielt folglich auf ein verwendbares Wissen. Die Praxis fordert Kenntnisse, die sie verwerten kann. Der Transformationsprozesse zwischen theoretischen Erkenntnissen und praxisorientierten Anforderungen erhalten deshalb eine immer größer werdende Bedeutung. Das wird sich auf die Ausbildungssysteme nachhaltig auswirken, die noch recht isoliert theoretische Kenntnisse vermitteln (*Probst* und *Romhardt* 2000).

Das Unternehmen *Siemens* hat verschiedene organisatorische Maßnahmen getroffen, um den informellen Austausch von Wissen zu gewährleisten. **Wissensbüro:**

Die Aufgabe besteht in dem Aufbau von Kommunikationsstrukturen und weiteren Ausbau des Wissensmanagements. Netzwerke zwischen Spezialisten unterschiedlicher Bereiche und Themen werden aufgebaut und betreut.

Communities: Mitarbeiter mit ergänzendem Wissen schließen sich zu Leistungsgemeinschaften zusammen, um Wissensflüsse in bestehenden Geschäftsprozessen zu verbessern. **Gelbe Seiten:** Jeder Mitarbeiter kümmert sich um sein spezielles Wissensprofil und verlinkt es mit seiner Intranet-Homepage und anderen interessanten Daten. **Wissensmakler:** Sie sammeln und bereiten Informationen auf, die dann im Intranet zur Verfügung gestellt werden.

Knowledge Awareness Training: Die Mitarbeiter werden für den Wissensaustausch sensibilisiert und grundlegend geschult.

Bei allen Themen stößt man immer wieder auf die Bedingung, dass die Kooperation zwischen den Mitarbeitern funktionieren muss. Die Gruppe, das Team bildet dafür die Grundlage. Nicht mehr das Individuum sondern die Gruppe ist die wesentliche Organisationseinheit.

8 Arbeitsgruppe

Unter einer Gruppe versteht man ein soziales System mit folgenden Merkmalen: eine überschaubare Anzahl von Mitgliedern, mit der Möglichkeit zu einer direkten Kommunikation und Interaktion, mit überdauernden Strukturen, gemeinsamen Zielen, Normen, Rollen und Gruppenbewusstsein. Zwischen Gruppe und Team wird begrifflich kein Unterschied gemacht.

Arbeitsgruppen führen im Kontext von Organisationen Teilaufgaben aus (*Frey* und *Irle* 1985, *Rosenstiel* 1995, *Weinert* 1998). Für die Durchführung der Teilaufgaben kann die Gruppe mehr oder weniger autonom sein. Die Teilautonomie der Gruppe hat einen wesentlichen Einfluss auf die Motivation, Leistung und wie die Gruppe geführt wird. Die Leistungsfähigkeit der Gruppe hängt von den Fähigkeiten, Fertigkeiten der Mitglieder ab und wie sie in der Gruppe genutzt werden. Um die Effizienz und die Effektivität der Gruppe zu erhöhen, müssen Gruppen ihre Prozesse analysieren und optimieren.

8.1 Gruppen in Organisationen

In diesem Abschnitt sollen die unterschiedlichen Gruppenarten aufgeführt werden, die in Organisationen gebildet werden. Auf einige Arten ist schon eingegangen worden, andere werden noch ausführlicher besprochen.

Für verschiedene Aufgabenstellungen werden folgende Gruppenformen eingesetzt (*Breisig* 1990):

Teilautonome Gruppen bearbeiten weitgehend selbständig übertragene Aufgaben. Ihr Handlungs-, Entscheidungs- und Interaktionsspielraum ist gegenüber den üblichen Abteilungen wesentlich erweitert (*Rohmert* und *Weg* 1976).

Lernstatt ist eine Einrichtung, um Lernen am Arbeitsplatz zu ermöglichen. Praxiserfahrungen werden reflektiert und erweitert. Gruppen organisieren ihr Lernen mit geschulten Kollegen selbst. Teilweise wird direkt am Arbeitsplatz gelernt, wenn z.B. ein Wissen wegen Neuerungen notwendig ist oder um Störungen zu beseitigen *Riegger* (1983).

In **Qualitätszirkel** erarbeiten Gruppen systematisch Verbesserungen, die sich auf Produkte, Verfahren etc. beziehen. Kontinuierliches Verbessern führt zu hoher Qualität und Vereinfachungen der Arbeitsabläufe (*Engel* 1981).

Workshops werden in den Abteilungen eingesetzt, um Probleme mit oder ohne einen Berater systematisch zu lösen oder Konzeptionen auszuarbeiten.

Stabsgruppen haben beratende Funktionen. Sie unterstützen die **Liniengruppen** bei der Bewältigung ihrer Aufgaben, bieten Serviceleistungen an, damit Aufgaben besser erfüllt werden können. Typische Stabsgruppen sind: Organisations-abteilung, Weiterbildungsabteilung, Operations-Research-Abteilung etc.

Projektgruppen werden zeitlich begrenzt eingesetzt, um z.B. ein neues EDV-System, ein Qualitätssystem einzuführen, Curricula zu entwickeln. Fachleute arbeiten zusammen bis das neue System eingeführt ist und funktioniert. Auch andere besondere Aufgaben können auf solche Projektgruppen delegiert werden.

Diejenigen, denen eine Aufgabe zugeteilt wird, bilden ein Team, eine Gruppe. Die Aufgabe der Gruppe erschöpft sich nicht in der Arbeitsteilung, sondern die Einzelleistungen müssen innerhalb der Gruppe koordiniert werden und zur Ge-samtleistung zusammenfließen. Die Gesamtleistung kommt dadurch zustande, dass vorhandenes Fachwissen ausgetauscht und Probleme miteinander diskutiert werden. Wenn dies optimal erfolgt, kommt eine höhere Leistung zustande als auf rein individuellen Basis (Synergieeffekt). Außerdem werden individuelle Sicht-weisen zusammengeführt und bilden damit die Grundlage für ein gemeinsames Handeln.

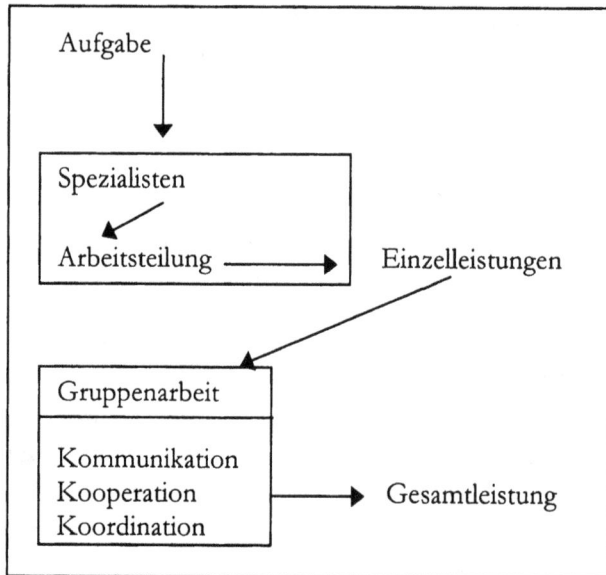

Abb. 58: Von der Einzelleistung zur Gruppenleistung

Es zeigt sich immer wieder, dass nicht jede Gruppen gleich gut und produktiv handelt. Manche Gruppen arbeiten aufgabenbezogen in einer sachlichen, aufge-schlossenen Atmosphäre. Andere sind so sehr mit ihren eigenen Problemen und dem Zusammenhalt ihrer Gruppe beschäftigt, dass sie kaum etwas Sachliches leisten können. Man kann versuchen dysfunktionale Entwicklungen zu begeg-nen, indem man die Gruppen gezielt zusammensetzt: aufgabenbezogen, nach der Fähigkeit der einzelnen Mitglieder und nach der Übereinstimmung psychischer Charakteristika. Aber auch dann ist es nicht möglich, vorauszusagen wie eine Gruppe sich entwickelt.

Die Gruppen zeigen vielmehr ein Eigenleben, bilden im Verlauf ihres Bestehens eine eigene informelle Gruppenstruktur aus, die für die Zusammenarbeit förderlich oder hindernd sein kann. Von der Art dieser Entwicklung hängt es ab, wie gut oder wie schlecht eine Gruppe mit ihrer Aufgabe fertig wird. Wem es gelingt, diese Entwicklung positiv zu gestalten, der erhöht damit die Leistungsfähigkeit der Gruppe. Die Gruppe kann dann alle Fähigkeiten optimal einsetzen.

Die Variablen der Gruppe lassen sich nach der Art ihrer Beeinflussung gruppieren. Die Größe der Gruppe, die Vorgabe von Zielen und Aufgaben, die Autonomie, die Zusammensetzung der Gruppe, die formalen Regeln und Normen lassen sich im Prinzip organisatorisch bestimmen. Es werden damit Möglichkeiten eröffnet oder begrenzt, in denen sich eine Gruppe selbst entfalten kann (formales System).

Der andere Bereich ist durch die „weichen" Variablen bestimmt, die sich in der Gruppe entwickeln und die man nicht vorgeben kann. Sie können die Arbeitsleistung negativ wie positiv beeinflussen. Positionen, Rollen, Kommunikations- und Interaktionsformen entwickeln sich im Miteinander der Gruppenmitglieder. Die entwickelten Formen wirken auf das Individuum ein und modifizieren das Verhalten. Das Ergebnis ist dann insgesamt ein negatives oder positives Klima, eine gute oder schlechte Zusammenarbeit (Informales System).

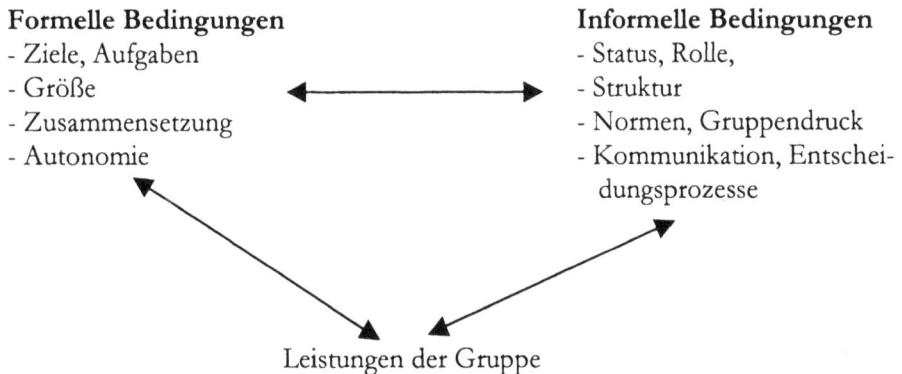

Formelle Bedingungen	Informelle Bedingungen
- Ziele, Aufgaben	- Status, Rolle,
- Größe	- Struktur
- Zusammensetzung	- Normen, Gruppendruck
- Autonomie	- Kommunikation, Entscheidungsprozesse

Leistungen der Gruppe

Abb. 59: Einflussfaktoren auf die Leistungen einer Gruppe

Es liegt nahe, die formalen Vorgaben so zu gestalten, dass gute Leistungen sogar Leistungssteigerungen möglich werden. Die Gruppe kann z.B. aus ihren unterschiedlichen Erfahrungen strukturelle Mängel benennen, Vorschläge erarbeiten und innerhalb ihres Aufgabenbereiches auch Veränderungen durchführen, s. Qualitätszirkel. Qualitätszirkel bearbeiten Probleme, um die Leistungen zu verbessern. Dazu gehört auch die Auseinandersetzung mit dem Bedingungsfeld für die Arbeit wie Strukturen, Abläufe, Informationssysteme etc. Qualitätszirkel soll als Beispiel für formale Organisationsgestaltung dienen.

8.2 Qualitätszirkel (QZ)

Qualität zu erstellen statt zu erkontrollieren, war die Philosophie von den amerikanischen Qualitätsexperten *Deming* und *Juran*. Sie hatten maßgeblich Anteil an der Entstehung moderner Qualitätssysteme, die sie in den 50er Jahre auch in Japan vortrugen. Anfang der 60er Jahre begannen die ersten Quality-Control-Circle in Japan zu arbeiten. Erst Mitte der 70er Jahre starteten die ersten Qualitätszirkel in den USA. In Westeuropa folgten die Unternehmen Ende der 70er Jahre. Ein regelrechter Boom entstand in den 80er Jahren.

Corsten (1987, S. 197) definiert Qualitätszirkel wie folgt: „Unter Qualitätszirkel sind organisatorische Kleingruppen zu verstehen, deren Mitglieder der gleichen Hierarchieebene angehören, und die sich auf freiwilliger Basis regelmäßig zur gemeinsamen Diskussion arbeitsbezogener Probleme treffen, um Lösungsvorschläge zu erarbeiten, an deren Realisation sie dann mitwirken."

Deppe (1989, S. 42) führt die Merkmale auf und definiert QZ als

- auf Dauer angelegte Kleingruppe, in der Mitarbeiter einer hierarchischen Ebene mit einer gemeinsamen Erfahrungsgrundlage
- in regelmäßigen Abständen auf freiwilliger Basis zusammenkommen, um
- Themen des eigenen Arbeitsbereiches zu analysieren und unter Anleitung eines geschulten Moderators mit Hilfe spezieller erlernter Problemlösungs- und Kreativitätstechniken Lösungsvorschläge zu erarbeiten und zu präsentieren.
- Diese Lösungsvorschläge selbständig oder im Instanzenweg umzusetzen und eine Ergebniskontrolle vorzunehmen,
- wobei die Gruppe als Bestandteil in den organisatorischen Rahmen des QZ-Systems eingebunden ist und zu den anderen Elementen der Organisation Kommunikationsbeziehungen unterhält.

Zielbereiche des QZ:

Allgemein geht es um die Auflösung des Zielkonflikts zwischen Produktivität und Menschlichkeit. Gute Arbeit zu leisten, muss eben nicht dadurch erkauft werden, dass unmenschlicher Druck erzeugt wird und die Arbeit keinen Spaß macht. Die Mitarbeiter wissen am besten, unter welchen Bedingungen sie arbeiten möchten und wie man die Arbeit noch verbessern kann. Es gehören folgende Bereiche zu den Zielen von QZ:

1. Verbesserung der direkt erzeugten Leistungen.
2. Verbesserung im organisatorischen Bereich. Die Arbeit mit möglichst wenig Verschwendung an Zeit und Material durchzuführen.
3. Verbesserung der individuellen Handlungsfähigkeit, z.B. Erweiterung der Fachkenntnisse, Problemlösungsfähigkeit.
4. Verbesserung der Zusammenarbeit und Gestaltung eine guten Gruppenklimas

Organisation eines QZ-Systems

Voraussetzung für Qualitätszirkel ist eine gruppenorientierte Organisation. Außerdem müssen die Teilnehmer die Methoden für die Gestaltung eines Problemlösungsprozesses beherrschen.

Organisatorische Bestandteile sind:

- Steuerungsteam: Einrichten von QZ, Ausstatten mit Mitteln, Materialien, Unterstützen der QZ Arbeit auch in ideeller Weise.

- Koordinatoren: Entwicklung und Durchführung der Weiterbildung, Einführung des QZ-Systems, Beratung und Unterstützung der Moderatoren, Leitung des Erfahrungsaustausches der Moderatoren.

- Moderatoren: Leitung und Moderation der QZ-Arbeit, Sicherstellung und gegebenenfalls Weiterleitung der Ergebnisse.

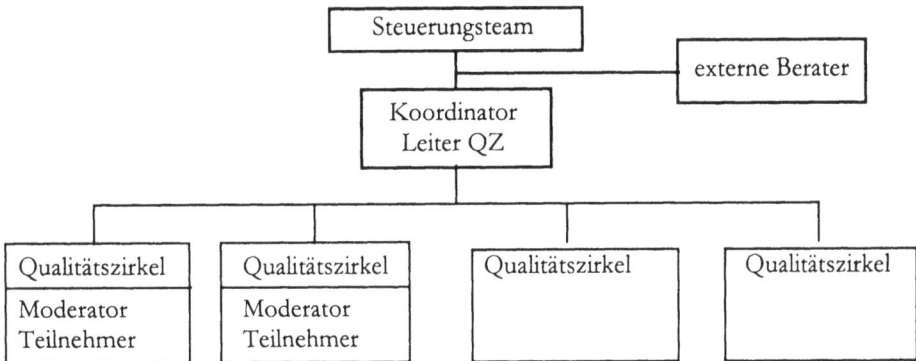

Abb. 60: Organisation eines Qualitätszirkelsystems

Methoden des Problembearbeitens in Qualitätszirkeln

Der Ablauf eines Problemlösungsprozesses folgt einer bestimmten Systematik. In den jeweiligen Abschnitten organisieren Methoden und Theorien den Prozess.

Ablauf einer Problemlösung	Mögliche Verfahren
Problemsammlung Problemauswahl	Moderation: Verbesserungsbereiche sammeln, nach Bedeutung bewerten, Pareto-Analyse (s. *Engel* 1981)
Problemdefinition	Beschreibung des Problems: IST-Stand und SOLL-Vorstellungen
Problemanalyse	Informationssammlung: Fehlererfassung, Fragebögen, Beobachtungen... Aufbereitung der Ergebnisse: Tabellen, Diagramme... Interpretation der Ergebnisse: Anwendung von Theorien, ISHIKAWA-Diagramm, s. anschließende Darstellung

Ablauf einer Problemlösung	*Mögliche Verfahren*
Lösungsvorschläge	Kreative Techniken: Brainstorming, 635-Methode, Synectic...
Planung der Maßnahmen	Ziele konkretisieren, Vorschläge bewerten, Abfolge der Maßnahmen bestimmen: Wer macht was wann, Abläufe planen Kontrollverfahren entwickeln oder übernehmen, s.o. Informationsverfahren
Durchführung und Kontrolle	Erfahrungsaustausch, Erhebungen durchführen, Ergebnisse der Erhebungen auswerten, darstellen und hinsichtlich Ziele bewerten, weitere Maßnahmen entwickeln

Abb. 61: Systematik und Methoden für Verbesserungsprozesse

ISHIKAWA-Diagramm

Das Modell integriert auf einem hohem Abstraktionsniveau verschiedene Einflussfaktoren. Im ursprünglichen Modell waren es die Faktoren: Mensch, Maschine, Methode, Material. Bei einem Qualitätsproblem wurden im Bereich der Faktoren Informationen gesammelt und Vermutungen über die Ursachen aufgestellt. Es ergaben sich ein immer differenzierter werdendes Modell über die Ursachen und ihre Wirkungen (*Engel* 1981).

Die Problemlösungsgruppe benutzt das Diagramm, um gezielt die vermuteten Ursachen zu konkretisieren, die die Probleme erzeugen (Wirkungen der konkretisierten Faktoren), z.B.:

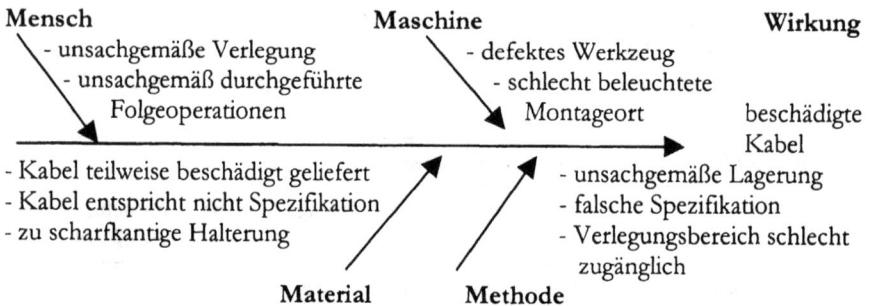

Abb. 62: Mögliche Einflussfaktoren bei Problemen (*Strombach* und *Johnson* 1983, S. 32)

Das Verstehen eines Problems ist abhängig von dem Wissen, um mögliche Ursachen und der Intensität der Auseinandersetzung. So kann man bei jeder Ursache mit einem weiteren *Warum* tiefer in die Ursachen eindringen. Warum wurde das Kabel unsachgemäß verlegt? Die Mitarbeiter verfügten nicht über die notwendigen Kenntnisse. Warum verfügen sie nicht über die notwendigen Kenntnisse? Die Einweisung müsste eigentlich genügen. Die Mitarbeiter kündigen häufig.

Warum kündigen die Mitarbeiter? Die Arbeit ist langweilig. Die Mitarbeiter sind an der Arbeit nicht interessiert.

Solche Faktorendiagramme lassen sich auch für andere Zwecke generieren. Grundlage sind theoretische Kenntnisse aus verschiedenen wissenschaftlichen Gegenstandbereichen, die sich in einem Diagramm interdisziplinär integrieren lassen. Für Organisationsprobleme benötigt man ein anders Faktorenmodell, das z.B. die „harten" formalen Variablen mit den „weichen" informalen Variablen kombiniert (s. Teil B, Kapitel 1.2 Theorie und Praxis S. 141).
Bei einer konkreten Analyse gelten die Faktoren als Wegweiser für die Sammlung von Informationen und ihre Interpretationen. Das jeweilige Problem steuert von Fall zu Fall was ein neues Modell an Variablen enthalten muss, um ein Verstehen des jeweiligen Problems zu ermöglichen.
Im C-Teil wird das Thema Qualitätszirkel als Anwendung von Organisation noch einmal aufgegriffen.

Man hat allerdings bei der Gruppenarbeit mit zusätzlichen Problemen zu rechnen: Schlechtes Klima, Mobbing, destruktive Interaktionen in Gruppen, welche die Arbeitsabläufe stören. Im nächsten Abschnitt sollen die Einflussfaktoren auf die Gruppenarbeit aufgeführt werden.

8.3 Einflussfaktoren

Die Leistungen einer Gruppen sind von sehr vielen Einflüsse abhängig. Benutzt man in einer Organisation Gruppen für bestimmte Leistungen und überlässt man die Gruppe ihrem Schicksal, so können sich unkontrolliert Strukturen entwickeln, die sich nachteilig auf die Leistungsfähigkeit einer Gruppe auswirken. Es gibt keinen Automatismus des Erfolges. Der Erfolg muss erarbeitet werden, s. Gruppenentwicklung. Vorgänge in der Gruppe können besser verstanden werden, wenn man die Einflussfaktoren kennt. Das ist nur ein Teil sich dem Thema Gruppe zu nähern. Der andere Teil besteht darin, Gruppenprozesse bewusst zu gestalten. Auch hier finden wir, wie bei der formalen und informalen Organisation als zentrale Probleme: Die Handhabung von Macht und Vertrauen. Die Übersicht veranschaulicht die Vielzahl der Einflussfaktoren und ihre wechselseitigen Beeinflussungen.
Die Beziehung der verschiedenen Variablen zueinander sind multikausal miteinander vernetzt. Für die Analyse von Gruppen bedeutet das, dass erst alle Variablen und ihre Beziehung zueinander Auskunft über den Zustand einer Gruppe geben. Ähnliches gilt für Interventionen. Es genügt nicht eine Variable zu verändern, z.B. die Autonomie, um die Leistung von Gruppen zu verbessern.

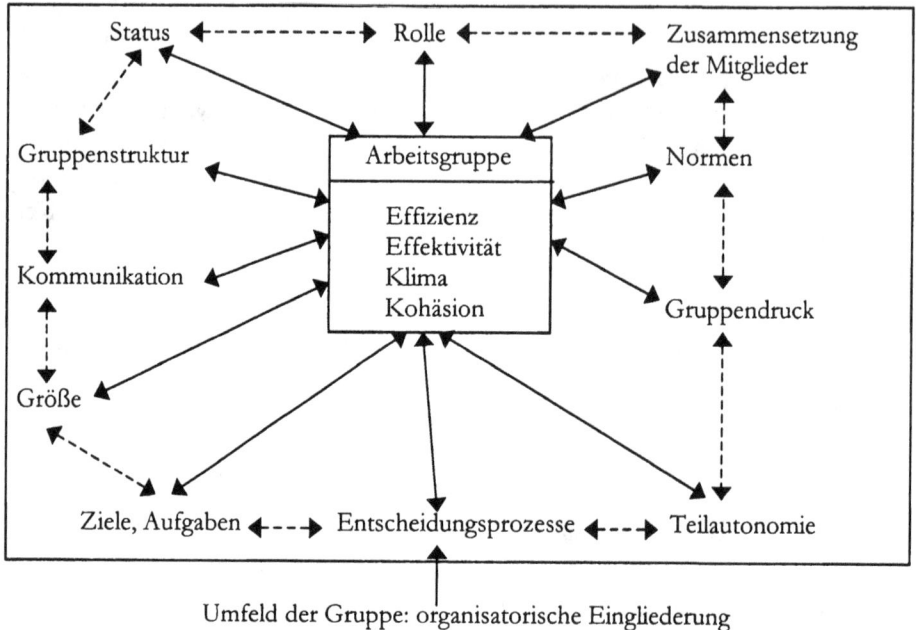

Umfeld der Gruppe: organisatorische Eingliederung

Abb. 63: Einflussvariablen auf die Leistungen der Gruppe (*Weinert* 1998, S. 359)

8.3.1 Formale Einflussvariablen

Ziele, Aufgaben der Gruppe

Eine Arbeit kann leicht oder schwer, interessant oder uninteressant, abwechslungsreich oder eintönig, mitreißend, begeisternd, herausfordernd oder anödend, ermüdend sein. Neben ihrem Aufforderungscharakter besitzt die Aufgabe eine natürliche Struktur, erzwingt eine angemessene Vorgehensweise und beschränkt damit die Freiheit der Gruppe, sich nach Belieben die Arbeit zu teilen. Die Struktur veränderter Ziele, Aufgaben fordern unter Umständen sogar den Wandel offizieller Normen und Vorschriften.

Teilautonomie der Gruppe

Arbeitsgruppen sind Untergliederungen in einer Organisation und können deshalb nur in einem bestimmten Rahmen autonom sein. Die Vorgaben können allerdings den Spielraum der Gruppe mehr oder weniger eingrenzen (Grad der Autonomie). Eine Aufstellung von Aufgaben mit einer Abstufung des Autonomiegrades soll darstellen, in welchen Bereichen die Verantwortlichkeit mehr oder weniger eingeschränkt sein kann.

1 = niedriger Grad 7 = vollständige Autonomie

Art der Tätigkeit	1	2	3	4	5	6	7
Gruppe hat Einfluss auf ihre qualitativen Ziele							
Gruppe hat Einfluss auf ihre quantitativen Ziele							
Gruppe entscheidet über Frage der externen Führung							
Gruppe entscheidet, welche zusätzlichen Aufgaben übernommen werden sollen							
Gruppe entscheidet, wann sie arbeiten will							
Gruppe entscheidet über Fragen ihrer Arbeit							
Gruppe entscheidet über die interne Verteilung der Aufgaben							
Gruppe entscheidet über Fragen der Neueinstellung							
Gruppe entscheidet über Fragen der internen Führung							
Gruppenmitglieder bestimmen ihre individuellen Arbeitsmethoden							
Gruppe optimiert ihre Arbeit in eigener Verantwortung							
Die Gruppe löst selbst ihre Konflikte							

Abb. 64: Autonomiegrad (*Weinert* 1998, S. 378)

Eine Gruppe in einer Organisation ist mehr oder weniger von den Rahmenbedingungen abhängig, deshalb spricht man von teilautonomen Arbeitsgruppen. Gruppen mit weitgehender Autonomie führen innerhalb von allgemeinen Zielvorgaben selbständig Handlungen durch. Sie übernehmen auch die Organisation und die Verantwortung für die anfallenden Tätigkeiten. Die Aufgabenverteilung ist dann, bezogen auf die Arbeitsinhalte und das Arbeitsfeld, entscheidend verändert gegenüber traditionellen Arbeitsgruppen in Linienorganisationen.

Arbeitsinhalte:
- Erweiterung der Aufgaben, Job Enlargement
- Arbeitsplatzwechsel, Job Rotation

Arbeitsfeld (Job Enrichment):
- Erweiterung des Verantwortungsbereiches (z.B. Kontrolle und Optimierung der Qualität durch Qualitätszirkel)
- Erweiterung des Entscheidungsspielraums (Planung der Arbeitsabläufe, Einsatz der Gruppenmitglieder etc.)
- Erweiterung des Interaktionsspielraums (Durchführung von Besprechungen, Treffen von Vereinbarungen organisatorischer Art etc.).

Teilautonome Gruppen führen vollständige Handlungen durch, Man spricht dann von der Durchführung vollständiger Handlungen, wenn folgende Kennzeichen gegeben sind (vgl. *Ulich* 1994):

- Selbständiges Setzen von Zielen im Rahmen von Oberzielen
- Selbständige Planung des Handlungsablaufs
- Mittelauswahl zur Zielerreichung
- Ausführung einschließlich Kontrolle und Korrektur mit Zielbezug
- Ergebniskontrolle mit Resultatfeedback in Bezug auf das angesetzte Ziel

Die Tätigkeiten in teilautonome Gruppen ermöglichen selbständiges Verändern und Lernen. Es baut sich hinsichtlich der Arbeit eine intrinsische Motivation auf, weil die Arbeit direkte Erfolgserlebnisse ermöglicht. Die Leistungen, die Verbesserungen haben die Gruppenmitglieder erarbeitet und sind nicht durch Anweisungen des Vorgesetzten zustande gekommen.

Größe der Gruppe

Größe und Leistung einer Gruppe haben Einfluss aufeinander. Kleine Gruppen (4-6) können Aufgaben zügiger bearbeiten, schneller kommunizieren. Sie sind in der Regel produktiver. Unterschiedliche Fähigkeiten können besser gebündelt werden. Bei größeren Gruppen besteht die Gefahr, dass sich Untergruppen bilden und viel Zeit für Abstimmungsprozesse benötigt werden.

Für kreative Aufgaben können größere Gruppen (10 - 12) bessere Ergebnisse erzielen. Bei Brainstormingsitzungen haben Kommunikationsprozesse und emotionale Beziehungen geringere Bedeutung. Die Gruppe geht nach einer Sitzung wieder auseinander. Eine größere Anzahl von Gruppenmitgliedern produziert mehr Ideen und kann sich mehr Anregungen für neue Einfälle geben.

Deshalb ist es für Gruppen wichtig, dass sie je nach Aufgabe ihre Größe variieren können.

Zusammensetzung der Gruppe

In einer Arbeitsgruppe kommen Menschen zusammen, die in einer Organisation tätig sind und gemeinsam eine Aufgabe zu erfüllen haben. Die Mitglieder einer Gruppe werden vor allem nach ihren Fähigkeiten und Fertigkeiten ausgewählt. Die Gruppe muss folglich auch über ihre eigenen Ressourcen nachdenken und evtl. Ergänzungen durch die Aufnahme weiterer Mitglieder vornehmen.

Die Wahl geschieht nicht, wie im privaten Bereich, nach Sympathie. In den Gruppen sind meist unterschiedliche Persönlichkeiten mit abweichenden Vorstellungen und Meinungen. Dadurch können Spannungen, Konflikte entstehen. Die Auseinandersetzungen mit Konflikte können zu Verbesserungen des Klimas, zum anderen aber auch zu faulen Kompromissen, Streit, unerträglichen Gruppenklima und Mobbing führen. Das führt uns zu den informellen Faktoren.

8.3.2 Informale Einflussvariablen

Normen und Gruppendruck

Formelle Normen liegen schriftlich verfügbar in Form von Richtlinien, formulierter Personalpolitik, Führungsleitlinien, Gesetzen (z.B. BVG) etc. vor. Sie regeln die Tätigkeiten und das Verhalten, legen Verantwortlichkeiten, Mitbestimmungsbereiche fest. Sie strukturieren das Miteinander in einem sozialen System. Sie legen fest, wann, wo und zwischen wem welche Arte von Interaktionen mit welchen Inhalten stattzufinden haben.

Normen haben die wichtige Aufgabe, das Überleben der Gruppe zu erleichtern. Sie schaffen verlässliche Abläufe in der Gruppe und tragen zur Solidarität und Gruppenidentität bei. Allerdings üben Normen Druck auf das individuelle Verhalten der Gruppenmitglieder aus. Sie können zu konformen Denken und Handeln zwingen. Abweichendes Verhalten wird sanktioniert, in dem ein Individuum von den anderen Mitgliedern isoliert, ignoriert oder unter Druck gesetzt wird (Mobbing).

Neben den formellen Regeln entwickeln sich in einem sozialen System auch informelle Normen, die ebenfalls das individuelle Verhalten beeinflussen. Die informellen Normen entwickeln sich aus den konkreten Interaktionen und verfestigen sich im Laufe der Zeit. Sie strukturieren dann die aktuelle Kommunikation und Interaktion. Sie können die Zusammenarbeit fördern oder verhindern. Meist sind informellen Regeln den Gruppenmitgliedern nicht bewusst.

Kommunikation

Die Beiträge von Gruppenmitgliedern sind quantitativ und inhaltlich unterschiedlich. Es gibt Mitglieder, die öfters angesprochen werden und auch andere öfters ansprechen. Es gibt Mitglieder, die mehr sachliche Beiträge liefern als andere. Es gibt Mitglieder, die konstruktiv oder auch destruktiv die Gruppe beeinflussen. Die Art und die Häufigkeit von Beiträge bleiben von Sitzung zu Sitzung relativ stabil.

Mit den Beobachtungskategorien von *Bales* kann man die Beiträge analysieren und den Personen zuordnen, um Rollen in der Gruppe zu identifizieren: wer macht die Vorschläge, fördert oder behindert die Gruppe?

Aufgabenorientierung:

* macht Vorschläge
* äußert Meinung
* orientiert, informiert

* erbittet Information
* fragt nach Meinungen
* erbittet Vorschläge

sozio-emotionale Orientierung:

- zeigt Solidarität
- entspannt die Atmosphäre
- stimmt zu

- stimmt nicht zu
- zeigt Spannung
- zeigt Antagonismus

Status, Rolle, Struktur

In der Gruppe bildet sich eine Struktur, in der die Mitglieder einen unterschiedlichen Status einnehmen und damit Einfluss auf das Gruppengeschehen nehmen können. Die Position, die ein Individuum in einer Gruppe hat, kann man soziometrisch erfassen. Die Soziometrie gewinnt ihr Ausgangsmaterial durch Befragung der Individuen, deren Interaktionen untersucht werden sollen. Die Fragen können sehr allgemein sein (Wen aus der Gruppe mögen Sie am liebsten?) oder sehr speziell (Mit wem aus der Gruppe würden Sie am liebsten das Projekt XY durchführen). Je genauer und spezieller die Fragen sind, um so eingeengter und spezifischer ist der Bereich, auf dem die Interaktion untersucht wird. Natürlich können auch Ablehnungen erfragt werden.

Zwei zentrale soziometrische Fragen geben Auskunft über den Macht- und den Vertrauensstatus. Wem vertraue ich? Wer hat Einfluss in der Gruppe? Die gewonnen Werte kann man unter verschiedenen Gesichtspunkten auswerten. Man erhält den Statuswert durch folgende Berechnung:

$$\text{Individueller Statuswert} = \frac{\text{Anzahl der erhaltenen Wahlen}}{\text{Gesamtanzahl der Wahlen}}$$

Außerdem kann man ein Soziogramm aufstellen, das die Beziehungen der Gruppemitglieder untereinander grafisch darstellt. Die Struktur der Gruppe ergibt sich aus den Beziehungen der Gruppenmitglieder untereinander. Gruppenmitglieder können Cliquen bilden, miteinander durch Sympathie oder Antipathie in Beziehung stehen (*Dollase* 1973).

Symbole für die Art der Beziehung:

(A)———>(B)　　　　　　　　(A)<———> (B)
　A wählt B　　　　　　　　　sie wählen sich gegenseitig

(A)-------->(B)　　　　　　　(A)<-------->(B)
　A lehnt B ab　　　　　　　　sie lehnen sich gegenseitig ab

Die Auswertung kann identifizieren, wer in einer Gruppe informell Macht ausübt, wer als Vertrauensperson angesehen wird, wer Außenseiter (vorwiegend ablehnende Wahlen) oder Isolierter ist (keine oder wenig Wahlen).

Jedes Mitglied entwickelt eine Rolle in der Gruppe. Die Rolle in einer Arbeitsgruppe wird durch die gestellten Aufgaben und die Persönlichkeit bestimmt. Die Rolle besteht aus Erwartungen der anderen Mitglieder hinsichtlich seines Verhaltens, aus der Wahrnehmung dieser Rolle durch den Rollenträger und aus dem tatsächlichen Verhalten des Rollenträgers. Rollenidentität ist dann vorhanden, wenn Einstellungen und Verhaltensweisen übereinstimmend mit der Rolle sind. Wenn z.B. ein Vorgesetzter sich so verhält, wie man es von ihm erwartet. Die Rollenwahrnehmung ist dann, wie der Vorgesetzte meint, dass er sich verhalten müsste. Das ist von der Rollenerwartung zu unterscheiden, die die Auffassungen der Mitarbeiter widerspiegelt, wie sie sich das Verhalten des Vorgesetzten vorstellen.

Natürlich gibt es hier auch Quellen von Konflikten, die einen Diskurs über die Rollen notwendig machen, um Klärungen herbeizuführen. Inhaltlich bezöge sich die Diskussion auf „wer macht was?" Auf den Umgangsstil bezogen würde diskutiert werden „wie sollten wir miteinander umgehen?" „Welche Wirkungen haben bestimmte Verhaltensweisen?"

Gruppenentscheidungen

Die Leistungen von Gruppen hängen auch von der Fähigkeit der Gruppe ab, mit welcher Qualität sie entscheidet. Fach- und Methodenkompetenz der Gruppenmitglieder sind natürlich wichtige Voraussetzungen. Der freie Fluss von Informationen hängt von der Ausprägung der anderen Gruppenvariablen ab.

Gruppenentscheidungen sind dann gegenüber Einzelentscheidungen vorteilhafter:

- wenn es sich um die Bewertung unsicherer, unklarer und ungewisser Situationen handelt,
- wenn für eine Problemlösung viele und unterschiedliche Informationen gesammelt und ausgewertet werden müssen,
- wenn möglichst viele, verschiedene und neue Ideen entwickelt werden sollen,
- wenn die Lösungen von den Gruppenmitgliedern anschließend ausgeführt werden müssen.

Einzelpersonen sind besser, wenn es um Fachentscheidungen geht und wenn eine Konsensfindung für eine gemeinsame Handlungsbasis nicht notwendig ist. Ein Nachteil der Gruppenentscheidung scheint die Verantwortung zu sein. Einem Individuum kann ich besser den Fehler, die Schuld für eine Fehlentscheidung zuordnen. Allerdings ist dann die Frage, ob Fehler- oder Schuldzuweisungen weiterhelfen. Individuen wie Gruppen machen Fehler, entscheidend ist, wie mit den Fehlern umgegangen wird. Das hängt von den Normen, Regeln ab, die in einer Gruppe, Organisation herrschen. Fehler können vertuscht werden, Schuldige können dingfest gemacht werden etc. Man kann auch Fehler als einen selbstverständlichen Bestandteil menschlichen Handelns verstehen und versuchen die Folgen aufzuarbeiten, aus den Fehlern zu lernen und die Lage durch weitere Entscheidungen zu verbessern, s. Qualitätszirkel.

Gruppenkohäsion

Kohäsion ist ein Maß für den Zusammenhalt der Gruppe. Sie drückt sich konkret darin aus, in welchen Maße sich die Gruppenmitglieder voneinander angezogen fühlen und ihre Sympathien nicht nach außen orientiert sind. Die Kohäsion lässt sich mit soziometrischen Befragungen erfassen (*Dollase* 1973, S. 157 ff).

$$\text{Gruppenkohäsion} = \frac{\text{Summe der gegenseitigen Wahlen}}{\text{Wahrscheinlichkeit gegenseitiger Wahlen} = N \times (N-1) : 2}$$

Gruppenklima

Das Gruppenklima ist eine schwer ermittelbar Variable, weil Gefühle erfasst werden sollen. Das Gruppenklima unterscheidet sich von der Zufriedenheit eines Individuums. Unter Gruppenklima versteht man, wie wohl sich die Gruppenmitglieder in einer Gruppe fühlen. Ausdrücken kann man das Gruppenklima durch das Verhältnis von positiven zu negativen soziometrischen Wahlen ermitteln, je mehr negative Wahlen vorherrschen, umso mehr Spannungen sind zwischen den Gruppenmitgliedern vorhanden. Spezielle Befragungen mit standardisierten Fragebögen können Auskunft über die allgemeine Befindlichkeit oder die Integriertheit in einer Gruppe geben.

Effektivität und Effizienz der Gruppe

Beide Gesichtspunkte des Leistens sind wichtig. Es soll mit möglichst wenig Aufwand an Material und an zeitlichen Einsatz eine Leistung mit hoher Qualität erstellt werden. Die Gruppe soll eine hohe Produktivität erreichen.

Teilt man sich die Arbeit auf und alle Mitglieder einer Gruppe übernehmen bestimmte Aufgaben, kann die Arbeit schneller und mit weniger Aufwand erledigt werden (Effizienz). Das ist aber nur eine Seite der Leistung.

Man will auch durch die Gruppenarbeit qualitativ hohe Leistungen erreichen (Effektivität). Unterschiedliche Fachkenntnisse, Erfahrungen können in der Gruppe ausgetauscht, bzw. ergänzt werden und somit zu einer optimaleren Lösung führen, wenn die Zusammenarbeit in der Gruppe funktioniert.

8.4 Gruppenentwicklung durch gruppendynamische Diskurse

Die Zusammenarbeit in Gruppen funktioniert leider nicht immer zufriedenstellend für die Mitglieder. Eine Befragung verdeutlicht das. Auf die Frage, wann drehen Sie im Job durch? Antworteten die Befragten, wenn... (*Gewis* 2000)

-   die Teamarbeit nicht klappt   72%
-   ich ungerecht behandelt werde   53%
-   ich schlecht informiert werde   47% etc.

Gruppen ändern sich, wenn ein Einflussvariable modifiziert wird.

Die Veränderung in der Gruppe wird aufgrund des bestehenden Ganzheit-Glied-Zusammenhangs zwischen Gruppenvariablen unausweichlich: d.h. jede Variable beeinflusst das Ganze und auch jede andere Variable. So führen organisatorische Eingriffe zu Veränderungen des gesamten Gefüges der Gruppe, z.B. Austausch von Gruppenmitgliedern, Veränderung des Autonomiegrades, der Ziele, Aufgaben, der Größe der Gruppe etc. Diese Einflussnahme ist relativ einfach und kann Konfliktfelder reduzieren. Eine neue informelle Struktur entwickelt sich aus den neuen Bedingungen. Die Struktur kann sich positiv oder negativ auf die Arbeit der Gruppe auswirken.

Die Gruppenmitglieder müssen deshalb selbst, auf Grund eigener Analysen und Interventionen, die Kommunikation und Interaktion in ihrer Gruppe bewusst gestalten, um gewünschte Entwicklungen der Gruppen zu gewährleisten.

Durch die Interventionen der Gruppenmitglieder verändern sich insbesondere die informalen Variablen wie Gruppenklima, Gruppenkohäsion, Kommunikation, informale Normen, Handhabung von Macht etc.

Die Gruppenentwicklung ist gekennzeichnet durch typische Veränderungen, die sich in verschiedenen Phasen abspielen. Die Gestaltung des Entwicklungsprozesses lernt man in gruppendynamischen Seminaren, in denen das Analysieren von Gruppenprozessen und das Rückmelden von Wirkungen individuellen Verhaltensweisens (Feedback) gelernt wird. Im Anschluss sollen drei unterschiedliche Modelle dargestellt werden, die unterschiedliche Aspekte der Gruppenentwicklung thematisieren.

Methoden zur Gruppenentwicklung

Allen Trainingsformen gemeinsam ist, dass die Teilnehmer selbst Gruppenprozesse durchführen und analysieren. Vom Trainer erhalten sie dazu mehr oder weniger strukturierte Aufgabenstellungen mit verschiedenen Methoden, um die Erfahrungen zu reflektieren. Bei einem Sensitivity Training beziehen sich die Methoden auf die Analyse der Gruppenprozesse und der individuellen Verhaltensweisen (Feedback) (Beschreibungen von Trainings bei *Heidelhoff* und *Langosch* 1998, 2000).

Die Bestandteile sollen hier kurz abgehandelt werden:
1. Prozessanalyse
2. Systematik für ein Konfliktgespräch.
3. Feedback.

1. Prozessanalyse

Der abgebildete Fragebogen zur Problemidentifikation kennzeichnet Bereiche der Zusammenarbeit, die verbessert werden können. Wenn keiner in der Gruppe ein Problem oder einen Verbesserungsbereich sieht, so bedeutet das nicht, dass alles in Ordnung ist. Es kann sein, dass keiner sich traut, über seine Sicht zu sprechen. Erst wenn sich eine Vertrauensbasis in der Gruppe entwickelt hat, redet man offener miteinander. Dies kann man nicht erzwingen. Erst das wiederholte Reden über die Art der Zusammenarbeit fördert den notwendigen Vertrauensprozess.

Fragebogen zur Problemidentifikation
1= schwache Hinweise, 3= einige Hinweise, 5= starke Hinweise

Verlust an Produktivität/Leistungsabfall der Gruppe	1 2 3 4 5
Klagen oder Beschwerden in der Gruppe	1 2 3 4 5
Konflikte oder Feindschaft zwischen Gruppenmitgliedern	1 2 3 4 5
Unklare Kompetenzen oder Beziehungen zwischen den Gruppenmitgliedern	1 2 3 4 5
Mangel an klaren Zielen oder geringe Identifikation mit diesen	1 2 3 4 5
Apathie, allgemeine Interesselosigkeit oder Mangel an Engagement	1 2 3 4 5
Mangel an Innovation/Risikobereitschaft Kreativität/Initiative	1 2 3 4 5
Ineffektive Meetings	1 2 3 4 5
Probleme im systematischen Vorgehen	1 2 3 4 5
Unzureichende Kommunikation: Man wagt nicht zu widersprechen	1 2 3 4 5
Man hört einander nicht zu, man spricht nicht miteinander	1 2 3 4 5
Mangel an Vertrauen zwischen den Mitgliedern der Gruppe	1 2 3 4 5
Es werden Entscheidungen getroffen, bei denen noch kein Konsens besteht	1 2 3 4 5
Gute Arbeit wird nicht anerkannt, belohnt	1 2 3 4 5
Es wird nicht zur Zusammenarbeit bzw. zu gemeinsamen Anstrengungen ermutigt	1 2 3 4 5

Solche Checklisten gibt es in verschiedenen Formen mit unterschiedlichen Analyseaspekten (*Francis* und *Young* 1982, *Heideloff* und *Langosch* 1998, 2000, siehe Teil C Gruppen in Organisationen).

2. Systematik für ein Konfliktgespräch
Der Ablauf entspricht einem konstruktiven Konfliktbearbeitungsprozess. Er verläuft in folgenden Phasen:

1. Anmeldung der Störungen
Ein Gruppenmitglied teilt mit, was in der Gruppe stört. Eine andere Möglichkeit besteht darin, dass alle zusammen die vergangene Gruppenarbeit mit Hilfe von Vorgaben analysieren. Für eine Analyse möglicher Störquellen kann ein Fragebogen, Checklisten herangezogen werden.
Es werden nacheinander die Meinungen zur Gruppenarbeit abgefragt und ohne Bewertungen zusammengestellt. Anschließend bildet die Gruppe Prioritäten, um die Bereiche festzulegen, die bearbeitet werden sollen, z.B. durch Punktvergabe. Daraus ergibt sich die Bedeutung der Probleme für die Gruppe:
1= sehr wichtig, 2= wichtig, 3=weniger wichtig
Jeder gibt seine Meinung ab, die Reihenfolge der Problembearbeitung ergibt sich aus den Punktsummen.

2. Herausarbeiten der Hintergrundbedürfnisse
Jeder in der Gruppe hat nun die Gelegenheit, seine Bedürfnisse weiter zu klären und alle seine Gefühle, Ansichten zu dem Problem mitzuteilen. Es geht um die Erfassung der verschiedenen Interessen, Sichtweisen und Bedürfnisse. Lösungen sind noch kein Thema.

3. Formulierung der Wünsche
Alle Gruppenmitglieder formulieren ihre Gefühle und ihre Ärgernisse in Wünsche um. Die Wünsche müssen konkret sein, damit die anderen Gruppenmitglieder Stellung beziehen können. Die Gruppe entwickelt auf diese Weise eine Vorstellung, wie sie das Umgehen miteinander organisieren will.

4. Brainstorming über mögliche Lösungen
Jeder macht Vorschläge zur Lösung des Problems, ohne auf die Praktizierbarkeit zu achten. Kein Vorschlag darf kritisiert werden, keine Killerphrasen dürfen geäußert werden, wie „das geht nicht, das haben wir schon ausprobiert" etc.

5. Eine Lösung finden, die alle zufrieden stellt
Die Prozedur versachlicht die Diskussion und macht die Vorgänge in der Gruppe bewusst. Es ist nun wahrscheinlicher, dass die Gruppe eine gemeinsame Lösung finden kann. Die Veränderungen sind konkret, praktizierbar zu planen und gemeinsam zu verabschieden.

6. Überprüfung der Lösung
Erst wenn man die Lösung ausprobiert hat, kann man genau sagen, ob das Problem nun gelöst ist. Wenn nicht, dann müssen bei einer erneuten Diskussion neue Wege gefunden werden. Die Veränderungsmöglichkeit von Entscheidungen ist wesentlich für die Entwicklung einer guten Zusammenarbeit.

Die Gruppe lernt die Vorgänge in der Gruppe selbst zu analysieren, zu kontrollieren und zu gestalten. Schritt für Schritt soll eine Qualitätsverbesserung der Zusammenarbeit erarbeitet werden. Der formale Ablauf des Diskurses entspricht dem Vorgehen in einem Qualitätszirkel. Inhalte und Methoden sind unterschiedlich. Das Ziel ist nicht *Null Fehler*, sondern die *konstruktive Konfliktbewältigung*.

3. Feedback: Individuelles Verhalten

Wenn ein Individuum seine Verhaltensweisen im sozialen Bereich verändern will, ist es auf die Mitteilungen seiner sozialen Umwelt angewiesen. Nur das soziale Umfeld kann über die Wirkungen individueller Verhaltensweisen Auskunft geben. Diese subjektiven Äußerungen (Feedback) sind die Grundlage für eine Auseinandersetzung mit den eigenen Verhaltensweisen. Ob das Feedback zu Veränderungen führen soll, entscheidet jeder selbst. Ein offenes Feedback hilft, sich selbst und seine unmittelbare soziale Umwelt realistischer wahrzunehmen. Achten Sie deshalb auf folgende Regeln: Hören Sie genau zu, was man Ihnen sagt. Klären Sie durch Nachfragen, wenn Sie etwas nicht verstanden haben. Auch wenn es für Sie unangenehm ist, denken Sie nicht gleich daran, warum das Gesagte nicht stimmen kann.

Auch beim Feedbackgeben sind bestimmte Regeln zu beachten, damit die Annahme des Feedbacks nicht behindert wird. Feedback soll auch positive Gefühle und Wahrnehmungen umfassen, weil dadurch förderndes Verhalten verstärkt wird. Für das Feedbackgeben gelten folgende Regeln:

In Kurzform die **3-K-Regel:**
- **Konkret:** Beschreibung des konkreten Verhaltens. Ein bestimmtes Verhalten hat in einer konkreten Situation eine bestimmte Wirkung hervorgerufen.
- **Kurz:** Die Ausführung soll möglichst knapp sein. Ein Feedback sollte das Wesentliche enthalten und auf Wiederholungen verzichten.
- **Konstruktiv:** Keine Lösungen vorgeben, keine Ratschläge erteilen, keine Interpretationen des Verhaltens abgeben. Der Betroffene soll selbst entscheiden und Lösungen finden.

Ausführliche Regeln zum Feedback

Geben Sie dann Feedback, wenn der andere bereit ist zuzuhören. Dazu sollte eine Gelegenheit organisiert werden, in der in Ruhe eine Feedbackrunde stattfinden kann. Feedback sollte so konkret und ausführlich wie notwendig sein. Feedback sollte sich auf ein begrenztes konkretes Verhalten beziehen. Teilen Sie Wahrnehmungen als Wahrnehmungen, Vermutungen als Vermutungen und Gefühle als Gefühle deutlich mit. Vermeiden Sie indirekte Anspielungen. Feedback soll den anderen nicht analysieren. Äußern Sie sich nicht über Motive und Charaktereigenschaften. Feedback sollte möglichst unmittelbar erfolgen.

In Seminaren werden die notwendigen Kenntnisse erfahrungsorientiert vermittelt (*Heideloff* und *Langosch* 1998, 2000). Gruppen brauchen Zeit und wiederholte Diskurse, um sich zu reifen Teams zu entwickeln. Deshalb genügt ein Seminar nicht. Die Mitarbeiter müssen das Gelernte in die Praxis übertragen und dort weiter, ständig wiederholend durchführen. In einer Organisation müssen dazu die Rahmenbedingungen gestaltet werden, damit die Fähigkeiten einer Gruppe sich voll entwickeln können und sich eine produktive informelle Organisation entwickeln kann. Organisationsentwicklung ist folglich auch die Reorganisation der informalen Organisation. Auf diese folgt die Reorganisation der formalen Organisation.

Im Folgenden sollen Modelle dargestellt werden, die unterschiedliche Aspekte der Gruppenentwicklung und damit auch der reifen Gruppe charakterisieren.

1. Modell: Entwicklung zur reifen Arbeitsgruppe

In dem ersten Modell werden typische Verhaltensweisen beschrieben, die das Gruppenleben kennzeichnen. Die Veränderungen sind bedingt durch die Interventionen, welche die Gruppenmitglieder selbst gestalten.

	Verhalten	Beziehungs-ebene	Intervention
1. Phase Forming	gespanntes Klima, höfliches, distanziertes, vorsichtiges Umgehen miteinander	Abhängigkeit und Unsicherheit	Kennen lernen, erste Gruppendiskussionen im Sachbereich
2 Phase Storming	Spannungen, Konfrontationen, mühsames, meist unsystematisches Arbeiten	Angreifen Fliehen, sich zurück ziehen	wiederholte Gruppenanalysen
3. Phase Norming	Sachlicheres Arbeiten Offenes Austragen von Meinungsverschiedenheiten Konsensbildungen	Festlegen von Regeln des Umgehens, Wir – Gefühl	Gruppenanalysen, Feedback und Transfer in die Praxis
4. Phase Performing	Ideenreiches, kreatives Arbeiten, flexible Gestaltung der Arbeit, solidarisches, hilfsbereites Verhalten, offener Austausch von Informationen und Gefühlen, konstruktive Konfliktbewältigungen	Rationalität Emotionalität	Arbeitsgruppe führt selbständig Analysen und Feedbacks in der Praxis durch.

Abb. 65: Phasenmodell einer Gruppenentwicklung

2. Modell: Macht und Vertrauen

Das zweite Modell beschreibt die grundlegenden Thematiken, mit der sich eine Gruppe auseinandersetzen muss: Macht und Vertrauen. Für beide Bereiche muss die Gruppe eigene Lösungen finden.

Die Gruppe muss verschiedene Krisen und Phasen durchlaufen, um eine reife Gruppe zu werden. Dabei lernt sie, wie man in der Gruppe Konflikte aufgreift und löst. Zu den Hauptproblemen der Gruppenarbeit gehört, die eigene Unsicherheit zu überwinden, sich aus der Abhängigkeit zu lösen und das Geschehen in der Gruppe selbst zu bestimmen. Die Gruppenmitglieder hemmen sich gegenseitig bei der Forderung selbständig zu handeln, aktiv zu werden. Vorgesetzte und Normen fehlen, die Sicherheit geben und Bereiche strukturieren. Im Seminar weist der Trainer die Rolle des Vorgesetzten, Normgebenden zurück und delegiert sie an die Gruppe.

Die Gruppenmitglieder müssen die Rolle selbst übernehmen. Das entstehende Machtvakuum muss gestaltet werden, was zu den grundlegenden Konflikten führt.

Zu den Faktoren, die die Gruppenentwicklung beeinflussen, gehören die Persönlichkeitsmerkmale und Einstellungen der Gruppenmitglieder hinsichtlich Macht und Vertrauen:

Das *Machtproblem* wird durch gegensätzliche Auffassungen zu einem grundlegenden Konflikt. Es gibt Personen, die sich sicher in vorgegebenen Strukturen fühlen und sie auch bevorzugen. Es gibt aber auch Personen, die sich prinzipiell gegen Bevormundung auflehnen. Die zentrale Frage für die Gruppe ist: Wie sollen wir mit Einflussnehmen, Machtausüben umgehen?

Abhängige (dependent): Eigene Verantwortung meiden. Sich unter der Leitung eines Führers sicher und wohl fühlen. Feste Regeln bevorzugen.

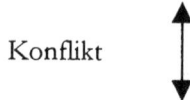

Konflikt ↕

Unabhängigkeit (counterdependent): Sich gegen feste Regeln und Geführt werden sträuben. Durch autoritäre Strukturen entmutigt werden.

In ähnlicher Weise baut sich im *Vertauensverhältnis* durch unterschiedlichen Auffassungen ein grundlegender Konflikt auf: Wie intim sollen wir in der Gruppe miteinander umgehen?

Persönlich (over-personal): Wunsch nach Vertrautheit, Nähe.

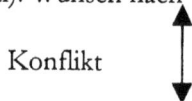

Konflikt ↕

Unpersönlich (counter-personal): Wunsch nach Vermeiden von Intimität, Angst vor der Selbstaufgabe.

Die Individuen mit unterschiedlichen Persönlichkeiten geraten bei einem Gruppentraining zwangsläufig in einen Konflikt, weil die unterdrückenden formalen Faktoren fehlen (Leiter einer Gruppe, individuelles Arbeitplätze, Regeln...). Beim Problem der Macht kommt es zu einer Konfrontation zwischen abhängigen und unabhängigen Personen, beim Problem der Vertraulichkeit zu einer Konfrontation zwischen Personen, die persönliche Nähe bzw. Distanz wollen. Beide Probleme tauchen in der Gruppenentwicklung mit Sicherheit auf. Ihnen gegenüber stehen die konfliktfreien Gruppenmitglieder. Da sie von den Problemen der Konfliktbehafteten nicht berührt werden, können sie allein bei verhärteten Fronten und in ausweglosen Situationen die Gruppenentwicklung weiterbringen (Ansatz von *Bennis* s. *Sandner* 1978, S. 125ff.).

Die reife Gruppe hat beide Probleme gelöst. Die Lösung jedes einzelnen Problems geschieht in drei Etappen oder Phasen, die an den Interaktionen festzustellen sind und die man so beschreiben könnte:
- 1 - Beginnende Unsicherheit. Aufbau von Spannung. Motivationsphase.
- 2 - Auflösung, Chaos, Krise. Neue Wege suchen. Lernphase.
- 3 - Neubildung, Verfestigung. Regeln im Konsens finden. Entscheidungsphase.

Jede dieser Etappen wird durchlaufen. Insgesamt ergeben sich also zwei Hauptphasen (Thema: Macht und Vertrauen) mit je drei Subphasen auf dem Weg zur
reifen Gruppe.

3. Modell: Individuelle Veränderungen

Luft (1971) geht von folgenden Überlegungen aus: Wenn zwei oder mehr Menschen miteinander interagieren, dann bestehen hinsichtlich ihrer Aktionen, Wünsche und Bedürfnisse individuelle Unterschiede, was sie von ihrer Person in eine
Gruppe einbringen wollen. Es gibt einen Bereich, in dem die Aktionen und Motive offen gezeigt und von den anderen Gruppenmitgliedern auch erfasst werden
kann (Bereich der freien Aktivität). Ein zweiter Bereich des Verhaltens ist dadurch gekennzeichnet, dass die Wirkungen von den anderen Gruppenmitgliedern registriert werden können, aber man selbst kennt die Wirkungen nicht
kennt (Bereich des blinden Flecks). Der dritte Bereich besteht aus Motiven und
Wünschen, die einem selbst zwar bewusst sind, die man aber vor anderen ver-
heimlicht (Bereich des Vermeidens und Verbergens). Ein vierter Verhaltensbereich eines Individuums ist von unbewussten Bedürfnissen und Wünschen bestimmt und folglich nicht für das Individuum aber auch nicht für die Gruppenmitglieder zugänglich (Bereich der unbekannten Aktivität). Aus diesen vier Bereichen setzt sich das so genannte Johari-Fenster zusammen. Für das soziale
Lernen eines Individuums ist vor allem der Bereich II wichtig, bei denen das
Individuum selbst keinen Zugang hat, aber die anderen Mitglieder ihm die Wirkungen seines Verhaltens mitteilen können. Für die Gruppe ist die Verkleinerung
des Bereiches III bedeutsam.

	Dem Selbst bekannt	Dem Selbst nicht bekannt
Anderen bekannt	I Bereich der freien Aktivität	II Bereich des blinden Flecks
Anderen nicht bekannt	III Bereich des Vermeidens und Verbergens	IV Bereich der unbekannten Aktivität

Abb. 66: JOHARI - Fenster

Das Besondere an diesem Modell liegt darin, dass die Bereiche der vier Katego-
rien verschieden umfangreich sind. Interpersonalen Beziehung können durch die
Größe der Fenster beschrieben werden.
Trifft sich eine Gruppe zum ersten Mal, dann ist der Bereich I sehr klein und der
Bereich III groß. Die Interaktionen sind wenig spontan, wenig frei. Wenn die
Gruppe durch Analysen reift, vergrößert sich der Bereich I und der Bereich III
schrumpft. Das Vertrauen in der Gruppe wächst. Das Individuum hält es nicht
mehr für notwendig, Aktionen und Motive zu verbergen. Auch der Bereich II
verringert sich, wenn das Feedback durch die Gruppenmitglieder zu Lerneffek-

ten führt. Das Individuum kann die Wirkungen seiner Verhaltensweisen besser einschätzen. Der Bereich IV wird direkt nicht beeinflusst.

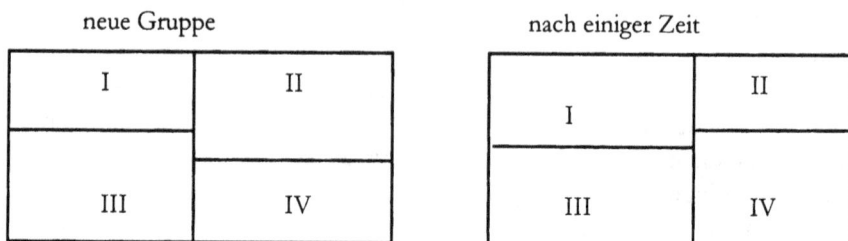

neue Gruppe   nach einiger Zeit

I	II
III	IV

I	II
III	IV

Abb. 67: Veränderung der Bereiche durch eine Gruppenentwicklung

Eine reife und produktive Gruppe ist durch die Ausdehnung des Bereiches der freien Aktivitäten gekennzeichnet. Die freie Aktivität erleichtert die Zusammenarbeit und die Kommunikation in der Gruppe und macht das starre, energetisch kostspielige, unökonomische Vermeiden und Verbergen von Aktionen und Motiven weniger dringlich. Die Gruppenmitglieder tauschen Informationen offener aus, diskutieren Vorschläge, Vorstellungen konstruktiver.

Reife Gruppe

Bei der Entwicklung zur reifen Gruppe werden die Beziehungen zwischen den Gruppenmitgliedern zunehmend rationaler und von störenden Emotionen entlastet. Die Aktionen der Gruppe beschränken sich nicht länger auf ihren Zusammenhalt, sondern werden immer mehr in den Dienst der gemeinsamen Aufgabe gestellt. Effektiv oder produktiv kann nur die Gruppe sein, welche die Beziehungen zwischen den Gruppenmitgliedern nicht mehr in den Mittelpunkt ihrer Diskussionen stellt. Die Interaktionen sind zum Instrument der Aufgabenbewältigung geworden. Unstimmigkeiten werden sachlich behandelt und emotionale Reaktionen rufen keine Krisen mehr hervor, sondern führen zu Problemlösungsprozessen.

Zu den Charakteristika einer reifen Gruppe zählen (*Krech* und Crutchfield 1962):

Atmosphäre:	Formlos, entspannt.
Diskussion:	Aufgabenzentriert. Alle Gruppenmitglieder sind beteiligt.
Aufgabe:	Von allen gut verstanden und akzeptiert.
Verhalten:	Die Gruppenmitglieder hören einander zu und haben keine Angst, sich lächerlich zu machen, auch bei Äußerung außergewöhnlicher Ideen.
Unstimmigkeiten:	Werden weder unterdrückt noch überspielt. Die Gründe werden sorgfältig geprüft.
Entscheidungen:	Werden so getroffen, dass jeder einverstanden ist. Majorität als Basis für weiteres Handeln wird nicht akzeptiert.
Kritik:	offen und konstruktiv, deshalb kaum persönliche Attacken.
Initiator:	Dominiert nicht, noch wird es von ihm verlangt; denn die Gruppe handelt selbstbewusst.

Man kann aber selbst von einer reifen Gruppe keine Effektivität erwarten: wenn von ihr unter Zeitdruck originelle Lösungen verlangt werden, wenn keine Zielvorstellungen bestehen, wenn Ziele nicht eindeutig definiert sind, wenn nicht genügend Informationen und Hilfsmittel zur Verfügung stehen, wenn die Aufgabe die Fähigkeiten überfordern oder wenn ein wichtige Fachspezialisten fehlen.

Zusammenfassung

Aus der Abhandlung über die Gruppe ist deutlich geworden, dass es mit der Einführung einer gruppenorientierten Organisation nicht getan ist, s. Abschnitt Selbstorganisation und Schlanke Organisation. Ein wesentlicher Bestandteil ist die Weiterentwicklung des gesamten Systems und das können nur Individuen in Gruppen erreichen. Gruppendynamische Interventionen sind Möglichkeiten, um die kontinuierliche Verbesserung des informellen Systems zu gewährleisten.

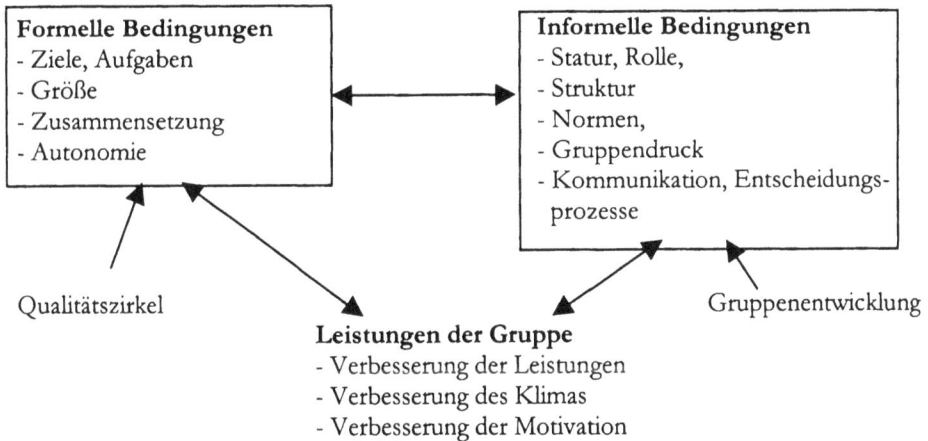

Formelle Bedingungen
- Ziele, Aufgaben
- Größe
- Zusammensetzung
- Autonomie

Informelle Bedingungen
- Statur, Rolle,
- Struktur
- Normen,
- Gruppendruck
- Kommunikation, Entscheidungsprozesse

Qualitätszirkel   Gruppenentwicklung

Leistungen der Gruppe
- Verbesserung der Leistungen
- Verbesserung des Klimas
- Verbesserung der Motivation

Abb. 68: Einflussfaktoren der Gruppe mit Veränderungsstrategien

Gruppendynamische Kenntnisse sind die Voraussetzung für Organisationsentwicklungsprogramme. Erst müssen die Interaktionsformen optimal funktionieren, damit die Mitarbeiter miteinander Organisationen gestalten können. Erst wenn Vertrauen und Offenheit vorherrschen, können Informationen frei fließen und kritisch- konstruktiv diskutiert werden.

```
                    ┌─────────────────────────────┐
                    │ Informelles System          │
                    │   ● Organisationskultur      │
                    │   ● Organisationsklima       │
                    └─────────────────────────────┘
        bedingt           verändert        beeinflusst
```

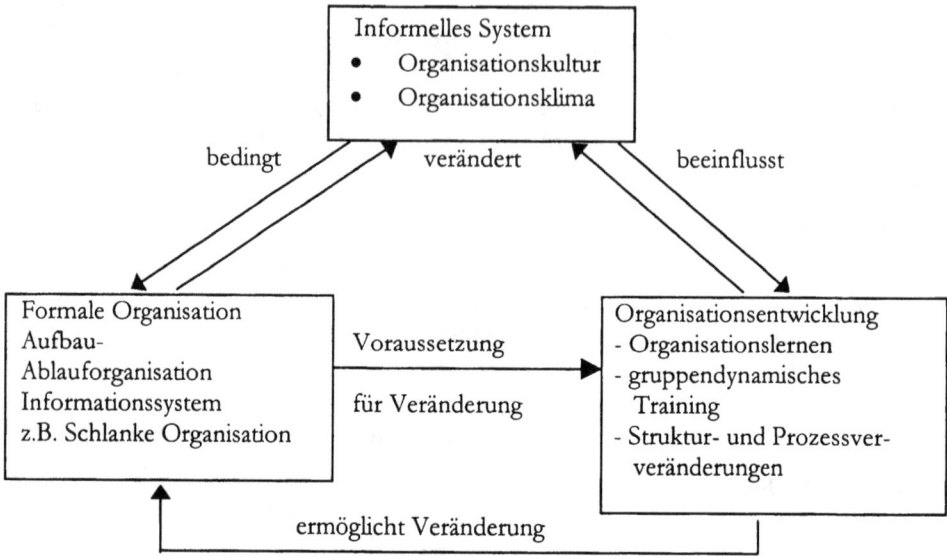

Abb. 69: Voraussetzungen für Veränderungen

Grundlage für gruppenorientierter Organisationen bis in die operative Ebene sind die Gestaltung von Interaktions- und Kommunikationsprozessen. Ebenso sind für Veränderungsprozesse funktionierende Kommunikation und kooperative Interaktionen die Voraussetzung. Damit besteht für das Management eine wichtige Aufgabe, diese Prozesse gestalten und optimieren zu können. Die gruppendynamischen Erkenntnisse beziehen sich vorwiegend auf die Gestaltung der Interaktionen. Im Folgenden soll die Kommunikation im Vordergrund stehen. Deshalb sollen Gesprächsführung und Moderation näher ausgeführt werden.

9 Kommunikation

9.1 Einleitung

Das Führen von Gesprächen ist ein alltägliches Ereignis, bei dem man nicht weiter nachzudenken braucht. Es wäre auch zu mühsam, für jedes Gesprächsereignis ein Konzept zu erstellen und hinterher die Wirkungen eines Gespräches zu analysieren.

Gründe, sich dennoch mit dieser Materie zu beschäftigen, sind in zwei Aspekten zu sehen:

- Es gibt Gespräche, die weitreichende Folgen für den Beteiligten haben, z.B. Berufsberatungen, Beratungen bei persönlichen Problemen, Disziplinargespräche, Beurteilungsgespräche etc.

- Gespräche können einen unerwünschten Verlauf nehmen, z.B.: Ein Gespräch dreht sich im Kreis; man kommt in der Sache nicht mehr weiter; die zwischenmenschlichen Beziehungen verschlechtern sich etc.

Beim ersten Bereich ist es notwendig, Konzeptionen zu entwickeln und auch die Ergebnisse auszuwerten, damit man einiger Maßen sicher ist, zu einem gewünschten Ergebnis zu kommen und seine Fähigkeit weiter zu entwickeln.

In Bezug auf den zweiten Bereich ist es wichtig, möglichst frühzeitig zu bemerken, wann ein Gespräch stecken bleibt bzw. sich die Beziehungen verschlechtern, damit sich die Folgen nicht ausweiten.

Deshalb muss man lernen, auf emotionale Verläufe im Gespräch zu achten, sie zu registrieren und richtige Folgerungen zu ziehen. Dazu sollen theoretische Erkenntnisse und Möglichkeiten für die Umsetzung ausgeführt werden. Das kognitive Eindringen in die Materie ermöglicht Vorgänge zu verstehen. Das eigentliche Konzipieren, Analysieren und Sensitivieren für Gesprächsverläufe wird nur durch konkretes Üben erlernt (s. *Heideloff* und *Langosch* 1998).

Eine allgemeine theoretische Grundlage soll zu einem besseren Verstehen von Gesprächstechniken führen. Ein solches Grundverständnis stellt sicherlich schon eine Hilfe dar, wenn es um Abläufe alltäglicher Gespräche geht. Ein Haupthindernis liegt allerdings darin, dass diese Grundlage zu abstrakt ist, um eine wirkliche Hilfe für die jeweilige konkrete Gesprächssituation zu sein. Aus diesem Grunde wird auf verschiedene Gesprächssituationen eingegangen und auf mögliche Gesprächsformen hingewiesen.

Im ersten Teil, Kommunikation, werden verschiedene theoretische Ansätze kurz beschrieben und für die Praxis allgemein ausgewertet. Problembereiche der Gesprächsführung werden aufgezeigt und einsichtig gemacht, um davon allgemeine

Verfahrensweisen abzuleiten. Gespräche werden unter verschiedenen Aspekten analysiert und in ihren Wirkungen beschrieben. Das Zergliedern eines solchen komplexen Vorganges ist notwendig, um einen Zugang zu den Gesprächsabläufen zu finden.

Sechs Aspekte werden als allgemeine Grundlage für eine Gesprächsführung behandelt:

- Abläufe der Kommunikation,
- Beziehungsgestaltung,
- Selbstoffenbarung,
- Kommunikation und Verhalten,
- Konflikte zwischen Personen,
- Regeln für die Gestaltung von Gesprächen.

9.2 Aspekte der Kommunikation

Der Begriff „Kommunikation" wird so häufig und so ausgedehnt benutzt, dass man sich ohne eine nähere zusätzliche Bestimmung darunter wenig vorstellen kann. Der Bereich ist groß und reicht von der Massenkommunikation bis hin zum Gespräch, von technischen Kommunikationssystemen bis hin zur Gestik. Er umfasst verbale und nichtverbale Kommunikation: Bilder, Worte, Ausdruck, Mimik, Fernsehen, Zeitung, Telefon. Einer richtet sich an den anderen, einer an viele, viele an einen, viele an viele. Das alles hat mit Kommunikation zu tun, denn in jedem dieser Fälle geht es um den Austausch von Informationen zwischen zwei Instanzen vermittels eines bestimmten Informationsmediums. Im Mittelpunkt dieser Abhandlung steht das Gespräch sowie die Beschreibung und Erklärung von Problemen und Störungen der Gesprächsführung.

Informationstheoretisches Modell der Kommunikation

Kommunikation wird unter dem informationstheoretischen Aspekt als Austausch von Informationen betrachtet. Um die dabei ablaufenden Vorgänge verständlich zu machen, wird die „Informationstheorie" herangezogen. Bei der Informationsübermittlung macht man also eine Anleihe in einem anderen wissenschaftlichen Bereich, der Nachrichtentechnik, um den Austausch von Informationen transparent zu machen.

Das Modell

Es stehen sich zwei voneinander getrennte bzw. nicht identische Einheiten (z.B. Individuen) gegenüber. Diese Einheiten unterscheiden sich dadurch, dass die eine über zu wenig, die andere über mehr Informationen verfügt.

Die Aufgabe des Informationsvorganges ist nun die Deckung des Informationsdefizits: Die Einheit, die über Informationen verfügt (Sender), gibt die Informationen an die andere Einheit (Empfänger) weiter.

Bei der Kommunikation kommt hinzu, dass Sender und Empfänger ständig ihre Rollen tauschen können. Informieren kann auch im gegenseitigen Wechsel geschehen, abhängig vom Informationsstand. Der Prozess verläuft in beide Richtungen.

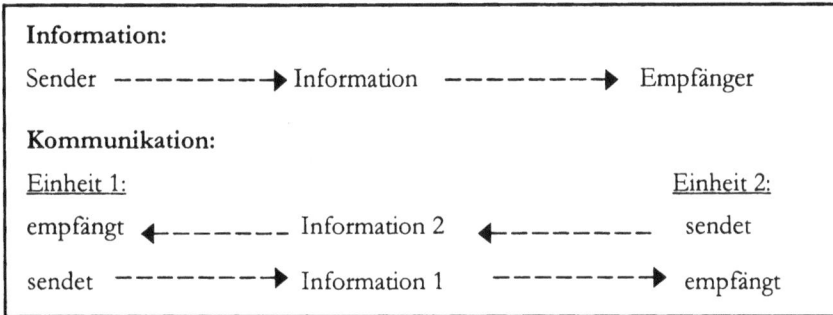

Information:

Sender -------▶ Information -------▶ Empfänger

Kommunikation:

Einheit 1:   Einheit 2:

empfängt ◀------- Information 2 ◀------- sendet

sendet -------▶ Information 1   -------▶ empfängt

Abb. 70: Kommunikation

Jede reale Kommunikation bzw. Information kann als Variation dieses Modells gesehen werden. Dabei variieren die Einheiten (Individuum, Gruppe, Organisation ...), der Inhalt der Informationen und das Übertragungsmedium (Buch, Zeitung, Telefon, Fernsehen, verbal, nichtverbal etc.).

Anwendung beim Gespräch

Ein Gespräch zeichnet sich besonders durch sein Medium aus, die Sprache. Worte besitzen Zeichencharakter. Sie meinen etwas, weisen auf etwas hin, das nicht notwendig vorhanden sein muss. Worte sind Stellvertreter für Sachen. So sind mit Worten Vorstellungen verknüpft von Sachen, Bildern, Tätigkeiten, Zuständen etc. Das Wort ruft Geschehnisse in Erinnerung, bei denen es irgendwann in der individuellen Lebensgeschichte benutzt wurde.

Auf der Annahme, dass beim Gesprächspartner die gleichen Verknüpfungen von Worten und Vorstellungen bestehen, beruht die Möglichkeit sprachlicher Kommunikation. Man denke sich die Worte, Vorstellungen und spezifischen Verknüpfungen von Worten und Vorstellungen, über die ein Mensch verfügt, vereinigt zu einer Art Zeichenregister, z.B.:

Wort: subjektive Vorstellung:

Pflanze ◀-------▶ etwas Grünes, draußen im Garten, im Park
Buch   ◀-------▶ viele bedruckte Seiten, die eingebunden sind
laufen ◀-------▶ zu Fuß, ganz schnell, außer Atem

Zeichenregister

Der Sender möchte eine bestimmte Vorstellung mitteilen. Er verbindet in seinem Zeichenregister das Wort, das mit dieser Vorstellung verknüpft ist, und sendet es. Der Empfänger sucht in seinem Zeichenregister die Vorstellung, die mit dem gesendeten Wort bei ihm verknüpft ist, und reagiert entweder in der

vom Sender gewünschten Weise oder nicht. Das hängt davon ab, ob er die Information versteht. Das Verständnis hängt von der Gleichheit der Zeichenregister ab.

Gemeint ist damit Folgendes: Nur wenn die Verknüpfung von Wort und Vorstellung in beiden Zeichenregistern gleich ist, ruft das gesendete Wort beim
Empfänger die gleiche Vorstellung wach.

Das semantische Problem

Die Verknüpfung von Worten und Vorstellungen wird gelernt, deshalb müssen
nicht notwendigerweise Zeichenregister vollständig übereinstimmen. Solche
Erfahrungen hat sicherlich schon jeder in Gesprächen gemacht. Man diskutiert
heftig miteinander, stellt dann aber fest, dass man Begriffe ganz unterschiedlich
benutzt.

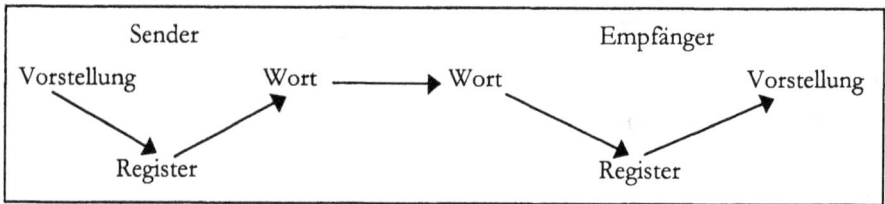

Abb. 71: Das semantische Problem

Es käme recht häufig zu beiderseitigen Verwirrungen im Gespräch, wenn es
nicht ein Regulativ gäbe:

Die Redundanz. Als Redundanz wird alles bezeichnet, was über den reinen
Informationsgehalt bei der Übertragung hinausgeht. Es werden zusätzlich Informationen gegeben, die das Wortumfeld bestimmen und den Zusammenhang,
in dem das Wort beim Sender steht. Dadurch gelingt es meist, dass sich die Bedeutung des Wortes bei Sender und Empfänger weitgehend deckt.

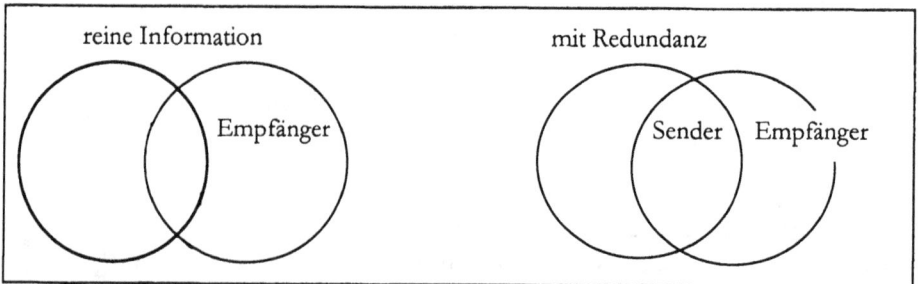

Abb. 72: Die Redundanz

Die positive Wirkung der Redundanz liegt in der Sicherheit und Eindeutigkeit,
die sie vermittelt. Sie zeigt diese Wirkung allerdings nur in einem „ökonomischen" Bereich. Zu wenig Redundanz lässt zu viele Fragen offen, zuviel Redundanz verwirrt und desorientiert. Das Umfeld ist zu groß, man kann die Bedeutung nicht mehr lokalisieren.

Feedback

Das Informationsmodell, wie es bisher besprochen wurde, ist kein eigentliches kybernetisches System. Es fehlt die Möglichkeit der Regelung: Woher weiß der Sender, ob seine Sendung auch richtig ankommt, ob er noch Zusatzinformationen geben muss und welche?

Dies wird durch so genannte Rückkopplungsprozesse, Feedback, gewährleistet. Das Verständnis der gesendeten Worte wird überprüft.

Beispiel: Bei der Kommunikation kann der Sender den Empfänger die gesendeten Worte wiederholen lassen. Er weiß dann, ob die Worte ankamen oder nicht, das ist z.B. bei militärischen Befehlen üblich. Allerdings funktioniert dies nur, wenn ein einheitliches Zeichenregister bei Sender und Empfänger vorhanden ist. Die Überprüfung einer Übereinstimmung kann auch dadurch geschehen, dass der Empfänger mit seinen Worten beschreibt, welche Vorstellungen die gesendeten Worte bei ihm auslöst haben. Der Sender bestätigt diese dann, wenn sie richtig sind, oder korrigiert sie, wenn sie falsch sind. Zusammenfassungen in eigenen Worten können sich auf Inhalte aber auch auf emotionale Zustände beziehen (Paraphrasieren).

9.3 Folgerungen für die Gesprächsführung

Zusätzlich kann man sich bemühen, Informationen verständlicher zu übermitteln. Es gibt allgemeine Prinzipien, die sich sowohl auf Gespräche wie auch auf Texte übertragen lassen:

1. Einfachheit
2. Gliederung, Ordnung
3. Kürze, Prägnanz
4. Zusätzliche Stimulans

Für die Beurteilung eines Gespräches, Textes formuliert man am besten Polaritäten, um die Ausprägungen festzuhalten, Schwachstellen zu kennzeichnen.

Einfachheit - Kompliziertheit

Zu viel Redundanz, Fachwörter, verschachtelte Satzbildung etc. führen zu einer Kompliziertheit, die oft zu Missverständnissen führt.

Einfachheit meint, dass kurze Sätze benutzt und vorwiegend bekannte Wörter verwendet werden. Dazu gehört auch eine anschauliche Schilderung, die den Zugang zu den Informationen erleichtert.

Gliederung, Ordnung - Unübersichtlichkeit

Hier geht es um die Gestaltung der Informationsübermittlung. Immer wieder neue Einfälle zum Thema, Verlieren des roten Fadens, sprechen sicherlich für eine hochausgeprägte Kreativität. Allerdings besteht die Gefahr, dass der Gesprächspartner verwirrt wird und nicht weiß, was man ihm eigentlich mitteilen möchte.

Eine äußere Gliederung strukturiert die Thematiken eines Gesprächs: Was soll in welcher Reihenfolge abgehandelt werden?

Innere Ordnung bezieht sich auf die Verknüpfung der Inhalte, die einer Logik folgen sollten. Hier sind insbesondere bestimmte Formen, Systematiken gemeint, nach denen das Gespräch ablaufen soll, z.B. Problemlösungsgespräche.

Kürze, Prägnanz - Weitschweifigkeit

Tagtäglich erlebt man in Gesprächen, dass bei zeitlich länger ausgedehnten Gesprächsanteilen schnell die Aufmerksamkeit sinkt. Auch das Wesentliche verschwindet meist in dem Wust von Informationen. Ein lebendiger Dialog wird begünstigt, wenn kurz und prägnant die Sachinhalte dargestellt werden. Es ist nicht nötig, dass schon beim ersten Mal ein vollständiges Verstehen erreicht wird. Ein Nachfragen, Diskutieren von bestimmten noch unklaren Inhalten führt letztlich zu einem intensiveren Verstehen, weil der Gesprächspartner aktiver in den Prozess einbezogen wird.

Zusätzliche Stimulans - Keine zusätzliche Stimulans

Es geht vor allem darum, den die Vorstellungen des Gesprächspartner zu aktivieren. Hat man Mittel gefunden, durch die das Thema positiv eingefärbt wird, so erhöht sich die Aufmerksamkeit. Sprachliche Bilder, Analogien zu elementaren Grunderfahrungen können Brücken bauen, die eine Einbeziehung des Themas in eigene Vorstellungen erleichtern (*Schulz von Thun* 2001).

9.4 Beziehungsgestaltung

Die Sachbotschaft wendet sich an den Verstand, während sich die Beziehungsbotschaft an die Art der Interaktion zwischen Gesprächspartnern wendet. In der Beziehungsbotschaft teilt der Sender die Art seiner Wertschätzung dem Anderen mit und bestimmt, in welcher Weise die Beziehung zueinander gesehen wird: So einer bist du (Du-Botschaft), so stehen wir zueinander (Wir-Botschaft). Die empfangenen Du-Botschaften führen in einer Lerngeschichte langfristig zum Selbstkonzept des Empfängers. Abwertungen aus der relevanten sozialen Umwelt führen z.B. zu Selbstunsicherheit.

Nach *Haley* (1978) lassen sich drei Grundkategorien möglicher Beziehungen unterscheiden:

Symmetrische Beziehungen

Beide Partner kommunizieren mit gleichen Verhaltensweisen. Es besteht ein partnerschaftliches, gleichberechtigtes Verhältnis zueinander.

Komplementäre Beziehungen

Die Verhaltensweisen von Sender und Empfänger unterscheiden sich, sie stehen in einem Ergänzungsverhältnis zueinander: Der eine befiehlt, der andere gehorcht; der eine fragt, der andere antwortet; der eine lehrt, der andere lernt. Mit dieser Art der Beziehung ist eine Abhängigkeit gegeben.

Metakomplementäre Beziehungen

Wenn A seinen Partner B dazu bringt, über ihn zu verfügen oder ihn zu lenken oder ihm zu helfen, so liegt eine metakomplementäre Beziehung vor. Dies kann eine paradoxe Situation in der Partnerschaft sein, wenn z.b. ein Partner eine symmetrische Beziehung fordert. Fordern gehört zu einer komplementären Beziehungsform.

Der Empfänger kann auf Beziehungswünsche unterschiedlich reagieren. Es liegt also letztlich an ihm, welches Interaktionsgefüge sich in einem Gespräch herausbildet.

Reaktionsmöglichkeiten des Empfängers:

Akzeptieren. Der Empfänger erlebt die Beziehungsgestaltung als angemessen. Eine Zustimmung gleich welcher Art wird gegeben.

Durchgehen lassen. Der Empfänger stimmt der Beziehungsdefinition zwar nicht zu, aber er wendet sich auch nicht sichtbar dagegen. Er lässt sie durchgehen. Dies ist z.b. der Fall, wenn in einem Gespräch eine komplementäre Beziehungsgestaltung geduldet wird.

Zurückweisen. Der Empfänger gibt klar zu erkennen, dass er den Beziehungsvorschlag des Senders nicht folgt. Man weist z.b. den Versuche zurück, Abhängigkeit aufzubauen.

Ignorieren (= Entwerten). Der Empfänger reagiert nicht, der Beziehungsvorschlag wird dadurch entwertet oder auf eine komplementäre Beziehungsgestaltung wird mit einer symmetrischen geantwortet.

Die Mittel der Beziehungsgestaltung werden in Führungsstilen näher beschrieben. Interessant sein dürfte der Hinweis, dass Machtausüben immer auch eine Angelegenheit der Kommunikation ist. Es bilden sich komplementäre Beziehungen. Aus welchen Gründen auch immer, muss also ein Partner die Abhängigkeit akzeptieren.

Formen der Verhaltensbeeinflussung. Führen, als Beeinflussung von Verhalten, kann zum einen durch Einsatz von Mitteln der Macht und zum anderen durch Überzeugen geschehen. Beides führt zu komplementären Beziehungen. Derartige Beziehungen können situativ durchaus sinnvoll sein, z.B. bei Sachdiskussionen, bei denen es um Informationen durch einen Fachmann geht. Nicht sinnvoll ist eine solche Beziehungsgestaltung bei konzeptionellen Aufgaben oder Problemlösungsgesprächen. Die Kunst ist es folglich, Beziehungsformen zu wechseln, um Situationen gemeinsam optimal zu bewältigen.

In den folgenden Abbildungen werden Formen der Beeinflussung aufgeführt.

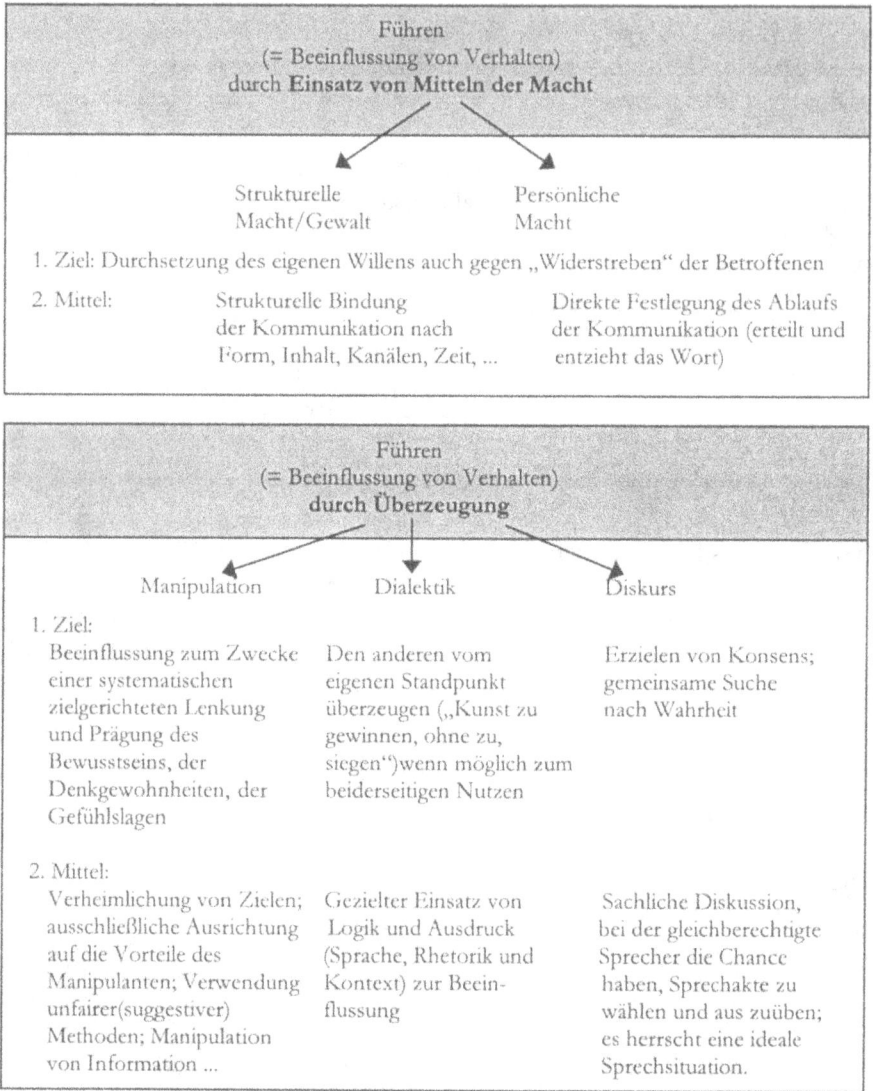

Führen
(= Beeinflussung von Verhalten)
durch **Einsatz von Mitteln der Macht**

Strukturelle
Macht/Gewalt

Persönliche
Macht

1. Ziel: Durchsetzung des eigenen Willens auch gegen „Widerstreben" der Betroffenen

2. Mittel: Strukturelle Bindung Direkte Festlegung des Ablaufs
der Kommunikation nach der Kommunikation (erteilt und
Form, Inhalt, Kanälen, Zeit, ... entzieht das Wort)

Führen
(= Beeinflussung von Verhalten)
durch **Überzeugung**

Manipulation Dialektik Diskurs

1. Ziel:
Beeinflussung zum Zwecke Den anderen vom Erzielen von Konsens;
einer systematischen eigenen Standpunkt gemeinsame Suche
zielgerichteten Lenkung überzeugen („Kunst zu nach Wahrheit
und Prägung des gewinnen, ohne zu,
Bewusstseins, der siegen")wenn möglich zum
Denkgewohnheiten, der beiderseitigen Nutzen
Gefühlslagen

2. Mittel:
Verheimlichung von Zielen; Gezielter Einsatz von Sachliche Diskussion,
ausschließliche Ausrichtung Logik und Ausdruck bei der gleichberechtigte
auf die Vorteile des (Sprache, Rhetorik und Sprecher die Chance
Manipulanten; Verwendung Kontext) zur Beein- haben, Sprechakte zu
unfairer(suggestiver) flussung wählen und aus zuüben;
Methoden; Manipulation es herrscht eine ideale
von Information ... Sprechsituation.

Abb. 73: Formen der Beeinflussung (*Wahren*, 1987)

Bedingungen des Dialog- oder Diskursprinzips nach *Ulrich* (1981):

1. Beteiligung aller Betroffenen. Authentische Einbringung aller Bedürfnisse und Wertungen.
2. Argumentative Einigung (Konsens). Nur allgemein akzeptierbare Argumente sind gültig.
3. Chancengleichheit (Machtausgleich). Die Verhandlungsmacht aller Beteiligten muss gleich sein.

4. Zwanglosigkeit. Verzicht auf Persuasion und Sanktion.
5. Unbeschränkte Information. Alle vorhandenen relevanten Informationen sind allen Beteiligten zugänglich.
6. Argumentative Kompetenz. Dialogteilnehmer müssen fähig sein, vernünftig zu Argumentieren.
7. Rationale Motivation („Wille zur Vernunft"). Dialogteilnehmer müssen gewillt sein, vernünftig zu argumentieren, Gegenargumente unvoreingenommen zu prüfen und einen allgemein akzeptierbaren Konsens zu erzielen.

Verschiedene **Gesprächstypen** sollen von ihren Ablauf beschrieben werden. Die Beziehungsform ergibt sich durch den Gesprächsinhalt.

Das Sachgespräch:

- Inhalte:
- Übermittlung von Informationen zu einem bestimmten Anlass (Vorgang).
- Anlass:
- Abstimmung von Zielen, Aktivitäten, Ergebnissen ...
- Ziel:
- Übermittlung von Wissen zu bestimmten Sachproblemen; Aufforderung zur Handlung.
- Strukturierung:
- Weitgehend formal; an die Organisation gebunden; Steuerung des Gesprächs zu weiten Teilen durch den in der Hierarchie Höherstehenden.
- Kommunikationsformen:
- Überwiegend monologartig; bei komplimenthären Machtverhältnissen der Gesprächspartner überwiegen die Gesprächsanteile des in der Hierarchie Höherstehenden.
- Typische Gesprächsarten:
  • Abstimmungsgespräche
  • Arbeitsgespräche
  • Abteilungsgespräche

Das Innovationsgespräch:

- Inhalte:
Sammlung von Informationen zu neuartigen Problemlösungen.
- Anlass:
Vorhandene Verfahren, Problemlösungen etc. sind nicht mehr zeitgemäß.
- Ziel:
Suche von neuen Ideen, schöpferischen Alternativen zur Lösung eines Problems.
- Strukturierung:
Überwiegend informal; nur in Teilen vorstrukturiert; der in der Hierarchie Höherstehende hält sich zurück.
- Kommunikationsformen:
Idealerweise sollten hier alle Teilnehmer gleichberechtigt teilnehmen (symmetrische Beziehung).
- Typische Gesprächsarten:
  • Gespräche zur Festlegung von Marketingaktivitäten, Neuproduktentwicklungen ...
  • Planungsgespräche

- Brainstorming

Die Verhandlung:

- Inhalte:
  Austausch von Informationen und Argumenten zu einem bestimmten Problem, wobei die Gesprächspartner nur durch die Verhandlung zu einer Lösung des Problems kommen.
- Anlass:
  Lösung vorhandener Konflikte (ideeller oder materieller Art).
- Ziel:
  Klärung von Spannungen; Beilegung von Konflikten, Treffen gemeinsamer Entscheidungen.
- Strukturierung:
  Weitgehend formal; konkurrierende Haltungen prägen die Struktur; der in der Hierarchie Höherstehende setzt in der Regel seine Macht zur Strukturierung ein, was zur Verhinderung von Problemlösungen führen kann.
- Kommunikationsformen:
  Überwiegend dialogartiger Austausch der Argumente; bei ungleichen Machtverhältnissen der Gesprächspartner werden die Gesprächsanteile des Höherstehenden überwiegen und zu einer asymmetrischen Beziehung tendieren. Eine Diskursform sollte dann angestrebt werden, wenn es wichtig ist, dass die Lösungen auch akzeptiert werden soll.
- Typische Gesprächsarten:
  - Gespräche über die Verteilung von betrieblichen Ressourcen
  - Gespräche mit Kunden, dem Betriebsrat ...
  - Kritikgespräch
  - Schlichtungsgespräch

Das personale Gespräch:

- Inhalte:
  Vorrangiger Bezug auf die personalen Angelegenheiten der am Gespräch beteiligten Personen.
- Anlass:
  Klärung demotivierender Arbeitsbedingungen; Probleme der Integration oder des Engagements des Mitarbeiters.
- Ziel:
  Übermittlung von Wissen zu bestimmten personalen Angelegenheiten; Aufforderung zu einer bestimmten Handlung.
- Strukturierung:
  Formale und informale Teile halten sich die Waage; der in der Hierarchie Höherstehende geht auf den anderen ein.
- Kommunikationsformen:
  In der Praxis zumeist wie die vorhergehenden Gesprächstypen, wobei hier anzustreben ist, dass bei Gesprächen zwischen Personen mit ungleichen Machtbefugnissen ein Gleichgewicht in den Gesprächsanteilen erreicht und auf Machtausüben verzichtet wird, Anwendung der Diskurstechnik.

- Typische Gesprächsarten:
  - Mitarbeitergespräche
  - Fördergespräche
  - Kritikgespräche

Das soziale Gespräch:

- Inhalte:
  Bezug auf Gegenstände betrieblicher und/oder privater Natur.
- Anlass:
  Schaffung von sozialen Verbindungen, Kontakten, Beziehungen ...
- Ziel:
  Befriedigung sozialer Bedürfnisse (des Bedürfnisses nach mitmenschlichen Kontakten); Mikropolitik.
- Strukturierung:
  Informal, ohne Struktur; meist symmetrische Beziehungen.
- Kommunikationsformen:
  Dialogartiges Gespräch.
- Typische Gesprächsarten:
  - Informale Gespräche mit Kollegen, Mitarbeitern, Vorgesetzten (wobei diese auch betriebliche Probleme zum Inhalt haben können)
  - Kantinenplausch (z.B. Klatsch über Kollegen, Vorgesetzte)
  - Gespräche über Wochenenderlebnisse, Sportereignisse
  - gezielte Gespräche über die Zusammenarbeit

(*Wahren,*1987)

9.5 Selbstoffenbarung

In jedem Gespräch teilt man auch etwas über seine Persönlichkeit mit. Gewollt ist das, wenn man sich selbst positiv darstellen möchte. Es werden Strategien und Taktiken benutzt, um bestimmte Eindrücke bei seinem Gegenüber zu erzielen, Impression - Management-Theorie (*Mummendey* und *Bolten* 1985, S. 57ff).
Eine Selbstdarstellung soll z.B. Fachkompetenz vermitteln, in dem man eigene Leistungen überbewertet, sich mit anerkannten Gruppen identifiziert.
In anderen Situationen möchte man dagegen möglichst alles Persönliche verbergen, um keine Angriffsflächen zu bieten. Die Selbstoffenbarung ist mit Ängsten verbunden. Man befürchtet, dass andere persönliche Schwächen nutzen. Konkurrenz bestimmt weitgehend die Beziehungen. Deshalb werden unterschiedliche Fassadentechniken benutzt, um die Persönlichkeit zu verbergen. Sprachliche Hilfsmittel zur Selbstverbergung sind z.B. Man-Sätze: „Man wird wütend, wenn man so lange warten muss." Man verbirgt seine eigene Erlebensweise hinter dem unverbindlichen man. Dieselbe Funktion haben Wir-Sätze, Es-Sätze oder auch Fragen. Man spricht dann von einer indirekten Kommunikation.
Selbstdarstellungstechniken und Verschleierungstechniken führt meist dazu, dass eine steife und unschöpferische Atmosphäre entsteht. Dies wirkt sich dann auf den sachlichen Ertrag eines Gespräches aus. Vertrauen ist eine wichtige Grund-

lage für den sachlichen, direkten Dialog. Eine direkte Kommunikation offenbart eigene Denkweisen und Haltungen. Man spricht in einer Ichform: „Ich bin sehr wütend, weil ich so lange warten musste." Es sind Du- und Ich-Botschaften. Gemeint ist dabei das Gleiche. Es wird offen die eigene Meinung ausgedrückt (*Gordon* 1977).

Für die Bildung von zwischenmenschlicher Solidarität ist es wesentlich, sowohl mit den Schwächen und wie mit den Stärken eines Partners auszukommen. Bleibt dies verschleiert, so kann sich keine feste Beziehung bilden. Eine andauernde innere Anspannung des Absicherns führt zu Einschränkungen in der Kommunikation und meist auch zu körperlichen Verkrampfungen.

Selbstoffenbarung ist je nach Situation und Gesprächspartner angemessen einzubringen, für viele Gespräche ist eine relative Distanz durchaus nützlich. Bekommt man gleich die ganze Lebensgeschichte erzählt, so wirkt dieses eher abstoßend. Arbeitet man eng in einem Team zusammen ist ein persönliches Näherkommen notwendig, s. Abschnitt Gruppenentwicklung.

9.6 Kommunikation und Verhalten

Die Informationstheorie allein kann die menschliche Kommunikation nicht erklären. Die Kommunikation steht in einem größeren Zusammenhang und bekommt von daher erst ihren Sinn. Dieser Zusammenhang stellt die Gesamtheit des motivierten Verhaltens dar. Der Information kommt im motivierten Verhalten eine wichtige Funktion zu. Das Individuum orientiert sich über die Lage und Art des Zielobjektes, die Information darüber ist die Basis für ein zielgerichtetes Handeln. Im Rahmen der Erfolgskontrolle nach der Aktion werden wiederum Informationen eingeholt. In diesem Sinne ordnet sich das Informieren in einen übergeordneten Verhaltenszusammenhang ein.

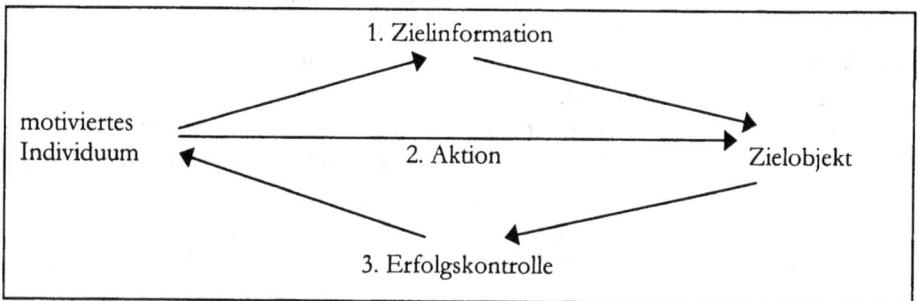

Abb. 74: Verhaltenszusammenhang

Jedes Tun, jede Entscheidung, jedes Handeln setzt genügende Informationen über das Operationsziel voraus.

Kommunikation ist zunächst ein Austausch von Informationen zwischen mindestens zwei Individuen. Beide sind motiviert, ein identisches Operationsziel zu erreichen, über das sie gemeinsam Informationen austauschen.

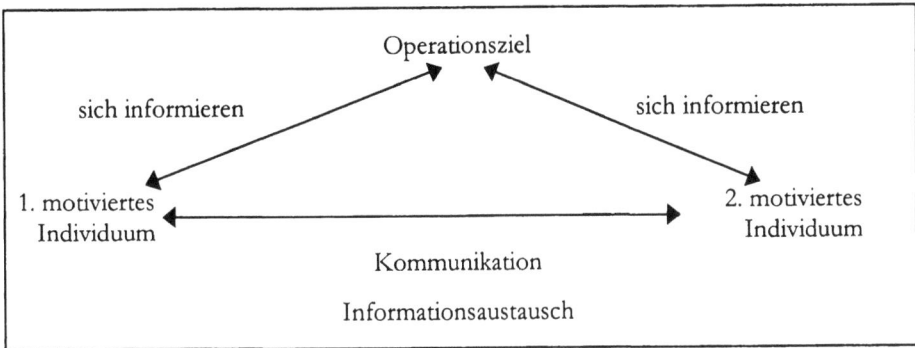

Abb. 75: Kommunikation als Informationsaustausch

Ein reiner Informationsaustausch reicht für eine zielgerichtete, zweckmäßige Zusammenarbeit aus, wenn ein gemeinsames Ziel vorhanden ist, d.h. gleichsinnige Motivation und ein in bestimmter Weise reguliertes Verhalten vorliegen.

Eine solche Übereinstimmung von Zielen und Mitteln kann man in der Regel nicht voraussetzen. Die Kommunikation erhält darum noch eine weitere Aufgabe, nämlich solche Übereinstimmungen herzustellen. Im Gespräch kann man dann versuchen, den anderen in seinem Sinne zu beeinflussen und dazu zu bringen, an seinen eigenen Zielen mitzuarbeiten.

Zielgerichtete, berechenbare Beeinflussung basiert nicht zuletzt auf ausreichender Information über den zu Beeinflussenden, über seine Bedürfnisse, Wünsche, Interessen und Neigungen sowie auf der Anwendung einer entwickelten Technik. Eine Beeinflussung ist nur dann möglich, wenn der Partner entsprechend intensiv kennen gelernt wird, wenn sich eine Interessengemeinschaft entwickelt und wenn man den Partner dazu bringen kann, in seinem Orientierungssystem bestimmte Handlungen vorzunehmen. Geschieht dies nicht, werden nur kurzfristig Umstimmungen erreicht z.B. durch Zwang.

Kommunikation steht im Dienst motivierten Verhaltens oder ist selbst motiviertes Verhalten, dient also direkt oder indirekt der Befriedigung von Bedürfnissen. Verhinderung oder Erschwerung kommunikativen Verhaltens wirkt sich wie jede andere Frustration aus: In Aggression oder Regression, in wenigen Fällen vielleicht in Progression (Widerstände durch eine bewusste, sachliche, rationale Kommunikation aufzuarbeiten). Kommunikatives Verhalten wird durch dieselben Regulationen gesteuert wie jedes andere Verhalten. Das Verhalten des Menschen ist dadurch gekennzeichnet, dass die Regulationen zwei deutlich verschiedenen Klassen zugerechnet werden: Einer informellen und einer formellen.

Formell sind alle offiziellen Verhaltensnormen, Regeln und Prinzipien, die von einem System (z.B. Gesellschaft, Institution etc.) institutionalisiert werden.

Informell sind alle Regulationen, die durch Erfahrung erworben werden. Zumeist wird durch „Probieren" gelernt, eigenständig oder unter dem Einfluss von Eltern, Gleichaltrigen etc. Das informell Erworbene ist im Gegensatz zum Formellen mehr individuell ausgeprägt. Formelle und informelle Verhaltensregulationen funktionieren meist unbewusst, ohne dass wir weiter darüber nachdenken. Zusätzlich können Ich-Regulationen hinzukommen, die das Gespräch systematisch gestalten und kontrollieren können. Eine rationale Kommunikation zwischen Partnern wird durch verschiedene Faktoren erschwert.

Gefühle geben den Dingen, die man wahrnimmt, eine spezifische Färbung, die ihnen objektiv nicht unbedingt zukommt. Sie verführen zu voreiligen oder unberechtigten Schlüssen.

Vorurteile sind Einordnungsformen positiver oder negativer Art, die unbewusst bleiben und automatisch funktionieren. Ein rationaler Zugang ist erschwert.
Der **erste Eindruck** hat meist einen sehr starken Einfluss darauf, wie man einen anderen Menschen sieht und ihn einschätzt. Solche Urteile kommen ohne viel Mühe zustande, werden als relativ gesichert erlebt. Fehlerquellen sind dabei die Tendenz zur übermäßigen Vereinfachung (Schwarz-Weiß-Zeichnung), die Tendenz zur Vermeidung von Extremurteilen (Grau-in-Grau-Zeichnung) und die Tendenz zur Projektion uneingestandener eigener Schwierigkeiten auf andere Personen. Hat der Partner eine bestimmte Funktion, kommt noch eine Einfärbung durch die Rollenerwartungen hinzu.

Diese automatisch ablaufenden Einordnungsformen erschweren den Zugang zu der anderen Person und verhindern ein offenes Kennenlernen, das als Grundlage des Informationsaustausches wesentlich ist.

Vielschichtige Partnerwirkung

Die Kommunikationspartner beeinflussen sich gegenseitig, bewusst oder unbewusst. Sie versuchen, Interesse für die eigenen Belange zu erwecken, ein bestimmtes Verhalten hervorzurufen, Angriffe abzuwehren, zu überzeugen, etwas durchzusetzen etc. Der stattfindende Austausch von Informationen, die in bestimmten Gesprächsäußerungsformen ausgedrückt werden, wirken sich emotional auf den Partner aus. In dieser Weise wird die zwischenmenschliche Beziehung durch die Kommunikation selbst gestaltet. Das Gespräch baut Formen auf, die emotionale Wirkungen auf die Beziehungsstruktur haben.

Zusammenfassung

Die Kommunikation ermöglicht eine zielgerichtete Zusammenarbeit, indem sie einseitige Informationsdefizite durch Informationsaustausch ausgleicht, sodass die Gesprächspartner sich auf ein gemeinsames Ziel ausrichten können. In dieser Weise motiviert die Kommunikation und beeinflusst bzw. reguliert gegenseitig das Verhalten.
Ein Gespräch ist nie nur rational. Wie bei jedem anderen Verhalten müssen auch irrationale, soziale und vitale Regulationen einkalkuliert werden. Dadurch können Kommunikationsvorgänge behindert werden, sodass eine Bedürfniserfüllung

nicht möglich ist. Es kommt dann zu Frustrationen mit allen unerwünschten Folgeerscheinungen.

Insbesondere gegenseitige Beurteilung und Einordnung der Kommunikationspartner kann zu Störungen führen. Die Störung des kommunikativen Verhaltens wird durch die Tatsache zum Problem, dass das Verhalten des Partners nur in äußerst begrenztem Maße vorhersehbar ist. Hinzu kommen situative Bedingungen wie Gestaltung de Raums, „Heimvorteil", etc.

Daraus ergeben sich Konflikte, die ein Gespräch immer mehr beeinflussen können und letztlich scheitern lassen können. Bestimmte Formen der Ablaufgestaltung, der Beziehungsgestaltung ergeben Möglichkeiten, Konflikte konstruktiv zu bewältigen.

Störungen selbst können durch Metakommunikation aufgearbeitet werden, ein Gespräch über das Gespräch.

9.7 Konflikte zwischen Personen

In den meisten Fällen wird das Wort Konflikt mit negativen Erfahrungen in Verbindung gesetzt.

Konflikte sind unangenehm, führen zu Spannungen zwischen Personen und werden mit Niederlagen verbunden. Deshalb geht man Auseinandersetzungen gerne aus dem Weg, um sich nicht den emotionalen Auswirkungen auszusetzen. Eine andere Möglichkeit ist, dass man seine eigenen Interessen und Wünsche nur indirekt oder sogar nur über Dritte ausdrückt. Als Begründung hört man dann, dass man andere nicht verletzen wolle.

Im Folgenden geht es darum, mehr über Konflikte zu erfahren, damit weitere Handlungsmöglichkeiten in Konfliktsituationen entwickelt werden können.

Wenn man Konflikte nicht löst, bleiben die Spannungen zwischen Parteien bestehen, können sich sogar weiter steigern. Ein Konflikt beinhaltet auch die Möglichkeit für eine Veränderung, für eine Verbesserung der Verhältnisse (s. Abb. 76) (*Deutsch* 1976).

Die negativen Wirkungen von Konflikten sind vor allem in der Handhabung von Konflikten begründet. Es kommt darauf an, wie ein Konflikt ausgetragen wird.

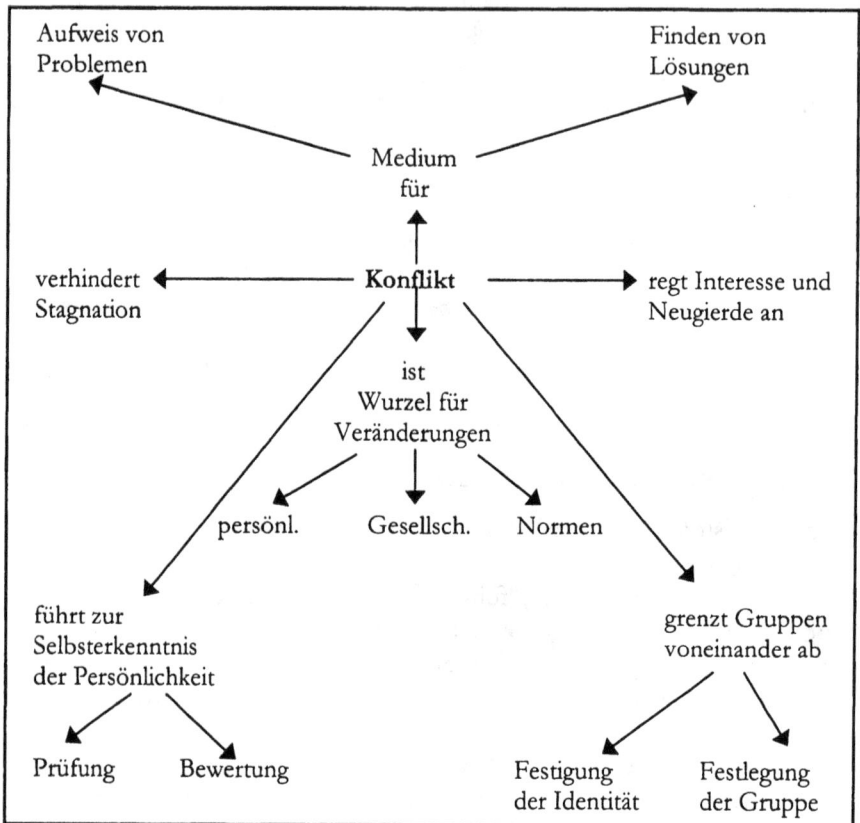

Abb. 76: Möglichkeiten zur Veränderung

9.7.1 Auslöser von Konflikten

Ein interindividueller Konflikt kann drei generelle Ursachen haben:

a) Streitpunkte können auf objektiven Begebenheiten beruhen. Sie sind Ausdruck von Konkurrenz und Unvereinbarkeit der Ziele.

b) Eine zweite Konfliktquelle ist mit der Wahrnehmung verbunden. Die subjektive Wahrnehmung kann selbst Ursache für Konflikte sein. Dies ist beispielsweise bei Missverständnissen gegeben, wenn Tatbestände und Ereignisse als konkurrierend wahrgenommen werden, ohne dass dies objektiv der Fall ist.

c) Die dritte Quelle des Konflikts sind Emotionen. Sie können, ohne dass objektive Streitpunkte existieren müssen, auf Grund von Spannungen und Feindseligkeiten als spezifische Konfliktursache zu einem gefühlten Konflikt führen.

Die allgemeinen Ursachen führen zu verschiedenen Problemarten:

Kontrolle über Mittel

Mittel wie Raum, Geld, Eigentum, Macht, Prestige, Nahrung etc., können als unteilbar angesehen werden. Ein Konflikt wird bei Neuverteilungen wahrscheinlich. Meist sind solche Konflikte schwer zu lösen, wenn eine starre Haltung besteht und wenig Hoffnung auf Ersatz gegeben ist.

Prioritäten und Ärgernisse

Überschneidungen von Aktivitäten oder verschiedene Geschmacksrichtungen können zu Auseinandersetzungen führen. Die Vorlieben des einen lösen Empfindlichkeiten bei dem Anderen aus. Eine Lösung kommt meist dadurch zustande, dass überschneidende Bereiche vermieden werden oder eine Trennung erfolgt.

Wertvorstellungen

Konflikte über Zielvorstellungen (über das, wie es sein sollte). Nicht die Wertunterschiede selbst führen zu einem Konflikt, sondern die Ansprüche, dass ein Wert dominierend oder allgemein anwendbar sein sollte.

Überzeugungen

Konflikte über das, wie es ist (Tatsachen, Informationen, Wissen, Realitätsanschauungen).

Die Art der Beziehung zwischen Parteien

Es geht um das Wie der Beziehungen zueinander, z.B. um den Wunsch, dominant zu sein, beherrscht zu werden, weniger Distanz zu einander zu haben. Solche Konflikte werden meist nicht direkt ausgedrückt, sondern verborgen oder auf andere Dinge verlagert.

Verschiedene Problemarten können ein Konfliktpotential aufbauen. Das bedeutet noch lange nicht, dass das Potential zu einem offenen Konfliktverhalten führt. Weiterhin verändert sich ein bestimmtes Potential während der Überführung in offenes Konfliktverhalten. Es kommt zu Konflikttransformationen (Deutsch 1976).

9.7.2 Konflikttransformationen

Bevor Konflikte überhaupt transformiert werden können, müssen sie einen Randschwellenbereich überschritten haben. Das Individuum als Konfliktpartei muss sich nicht nur der aufgetretenen Konflikte bewusst sein, sondern sich auch von ihnen betroffen fühlen.
Hinzu kommt weiterhin, dass die Konflikttoleranz überschritten sein muss. Hiermit ist die Fähigkeit und Bereitschaft des Individuums, Spannungen aushalten zu können, gemeint.

Obwohl das Konfliktpotential den Randschwellenbereich überschritten hat, kann es durch Transformationen gewissermaßen „verloren" gehen. Dafür sind folgende Mechanismen verantwortlich:

Verdrängung

Durch die Verdrängung schützt sich das Individuum gegen konfliktäre, nicht wünschenswerte Empfindungen. Sie bewirkt: Abwehr von Frustrationserlebnissen bei Konflikten im Allgemeinen; Verhinderung des Ausbruchs offener Aggressionen gegen den Frusttrator oder Ersatzobjekte; Schutz vor erneuten Frustrationen, wenn kein Weg gesehen wird, das Konfliktpotential in offenes Konfliktverhalten zu überführen.

Der eigentliche Konflikt versickert dabei nicht für alle Zeit, sondern kann bei entsprechender Gelegenheit bzw. durch bestimmte Stimuli wieder hervorgerufen werden.

Vergessen

Die Bedeutung der Konfliktursache ist für das Individuum verhältnismäßig gering. Die geringe Spannung baut sich ab, wenn sie nicht durch gleichartige Episoden wieder hervorgerufen wird.

Abschalten, Ablenkung, Unterdrückung

Im Unterschied zur Verdrängung und zum Vergessen ist Abschalten, Ablenkung und Unterdrückung ein bewusster kognitiver Prozess.

Beim Abschalten wird Nachdenken und Informationsverarbeitung auf ein Minimum reduziert. Es eröffnet sich die Möglichkeit, einen bewusst gewordenen Konflikt nicht weiter zu verfolgen.

Bei der Ablenkung wendet sich das Individuum anderen Ereignissen, Beschäftigungen und Dingen zu, um das Bedrängende des Konflikts abzuwenden.

Bei der Unterdrückung bemüht sich das Individuum bestimmte, die Randschwelle überschreitende Kognitionen abzuweisen, die in diesem Augenblick für unangebracht gehalten werden bzw. unter den gegebenen Umständen nicht geäußert werden dürfen.

Wurden diese Filter durchlaufen, so setzt sich ein Konfliktpotential in ein Konfliktverhalten um (*Esser* 1975).

9.7.3 Konfliktverhalten

Es ist nun aber keineswegs immer der Fall, dass sich ein Konfliktpotential direkt in bestimmten Verhaltensweisen ausdrückt. Verschiedene Ursachen und Umstände führen dazu, dass ein Konflikt umgeleitet wird. Wie dann der Konflikt ausgetragen wird, hängt davon ab, welche Konflikthandhabungsformen dem Individuum zur Verfügung stehen.

Konfliktumleitung

Interne und externe Konstellationen können dazu führen, dass das Individuum bewusst oder unbewusst Reaktionen zeigt, die in keinem Zusammenhang mit dem Konfliktpotential stehen oder aus einer Umwandlung des Konfliktpotentials resultieren. Es ist dann schwierig, aus der Reaktion auf ein bestimmtes Konfliktpotential zurückzuschließen z.B. man reagiert sich durch Beschimpfung eines Anderen ab. Solche Ursachen für Konfliktumleitungen können sein:

Externe Konstellationen:

- Aufgabenerfordernisse (z.B.: Zeitliche Beschränkungen verbieten eine direkte Konfrontation in konfliktträchtigen Situationen)
- Physische Barrieren der Interaktion

Interne Konstellationen

- Gruppennormen (z.B.: Ein Lehrer/Erzieher/Vorgesetzter hat keine negative Einstellung gegenüber einer abhängigen Person) zu haben
- Persönliche Rollenvorstellungen (z.B.: Gute Lehrer sind ruhig und ausgeglichen. Sie regen sich nie auf, zeigen nie heftige Emotionen. Gute Vorgesetzte sorgen für eine Umwelt, die anregend und frei, aber jederzeit ruhig und ordentlich ist. Gute Vorgesetzte sind vor allem konsequent. Sie ändern sich nie, sie vergessen nie etwas, sie fühlen sich nie gut oder schlecht oder machen Fehler.)
- Aufrechterhaltung des friedfertigen Ansehens
- Vermeidung, andere durch direkte Aktionen zu verletzen
- Wahrnehmung der eigenen Verletzbarkeit durch Aggressionen anderer

Dieses können Gründe sein, dass bestimmte Konflikthandhabungsformen vorrangig benutzt werden, z.B. Konflikte zu vermeiden. Andere Gestaltungsformen sind:

- Gewinner-Verlierer-Situationen aufbauen
- Sich Schlichtungsformen unterwerfen, z.B. Dritt-Parteien-Urteile, Zufallsurteile, Teilen des Streitwertes
- Probleme systematisch lösen

9.7.4 Konflikthandhabungsformen

Mit drei Konflikthandhabungsformen werden wir uns ausführlicher beschäftigen:

a) Konfliktvermeidung
b) Gewinner-Verlierer-Situation
c) Probleme lösen

a) Konfliktvermeidung

Man kann auf verschiedene Weise Konflikte vermeiden, z.B. indem man den Konflikt leugnet, sich zurückzieht, die Kommunikation und Interaktion einschränkt. Dies kann so weit gehen, dass man bis zu einer Verliererposition nachgibt.

b) Gewinner-Verlierer-Situation

Die eine Partei strebt den Sieg und die Niederlage der anderen Partei an. Diese Auseinandersetzungsform kann von der reinen Machtausübung bis hin zur sehr sublimen Form der Beeinflussung gehen. In allen Fällen soll die eigene Meinung vom Gesprächspartner möglichst vollständig übernommen werden. Solche Varianten sind z.B.:

Erzählen und Verkaufen

Man nimmt an, dass der Partner dann seine Meinung ändert, wenn er in überzeugender Weise einen Standpunkt mitgeteilt bekommt. Man selbst hat den besseren Überblick und die besseren Lösungsmöglichkeiten.
Kennzeichen des Ablaufes: Man selbst redet am meisten. Auf Gegenargumente, Stellungnahmen des Gesprächspartners wird eingegangen, in dem man noch mehr eigene Argumente für seine Meinung anführt.

Erzählen und Zuhören

Die eigene Meinung wird mitgeteilt. Der Gesprächspartner hat Gelegenheit zur Aussprache seiner eigenen Meinung, um Abwehrhaltungen abzubauen.
Annahmen: Der Gesprächspartner ändert leichter seine Meinung, wenn er Gelegenheit bekommt, selbst Stellung zu beziehen. Man muss jedoch die Fäden in der Hand behalten, d.h. seine eigene Meinung durchsetzen.
Beide Gesprächspartner reden ungefähr gleich viel. Über Probleme, Abwehrhaltungen, Gefühle wird gesprochen. Standpunkte werden ausgetauscht. Hier besteht die Möglichkeit, dass im Bedarfsfall Vorstellungen korrigiert werden können.

Bei einer solchen Gesprächsführung besteht die Gefahr, dass sich das Konfliktpotential ausweitet und sich die Konfliktbeziehung intensiviert. Das liegt dann an den Verhaltensweisen der Beteiligten, die in hohem Maße durch Feindseligkeiten und Unversöhnlichkeiten geprägt sind.

Der Verlierer ist nur in geringem Maße motiviert, Lösungsvorschläge durchzuführen. Zur Durchsetzung muss Zwang angewendet werden. Das Entstehen von Verantwortung wird behindert, Abhängigkeit und Unselbständigkeit werden gefördert. Es entsteht Furcht, Gehorsam und Unterordnung. Kooperation und Rücksichtnahme wird jedoch verhindert.

Gordon (1977) forderte die Teilnehmer eines Kursus (Lehrer) auf, sich an ihre eigene Schulzeit zu erinnern und aufzuschreiben, wie sich die Anwendung von Macht auf sie auswirkte:

Gefühle	Verarbeitungsmechanismen
Unmut, Ärger, Feindseligkeit	Rebellieren, Widerstand leisten, trotzen
Frustration	Sich rächen, zurückschlagen
Hass	Sich wehren, kämpfen
Verlegenheit	Lügen, verheimlichen, Gefühle verbergen
Unwürdigkeit	Andere beschuldigen, petzen
Furcht, Angst, Unsicherheit	Schummeln, abschreiben
Unglücklich sein, Traurigkeit, Depression	Andere tyrannisieren, schikanieren, herumkommandieren
Bitterkeit, Rachsucht	Unbedingt gewinnen wollen; es hassen, zu verlieren
Machtlosigkeit, Unbeweglichkeit	Sich organisieren, Bündnisse schließen
Eigensinn, Trotz	Sich unterordnen, nachgeben, des Lehrers „Liebling" werden
Konkurrenzdenken	Für „Gutes Wetter" sorgen, schmeicheln
Erniedrigung, Apathie	Nicht aus der Reihe tanzen, kein Risiko eingehen, nichts Neues ausprobieren, sich zurückziehen, phantasieren, regredieren, weglaufen

Abb. 77: Verarbeitungsmechanismen

Dies bedeutet nicht, dass allgemein bei Anweisungen, Anordnungen, Befehle ein autoritäres Verhalten mit den oben genannten Folgen verbunden ist. Es gibt eine Vielzahl von Situationen, in denen diese Gesprächsäußerungsformen angemessen, notwendig sind und von den Beteiligten akzeptiert werden, z.B. in Notsituationen oder Handlungssituationen, in denen verabredete Regeln durchgeführt und eingehalten werden müssen (s. Sachgespräch). Die Gesprächspartner müssen allerdings die Notwendigkeit der komplementären Beziehung und der gegebenen Sachkompetenz einsehen.

Ist keine Akzeptanz vorhanden, müssen die Gesprächspartner eine gemeinsame Handlungsbasis erst erarbeiten.

c) Probleme lösen

Die Probleme werden gemeinsam herausgearbeitet. Es werden gemeinsam Wege gesucht, um die Probleme zu lösen.

Annahmen: Die gemeinsame Erörterung der Probleme und das gemeinsame Suchen nach Lösungen motivieren den Gesprächspartner mitzuarbeiten und eigene Initiativen zu ergreifen.

Der Gesprächspartner redet unter Umständen mehr. Man selbst fragt viel, fördert die Aussprache über Probleme und deren Ursachen. Man sucht gemeinsam, Lösungsansätze und Wege zu finden.

Durch Diskussionen werden bei positiven Verlauf neue Ideen, gemeinsame Ansichten und Interessen entwickelt. Selbständigkeit und Verantwortlichkeit werden gefördert. Es ist schließlich die Lösung der Beteiligten. Der Erfolg gehört ihnen, Gewinner - Gewinner - Situation.

Gefahren: Der Gesprächspartner hat keine Ideen. Die eigenen Vorstellungen entsprechen nicht der eigenen Meinung.

Voraussetzung: Die Sachkompetenz liegt bei den Gesprächsbeteiligten vor. Es kommt darauf an, eine Lösung zu finden, die jeder akzeptiert und unterstützt.

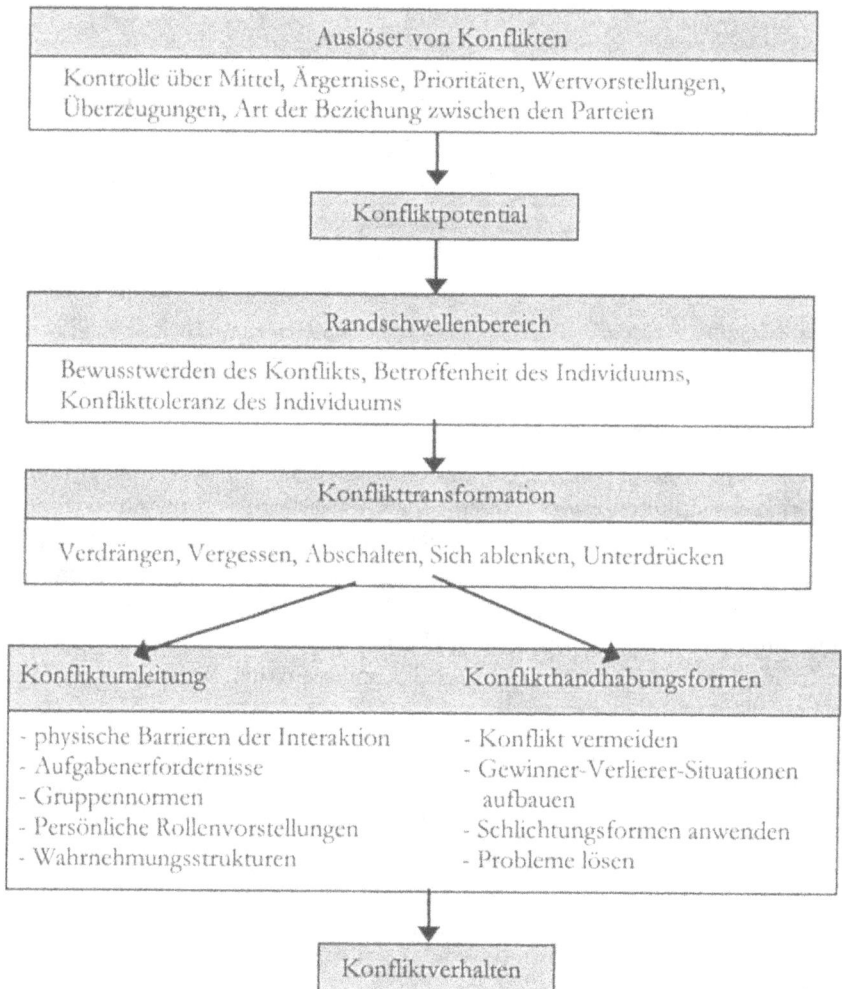

Abb. 78: Schema von Konfliktverläufen aus der Sicht eines Individuums

9.8 Regeln für die Gestaltung von Gesprächen

Das Misslingen von Gesprächen hat viele Ursachen. Häufig entfällt die Vorbereitung. Man überlässt das Gespräch der zufälligen Entwicklung. Wenn es schief läuft, weiß man nicht warum und kann auch die Gründe nicht herausanalysieren. Für wichtige Gespräche ist notwendig, dass ein Gespräch bewusst geplant und gestaltet wird, damit es erfolgreich verlaufen kann. Professionelle Gesprächsführung entwickelt sich weiter aus den Analysen von geführten Gesprächen.

Das Gespräch wird schon im Vorbereitungsstadium in zweifacher Hinsicht geplant und aufgebaut: Im Hinblick auf seine rationale und seine emotionale Seite.

1. Phase:

Im Vorbereitungsstadium wird das Gespräch auf das Erreichen der vorgenommenen Ziele hin geplant. Die Ausgangssituation, eigene Argumente, mögliche Gegenargumente und die angestrebte Zielsituation werden zu einem Gesprächsgerüst verarbeitet, das schriftlich niedergelegt und im Gespräch als Orientierung dient.

Es wird nicht immer möglich sein, die Inhalte entsprechend auszuformulieren und planerisch einzubeziehen. Es hilft jedoch, wenn man sich das formale Ablaufgerüst eines Problemlösungsgesprächs vergegenwärtigt und auf die Situation bezieht. Das Gespräch selbst dient dazu, die Inhalte festzulegen, die Ziele und die Lösungsmöglichkeiten zu präzisieren.

2. Phase:

Es ist notwendig, gleich zu Beginn des Gesprächs das Ziel und die objektiven Daten zu klären. Dies erspart viel Arbeit und man kann gleich zum Kern der Sache kommen. Die Notwendigkeit eines klaren Gedankenaufbaus und einer klaren Sprache muss nicht besonders betont werden. In diesem Bereich spielen insbesondere die informatorischen Aspekte eine Rolle. So stehen bestimmte Gesprächsäußerungsformen im Vordergrund:

- Sondierende Fragen.
- Nachfragen, um Informationen zu präzisieren.
- Zusammenfassungen zur Überprüfung, ob das Gesendete richtig verstanden wurde.

Durch Nachfragen, Zuhörens und Zusammenfassen werden auch die Beziehungen zwischen den Partnern gestaltet. Die Verhaltensweisen drücken eine intensive Beschäftigung mit dem Kommunikationspartner aus, was mit Sicherheit zu einer positiven Beziehungsgestaltung führt.

Je nach Gesprächssituation oder vorliegenden Problemen wird das Gespräch in verschiedenen Varianten zu führen sein. Die Grundform des Ablaufs ist folgt meistens einer Systematik des Problemlösens:

Diagnose:
1. Klärung der Ziele, der Absichten, Einstellungen, Vorstellungen (SOLL)
2. Herausarbeiten von Gemeinsamkeiten, Abweichungen (IST),
3. Erarbeitung von vermuteten Ursachen, Klärung von Bedürfnissen, Interpretationen.

Planung:
1. Entwickeln von mögliche Maßnahmen,
2. Entscheiden der Maßnahmen,
3. Planung der Maßnahmen. Durchführung und Ergebniskontrolle.

3. Phase:

Die Auswertung des Gespräches kann prinzipiell nach drei Gesichtspunkten erfolgen:

Inhaltsanalyse: Sie beschäftigt sich mit der sachlich rationalen Seite des Gesprächs. Hier geht es um Sachlichkeit, Gedankenaufbau, Verständlichkeit, Systematik des Gesprächsablaufes etc.

Verhaltensanalyse: In diesem Bereich wird der gefühlsmäßige Aspekt des Gespräches zum Gegenstand der Analyse. Insbesondere wird die Entwicklung der Beziehungsaspekt zwischen den Gesprächspartnern reflektiert, z.B.: Sympathisch - unsympathisch, emotionale Reaktionen, Interessen, Wertvorstellungen, Konflikte usw.

Verlaufsanalyse: Hier geht es im Besonderen um den Interaktionsverlauf zwischen den Gesprächspartnern.

Wer tut was, wer unternimmt was in Bezug auf die Kommunikation, die Lösungsvorschläge, die emotionalen, rationalen Äußerungen etc.

Natürlich sind die Vorgaben noch sehr umfangreich und abstrakt; aber aus ihnen lassen sich Checklisten entwickeln, die dann in der Praxis verwendet werden können .

Die Beispiele im Anhang greifen nur einige Bereiche des Gespräches auf und machen sie so reflektierbar. Natürlich werden in diesen Checkbögen nur die subjektiven Gesichtspunkte der Gesprächspartner erfasst, dargestellt, und können so zu einem Gesprächsgegenstand gemacht werden. Die Metakommunikation führt dann zu einer besseren Abschätzung des eigenen kommunikativen Verhaltens: Welche Wirkungen erziele ich durch meine Gesprächsformen.

Checklisten für Gesprächsführung
Inhaltliche Aspekte
1. Wie klar war den Gesprächspartnern das Gesprächsziel?

1	2	3	4	5	6	7
vollkommen unklar			ziemlich klar			ganz klar

2. Wurden alle Informationen ausgetauscht?

1	2	3	4	5	6	7
wichtige Informationen fehlten			ein Teil der Informationen wurde ausgetauscht			alle wichtigen Informationen wurden ausgetauscht

3. War der Ablauf des Gespräches klar und logisch?

1	2	3	4	5	6	7
man wich häufig vom Thema ab			ab und zu verlor man den Faden			man handelte Punkt für Punkt ab-

4. Wurden die Meinungen, Ansichten von beiden Seiten verstanden?

1	2	3	4	5	6	7
es gab oft Missverständnisse			manchmal traten Missverständnisse auf			alles war klar und verständlich

5. Wurden die angeschnittenen Probleme gelöst?

1	2	3	4	5	6	7
nicht gelöst			teilweise gelöst			vollständig gelöst

Emotionale Aspekte

1. Beschreiben Sie Ihre Gefühle nach dem Gespräch.
Zur Anregung sind einige Gefühlszustände mittels Polaritätsprofil vorgegeben worden.

locker, entspannt	2	1	0	1	2	verkrampft, unter Spannung
gleichgültig	2	1	0	1	2	erregt
behaglich	2	1	0	1	2	unbehaglich
freundlich	2	1	0	1	2	wütend, aggressiv
ansprechend	2	1	0	1	2	abstoßend
zufrieden	2	1	0	1	2	unzufrieden

2. Gefühlslagen

2.1 Gefühlslage des Beraters

Ich fühle mich ⎯⎯⎯⎯⎯⎯⎯⎯⎯⎯⎯⎯⎯⎯⎯⎯⎯⎯⎯⎯⎯⎯⎯⎯⎯⎯⎯⎯

⎯⎯⎯⎯⎯⎯⎯⎯⎯⎯⎯⎯⎯⎯⎯⎯⎯⎯⎯⎯⎯⎯⎯⎯⎯⎯⎯⎯⎯⎯⎯⎯⎯⎯⎯⎯⎯⎯

2.2 Gefühlslage des Partners

Ich fühle mich ⎯⎯⎯⎯⎯⎯⎯⎯⎯⎯⎯⎯⎯⎯⎯⎯⎯⎯⎯⎯⎯⎯⎯⎯⎯⎯⎯⎯

⎯⎯⎯⎯⎯⎯⎯⎯⎯⎯⎯⎯⎯⎯⎯⎯⎯⎯⎯⎯⎯⎯⎯⎯⎯⎯⎯⎯⎯⎯⎯⎯⎯⎯⎯⎯⎯⎯

2.3 Veränderung der Gefühlslage im Verlauf des Gesprächs

Anfangsphase: _____

Mittlere Phase: _____

Endphase: _____

3. Verlauf des Gesprächs

	meistens		kaum
sachlich	1	2	3
freundlich	1	2	3
aggressiv	1	2	3

4. Verhältnis zwischen den Gesprächspartnern (eigene Vermutung)

    verbessert   O

    verschlechtert   O

    nicht verändert O

5. Ursachen (vermutete) für Veränderungen der Beziehung

Anlass (Äußerung)   Emotionale Veränderung

_____

_____

_____

10 Spezielle Kommunikationssituationen und ihre Gestaltung

10.1 Leitung einer Diskussion

Bei einer Diskussion stehen Probleme, Austausch von Wissen, Vorstellungen und Meinungen im Mittelpunkt. Die Möglichkeiten für Lösungen oder eine einheitliche Meinung liegen nicht fest, sondern sollen durch die Diskussion herausgearbeitet werden.

Es geht also vor allem:

* Ein gemeinsames Verstehen des Problems zu entwickeln
* In der Diskussion Lösungsmöglichkeiten zu finden
* Verschiedene Meinungen gegenüberzustellen und evtl. zu bewerten
* Zu einer gemeinsamen Auffassung zu gelangen
* Lösungsmöglichkeiten zu bewerten, im Konsens zu entscheiden

Vom Diskussionsleiter erfordert es, seine eigene Meinung und Stellungnahme zurückzuhalten. Er moderiert das Gespräch. Nur so kann erreicht werden, dass die Teilnehmer einer Diskussion selbst Stellung beziehen, ihre Vorstellungen und Meinungen frei äußern.

Folgende Störungen können auftreten:

* Beeinflussung der Diskussion durch den Leiter
* Abweichen der Teilnehmer vom Thema

10.1.1 Zum Problem „Beeinflussung"

Allein durch Fragen kann ein Gespräch in bestimmte Richtungen gelenkt werden, z.B. durch

Suggestivfragen. Die Antwort wird den Teilnehmern schon in den Mund gelegt bzw. dadurch beeinflusst: „Sicherlich sind sie auch der Meinung, dass ...?" „Sie möchten gewiss, dass ...?"

Alternativfragen. Die Antworten werden eingeschränkt. Es gilt nur noch zwischen verschiedenen Dingen zu wählen: „Möchten sie lieber dies oder das?"

Lenkende Fragen. Auch hier wird die Vielfalt der Antworten von vornherein begrenzt: „Wenn wir davon ausgehen, dass ..., was ergibt sich dann?"

Hinzu kommen noch weitere Möglichkeiten, den Gesprächsverlauf in eine bestimmte Richtung zu lenken:

- Bestimmte Meinungsäußerungen werden bekräftigt, z.B. durch Nicken, zustimmendes Ja etc.

- Durch Zusammenfassen werden voreilig Festlegungen erreicht.
- Abweichen der Teilnehmer vom Thema, vom Ziel, von Regeln.

Gestaltung einer Diskussion

Im Folgenden geht es insbesondere darum, die oben genannten Fehler zu vermeiden.

Formaler Ablauf:

- **Klärung des Ziels (Was ist der Gegenstand der Diskussion?).** Zuerst muss die Klarstellung des Themas, Problems, gewährleistet sein. Hilfreich für alle ist es, wenn das Thema, Problem, für alle sichtbar angeschrieben ist.

- **Klärung des Diskussionsablaufes (Welche Punkte sollen in welcher Reihenfolge abgehandelt werden?).** Es muss Klarheit über die einzuschlagende Methode herrschen. Sollen z.B. Lösungsmöglichkeiten für ein Problem gesucht werden. So ist der systematische Ablauf eines Problemlösungsprozesses zu folgen. Sind Lösungen zu entwickeln, so darf in dieser Phase der Lösungsfindung keine Bewertung erfolgen. Jede Bewertung eines Lösungsansatzes verhindert weitere Lösungsproduktionen. Erst in der nächsten Phase sind Vor- und Nachteile einzelner Lösungen zu diskutieren. Es müssen also bestimmte Regeln verabredet werden. Bei einer Einigung auf ein Verfahren ist durch Fragen sicherzustellen, dass es von allen anerkannt wird.

- **Klarstellen von Teilergebnissen.** Ist ein Punkt ausdiskutiert, so sollte er durch eine Zwischenzusammenfassung erledigt werden. Ein Festhalten, für alle sichtbar, ist dabei recht hilfreich (Pinwand).

Gestaltung des Diskussionsklimas:

- **Bemühung um positive Atmosphäre.** Ein Abgleiten ins Negative, z.B. persönliche Angriffe, ist zu verhindern.

- **Ermunterung von Redeängstlichen.** Auch die Stillen haben oft gute Gedanken. Man kann sie durch direktes Ansprechen oder Fragen zum Reden bringen.

Gestaltung des Diskussionsablaufes:

Eine Diskussion sollte möglichst nicht direktiv geführt werden, um Beeinflussungen zu vermeiden. Dies bedeutet, dass man sich möglichst auf folgende Gesprächsäußerungen beschränkt:

- Informationsfragen: Sie sollen die Teilnehmer veranlassen, Auskünfte und Informationen abzugeben. Sie werden eingeleitet durch: Warum, wann, wo, wie, weshalb etc.

- Zusammenfassungen mit Kontrollfragen: Der Inhalt von Aussagen wird kurz in eigenen Worten zusammengefasst und überprüft: „Stimmt das?" „Haben sie das so gemeint?" „Habe ich sie richtig verstanden?"

- Nachfragen: Bei Unklarheiten und zu allgemeinen Aussagen muss nachgefragt werden: „Können sie das an einem Beispiel verdeutlichen?"
- Allgemeine Bestätigungen: Sie sollen zum Weitersprechen anregen (Ja, hmhm). Vorsicht, nicht nur bei bestimmten Äußerungen anwenden (Beeinflussung).
- Bei Abweichungen vom Thema oder von den Regeln müssen Hinweise erfolgen, die das Gespräch wieder in die richtige Zielrichtung bringen.

Der Gesprächsverlauf sollte der Leiter visualisieren, damit keine Meinung verloren geht und die Ergebnisse immer präsent sind. Der Leiter hat die Regeln der Moderation zu befolgen.

10.2 Moderation und Visualisierung

Für eine intensive Auseinandersetzung im Plenum oder in der Gruppe benötigt man einen Leitfaden, um das Gespräch zu strukturieren. Die Aufgabenstellungen (Fragen) für die Gruppe sind so zu stellen, dass die Teilnehmer Schritt für Schritt und systematisch in ein Stoffgebiet eindringen. Dies soll an einem Beispiel deutlich gemacht werden. Es ist ein Problem zu lösen.

Die Beschäftigung mit dem Problem
- Welche Probleme sehe ich in unserer Organisation? oder
- Was sind die Probleme in unserer Organisation? oder vielleicht besser
- Was sollte in unserer Organisation verbessert werden?

Gewichtung der Probleme

Hat man die Probleme auf diese Weise gesammelt, so müssen Prioritäten gesetzt werden. Das kann auf verschiedene Weise geschehen. Jedes Gruppenmitglied hat die Möglichkeit, zwei Probleme herauszusuchen, die es für besonders wichtig hält. Das Gruppenmitglied klebt z.B. einen Punkt hinter seine Probleme oder jedes Mitglied bekommt eine Anzahl von Punkten (allgemeine Regel: Hälfte der Vorschläge und darf maximal zwei Punkte vergeben auf ein Problem). Es kommt darauf an, mit welcher Art von Problemen man es zu tun hat. Sind es Konflikte, so legt man als Bewertungskriterium die Schwere der Lösbarkeit fest. Man sollte mit den leichten Problemen beginnen.

Problembeschreibung

Meistens wissen wir nicht genug über das Problem. Informationen müssen erst gesammelt, erhoben werden. Dazu könnte man folgende Fragen stellen:
- Was ist das Problem genau?
- Wo tritt es auf?
- Wann tritt es auf?
- Welches Ausmaß hat es?

Wollen wir verstehen, warum das Problem entstanden ist, müssen wir uns mit den Ursachen auseinander setzen. Auch das sollte gründlich geschehen, damit nicht gleich die erstbeste Erklärung als genügend angesehen wird. Es sind nämlich in der Regel mehrere Ursachen, die ein Problem verursachen. Dazu könnten folgende Fragen gestellt werden:

- Welche Ursachen könnten für solche Art von Problemen prinzipiell in Frage kommen?
- Wie könnte ein Faktorenmodell aussehen, das die möglichen vermuteten Ursachen enthält.
- Welche vermuteten Ursachen sind für unser Problem wahrscheinlich?
- Welche Informationen brauchen wir noch, um die Ursachenfaktoren genauer zu bestimmen.

In einem weiteren Schritt entwickelt die Gruppe Lösungen. Eine kreative Phase ist zu strukturieren (Brainstorming): Was könnte unser Problem lösen?
Alle Einfälle werden ohne Wertung notiert. Erst anschließend werden die Alternativen bewertet und eine Entscheidung getroffen. Die beste Lösung wird dann konkret geplant und durchgeführt.

Die Fragen strukturieren die Diskussion, die Aktivitäten der Gruppe. Die Diskussionsbeiträge der Teilnehmer füllen die Strukturen inhaltlich aus. Dadurch kommen gemeinsame Verstehensprozesse zustande, die dann zu konsensfähigen Lösungen führen.

Die Reihenfolge der Fragen ist so aufgebaut, dass ein systematisches Eindringen in die Sache möglich wird. Wie der Leitfaden aussieht, richtet sich also nach dem vorliegenden Sachverhalt (inhaltliche Ausgestaltung der Fragen) und der benutzten Systematik (Reihenfolge und Art der Fragen) (s. *Siemens* 1979).
Auf diese Weise lässt sich auch eine Konferenz systematisch gestalten:

- Welches ist die Aufgabenstellung und Zielsetzung der Konferenz (vorher schriftlich mitteilen oder Tagesordnung mit den Teilnehmern erzeugen)? Was soll diskutiert werden? Mit welcher Priorität?
- Welches sind die Schwierigkeiten der Aufgabenstellung?
- Welches sind die möglichen Lösungen der Aufgabenstellung?
- Welches ist die optimale Lösung zur Realisierung der Aufgabenstellung?
- Was ist weiter zu tun oder welche Schritte müssen zur Durchsetzung der optimalen Lösung unternommen werden?
    a) Was ist jetzt zu tun (Aufgabenstellung)?
    b) Wer soll was erledigen (Personen)?
    c) Bis wann sollen welche Ergebnisse erreicht werden (Termine)?
    d) Wo sollen die vorgesehenen Aufgaben gelöst werden (Orte)?
    e) Wie sollen die Aufgaben im Einzelnen gelöst werden (Vorgehen)?
    f) Womit sollen die Aufgaben gelöst werden (Hilfsmittel)?
    g) **Begründung**: Warum sollen die Aufgaben gerade so gelöst werden?

Auch bei einem erfahrungsorientierten Lernen kann man die Auseinanderset-
zung ebenfalls mit Fragen lenken. Dabei ist zu berücksichtigen, wie abstrakt und
eindringend, wie umfangreich und einengend ein Diskurs gestaltet werden soll.
Aufarbeitung der Erfahrungen:
- Welche positiven Erfahrungen habe ich im Unternehmen gemacht?
- Welche Erlebnisse frustrierten mich?

Die geschilderten Erlebnisse werden nach positiv/negativ und Inhalten geordnet.
Verallgemeinerungen aus den gemachten Erfahrungen:

Was löst positive/negative Erfahrungen aus?
Wie kann man positive Erlebnisse schaffen?

↓

Evtl. Informationen über verschiedene Motivationstheorien.

↓

Anwenden der Erfahrungen und der Theorien zur Lösung
der Motivationsprobleme:
Welche Maßnahmen erhöhen die Motivation?

10.2.1 Moderatorenverhalten

Der Ablauf eines Problemlösungsprozesses oder eines erfahrungsorientierten
Lernprozesses verlangt vom Moderator ein flexibles und zurückhaltendes Verhalten. Nur wenn er eine Theorie darstellt und erläutert, bestimmt er den Ablauf
und die inhaltliche Gliederung. Wertet er aber die Erfahrungen der Teilnehmer
aus, so gestalten sie die Inhalte und auch die Ordnung der Inhalte. Bei einem
Problemlösungsverlauf ist es ähnlich: der Moderator stellt die Fragen, die Teilnehmer geben die Antworten. Die Teilnehmer sind dabei die Inhaltsexperten,
der Moderator der Methodenexperte. Deshalb sollte der Moderator sich an bestimmte Regeln halten.
- Keine bewertenden Stellungnahmen zu Teilnehmeräußerungen abgeben
- Fragen der Teilnehmer an alle weitergeben und nicht selbst beantworten
- Keine Stellung nehmen zu Kontroversen zwischen Teilnehmern, sondern
  die Kontroversen mit den Teilnehmern präzisieren, Maßnahmen entwickeln
  lassen
- Dialoge zwischen zwei Teilnehmern wieder in ein Rundgespräch zurückführen
- Meinungsunterschiede festhalten und kennzeichnen
- bei Unklarheiten nachfragen
- bei Sachfragen solange die Diskussion führen, bis ein Konsens hergestellt ist
- bei Wertfragen die Vorstellung feststellen, festhalten und nebeneinander
  stehen lassen (Aufforderung zur Toleranz).

10.2.2 · Bedeutung der Visualisierung

Bei einem Vergleich der Arbeitsproduktivität von Teams wurde festgestellt, dass die in Visualisierung trainierten Teams in der gleichen Zeit zum gleichen Problem bessere Leistungen erbrachten als, wenn es um Präsentationen von Gruppenergebnisse nicht trainierte Teams geht. Dies gilt auch für das Arbeiten im Plenum.

Das ist verständlich, denn fast alle wichtigen Informationen werden durch das Auge wahrgenommen.

Daraus resultiert die Forderung: Gedanken müssen veranschaulicht werden! Denn:

> Die Aufmerksamkeitskapazität reicht nicht aus, alle in kurzer Zeit angebotenen Informationen aufzunehmen und zu verarbeiten.

Die Visualisierung von Gedanken für alle hat folgende **Vorteile**:

* Jeder Gedanke ist sichtbar gespeichert und ständig abrufbereit, um mit neuen Ideen verknüpft zu werden.
* Das Gedächtnis wird entlastet.
* Jede Person erfährt die Akzeptanz ihrer Ideen, da alles ohne Kritik mitgeschrieben wird.
* Jeder kann sichergehen, dass sein eigener, immer als wichtig empfundener Beitrag, nicht verloren geht. Erst dann wird das Teammitglied frei, um neue Gedanken zu suchen.
* Durch Visualisierung wird gleichzeitig alles Ideenmaterial für die Bewertungs- und Entscheidungsphase festgehalten.
* Jedes Teammitglied ist gezwungen, sich kurz zu fassen, da jeder Gedanke -wenn auch nur in komprimierter Form- mitgeschrieben wird.
* Die Visualisierung bietet die Chance, Missverständnisse zu reduzieren.

10.2.3 Gegenstand und Regeln der Visualisierung

Visualisierung heißt nicht nur Wörter und Sätze auf Lochkarten, Packpapier und Flipchart-Papier zu schreiben, sondern auch:

- Skizzen aller Art,
- Zeichnungen und Karikaturen,
- Beziehungsdiagramme,
- Organisationsschaubilder,
- Funktionsabläufe,
- mathematische Formeln.

Wer häufig in Gruppen arbeitet, sollte also trainieren, sich in Bildern und Symbolen auszudrücken. Denken Sie an den Satz:

> „Ein Bild sagt mehr als tausend Worte".

Die wichtigsten **Regeln** für eine wirkungsvolle Visualisierung:

* mit sparsamen Mitteln komprimiert alles darstellen.
* Nur Stichworte notieren, keine ganzen Sätze. Das Stichwort charakterisiert den Gedanken.
* Platz sparend schreiben, damit die Übersicht nicht verloren geht.
* Textblöcke bilden, um die Gliederung auch visuell deutlich zu machen.
* Ja-Nein-Antworten vermeiden. Stattdessen stufige Wertung vorgeben z.B.: ++, +, 0, -, --
* Damit Einwände nicht untergehen: auf Karten schreiben und hochhalten bzw. an die Tafel heften.
* Groß- und Kleinbuchstaben benutzen.
* Auf Lesbarkeit in 6-8 m Entfernung achten.
* Darstellen auf Packpapier ca. 130 x 150 cm und auf farbigen Karten ca. 10 x 21 cm. Nicht mehr als 3 Farben simultan benutzen.
* Die Farben von Karten und Stiften können benutzt werden, um unterschiedliche Gedankengänge optisch hervorzuheben. Die Bedeutung der Farben vor Beginn der Besprechung festlegen und aushängen.
* Auch Konflikte, Widersprüche visualisieren.
* Bewerten mit Selbstklebepunkten.

10.2.4 Instrumente der Visualisierung

Die Visualisierung unterstützenden Hilfsmittel:

- verschiedene Schriftgrößen, Groß- und Kleinbuchstaben,
- unterschiedliche Formen wie Rechtecke, Kreise,
- Striche, Pfeile, Blitze, gestrichelte oder gepunktete Verbindungslinien,
- Freiflächen, um unterschiedliche Informationsblocks voneinander abzusetzen,
- verschiedene Farben, um einzelne Informationen hervorzuheben und um Zusammengehöriges zu kennzeichnen.

Ordnen Sie die Farben nach steigender Auffälligkeit:

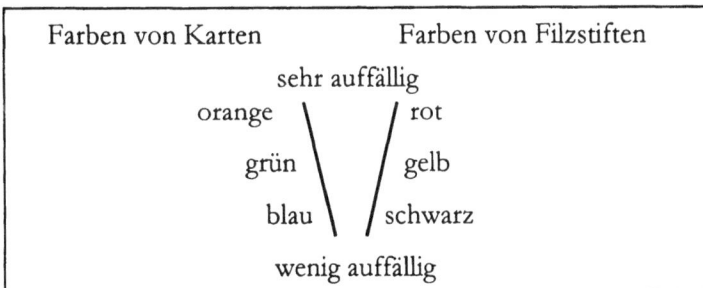

Farben von Karten   Farben von Filzstiften

sehr auffällig

orange   rot

grün   gelb

blau   schwarz

wenig auffällig

Eine Reihe von Instrumenten kann man bei einer Moderation und für eine Visualisierung anwenden.

Beispiele:

o **Skalen**: 0% ------------------------------ 100%

o **Standardisierte Skalen**:

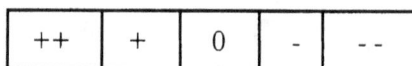

++	+	0	-	- -

o **Koordinaten**: Im Koordinatenfeld werden die einzelnen Schätzungen als Punktwolke erkennbar. Außenseitermeinungen werden sichtbar und können begründet werden.

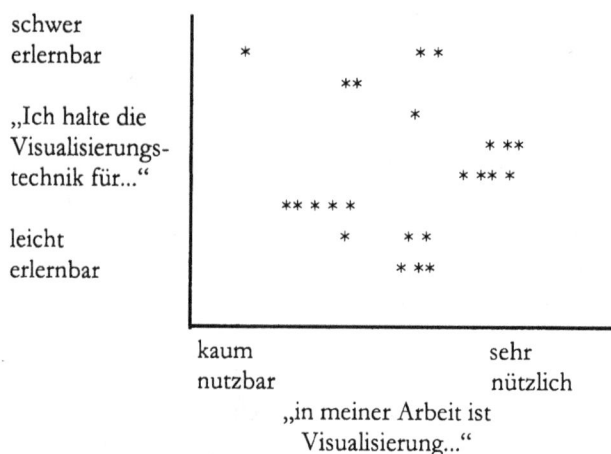

- **Listen**: helfen, den Umfang einer Arbeit zu erkennen.
- **Säulen und Scheiben**: erleichtern den Vergleich.
- **Tabellen**: stellen Beziehungen her; lassen erkennen, welche Verknüpfungen sinnvoll sind und welche unmöglich oder unwichtig sind.
- Spalten- und Zeilenüberschriften auf Karten notieren, um sie auswechseln und sie in eine andere Reihenfolge setzen zu können.
- **Bäume**: werden benutzt, um Über- und Unterordnungen zu kennzeichnen.
- **Netze**: machen die Vielfalt der Zusammenhänge deutlich. Schwerpunkte werden betont. Vorsicht: Nicht alles miteinander verbinden. Fehlende Beziehungen werden sichtbar. Verbindungslinien können gewichtet (starker oder schwacher Strich) oder gerichtet (Pfeil) werden.
- **Rhythmus**: macht lange Reihungen lesbarer und übersichtlicher.
- In Tabellen kann man z.B. die Zeilen abwechselnd in 2 Farben herstellen. Außerdem kann Rhythmus durch Formwechsel und durch Versetzung erzeugt werden.

Bilden Sie außerdem eine Grob-, Mittel-, Feinstruktur.

Präsentieren Sie eine eindeutige und einprägsame Grobstruktur. Sie ist das Gerüst, um das sich alles gruppiert.

Arbeiten Sie mit Reihungen: Die Elemente werden in gleichen Abständen ange-
ordnet und schlagen eine klar erkennbare Richtung ein. Mindestens 3 Elemente,
Optimum 5, nicht mehr als 10 - 12.

10.3 Das Interview

Bei einem Interview handelt es sich um ein planmäßiges Vorgehen mit spezifischen Zielsetzungen, bei dem die Versuchsperson durch eine Reihe gezielter
Fragen oder mitgeteilter Stimuli zur verbalen Information veranlasst wird. Das
Kennzeichen eines solchen Interviews ist seine Zweckgerichtetheit, d.h. der Interviewer hat ganz bestimmte Zielvorstellungen, die er durch das Interview erreichen möchte. Damit ist auch die Festlegung der Thematik gegeben. Sie unterliegt
nicht der gegenseitigen Beeinflussung. Es entsteht eine komplementäre Beziehung: Der eine fragt nach Informationen, der andere gibt sie.

Vor jeder Befragung werden die Untersuchungsziele aufgestellt. Von diesen Zielen ausgehend wird dann entschieden, welcher Personenkreis befragt werden
soll. Diese Festlegung ist wichtig, damit bei den nächsten Konkretisie-
rungsschritten die spezifischen Charakteristika der Zielgruppe mitberücksichtigt
werden.

Von den Untersuchungszielen ausgehend wird die gesamte Thematik bestimmt,
die dann in weitere Aspekte aufgegliedert wird. So entstehen Programmfragen
oder Erhebungspunkte. Erst wenn eine Gesamtvorstellung näher präzisiert ist,
übersetzt man diese in konkrete Ermittlungs- und Interview-Fragen.

Bei der Befragung handelt es sich um ein sehr flexibles Instrument, mit dem
Informationen gezielt eingeholt werden. Es kann sich dabei um Tatsachenermitt-
lungen, Einstellungen, Wertvorstellungen, Hoffnungen, Erwartungen, Pläne der
Versuchsperson, Aspekte des Selbstbildes oder sonstige Dinge handeln.

Man unterscheidet verschiedene Formen der Befragung, die unterschiedliche
Aufgaben erfüllen. Es ist ein wichtiges Verfahren für die Durchführung eines
OE-Prozesses (*Borg* 2000). Auch für die Ermittlung von Zustandsdaten über eine
Organisation können Fragebögen wichtige Daten liefern (*Trost* u.a. 1999).

10.3.1 Formen der Befragung

Gruppenbefragung

Eine Gruppe von 5 - 10 Personen diskutiert ein Thema. Dieses Thema gibt der
Diskussionsleiter vor, entweder durch eine kurze Erläuterung oder durch Bildmaterial oder Filme etc. In der Regel entwirft man vorher nur einen recht allgemeinen Gesprächsleitfaden, um verschiedene Aspekte der Thematik in der

Gruppe zu diskutieren. Der Leiter greift nur wenig ein und lässt die Diskussion laufen (s. Leitung einer Diskussion).

Das Verfahren eignet sich besonders für qualitative Vorstudien zur Vorbereitung einer strukturierten Befragung. Die Ergebnisse sind nur bedingt aussagekräftig, weil sie nicht die Meinung aller repräsentieren. Aber es ist ein gutes Verfahren, um Hypothesen zu gewinnen und Vorstellungen einer Gruppe kennen zu lernen.

Nichtstandardisierte, individuelle Befragung

Man nennt sie auch qualitatives Interview, Tiefeninterview oder Intensivbefragung. Es handelt sich hierbei um Einzelinterviews, bei denen die Thematik individuell in ihrer verschiedenartigsten Verästelung verfolgt wird. Man benutzt allenfalls einen stichwortartigen Leitfaden, der flexibel eingesetzt wird. Die Fragen können also weiter erläutert, umformuliert, vorgezogen oder zurückgestellt werden. Merkt man, dass es sich um unergiebige Themenaspekte handelt, so geht man auf diese nicht weiter ein. Andere wiederum werden aufgegriffen und vertieft. Daraus wird deutlich, dass eine präzise theoretische Vorstellung bestehen muss, die das Interview leitet. So können z.B. Hypothesen, die durch Gruppeninterviews gebildet wurden, aufgegriffen und in diesen individuellen Interviews präzisiert werden.

Dieses Verfahren wird vor allem dazu benutzt, neue Gesichtspunkte zu gewinnen, relevante Variablen zu erhalten, Hinweise für Zusammenhänge und Wechselwirkungen zu bekommen, um schließlich verfeinerte Hypothesen für den Thematikbereich erstellen zu können.

Auch bei dieser Methode bekommt man keine verlässlichen Informationen für verallgemeinernde Aussagen. Das Interview bietet zu viele Fehlerquellen, die durch das Gespräch selbst verursacht werden können. Allerdings ist es ein vorzügliches Instrument, um individuelle Orientierungsformen zu analysieren, etwa, wie ein bestimmtes Ereignis von den verschiedenen Individuen verarbeitet wird. Außerdem ist kann es wichtig für eine Kontaktpflege mit der Belegschaft sein, bei der man gleichzeitig Informationen über Stimmungen, Meinungen erhält. Auch bei Kunden ein durchaus wichtiges Verfahren und im Sinne von Kontaktpflege einer standardisierten Befragung immer überlegen.

Durch die ersten beiden Befragungsformen lassen sich Fragestellungen präzisieren und vereinheitlichen. Allerdings können mit diesen Verfahren keine Hypothesen überprüft werden, die Vergleichbarkeit fehlt. Jedes Interview ist ein einmaliges Ereignis.

Teilstandardisierte Befragung

Bei dieser Befragungsform werden offene Fragen verwendet. Dabei wird der Wortlaut und die Reihenfolge der Fragen genau festgelegt. Das Verfahren ist geeignet, um von einer größeren Gruppe systematisch Informationen einzuholen. Durch die verschiedenen Antworten bekommt man eine Sammlung von

Antwort-Alternativen, die dann für die nächste Befragungsform benutzt werden können.

Ausformulierte Fragen können auch überprüft werden, ob sie verständlich und nützlich für die Fragestellung sind.

Standardisierte Befragung

Der Wortlaut und die Reihenfolge der Fragen sind festgelegt. Der Interviewer hat keine Möglichkeiten, selbst das Interview verändernd zu gestalten. Bei nicht-verbalen Vorlagen wird z.B. auch die Art und Weise der Darbietung festgelegt. Ebenso werden die Antwortmöglichkeiten vorgegeben, sie sind meist nur noch anzukreuzen.

Nur bei diesem Verfahren kann eine vergleichende Analyse von verschiedenen Befragungsgruppen durchgeführt werden, z.B. männlich/weiblich. Auf diese Weise werden auch objektivere Ergebnisse geliefert, die Verfälschung durch den Interviewer wird weitgehend durch Vorgaben vermieden. Auf die Formulierung der Fragen muss man allerdings achten, damit eine Beeinflussung durch den Wortlaut oder den Beantwortungsmodus möglichst vermieden wird (*Anger* 1969).

10.3.2 Planung der Befragung

In der Regel ist das Planen von Interviews selbst ein Präzisierungsvorgang hinsichtlich der Ziele und Hypothesen, in dem die Befragungsformen entsprechend angewandt werden:

Zuerst ein Gruppeninterview, dann Tiefeninterviews, dann teilstandardisierte Fragebogen bis schließlich zum standardisierten Befragungsinstrument.

Bei jedem dieser Schritte führt man zuerst Probeinterviews durch, um zu überprüfen, ob durch die Vorgaben die einzelnen Programmfragen abgedeckt werden. Es wird dabei auch überprüft, ob die Fragen von der Zielgruppe verstanden und akzeptiert werden.

Die Fragen können verschiedene **Funktionen** bei einer Befragung haben. Man unterscheidet:

- **Kontakt- oder Einleitungsfragen.** Wie bei jedem Gespräch geht es bei einem Interview auch darum, einen Kontakt herzustellen, damit die Bereitschaft entwickelt wird, Informationen zu geben.
- **Übergangs- und Vorbereitungsfragen.** Es werden Fragen gestellt, die einen Themenwechsel erleichtern sollen.
- **Ablenkungs- oder Pufferfragen.** Nicht nur der Übergang von einem Thema zum anderen wird durch Fragen gestaltet, sondern auch, wenn es darum geht, unerwünschte Ausstrahlungen von bereits behandelten Thematiken zu verhindern.
- **Filterfragen.** Sie werden dazu benutzt, Untergruppen aufzugliedern oder bestimmte Personen von der weiteren Befragung auszuschließen.

- **Kontrollfragen.** Um die Zuverlässigkeit der Antworten zu überprüfen, werden manchmal Fragen wiederholt. Die Konsistenz der Beantwortung wird überprüft.

Jedes Interview ist auch eine Beeinflussung des Gesprächspartners. Erst durch die Fragen setzt er sich vielleicht intensiver mit einem Thema auseinander. Seine Vorstellungen werden bewusster, genauer. Vielleicht bildet er sich seine Meinung erst durch das Interview.

10.3.3 Frageformen

Generell unterscheidet man offene und geschlossene Fragen. Bei den offenen liegt nur der Wortlaut der Frage fest, die Antworten unterliegen keinerlei Beschränkungen. Bei der geschlossenen Frage ist dies anders. Hier liegt nicht nur der Wortlaut fest, sondern auch die Antwortmöglichkeit.

- **Alternativfrage.** Es wird eine Frage vom Ja-Nein-Typ formuliert, d.h. es besteht nur die Möglichkeit der Zustimmung oder Ablehnung. Die Antwortmöglichkeiten können dahingehend ergänzt werden, dass die Möglichkeit „Unentschieden" oder „Weiss nicht" hinzugenommen wird.

- **Skalenfrage.** Verschiedene Grade der Zustimmung bzw. Ablehnung werden vorgegeben. Meist werden verbal formulierte abgestufte Zwischenkategorien vorgegeben und mit Zahlen verschlüsselt. Es können neutrale Mittelpositionen eingeplant werden. Der Vorteil dieses Verfahrens liegt in der Auswertung, die dadurch erleichtert wird (Likert-Skala).

- **Katalogfrage.** Qualitativ verschiedene Antwortmöglichkeiten werden zur Wahl gestellt. Dabei stehen entweder nur eine Antwort oder Mehrfachantworten zur Verfügung. Statt Fragen können auch irgendwelche Vorgaben gemacht werden, zu denen Stellung zu beziehen ist (grafische Darstellungen, Bildmaterial, Adjektivlisten, Stichworte oder Behauptungen etc.).

Jede dieser Frageformen hat ihre Problematik. Je größer die Zahl der Vorgaben ist, umso mehr Wahlfreiheit hat der Befragte. Allerdings wird auch die Aufgabe für den Befragten. Bei der Alternativfrage ist es einfacher. Noch schwieriger ist es bei offenen Fragen, bei denen schon der Sinn verschieden erfasst werden kann. Es kann zu Informationsverlusten kommen, wenn nicht jede Einzelheit der Antworten registriert wird. Gleichgültig, welche Frageform man auch wählt, es sind bestimmte Grundsätze zu beachten, die im Folgenden aufgeführt sind.

Die **Formulierung** geeigneter Ermittlungsfragen oder Vorgaben setzt voraus:
- Adäquate Übersetzung eines Erhebungspunktes in verständliche Fragen.
- Fragestellungen müssen zur Antwort motivieren.
- Reaktionen und Antworten müssen zur Klärung des Zieles beitragen.

Bei der Frageformulierung, Vorgaben sind folgende **Regeln** einzuhalten:
- Möglichst einfache Formulierungen verwenden.

- Lange Fragen vermeiden.
- Eindeutige Fragen stellen, niemals mehrere Fragen hintereinander, die auch noch miteinander verkoppelt sind.
- Eine Überforderung des Befragten vermeiden. Man achte hier besonders auf die Zielgruppe.
- Konkrete Fragen bevorzugen, d.h. allgemeine Fragen vermeiden. Man bekommt so genauere Informationen.
- Suggestivfragen vermeiden, es sei denn, sie werden für spezifische Zwecke benutzt, z.B. Einstellungsmessungen.

(*Konrad* 1999, *Kirchhoff* 2001)

11 Systemtechniken

Bei komplexen, wichtigen Problemen ist es notwendig, einen systematischen und auch zeitaufwendigen Prozess zu gestalten, insbesondere wenn die Lösung des Problems eine gemeinsame Handlungsbasis abgeben soll. Die Menge der Daten, die vielen zu beachtenden Faktoren bei vermuteten Ursachen und Planungsvorgängen, können nur dann übersichtlich gemacht werden, wenn dafür Systematiken zur Verfügung stehen.

Bei Systemtechniken werden verschiedene Verfahren aus unterschiedlichen Bereichen verarbeitet und angewendet. Die klassische Definition ist dem „US Air Force-Systems Command-Handbuch Nr. 375" zu entnehmen (zitiert nach *Dreger* 1980):

„Systemtechnik ist die formalisierte und konzentrierte Anwendung ingenieurwissenschaftlicher, organisatorischer, aber auch philosophischer Gedanken und Methoden, die benötigt werden, ein zu schaffendes bzw. existentes Bedürfnis (eine Idee, einen Zielwunsch) in die Beschreibung der Leistungsanforderungen sowie die Erarbeitung der benötigten Lösungen zu transformieren. Dafür werden wiederholend durchzuführende Planungsprozesse notwendig, die sich von der Erfassung der Anforderungen durch den Systembenutzer über die Spezifizierung der Zielsetzungen und die Ermittlung der Verträglichkeit ihrer Bestandteile bis zur Berücksichtigung aller materiellen und personellen Faktoren bei den Umsetzungsprozessen erstrecken."

In diesem Zusammenhang soll nicht die Breite der Systemtechnik berührt werden. Dieses Gebiet hat sich inzwischen so erweitert, dass es ein selbständiges Lehrgebiet wurde und an der Universität vertreten wird. Hier soll nur von ausgewählten Verfahren berichtet werden, die den Problemlösungsvorgang strukturieren helfen. Es werden also dem Gesamtprozess wie vorher die Wissenschaften mit ihren Theorien - einige Systemtechniken zugeordnet (weitere Techniken s. *Hartmann* 1990).

Der Sinn dieser Verfahren liegt in verschiedenen Aspekten: Komplexe Problemsituationen lassen sich in übersichtliche Einheiten zergliedern, Aktivitäten im Problemlösungsprozess werden sinnvoll zerlegt, Spontanlösungen ohne intensives Eindringen in die Problematik verhindert, subjektive Gesichtspunkte beim Wahrnehmen, Interpretieren und Lösen von Problemen werden für alle Beteiligten transparent.

Die Verfahrensweisen zwingen also die Benutzer, beim Problemlösen ganz bestimmte Schritte einzuhalten. Natürlich können die Verfahren auch abgekürzt werden. Man muss sich dabei allerdings klar sein, dass dadurch Missverständnisse, vielleicht auch schlechtere Lösungen zustande kommen können. Dies kann man in Kauf nehmen, wenn man von vornherein den zyklischen Prozessverlauf im Auge behält. Eine Präzision im diagnostischen Bereich, in der Planung und in der Aktion wird nicht in der Einmaligkeit des Gesamtprozesses zu erreichen versucht, sondern durch das wiederholte Durchlaufen dieser Prozeduren, wenn es notwendig erscheinen sollte.

Der Gesamtprozess lässt sich, bezogen auf eine Organisation, in folgende Phasen einteilen (*Komarnicki* 1980):

1. Systemdefinition: Die Grenzen des Problembereiches werden festgelegt, dabei wird auch die Unterscheidung in eine interne und externe Umwelt vorgenommen.
2. Systemanalyse: In diesem Arbeitsschritt soll die Bedeutung aller Faktoren und ihrer Wechselwirkungen untereinander bestimmt werden. Dies wäre ein Ansatz, die Befunde der verschiedenen Analysen in einen Gesamtzusammenhang zu bringen. Dadurch könnten auch die Befunde von verschiedenen Wissenschaften integriert werden.
3. Planungsphase: Die wesentlichen Einflussgrößen werden erfasst und geordnet (Shikawa-Diagramm). Davon ausgehend werden Alternativen entworfen, die den gewünschten Systemzustand erreichen helfen. Zu dieser Phase gehören auch Betrachtungen, die die zukünftige Entwicklung einschließen.
4. Entwicklungsphase: In ihr geht es um die Umsetzung der Planung in Lösungen, die möglichst schnell und wirtschaftlich realisiert werden können.

Diesen Phasen kann man entsprechende Systemtechniken zuordnen, die man als Werkzeuge benutzt.

Aus der Vielzahl der Techniken sollen diejenigen näher beschrieben werden, die bei einem Problemlösungsprozess eine Rolle spielen:

a) Problemaufbereitungsmethoden
   - Situationsanalyse
   - Problemanalyse
b) Planungsmethoden
   - Formulierung von Zielsetzungen
   - Entscheidungsanalyse
   - Netzplantechnik
   - Analyse potentieller Probleme
c) Suchmethoden
   - Funktionsanalyse
   - Morphologische Methode
   - Brainstorming
   - Methode 6-3 -5
d) Bewertungsmethoden (Evaluierung)
   - Evaluierungsformen während des Problemlösungsprozesses
   - Evaluierungsformen nach dem Problemlösungsprozess

11.1 Problemaufbereitungsmethoden

Die Methoden zur systematischen Aufbereitung von Problemen sind von *Kepner - Tregoe* (1971) beschrieben worden.

1. Situationsanalyse: Zergliedern von unübersichtlichen Situationen.

Komplexe, unübersichtliche Situationen werden in kleinere Einheiten (Unter-Situationen) zergliedert. Diese Unter-Situationen werden dann isoliert und getrennt bearbeitet. Nehmen wir uns z. B. ein Kommunikationsproblem heraus: Mitarbeiter klagen, dass sie wichtige Informationen für ihre Arbeit nicht erhalten. Beim Nachgehen dieses Problems lassen sich folgende Unter-Situationen feststellen:

- Mitarbeiter hatten Anweisungen missverstanden.
- Änderungen der Geschäftsabwicklung wurden nicht allen bekannt gegeben.
- Manche Mitarbeiter halten Informationen zurück, um mehr Macht auf andere auszuüben.
- Ein neues Abwicklungsverfahren wird als Kontrolle empfunden und sabotiert.

Ergeben sich eine Anzahl von Unter-Situationen, so gilt es nun, die Bedeutung und Dringlichkeit der einzelnen Unter-Situationen zu bestimmen. Danach wird die Bearbeitungsreihenfolge festgelegt und entschieden, wer die Aufgabe erledigen soll.

Hat man sich für die Bearbeitung einer Unter-Situation entschlossen, ist weiter zu bestimmen, ob es sich um Probleme, Entscheidungsangelegenheiten oder potentielle Probleme bei der Realisierung einer Planung handelt. Je nachdem werden bestimmte Systematiken ausgewählt, um den Anforderungen dieser spezifischen Situation gerecht zu werden.

Ablauf der Situationsanalyse: Zergliederung der unübersichtlichen Situation, Prioritäten setzen.

2. Problemanalyse: Systematische Beschreibung des Problems durch Fragevorgaben.

Unter Problem wird eine Abweichung des Ist-Zustandes von einem gewünschten Soll-Zustand verstanden. Die Ursache der Abweichung ist nicht bekannt, sie soll herausgefunden werden. Nur in diesem Sinne wird im weiteren der Begriff „Problem" benutzt, z.B.: bei dem Produkt A ging der Umsatz in den letzten Monaten um 15% zurück. In der Produktionsabteilung 11 häufen sich die Krankmeldungen seit vier Wochen ...

Zur Problemanalyse werden folgende Schritte vorgenommen:

- Zuerst wird das Problem in einem Satz umschrieben, wie dies bei den angeführten Beispielen der Fall ist.
- Danach erfolgt die genaue Beschreibung des definierten Problems, indem folgende Fragen gestellt und beantwortet werden:

WAS   ist das Problem (Objekt, Defekt), was ist es nicht, hätte es aber sein können?

WO   beobachtet, aufgetreten, berichtet, usw., wo am Objekt, wo nicht?

WANN   berichtet, aufgetreten, etc., wann nicht?

WIE VIEL Ausmaß des Problems; Tendenz: steigend, fallend, periodisch...

- Welche Besonderheiten und Unterschiede gibt es hinsichtlich des Ist gegenüber dem Ist - Nicht?
- Welche Veränderungen im Rahmen dieser Besonderheiten treten auf?

Natürlich werden bei der Beantwortung der Fragen auch die üblichen empirischen Methoden herangezogen, um weitere Informationen zu erhalten (Beobachtungen, Befragungen, Fehleranalysen etc.). Die Beschreibung des Problems sollte zuerst dieser Systematik folgen, ohne dass Interpretationen erfolgen.

Erst nach der Beschreibung sollten Vermutungen über die Ursachen gebildet werden, die dann mittels der zur Verfügung stehenden Theorien ein Verstehen des Problems ermöglichen sollen. Zur Abklärung der Ursachen können weitere Informationen eingeholt werden, die der Überprüfung der Hypothesen dienen (Problem-Ursachen.Modell). Damit ist der diagnostische Teil des Problemlösungsprozesses abgeschlossen.

11.2 Planungsmethoden

Zu den Methoden gehören Formulieren von Zielsetzungen, Entscheidungsanalyse, Planungstechniken und Analyse potentieller Probleme.

1. Formulierung von Zielsetzungen

Zum Formulieren von Zielen können methodische Möglichkeiten der Lernplanung (Curriculum) benutzt werden. Dabei sind folgende Gesichtspunkte zu beachten:

- Die Zielbeschreibung bezeichnet ein beabsichtigtes Ergebnis und nicht einen inhaltlichen Umfang.
- Die Beschreibung soll möglichst konkret formuliert sein.
- Zu einer Beschreibung gehören Inhalts- wie Verhaltensaspekte.
- Wenn ein umfangreiches Programm mit Zielsetzungen beschrieben werden soll, ist es vorteilhaft, von allgemeinen Zielsetzungen auszugehen, die dann weiter untergliedert werden (Richtziele, Grobziele, Feinziele).

Gerade, wenn mit der OE bestimmte Lernvorgänge verbunden sind, eignet sich dieses System besonders für die Beschreibung von Zielsetzungen. Mit der Beschreibung von Lernzielen sind auch die Kriterien für die Kontrolle festgelegt (*Langosch* 1999). Allerdings müssen die Ziele so genau formuliert sein, dass konkrete mit Messverfahren erfassbare Ergebnisse registriert werden können.

2. Generieren von Lösungen.
Eigentlich folgt dieser Schritt in der Systematik. Im Buch sind die Techniken im nächsten Abschnitt abgehandelt, weil sie einem anderen Denkansatz folgen und umfangreicher dargestellt werden sollen.

3. Entscheidungsanalyse
Nachdem folgende systematische Schritte durchgeführt worden sind: Problemanalyse, Aufstellen der vermuteten Ursachen, Formulieren der Ziele und das Entwickeln von Lösungen, geht es um die Entscheidung für die beste Lösung. Dafür gilt es folgende Bereiche zu bearbeiten:

Klassifizierung und Gewichtung der Zielsetzungen

Die Ziele lassen sich in *Muss*- und *Wunsch*- Ziele einteilen.
Muss-Ziele müssen unbedingt durch die Lösung abgedeckt werden. Erfüllt eine Alternative solche Ziele nicht, so wird sie von vornherein fallengelassen. Wunsch-Ziele sind zwar auch wichtig, aber nicht unabdingbar. Man kann auf sie verzichten, allerdings in verschieden hohem Maße. Deshalb gewichtet man die Wunsch-Ziele. Zur Gewichtung nimmt man Zahlen von 1 bis 10. 1= relativ unwichtig, 10= sehr wichtig.

Beurteilung von Alternativen

In jeder Lösungsalternative müssen die Muss-Ziele eindeutig erfüllt sein, erst dann sieht man sich die Erfüllung der Wunsch-Ziele an. Entspricht eine Alternative dem Wunsch-Ziel, dann wird dieser Punkt mit 10 gewertet. Ist dies jedoch nur in einem sehr geringen Maße der Fall, so wird der Punkt mit 1 gewertet (Wertzahl). Je nachdem also, wie gut die Alternative das Wunsch-Ziel verwirklicht, vergibt man die Wertzahlen. Beide Zahlen, Gewichtzahl (in Bezug auf die Zielsetzung) und Wertzahl (in Bezug auf die Verwirklichung) werden dann miteinander multipliziert und addiert. Je höher die Summe ist, umso besser werden Wunsch-Ziele in einer Alternative verwirklicht. Die Methode zwingt dazu, alle Gesichtspunkte, die eine Bewertung beeinflussen, offen darzulegen und so einer Diskussion zugänglich zu machen.
Im nächsten kann man auch noch die Auswirkungen der Lösungsalternativen ermitteln. Es kann durchaus vorkommen, dass man eine hochbewertete Alternative fallen lässt, weil man negative Auswirkungen befürchtet.
Bewertung der Alternativen in Bezug auf nachteilige Auswirkungen: Hat man durch das obige Verfahren verschiedene Alternativen zur engeren Entscheidungswahl, so liegt es nahe, die Alternativen noch einmal näher zu betrachten. Man fragt danach, ob
- die Quellen bzw. Informationen vertrauenswürdig sind,
- sich in irgendwelchen Bereichen negative Auswirkungen ergeben etc.

Hat man mögliche nachteilige Auswirkungen für jede Alternative notiert, werden sie nach folgenden Gesichtspunkten bewertet:

Wahrscheinlichkeit des Auftretens und der Tragweite. Auch hier werden je nach Ausprägung Bewertungen zwischen 1 und 10 vorgenommen. Die erhaltenen Bewertungen werden miteinander multipliziert und addiert. Man erhält für jede betrachtete Alternative eine Summe, die besagt, wie ausgeprägt mit Schwierigkeiten zu rechen ist (*Kepner-Tregoe* 1971).

4. Planungstechniken
Aufstellung eines Planes: Festlegung der Reihenfolge, was getan, gedacht und veranlasst werden muss.
Zergliederung eines Planes: Es werden eindeutig voneinander abgrenzbaren Tätigkeiten und Teilschritten festgelegt. Handelt es sich um sehr komplexe Vorgänge, so empfiehlt es sich, die Abfolge, bzw. die Verknüpfung von Tätigkeiten durch ein Verfahren darzustellen, z.B. Vorgangslisten mit Vorgangsbezeichnungen der Dauer, dem Anfang und dem Ende.
Mit einem Balkendiagramm kann man die Vorgänge veranschaulichen. Die Aufeinanderfolge und Überschneidungen von Teilaufgaben werden deutlich.
Ein weiteres Verfahren ist die Netzplantechnik. Sie eröffnet die Möglichkeit sehr komplexe Projekte darzustellen, verschiedene Verfahren sind:
Vorgangspfeil-Netzplan, Vorgangsknoten-Netzplan oder Ereignisknoten-Netzplan (*REFA* 1974/75). Für die Verfahren gibt es auch inzwischen Software, die die Erstellung von Plänen erleichtert.
Die Steuerung des Ablaufes eines Projektes ist ein weiterer wichtiger Gesichtspunkt. Die Ermittlung kritischer Bereiche vor der Durchführung des Projektes vermindert das Risiko des Scheiterns.

5. Analyse potentieller Probleme
Ermittlung der potentiellen Probleme: Dazu stellt man folgende Fragen: Bei welchen Teilschritten könnte es Probleme geben? Welcher Art sind die Probleme? Wie groß ist die Wahrscheinlichkeit, dass die Probleme auftreten? Ist die Kennzeichnung erfolgt, bringt man die Teilschritte in eine Reihenfolge, und zwar nach ihrer Bedeutung und Dringlichkeit für die Planerfüllung?
Es wird nun festgelegt, was schief gehen kann und was die Planerfüllung (zeitlich, sachlich) am meisten gefährdet. Dabei ist die Wahrscheinlichkeit und Tragweite anzugeben.
Ermittlung der Ursachen: Welche Gründe lassen sich für die möglichen Probleme angeben? Welches sind die wahrscheinlichsten Gründe? Man bildet eine Rangreihe nach der Wahrscheinlichkeit des Auftretens.
Festlegung vorbeugender Maßnahmen: In den Teilschritten für die Planerwirklichung werden Maßnahmen flankierender Art hinzugenommen, um das Auftreten analysierte Probleme zu erfassen oder erst gar nicht eintreten zu lassen. Falls keine Beseitigung der Probleme möglich ist, sollten Maßnahmen geplant werden, die die Schäden begrenzen.

Einrichtung eines Informations- und Meldesystems: Mit zur Planung gehört auch die Festlegung von Kontrollen, die über Erfolg von Maßnahmen und Entstehung von Problemen unterrichten. Gerade dieser Punkt wird dann noch einmal aufgegriffen, wenn verschiedene Evaluationsformen besprochen werden, s. Abschnitt Evaluationsmethoden.

11.3 Suchmethoden

Eine Problemanalyse, so sorgfältig man sie auch durchgeführt, generiert noch keine Lösung, aber sie steuert das Suchen nach Lösungen. Die nächstbeste Lösung, die einem gerade einfällt, ist für wichtige Probleme zu risikoreich. Der ganze Aufwand, Probleme zu analysieren, nach Ursachen zu suchen, erhöht die Wahrscheinlichkeit passende Lösungen zu finden. Es muss allerdings gelingen, „kreativ" möglichst viele Lösungsalternative zu entwickeln. Während die Problemanalyse streng systematisch vorgeht, gilt dies für die Kreativität nicht.

Lösungsansätze zu entwickeln bedeutet, aus gewohnten Denkbahnen auszubrechen. So ist bei einem kreativen Prozess eine hohe Flexibilität notwendig, um vorhandene Denkkategorien, Begriffsschemata, Lösungsformen losgelöst von ihren inhaltlichen Bezügen verfügbar zu machen, um neue Gedankenverbindungen zu stiften. Darin liegt meist die Originalität der Lösungsansätze. Es werden dadurch neue Möglichkeiten des Zuganges zu den Innovationsproblemen geschaffen.

Guilford (1950) meint, dass solche Fähigkeiten eigentlich bei jedem Menschen mehr oder weniger vorhanden sind. Es gibt aber erfahrungsgemäß Menschen, die besonders einfallsreich sind. Man spricht dann von einer kreativen Persönlichkeit.

Eine solche Persönlichkeit lässt sich wie folgt charakterisieren *Hoeffert* (1976):

- Offenheit gegenüber der Umwelt: kann sich selbst relevante Informationen beschaffen, vorgegebene Denkgewohnheiten verlassen.
- Entwickelung neuer Anschauungen: ist zugleich kritisch und fähig, sich auf Problemsituationen einzustellen.
- Spontaneität, Flexibilität und Selbständigkeit sowie Leistungsorientiertheit sind Leitlinien dieser Persönlichkeit.
- Bevorzugt Komplexität und Vieldeutigkeit in der Umwelt sowie Irregularität.

Stimmen die Rahmenbedingungen, sind Personen mit kreativem Potential vorhanden, so kann man die kreativen Prozesse weiterhin dadurch fördern, dass man kreative Techniken einsetzt. Die kreativen Techniken haben alle gemeinsam, möglichst divergente Denkprozesse in Gang zu setzen. Im Gegensatz dazu stehen analytische, konvergente Denkprozesse, die logisch geregelt sich vollziehen.

Phasen bei der Lösung von Innovationsproblemen.

1. Empfinden einer Zwangslage: Es muss ein Problembewusstsein vorhanden sein. Eine Ausgangslage muss durch Analysen bestimmt, Zielvorstellungen müssen entwickelt werden.

2. Problembeschreibung, sammeln relevanter Informationen: Durch die Beschreibung der Ausgangssituation wird das Problem weiter präzisiert. Ein weiterer Schritt besteht darin, den Zielbereich genauer zu definieren. In diesem Zusammenhang wird auch begründet, warum die Notwendigkeit einer Problemlösung besteht. Diese Tätigkeiten haben zum Ziel, eine möglichst intensive Auseinandersetzung mit dem Problem zu gewährleisten; siehe hierzu auch Systemtechnik: Problemanalyse.

Bei dieser Bearbeitung sollten schon bekannte und denkbare Lösungen zusammengestellt werden. In diesem Zusammenhang sollten auch die bekannten oder denkbaren Schwierigkeiten mit der Aufstellung der Lösungen miterörtert werden. Außerdem sind die relevanten Kriterien für die Problemlösung mit auszuarbeiten.

In einem weiteren Schritt wird die Problembeschreibung erweitert, indem das Suchfeld aufgelockert wird. Ein divergentes Denken soll damit erzeugt werden.

Das kann durch folgende Tätigkeiten erfolgen:
Das zu lösende Problem wird...
- umformuliert,
- in synonymen Ausdrücken neu ausgedrückt,
- in fremde Sprachen übersetzt, zurückübersetzt,
- sachfremden Personen dargelegt und von ihnen zurückerzählt,
- von verschiedenen Aspekten her betrachtet,
- durch Symbole dargestellt,
- graphisch durch Fließdiagramme, Modelle veranschaulicht.

Durch dieses Vorgehen soll eine möglichst intensive Beschäftigung mit dem Problem erfolgen. Es soll eine eigene Gedankenwelt durch die Verfremdungen entstehen, in der neue Lösungen entstehen können. Für diese intensive Beschäftigung mit dem Problem sollte man sich genügend Zeit nehmen.

3. Produzieren von Ideen, Einsatz von kreativen Techniken:
Solche Techniken lassen sich in verschiedene Bereiche einteilen (*Sand* 1979):
Logisch-systematische Techniken
- Funktionsanalyse
- Morphologische Methode
Intuitiv-kreative Techniken
- Brainstorming
- Methode 6 - 3 - 5.

Ein weiterer Gesichtspunkt für die Förderung der Kreativität ist die Zusammensetzung der Gruppe, mit der man Ideen produzieren will. In der Regel wird sie fünf bis acht Leute umfassen. Das richtet sich auch nach der eingesetzten kreativen Technik. Man sollte jedoch darauf achten, dass man hinsichtlich der Kenntnisse und Erfahrungen eine heterogene Zusammensetzung vorsieht.
Die Mitglieder der Gruppe sollten möglichst aus einer gleichen Hierarchieebene kommen. Die Ausrichtung der Gruppenmitglieder nach einem Statushöheren wäre für die kreative Produktivität verhängnisvoll. Eine solche Ausrichtung ist jedoch zu erwarten, da die Erfahrungen von den Mitgliedern einer Organisation in hierarchisch aufgebauten Gruppen darauf hinauslaufen, dass es sich nicht lohnt anderer Meinung als der Vorgesetzte zu sein. Einen Koordinator sollte allerdings die Gruppe haben, der die formalen Dinge erledigt und für einen Rahmen sorgt, der emotional positiv ist (entspannt) und keinen Druck erzeugt.
Im übrigen sollte man darauf achten, dass nicht durch so genannte „Killerphrasen" Ideen zerstört werden, z.B. sind das folgende Äußerungen:
Das geht doch nicht. - Das ist grundsätzlich richtig, aber bei uns nicht anwendbar. - Denken Sie an unsere besondere Situation. - Das kostet viel zu viel. - Sehen wir uns doch das Problem im Detail an. - Für die Frage sind wir nicht zuständig. - Richtig, aber damit kommen Sie nicht durch. - Haben schon andere probiert. - Prüfen Sie das noch einmal gründlich, etc.

4. Evaluation der Ergebnisse: Die anschließende Bewertung und Weiterentwicklung der Lösungsansätze kann und sollte durch eine andere Gruppe (Fachleute) erfolgen, die dann systematisch weiterarbeitet. Diese Aufteilung lässt sich damit begründen, dass für einen kreativen Prozess jegliche Bewertung absolut tödlich ist. Das Zerstören von Ideen durch solche Bewertungen kann auch langfristige Folgen haben, nämlich dann, wenn die Teilnehmer an einer kreativen Sitzung erleben, wie wenig von ihren Ideen tatsächlich verwendet wird. Man kann sich vorstellen, dass sie in Zukunft für solche Prozesse nicht mehr motiviert wären. Solche Dinge lassen sich vermeiden, indem man organisatorisch die Kreativitäts- und Bewertungsphase voneinander trennt.

5. Entscheidungen über die entwickelten Lösungsansätze: Die Lösungsansätze, die verfolgt werden sollen, werden zur weiteren Verarbeitung freigegeben. Die Entwicklung der Lösungsansätze erfolgt dann wieder mit den traditionellen Denkformen in systematischer Weise.
Die Lösungsansätze müssen auf ihre Verwendbarkeit überprüft werden. Dies kann einmal unter der Nutzung der Zielsetzungen und zum anderen unter dem Gesichtspunkt der Realisierung erfolgen. Auf diese Weise werden sehr viele produzierte Lösungsansätze erfahrungsgemäß herausfallen. Die übrig gebliebenen Ansätze müssen dann weiter entwickelt werden, um sie bewerten zu können.

11.4 Kontrollmethoden (Evaluierung)

Zum Feststellen von Erfolg oder Misserfolg müssen die Ergebnisse eines Projekts beurteilt werden. Dazu benötigt man Beurteilungskriterien. Die alleinige Feststellung, dass etwas gut oder schlecht ist, genügt nicht, weil die Kriterien nicht transparent sind.

Gefordert wird aber eine Auseinandersetzung mit den Ergebnissen, die eine weiterführende Konzeptbildung erlaubt. Das kann nur geschehen, wenn klare Zielsetzungen ausformuliert wurden, mit denen die Ergebnisse verglichen werden können. Die Ergebnisse stellen dann Ist-Werte dar, die mit Soll-Werten konfrontiert werden. Auf diese Weise kann man Aussagen über den Grad der Zielerreichung machen.

Nicht nur die Endergebnisse kann man überprüfen, sondern auch während des Prozesses der Durchführung können fortlaufend Kontrollen erfolgen. Man kann dadurch feststellen, ob sich ein Projekt in die gewünschten Richtung bewegt, bzw. man kann rechtzeitig erkennen, wenn es Abweichungen gibt.

Deshalb wird Evaluation allgemein definiert als „Gewinnung von Information durch formale Mittel, wie Kriterien, Messungen und statistische Verfahren, mit dem Ziel, eine rationale Grundlage für das Fällen von Urteilen in Entscheidungssituationen zu erhalten" (*Stufflebeam* 1972). Wie diese Definition bei den einzelnen Projekten präzisiert wird, hängt von den Zielsetzungen und den Möglichkeiten der Kontrollverfahren ab.

1. Evaluationsformen

Im folgenden werden verschiedene Evaluationsformen mit ihren unterschiedlichen Funktionen kurz dargestellt. Man kann 15 verschiedene Evaluationsformen unterscheiden. Zum Zweck der Übersichtlichkeit klassifiziert man die Formen.

a) Evaluationsformen während des Prozesses

Kontext-Evaluation: Im ersten Abschnitt eines Prozesses wird gefragt, ob alle relevanten Bestandteile berücksichtigt wurden. In einer Organisation gibt es zahlreiche Probleme, deren Problematik unterschiedlich zu bewerten ist. Wenn man Probleme lösen will, so wird man sich auf die relevanten beschränken müssen. Welche Probleme als bedeutungsvoll angesehen werden, kann je nach Auffassung verschieden sein. Es ist deshalb zu überprüfen, ob tatsächlich die wichtigen Probleme erfasst wurden. Das kann nur durch ein gemeinsames Bewertungsverfahren gelingen. Auch die Aktionsfelder sind zu bestimmen, z.B. die Auseinandersetzung Organisation – Umfeld oder die Interaktionen innerhalb einer Organisation.

Formative Evaluation: Im Laufe des Bearbeitungsprozesses können sich die Vorstellungen, Problemsichten, Zielsetzungen, etc. präzisieren oder auch teilweise verändern. Es ist deshalb laufend zu überprüfen, ob noch die am Anfang festgesetzten Voraussetzungen gelten oder dem z.Z. bestehenden Erkenntnisstand die Maßnahmen anzupassen sind. Solche ständigen Beurteilungsprozesse sollten durchgeführt werden, da es nicht zweckmäßig ist, starr an einer beschlossenen Sichtweise festzuhalten. Dadurch können einzelne Elemente, z. B. das Einbeziehen bestimmter Gruppen in der Organisation, eine Veränderung erfahren. Natürlich kann auch das Gesamtkonzept einer Modifikation unterzogen werden. Man stellt z. B. bei einer Analyse von zwischenmenschlichen Problematiken fest, dass formal organisatorische Probleme mit hineinspielen, die eigentlich nicht Gegenstand der Analyse waren.

Prozess-Evaluation: Hier werden nicht die Inhalte des Problemlösungsprozesses zum Gegenstand des Reflektierens gemacht, sondern der Prozess selbst: Die Kommunikationsstruktur, die Entscheidungsstrategie, die Verfahrenspläne, etc. werden zum Gegenstand der Beurteilung. Der Einsatz bzw. Nichteinsatz von bestimmten Systemtechniken wird zur Diskussion gestellt. So können z. B. Fragen auftreten: Sind die Probleme genügend genau beschrieben worden; sollte man die vorhandenen Daten noch von anderen Gesichtspunkten her (wissenschaftlichen Gegenständen, Theorien) interpretieren; sollte noch andere Verfahren angewendet werden, um alternative Lösungsansätze zu entwickeln.

b) Evaluationsformen nach dem Prozess

Summative Evaluation: Das Gesamtprodukt wird hinsichtlich seiner inhaltlichen Ergebnisse überprüft. Haben z. B. die Maßnahmen hinsichtlich der Zielsetzungen den gewünschten Erfolg gebracht? In welchen Bereichen ergeben sich Abweichungen? Die Maßnahmen können auf diese Weise bewertet werden. Das kann z. B. auch eine Kosten-Nutzen-Analyse sein, die eine Auskunft über die Effizienz der Maßnahme ergibt.

Ergebnis-Evaluation: Die Maßnahmen auf werden auf ihre Wirkungen hin untersucht. Werden z.B. organisatorische Veränderungen durchgeführt, so kann analysiert werden, wie die Mitglieder einer Organisationseinheit mit dem neuen System zurechtkommen, welche Wirkungen das neue System auf ihr Verhalten hat.

Bei dieser Untersuchung spielt die Zeit eine besondere Rolle. Verhaltensweisen, Meinungen, Gefühle können vor, während und nach der Veränderung unterschiedlich sein. Es wäre irreführend, wenn man annähme, nur die Effekte nach einem Zeitabschnitt wären wesentlich. Auch vor der Einführung ist die Erfassung der Lage bedeutsam, um Veränderungen in der Einführungsstrategie und am Ende erfassen zu können. Erst die verschiedenen Messzeitpunkte ergeben eine Einschätzung der Wirkungen von Maßnahmen.

Intrinsische Evaluation: Die Analyse und Bewertung befasst sich mit Elementen des Gesamtkonzepts, ohne dass die Auswirkungen auf die Betroffenen mit berücksichtigt würden. Eine solche Begrenzung der Evaluation wird in der Praxis notwendig sein, denn alle Bestandteile können sicherlich nicht reflektiert werden. Nur dann wird man sich mit einem Teil intensiv auseinander setzen, wenn man vermutet, dass die Gesamtergebnisse hiervon in besonderem Maße beeinflusst werden. So kann z. B. die Mitbeteiligung der Organisationsmitglieder im Nachhinein noch einmal Gegenstand einer Auseinandersetzung werden, weil man bemerkte, dass die Veränderungen auf Widerstand stießen. Die veränderten Maßnahmen sind dann nur Bestandteil der Evaluation.

2. Evaluationsdesign

Vergleichende Evaluation: Um die Veränderungen, den Grad der Abweichungen exakt erfassen zu können, vergleicht man die Ergebnisse verschiedener Gruppen miteinander. In der Kontrollgruppe werden die alten Verfahren praktiziert, während in der Versuchsgruppe die Veränderungen eingeführt werden. Vor und nach der Veränderung werden die Leistungen der beiden Gruppen erfasst und können dann miteinander verglichen werden. Natürlich ist es auch möglich, dass man verschiedene Methoden in Versuchsgruppen anwendet und miteinander in Beziehung setzt. Es empfiehlt sich bei Projekte umfangreicher Art zuerst in ausgewählten Gruppe die Wirkung von Maßnahmen zu erproben, bevor man die gesamte oder einen großen Teil der Organisation verändert. Damit kann man Kosten und letztlich auch Zeit sparen. Auch bei der Unterrichtsforschung wendet man das Verfahren an, um die Wirkungen von Methoden auf das Lernen zu erforschen.

Nichtvergleichende Evaluation: Dieses Verfahren sieht keine Kontrollgruppe vor. Die Veränderungen werden direkt erfasst, diskutiert. Eine Vorher- oder Nachher- Untersuchung ist aber auch hier von Nutzen, um die Veränderungen bei bestimmten Variablen erfassen zu können. Damit können genauere Aussagen darüber gemacht werden, welche Auswirkungen sich einstellen.

Für jede Evaluation stellen sich folgende Fragen:
- Wer soll evaluieren?
- Welche Prozessbestandteile sollen berücksichtigt werden?
- Welche Ergebnisse sollen erfasst werden?
- In welcher Form sollen die Daten gewonnen werden?
- Wie sollen die gewonnenen Daten ausgewertet, dargestellt und versendet werden?

Zusammenfassung

Die besprochenen systematischen Bestandteile werden abschließend so zusammengestellt, wie es dem systematischen Ablauf eines Problemlösungsprozesses entspricht. Auf die Mitwirkung des Klienten und der sich daraus ergebenden Beraterrolle sei hier nur hingewiesen.

Das zyklische, wiederholte Durchlaufen einzelner sowie aller Abschnitte macht es möglich, dass man in der Praxis optimale Ergebnisse erzielen kann. Man kann durch ein schnelles Durchlaufen der Abschnitte zu ersten Problemlösungen kommen. Sind sie nicht befriedigend, so können einzelne Abschnitte noch einmal sorgfältiger durchgearbeitet werden, z. B. durch eine neue Problemanalyse mit zusätzlichen Datenerhebungen.

Systematik des Problemlösens	Verfahren aus dem Bereich
DIAGNOSE	
Empfindung einer Problemlage	Situationsanalyse
- Problembeschreibung	Problemanalyse
- Informationssammlung	Anwendung von Erhebungsmethoden
- Interpretation der Ergebnisse	wissenschaftliche Erklärungen, Theorien, Modelle, Konstrukte Problem-Ursachen-Modell
PLANUNG	
Zielbeschreibungen	Curriculum: Zieldefinitionen
Entwicklung von Lösungsansätzen	kreative Techniken, Suchmethoden
Festlegung der Lösung	Entscheidungsanalyse, Bewertungstechniken
Planung des Ablaufes	Planungsmethoden
Ermittlung potentieller Probleme	Analyse potentieller Probleme
AKTION	
Experimentelle Projekte	Projektmanagement
Veränderungen der Organisations-struktur, Informationssysteme, Managementsysteme	Reorganisation
Einführung neuer Führungssysteme	Weiterbildung
Veränderungen von Einstellungen und Verhaltensweisen	gruppendynamische Interventionen Verhaltenstraining
AUSWERTUNG	
Rückmeldungen während des Lösungsprozesses nach dem Lösungsprozess	Evaluationsverfahren mit Datenerhebungen durch Befragungen, Beobachtungen, Messungen...

Teil C: Anwendung von Organisationsentwicklung in der Praxis (Becker, Langosch)

Einleitung

In diesem dritten Teil des Buches geht es um die Anwendung von OE in der Praxis.

Im ersten Abschnitt, der in einzelne Kapitel untergliedert ist, werden die unternehmensspezifischen Ansatzpunkte und Strategien zur Einführung und Durchführung von OE dargestellt.

Im zweiten Abschnitt geht es um Problemlösung in komplexen Systemen, um Fragen der Zusammenarbeit, um Effizienz und Macht. Die in diesem Zusammenhang nicht weniger wichtigen Fragen des Umgangs mit Widerständen bei Veränderungen und die Frage der Konfliktbearbeitung sind in Teil B ausführlich behandelt worden. Sie werden bei den für bestimmte Problembereiche relevanten Interventionstechniken (in Kapitel 4, 5 und 6) hier erneut aufgreifen.

Im dritten Abschnitt werden verschiedene Anwendungsformen von OE behandelt: Qualitätsmanagement, Qualitätszirkel, Innovationsgruppen in Wirtschaft und Verwaltung, Schulentwicklung und Gemeindeberatung werden als Beispiel für OE in sozialen Organisationen aufgeführt.

Im vierten, fünften und sechsten Abschnitt werden die wichtigsten Problembereiche näher untersucht und entsprechende Analyse- und Interventionstechniken beschrieben. Die Methoden sind den Problembereichen zugeordnet, für deren Untersuchung und Anwendung sie sich vornehmlich eignen:

Organisation und Umwelt, Gruppen in Organisationen, Individuen in Organisationen. Das schließt nicht aus, dass einige der dargestellten Analyse- und Interventionstechniken durchaus für mehrere Bereiche geeignet sind (z. B. die Kräftefeld-Analyse).

Hier geht es um das Handwerkszeug der OE: Modelle, Checklisten, Fragebogen, Interview-Leitfäden, Methoden zur Teamentwicklung und zur Intergruppen-Entwicklung usw. Das alles ist - aus der Praxis für die Praxis - anwendungsreif aufgearbeitet, sollte aber nur selektiv bei entsprechenden Projekten problem- und situationsbezogen angewendet werden.

1 Unternehmensspezifische Ansatzpunkte

1.1 Drei Wege zur OE

Für die Einführung oder für die Entstehung von OE in einem Unternehmen gibt es kein bestimmtes Schema. Die Ausgangssituation, die jeweiligen Problemstellungen und die Motivation der Beteiligten, die „OE" ermöglichen, sind so unterschiedlich wie die Unternehmen selbst. Die Erfahrung zeigt aber, dass in den Fällen, in denen Unternehmen OE praktizieren oder praktiziert haben, häufig drei Bedingungen entweder einzeln oder kombiniert, den Weg bereiteten:

Die Unternehmen kamen entweder

- von der Trainingsarbeit zur OE
  oder
- von der Organisationsarbeit zur OE
  oder
- von der Managementarbeit zur OE.

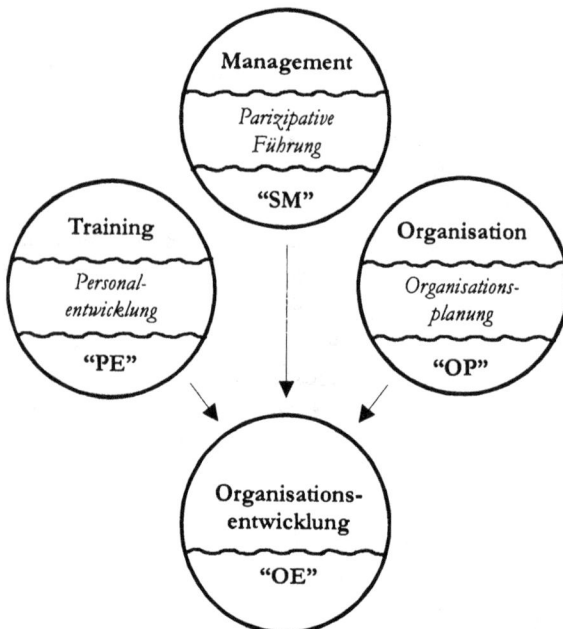

Abb. 79 Unternehmensspezifische Ansatzpunkte

Diese drei verschiedenartigen Ansatzpunkte können in der Praxis als die Wege zur OE betrachtet werden (Abb. 79).

1. Von der Trainingsarbeit zur OE

Unternehmen, die intensive Trainingsarbeit und gezielte Personalentwicklung (PE) betreiben, stoßen irgendwann darauf, dass es nicht genügt, den einzelnen Mitarbeiter zu schulen oder weiterzubilden, wenn sein Arbeitsfeld, in dem er das Gelernte anwenden soll, unverändert bleibt. Folgerichtig laufen die Bemühungen dann darauf hinaus, nicht nur den Einzelnen, sondern die Gruppe, die Abteilung, den ganzen Betrieb zu „trainieren" und zwar nicht nur partiell, etwa hinsichtlich einer bestimmten fachlichen Fertigkeit, sondern umfassend, also im Hinblick auf eine höhere Arbeitseffektivität, auf eine bessere Zusammenarbeit und geordnete Arbeitsabläufe. Die Trainingsarbeit verändert sich; sie wird zu einer betriebsumfassenden „Lernstrategie". Der Trainingsleiter wird zum Berater. Aus „PE" entwickelt sich „OE".

2. Von der Organisationsarbeit zur OE

Es gibt Unternehmen, in denen sich die Arbeit der Organisationsabteilung in der Durchführung von Ist-Aufnahmen und im Zeichnen von Organisationsplänen erschöpft. Unternehmen jedoch, in denen aktive Organisationsplanung (OP) betrieben wird, wobei Reorganisationen unvermeidlich sind, stoßen irgendwann darauf, dass es nicht genügt, Arbeitsabläufe zu organisieren oder Organisationsstrukturen zu verändern, wenn die Menschen, die von diesen Regelungen und Veränderungen betroffen sind, diese nicht akzeptieren, sondern „mauern", opponieren oder die Anordnungen einfach unterlaufen. Wenn die Organisationsplanung die Betroffenen nicht einbezieht, wird die „OP" in der Tat zu einer Operation, die mehr schadet als nutzt. Die Beteiligung der Betroffenen jedoch, die Einbeziehung der Mitarbeiter in den Planungsprozess führt zwangsläufig zu einer weitergehenden Information, zu Beratungen, zu offenen Aussprachen und zu flankierenden Trainingsmaßnahmen. Aus „OP" entwickelt sich „OE".

3. Von der Managementarbeit zur OE

Es gibt Unternehmen, die ausgesprochen kooperativ geführt werden. Maßgeblich ist oft der Unternehmer selbst oder ein Team an der Spitze, dem es nicht liegt, selbstherrlich anzuordnen, zu planen und zu entscheiden.
Die Mitarbeiter werden in Planungs- und Entscheidungsprozesse einbezogen. Es werden Arbeitsgruppen gebildet. Womöglich wird die Gruppenarbeit, da sie effektiv ist, ganz bewusst gepflegt. Es entwickelt sich so etwas wie eine partizipative Führung. Sofern die Beteiligung der Mitarbeiter systematisch gefördert wird und in Verfahrensregeln ihren Niederschlag findet, kann man von einem „System-Management" (SM) sprechen. Die Mitarbeiter sind nicht mehr wie sonst meist üblich an ihren Vorgesetzten, sondern an den Arbeitszielen orientiert. Der Vorgesetzte wird zum Berater der Mitarbeiter. Aus „SM" entwickelt sich „OE".

1.2 Anlässe, Bedingungen und Auswirkungen von OE

1.2.1 Anlässe

Wenn man die an OE-Programmen direkt Beteiligten befragt: Wie kam es eigentlich zur Einführung von OE in Ihrem konkreten Fall? - so stellt sich heraus: OE entstand oft aus Zufall oder - anders ausgedrückt - durch das Zusammentreffen an sich nicht miteinander verbundener Umstände. Manchmal ist es eine Veränderung in der Unternehmensspitze, ein Generationswechsel, eine existentielle Notlage oder der Zwang, aus einer verfahrenen Situation einen Ausweg zu finden - fast immer sind es größere Schwierigkeiten und ein Veränderungsbedürfnis bei den Betroffenen, kombiniert mit einer menschlichen Begegnung und der Konfrontation mit einer neuen Erfahrung. Eine typische Äußerung für diese Situation: „Da merkte ich, dass es neben den klassischen Strategien zur Problemlösung noch andere, unkonventionelle Möglichkeiten gab..."
Schon die Umstände sind meist ungewöhnlich. Es scheint so, als setze OE immer einen Problemdruck und eine gewisse Lern- und Veränderungsbereitschaft voraus. Als dritte Komponente ist meist ein Außeneinfluss wirksam (Transfer eines Trainings, Ergebnis einer Diskussion, Begegnung mit einem Berater, Kenntnis von einem gelungenen OE-Projekt). Die Anstöße sind situationsspezifisch und sehr unterschiedlich.

Der Zusammenhang zwischen den OE auslösenden Faktoren lässt sich am einfachsten durch ein Schaubild darstellen (Abb. 80).

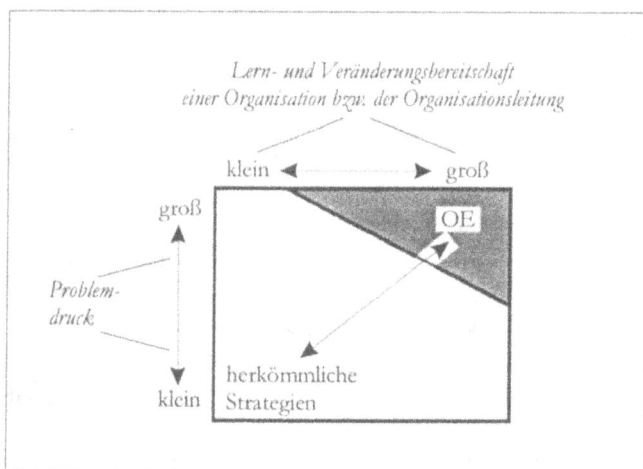

Abb. 80 Zusammenhang zwischen Problemdruck und Lern- und Veränderungsbereitschaft

In der Regel wird man unternehmenspolitische Probleme mit den herkömmlichen Strategien zu lösen versuchen. Je größer jedoch der Problemdruck wird (gleichgültig, ob es sich um externe oder um interne Probleme handelt), desto größer wird die Wahrscheinlichkeit, dass auch außergewöhnliche Vorgehensweisen zur Bewältigung der Probleme gewählt werden. Dies geschieht aber nur, und als Erfolg versprechende Strategie wird nur dann OE gewählt, wenn die Lern- und Veränderungsbereitschaft der Organisation bzw. der Organisationsleitung relativ groß ist. Sonst werden andere Strategien verfolgt (z.b. Gemeinkosten-Wertanalyse oder verstärkte Rationalisierung). Andererseits wird selbst bei großer Lernbereitschaft der Organisationsleitung und geringem Problemdruck kaum ein OE-Prozess in Gang kommen. Je größer der Problemdruck und je höher die Lern- und Veränderungsbereitschaft der Organisation(sleitung), umso größer sind die Chancen für OE.

Wenn man fragt, um welche Probleme es sich handelt, die Anlässe zur Einführung von OE sein können, so lässt sich in grober Vereinfachung feststellen:

- Druck von außen
  Umwelteinflüsse zwingen zum Handeln, z.B. eine erkennbare Umstrukturierung des Marktes, Absatzschwierigkeiten, eine bevorstehende Fusion mit einem anderen Unternehmen u.a.

- Krise von innen
  Probleme innerhalb der Organisation, welche die Effektivität oder einen geordneten Arbeitsablauf gefährden (z. B. betriebliche Organisations- und Kommunikationsprobleme, Qualitätsmängel, hohe Fluktuation oder Absentismus, Störungen und Arbeitskonflikte verschiedenster Art).

- Änderungswünsche der Unternehmensspitze
  Diese müssen nicht identisch sein mit den vorher genannten Anlässen „Druck von außen" oder „Krise von innen". Selbst wenn das Unternehmen floriert, können Zielkonflikte in der Geschäftsleitung ein auslösender Anlass sein. Das Top-Management äußert den zwingenden Wunsch nach Änderung: „Hier muss etwas geschehen!" Oft ist es eine längst überfällige Neuorientierung der Geschäftspolitik, eine strategische Planungsrunde, die Einführung neuer Führungsgrundsätze, eine Reorganisation im Unternehmen, also konkrete Ereignisse oder Probleme, die zum Anlass für betriebliche Erneuerungsprozesse werden. Hier wird ein wichtiger Faktor deutlich, der uns später noch beschäftigen wird: hierarchische Macht als Änderungseinfluss.

Ausgangspunkt von OE sind immer gewichtige Probleme, und zwar: Organisations-, Kommunikations- und/oder Motivationsprobleme.
Und fast immer ist da, wie es so schön heißt, ein gewisser „Leidensdruck", d.h. der Wunsch, die Verhältnisse und die Verhaltensweisen zu ändern, auch wenn man ahnt, dass man selbst nicht ganz „ungeschoren" davonkommt.

1.2.2 Günstige Bedingungen

Damit OE in Gang kommt und durchgeführt werden kann, gibt es -außer den genannten Anlässen - bestimmte Bedingungen, die den Erfolg begünstigen. Wir geben hier - ohne Anspruch auf Vollständigkeit - eine stichwortartige Übersicht der von Beratern und Klienten im Erfahrungsaustausch gewonnenen Erkenntnisse:

- Aufgeschlossenes Management
  Wahrnehmung der Probleme und Wunsch nach Lösung durch einen „Promotor". Einer - mindestens einer - muss die Veränderung „wollen".

- Autonome organisatorische Einheit
  Relativ unabhängiges System oder Subsystem. Keine Eingriffe durch übergeordnete Instanzen.

- Geeigneter Berater als Prozessbegleiter
  Der „richtige" Berater als entscheidender Einflussfaktor für Problemdiagnose und das weitere Vorgehen (Art der Interventionen).

- Kooperativer Führungsstil
  Relativ gesunde Gesamtsituation der Organisation und eine intakte Infrastruktur sind wichtige Voraussetzungen (Häufiges Missverständnis: „Wir haben keine Probleme!")

- Kontinuität des Prozesses
  Ständiges „am Ball bleiben" und wenig „Spielerwechsel". Prozessorientiertes Vorgehen setzt „Kontinuität der Köpfe" voraus.

- Lernbereitschaft der Beteiligten
  Mitwirkung der Betroffenen an der Bearbeitung gemeinsamer Probleme erfordert - als Voraussetzung - Lernfähigkeit und eine gewisse Lernbereitschaft.

- Kooperativer Betriebsrat
  „Querschüsse" können Projekte zum Scheitern bringen. Gute interne Zusammenarbeit ist entscheidend. „Dulden" oder „Mitmachen". Kein „Klassenkampf"!

- Positive Zwischenergebnisse
  „Nichts ist erfolgreicher als der Erfolg". Gelungene Konfliktbearbeitung und kleine Problemlösungen helfen weiter. Aus begrenzten Aktionen mit nachweisbarem Erfolg („Nutzen") wächst Akzeptanz.

Die Bedingungen, unter denen OE in der Praxis erfolgreich verlaufen ist, sind in den Studien von *Greiner* (1967), *Jones* (1969), *Buchanan* (1971) und *Gebert* (1974) eingehend untersucht worden. Besonders in der Sekundär-Analyse von OE-Schilderungen von *Gebert* (1974, S. 131 ff) sind eine Vielzahl von Bedingungen differenziert herausgearbeitet und quantifizierend beschrieben worden.

1.2.3 Schwierigkeiten, die den Erfolg in Frage stellen

Neben den Bedingungen, die OE begünstigen, gibt es auch ungünstige Bedingungen oder Umstände, an denen OE scheitern kann. Wir geben auch hier - ohne Anspruch auf Vollständigkeit - eine stichwortartige Übersicht der von Beratern und Klienten gewonnenen Erfahrungen:

* Begrenztheit der OE-Projekte
  OE läuft nur in kleinen Organisationen, in Mittelbetrieben oder in Subsystemen großer Unternehmen.

* Spannungen an den" Nahtstellen"
  Die im Betrieb bzw. im Subsystem entwickelten Normen und Verhaltensweisen kollidieren mit den Normen des organisatorischen Umfeldes, des hierarchischen Überbaus, der Nachbarbereiche, der Gesamtgesellschaft.

* Mangelnde Kontinuität
  Unter dem Druck der (kurzfristigen) Tagesprobleme „versanden" die (langfristigen) Entwicklungsprozesse. Man hat „keine Zeit".

* Nachlassen der Wirkung
  Auch bei erfolgreichen OE-Projekten verliert sich allmählich der positive Effekt, wenn nicht immer wieder nachgefasst wird.

* Wechsel der verantwortlichen Manager
  Organisatorische „Umstellungen" führen zu strukturellen Verunsicherungen. Der Betrieb fragt: „Wie denkt der Chef?" Das Einbeziehen neuer Personen in laufende Prozesse bereitet Schwierigkeiten.

* Eingriffe von außen
  Willkürliche organisatorische Veränderungen „von oben" oder „von außen" (z.B. Fusionen) können viel verderben. „Sind wir letztlich doch Opfer übergeordneter Planung?"

* Kein Engagement des Top-Managements
  OE-Aktivitäten werden nach unten verlagert, dort „geduldet" und schließlich eingefroren („Die da oben machen nicht mit!").

* Partizipation als Privileg der Elite
  OE ist gut für die, die „es sich leisten können", bleibt auf der Managementebene stecken, dringt nicht durch an die Basis.

* Gleichgültigkeit der Mitarbeiter
  Nicht alle machen in gleicher Weise mit (und keiner hilft nach!). Einzelne Mitarbeiter entziehen sich der Mitwirkung, der Mitverantwortung, der Konfliktaustragung (passiver Widerstand). Wenn das nicht aufgearbeitet wird, verlieren andere (oder alle) die Lust.

* Abhängigkeit vom Berater
  Der Berater steht nicht immer - wie gewünscht - zur Verfügung. Es gibt Kapazitäts- und Terminprobleme, manchmal auch - bei unterschiedlichen Auffassungen und Normen - Kompetenz-Probleme, sogar Konflikte zwischen

Geschäftsleitung oder Betriebsrat mit dem Berater.

- Unstimmigkeiten im Berater-Team
  OE-Berater (interne wie externe) sind auch Menschen!
  Transparenz ist schwierig. „Zusammenraufen" zwischen Berater-Kollegen:
  Gratwanderung zwischen Toleranz und Konfrontation, zwischen Kooperati-
  on und Konkurrenz. Unterschiedliche Normen und Vorgehensweisen führen
  zu Konflikten. Wichtig ist: „Lernen" (jeder vom anderen) und gemeinsames
  „Gestalten".

1.2.4 Auswirkungen von OE

Die Auswirkungen von OE-Programmen sind schwer zu greifen. Es gibt eine
Reihe von Unternehmen, die OE betreiben und außerordentlich erfolgreich sind.
Nur ist es schwierig nachzuweisen, ob und wieweit diese Erfolge eindeutig auf
OE zurückzuführen sind oder vielmehr (stattdessen oder zusätzlich) auf andere
Umstände und Umweltbedingungen: eine günstige Produktpalette, besondere
Marktchancen, konjunkturelle Entwicklungen o. Ä.. Es gibt andere Firmen, die
auch OE betreiben oder zumindest in Subsystemen neue Arbeitsformen prakti-
zieren und die, auch wenn die Auswirkungen der Projekte eindeutig erfolgreich
sind, zeitweise keine Gewinne machen (was in der Wirtschaft als ein Maßstab des
Erfolges angesehen wird). Man wird die „Misserfolge" solcher Firmen nicht auf
OE zurückführen können. Außerdem ist der wirtschaftliche Erfolg eine sehr
variable Größe. Wer heute Gewinn macht, kann morgen in eine Verlustzone
kommen und umgekehrt. Insofern sind umfassende Erfolgsnachweise schwierig.

Einfacher ist es, die Richtung zu bestimmen, in der OE-Programme Auswirkun-
gen zeitigten. Und manchmal gelingt es sogar, Zusammenhänge zwischen dem
Unternehmenserfolg, der Produktivität, dem Führungsstil, der Flexibilität der
Organisation, den praktizierten Kooperationsformen und der Einstellung und
Motivation der Organisationsmitglieder nachzuweisen.

Der Nutzeffekt von OE - auf einige wenige Parameter zusammengedrängt -
scheint darin zu liegen, dass die in der Organisation beschäftigten Menschen

- lernen, wie man Probleme löst
  (Entwicklung von Kreativität),
- anders miteinander umgehen
  (Erhöhung der sozialen Sensibilität),
- kooperative Verhaltensweisen entwickeln
  (Intensivierung der Zusammenarbeit),
- engagierter und zufriedener arbeiten
  (verbesserte Motivation),
- konkrete Verbesserungen im Arbeitsablauf und in den Ergebnissen erzielen
  (größere Effektivität).

Prototypisch lässt sich der Effekt am Beispiel eines OE-Projekts in einem Produktionsbetrieb nachweisen, das an anderer Stelle beschrieben ist (*Becker* 1980). Andere OE-Projekte hatten ähnliche Auswirkungen.

Auswirkungen der Organisationsentwicklung

(Tabellarische Übersicht)

Sachlich-organisatorisch:

- Bessere Ablauforganisation
  Der Arbeitsablauf funktioniert besser. Die Arbeit bringt mehr Erfolg. Weniger „Störungen".

- Mehr Transparenz
  Wir haben mehr „Durchblick". Es gibt keine „Unterseeboot-Fertigung" mehr. Wie wissen, wie es um einen Auftrag steht und „wie weit" er jeweils ist.

- Personelle Umstellungen
  Die Mitarbeiter sitzen an den richtigen Stellen, ohne dass deswegen „Blut geflossen" ist (Kündigungen, unerwünschte „Umsetzungen"). Die Beteiligten und deren Kooperationspartner sind zufrieden.

- Klare Verhältnisse
  Man weiß, an wen man sich halten kann. Funktionierende Vertretung in den Arbeitsaufgaben. Keine „Ausreden" oder falsche Versprechungen". Realistische Terminvorgaben.

- Mehr Flexibilität
  Die Anpassungs- und Umstellungsfähigkeit ist gestiegen. Man reagiert nicht nur „gezwungenermaßen" auf neue Anforderungen und äußere Veränderungen. Informationsfluss verbessert. Schnellere Entscheidungsfindung.

Menschlich-persönlich:

- Weniger Hektik
  Das Arbeitsklima ist entspannt und verbessert. Weniger „Stress" bei der Arbeit.

- Gleichberechtigung
  Alle sitzen „in einem Boot". Kein Status-Denken, kein Funktions-Fetischismus. Kein Ressort-Partikularismus. Bessere Zusammenarbeit. „Man ist beteiligt!"

- Mehr Engagement
  Identifikation mit der Aufgabe und mit dem Arbeitsablauf, den man z.T. selbst mit beeinflusst hat. Mehr Mitverantwortung. Motivation und Autonomie sind gestiegen. Bereitschaft auch zur Übernahme von Sonderaufgaben (Früher: „Das ist nicht mein Bier").

- Offenheit und Vertrauen
  Man spricht mehr miteinander und sagt, was man denkt. Missverständnisse werden leichter geklärt. Kein Verschweigen und kein „Schwarzer-Peter" -Spiel. Gegenseitiges Verständnis. Regel: Zuhören! - Nicht unterbrechen! Nachfragen! - Nicht rechtfertigen!
- Teamarbeit
  Gut entwickelte Infrastruktur der Kommunikation. Gemeinsame Besprechungen verschiedener Bereiche. Institutionalisierte Team-Sitzungen auf verschiedenen Ebenen. Gute Erfahrungen und Erfolge mit Projektgruppenarbeit (auch bei hierarchisch gemischten Gruppen).
- Problembewusstsein
  Es gibt nicht weniger Probleme als früher. Aber: Schwierigkeiten und Probleme kommen „auf den Tisch", werden klar angesprochen - ohne Suche nach Sündenböcken. „Pannen" werden geklärt - für das künftige Vorgehen. Fragen: Was ist passiert? Woran liegt es? Was können wir tun? Wie können wir so etwas in Zukunft vermeiden? In vielen Einzelfragen konkrete neue Lösungen. Manche „Störungen" sind beseitigt.
- Lernbereitschaft
  Die Lernfähigkeit und die Lernbereitschaft sind gewachsen. „Eigenmeldung" zu Trainingsmaßnahmen. Förderung der Mitarbeiter durch die verantwortlichen Vorgesetzten (Personalentwicklung). Aufgeschlossenheit für neue Projekte.

1.3 Strategien zur Einführung in die Hierarchie

In fast allen Organisationen ist eine Hierarchie vorhanden. Diese ist keinesfalls zu ignorieren, sondern strategisch zu berücksichtigen. Zur Einführung von Entwicklungsprozessen bieten sich folgende Vorgehensweisen an *(Glasl* und *de la Houssaye, 1975):*

1. Start an der Spitze

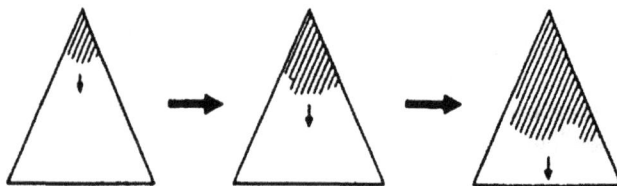

top-down-strategy („Spitze-abwärts-Strategie")

Vorteil: gute Steuerung des Prozesses ist möglich.
Gefahr: die unteren hierarchischen Ebenen werden nicht eingeschlossen, es bildet sich Misstrauen, das den folgenden Prozess behindert, u.U. blockiert.

2. Start an der Basis

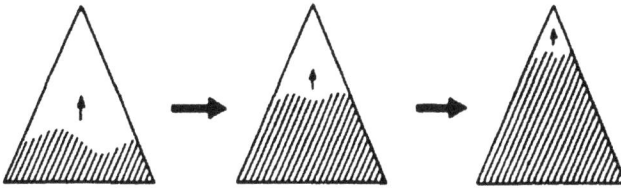

buttom-up-strategy („Basis-aufwärts-Strategie")

Vorteil: Bedürfnisse und Erwartungen der unteren hierarchischen Ebenen werden berücksichtigt.

Gefahr: die unteren Ebenen sind nicht in der Lage, ihre Erwartungen und Bedürfnissen den vor-gesetzten Ebenen angemessen zu erläutern und sie für ihre Anliegen zu gewinnen.

Praxis: kaum angewandt (Sonderfall: Quality Circle, Lernstatt).

3. Start an Spitze und Basis

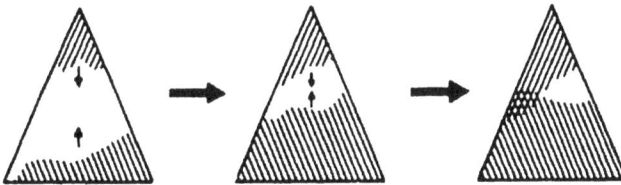

Bi-polare-Strategie („Sandwich-Strategie")

Vorteil: schnelles Verbreiten des OE-Gedankengutes. Gefahr: Diskrepanz zwischen oberen und unteren Ebenen in den Erwartungen an OE führt zu Missverständnissen, Konflikten und Blockierungen. Sperren im Mittelbau.

4. Start im Mittelbau

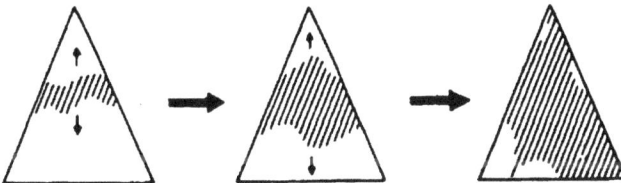

Keil-Strategie („Mittelbau-Strategie")

Vorteil: eine breite und qualifizierte Mitarbeiterschicht wird mit den OE-Gedanken vertraut gemacht. Auch nach einem Wechsel der Führungsspitze kann mit einem Überleben der OE-Gedanken gerechnet werden. Gefahr: zu wenig Zivilcourage der Informierten und Eingeweihten für eine Weiterverbreitung der OE-Gedanken, vor allem nach oben.

5. Start in vielen Bereichen

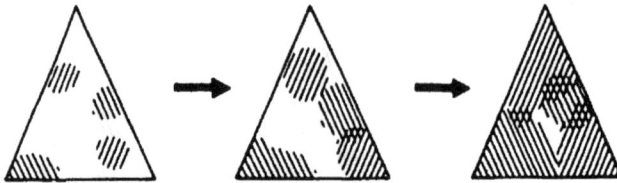

Multiple-Nukleus-Strategie („Vielfach-Strategie")

Vorteil: (falls nur begrenzte Aktionen geplant) geringe Unruhe und wenig Misstrauen.

Unterschiedliche Themen und Probleme können behandelt werden.

Gefahr: ungenügende Koordination und Abstimmung verhindern das Einmünden in eine Gesamtstrategie.

6. Misch-Strategie

In der Praxis wird häufig folgendes kombiniertes Vorgehen gewählt:

- Vorbereitungs-Phase
  Entweder „Start an Spitze und Basis" oder „Start in vielen Bereichen".
  In dieser Phase werden Projekte mit „geringer Intensität" durchgeführt.
- Intensiv-Phase
  Strategie „Start an der Spitze". Es muss dabei aber sichergestellt sein, dass die betroffenen Mitarbeiter sinnvoll an Planung und Durchführung der Projekte beteiligt werden.

1.4 Problemlösungs-Workshops als Einstieg

Immer wieder zeigt sich, dass aktuelle oder zukünftige Unternehmensprobleme nicht durch konventionelle Beratung oder durch Beteiligung von Führungskräften an entsprechenden Seminaren gelöst werden können. Das gilt nicht nur für Probleme, die für das Gesamtunternehmen bedeutsam oder überlebenswichtig sind, das gilt auch für Probleme an der Basis. In fast allen Betrieben gibt es Vorgänge, die Anlass zu Verärgerungen der Beteiligten geben: Termine werden nicht gehalten, die Qualität lässt zu wünschen übrig, Aufträge gehen verloren, weil die benötigten Informationen nicht an die richtigen Stellen gelangen. Es kommt vor, dass scheinbar unlösbare Probleme den Arbeitsablauf behindern, dass die Zusammenarbeit zwischen verschiedenen Abteilungen Schwierigkeiten macht, dass bestimmte Arbeitsverfahren geändert, dass Betriebe umgestellt oder Abteilungen reorganisiert werden müssen. Da ist mit bloßen Anweisungen, Organisationsrichtlinien oder Arbeitsbesprechungen nicht viel geholfen. Auch eine Beratung durch externe Spezialisten führt hier nicht weiter. Und ein Training reicht auch nicht.

Die beste Möglichkeit, hier weiterzukommen, besteht in der Bearbeitung der anstehenden Aufgaben und Probleme durch die direkt Betroffenen in einem gemeinsamen Workshop.

Was ist ein Workshop?

Die Bezeichnung stammt aus dem Englischen und bedeutet soviel wie „Werkstatt". Wir assoziieren mit dem Wort eher eine handwerkliche Stätte (Produktions- oder Reparatur-Werkstatt oder Lehrwerkstatt). Gemeint ist jedoch eine "Denkstätte", eine Plattform zum Entwickeln und Erproben neuer Ideen und Modelle für die gemeinsame Arbeit, eine Veranstaltung zur Lösung konkreter Probleme mit Hilfe der Beteiligten. Ein Workshop ist eine intensive Informations- und Lernveranstaltung von ein- oder mehrtägiger Dauer mit einer klaren Zielvorgabe und kompetenten (nicht nur fachkundigen) Teilnehmern, eine innerbetriebliche Arbeitstagung, meist geleitet von einem oder mehreren externen Beratern oder Moderatoren.

Der Workshop ist ein ideales Instrument, um in einem Unternehmen komplexe Problemstellungen auf kooperativer Basis zu lösen. Das Teilnehmer-Team - meist 12 bis 15 Personen - bringt in den Workshop die Erfahrungen und Kenntnisse über Probleme, Umstände und Ressourcen ein, der externe Berater das methodologische Know-how und das für Veränderungen erforderliche Wissen. Durch das arbeitsteilige Zusammenwirken aller Beteiligten in kleinen Gruppen und in einer kommunikativen Lern- und Arbeitsatmosphäre entstehen meistens überzeugende realisierbare Lösungen.

Kurtz (1981) definiert den Workshop als Instrument zur OE folgendermaßen: „Ein Workshop ist eine von einer Organisationseinheit/Projektgruppe gewünschte Veranstaltung zur Lösung von aktuellen, praktischen Problemen mit Hilfe eines Beraters. Die Mitglieder sind Inhaltsexperten und - Problemverantwortliche. Der Berater ist Experte für Veränderungswissen. Die Dauer des Workshops ist abhängig von der Lösung des Problems. Der Erfolg wird bestimmt durch die Umsetzung von Problemlösungen in die Praxis."

Ein Workshop unterscheidet sich von anderen Veranstaltungen - Arbeitsbesprechungen, Seminaren, Konferenzen, Kolloquien oder Tagungen - u.a. durch Ziel, Methodik, Design, Beraterverhalten, Zeitperspektive und die Auswirkungen.

Unsere Erfahrung ist die, dass *ein* Workshop zur Problembearbeitung und Problemlösung im Rahmen der OE in der Regel nicht ausreicht, dass es vielmehr einer ganzen Reihe ähnlich strukturierter Veranstaltungen bedarf. Das Projekt beginnt meist mit einer „Klausur", die normalerweise außerhalb der Firma durchgeführt wird. Es setzt sich fort in praktischer Arbeit vor Ort oder in betrieblichen Projektgruppen. Diese haben die Aufgabe, Abläufe zu untersuchen, Vorgänge zu analysieren oder alternative Lösungsvorschläge vorzubereiten, bevor in einem zweiten und dritten Workshop, später womöglich in kurzen Meetings im Betrieb über die Lösungen beraten, Beschlüsse gefasst und die Durchführung reflektiert wird.

Entscheidend ist nämlich, dass durch den Workshop oder weitere ähnliche Veranstaltungen eine die Kommunikation fördernde Beziehung zwischen den Beteiligten aufgebaut wird. Dazu gehört Anteilnahme und Aufgeschlossenheit, eine offene, dem Partner zugewandte Haltung, Interesse für die Sache, um die es geht, und die Einhaltung bestimmter Spielregeln, die der freien und konstruktiven Erörterung von Problemen dienlich sind.

Eine solche Vorgehensweise, die im Workshop auch das Lern- und Arbeitsklima bestimmt, konkretisiert sich durch das Einleiten und Entwickeln von Teamarbeit.

Wie verläuft ein Workshop?

Praktisch bedeutet dies: Eine Führungskraft oder mehrere Führungskräfte gehen mit ihren ihnen direkt unterstellten Mitarbeitern in Klausur, wobei es - nach einer Bestandsaufnahme - um die gemeinsame Erarbeitung einer differenzierten „Diagnose" und, nach eingehender Erörterung der Ursachen und der möglichen Maßnahmen, um die gemeinsame Erarbeitung einer „Therapie" geht. Die Gruppe macht ihre eigene Arbeitssituation selbst zum Gegenstand der Projektarbeit. Die durch systematische Teamentwicklung verbesserte Kommunikation schafft die Rahmenbedingungen für die fruchtbare Bearbeitung der speziellen Probleme der jeweiligen Organisationseinheit.

Ausgangspunkt solcher Teamentwicklungsprogramme, die mit einem Workshop beginnen, sind in der Regel zwei Fragen:
- Was läuft bei uns nicht richtig?
  Was stört oder ärgert Sie bei der Arbeit?
- Was läuft bei uns gut?
  Was macht Spaß, was freut Sie bei der Arbeit?

Diese Fragen - hier nur als Beispiel - werden zunächst in Einzelarbeit - manchmal sogar meditativ - bearbeitet. Die Ergebnisse finden auf den bekannten Metaplan-Karten ihren Niederschlag (z.B. „Schwierigkeiten" auf rote Karten, „Erfolgserlebnisse" auf grüne Karten schreiben). Die Karten werden auf Stellwänden angeheftet und dadurch, obschon anonym, doch öffentlich. Danach werden die Probleme gemeinsam diskutiert. Es werden kleine Gruppen gebildet, um bestimmte Probleme weiter zu klären und zu konkretisieren, Beispiele zu nennen und Erfahrungen mitzuteilen.

Gelegentlich wird dieser erste Schritt als Phase der „Bildgestaltung" bezeichnet, weil sich alle Beteiligten von den anliegenden Problemen eine Anschauung verschaffen und ein Bild machen sollen. Erst danach wird mit der eigentlichen „Problem-Inventur" begonnen, wobei sich herausstellt, dass viele der genannten Schwierigkeiten sich berühren oder sogar von allen Beteiligten ähnlich erlebt werden.

Fast immer sind es zwischenmenschliche und organisatorische Fragen, die als Störgrößen angeführt werden. Oft sind es auch Konflikte zwischen einzelnen

Mitarbeitern, die mit ihren funktionalen Interessen zusammenhängen oder auf selektiver Wahrnehmung beruhen.

Bei der Benennung heikler Fragen, die das Verhalten der Teilnehmer und ihre eigene Verantwortung berühren, werden zwei Schwierigkeiten sichtbar:

Es besteht die Gefahr der Verdrängung und die Gefahr der Projektion: Eigene Probleme werden entweder gar nicht aufgedeckt (Bei uns ist alles in Ordnung!) oder die Probleme werden auf den Vorgesetzten, die Kollegen, andere Abteilungen, die Organisation usw. abgeschoben (Fehler machen nur die Anderen!).

Außerdem werden oft nicht die eigentlichen Probleme benannt, sondern nur Folgeprobleme, also Schwierigkeiten, die als Folgen ungelöster Grundkonflikte oder als Folgen eigener, aber ungeeigneter Lösungsversuche aufgetreten sind.

Das Vordringen zu den eigentlichen Problemen setzt eine entspannte, offene und tolerante Atmosphäre voraus.

Kritik, Zeitdruck und „Killer-Phrasen" sind verpönt.

Wichtig ist auch, dass bei der Problembeschreibung keine Ursachen oder mögliche Lösungen mit „eingepackt" werden. Es ist nämlich gar nicht leicht, ein Problem so zu formulieren, dass in der Formulierung noch keine Lösung vorweggenommen ist.

Neuberger (1981, S. 16) gibt hierzu ein sprechendes Beispiel:

Ein qualifizierter Mitarbeiter wird von seinem Vorgesetzten „vorübergehend" auf einem Arbeitsplatz eingesetzt, der ihn weit unterfordert. Nach einigen Monaten beginnt der Mitarbeiter zu fehlen, arbeitet provozierend langsam und steckt mit seinem Stänkern die Kollegen an. Was ist das Problem? Das Problem ist nicht: „Wie bringt der Vorgesetzte den Mitarbeiter wieder auf Vordermann?" oder „Ein unzufriedener Mitarbeiter zeigt renitentes Verhalten" oder „Ein nichteingehaltenes Versprechen eines Vorgesetzten führt zu unerwünschtem Verhalten", denn alle diese Definitionen enthalten Ursachen oder Lösungen. Eine mögliche Problemformulierung wäre: „In einer Abteilung zeigt ein Mitarbeiter auffallendes abweichendes Verhalten".

Es fällt den meisten Menschen außerordentlich schwer, Tatsachen und Deutungen auseinander zu halten. Wir neigen bei Situationsbeschreibungen unwillkürlich dazu, unsere Sicht der Dinge zu verabsolutieren. Dabei verstellt man sich durch eine Deutung, die zumeist eine einseitige und falsche Deutung ist, von vornherein den Weg zur Lösung. Von *Albert Einstein* stammt der Ausspruch: „Ist ein Problem erst einmal klar erkannt, so ist der Weg zu seiner Lösung eine Selbstverständlichkeit! Insofern ist die Problemdefinition - mehr noch als die Problemlösung - ein kreativer Akt.

In den meisten Fällen beginnt der Workshop mit einer solchen Problem-Inventur. Sie liefert das Rohmaterial, an dem im Workshop gearbeitet wird. Davon werden die wichtigsten und konkret bearbeitbaren Probleme ausgewählt und Nebenprobleme oder solche, die aus verschiedenen Gründen nicht bearbeitbar sind, beiseite gelassen.

Kriterien für die Auswahl der zu bearbeitenden Probleme können sein:
- Bedeutung (Wichtigkeit) des Problems,
- Verständlichkeit (Konkretisierung) des Problems,
- Bearbeitbarkeit (mögliche Lösbarkeit) des Problems.

Bei der Problemlösung in Arbeitsgruppen, wie sie in solchen Workshops praktiziert wird, zeigt sich eines immer wieder: Es können nur solche Probleme erfolgreich angegangen werden, bei denen die Betroffenen oder repräsentative Vertreter der betroffenen Bereiche selbst anwesend sind oder hinzugezogen werden
können. Die Problembearbeitung erweist sich als schwierig oder als nicht möglich, wenn - durch die Zusammensetzung des Teilnehmerkreises bedingt - die
zuständigen Partner fehlen. Deshalb sind vorab - vor Beginn eines Projekts und
vor der Durchführung eines Workshops - immer folgende Kernfragen zu stellen:

1. Was - genau - ist das Problem?
   Diese Frage ist nach zwei Richtungen hin wichtig:
   a) Was stört? Wo liegen Schwierigkeiten?
   b) Was ist das Ziel? Was will ich erreichen?
2. Wer ist von dem Problem betroffen?
   Diese Frage ist nach drei Richtungen hin wichtig:
   a) Wer ist vom Problem (als erlebte Soll-Ist-Abweichung) direkt betroffen?
   b) Wer ist an den möglichen Ursachen für das Problem beteiligt?
   c) Wer ist von den Auswirkungen des Problems betroffen?

Von den Fragen 1 und 2 wiederum hängt eine dritte Frage ab, die möglichst
schon zu Anfang bedacht werden sollte:

3. Wen braucht man zur Lösung des Problems?
   Diese Frage ist ebenfalls nach drei Richtungen hin wichtig:
   a) um eine brauchbare Lösung zu erarbeiten,
   b) um die erarbeitete Lösung in der Praxis durchzusetzen,
   c) um die realisierte Lösung nachträglich überprüfen zu können.

Die Problembearbeitung in Workshops vollzieht sich nach den gleichen Schritten, welche die Vorgehensweise von OE bestimmen und in Teil A eingehend
beschrieben sind. In Abb. 81 ist das übliche Ablaufschema dargestellt.

1.PROBLEMBESTANDSAUFNAHME
Situationsbeschreibung   „Symptome"
Frage: Wie ist es?
        Beobachtungen, Erfahrungen,
        Gefühle bezüglich:
        Schwachstellen, Konfliktherde
        (konkrete Feststellungen,
        praktische Beispiele)

2. PROBLEMANALYSE und ZIELKLÄRUNG
Situationsanalyse   „Diagnose"
Frage: Warum ist es so? und: Wie soll es sein?
        Untersuchung der Ursachen, Zusammenhänge,
        Wechselwirkungen, Ziele
        Kräftefeld der Einflussbedingungen

3. PROBLEMLÖSUNGSANSÄTZE
Handlungsstrategie   „Therapie"
Frage: Was können wir tun?
        Erörterung von Lösungsmöglichkeiten,
        Alternativen, Beurteilung,
        Entscheidung

4. MAßNAHMENPLANUNG
Aktionsplan   „Aktion"
Frage: Was tun wir wirklich?
        Konkrete Durchführungsbeschlüsse
        Absicherung der geplanten Maßnahmen

Abb. 81 Schritte der Problembearbeitung

1.5 Organisationsentwicklung als Krisenintervention

In einer Zeit, die durch anhaltend schlechte wirtschaftliche Rahmenbedingungen, geringes wirtschaftliches Wachstum, eine große Zahl von Firmenzusammenbrüchen und hohe Arbeitslosigkeit gekennzeichnet ist, mehren sich die Zweifel, ob OE überhaupt den Anforderungen von Krisensituationen standhalten kann.

Ist OE nicht eine „Schönwetter" - Strategie, ein Luxus, den sich nur fortschrittliche Unternehmen leisten können, denen es ohnehin gut geht? Inwiefern ist OE eine „Krisenintervention"?

Unter Organisatoren ist die Meinung verbreitet: OE ist schwierig, langwierig und teuer, also nichts für Krisenzeiten.

Demgegenüber steht die Erfahrungstatsache: Viele Firmen, die erfolgreich OE betreiben oder betrieben haben, begannen damit gerade in kritischen Situationen. Wie erklärt sich dieser Widerspruch? Sind Krisen ein möglicher Anlass für OE?

Werden in Krisenzeiten nicht vorwiegend andere, mehr restriktive Strategien bevorzugt? Inwiefern kann OE helfen, Krisen zu bewältigen?

1.5.1 Was ist eine Krise?

Eine Krise ist eine unerwartete, existenzgefährdende und (scheinbar) ausweglose Situation. Sie stellt eine akute Bedrohung von Werten, Zielen und Ressourcen dar. Sie ist meist zurückzuführen auf unvorhergesehene oder unvorhersehbare Ereignisse, denen sich die Organisation - unter Zeitdruck - nicht anpassen kann. Krisen sind -im Gegensatz zu „Katastrophen" - keine Ereignisse, denen man einfach ausgeliefert ist. Sie sind aber - im Unterschied zu „Problemen" - Prozesse von existentieller Betroffenheit bei hoher Ungewissheit, die gerade dadurch charakterisiert sind, dass die gewohnten und bewährten Problemlösungen versagen. Krisen sind Entscheidungssituationen *(Becker 1982).*

Was die Entstehung der Krisen angeht: Organisatorisch bedeutsam ist die mangelnde Identifizierung variabler Abhängigkeiten, eine Fehleinschätzung der Umstände und der eigenen Ressourcen.

Schließlich sind Krisen nicht nur Ausdruck widriger Umstände, sondern auch Ausdruck von Management-Fehlern, z.B. eine Folge versäumter Umstellungen - Umstellungen der Organisation, der Produktionspalette, der Fertigungsverfahren, der Markstrategie u.a. Insofern sind viele Unternehmen latent krisenanfällig.

1.5.2 Wie reagieren Unternehmen in Krisensituationen?

Die Informations- und Entscheidungsprozesse in Unternehmen sind ebenso wie die Beziehungen zwischen Organisation und Umwelt meist so geartet, dass akute oder potentielle Schwierigkeiten eher verleugnet als klar erkannt und aktiv aufgegriffen werden. Das Aufgreifen der Schwierigkeiten würde immer Veränderungen mit sich bringen. Und Veränderungen sind meist unerwünscht, auch wenn sie noch so notwendig und nützlich sind. Hierin liegt eine Wurzel des Übels: die „Krise vor der Krise".

Demgemäss wird auch der Eigenanteil an der Entstehung der Krise - falsche Planung oder Fehlentscheidungen - von den Verantwortlichen meist verkannt oder einfach verdrängt. In vielen Fällen wird die Unternehmensleitung ihre bisherige Praxis nicht überprüfen, sondern ihre Probleme in der Weise rationalisieren, dass eine andere Adresse dafür verantwortlich gemacht wird, etwa „die Billig-Import-Länder" oder „diese verdammte Regierung".

Ein anderes, nicht weniger typisches Verhalten zu Beginn der Krise ist hektische Betriebsamkeit. Die Betroffenen, durch die Schwierigkeiten der Problemlösung irritiert, verdoppeln ihre Anstrengungen. Sie sind - ihrer eigenen Überzeugung nach - auf dem richtigen Weg. Erstaunlich ist nur: Sie kommen nicht weiter! Eine Folge der ergebnislosen Bemühungen ist dann eine auffallende Lethargie, eine Art Lähmung der Antriebskräfte, begleitet von einem Gefühl der Ohnmacht und Resignation.

Die Unternehmen reagieren in Krisensituationen meist rigide und restriktiv. Die Kontrollvorschriften werden verschärft, bisher gewohnte Kompetenzen eingeschränkt. Die Organisationsmitglieder reagieren entsprechend ängstlich, absichernd, eingeengt und resistent. Jeder sucht seinen Arbeitsplatz zu sichern. Die Art, wie hier auf Krisen reagiert wird, ähnelt der seelischen Verarbeitung von Arbeitslosigkeit. Das vorherrschende Reaktionsmuster der Organisation ist eine vorweggenommene, eine antizipierte Arbeitslosigkeit. Wen wundert es da noch, wenn wirkliche Stillsetzungen ganzer Betriebe oder Betriebsteile folgen.

1.5.3 Die Schwierigkeiten der Neuorientierung

Kennzeichnend ist: Die gleichen Verhaltensmuster, welche die Krise erst auslösen und vertiefen, verhindern auch, dass die Krise bewältigt werden kann. Sie verstärken ihre Wirkung sogar noch, wenn das Krisengeschehen erst einmal abläuft.

So grotesk es ist: Alle möchten, dass sich die Situation verändert. Gleichzeitig möchten sie, dass sich *ihre* Situation nicht verändert (Furcht vor unbekannten Konsequenzen!); vor allem aber - ohne dass sie sich selbst verändern. Alle warten auf einen Ausweg, den es scheinbar nicht gibt. Die Lage kann pointiert durch die Formel beschrieben werden: Wie geht es weiter, wenn es nicht weiter geht?

Die Neuorientierung ist immer schwierig. Sie wird zusätzlich erschwert durch eine Erfahrungstatsache, die der Psychologe *Poppelreuter* schon vor vielen Jahren so ausgedrückt hat: *Die Fähigkeit des Menschen, Mängel zu ertragen, ist größer als seine Bereitschaft, Mängel abzustellen.*

Diese Feststellung gilt im großen wie im Kleinen.

Hierzu ein Beispiel:

Wenn ein Haustürschloss klemmt, wackelt man mit dem Schlüssel hin und her und probiert so lange, bis die Tür sich öffnet, bemüht sich aber nicht, das Schloss reparieren zu lassen. Es gibt solche Schlösser, die jahrelang unrepariert bleiben.

Und es gibt Betriebe, die jahrelang funktionieren, obwohl man immer wieder einmal gemerkt hat, dass irgendetwas „klemmt", obwohl man erkannt hat, dass „eigentlich" vieles reorganisiert werden müsste. Nur: Eines Tages ist es dann zu spät. Das ist dann die Krise.

Die Schwierigkeit liegt darin, dass die meisten Organisationen von sich aus keine Bereitschaft zeigen, sich kritisch selbst zu überprüfen, vielleicht - da ja alles läuft - auch keinen Anreiz dazu haben. Viele Probleme, einmal bemerkt, werden nicht angegangen und nicht behoben, sondern einfach hingenommen und als Behinderungen mitgeschleppt. Man gewöhnt sich daran und glaubt schließlich noch, es müsse so sein.

Da hat die Krise auch noch was Gutes, und sei es nur dies: dass Schwierigkeiten deutlich werden, Schwierigkeiten, die es zu bewältigen gilt, Schwierigkeiten, die man eigentlich längst hätte bewältigen müssen. Erst wenn man unter dem Zwang einer kritischen Situation steht, ist man bereit, etwas zu verändern.

Hier liegt offenbar ein Dilemma: Veränderungen eines gewohnten Zustandes machen Schwierigkeiten. Aber: Schwierigkeiten führen erst zu wirklichen Veränderungen.

Hier liegt das eigentliche Problem. Und hier liegt zugleich ein Ansatz zur Lösung.

1.5.4 Möglichkeiten der Veränderung

Eine Krise stellt, wenn die äußeren Zwänge als Herausforderung begriffen werden, eine Chance für die Organisation und für die Verantwortlichen dar und einen Ansatz für die notwendige, längst überfällige Neuorientierung. Sie macht dadurch, dass die Situation geklärt und Probleme aufgedeckt und bearbeitbar werden, oft erst wirkliche Veränderungen möglich.

Die Chance liegt darin, dass das Verhalten und die Einstellung der Menschen in einer Organisation - insbesondere der Unternehmensleitung - und ihre Beziehungen nach „innen" und „außen" ebenso in Frage gestellt und gefordert werden wie die Organisation mit all ihren Zielen, Strukturen und Arbeitsabläufen. Dadurch, dass sich die Unternehmensleitung den Problemen „stellt" und sie offen bespricht mit kompetenten Partnern - und kompetent sind viele, insbesondere die Mitarbeiter (die oft nur für inkompetent gehalten werden), schon dadurch verändert sich die Situation. Es kommt etwas in Bewegung. Bildlich ausgedrückt: Durststrecken kann man nicht überwinden, indem man auf den nächsten Regen wartet, sondern dadurch, dass man nach neuen Quellen sucht.

Der Schlüssel liegt in einer Problemlösungs- und Veränderungsstrategie, welche die spürbaren oder absehbaren Schwierigkeiten bewusst angeht: Was sind unsere Ziele? Was sind unsere Probleme? Was muss bei uns anders werden, damit wir in Zukunft unsere Ziele besser erreichen als bisher? Beinahe ebenso wichtig wie das Ergebnis ist der Prozess: die Art und Weise des Vorgehens, z.B. die problemorientierte Gruppenarbeit, wobei neben den Sachproblemen oft auch Kommunikations- und Beziehungsprobleme bearbeitbar werden. Die Wahrnehmung der Organisation-Umwelt-Beziehungen wird sensibilisiert, d.h. die Wachheit und Wachsamkeit für die Anforderungen „von außen" werden ebenso erhöht wie die Fähigkeit zur Problembearbeitung „innerhalb" der Organisation.

Mit dem veränderten Informations- und Entscheidungsverhalten kommt es zu einem kritischen Überdenken und Neuformulieren der Ziele und zu neuen Strategien für eine erfolgreiche Umsetzung - mit Hilfe aller Beteiligten. Durch diese Neuorientierung nach außen und innen wird eine Veränderung der Verhältnisse ebenso möglich wie eine Veränderung des Verhaltens der Beschäftigten und ihrer Beziehungen zueinander. Im Ergebnis wird defensives Taktieren durch eine Offensivstrategie ersetzt, die alle Beteiligten einbezieht. Dadurch werden auch neue Impulse zur Überwindung der Krise ausgelöst.

Sechs Schritte sind in diesem Zusammenhang von Bedeutung *(Becker 1982)*, die hier jedoch nicht näher erläutert werden können, sondern summarisch wiedergegeben werden sollen.

Der erste Schritt: zur Überwindung der Krise ist dies: Problembewusstsein und die Bereitschaft zur Veränderung.

Der zweite Schritt heißt: Kommunikation, Gespräche mit anderen, Kontakte nach außen.

Der dritte Schritt: Situationsanalyse, illusionslose Klärung der bedrängenden und angstauslösenden Probleme und ihrer Ursachen.

Der vierte Schritt: zur Überwindung der Krise ist: Gemeinsamkeit schaffen, d. h. Problembearbeitung und Teamentwicklung. Praktisch bedeutet das: Beteiligung aller, die konstruktiv etwas beitragen können.

Der fünfte Schritt: Strategisches Denken und elastisches Vorgehen. Voraussetzungen hierfür sind: kritische Selbst-Distanz und Phantasie, der Mut zum Andersdenken. Wirksame Krisen-Interventionen sind fast immer ungewöhnlich oder auf eine so verblüffende Weise gewöhnlich, dass gerade darin das Ungewöhnliche liegt.

Der sechste Schritt schließlich heißt: überzeugende Führung. Führung bedeutet, Ziele zu setzen und Wege zu weisen, d.h. ein klares Konzept zu vertreten und die Verantwortung dafür zu übernehmen, auch wenn die Durchsetzung dann Schwierigkeiten und Widerstände mit sich bringt. Von entscheidender Bedeutung ist hierbei die Frage, wie man Unannehmlichkeiten für die Betroffenen zwar nicht angenehm, aber doch annehmbar machen kann.

1.5.5 Fazit

Dass OE nicht mit „Krisenmanagement" gleichzusetzen ist, versteht sich von selbst. Dazu sind die Ausgangsbedingungen in den Unternehmen zu unterschiedlich. So sind auch ganz verschiedene Strategien üblich. Für ein umfassendes OE-Programm ist es in der Krise meist zu spät. Insofern ist OE keine typische „Krisenintervention". Trotzdem ist es bemerkenswert, dass eine konstruktive Verarbeitung der Krise konsequenterweise auf einen Prozess hinausläuft, der mehr oder weniger mit den Prinzipien der OE übereinstimmt.

So kann durch OE nicht nur eine aktuelle Krise bewältigt und der Fortbestand des Unternehmens gesichert, sondern zugleich eine produktive Weiterentwicklung des Unternehmens ermöglicht werden.

2 Problemlösung in komplexen Systemen

2.1 Über den Umgang mit Komplexität

Probleme, die beim Zusammenwirken von Menschen in der Gesellschaft und in Organisationen auftreten, sind in der Regel komplex. Es gibt vielfältige und widerspruchsvolle Bedingungen und Einflussgrößen. Die Ursachen für die Probleme, die als Soll-Ist-Abweichungen deutlich werden und Änderungen erforderlich machen, sind ungleichartig. Die vielfachen Abhängigkeiten sind schwer durchschaubar. Diese Schwierigkeiten sind heute für viele Menschen, die in Organisationen tätig sind oder mit Veränderungen in Organisationen zu tun haben, unmittelbar erlebbar.

2.1.1 Zusammenhänge von Ursache und Wirkung

Das mag auch ein Grund dafür sein, dass viele Menschen sich den institutionellen Zwängen und organisatorischen Bedingungen hilflos ausgeliefert fühlen. Das Gefühl der Ohnmacht ist eine für diese Situation typische Grunderfahrung. Aus dieser Erfahrung wächst der **Wunsch nach einfachen Erklärungen.** Der Mensch ist aufgrund seiner Erfahrungen daran gewöhnt, dass jede Wirkung eine Ursache hat. Das der naiven Alltagswirklichkeit zugrunde liegende Erklärungsschema sieht so aus, dass von einem Problem oder einem- Phänomen, das als Wirkung erlebt wird, auf eine diesem zugrundeliegende Ursache geschlossen wird (Abb. 82).

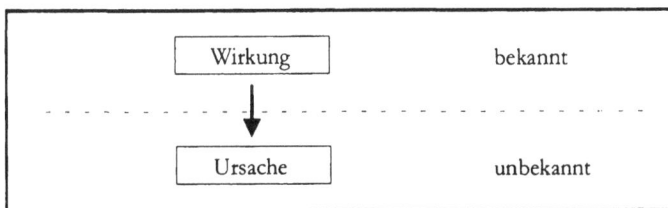

Abb. 82 Monokausales Erklärungsmodell (Wenn-dann-Beziehung)

Bei technischen Problemen trifft dieser Zusammenhang auch meist zu. Beispiel: Wenn ein Auto plötzlich stehen bleibt, kann es am leeren Tank oder an der defekten Zündung liegen. Es kommt selten vor, dass das Versagen zugleich auf mehrere Ursachen zurückzuführen ist.
Bei zwischenmenschlichen Problemen, auch bei Kommunikations- und Organisationsproblemen ist das anders. Da ist es die Regel, dass nicht ein Faktor, sondern *mehrere Faktoren* zugleich beim Zustandekommen eines Problems ursächlich beteiligt sind. Der Mensch neigt aber dazu, sich mit vorschnellen Erklärungen zu

begnügen und das Problem auf einen einzigen, ihm plausibel erscheinenden Faktor zurückzuführen. Bei zwischenmenschlichen Problemen werden oft charakterologische Erklärungen herangezogen, z.B.: „Der Schüler A ist 'faul', der Mitarbeiter B ist einfach 'unfähig', der Kollege C ist ja nur 'neidisch', der Vorgesetzte D ein 'Opportunist' etc."

Solche Erklärungen, abgesehen davon, dass sie häufig falsch sind, geben die Ursache-Wirkungs-Zusammenhänge nur unvollständig wider und lassen andere wirksame Bedingungen völlig außer acht.

Die Klärung der Problem-Ursachen wird zusätzlich erschwert, wenn weltanschaulich begründete Theorien eine plausibel erscheinende Erklärung liefern. Da ist dann schnell von „Ausbeutung" die Rede, und daran ist dann „die Gesellschaft" schuld: Das Problem ist „ein Ausdruck des kapitalistischen Systems". Oder: Der Charakter bestimmt das Verhalten. Oder: Geld regiert die Welt. Der Marxismus mit seiner Klassenkampf-Theorie, die Psychoanalyse mit der Libido-Theorie - das alles sind solche monokausalen Erklärungsansätze, die als Allerwelts-Schlüssel herhalten müssen, um komplexe Probleme durchschaubar zu machen.

Die Reduktion von Komplexität ist dem Menschen ein wichtiges Anliegen, weil dadurch die unerklärliche Welt „verstehbarer" wird, indem die Wirklichkeit strukturiert wird und eine innere Ordnung erhält. Es fällt uns Menschen offenbar leichter, für schwierige und komplexe Probleme überhaupt eine Erklärung (sogar eine falsche) zu haben als gar keine.

Überspitzt formuliert - als vorläufiges Fazit: Es gibt zwei Möglichkeiten, komplexe Probleme mit Sicherheit *nicht* zu lösen:

Die eine Möglichkeit liegt darin, dass man die Problematik auf *einen* Grund reduziert, also eine einzige Ursache als entscheidend herausstellt.

Die zweite Möglichkeit liegt darin, dass man sich als Erklärung für ein Problem ausgerechnet solche Systemelemente aus dem Problemkomplex heraussucht, die man selbst *nicht* beeinflussen kann.

Als positiver Umkehrschluss ist aus diesen Erkenntnissen folgendes abzuleiten:

Bei der Analyse komplexer Probleme, mit denen wir es bei der OE zu tun haben, kommt es darauf an:

* die Komplexität des Problems zu erkennen,
* in einem Funktionsmodell alle Faktoren darzustellen, die bei dem Problem eine Rolle spielen können,
* zu untersuchen, welche Faktoren aus dem Faktorensyndrom im jeweiligen Fall wichtig und beeinflussbar sind.

Ein heuristisch brauchbares Erklärungsmodell sähe demnach folgendermaßen aus (Abb. 83):

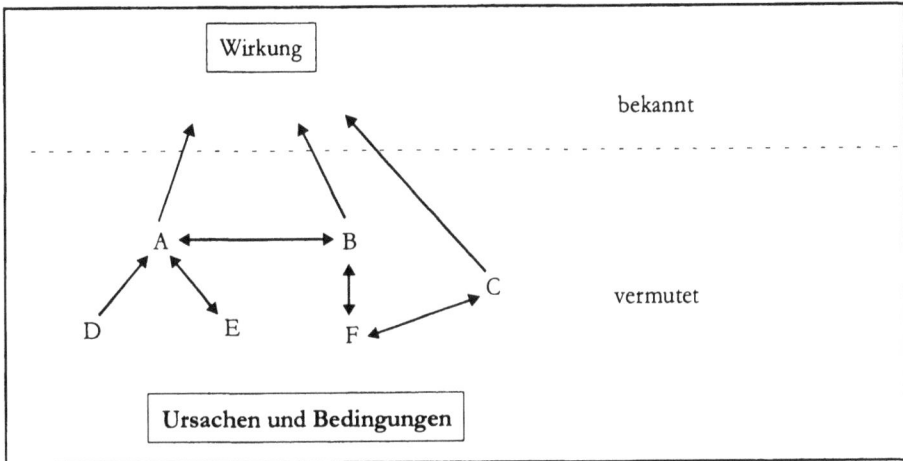

Abb. 83 Multikausales Erklärungsmuster

Bei dem als Wirkung erlebten Problem, das in seinen Erscheinungsformen und Folgen bekannt ist, sind die Faktoren A und B als wahrscheinliche Ursachen anzusehen und C als eine zusätzliche, scheinbar nebensächliche Bedingung, die allerdings auch auf den Faktor F einen gewissen Einfluss ausübt. Außerdem sind die Faktoren A und B nicht unabhängig voneinander; sie stehen miteinander in Wechselwirkung. Sie sind zugleich Wirkungen von weiteren, tiefer liegenden Faktoren D, E und F, von denen einige noch durch Rückwirkungen von A und B beeinflusst werden. Es wird kaum möglich sein, alle Faktoren zu analysieren und zu bearbeiten. Einige Faktoren sind vielleicht überhaupt nicht zu verändern. Wenn man sich bei der Lösung des als wichtig erkannten Problems nur auf wenige Ursachen und Bedingungen konzentriert, muss man bedenken, dass die anderen, nicht bearbeiteten Faktoren trotzdem wirksam sind. Sie können sogar - gerade durch die Beeinflussung eines einzigen anderen Faktors - ihren Stellenwert im Gesamtsystem verändern (*Luhmann* 1975, *Pfeiffer* 1978).

2.1.2 Die Logik des Misslingens

Wie schlecht wir Menschen im allgemeinen gerüstet sind, komplexe Systeme zu durchschauen und zu beherrschen, hat *Dörner* (1981 und 1983) in einem Projekt untersucht, in dem Versuchspersonen angehalten wurden, die Entwicklung einer mitteleuropäischen Kleinstadt namens „Lohhausen" als „Bürgermeister" zu beeinflussen, wobei man sich des Computers als Simulator für die Realität bediente. Die Versuchspersonen konnten die Produktions- und Absatzpolitik einer Fabrik beeinflussen, Steuersätze ändern, Arbeitsplätze schaffen, Arztpraxen einrichten und verpachten, Wohnungsbau betreiben, für Freizeiteinrichtungen sorgen usw. *Dörner* hat eine Reihe von **Primärfehlern** aufgezeigt, d. h. Fehler im Umgang mit komplexen Systemen, die fast alle Versuchspersonen machten (*Dörner* 1981, S. 166 ff). Dazu gehören z. B.:

a) die mangelhafte Berücksichtigung von zeitlichen Abläufen:

Zunächst interessiert die meisten Leute in solchen komplexen Aufgaben nicht, welche Trends und Entwicklungstendenzen vorhanden sind, sondern es interessiert sie der "Status quo". Es interessiert sie also z. B. nicht, wie sich das Stadtvermögen in den letzten Jahren entwickelt hat, sondern wie viel Geld sich im Augenblick in der Stadtkasse befindet. Diese Information ist aber ohne Kenntnis der Entwicklungstendenzen und ihrer Determinanten fast bedeutungslos.

b) Schwierigkeiten beim Umgang mit exponentiellen Entwicklungen:

Exponentielle Verläufe sind aus bestimmten Gründen bei allen Systemen, in denen Wachstum oder Verfall auftritt, von großer Bedeutung. Menschen haben überhaupt kein intuitives Verhältnis zu exponentiell ablaufenden Prozessen. Dabei sind sie von solchen umgeben. Die durchschnittliche Einkommensentwicklung in den letzten 25 Jahren in der Bundesrepublik war z. B. - in DM-Beträgen ausgedrückt - annähernd exponentiell, die Zunahme des Erdölverbrauchs seit 1980 desgleichen, die Abnahme des Fischbestandes der Nordsee z.B. von 1880 bis 1900 ebenfalls usw. Die Dynamik und fast explosive Beschleunigung, die Exponentialverläufe zeigen, werden vollständig fehleingeschätzt.

c) Denken in Kausalketten statt in Kausalnetzen:

Ein dritter, ganz allgemeiner Fehler ist die Tendenz zum Denken in Kausalketten, nicht in Kausalnetzen. Nicht an den Umgang mit Komplexität gewöhnte Versuchspersonen sehen bei der Planung von Maßnahmen gewöhnlich nur den angezielten Haupteffekt der Maßnahme, nicht die auftretenden Nebeneffekte. Sie sehen nicht, dass es in z. B. ökonomischen Systemen unmöglich ist, nur *eine* Sache zu tun.

Besonders an den Verhaltensweisen der „schlechten" Versuchspersonen zeigt *Dörner,* wie kurzschlüssig und unkritisch, ja verantwortungslos bei der Steuerung komplexer dynamischer Systeme vorgegangen wird. Es zeigen sich Tendenzen zur Abschiebung der Verantwortung und zur Exkulpation bei gleichzeitiger Verminderung der Handlungs- und Entscheidungsbereitschaft. Da liegt der Schluss nahe, dass - gerade in solchen für den Einzelnen unüberschaubaren Situationen - „eine erhöhte Bereitschaft zur Unterordnung unter die Führerschaft von Personen oder Institutionen besteht, die behaupten oder glaubhaft machen, dass sie über die richtigen Handlungskonzepte verfügen" *(Dörner 1981,* S. 177).
Unsere **Kritik an der *Dörnerschen*** Untersuchung richtet sich nicht gegen seine Beobachtungen und seine Schlussfolgerungen, sondern vielmehr gegen die Versuchsanordnung. Offenbar sind alle Versuchspersonen mit einer für sie fremden Aufgabe - dem „Regieren" einer Stadt - konfrontiert worden, einer Aufgabe, für die sie vermutlich nicht ausgebildet waren, und die sie zudem noch im Wechselspiel mit Kennziffern eines Computers, nicht - wie es in der Wirklichkeit geschieht - in der Zusammenarbeit und in Auseinandersetzung mit anderen lebendigen Menschen bewältigen mussten, z. B. in Zusammenarbeit mit den

Stadträten, dem Baudezernenten, dem Fabrikanten, dem Stadtkämmerer, den Kreis- und Landtagsabgeordneten etc. Eine allgemeine Erfahrung ist die, dass gerade Entscheidungen im Umgang mit sehr komplexen Systemen in der Regel *nicht als* Einzelentscheidungen gefällt werden müssen, noch dazu von inkompetenten Personen.

Die Erfahrung jedoch, dass Handeln in komplexen Systemen ohne hinreichende Erfahrung und Unterstützung durch kompetente Experten schwierig und auch belastend ist, können wir nur unterstreichen. Jeder Manager, speziell in Krisensituationen - also vor schwierigen, unvorhersehbaren Konstellationen, die existenzbedrohend und mit hohem Risiko verbunden sind - kann ein Lied davon singen.

2.1.3 Die nicht einkalkulierten Nebenwirkungen

Solange alles funktioniert, besteht kein Anlass, die üblichen Arbeitsabläufe zu ändern. In der Praxis ergeben sich jedoch oft schwierige Situationen, die besondere Maßnahmen erfordern. Bestimmte Aktionen können ganz bestimmte Wirkungen, aber auch unbeabsichtigte und unvorhergesehene Nebenwirkungen haben, und diese können wiederum Prozesse mit Folgewirkungen auslösen. Die Menge von Beziehungen zwischen den verschiedenen Elementen eines dynamischen Systems bilden ein Netzwerk. Man kann, was die Beeinflussbarkeit eines Systems angeht, zwischen „aktiven" und „passiven" Elementen unterscheiden *(Dörner 1983)*.

Aktive Elemente beeinflussen das Gesamtsystem; es erhält dadurch eine Eigendynamik. In einem neu erbauten Stadtteil z. B. waren die Einwohner die aktiven Elemente. Passive Elemente sind solche, die nur aufgrund von äußeren Einwirkungen ihren Zustand verändern, z.B. die Wohngebäude, die Straßen, Spielplätze, Verkehrsverbindungen etc. Sie sind deshalb jedoch nicht weniger wirksam. Als strukturierende Bedingungen haben sie eine prägende Kraft, z.B. Hochhäuser mit vielen isolierenden Wohnungen, Produktionsanlagen einer Fabrik, Verkehrsampeln an Straßenkreuzungen.

Die Beeinflussung bestimmter Elemente kann dem Akteur möglich oder unmöglich sein. Es kann aber auch so sein, dass er erst andere Elemente bzw. andere Akteure beeinflussen muss, um die gewünschten Elemente verändern zu können (mittelbare/unmittelbare Beeinflussung). So kann es z. B. notwendig sein, erst die Stadtverwaltung oder die Erbauer des Wohnviertels zu beeinflussen, dass die Räumlichkeiten entsprechend den Wünschen und Interessen der Bewohner benutzt werden können. Ein Stadtteil kann aufblühen oder verkommen, je nachdem, wie die handelnden Kräfte wirksam sind.

Der Zusammenhang zwischen Problemen und anderen damit zusammenhängenden Teilproblemen ist nicht neu, nur sind solche Vernetzungen heutzutage viel häufiger als früher. Dies liegt daran, dass sich die verschiedenen Teilsysteme, die die Lebensräume der Menschen darstellen, immer mehr miteinander ver-

flechten. Autarke Lebensbereiche existieren kaum noch, wie z. B. ein mittelalter-
liches Dorf, das durchaus in der Lage war, sich selbst zu versorgen. Die Ver-
flechtungen sind auch nicht mehr nur national, sondern sie werden immer inter-
nationaler. So ist es z. B. nicht gleichgültig, was in Nahost geschieht; der Einfluss
der Geschehnisse dort macht sich unmittelbar hier bemerkbar, z. B. bei Energie-
krisen.

Die eigentliche Problematik besteht nun darin, in solche Systeme einzudringen,
um die Folgen der Problemlösungen abschätzen zu können, denn die vernetzten,
eigendynamischen Realitätsausschnitte sind in ihren Elementen nur ungenau,
zum Teil sogar überhaupt nicht bekannt.

Ein einfaches lineares Problem-Ursachen-Wirkungs-Denken hilft nicht weiter.
Zur Erklärung müssen multikausale Zusammenhänge erstellt werden, die über
die Grenzen der Einzelwissenschaften hinausgehen. „Komplexe Probleme zu
lösen heißt, die Erkenntnisse mehrerer Disziplinen zu verwenden, denen ganz
unterschiedliche Paradigmen zugrunde liegen" (*Kirsch, W.* und *Trux. W* 1979).
Kirsch spricht vom „Multi-Paradigma-Problem".

2.1.4 Bedingungen für den Umgang mit Komplexität

Die erste und wichtigste Bedingung für die Bewältigung komplexer Probleme
sind die *Kenntnisse und Erfahrungen,* welche die Akteure mit dem zu beeinflussenden Phänomen haben. Wer eine Sache, um die es geht, oder das System, das es
zu beeinflussen gilt, in den entscheidenden Wirkkräften überhaupt nicht kennt,
kann es auch nicht sinnvoll beeinflussen. Hieraus erklären sich vielleicht auch
manche Fehler früherer Entwicklungshilfe für unterentwickelte Länder.

Die zweite Bedingung für die Bewältigung komplexer Systeme sind *klare Zielvorstellungen.* Wer nicht weiß, was er erreichen will, lässt sich durch die wechseln-
den Umstände leiten. Er wird von Nebenwirkungen leicht irritiert, wird unsicher,
womöglich auch unkritisch neuen Einflussgrößen gegenüber und lässt sich vielleicht sogar, ohne dass er es weiß, von anderen Akteuren dirigieren. Das schließt
selbstverständlich nicht aus, dass die Akteure durch zunehmende Einsicht in die
Zusammenhänge und die möglichen Folgen bestimmter Aktionen auch ihre
Zielsetzungen ändern.

Die dritte Bedingung für die Bewältigung komplexer Probleme ist die *Begrenzung auf einen beeinflussbaren Realitätsbereich.* Es ist nahe liegend und wird jedem, der
sich mit der Entwicklung komplexer Systeme beschäftigt, immer wieder deutlich,
dass in der Realität beinah alles mit allem zusammenhängt. Man stellt plötzlich
fest, dass ein scheinbar individuelles Problem, z. B. die Konzentrationsschwäche
eines Mitarbeiters, zugleich auch ein Problem der Gruppe oder der Abteilung ist,
in der der Betroffene tätig ist. Womöglich ist das Problem auch arbeitsorganisa-
torisch bedingt.

Es kommt also bei der Bearbeitung komplexer Probleme vor allem darauf an,
den Realitätsbereich zu begrenzen, d.h. *den* Systembereich auszuwählen, den man

beeinflussen kann und beeinflussen möchte.

Bei der Auswahl des zu beeinflussenden Problembereiches darf man jedoch nicht nur den erkennbaren Problemträger - den *vermeintlichen* Problemträger - betrachten, man muss vielmehr immer den übergeordneten Systembereich berücksichtigen, in den der Problemträger eingebettet ist. Wenn es z. B. in einem Unternehmen zwischen bestimmten Abteilungen andauernd zu Reibereien kommt, wird man den Realitätsbereich nicht auf die Problemträger selbst, also auf die beteiligten Gruppen, beschränken dürfen. Man muss vielmehr den Bezugsrahmen, in dem beide Abteilungen agieren, also den Gesamtbetrieb, den Chef und die Kollegen der streitenden Abteilungsleiter, auch die Funktionszusammenhänge und die Arbeitsabläufe mit berücksichtigen. Durch eine genaue Beschreibung der beobachtbaren Phänomene und durch systematische Sammlung und Auswertung aller relevanten Informationen werden die Zusammenhänge und die wirklichen Ursachen für die Schwierigkeiten deutlich. In der Regel werden hierbei auch die Bedingungen erkennbar, die man teilweise beeinflussen oder nicht beeinflussen oder nur indirekt beeinflussen kann, um die Probleme zu lösen.

Bei der Beschreibung des zu bearbeitenden Realitätsbereiches ist es außerordentlich nützlich, die Vielzahl der Variablen und ihre Beziehungen zueinander in einem Strukturschema darzustellen. Eine Möglichkeit hierzu bietet die Kräftefeld-Analyse.

Die vierte Bedingung für die Bewältigung komplexer Probleme ist die *Kooperation zwischen verschiedenen Akteuren,* die - das ist wichtig - in unterschiedlicher Weise von den Problemen betroffen sind. Der Einzelne, so kompetent er auch sein mag, ist kaum in der Lage, die Zusammenhänge und die vielfachen Wechselwirkungen in einem komplexen dynamischen System zu überschauen und die Auswirkungen bestimmter Eingriffe (und die unbeabsichtigten Nebenwirkungen!) abzuschätzen und bei seinen Entscheidungen einzukalkulieren.

Diese Schwierigkeit, die den handelnden Personen durchaus bewusst ist, löst Ängste aus und verstärkt die ohnehin schon vorhandene Unsicherheit („Stress„). In dieser Situation ist die Kommunikation mit anderen Menschen nicht nur in sachlicher Hinsicht hilfreich, sondern auch in emotionaler Hinsicht entlastend (*Becker* 1982).

Die offene Aussprache über die Probleme und die kooperative Problembearbeitung in einer Gruppe mildert den Entscheidungsdruck und die mit schwierigen Entscheidungen verbundene Unsicherheit. Das gemeinsame Bemühen um konstruktive Lösungen, der Meinungs- und Gedankenaustausch und die methodische „Aufbereitung" der Probleme erleichtern die Entscheidungsfindung (*Franke* 1975).

Wichtig ist dabei weniger die Mitwirkung weiterer „Experten", sondern vielmehr die Mitwirkung eines oder mehrerer Akteure, die *nicht* in das System eingebunden und in die Probleme verstrickt sind, sondern als Außenstehende die „Betriebsblindheit" überwinden und den Problemlösungsprozess organisieren helfen.

Diese Außenorientierung kann den sachkundigen Akteuren, die manchmal „problemgeblendet" und in den Stricken ihrer eigenen (nicht immer hilfreichen) Erfahrung gefangen sind, neue Einsichten vermitteln. Sie vergrößert den „Öffnungswinkel" und bringt neue Anregungen, auch Ermutigung gerade in scheinbar auswegslosen Situationen.

Wir fassen zusammen:

Die wichtigsten Bedingungen für die Bewältigung komplexer Probleme sind:

1. möglichst umfassende Kenntnisse und Erfahrungen über die Funktionsweise des Systems und seiner Elemente, d.h. Kompetenz und Interesse für den Problembereich, um den es geht.
2. klare Zielvorstellungen von dem, was erreicht werden soll. Hierdurch wird in einer unklaren Situation bei erlebbaren Schwierigkeiten die eigentliche Problematik als eine Abweichung des Ist-Zustandes vom Soll-Zustand überhaupt erst erkennbar.
3. die Eingrenzung der Probleme und die Beschränkung auf einen beeinflussbaren Realitätsbereich. Die Probleme müssen „bearbeitbar" gemacht werden.
4. die Zusammenarbeit mit anderen sachkundigen Akteuren, welche die Probleme aus einer anderen Sicht betrachten, möglichst auch mit Außenstehenden, die Distanz zu den Problemen haben und methodisch bei der Problembearbeitung mitwirken können, indem sie den Problemlösungsprozess organisieren helfen.

Diese Erkenntnisse, stark vereinfacht, berühren sich in ihrem Sinngehalt mit einem Ausspruch, der verschiedenen berühmten Männern in den Mund gelegt wird und auf *Christoph Friedrich Oettinger* (1702-1782) zurückgeht:

„Gott gebe mir den Mut, die Dinge zu verändern, die ich ändern kann - und die Gelassenheit, die Dinge zu ertragen, die ich nicht ändern kann - und die Weisheit, das eine vom anderen zu unterscheiden."

2.2 Ein Schlüssel zur OE: Zusammenarbeit

Wenn man nach einem Schlüsselbegriff für OE fragt und hehre Ziele wie „Humanität" und Effektivität" einmal beiseite lässt, so stößt man auf den zentralen Begriff: Zusammenarbeit.

Natürlich hat es Zusammenarbeit immer gegeben, aber sie war noch nie so problematisch wie heute. Das hängt damit zusammen, dass die Betriebe größer, die Aufgaben komplexer und die Menschen anspruchsvoller geworden sind. Vieles, was das Zusammenwirken der Menschen angeht, regelt sich heute nicht mehr von selbst.

Das Kernproblem im Zusammenspiel der Kräfte im Betrieb sind „Interaktionsprobleme": Interessengegensätze, Machtansprüche, Missverständnisse und Meinungsverschiedenheiten, kurz: Schwierigkeiten in der gegenseitigen Verständigung. Hierbei ist nicht zu verkennen, dass auch die Meinungsbildung und die

Entscheidung über technische und arbeitsorganisatorische Fragen letzten Endes Kommunikations- und Kooperationsprobleme sind.

Die geradezu verblüffende Erkenntnis ist die, dass etwas, das man bisher als Nebensache oder als eine banale Selbstverständlichkeit betrachtet hat: die „Interaktion", dass eben diese Nebensache durch ihre vielfältigen Auswirkungen zur Hauptsache werden kann. Bisher wurden Kommunikation und Kooperation meist als ein lästiges, aber notwendiges Mittel zum Zweck betrachtet, als ein Mittel, um die betrieblichen Ziele zu erreichen. Wir müssen erkennen, dass eben dieses Mittel plötzlich zum Zweck wird. Angesichts der Komplexität betrieblicher Probleme stellen wir fest, dass die Effektivität eines Unternehmens vor allem von der Form der Zusammenarbeit und der Entscheidungsbildung bestimmt wird. Die Erkenntnisse der modernen Verhaltenswissenschaften lassen den Schluss zu, dass sachbezogene Probleme durch intensive Kommunikation in kleinen Gruppen leichter lösbar werden. Und umgekehrt: Durch den Problemlösungsprozess wird die Kommunikation intensiviert und die Motivation und die Arbeitszufriedenheit der beteiligten Menschen gesteigert. Kommunikation und Kooperation („Interaktion") stellen das Bindeglied dar zwischen dem Individuum, der Gruppe (oder einer Abteilung) und der Organisation.

Hier setzt die OE an, die in ihrem Zielbündel sowohl die Effizienz einer Organisation als Ganzes als auch die Wirksamkeit und Entfaltung der beteiligten Menschen erhöhen will, indem sie - das ist das Wesentliche - die Interaktionsprozesse kultiviert (Abläufe, Strukturen, Beziehungen, Einstellungen und Verhaltensweisen).

Zwischen der Wirksamkeit der Organisation und der Wirksamkeit der Menschen bestehen wechselseitige Abhängigkeiten. Die OE postuliert, dass sowohl die Organisation als auch die in ihr tätigen Menschen unter dem Zwang zur Zusammenarbeit zumindest durch zwei variable Größen beeinflusst werden: durch die technisch-organisatorischen Bedingungen und durch die Art der Kooperation und Kommunikation.

Schaubildlich lässt sich der Zusammenhang folgendermaßen darstellen (Abb.84):

Ebene	Ziel/Zweck	Mittel
Organisation	Effektivität	Produktivität und Flexibilität
Gruppe	Kooperation	gute Kommunikation und gute organisatorische Bedingungen
Individuum	Motivation	individuelle Kompetenz und Arbeitszufriedenheit

Abb. 84 Wirkzusammenhänge zwischen Zweck und Mittel bei OE

Wenn man sich die Wirkzusammenhänge klar zu machen versucht, wird deutlich, dass jedes Ziel - auf der individuellen, der kollektiven und der organisatorischen Ebene - zugleich Teilziel und Mittel zum Zweck im Hinblick auf die anderen Teilziele ist.

Mit anderen Worten:

Das Ziel „Effektivität", das für die Organisation als Ganzes bestimmend sein soll, wird zum Teilziel und zum Mittel für andere Ziele, die für die Individuen und für die Gruppen wichtig sind. Wenn eine Organisation nicht „effektiv" ist, also mit schlechten Ergebnissen arbeitet, wirkt sich das auch nachteilig auf die Motivation und die Kooperation der beteiligten Menschen aus. Das Teilziel „Effektivität" (1) wird zu einer wichtigen Voraussetzung für die Teilziele „Kooperation" (2) und „Motivation" (3).

Das Ziel „Kooperation", das für die Beziehungen zwischen Individuen und Gruppen bestimmend ist und ebenso auf organisatorischen Bedingungen wie auf Kommunikation beruht, wird zum Teilziel und zum Mittel für andere Ziele, die sowohl für das einzelne Individuum wie für die Organisation als Ganzes wichtig sind. Wenn die Zusammenarbeit schlecht ist, wirkt sich dies nachteilig sowohl auf die Effizienz der Organisation als auch auf die Motivation der beteiligten Menschen aus. Das Teilziel „Kooperation" (2) wird zur Voraussetzung für die Teilziele „Effektivität" (1) und „Motivation" (3).

Das Ziel „Motivation", das für das Individuum bestimmend ist und zugleich individuelle Kompetenz und Arbeitszufriedenheit bedeutet, wird zum Teilziel und zum Mittel für andere Ziele, die wiederum den Gruppenbeziehungen und der Organisation als Ganzes dienlich sind. Wenn die Motivation der Organisationsmitglieder schlecht ist, wirkt sich dies auf die Kooperation und die Effektivität in gleicher Weise nachteilig aus. Das Teilziel „Motivation" (3) wird zur Voraussetzung für die Teilziele „Kooperation" (2) und „Effektivität11 (1).

Die OE setzt dort an, wo in der Zusammenarbeit Störungen auftreten, wo die Kommunikation und die Kooperation verbessert werden sollen. Sie darf die organisatorischen Bedingungen, die die Zusammenarbeit regeln, dabei nicht unbeachtet lassen. Die OE richtet ihr Augenmerk vorwiegend auf die Entwicklung kooperationsfördernder Strukturen - z.B. durch Gruppenarbeit - und auf die Entwicklung kooperationsfördernder Einstellungen - z. B. durch Schaffung eines Klimas des Vertrauens und der Offenheit, eines Klimas gegenseitigen Verständnisses. Das schließt Spannungen und Konflikte nicht aus. Im Gegenteil: Konflikte können nur dann sachlich ausgetragen, analysiert und gelöst werden, wenn eine Vertrauensgrundlage vorhanden ist, die in übergeordneten *gemeinsamen* Zielen, in der Erkenntnis des „Aufeinander-angewiesen-seins" und, im wirklichen Bemühen um eine für beide Seiten vertretbare Lösung ihren Ausdruck findet. Diese Erkenntnis hat beispielsweise auch im deutschen Betriebsverfassungsgesetz von 1972 ihren Niederschlag gefunden: Unternehmensleitung und Betriebsrat sind trotz ihrer teilweise gegensätzlichen Interessenrichtungen zur vertrauensvollen Zusammenarbeit verpflichtet.

In vielen Organisationen werden heute spezielle Kommunikations- und Kooperationstrainings durchgeführt, um offensichtliche Defizite der herkömmlichen „Führung" auszugleichen und die hierarchiefreie Zusammenarbeit zu fördern. Die Mitwirkung von Moderatoren bei der Anleitung zur Teamarbeit ist nicht einmal mehr auf Projekte der OE beschränkt. Vieles spricht dafür, dass der Vorgesetzte der Zukunft - neben der Zuständigkeit für seine Fachaufgaben - zum Experten für Zusammenarbeit wird und damit zum Promotor der OE im eigenen Bereich.

Es gilt, entgegen der Auffassung „Nur einer gewinnt, der andere verliert", wie sie in den Null-Summen-Spielen ihren Ausdruck findet, die „Jeder-gewinnt-Methode" zu praktizieren, wie sie z. B. in der Manager-Konferenz" von Gordon (1979) favorisiert wird.

Um einige Anhaltspunkte dafür zu geben, was für die Entwicklung von Teamarbeit wichtig ist, sind in den Abbildungen 85 - 87 stichwortartig einige Regeln und Richt-Fragen wiedergegeben, die von *Lauterburg* und *Becker* im März 1981 als Arbeitsunterlagen für ein OE-Seminar in einem großen Konzern verwendet wurden (*Fried. Krupp GmbH* 1981).

* Gruppengröße und –zusammensetzung
  - in der Praxis „ideal": 5-8
  - gemeinsames Ziel (Interesse an „Resultaten")
  - organisatorische Einheit (Interdependenz der Aufgaben)
* Kontinuität der Arbeits- und Entscheidungsprozesse
  - regelmäßige Treffen: „Jour fix" (ideal: 1 x pro Woche)
  - Termin „tabu" (Anwesenheit obligatorisch)
  - keine Stellvertreter (in „policy meetings")
* Balance von Information, Meinungs- und Entscheidungsbildung
  - klar unterscheiden
  - zeitlich trennen
  - wissen, was man tut
* Balance von Tagesgeschäft und Grundsatzfragen
  - klar unterscheiden
  - zeitlich trennen
  - wissen, was man tut
* Regelmäßige, gemeinsame kritische Auswertung
  - Teamentwicklung durch institutionalisierte „Manöverkritik",
  - Inhaltliche "Zwischenbilanz": Was haben wir erreicht?
  - Persönliches „Feedback". Wie ist es gelaufen?

Abb. 85 Grundvoraussetzungen für effektive Teamarbeit

1. Ergebnisse: Was hat es gebracht?
Inhaltliche „Zwischenbilanz":
- Was haben wir erreicht - was nicht?
- Bin ich mit dem Resultat zufrieden/unzufrieden?
- Haben wir unsere gemeinsame Zeit optimal genutzt?

2. Prozess: Wie ist es gelaufen?
Persönliches „Feedback":
- Was fand ich *gut,* was fand ich weniger gut?
- Was hat mir das Mitdenken/Mitarbeiten erleichtert?
- Was hat mich gestört, evtl. behindert oder "blockiert"?

Unterschwellige emotionale Vorgänge sind oft das wichtigste, aber meistens "tabu"

Problem Nr. 1: Die "Selbstwahrnehmung" des einzelnen:
„Wie fühle ich mich?"

Problem Nr. 2: Offenheit und Vertrauen in der Gruppe:
„Was kann ich offen sagen - was nicht?"

Teamentwicklung ist ein gemeinsamer Lernprozess!

Abb. 86 Gemeinsame kritische Auswertung („Manöverkritik")

Zur Vorbereitung der Sitzung/Tagung
- Ist unser Team richtig zusammengesetzt?
- Sind alle Teammitglieder anwesend?
- Waren die Ziele für heute klar?
- Sind alle gut vorbereitet?
- Gibt es „Unverdautes" aus dem letzten Treffen?
- Sind in der Zwischenzeit wichtige Veränderungen eingetreten?

Zum Verlauf der Sitzung/Tagung
- Haben wir uns mit dem „Wichtigen" befasst?
- Sind wir beim Thema geblieben oder „gesprungen"?
- Haben wir Info/Meinungs-/Entscheidungsbildung sauber getrennt?
- Haben wir Tagesgeschäft und Strategiefragen sauber getrennt?
- Wie war die individuelle Beteiligung, das persönliche Engagement?
- Haben wir wirklich diskutiert - oder nur „Statements" abgegeben?
- Haben wir einander zugehört? Wurde nachgefragt? Wurde geklärt?
- Waren wir „offen" und „hart" genug in der Auseinandersetzung?
- Sind alle zum Zuge gekommen? Sind alle Meinungen und Argumente klar?
- Sind die vorhandenen Interessen- und Meinungsunterschiede offengelegt worden?
- Haben wir die Zeit gut genutzt? Bin ich mit dem Resultat zufrieden?
- Wie beurteile ich meine eigenen Beiträge zur gemeinsamen Arbeit?
- Was hat mir das Mitdenken/Mitarbeiten erleichtert?
- Was hat mich gestört, evtl. behindert oder gar innerlich „blockiert"?
- Wie beurteile ich die Beiträge der anderen?
- Was fand ich bei den einzelnen Teamkollegen gut, was weniger?
- Wie war das Gesprächsklima? Wurde auch mal gelacht?
- Wie ist mir zumute? Bin ich, entspannt? Bin in „gestresst"?
- Freue ich mich auf das nächste Treffen?

Zum weiteren Vorgehen
- Wie steht es um die „Entscheidungsreife" in den einzelnen Fragen?
- Was haben wir erreicht? Was bleibt offen?
- Wo stehen wir im Prozess? Welches sind die nächsten Prioritäten?
- Ist allen klar, wie es weitergeht? Welches sind die nächsten Schritte?
- Wer tut was bis wann?

Abb. 87 Check-Liste für die Durchführung von Besprechungen im Team

2.3 Effizienz und Macht in Organisationen

Bei Veränderungsbemühungen in Organisationen und Institutionen stößt man unausweichlich auf die Frage nach der Effizienz, und irgendwann und irgendwie stellt sich auch die Frage nach den Machtverhältnissen. *Glasl* (1983) hält die Frage nach der Macht für die Gretchenfrage der OE.

Merkwürdigerweise wird nie nach den Zusammenhängen von Macht und Effizienz gefragt, sondern in ideologischer Verengung ausschließlich danach, ob und wie weit die durch OE intendierte Partizipation die Machtverhältnisse im Unternehmen wirklich verändert oder sie vielmehr - gerade durch die partizipierenden Organisationsmitglieder - stabilisiert und verstärkt. Letzteres wird durch den Hinweis bekräftigt, dass der OE-Berater schließlich nur mit dem Einverständnis und im Auftrag der Unternehmensleitung tätig sein könne. Hier wird der Vorwurf erhoben, dass OE die wirklichen Machtverhältnisse im Unternehmen nur verschleiere, und dass die „Ausbeutung" der Ohnmächtigen durch die Mächtigen nun nicht mehr durch „Zuckerbrot und Peitsche", sondern durch vielfach verfeinerte psychologische Methoden betrieben würde, durch eine Strategie, die auf eine „Selbstausbeutung der Arbeitnehmer" hinauslaufe. (*Kubicek, Leuck, Wächter* 1980, *Bartölke* 1980, *Kubicek u. Breisig* 1981, *Kappler* 1980).

Diese Frage soll uns hier nicht beschäftigen. Sie ist, nicht zuletzt durch *Glasl* (1983), eingehend diskutiert und beantwortet worden.

Ziel unserer eigenen Überlegungen ist es, zu klären, was „Effizienz" oder „Effektivität" und was „Macht" in Organisationen bedeuten und von welchen Kriterien und welchen Bedingungen sie abhängen. Es soll untersucht werden, ob es Zusammenhänge gibt zwischen Effizienz und Macht und welcher Art diese sind. Es wird danach gefragt, ob und in welcher Weise die Effizienz und die Machtverhältnisse durch OE beeinflusst werden.

2.3.1 Die Frage nach der Effizienz

Wenn man Manager in Organisationen nach dem eigentlichen Ziel ihrer Tätigkeit fragt, erhält man - grob verkürzt - zur Antwort, dass das Ziel ihrer Tätigkeit darin liege, die „Effizienz" der Organisation zu sichern. Effizienz wird dann erklärt als „Wirksamkeit" als „Leistungsfähigkeit", als das „Erreichen guter Ergebnisse".

Die Termini Effizienz, („efficiency") und Effektivität („effectiveness") haben ihren Ursprung in der lateinischen Sprache, sind aber als feste Begriffe erst in den letzten Jahrzehnten aus dem angelsächsischen Sprachbereich ins Deutsche übernommen worden. Sie werden hier wie dort nicht einheitlich verwendet.

In der strategischen Planung von Unternehmen wird häufig ein Unterschied gemacht zwischen Effizienz, d.h. „Die Dinge richtig tun" (Wirksamkeit und Zielerreichung) und Effektivität, d.h. „Die richtigen Dinge tun" (Überprüfung der Zielrichtung und Zweckmäßigkeit des Tuns).

In privatwirtschaftlichen Unternehmen wird Effizienz oder Effektivität meist verstanden als das Verhältnis von Aufwand und Ertrag, also als Wirtschaftlichkeit, als Rentabilität oder auch als Produktivität. Oberstes Ziel ist fast immer die Erwirtschaftung eines Gewinns. Unter solchen Gesichtspunkten ist die Deutsche Bundesbahn, die - im Gegensatz zur Bundespost - keine Gewinne erwirtschaftet, sondern Verluste macht, nicht effizient. Wenn man hingegen den ihr zugeschriebenen Zweck betrachtet, nämlich die „Gewährleistung einer sicheren und schnellen Beförderung von Menschen und Gütern zu verschiedenen, teils weit auseinander liegenden Orten", dann kann man ihr, im Hinblick auf dieses Ziel, die Effektivität nicht absprechen. Auch Krankenanstalten, Schulen und andere Institutionen sind, unter Wirtschaftlichkeitsgesichtspunkten betrachtet, meist nicht effizient. Die Effizienz richtet sich hier nach anderen Zielkriterien. Der Begriff „Wirksamkeit" verlangt also immer einen Zielbezug.

Die Zielkriterien sind in Abhängigkeit von Branche, Art und Gesellschaftsform der Organisationen sehr unterschiedlich.

Wenn von Effizienz gesprochen wird, muss immer offen gelegt werden, in Bezug auf welche Zielkriterien die jeweilige Effizienzaussage getroffen wird. Das ist schon allein wegen möglicher konkurrierender Zielbeziehungen erforderlich.

Die Beurteilung wird zusätzlich dadurch erschwert, dass

- verschiedene (u.U. gleich maßgebliche) Personen unterschiedliche Ziele und Gewichtungen angeben, an denen die Effizienz gemessen werden soll;
- die Zielkriterien verschiedener Organisationsbereiche oder -ebenen mit denen der Gesamtorganisation nicht immer übereinstimmen („Verselbständigung von Teilbereichen", „Fliehkräfte der Organisation");
- die offiziellen Ziele und die tatsächlichen Ziele auseinander klaffen oder sich über einen längeren Zeitraum verändern;
- wesentliche Zielkriterien, die indirekt wirksam sind (z. B. Personalbeschaffung und Personalentwicklung, Motivation der Mitarbeiter), leicht übersehen werden.

Es gibt eine Vielzahl unterschiedlicher Effizienzkonzepte. Mehrere synoptische Darstellungen belegen diese Aussage (*Steers* 1975; *Gibson* u.a. 1973; *Macharzina u. Oechsler* 1979; *Grochla u. Welge* 1975; *Redel* 1982).

Um wenigstens einen Anhalt für ein Effizienzkonzept zu geben, das einigermaßen plausibel erscheint, beziehen wir uns auf *Redel* (1982), der - in Anlehnung an *Berthel* (1973), *Bleicher u. Meyer* (1976) und *Luhmann* (1973) - das Überleben bzw. die Bestandserhaltung als letztes Ziel einer Organisation ansieht. Das Erreichen dieses Hauptzieles macht die Erfüllung bestimmter Sach-, Sozial- und Formalziele notwendig, deren inhaltliche und zeitliche Konkretisierung vom Umweltpotential und den jeweiligen betrieblichen Ressourcen auszugehen hat. Die organisatorische Strukturierung soll einen Beitrag zur Erfüllung der Sach-, Sozial- und Formalziele leisten, in dem die zur Zielerfüllung notwendigen Systemprozesse (Input, Transformation, Output) produktiv und relativ stabil gestaltet werden. Hieraus werden die organisatorischen Ziele abgeleitet: Produktivität (Ausbringung/Kosten), Anpassungsfähigkeit (Realitäts- und Zukunftsorientierung) und Zufriedenheit (Bedürfnisbefriedigung und Motivation der Organisationsmitglieder).
Hieraus werden wiederum, da es bei Effizienzaussagen in der Regel um die Funktionsfähigkeit im System geht (organisatorische Mikrosicht), die Zielkriterien aufgegliedert in:

a) Qualität und Quantität der Aufgabenerfüllung,
b) Kosten der Aufgabenerfüllung,
c) Realisationsvorsorge (Zuverlässigkeit der Organisationsmitglieder, sowohl im Hinblick auf das für die Arbeitsausführung nötige Wissen und Können als auch im Hinblick auf die erforderliche Akzeptanz),
d) Flexibilitätsvorsorge (Früherkennung von Problemen und Bereitschaft zu Veränderungen),
e) Zufriedenheit der Organisationsmitglieder (Erfüllung der Bedürfnisse, Strukturierung der Zusammenarbeit usw.)

Die Komponenten dieses Effizienzkonzepts sind in Abb. 88 zusammenfassend dargestellt (*Redel* 1982, S. 45-52).
Auf die situativen Bedingungen, von denen die Realisierung der genannten Formalziele abhängt (z. B. Größe der Organisation, Technologie, Umwelt, Management), soll hier nicht näher eingegangen werden. Die Vielfalt der Einflussfaktoren ist aus der Synopse ausgewählter Situationskonzepte ersichtlich (Abb. 89).
Alles in allem stellt sich Effizienz als eine schwer zu bestimmende Integrationsleistung im Hinblick auf den ökonomischen und erfolgreichen Einsatz der verfügbaren Mittel dar, um die für den Fortbestand und die Weiterentwicklung einer Organisation wichtigen Ziele zu erreichen.

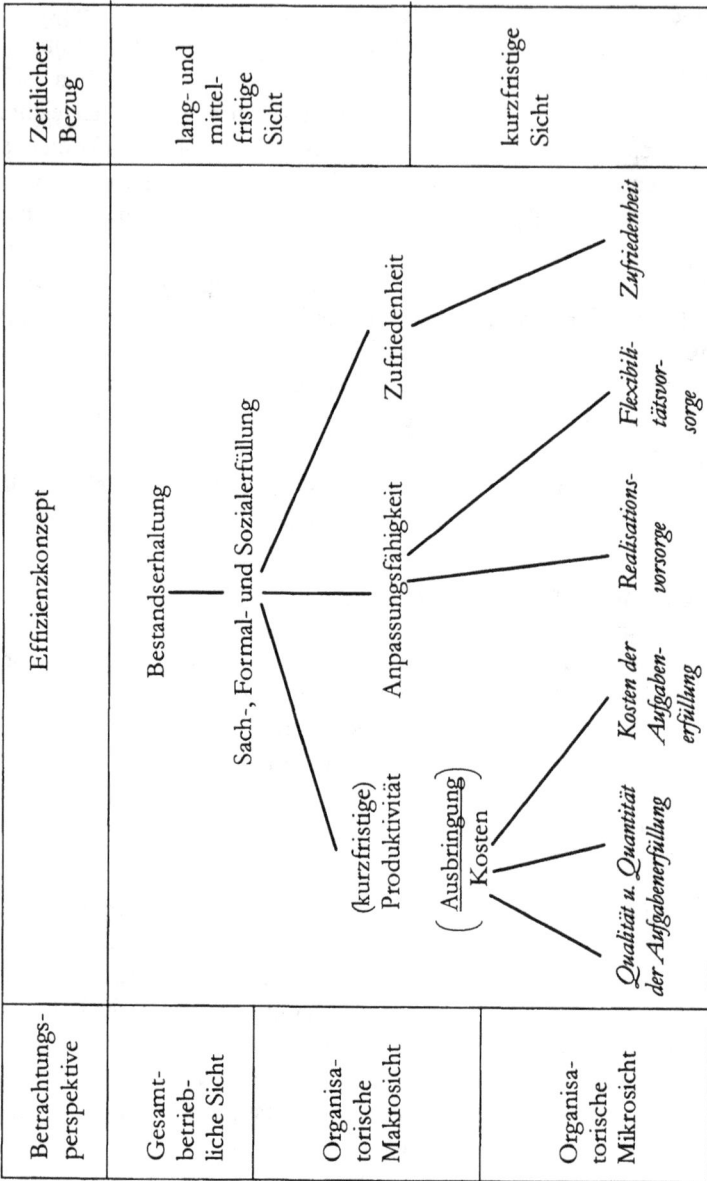

Abb. 88 Untersuchungszielbezogenes Effizienzkonzept *(Rede/ 1982, S. 52)*

Pugh/Hickson/Hinings/Turner

1 Gründungsmodus und Entwicklungsgeschichte
2 Eigentumsverhältnisse
3 Betriebsgröße
4 Leistungsprogramm und -politik
5 Fertigungstechnologie
6 Räumliche Dezentralisation
7 Abhängigkeit

Duncan

1 Interne Umwelt
11 Personale Komponente
12 'functional and staff units'-Komponente (u.a. Interdependenzen bei der Aufgabenerfüllung, Stab-Linien-Konflikte)
13 'Level'-Komponente (u.a. Sach- und Formalziele)
2 Externe Umwelt
21 Kunden-Komponente
22 Lieferanten-Komponente
23 Wettbewerber-Komponente
24 Sozio-politische Komponente
25 Technologische Komponente

Kieser/Kubicek

1 Dimensionen der internen Situation
11 Gegenwartsbezogene Faktoren
111 Leistungsprogramm
112 Größe
113 Fertigungstechnologie
114 Informationstechnologie
115 Rechtsform und Eigentumsverhältnisse
12 Vergangenheitsbezogene Faktoren
121 Alter der Organisation
122 Art der Gründung
123 Entwicklungsstadium der Organisation
2 Dimensionen der externen Situation
21 Aufgabenspezifische Umwelt
211 Konkurrenzverhältnisse
212 Kundenstruktur
213 Technologische Dynamik
22 Globale Umwelt
221 Gesellschaftliche Bedingungen
222 Kulturelle Bedingungen

Kubicek

1 Systemeigenschaften
11 Betriebsgröße
12 Technologie
13 Angebotsprogramm
14 Rechtsform
15 Eigentumsverhältnisse
16 Geographische Streuung
2 Eigenschaften relevanter Umweltsegmente
21 Konkurrenzintensität
22 Technologische Dynamik
23 Rechtliche und politische Bedingungen
24 Kulturelle Bedingungen
3 Personale Eigenschaften
31 Ausbildungsstand
32 Karriereorientierung
33 Alter
34 Soziale Herkunft
35 Bedürfnisse

Hill/Fehlbaum/Ulrich

1 Aufgabenconstraints
11 Ausprägungen
111 Hohes Routinisierungspotential
12 Einflussfaktoren
121 Umwelt
122 Technologie
2 Personenconstraints
21 Ausprägungen
211 Hohes Problemlösungspotential
212 Niedriges Problemlösungspotential
22 Einflussfaktoren
221 Berufscharakteristika
222 Sozio-kultureller Hintergrund

Abb. 89 Zusammenstellung ausgewählter Situationskonzepte (*Redel* 1982, S. 55)

2.3.2 Die Frage nach der Macht

Vorab einige Definitionen:

„Macht bedeutet die Chance, innerhalb einer sozialen Beziehung den eigenen Willen auch gegen Widerstreben durchzusetzen, gleichviel, worauf diese Chance beruht" (*Weber* 1922).

„Jede Anstrengung im sozialen Bereich, die keine Wirkung erzielt, ist Machtlosigkeit. Sie ist nur Anstrengung. Macht ist, was sie ausrichtet. - Der Maßstab der Macht ist Erfolg." (*Peabody* 1973).

„A hat in dem Maße Macht über B, in dem er B dazu bringen kann, etwas zu tun, was B sonst nicht tun würde." (*Dahl* 1957).

Nach dieser letzten Definition fasst *Rüttinger* (1981, S. 249) die wesentlichen Aspekte des Machtbegriffs wie folgt zusammen:

- „Macht ist nicht Eigenschaft einer Person, sondern Merkmal einer Beziehung zwischen mindestens zwei Personen. Eine isolierte Person kann keine Macht ausüben.
- Macht ist nicht eine absolute Größe. Sie bezieht sich immer auf die Beeinflussungsmöglichkeiten einer Person relativ zu den Widerstandsmöglichkeiten (der Gegenmacht) einer anderen Person."

Nach den zugrunde liegenden Mitteln lässt sich soziale Macht folgendermaßen klassifizieren: Macht auf der Grundlage von Belohnung, Zwang, Sympathie, normativer Legitimation, Identifikation, Expertentum und Information (*Raven u. Kruglanski* (1970), *Tannenbaum* u.a. (1974), *Zündorf* und *Grunt* (1980)).

„Die vertikale Beziehung Vorgesetzter - Mitarbeiter ist zwar eine sehr wichtige Machtbeziehung, doch ist sie nur eine neben vielen anderen Einflussbeziehungen, die sich in einem Betrieb vorfinden lassen: die Beziehungen zwischen Kollegen einer Arbeitsgruppe (‚informeller Führer'), informelle Abhängigkeiten und Loyalitäten zu Betriebsangehörigen außerhalb der Arbeitsgruppe, Beziehungen zwischen Gruppen und Abteilungen (z.B. Produktion - Marketing oder Betriebsrat - Geschäftsführung) ..." (*Rüttinger* 1981, S. 250).

Die *Art der Machtausübung* hängt ab von der handelnden Person, von der Situation und von den zur Verfügung stehenden Mitteln, den Techniken der Machtausübung, mit denen die Person die Durchsetzung ihrer Forderungen zu erreichen versucht. Dabei kommt der Intentionalität und der Motivation, von der Macht Gebrauch zu machen, ebenso viel Bedeutung zu wie der Geschicklichkeit, die Machtmittel wirksam einzusetzen.

Es kommt hier darauf an, die beschriebenen Phänomene der Wirksamkeit von Macht in ihrer Bedeutung für die Zusammenarbeit in Betrieben und Institutionen transparent zu machen. Die bisher dargestellten Erkenntnisse sollen deshalb durch einige Thesen verdeutlicht und ergänzt werden:

1. These: Soziale Macht ist im Zusammenleben der Menschen (in Organisationen) überall - bemerkt oder unbemerkt - wirksam.
    Macht ist ein alltägliches soziales Phänomen, durchaus nicht immer ein ausdrücklich geltendgemachter Einfluss. Schon bei kleinen Sachauseinandersetzungen zwischen verschiedenen Menschen spielen neben den Sachfragen eben auch Machtfragen eine wichtige Rolle.

2. These: Soziale Macht ist keine einseitige Einflussbeziehung, sondern immer eine Beziehung der Beiderseitigkeit.
    Das Gegenteil von Macht ist nicht Ohnmacht, sondern Abhängigkeit. Demjenigen, der Macht ausübt, entspricht immer jemand, der Macht akzeptiert. Wenn jemand da ist, der führt, muss auch jemand da sein, der sich führen lässt. Wenn jemand etwas verfügt, muss ein anderer da sein, der sich dem fügt. *Glasl* (1983, S. 44) stellt fest: „Weil Macht eine reziproke Beziehung ist, kann sie vom ‚Machthaber‘, wie vom ‚Machtunterworfenen‘, her verändert werden".

3. These: Soziale Macht ist an sich nichts Negatives.
    Machtausübung ist notwendig für ein geregeltes gesellschaftliches Miteinander und für die Zusammenarbeit im Betrieb. Viele Menschen schätzen die Abhängigkeit und „klare Verhältnisse". Sie brauchen eine gewisse Anlehnung und Ausrichtung auf Mächtige. Das Eingebettet sein in klare Machtstrukturen gibt Verhaltenssicherheit. Man weiß, woran man ist.

4. These: Soziale Macht ist für die Mächtigen meist mit Vorteilen, für die Abhängigen meist mit Nachteilen verbunden.
    Machtausübung kann als angenehm (in der Regel: für die Mächtigen) oder als unangenehm (in der Regel: für die Abhängigen) erlebt werden. Macht ist dann „effizient", wenn sie von beiden Seiten als angenehm oder als für beide Seiten vorteilhaft - oft auch als selbstverständlich - erlebt wird.
    Ist eine Person oder eine Gruppe im Besitz großer Macht, z.B. die Geschäftsleitung, so erhöhen sich die Möglichkeiten dieser Gruppe, das zu bekommen, was sie will. Dies führt zu folgenden Reaktionen:
    - Mitglieder mächtiger Gruppen sind meist zufrieden.
    - Sie planen mehr und haben mehr Freiheiten, Aktivitäten anzuregen, ohne sich mit anderen abzusprechen.
    - Sie ergreifen eher die Initiative, auch was andere betrifft, und beeinflussen damit auch das Wohlbefinden anderer in hohem Maße.
    Personen oder Gruppen mit wenig Macht haben viele Nachteile. Sie sind zwar nicht so exponiert, aber doch oft frustriert, weil Abhängigkeiten von mächtigeren Personen oder Gruppen bestehen, die nicht immer das billigen, was die weniger mächtige Gruppe eigentlich möchte.

5. These: Soziale Macht ist relativ stabil.
    Macht ist in der Regel persongebunden, aber zusätzlich auch strukturell bedingt. Durch die üblichen Aktivitäten, gleich bleibende Positionen der Akteure und in ähnlicher Weise sich wiederholende Prozesse - Interak-

tionsmuster und Arbeitsabläufe - werden die Machtverhältnisse ständig bestätigt und perpetuiert.

Die mächtige Gruppe wird selten ihre Situation verändern. Sie erlebt sich meist positiv und ist frei von Frustrationen. Nur wenn die Gruppenmitglieder glauben, dass ein Gewinnzuwachs möglich ist, steigt die Bereitschaft, Macht mit anderen zu teilen. Wird befürchtet, dass durch die neuen Machtverhältnisse Demütigungen oder Frustrationen zu erwarten sind, leisten die Mächtigen Widerstand und wenden dabei die verschiedensten Verteidigungsmechanismen an, z. B. „Blindheit" gegenüber den Unzufriedenen, die etwas ändern wollen, Unterdrückung, Aggression oder Scheinkooperation, Abschieben der Verantwortung usw. (vgl. *Deutsch* 1976, S. 90).

6. These: Soziale Macht ist veränderbar. Um Veränderungen zu realisieren, müssen in der Regel vielerlei Umstände zusammenkommen.

Anlässe und Bedingungen, die Veränderungen auslösen oder bewirken, können sein: offensichtlicher Machtmissbrauch oder durch ein Übermaß an Macht („Zwangsmacht") entstandene Konflikte oder Machtverschiebungen (oft: „hinter den Kulissen").

Bloße Ablehnung der Zwangsmacht und der dadurch beeinträchtigten Lebens- und/oder Arbeitsumstände mit all ihren unerfreulichen Folgen (für die Betroffenen) und Nebenwirkungen (auch für nicht direkt Betroffene) reicht in der Regel für eine Veränderung nicht aus, sofern nicht ein „Einfluss von außen" hinzukommt.

Ein wichtiger Anlass für Veränderungen der Machtverhältnisse ist die zutage tretende Unwirksamkeit von Macht, die durch Veränderungen der Umwelt-Konstellation oder durch spürbar werdende Abhängigkeit der Mächtigen von anderen (noch mächtigeren) Instanzen bedingt sein kann.

2.3.3 Beziehungen zwischen Macht und Effizienz

Wenn man Effizienz und Macht im Zusammenhang sieht, erhält die Frage nach der Macht ein anderes Gesicht.

Wer einen Betrieb (eine Gruppe, eine Abteilung, eine Partei) effizient macht, hat Macht.

Macht hat etwas mit „Machen" zu tun. Das zeigt sich auch, wenn man das Wort nach seinem Ursprung befragt.

Das Wort kommt vom althochdeutschen „mugan" und hat die indogermanische Wurzel „magh"; das heißt „Können" oder „Vermögen". Macht ist das Vermögen einer Person oder einer Gruppe, etwas zu erreichen, d. h. ihre Ziele gegen Widerstände durchzusetzen. Insofern hat der Begriff „Macht" wertfrei betrachtet, auch etwas mit Effizienz zu tun. „Maßstab der Macht, sagt *Peabody* (1973), „ist der Erfolg".

Effizientes Handeln verschafft Macht. Und diese Macht wiederum, auch die geschickte Handhabung der Machtmittel, ermöglicht effizientes Handeln. Dies

Handeln wiederum, soweit es effizient ist, verstärkt oder erweitert die Macht. Die Macht stabilisiert sich.

Hierin liegt die eigentliche Problematik: Etablierte Macht bedarf des Effizienz-Nachweises nicht mehr.

Da die Macht, wie bereits dargestellt, dem Machtausübenden eine Reihe von Vorteilen verschafft, weiß er diese Vorteile mehr und mehr zu schätzen und zu nutzen:

- Er kann im allgemeinen seine Wünsche besser befriedigen als andere (Macht der Person).
- Er kann den Widerstand einer anderen Person leichter überwinden (Macht der Beziehung).
- Er kann seine Umgebung besser beeinflussen (Macht der Situation). (*Deutsch* 1976, S. 84 f).

Hierbei sind zwei Charakteristika der etablierten Macht noch näher zu beschreiben:

1. Die Macht hält meist am Bestehenden fest. Es ist schwierig, Innovationen durchzusetzen
2. Die Macht scheut das offene Austragen von Konflikten und die sanktionsfreie Zusammenarbeit.

Diese Art der Machtausübung mag für den Mächtigen vorteilhaft sein. Sie kann aber nachteilig sein für die hiervon betroffenen Organisationsmitglieder. Und sie kann auch nachteilig sein für das wirkungsvolle Erreichen der Organisationsziele. Macht, die nicht effizient eingesetzt ist, verursacht Kosten. Die Stärke der durch die Macht verhinderten Effizienz bestimmt ihren Preis.

1. Die Ineffizienz der Machtausübung wird an zwei neuralgischen Punkten besonders deutlich, nämlich:
    Wenn sich die Ziele der Organisation – manchmal unmerklich - verändern oder die Umwelt Veränderungen erkennen lässt, auf die die Organisation flexibel reagieren muss. Da kann es passieren, dass die vorherrschenden Machtstrukturen und die davon geprägten Verhaltensmuster in der Organisation eine erfolgreiche Anpassung an die neue Situation erschweren oder verhindern.
2. Wenn die Organisationsmitglieder die Macht nicht mehr akzeptieren und auf die von den Machthabern vertretenen Forderungen mit Abneigung und Abwehr reagieren. Die Abneigung wird umso größer, je mehr die Macht ihre Forderungen mit Zwang durchzusetzen versucht. Die Schwierigkeiten wachsen in dem Maße, als die Organisation nicht in der Lage ist, die Machtstrukturen und die durch sie geprägten Verhaltensweisen der Organisationsmitglieder zu ändern.

Hier setzt die OE ein mit ihren auf offene Information und fruchtbare Zusammenarbeit ausgerichteten Zielen.

Die OE will Transparenz in allen Bereichen, in den Beziehungen der Menschen, in den Zielen und Arbeitsabläufen.

Wenn Arbeitsprozesse effektiv gestaltet sein sollen, müssen Entscheidungen an den Stellen höchster Kompetenz und Informationsdichte getroffen werden. Das bedeutet fast immer, dass viele Entscheidungen dicht an der Basis getroffen werden können und dass sie dort - entsprechende Rückkopplungen nach oben vorausgesetzt -viel effektiver getroffen werden können.

Wenn OE betrieben wird, werden auch die Machthaber sensibel für notwendige Veränderungen. Die Analyse der bestehenden Zustände - auch Missstände - und die gemeinsame Arbeit an den erkannten Problemen, vor allem die Art des Umgangs miteinander bei der Lösung der Probleme - das alles verändert allmählich die gültigen Normen und Werte.

Hierzu ein Beispiel:

Ein älterer Prokurist, der in der Firma als „mächtig" und ziemlich „autoritär" angesehen wurde, hatte im Laufe eines längeren OE-Prozesses an verschiedenen Workshops zur Lösung von aktuellen Problemen teilgenommen. Dabei waren neben den „sachlichen Fragen" auch Fragen der Zusammenarbeit behandelt worden. Das hatte - angeregt durch einige Feedback-Übungen - zu intensiven Beziehungsklärungen unter allen Beteiligten geführt.

Die Art des Umgangs miteinander hatte sich geändert: er war freier, offener, lockerer geworden. Die Atmosphäre hatte sich entspannt. Dieses „Klima" wurde bei der Arbeit in der Firma beibehalten, es gab weniger Hektik. Es gab konstruktive Aussprachen, wenn gelegentlich Schwierigkeiten auftraten.

Als der eingangs erwähnte Prokurist später einmal auf die im „Training" gemachten Erfahrungen angesprochen wurde, meinte er: „Die Sacharbeit war gut. Die Problemlösungen haben viel gebracht. Auf die psychologischen Mätzchen hätte man verzichten können. Bei uns weiß doch sowieso jeder, was er vom anderen zu halten hat. Ich jedenfalls", so betonte er abschließend, „habe mich nicht geändert!"

Von den Mitarbeitern war wiederholt das Gegenteil bekundet worden. Da hieß es: „Das gemeinsame Training hat Wunder gewirkt. Unser Boss ist überhaupt nicht wieder zu erkennen. Früher gab es nur kurze Anweisungen, Aufträge, Rückfragen und Zurechtweisungen, wenn etwas nicht stimmte. Heute fragt der uns, wenn etwas Neues anliegt, zuerst um unsere Meinung.

Es gibt - früher undenkbar - regelmäßige gemeinsame Besprechungen. Wenn ein Problem anliegt, gibt es keine Scheu mehr, dies offen zur Sprache zu bringen. Die früher üblichen Zurechtweisungen, das Verteilen des „schwarzen Peter" hat aufgehört."

Die situativen Umstände, auch das emanzipatorische Verhalten der Mitarbeiter hatten den „Boss" dazu gebracht, sich umzustellen. Die Mitarbeiter hatten ihren Machtspielraum ausgeweitet auf der Grundlage von Information und Kompetenz, nicht zuletzt durch ein verändertes Sozialverhalten. Und der Vorgesetzte hatte erlebt (auch wenn es ihm nicht klar bewusst war), dass autoritäres Verhalten unerwünscht und auch unnötig war.

Ähnliche Beispiele gibt es genug. *Greiner* (1970) hat 18 OE-Projekte in amerikanischen Firmen im Hinblick auf die entscheidenden Änderungseinflüsse untersucht und stellt fest: „In den Erfolgsfällen entschieden sich die Unternehmen ausnahmslos für ein Verfahren der Machtteilung, das heißt, die Spitze bezog die Mitarbeiter direkt in die Entscheidungsfindung ein.... (*Greiner,* zitiert nach Manager-Magazin, 4/82; S. 144).

Eine Umverteilung der Macht durch OE erfolgt, wenn es erforderlich ist, allmählich und indirekt im Laufe eines längeren Prozesses, in dem die Beteiligten lernen, was alles machbar und wünschenswert ist und wie man je nach Ziel und Situation Machtstrukturen flexibel benützt.

Das setzt allerdings bei den Organisationsmitgliedern ein hohes Engagement voraus, ein Engagement, das nicht durch autoritative Fremdbestimmung zu erreichen ist, sondern nur durch eine kontinuierliche Qualifizierung, welche die Mündigkeit und die Bereitschaft zum Mitgestalten erhöht und zur Realisierung kooperativer Arbeitsbeziehungen beiträgt.

Hieraus lässt sich die Erkenntnis ableiten, dass die Effizienz einer Organisation nicht nur am Ergebnis, sondern auch an den *Prozessen* gemessen werden muss, die zur Erkennung und zur Lösung von Problemen beitragen. Es sind Prozesse, die auf mehr Partizipation und mehr Selbstentfaltung der Organisationsmitglieder hinauslaufen, auf mehr „Bewusstheit" und Selbstbewusstsein, auf mehr Selbstbestimmung statt der früher praktizierten Fremdbestimmung. Durch die Veränderung der Wertvorstellungen verändern sich die Machtbeziehungen: Die früher übliche Befehls- und Gehorsamshaltung wird durch kritisches Engagement ersetzt. Es verändern sich aber auch die Vorstellungen über das, was Effizienz bedeutet.

In dieser Sicht lässt sich OE sogar erklären als eine Umstrukturierung und Umverteilung von Macht im Sinne kompetenter Wirksamkeit möglichst vieler Organisationsmitglieder („Enthierarchisierung") und als eine Art Umwertung oder Ausweitung des Effizienzbegriffs, wobei unter „Effektivität" nicht mehr nur die Optimierung der Kosten-Nutzen-Relation (im Sinne eines wirtschaftlichen Rentabilitäts-Denkens) zu verstehen ist, sondern auch die Erschließung humaner Ressourcen im Hinblick auf die „Gesundheit" einer Organisation und der in ihr tätigen Menschen.

3 Anwendungsformen

3.1 Qualitätsmanagement

Ein zwingender Anlass Organisationen heute zu verändern, sind Qualitätsmängel, Kundenreklamationen und geringere Produktivität im Vergleich zu den Konkurrenten. Es genügt nicht mehr, gründlichere Qualitätskontrollen durchzuführen. Der gesamte Produktionsablauf muss so umgestaltet werden, dass von vornherein Fehler vermieden werden und der gesamte Prozess ständig weiter verbessert wird (Null-Fehler-Programm). Dies gilt nicht nur für die Abteilungen, die der Produktion zugeordnet sind, sondern auch für alle Abteilungen und darüber hinaus auch für Dienstleistungen. Das Management muss umfassende Qualitätssicherungssysteme schaffen. Man spricht von **„Total - Quality - Management" (TQM).** Das System des TQM umfasst bestimmte Methoden und Verfahren, aber auch bestimmte Einstellungen und Verhaltensweisen. Es enthält wesentliche Aspekte, die auch bei der Organisationsentwicklung eine Rolle spielen.

3.1.1 Wachsende Bedeutung der Qualität

Qualität hat schon immer eine Rolle gespielt. Die Bezeichnung ‚Made in Germany" stand für hohe Qualität. In den letzten Jahren haben Qualitätsansprüche immer mehr an Bedeutung gewonnen. Die Qualität eines Produktes oder einer Dienstleistung ist zu einem wichtigen Entscheidungskriterium für den Kunden geworden. Er orientiert sich an veröffentlichten Beurteilungsergebnissen:

Testergebnisse der Stiftung Warentest
Bewertung von Ärzten, Rechtsanwälten (Zeitschrift FOCUS)
Bewertung von Universitäten (SPIEGEL, FOCUS)
Pannenstatistik (ADAC)
Autotest-Ergebnisse in verschiedenen Zeitschriften etc.

Konsequenterweise wird entsprechend mit einem sehr guten oder guten Urteil auch geworben.
Schmerzlich für die Schlüsselindustrien ist, dass sie in den USA und Europa mehr als 25 Prozent ihrer Umsätze an neue, aus dem asiatischen Raum stammende Wettbewerber verloren haben. Der Hauptgrund hierfür war die nicht ausreichende Qualität der Produkte. Außerdem entstanden wegen der mangelhaften Qualität umfangreiche Kosten durch Kundenreklamationen, Produkthaftung, Nacharbeitungskosten für fehlerhafte Produkte etc. Man schätzt, dass in manchen Unternehmen diese Kosten 20 bis 40 Prozent des Umsatzes ausma-

chen. Die Ergebnisse der Studie von *Womack, Jones* und *Roos* (1991) muss dementsprechend deprimierend auf das Management gewirkt haben, denn sie belegt eindeutig, dass die Japaner mit sehr viel weniger Aufwand bessere Produkte herstellen konnten. Ihre Kontrollsysteme haben sich entscheidend weiterentwickelt: Bis in die 60er-Jahre wurde die Qualität nach der Herstellung kontrolliert, danach verlagerte sich die Kontrolle auf den Herstellungsprozess. Mitte der 70er-Jahre entstand das Total-Quality-Concept. Dies Managementsystem brachte entscheidende Vorteile. Viele Organisationen fördern den Qualitätsgedanken und entwickeln ihn weiter. Vor allem nimmt die Gesellschaft für Qualität e.V. (DGO) eine zentrale Rolle ein.

Es ist schwierig zu definieren, was Qualität eigentlich ist. In der DIN 55350 Teil 11 steht folgendes: „Beschaffenheit einer Einheit bezüglich ihrer Eignung, die festgelegten und vorausgesetzten Erfordernisse zu erfüllen". Beschaffenheit erfasst alle wesentlichen Merkmale, Eigenschaften einer Einheit. Eine Einheit kann ein Produkt aber auch eine Dienstleistung sein, materielle oder immaterielle Gegenstände. Erfordernisse beinhaltet den subjektiven Aspekt des Nachfragenden. *Juran* definiert **Qualität** kurz und bündig als Gebrauchstüchtigkeit. Der Begriff umfasst den Produktnutzen, der aus Eigenschaften besteht, die den Kunden vom Produkt überzeugen und ihn zum Kauf veranlassen (Zufriedenheit mit dem Produkt). Zusätzlich dazu gehört die Fehlerfreiheit des Produktes (*Juran* 1990, S. 12 ff). Der zufriedene Kunde steht im Mittelpunkt dieses Konzepts. Er ist es, der ein Produkt kauft oder eine angebotene Dienstleistung in Anspruch nimmt. Der Kunde sichert die Existenz der Organisation.

3.1.2 Normen gegen Fehlerquellen

Qualitätssicherung beginnt heute bei der Idee eines neuen Produktes, sie geht weiter in die Entwicklung, die Produktionsplanung, die Herstellung, die Materialbeschaffung bis hin zur Auslieferung und Wartung. Qualitätssicherung ist Aufgabe des gesamten Betriebes, mit allen Abteilungen, mit allen Hierarchiestufen (*Rick* 1989). Deshalb kommt es vor allem auf das Qualitätssicherungssystem eines Unternehmens an. Allerdings kann es ein allgemein gültiges Qualitätssicherungssystem nicht geben, weil jedes Unternehmen, jede Organisation durch zahlreiche interne und externe Einflüsse geprägt wird. In DIN-Vorschriften, die vom Deutschen Institut für Normung e.V. entwickelt werden, sind die Bestandteile eines Qualitätssicherungssystems erfasst. Dies ermöglicht eine Grundlage für eine vertragliche Ausgestaltung der **Qualitätssicherung** zwischen Lieferanten und Kunden (QM-System-Zertifikat). In den verschiedenen Normen werden grundlegende Bestandteile beschrieben: Die Normen wurden von einem technischen Komitee „Quality Management and Quality Assurance" der ISO (International Organization for Standardization) erarbeitet und von Deutschland in DIN ISO-Normen übernommen. Diese Normen sind wortgleich mit den Europäischen Normen EN 29000 ff.

DIN ISO 8402   Begriffe der Qualitätssicherung
DIN ISO 9000   Allgemeine Zielsetzungen und Leitlinie für die anderen
                    Vorschriften
DIN ISO 9001 = Qualitätssicherungssysteme: Qualitätssicherungs-Nachweis-
                    stufe für Entwicklung und Konstruktion, Produktion,
                    Montage und Kundendienst
DIN ISO 9002 = Qualitätssicherungssysteme: Qualitätssicherungs-Nachweis-
                    stufe für Produktion und Montage
DIN ISO 9003 = Qualitätssicherungssysteme: Qualitätssicherungs-Nachweis-
                    stufe für Endprüfungen
DIN ISO 9004 = Qualitätsmanagement und Elemente eines Qualitätssicher-
                    ungssystems-Leitfaden
DIN ISO 10011-10012 = Leitfaden für das Audit von Qualitätsmanagement-
                    systemen
DIN ISO 10013 = Praktische Hinweise zum Aufbau und Inhalt von
                    Qualitätsmanagementhandbüchern.

Zweck der transparenten Qualitätssicherungssysteme mit genormten Anforde-rungen ist, dass für den Kunden die Art und Weise wie die Qualitätsanforderun-gen an die Produkte vom Auftragseingang bis zum Versand eingehalten werden sollen. Aus dem Qualitätssicherungssystem kann auch entnommen werden, wie Fehler vermieden, bzw. früh erkannt und behoben werden. Das System soll den Kunden sicherer machen, dass er einen definierten Qualitätsstandard eines Pro-duktes erhält. Besonders wichtig ist dies, wenn der Kunde selbst keine Qualitäts-prüfung mehr unternimmt oder unternehmen kann (Just-in-Time). Die Zertifi-zierung des Qualitätsmanagementsystems macht keine Aussage über die Qualität einzelner Produkte. Sie macht eine Aussage über die allgemeine Qualitätsfähig-keit des zertifizierten Unternehmens. Dies ist in der Praxis für einen potentiellen Kunden außerordentlich relevant. Das Zertifikat ISO 9000 ff. ist zu einem welt-weit anerkannten Gütesiegel geworden. Das Deutsche Institut für Normung (DIN) und die Deutsche Gesellschaft für Qualität (DGQ) haben 1985 die Deut-sche Gesellschaft zur Zertifizierung von Qualitätsmanagementsystemen (DQS) gegründet. Weitere Gesellschafter kamen später dazu. Inzwischen gibt es weitere Anbieter wie TÜV, DEKRA, etc.

Die Zertifizierung erfolgt durch ein AUDIT einer solchen Gesellschaft. Ein Team überprüft die gesamte Organisation, ob sie den DIN ISO-Vorschriften entspricht, d. h. die Wirksamkeit des Qualitätsmanagementsystems wird erfasst. Die Laufzeit beträgt drei Jahre, wobei allerdings das Unternehmen jährlich einem Überwachungsaudit unterliegt.

3.1.3 Begriffe und Elemente des TQM-Systems

Das System besteht aus drei Begriffen, die folgendermaßen definiert werden (*Rehm* 1992):
Total steht für alle Mitarbeiter einschließlich Geschäftsleitung im Unternehmen. Alle Mitglieder einer Organisation sind bei der Qualitätssicherung und deren Verbesserung einbezogen.
Quality steht für Qualifikation. Die Kreativität, die Innovationsfähigkeit aller Mitarbeiter ist zu fördern, entsprechende Fähigkeiten zu nutzen und weiter zu entwickeln.
Management steht für Top-Down-Verantwortung. Der Manager muss dafür sorgen, dass die Mitarbeiter sich für die Qualität, Optimierung der Qualität verantwortlich fühlen.

TQM hat vier wichtige Elemente:

1. Element: Mehrdimensionaler Qualitätsbegriff

Ausgangspunkt einer umfassenden Qualitätspolitik ist das erweiterte und damit mehrdimensionale Verständnis des Qualitätsbegriffs. Qualität integriert deshalb die Qualität der Produkte/Dienstleistungen wie auch die Qualität der Prozesse, der Arbeit, Arbeitsbedingungen und der Umwelt- bzw. Umfeldbeziehungen (*Bergholz* 1991).

2. Element: Qualität als wesentliches Unternehmensziel

Die betriebliche Qualitätspolitik muss fest in der Unternehmensstrategie verankert sein. Die Einführung und Umsetzung des TQM darf nicht als zusätzliches Programm mit evtl. begrenzter Lebensdauer verstanden werden. Die kontinuierliche Qualitätssteigerung ist eine ständige Aufgabe und folglich ein integraler Bestandteil der strategischen Unternehmensführung. Dies erfordert eine qualitätsorientierte Unternehmensführung wie eine passende Unternehmenskultur, zu der hauptsächlich das neue Verständnis des Begriffs Qualität gehört (*Rehm* 1992).

3. Element: Qualität als unternehmensweite Aufgabe

Die Techniken des TQM sind für alle Bereiche einer Unternehmung gleichbedeutend. Die Produktion, die Administration sind ebenso eingeschlossen wie zum Beispiel Marketing und Verkauf. Alle Bereiche können ihre eigenen Prozesse optimieren und so zur Qualitätssicherung und Qualitätssteigerung beitragen. Damit sind auch alle Mitarbeiter in das Konzept des TQM einbezogen. Qualität gehört zu den Hauptaufgaben eines jeden Mitarbeiters (*Oess* 1989).

4. Element: Prävention

Eine wesentliche Voraussetzung ist eine konsequente Kundenorientierung, um Veränderungen der Wünsche, Bedürfnisse zu erfassen und für die Qualitätssicherung umzusetzen. Kundenorientierung bedeutet in diesem Zusammenhang, dass die Zufriedenheit der Kunden die Kriterien für die Qualität liefert. Die Prozessorientierung bedeutet eine Abkehr von der ergebnisorientierten Qualitätssicherung. Das Null-Fehler-Konzept beinhaltet die Notwendigkeit einer ständigen Auseinandersetzung mit der Qualität. Fehlervermeidung bei der Leistungserstellung hat Vorrang vor Nachbesserungen (*Zink* 1992).

3.1.4 Die organisatorischen und personellen Rahmenbedingungen

TQM kann nur in bestimmen Rahmenbedingungen funktionieren.

Organisatorische Rahmenbedingungen

Qualitätsprobleme sind oft Schnittstellen-Probleme. Über Bereichs- und Abteilungsgrenzen hinweg muss in Formen der Kundenorientierung und Qualitätssicherung gedacht werden. Dies kann nur funktionieren, wenn sich Verantwortung auf Prozesse bis hin zum Gesamtprozess erstreckt. Eine Aufteilung auf Subprozesse und der damit verbundenen Tätigkeiten ist meistens wegen der Komplexität erforderlich. Die Organisation in Teams genügt nicht. Es muss Verantwortliche geben, die für die Sicherung und Optimierung der Qualität teamübergreifend verantwortlich sind. Bei IBM nennt man sie Subprocess-Owner oder Process-Owner. Das sind Linienmanager, die über ihren eigenen Bereich hinaus für Teil- oder Gesamtprozesse Verantwortung tragen. Der gesamte Wertschöpfungsprozess kann auf diese Weise konsequent auf den Kunden ausgerichtet werden (*Oess* 1989).

Personelle Rahmenbedingungen

Für ein TQM ist das Interesse und das Engagement der Mitarbeiter für Qualitätsverbesserungen entscheidend. Einstellungs- und auch Verhaltensänderungen sind dafür die notwendigen Voraussetzungen. Eine offene und intensive Kommunikation innerhalb und über die Abteilungen hinaus ist notwendig. Die Arbeitsverteilung, also die Organisationsstruktur, muss so geschaffen sein, dass sich eine arbeitsbezogene Leistungsmotivation und Arbeitszufriedenheit entwickeln kann. Entscheidend dafür ist das Konzept der teil-autonomen Gruppe. Zur Qualitätsarbeit gehören nicht nur eine positive, leistungsorientierte Unternehmenskultur, ergänzt durch ein gutes Arbeitsklima, sondern auch die Fähigkeiten und Fertigkeiten für die Gestaltung von Verbesserungsmaßnahmen in Teams. Weiterbildungsmaßnahmen, die konsequent auf einen Transfer in die Praxis ausgerichtet sind, sind deshalb begleitend zu planen.

3.1.5 Die Prozesse für die Gestaltung eines Qualitätssystems

Die Juran-Triologie bezeichnet drei Prozesse als grundlegend für ein Qualitätssystem, die von den Mitarbeitern zu steuern sind. Diese drei Prozesse sind untereinander verbunden:

- Qualitätsplanung
- Qualitätskontrolle
- Qualitätsoptimierung.

In diesem Zusammenhang gehen wir zunächst auf die **Qualitätsplanung** ein, die sich systematisch in sieben Schritte gliedert.

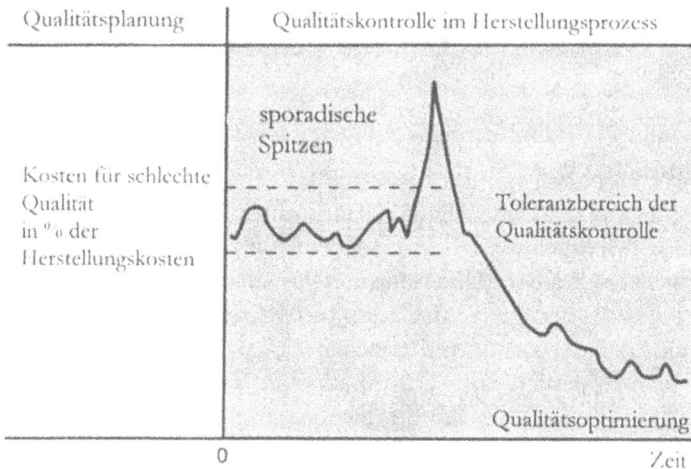

Abb. 90: Die Juran-Triologie (Juran Institute: Planing für Quality. Wilton 1987, S. 1-11)

Erster Schritt: Identifizierung der Kunden

Im engeren Sinn sind dies die Abnehmer, die die Produkte (Güter und Dienstleistungen) der Organisation benutzen. Bei *Juran* ist der Kundenbegriff erweitert. Alle Personen sind Kunden, die von den Produkten oder Prozessen betroffen sind. Es gibt für ihn deshalb interne und externe Kunden. Bis zum Kunden gliedert sich deshalb der gesamte Herstellungsprozess in interne Kunden-Lieferanten-Beziehungen. Diese Denkweise macht für jeden Mitarbeiter deutlich, dass jeder Mitarbeiter als Lieferant Qualität erzeugen muss und als Kunde Qualität fordern kann.

Bei dem Personenkreis der Kunden wird grundsätzlich in zwei Kategorien unterteilt:

Die wenigen entscheidenden Kunden (vital few). Diese Kunden treten in relativ geringer Anzahl auf, besitzen aber durch ihr Absatzvolumen eine große betriebswirtschaftliche Bedeutung. Ihre Bedürfnisse, Wünsche sind deshalb von besonderer Bedeutung. Dauerhafte, intensive Geschäftsbeziehungen werden durch persönlichen Kontakt gepflegt. In diesen Gesprächen werden auch die Vorstellungen, Anregungen und Kritiken hinsichtlich der Produkte systematisch erörtert. Bei diesen Gesprächen sollte der Mitarbeiter auch erkunden, wie sich die Vorstellungen des Kunden in die Zukunft weiterentwickeln.

Die nützliche Vielzahl von Kunden (usefull many). Kunden wie z.B. Endverbraucher haben zwar eine geringere Einzelbedeutung, spielen aber in ihrer Gesamtheit eine wichtige Rolle bei der Qualitätsoptimierung. Bei Endabnehmern und. Verbrauchern können Einzelgespräche nicht mehr durchgeführt werden. Die

Marktforschung mit ihren Befragungsmethoden können den Kontakt mittelbar aufrechterhalten.

Bei den internen Kunden sind verschiedene Methoden möglich, um die internen Bedürfnisse zu ermitteln. Das können zum Beispiel direkte Befragungen sein, die sich auf die verschiedenen Stationen des Herstellungsprozesses beziehen. Auf diese Weise können Verbesserungsbereiche identifiziert werden, die sich auf die Arbeitsbedingungen, das Arbeitsklima u. Ä. beziehen.

Ein Job-Rotations-Programm kann die Wahrnehmungsfähigkeit erweitern, wenn der interne Lieferant zum Kunden und umgekehrt, wenn der Kunde zum Lieferant wird. Die erweiterten Kenntnisse führen auch dazu, dass Zusammenhänge besser verstanden und deshalb auch verbessert werden können.

Für die interne Kundenbedürfnisermittlung wie die darauf folgenden Planungsschritte ist das Team die entscheidende organisatorische Einheit. Die Beteiligung aller Betroffenen an den Planungsaktivitäten ist deshalb eine unverzichtbare Voraussetzung für dieses Qualitätssicherungssystem. Die Zusammensetzung solcher Teams kann sich auf einzelne Abteilungen, aber auch übergreifend auf verschiedene Bereiche beziehen.

Zweiter Schritt: Identifizierung der Kundenbedürfnisse

Die Bedürfnisse der identifizierten Kunden gilt es in diesem Schritt intensiv zu untersuchen. Auf die Methoden der Ermittlung wurde schon hingewiesen. Ergänzend sei hier noch die Simulation genannt, die sich auf die kundentypische Nutzung bezieht. Das Wissen über die Nutzung der Produkte ergibt Aufschluss darüber, welche Eigenschaften für den Kunden besonders wichtig und bei der Qualitätsoptimierung besonders zu berücksichtigen sind. Kunden benutzen die Produkte oft nicht so, wie es die Vorschriften verlangen, z. B. der Gebrauch von Waschmitteln bezüglich der Temperaturvorschriften.

Bei diesem Aspekt ist jedoch zu beachten, dass Kundenbedürfnisse sich durch gesellschaftliche und soziale Veränderungen, neue Technologien, internationale Konflikte etc. verändern. Die Bedürfnisanalyse ist deshalb eine ständige Aufgabe der Organisation.

Dritter Schritt: Übersetzung der Kundenbedürfnisse

Kundenbedürfnisse liegen meist in qualitativen Daten vor, die teilweise emotional eingefärbt sind. Solche Daten müssen in die Lieferantensprache übersetzt werden. Ganz bestimmte Produkteigenschaften müssen formuliert und in Standards ausgedrückt werden.

Vierter Schritt: Einführung einheitlicher Messgrößen und Meßmethoden

Die übersetzten Merkmale, Produkteigenschaften müssen in technische Daten quantifiziert werden, damit sich Maßstäbe für eine Qualitätsbeurteilung ableiten lassen. Die Quantifizierung der Merkmale erfolgt durch Messgrößen und die Festlegung von Messmethoden. Eine ideale Messgröße entspricht folgenden Ansprüchen (*Juran* 1990, S. 96 ff):

- allgemein anerkannte Basis für Entscheidungen
- allgemein verständlich
- allgemein anwendbar
- einheitlich interpretierbar
- wirtschaftlich anwendbar
- mit den später eingeführten Messmethoden und Sensoren erfassbar.

Die festgelegte Messmethode muss die gewünschten Messergebnisse liefern, die für eine Übersichts- oder Trenddarstellung weiter zu verarbeiten sind. Genauigkeit und Reproduzierbarkeit der Messungen sind die Anforderungen an die technischen Sensoren.

Fünfter Schritt: Produktentwicklung und Produktoptimierung

Die Produktentwicklung soll die Produkteigenschaften sicherstellen und folgende Kriterien erfüllen:

- Abdeckung aller Kundenbedürfnisse (sowohl die internen als auch die externen)
- Sicherstellung der Wettbewerbsfähigkeit
- Minimierung der Kosten (aufseiten der Lieferanten, aber auch der Kunden).

Bei komplexen Produkten kann dieser Schritt einen erheblichen Aufwand bedeuten. Für eine Realisierung ist eine strukturierte und systematische Planung notwendig. Dafür gibt es Hilfsmittel wie:

- Qualitätsplanungstabellen
- Aufgliederung in Teilprodukte, Baugruppen oder Produktebenen
- Risikoanalysen.

Bei der Produktentwicklung und Produktoptimierung ist die Formulierung von Qualitätszielen wichtig. Allerdings sind diese Ziele auch dynamisch aufzufassen, d.h. sie unterliegen auch einem zyklischen Optimierungsprozess.

Für die Formulierung von Qualitätszielen können folgende Informationsquellen herangezogen werden.

Bisherige Erfahrungen: Diese Qualitätsziele sind durchaus realistisch, beinhalten allerdings auch die Fortschreibung von nicht zufrieden stellenden Zuständen.

Entwicklungsstudien: Es werden systematisch Daten über das Produkt gesammelt und ausgewertet. Dadurch können neue Qualitätsaspekte erarbeitet werden.

Markterfahrungen: Analyse von Wettbewerbsprodukten wie Kundenerfahrungen können weitere realistische Grundlagen für die Formulierung von Qualitätszielen ermöglichen.

Sechster Schritt: Prozessentwicklung und Prozessoptimierung

Die bisherigen Planungsschritte bezogen sich eng auf das Produkt. Der Gesamtprozess umfasst aber nicht nur fertigungsbezogene Abläufe, sondern auch nicht-fertigungsbezogene Abläufe, die Betriebsmittel wie die beteiligten Mitarbeiter. Hierzu gehören also:

Hardware: Alle notwendigen Betriebsmittel, Prüfmittel und sonstigen Einrichtungen;

Software: Steuerung der Hardware, das „Gehirn- und Nervensystem";

Information: Für die Aufrechterhaltung und weitere Optimierung der Hard- und Software.

Siebter Schritt: Prozessübergabe

Die Prozessübergabe ist der letzte Schritt in der Kette der Qualitätsplanung. Diejenigen Verantwortlichen übernehmen nun die festgelegten Prozesse. Die gemachten Erfahrungen in der Planungsphase werden nun transferiert. Begleitende Fortbildungsprogramme, Lagebesprechungen, Erfahrungsaustausch etc. sind wichtige Hilfen. Wirksamste Methode ist aber die frühzeitige Einbeziehung der Beteiligten (siehe Kapitel „Lean Management", insbesondere Simultaneous Engineering).

Die Qualitätssicherung und Qualitätsplanung nach *Juran* beinhaltet die wesentlichen Elemente eines Qualitätssicherungssystems: Ausrichtung an den Bedürfnissen des Kunden, Beteiligung aller (einschließlich des Kunden).

Qualitätskontrolle und Qualitätsoptimierung

Jeder Mitarbeiter ist für die Qualität seiner Prozesse voll verantwortlich. Jeder Fehler, der entdeckt wird, ist sofort zu melden und zu verbessern.

Eine utopische Null-Fehler-Orientierung verlangt die Gestaltung eines kontinuierlichen zyklischen Qualitätsoptimierungsprozesses. Die Arbeitsteams leisten diese Aufgabe mit. Sie müssen die Techniken der Verbesserungsgestaltung beherrschen. Dies garantiert, dass die Qualitätsverbesserungen kompetent erarbeitet und auch ohne Widerstände umgesetzt werden.

Es wird ein gruppeninternes Wissen erzeugt, das verhaltenslenkend ist. Sind die Gruppen miteinander vernetzt, kann das Wissen weitergegeben werden. Die Organisation lernt. So kann es z. B. nicht vorkommen, dass in der einen Schicht weniger Fehler gemacht werden als in einer anderen.

Qualitätszirkel sind z.Z. die erfolgreichste Einrichtung für die Optimierung der Qualität und der Kosten von Produkten und Dienstleistungen. Deshalb ist diesem Verfahren ein eigenes Kapitel gewidmet.

Organisatorische Rahmenbedingungen müssen eine Teamorientierung und Prozessorientierung ermöglichen. Das ganze System funktioniert nur auf dem zentralen Gedanken der Zusammenarbeit. Erst auf dem Umweg über Japan kommt dieses Denken wieder zurück zu uns. *Juran* hat es vorher den Japanern beigebracht.

3.2 Qualitätszirkel

Die Idee der „Quality circle" stammt aus den USA und ist von den Japanern in den 60er-Jahren für die Praxis erfolgreich adaptiert und konsequent umgesetzt worden.

Das Konzept der Qualitätszirkel hat deutliche Bezüge zur OE. Es ist als eine OE-Strategie zu betrachten, die im Betrieb direkt „vor Ort" ansetzt („Basis-aufwärts-Strategie"): eine spezielle Kleingruppen-Aktivität, bei der Gruppen von 6 bis 5 Mitarbeitern einer Produktionseinheit Vorschläge zur Verbesserung der Produktivität erarbeiten.

Allerdings geht das Konzept von Voraussetzungen aus, die bei uns nicht ohne weiteres vorhanden sind. Die Japaner haben einen sehr viel stärkeren Bezug zu ihrer Arbeit. Sie sind bestrebt, ihre Fähigkeiten und Fertigkeiten in die Dienste der Firma zu stellen. Hinzu kommt außerdem, dass sie gewohnt sind, in Gruppen zu arbeiten und kollektiv Entscheidungsprozesse zu vollziehen. Beides sind Voraussetzungen, die in dieser Form in unserer Kultur nicht ausgeprägt sind.

Engel (1981, S. 27) definiert Qualitätszirkel wie folgt:

„Ein Qualitätszirkel ist eine Gruppe von Mitarbeitern der Produktionslinien oder der Stabsbereiche, welche

- gleichartige Arbeiten verrichten - diese also genauestens in allen Einzelheiten kennen,
- sich freiwillig regelmäßig zusammenfinden,
- um als Gruppe
- Arbeitsprobleme, die sie hindern, effektiver, insbesondere auf dem Gebiet der Qualitätssicherung, zu bearbeiten,
- besprechen und
- realistische Lösungen entwickeln."

Das Grundkonzept der Qualitätszirkel, das sich von den „Zero Defect" - Programmen großer amerikanischer Firmen (Aero-Space u.a.) herleitet und in Japan so weite Verbreitung fand, ist auch in Deutschland erfolgreich eingeführt worden. Qualitätszirkel oder „Qualitätsgesprächskreise" oder „Mitarbeiterrunden" wie sie in einigen Firmen bezeichnet werden, können jedoch bei uns mit Aussicht auf Erfolg nur unter bestimmten Voraussetzungen eingeführt werden, nämlich wenn:

- das Management sich voll mit der Idee des Qualitätszirkels identifiziert,
- eine gut ausgebildete und motivierte Stammbelegschaft vorhanden ist,
- der Betriebsbereich an der Steigerung der Arbeits- oder Produktqualität stark interessiert ist,
- ein natürlicher Führer des in dem betreffenden Bereich arbeitenden Personals - zumindest anfangs - freiwillig die Leitung des Zirkels übernimmt,
- einige qualifizierte Mitarbeiter sich freiwillig als Mitglieder zu einem Zirkel zusammenfinden,

- die Zusammenkünfte (anders als in Japan) während der Arbeitszeit stattfinden und mit den nötigen Mitteln unterstützt werden,
- die Aufgabenstellung klar umrissen und die vom Zirkel erarbeiteten Vorschläge vom Management akzeptiert und anerkannt werden.

Die Arbeit der Qualitätszirkel vollzieht sich nach folgendem Schema:
- Die Treffen erfolgen je nach Dringlichkeit der anstehenden Probleme in regelmäßigen zeitlichen Abständen (z. B. einmal wöchentlich).
- Die zu bearbeitenden Probleme werden entweder von den Zirkel-Mitgliedern selbst identifiziert oder vom Management vorgegeben.
- Die ausgewählten Probleme, zumeist aus dem Bereich der Arbeits- und Produktqualität, werden eingehend diskutiert und analysiert.
- Die Zirkel-Mitglieder tragen alle relevanten Fakten zusammen, klären die Ursachen und Zusammenhänge und planen Lösungswege.
- Die erarbeiteten Vorschläge werden dem Management präsentiert. Das Management entscheidet über die Durchführung und schafft die Voraussetzungen für die Realisierung brauchbarer Vorschläge.
- Die Zirkel-Mitglieder erarbeiten Aktionspläne und setzen diese in die Praxis um.

Die Zirkel arbeiten innerhalb der formalen Organisationsstruktur. Für die erfolgreiche Arbeit der Zirkel ist ein entsprechendes Training unerlässlich. Der erste Schritt ist in aller Regel die Rekrutierung freiwilliger Zirkel-Leiter, eine gründliche Information für das Management und für alle Beteiligten. Der Zirkel-Leiter erhält vor Aufnahme seiner Funktion ein gründliches Training im Hinblick auf
- Moderations- und Präsentationstechniken
- Analytische Problemlösungstechniken
- Kreativitätstechniken.

Er hat nicht nur die Aufgabe, den sich bildenden Zirkel zu leiten und die Teilnehmer zu motivieren; er muss den Zirkel-Mitgliedern auch die für eine erfolgreiche Mitwirkung erforderlichen methodischen Kenntnisse vermitteln.
Gerade in der Anlaufphase ist das Training dieser Arbeitstechniken besonders wichtig. Während der ersten Sitzungen eines Zirkels ist jeweils ein Teil der Stunde für das Erlernen bestimmter Methoden vorgesehen.
Es gibt eine Vielzahl methodischer Ansätze, die in Qualitätszirkeln mit dem Ziel der Produkt- und Qualitätsverbesserung angewandt werden.
Den Ausgangspunkt bildet meist die Datensammlung, bei der verschiedene Check-Listen oder Formblätter verwendet werden z. B. Aufzeichnungen über Ausschussquote, bestimmte Fehlerarten, Temperatur-Messungen, Öldruck-Anzeige etc.). Die Ergebnisse können in Diagrammen veranschaulicht werden. Die Datensammlung und -auswertung kann auch nach der Methode von *Kepner- Tregoe* erfolgen, die in Teil B, Kap. *2.4* beschrieben ist.
Ein für die Fehler-Analyse oft praktiziertes Verfahren ist die Pareto-Analyse, die

Ende des vorigen Jahrhunderts von dem Italiener *V. Pareto* entwickelt wurde, um Schwerpunktfehler eines bestimmten Arbeitsbereichs zu ermitteln und zu beseitigen. Eine gute Beschreibung dieser Methode findet sich bei *Engel* (1981, S. 39 ff).

Kennzeichnend für die Tätigkeit der Qualitätszirkel ist es, dass nur arbeitsbezogene Probleme bearbeitet werden. In der Hauptsache geht es darum, die Qualität der Produkte, u.U. auch die Verfahren zu ihrer Herstellung zu verbessern. Zwischenmenschliche Probleme werden in der Regel nicht bearbeitet. Hierin liegt eine gewisse Begrenztheit dieses strategischen Konzepts: Fragen der Zusammenarbeit, welche die sachliche Problemlösung erschweren können, bleiben ausgeklammert. In Japan wirkt sich diese Beschränkung auf sachliche Probleme deshalb nicht nachteilig aus, weil hier das Gruppendenken durch spezifische Sozialisationsprozesse zum selbstverständlichen Verhaltensrepertoire aller Beteiligten gehört. In Deutschland kann dieses Ausblenden zwischenmenschlicher Probleme - ähnlich wie die Einbeziehung des Linienvorgesetzten in die Zirkelarbeit - zu praktischen Schwierigkeiten führen. So kann es vorkommen, dass die anfänglich mit Begeisterung betriebene Zirkelarbeit allmählich versandet.

3.3 Lernstatt

Die Bezeichnung „Lernstatt" setzt sich aus den Begriffen „Lernen" und „Werkstatt" zusammen.

Das Konzept der Lernstatt hat sich in Deutschland völlig unabhängig von der Qualitätszirkel-Bewegung entwickelt. Um 1972 hat BMW eine „Anlernwerkstatt" eingerichtet, eine Sprachschule für ausländische Mitarbeiter. Die Trainer brachten den Ausländern jedoch nicht nur Grundbegriffe der deutschen Sprache bei. Sie erklärten ihnen auch betriebliche Zusammenhänge. Gerade dies war für die deutschen Arbeitskollegen ein „Stein des Anstoßes", weil dies auch ihre eigenen Bedürfnisse berührte. Auch sie wollten über die Arbeitsabläufe, über die Produkte, deren Verwendung usw. Näheres wissen. Deshalb wurden Trainings für interessierte Arbeitsgruppen „vor Ort' eingeführt. Daraus ergab sich dann eine Gelegenheit für die Mitarbeiter, alle möglichen Fragen zu diskutieren, insbesondere solche, die sich auf den Arbeitsplatz und die Zusammenarbeit im Betrieb bezogen. Es gab auch Vorschläge, wie irgendetwas besser gemacht werden könnte. Die Aufbereitung der Erfahrungen mit solchen „Lerngruppen" führte folgerichtig zum Konzept der Lernstatt. Ähnliche Ansätze gab es bei Hoechst. Andere Unternehmen folgten.

Das Lernstattmodell umfasst verschiedene organisatorische Einheiten, die bestimmte Funktionen ausführen. In der **Lernstatt-Zentrale** sind Personen, die im Betrieb das System „Lernstatt" in Gang setzen. Zu den Aufgaben der Lernstattzentrale gehören die Koordination, Planung und beratende Begleitung der einzelnen Lernstätten in den Betrieben. Ein wichtiger Aufgabenbereich ist die Ausbildung der **Moderatoren,** die aus den jeweiligen Betriebsbereichen kommen sollen. Die ausgebildeten Moderatoren werden durch die Zentrale während des Ablaufs einer Lernstattphase betreut. Besonders bei Konfliktfällen soll die Zentrale Hilfestellungen geben. Damit überhaupt solche Lernstätten eingerichtet werden können, muss die Zentrale Informations- und Überzeugungsarbeit leisten. Sie erhält erst ihre Legitimation, wenn sich ein *Produktionsbereich* für die Einrichtung von Lernstätten bereit erklärt.

Der eigentliche Ort des Geschehens ist die **Lerngruppe,** die sich aus Mitarbeitern in einem betrieblichen Bereich zusammensetzt. Auch der Moderator kommt in der Regel aus diesem Arbeitsbereich. Die Einrichtung solcher Gruppen muss von den Vorgesetzten befürwortet und getragen werden. Der Vorgesetzte nimmt *nicht* an den Zusammenkünften der Mitarbeiter (Lernstatt) teil, kann aber von der Lerngruppe bei den von ihnen gestalteten Lernprozessen hinzugezogen werden. Es kann z. B. darum gehen, dass ein Betriebsleiter der Mitarbeitergruppe spezifische Informationen über die Herstellung und die Verwendung eines Produktes gibt. Der Vorgesetzte kann auch bei einer Präsentation hinzugezogen werden, z.B. wenn es um Vorschläge geht, die sich auf organisatorische Veränderungen, technische Verbesserungen o. ä. beziehen.

Die Lerngruppe ist keine ständige Einrichtung, sie löst sich dann auf, wenn die Mitglieder ihren Lernbedarf abgedeckt haben. Im Lauf der Zeit können sich dann immer wieder neue Lerngruppen bilden, die entweder von den bisherigen Moderatoren oder von neu ausgebildeten Moderatoren betreut werden.

Die Arbeitsweise in der Lernstatt wird durch gleiche Prinzipien gestaltet, wie es bei OE-Prozessen üblich ist. Ausgangspunkt sind die Erfahrungen und Bedürfnisse der Teilnehmer, die durch Anwendung von Moderationstechniken erfragt und präzisiert werden. Das Lernen selbst geschieht in Gruppen, in denen das vorhandene Wissen ausgetauscht und ergänzt wird. Wenn dies nicht ausreicht, werden andere Informationsquellen erschlossen (z. B. Mitwirkung der Vorgesetzten oder spezieller Fachleute). Auf diese Weise soll das, was erlebt und erfahren wird, verstandesmäßig verarbeitet werden. Von den Erfahrungen der Teilnehmer ausgehend wird ein Lernprozess eingeleitet, der vom Konkreten zum Abstrakten führt (Erfahrungsorientiertes Lernen). Auch die Gruppenbeziehungen bilden ein en wichtigen Bestandteil in diesem Lernprozess. Störungen im Gesprächsablauf sollen erkannt und bearbeitet werden.

Dementsprechend beinhaltet die Ausbildung der Moderatoren sowohl die methodische Kompetenz, nämlich: mit den Moderationstechniken umzugehen und Lernabläufe zu strukturieren, als auch die soziale Kompetenz, nämlich: Kommunikation und Kooperation in den Gruppen zu entwickeln. Ausführlich wird das Lernstattmodell bei *Riegger* (1983) beschrieben.

Die Organisation der Lernstatt ist in Abb. 91 zusammenfassend dargestellt.

Abteilungs-/ Betriebs-/ Produktionsleiter	Moderatoren	Lernstatt-Zentrale
- Unterstützung der Lernstatt-modelle - Freistellung der Teilnehmer für die Zusammen-künfte - Fachberatung bei Bedarf	- Organisation und Terminierung der Zusammenkünfte - Gestaltung des Lernprozesses - Hinzuziehen betrieblicher Experten bei Bedarf	- Initiierung von Lernstatt-Modellen im Betrieb - Ausbildung der Moderatoren - Ablaufberatung der Lerngruppen und Supervision der Moderatoren

Lerngruppe Mitarbeiter des Betriebes
- Artikualtion der Wünsche und Interessen   - Inhaltliche Aus-gestaltung des Lernprozesses (Fragen, Vor-schläge, Bezie-hungen)   - Präsentation der Ergebnisse

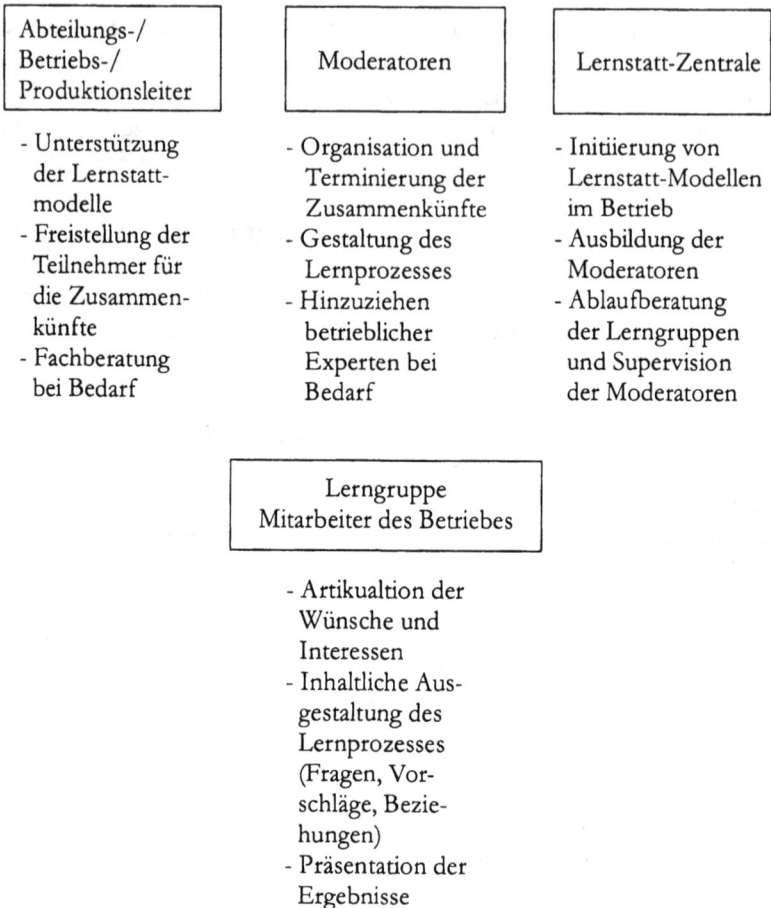

Abb. 91 Organisation der Lernstatt

3.4 Innovationsgruppen

Das betriebliche Vorschlagswesen wird seit Jahrzehnten in vielen Unternehmen praktiziert und ist zu einer stehenden Einrichtung geworden. Von der Möglich-keit, Verbesserungsvorschläge einzureichen, die - sofern sie sich als brauchbar erweisen und realisiert werden - entsprechend prämiert werden, machen viele Betriebsangehörige Gebrauch. Normalerweise handelt es sich um Einzelvor-schläge. In den 80er-Jahren nahm jedoch die Zahl der Gruppenvorschläge auffal-lend zu: Zwei oder drei Mitarbeiter machen gemeinsam einen Vorschlag und teilen sich die dafür gezahlte Prämie.

Trotzdem sind Quantität und Qualität der eingereichten Verbes-serungsvorschläge in den meisten Organisationen wenig befriedigend. Es ist nicht zu verkennen, dass die Beteiligung am Vorschlagswesen durch einige psy-chologische Einflussfaktoren gebremst wird:

- durch die halbherzige Einstellung der Organisationsleitung zum Vorschlagswesen,
- durch Widerstände der Vorgesetzten gegen die Verbesserungsvorschläge, die
  ihren eigenen Bereich betreffen. Sie empfinden die Vorschläge häufig als
  Kritik an ihrer eigenen Kompetenz (Prestigeverlust) oder halten sie für nicht
  erforderlich bzw. für nicht durchführbar,
- durch Hemmungen auf Seiten der Mitarbeiter, die fürchten, sich durch
  Verbesserungsvorschläge nur unbeliebt zu machen,
- durch Neid und Missgunst von Seiten der Kollegen, die selbst nicht auf den
  Vorschlag gekommen sind oder dem Einreicher die Prämie nicht gönnen.

Außerdem sind die Verbesserungsvorschläge meist auf technische Veränderungen ausgerichtet und durch das der Prämierung zugrundeliegende Kos-
ten-Nutzen-Denken einseitig auf den ökonomischen Aspekt fixiert.
Schließlich ist auch der bürokratisch vorgeschriebene Weg, Vorschläge einzureichen, für die Mitarbeiter wenig stimulierend.
Eine Möglichkeit, das Vorschlagswesen neu zu beleben oder sogar völlig umzu-
gestalten, liegt darin, dass „Innovationsgruppen" gebildet werden. Die Idee, ein
„Gruppenvorschlagswesen" ins Leben zu rufen, ist nicht neu (*Krafft* 1966, *Brinkmann* 1976, *Brinkmann* und *Rehn* 1978, *Oess* 1980). Auf Initiative der Organisationsleitung werden die Abteilungen und Betriebe angeregt, sich über die Arbeitsabläufe (nicht nur im eigenen Bereich) und über die Zusammenarbeit Gedanken
zu machen: Nichts ist so vollkommen, dass sich nicht noch etwas verbessern
ließe. Die „Vorschlagsgruppen" bestehen aus 3 bis 6 Teilnehmern und treffen
sich in regelmäßigen Abständen während der Arbeitszeit. Sie werden von einem
Berater bzw. von einem Moderator - *Oess* spricht vom „Innovations-Manager" -
angeleitet. Die Gruppen wählen selbst das zu bearbeitende Problemfeld. Sie
nehmen sich bestimmte Bereiche oder schon erkannte Schwachstellen vor, bei
denen Verbesserungen erwünscht und zu erwarten sind. Vom Moderator angeleitet, haben sie Gelegenheit, bestimmte Problemlösungs- und Kreativitätstechniken einzuüben und in kreativer Gruppenarbeit eigene Ideen zu entwickeln.
Schon das erste Treffen, das zunächst nur die Bereitschaft der Teilnehmer zur
Mitarbeit wecken („Hoffnungen - Befürchtungen") und die Kontakte untereinander vertiefen soll, kann über den Erfolg des ganzen Projekts entscheiden. Die
Klippe liegt darin, dass die Vorgehensweise teilweise im Gegensatz zum bisherigen Arbeitsstil der Teilnehmer steht, bei dem die Einzelarbeit im Vordergrund
stand.
Die weiteren Gruppensitzungen finden dann nach einem festgelegten Zeitplan -
in der Regel einmal wöchentlich - statt. Wenn das Ziel der Problembearbeitung
es erfordert, können - je nach Bedarf betriebliche Experten zur Beratung der
Gruppe herangezogen werden.

Es gibt auch regelrechte „Brainstorming" -Runden. In einer späteren Phase diskutiert dann die Gruppe alle vorgebrachten Vorschläge und wählt diejenigen aus, die sie für brauchbar hält.

Die Tätigkeit der Innovationsgruppen ist eine Art Projektgruppenarbeit auf freiwilliger Basis. Die Maßnahme ist für den Betrieb, der die Vorschläge anreizt und sie auch verwertet, genauso von Vorteil wie für die beteiligten Betriebsangehörigen, die für die brauchbaren Vorschläge durch Geldprämien belohnt werden und die sich - ein zusätzlicher Gesichtspunkt - durch die Mitarbeit in den Vorschlagsgruppen selbst qualifizieren.

Wichtig ist, dass über diese Gruppenvorschläge vorher klare Regelungen vereinbart werden, da die Durchführung in vielen Punkten von den üblichen Richtlinien für das betriebliche Vorschlagswesen abweicht.

Der eigentliche Wert solcher Innovationsgruppen liegt aber nicht nur im Erarbeiten brauchbarer Ergebnisse. Er liegt darin, dass die Mitarbeiter stärker am betrieblichen Geschehen interessiert werden, dass ihre Kreativität geweckt und die Zusammenarbeit verbessert wird. Dadurch wird das Betriebsklima positiv beeinflusst.

Brinkmann und *Rehn* (1978, S. 8) haben die Vorteile der Innovationsgruppen folgendermaßen beschrieben:

Die Idee kleiner Vorschlagsgruppen eröffnet den Beteiligten die Möglichkeit, durch spontane Kooperation, partnerschaftliche Koordination und durch ständige Kommunikation eine gemeinsame Bewusstseinsbildung einzuleiten. Jedes Gruppenmitglied erlebt intim, dass es nicht nur ein Befehlsempfänger ist oder sich einer vorgeprägten Rolle anzupassen hat, sondern dass es vielmehr innerhalb der Formalorganisation einen „Initiativspielraum" besitzt und eine echte Mitarbeiterfunktion wahrnimmt. Der damit verbundene Beziehungswandel zur eigenen Tätigkeit stärkt die Identifikation mit der Aufgabe und steigert die Freude an der Arbeit. Das Mitwirken in der Organisation setzt allerdings ein entsprechendes Mitwissen, Mitdenken und Mithandeln voraus.

3.5 Gemeindeberatung: OE in der Kirche

„Gemeindeberatung und Unterstützung kirchlicher Organisationsentwicklungsprozesse durch Beratung." (*Arbeitspapier der Gemeindeakademie Rummelsberg*, 2001). Sie ist primär ein Angebot für Kirchengemeinden, aber auch für Regionen (Dekanatsbezirke, Propsteien, Kirchenkreise etc.) und Institutionen (Einrichtungen, Dienste etc.). Sie geschieht mit Hilfe eines oder mehrerer von außen kommenden BeraterInnen und hilft der Organisation, ihre Veränderungs- und Wandlungsprozesse bewusst zu gestalten. Gemeindeberatung (GB) unterstützt kirchliche Organisationen dabei,

- sich ihres Auftrags und ihrer Identität bewusst zu werden
- Herausforderungen und Aufgaben im gesellschaftlichen Umfeld möglichst klar zu erkennen
- und dabei eigene Möglichkeiten und Potentiale zu entdecken, zu verbessern und einzusetzen.

3.5.1 Wie hat sich Gemeindeberatung entwickelt?

In den USA wurde um 1969 damit begonnen, Strategien der Organisationsentwicklung – ursprünglich für Betriebe und Verwaltungen konzipiert – auf die Belange und Bedürfnisse von Kirchengemeinden zu übertragen. Die Anfänge der Gemeindeberatung in der Bundesrepublik Deutschland bauen auf den amerikanischen Erfahrungen auf. Im November 1973 fand das erste „Basislaboratorium" für Gemeindeberatung in der Bundesrepublik statt. Die ersten praktischen Erfahrungen bei der Anwendung in Kirchengemeinden und beim Aufbau einer systematischen Ausbreitung von Gemeindeberatern und –beraterinnen konnten in der Evangelischen Kirche in Hessen und Nassau gewonnen werden.
Heute ist die Gemeindeberatung – als Klärungshilfe für Kirchengemeinden, als Hilfe für Gemeindeaufbau und Gemeindeentwicklung, als Organisationsentwicklung für den Bereich der Kirche – in der Evangelischen Kirche Deutschlands weit verbreitet. In den meisten Landeskirchen ist Gemeindeberatung institutionell fest verankert. Fast alle Landeskirchen haben eine Einrichtung für GB/OE. In Publikationen, regelmäßigen Tagungen und Fortbildungen sind sie miteinander vernetzt und organisieren ihren Know-how-Transfer. In manchen Landeskirchen arbeiten zwei oder drei hauptamtliche und 30 bis 40 nebenamtliche Gemeindeberaterinnen und –berater an einer Vielzahl von Beratungsprojekten. Auch in der evangelischen Kirche in Österreich und in der Schweiz gibt es Stellen, die für die Gemeindeberatung zuständig sind.
Darüber hinaus hat sich Gemeindeberatung in der „Arbeitsgemeinschaft für Gemeindeaufbau" (AGGA) entwickelt und profiliert. Sie orientiert sich in ihrem theologischen Selbstverständnis und ihrer Zielsetzung an den Arbeiten von C, A. Schwarz und der charismatisch orientierten „Geistlichen Gemeindeentwicklung" (GGE). Unter dem Programm „Natürliches Gemeindewachstum" bietet sie Gemeindeberatung an.
Auch im Bereich der katholischen Kirche hat sich in den letzten Jahren Gemeindeberatung mehr und mehr etabliert. In vielen Diözesen ist sie in Arbeitsgemeinschaften organisiert oder an Fortbildungseinrichtungen angegliedert. Jedoch nicht flächendeckend wie auf evangelischer Seite. Erst seit 1987 sind – bei offensichtlichem Bedarf – mehr und mehr Gemeindeberater im kirchlichen Auftrag tätig; die Nachfrage wächst. Kollegiale Unterstützung in ökumenischer Verbundenheit ist organisiert.
Zwar gibt es in beiden Kirchen – neben der Gemeindeberatung – noch andere Angebote als Hilfen von außen: die Dienstaufsicht, die Visitation, die Fortbildung, die Fachberatung (z. B. für die Arbeit von Kirchenvorständen und Presbyterien, für Religionsunterricht, für Jugendarbeit, für diakonische oder missionarische Frage, für Öffentlichkeitsarbeit etc.). Es kann – für bestimmte Projekte – auch eine Programmberatung angefordert werden (z. B. Familiengottesdienst, Besuchsdienst etc.). Gelegentlich wird auch Supervision angeboten (Bearbeitung

von Problemen aus dem eigenen Arbeitsbereich). Gemeindeberatung aber geht darüber hinaus.

In der Gemeindeberatung wird nicht mehr – wie bisher – der einzelne, der Pfarrer/die Pfarrerin oder andere Haupt- oder Ehrenamtliche, sondern die Kirchengemeinde als Ganzes zum Klienten der Beratung. Das gesamte System der Organisation bleibt im Blick mit seinen Teilsystemen, Wechselwirkungen und Handlungsmöglichkeiten.

3.5.2 Wann wird Gemeindeberatung gebraucht?

Kirchengemeinden und kirchliche Institutionen sind lebendige Organismen. Sie wachsen und entwickeln sich, sind geprägt durch Menschen und beeinflusst durch ihre Umwelt. Viele Gemeinden und Institutionen sind im Übergang. Personen wechseln, neue Aufgaben stehen an. Sie haben Krisen und Konflikte oder unentdeckte Potentiale und Entwicklungschancen. Viele suchen nach ihrer Identität und ihrem unverwechselbaren Profil. Viele begegnen einer neuen Spiritualität und wollen angemessen darauf reagieren. Viele Landeskirchen haben bedeutsame zukunftsweisende Strukturentscheidungen getroffen. Der damit verbundene Anpassungsprozess braucht Unterstützung. Neue Kooperationsformen zwischen Hauptamtlichen und Ehrenamtlichen, aber auch von Hauptamtlichen untereinander müssen entwickelt werden. Der Klärungsbedarf ist groß. In all diesen Fällen ist Gemeindeberatung gefragt.

Kompetente Berater und Beraterinnen bieten Klärungshilfe, Wegbegleitung und Unterstützung an. Wenn in einer Gemeinde, einer kirchlichen Institution, einem Gremium oder einer Gruppe von hauptamtlichen und ehrenamtlichen Mitarbeitern und Mitarbeiterinnen

- das Profil und die Identität der Organisation deutlicher werden soll
- Auftrag, Ziele und Maßnahmen neu bedacht, geklärt und realisiert werden sollen
- Schwierigkeiten in der Zusammenarbeit bestehen oder Kooperationen neu geregelt werden müssen
- Konflikte die weitere Entwicklung blockieren
- die Arbeit effektiver verteilt und koordiniert werden soll
- der Stil der Sitzungen verändert werden müsste
- ein Wechsel in der Leitung Irritationen und Rivalität ausgelöst hat
- neue Mitarbeiter gewonnen und andere aktiviert werden sollen
- Veränderungen der Umwelt (Kirchenaustritte, Zuzügler im Stadtteil, Ausländer, Arbeitslose) neue Aktivitäten erfordern

dann kann Gemeindeberatung in Anspruch genommen werden – als „Hilfe zur Selbsthilfe".

3.5.3 Wer und was macht Gemeindeberatung?

Gemeindeberater und –beraterinnen kommen in der Regel zu zweit.

- Sie kommen nur auf Wunsch einer kirchlichen Organisation, vertreten durch das Leitungsgremium (Presbyterium, Kirchenvorstand, Pfarrgemeinderat, Dekanatsausschuss, Mitarbeitergruppe).
- Sie sind nicht Parteigänger einer Gruppe, dürfen der beratenen Gruppe nicht angehören, kommen nicht auf Geheiß der Kirchenleitung.
- Sie unterliegen der Schweigepflicht und üben keine Aufsichtsfunktion aus. Die Gemeindeberatung geschieht vertraulich.
- Sie geben keine Rezepte, sondern „Such-Hilfe" und Hilfen zur Problemlösung durch die Betroffenen selbst.
- Sie behalten das Ganze der Gemeinde im Blick, auch wenn es um Einzelfragen geht.
- Sie stellen sich auf einen längerfristigen Beratungsprozess ein und bieten lösungsorientierte Prozessschritte an, wobei die Arbeitsschritte von der beratenen Gemeinde selbst vollzogen und verantwortet werden müssen.

Die wichtigsten Arbeitsfelder der Gemeindeberatung sind:

- Standortbestimmung (Bilanz)
- Leitbildentwicklung (Identität und Profil)
- Konzeptentwicklung (Neuausrichtung und Angebote)
- Regionalentwicklung (Raumplanung und Kooperation)
- Konfliktbearbeitung

Bezogen auf die Organisation Gemeinde ist das Ziel der Gemeindeberatung die Erneuerung der Gemeinde, ein Prozess der selbständigen Entwicklung einer Gemeinde zu einer „handlungsfähigen Gemeindepersönlichkeit" mit unverwechselbarem Profil (*G. Breitenbach*, Arbeitspapier, 1994). Die „Gemeinde hat die Fähigkeit zur Gemeindeentwicklung im Wandel gewonnen oder wiedergewonnen." (*Arbeitspapier der Gemeindeakademie Rummelsberg, 2001*).

Die Dauer einer Gemeindeberatung beträgt in der Regel ein bis zwei Jahre. Meist gibt es eine Reihe von Sitzungen vor Ort, oft auch Klausurtage und/oder ein bis zwei Wochenendtagungen an einem neutralen Ort.

3.5.4 Gibt es Unterschiede zwischen Gemeindeberatung und OE?

Gemeindeberatung ist kirchliche OE, d. h. dem Methodenansatz der OE verpflichtet, aber mit einer bewussten Wahrnehmung und Reflexion der theologisch-inhaltlichen Seite durch

- Kenntnisse des Systems Kirche und Gemeinde
- Einbeziehung der spirituellen und theologischen Dimension in den Interventionskatalog

- Identifikation mit den spezifischen „Unternehmenszielen" der Kirche, d. h. mit dem Selbstverständnis des Christentums.

3.6 Schulentwicklung

Die Aufgabe der Schule besteht darin, für die ihr anvertrauten Schüler ein optimales Lernen zu gestalten. Die Lerninhalte werden durch die Richtlinien vorgegeben, die im Laufe der Zeit immer wieder den veränderten gesellschaftlichen Bedingungen angepasst werden. Die Vermittlung der Lerninhalte gilt als der Gestaltungsbereich der Lehrer, den sie zu verantworten und zu optimieren haben. Die Schüler sollen in ihrer Ausbildung Handlungskompetenzen erwerben. Handlungskompetenz bezieht sich auf:

- Fachkompetenz (Wissensinhalte, Verstehensformen, Fertigkeiten...)
- Methodenkompetenz (Verfahren, Techniken, um Informationen zu erarbeiten und aufzubereiten)
- soziale Kompetenz (Kooperationsfähigkeit, Aufarbeiten und Gestalten von sozialen Prozessen...)
- Selbstkompetenz (Werte, Normen, Persönlichkeitsbildung, Selbstbewusstsein...).

Die Vermittlung des Lernstoffes kann nur dann weiterentwickelt werden, wenn die Lernkontrollen konkrete Informationen ergeben, was ein einzelner Schüler oder eine Gruppe von Schülern vertieft lernen muss, um die Klassenziele zu erreichen. Dies setzt natürlich voraus, dass der Lehrer seinen Unterricht plant und genaue Zielvorstellungen formuliert. Schulentwicklung hat den Sinn und das Ziel Unterricht zu verbessern. Die operativen Tätigkeiten dazu finden folglich im Klassenraum statt. Allerdings müssen dazu die umgebenden Rahmenbedingungen geschaffen werden, Schule als Lern-, Lebens- und Erfahrungswelt. Es sollte eine Kultur entstehen, die zu einem positiven Lernklima und zur Identifizierung mit der Schule führt. Dazu gehört eine bewusste Auseinandersetzung mit dem informellen System der Schule, s. Abschnitt informelles System. Für die Auseinandersetzung müssen formale Organisationsstrukturen geschaffen werden, die eine Analyse und eine Entwicklung der Schulkultur ermöglichen.

Zu den internen Anlässen, sich mit der Schulentwicklung zu beschäftigen, kommen externe Anlässe:

- Gesellschaftliche Veränderungen
- Neue Technologien wie Informationstechnologien mit den für die Schule entwickelten Software
- Veränderung von Richtlinien
- Veränderungen der Ausbildungsordnungen...

Die Vorgaben verpflichten die Schulen zur Auseinandersetzung und Entwicklung konkreter Umsetzungen. Nach Informationsveranstaltungen, Diskussionen und evtl. auch Fortbildungsveranstaltungen bleibt es meist dem einzelnen Lehrer überlassen, wie er mit den neuen Vorgaben umgeht. Es ist inzwischen bekannt, dass die alte Schulorganisation nicht in der Lage ist, sich den Herausforderungen zu stellen und die Herausforderungen zu bewältigen, das beweisen die internationalen Untersuchungen und Vergleiche. Das liegt nicht nur an den Lehrkräften. Unter ihnen sind viele, die die Notwendigkeit des Veränderns sehen und auch in ihrem Bereich viel erreicht haben. Aber ihnen wird das Leben schwer gemacht. Sie sind oft isoliert und ihre Vorstellungen werden weder diskutiert noch aufgegriffen. Sie sind die Schlüsselpersonen für Veränderungen, die eigentlich jede Unterstützung erfahren müssten. Aber auch das würde nicht genügen, um ein ganzes System zu verändern. Es genügt nicht, dass sich unterschiedliche Standards in der Schule entwickeln und praktiziert werden.

Eigentlich müssten die Tätigkeiten der Lehrkräfte genügen, um die allgemeine Zielsetzungen „optimales Lernen gestalten" und „Umsetzen externer Vorgaben" zu erreichen. Die Lehrkraft müsste dann:

- neue Lernziele als Kriterien setzen,
- Kontrollaufgaben zu den Kriterien formulieren,
- Unterricht planen,
- Klassenarbeiten durchführen,
- die Fehler der Schüler klassifizieren und analysieren,
- den Lernbedarf in Unterrichtsplanung umsetzen und ergänzenden Unterricht durchführen oder die Schüler beraten,
- evtl. unterstützende Maßnahmen mit Eltern verabreden.

Jeder Lehrer weiß aus eigenen Erfahrungen, dass dies nicht genügt, um ein optimales Lernen zu gestalten. Die Lernbedingungen in der Klasse sind eine wichtige Voraussetzung für den Vermittlungsprozess. Unruhe, ständiges Stören des Unterrichts, Langeweile, Spannungen zwischen Schülern und Lehrern, schlechtes Klima in der Klasse etc. beeinflussen das Lernen negativ. Leider sind z.B. Beschimpfungen, gerade von Lehrerinnen, in allen Schulformen verbreitet.

Manches kann eine Lehrkraft allein mit den Schülern aufarbeiten (Metaunterricht: Gemeinsam über die Störungen im Unterricht sprechen und Lösungen suchen). Vieles allerdings nicht, er benötigt die Mithilfe der Kollegen, die mit in der Klasse unterrichten. Nur zusammen können sie Maßnahmen entwerfen und durchführen, um das Miteinander der Schüler weiterzuentwickeln, das Umgehen der Schüler mit dem Lehrer zu regulieren, die Voraussetzungen für einen Fachunterricht zu schaffen (z.B. Unterrichtsmaterialien mitbringen, Hausaufgaben machen...). Gemeinsame Verabredungen können schon dazu führen, dass die Schüler ihre Hausaufgaben machen und ihre Unterrichtsmaterialien mitbringen. Das gemeinsame Einwirken der Lehrkräfte auf die Schüler ermöglicht das Einüben und auch Sichern von Regeln. Massive Verhaltensstörungen einzelner Schüler müssen allerdings sorgfältig aufgearbeitet werden, damit wirksame Maßnahmen für die Schüler entwickelt werden können. Dazu müssen auch externe Institutionen wie Beratungsstellen, Jugendamt eingeschaltet werden.

Die Curricula für ein Fach sind den heutigen Erfordernissen anzupassen. Das ist ein zeitaufwendiger Arbeitsprozess, weil es nicht nur um Inhalte, sondern auch um die Methoden der Vermittlung geht. Kleinschrittiger, lehrerzentrierter Unterricht statt schülerzentrierter, problemorientierter Unterricht dominieren meist noch als didaktisch-methodische Form, s. Ergebnisse der TIMSS Studien. Die Planung muss dann erprobt, analysiert und zum Teil verändert werden.

Der Meinungsaustausch, das Bereitstellen von Unterrichtsmaterialien, kurz: intensive Zusammenarbeit sind unverzichtbare Voraussetzungen, um die komplexe und zeitaufwendige Arbeit zu leisten. Dies kann nur gelingen, wenn die Fachkollegen miteinander arbeitsteilig die Materie systematisch bearbeiten und gegenseitig unterstützen. Hiermit wird der zweite Teilbereich einer Schulentwicklung bestimmt: Systematisches Verbessern der Klassenbedingungen (soziales Umgehen der Schüler untereinander, der Lehrer mit den Schülern):

- systematisches Bearbeiten von Schülerproblemen
- Erneuerung des Fachunterrichts, insbesondere der Methoden (interdisziplinäre Themen, Gestaltung eines selbständigen, selbsttätigen, produktiven Lernens)
- Kooperation der Lehrkräfte innerhalb einer Klasse
- Kooperation der Lehrkräfte eines Faches.

Natürlich gehört wieder zu den verschiedenen Gestaltungsbereichen, dass man sie auch mit entsprechenden Verfahren kontrolliert. Soziale Lernziele sind genauso wie fachliche Lernziele zu evaluieren, um Entwicklungen in der Klasse systematisch vorantreiben zu können (*Langosch* 1999).

Isoliert auf die Klassen bezogen kann eine Zusammenarbeit in einer Schule nicht funktionieren oder sie muss jedes Mal mühsam wieder aufgebaut werden, wenn sich die Zusammensetzung der Lehrkräfte verändert. Deshalb ist es notwendig, dass in der gesamten Schule gemeinsame Vorstellungen darüber existieren, wie das soziale Miteinander, das Lernen, die Zusammenarbeit mit den Eltern und dem Umfeld prinzipiell gestaltet werden soll. Dies gilt auch für viele externe Vorgaben, die sich auf die Tätigkeit aller Lehrkräfte auswirken (Berichtzeugnis, Beratung für weiterführende Schulen, neue Pausenregelungen etc.). Nur wenn das Kollegium in der Lage ist, gemeinsame Vorstellungen auszuarbeiten, können verbindliche Richtlinien für die Praxis geschaffen werden. Das pädagogische Handeln der einzelnen Lehrkraft erhält dann eine stärkere Wirkkraft, wenn gemeinsam Standards geschaffen und realisiert werden. Das kann das alte Anordnungssystem nicht leisten, das muss in den Schulen erarbeitet und zu einem Konsens geführt werden. Ein weiteres Arbeitsfeld der Schulentwicklung ist:

- Ein gemeinsames, pädagogisches Konzept für die Schule,
- Profil der Schule mit eigenen Schwerpunkten und Zielsetzungen.

Ein weiterer Gestaltungsbereich für die Schule ist der Kontakt zu dem Umfeld, zu den unterschiedlichen Einrichtungen, die mit der Schule im engeren und weiteren Sinn etwas zu tun haben. Dies sind nicht nur die Schulaufsicht und der Schulträger, sondern auch die unterschiedlichen sozialen Einrichtungen wie Jugendamt, Beratungsstellen, Vereine etc.

Das Kollegium in einer Schule entwickelt nicht nur die unterschiedlichen Orientierungsleitlinien für die schulinternen Prozesse, sondern auch für die Kontakte außerhalb der Schule:

*   Konzeptionen für die Außenkontakte und Pflege dieser Kontakte etc.

Die Durchführung von Schulentwicklungsprojekten ist schwierig und mit den bisherigen Strukturen schwer zu leisten. Wer mit Schulentwicklung auf der praktischen Seite zu tun hat, weiß, wie schwierig es ist, mit Lehrkräften einer Schule gemeinsam und in gleicher Richtung kooperativ etwas zu bewegen. Woher kommt das?

3.6.1 Widerstandskultur gegen Veränderungen

Untersuchungen in Schweden wiesen nach, dass sich von 1969 bis 1991 keine signifikanten Veränderungen in der Unterrichtsgestaltung ergeben haben. Lehrervortrag, Fragen/Antworten blieben die vorrangigen Methoden. Es folgten Einzelarbeit, Diskussionen und ganz zum Schluss Gruppenarbeit. Auch das selbständige Arbeiten ist in den Schulen selten und hat sich in all den Jahren kaum verändert. Obwohl sehr viele Fortbildungsmaßnahmen durchgeführt wurden, die sich mit neuen Vermittlungsformen beschäftigen, haben sich die Maßnahmen nur begrenzt auf den Schulunterricht ausgewirkt.

Der Autor dieses Berichtes stellt fest, dass die Arbeitskultur in der Schule voller Widersprüche ist. Bezogen auf die Schüler werden Leistungen immer wieder gelobt und auch belohnt. Das ist bezogen auf die Lehrkraft nicht der Fall. In unseren Ausbildungssystemen wird ein guter Unterricht nicht herausgestellt und auch nicht belohnt. Die Leistungen einer Lehrkraft können gut oder schlecht sein, das Gehalt ist dasselbe.

Auf der einen Seite bestehen die Lehrkräfte auf persönlicher Unabhängigkeit und Integrität. Sie wehren sich gegen jede Einmischung in ihren Unterricht. Die Kinder oder Jugendlichen in der Klasse sollen dagegen einheitlich, ja beinahe gleichförmig arbeiten. Bis in Einzelheiten hinein wird der Lernprozess durch die Lehrkraft gestaltet. Die Fragen sind eng, die Antworten dürfen nur innerhalb eines kleinen Spielraumes abweichen.

Die mündlichen und schriftlichen Leistungen der Schüler werden ständig beurteilt, sie erhalten mehr oder weniger differenzierte Rückmeldungen über ihren Leistungsstand in den jeweiligen Fächern. Die Lehrkräfte andererseits erhalten nur selten eine systematische und umfassende Rückmeldung über ihre Arbeitsleistungen (*Ekholm* 1995).

Das heutige Schulsystem hat verschiedene Mechanismen, die den Status quo stabilisieren helfen. Vage, nicht eindeutige Ziele sind eine wesentliche Ursache. Auch die verschiedenen Interessengruppen innerhalb und außerhalb des Kollegiums, Unabhängigkeit des einzelnen Lehrers beeinflussen das Schulsystem. Die negativen Einflusskräfte drängen darauf möglichst nichts zu verändern. *Miles* (1980) stellte zentrale Charakteristika der Schule fest, die beschreiben, wie das System sich selbst blockiert.

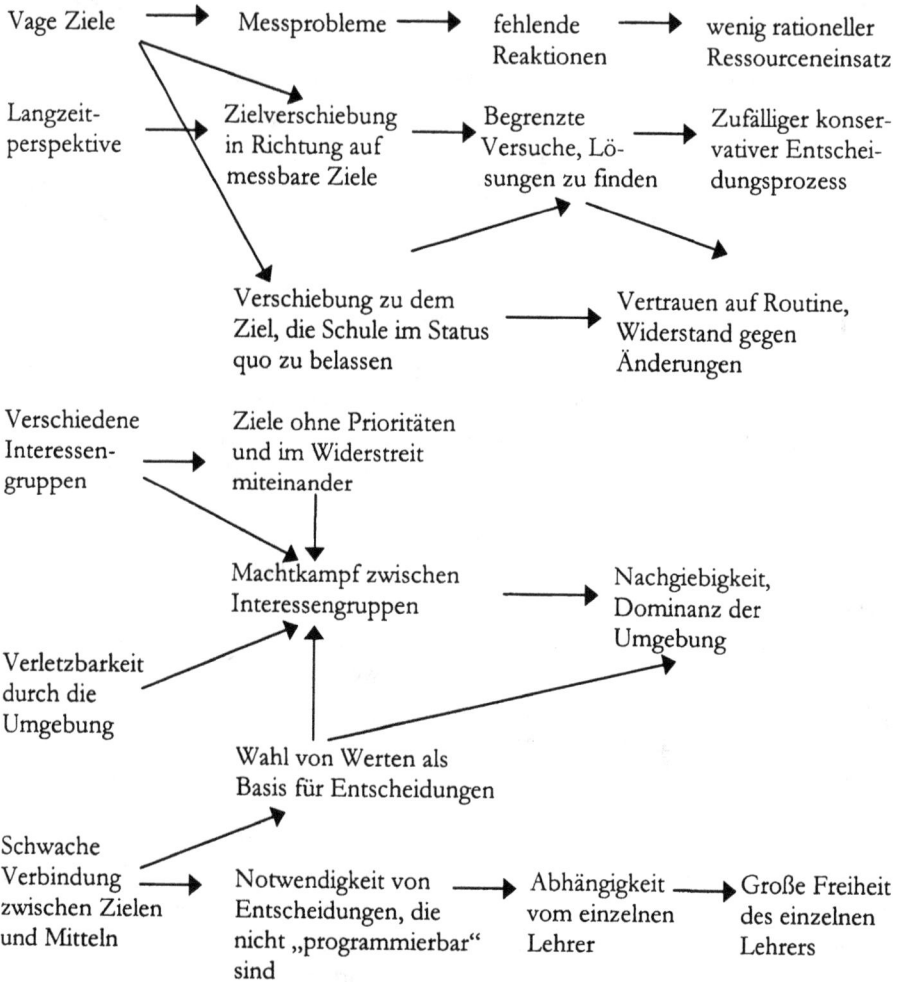

Vage Ziele $\longrightarrow$ Messprobleme $\longrightarrow$ fehlende Reaktionen $\longrightarrow$ wenig rationeller Ressourceneinsatz

Langzeitperspektive $\longrightarrow$ Zielverschiebung in Richtung auf messbare Ziele $\longrightarrow$ Begrenzte Versuche, Lösungen zu finden $\longrightarrow$ Zufälliger konservativer Entscheidungsprozess

Verschiebung zu dem Ziel, die Schule im Status quo zu belassen $\longrightarrow$ Vertrauen auf Routine, Widerstand gegen Änderungen

Verschiedene Interessengruppen $\longrightarrow$ Ziele ohne Prioritäten und im Widerstreit miteinander

Machtkampf zwischen Interessengruppen $\longrightarrow$ Nachgiebigkeit, Dominanz der Umgebung

Verletzbarkeit durch die Umgebung

Wahl von Werten als Basis für Entscheidungen

Schwache Verbindung zwischen Zielen und Mitteln $\longrightarrow$ Notwendigkeit von Entscheidungen, die nicht „programmierbar" sind $\longrightarrow$ Abhängigkeit vom einzelnen Lehrer $\longrightarrow$ Große Freiheit des einzelnen Lehrers

Abb. 92: Bedingungen für die Stagnation in Schulen s. *Dalin* (1999, 110)

Die Auswirkungen bürokratischer Organisationsformen wurden bereits ausführlich dargestellt. Veränderungen werden „von oben" vorgegeben und „unten" in der Schule irgendwie meist ohne systematische Kontrollen verwirklicht. Nur bei Schulen, die eigene Initiativen entwickelt haben, kommt es zu relativ schnellen und grundlegenden Veränderungen.

Je nach Bedingungsgefüge in den Schulen sind Widerständen gegen Veränderungen unterschiedlich ausgeprägt. Widerstände gegen Veränderungen haben viele

Ursachen. Will man Veränderungen, so muss man die Widerstände ernst nehmen, berücksichtigen und in den Veränderungsverfahren mit einplanen (s. Teil B Kapitel 5 Widerstand bei Veränderungen in Organisationen S. 189 ff).

In einigen Schulen wird durchaus erfolgreich Schulentwicklung betrieben. Jede Schule, die Schulentwicklung durchführt, wählt ihren eigenen Ansatzpunkt und das ist auch gut so (*Landesinstitut für Schule und Weiterbildung* 1996 und *Lehrer-Fortbildung in NRW* 1996).

In den skandinavischen Ländern hat man schon seit längerem eine systematische Schulentwicklung eingeführt. Die Erfahrungen sind in verschiedenen Berichten des Landesinstituts für Schule und Weiterbildung *Schweden* (1995) und *Norwegen* (1995) dokumentiert. Auch in diesen Ländern gibt es viele Widerstände und die Prozesse laufen nicht so ab, wie sie idealer Weise ablaufen sollten. Obwohl die Schulaufsicht die Bestandsaufnahme und externe Evaluationen in den Schulen durchführt, erfolgen durch die Rückmeldungen über die Schulleistungen nicht immer systematische Auseinandersetzungen im Kollegium, um das Lernen in der Schule weiterzuentwickeln.

Immer dann, wenn Initiativen von der Schulleitung, der Schulaufsicht ausgingen, war der Widerstand der Lehrkräfte besonders stark. Die Lehrkräfte empfanden diese neue Form als Kontrolle ihrer Arbeit und lehnten die Verfahrensinstrumente ab, weil sie nicht die Komplexität und Vielfalt der Lehrerarbeit erfasst wurden. Es bildete sich eher die Haltung heraus, die Arbeit nach außen zu verteidigen. Wenn das Kollegium wenig Erfahrung in der Zusammenarbeit und Schulentwicklung hat, ergeben sich meist nur geringe Veränderungsaktivitäten. Auch das Durchführen zahlreicher Evaluationsmaßnahmen führte nicht zu Schulentwicklungen, wenn das Kollegium nicht selbst gemeinsame Projekte zur Verbesserung initiiert hatte.

Wenn die Aspekte der Kontrolle offen im Kollegium diskutiert worden sind und auch die Evaluation als ein Bestandteil der Schulentwicklung gesehen wird, werden die Evaluationsergebnisse in den Klassen, dem Kollegium und der Schule beachtet und bearbeitet. Nur eine langfristige Einbindung der externen Evaluation in die Entwicklung einer Schule bietet Gewähr für die systematische Nutzung der Ergebnisse. Die Ergebnisse bilden dann eine hervorragende Diskussionsgrundlage für die Auseinandersetzung mit den verschiedenen Gruppen (Lehrer, Schüler, Eltern, Schulaufsicht).

Aus diesen Ergebnissen wird deutlich, dass Evaluation, insbesondere die externe, nur dann erfolgreich umgesetzt wird, wenn die Lehrkräfte einer Schule die Ergebnisse als hilfreiche Informationen zur Entwicklung ihrer Schule sehen. Kooperation innerhalb des Kollegiums hat bei der Schulentwicklung eine Schlüsselposition. Die verschiedenen Gruppierungen müssen den Willen und die Fähigkeit haben, positive Ergebnisse anzuerkennen und negative Ergebnisse als Herausforderung für Problemlösungen zu begreifen. Die Basis dazu ist das vertrauensvolle Umgehen des Schulleiters mit der Schulaufsicht, des Schulleiters mit dem Kollegium, der Kollegen untereinander, des Kollegiums mit den Eltern und mit den Schülern, der Schüler untereinander. Das beschriebene soziale System muss allerdings erst in der Schule fest etabliert sein, um wirksam die Basis für Veränderungen abgeben zu können (s. Teil B Kapitel 8.4 Gruppenentwicklung durch gruppendynamische Diskurse).

Philip und *Rolff* (1998) schlagen folgende Regeln vor, um Konflikten zu begegnen:

- Offensive Information, offene Kommunikation
- Den Widerstand ernst nehmen
- Energien aufnehmen: mit den Opponenten in einen Dialog treten, um Ursachen zu erkunden
- Entwicklung einer Vertrauenskultur

Die vierte Regel müsste eigentlich an erster Stelle stehen. Ohne Vertrauen gibt es keine offene Kommunikation.

Es geht bei der Schulentwicklung um einen grundsätzlichen Einstellungswechsel, der für viele schwer zu vollziehen ist. Schulentwicklung beinhaltet einen radikalen Wandel im Selbstverständnis der Lehrer:

> Vom Ich und meine Klasse ⟶ zum Wir und unsere Klasse, unsere Schule, unser Umfeld

3.6.2 Ziele: Was ist eine gute Schule?

Es ist nahe liegend bei Schulqualität zuerst an eine ideale gute Schule zu denken. Nach *Rutter* (1980) haben Schulen mit größtem Veränderungsgewicht hinsichtlich einer guten Schule folgende Kennzeichen:

1. Positive Lernkultur
   - Hohes Ausmaß an Leistungsorientierung
   - Positives Lehrerverhalten im Unterricht (Unterrichtsklima)
   - Konsequenter Umgang mit Belohnung und Bestrafung
2. Positive Schulkultur
   - Allgemeine gute Lern- und Arbeitsbedingungen in der Schule
   - Öffnung der Schule
   - Positive Leitungsqualität
3. Verantwortungskultur
   - Bereitschaft der Übertragung von Verantwortung auf Schüler und Lehrer.

Weitere Gesichtspunkte enthalten die Kriterien für die Auszeichnung „Innovative Schule" (*Bertelsmann Stiftung* 1996). Die kontinuierliche Arbeit an der schulischen Qualität und Zusammenarbeit sind wesentliche Kriterien:

- Orientierung der Schule an der Lern- und Lebenssituation von Kindern und Jugendlichen

- Innovation und Evolution
- Potentiale der Mitarbeiterinnen und Mitarbeiter
- Beteiligung von Schülerinnen und Schülern, Eltern und anderen Institutionen
- Kooperation zwischen Einzelschulen und externen Entscheidungsträgern
- Evaluation und Qualitätssicherung
- Staatliche Rahmenbedingungen für innovative Schulentwicklung

Konkretere Vorstellungen zu den Kriterien und einen Fragebogen für Schüler wie Beschreibungen von innovativen Schulen findet man auf der Internetseite der Bertelsmannstiftung www.inis.stiftung.bertelsmann.de/set.htm.

Rolff und *Tillmann* (1999) gehen der Frage nach „Woran können Eltern eine gute Schule erkennen?" sie schlagen vor, auf Folgendes zu achten.

Öffentlichkeit: Gibt es an dieser Schule besondere Aktivitäten (z.B. Auslandsfahrten, Projektwochen, Theateraufführungen, Konzerte, Initiativen), über die in der Presse berichtet wird?

Förderverein: Hat die Schule einen aktiven Förderverein?

Rundgang: Haben Sie den Eindruck von Wartesaal oder Kaserne – oder sind die Räume ansprechend gestaltet? Entdecken Sie Ausstellungen von Schülerarbeiten, Sitz-, Spiel- und Arbeitsecken? Gibt es Kunstobjekte, einen Pausen-Imbiss-Stand, Bilder an den Wänden u. ä..?

Klassenräume: Zeigen diese Lernatmosphäre oder nur kahle Wände? Sieht man Schülerinnen und Schüler konzentriert arbeiten?

Klassenlehrer: Steht der Klassenlehrer schon vor der Sommerpause fest?

Kür und Pflicht: Welche Angebote existieren außerhalb des Unterrichts? Noch besser: Gehen Sie an zwei bis drei Tagen nachmittags gegen 15.00 Uhr durch die Schule: Treffen Sie noch Schüler und Lehrer an?

Lehrercheck: Auf welche Schule schicken die Lehrerinnen und Lehrer der umliegenden Schulen ihre Kinder?

Dienst nach Vorschrift: Stehen die Lehrkräfte auch außerhalb der Schulzeit für Gespräche zur Verfügung?

Gespräch mit dem Schulleiter: Findet er Qualitätssicherung und –entwicklung für wichtig? Was tut die Schule dafür? Verfolgt die Schule ein bewusstes pädagogisches Konzept? Welche Aktivitäten resultieren daraus? Welche Dinge hält der Direktor für verbesserungswürdig? Seien Sie skeptisch, wenn er außer einigen Anschaffungswünschen (z.B. Computer) nichts nennt. Wenn er hingegen auf zwei, drei pädagogische Probleme hinweist (und vielleicht auch schon auf Ansätze ihrer Lösung), sollten Sie das positiv bewerten.

Quotencheck: Gibt es Auskünfte über Unterrichtsausfall und zum Prozentsatz der Schüler, die die Fachoberschulreife, bzw. das Abitur erreichen?

Förderangebote: Welche Fördermöglichkeiten und Hilfestellungen werden den Kindern hier angeboten (z.B. individuelle Aufgabenstellungen, Fördergruppen)?

In demselben Artikel werden die Kriterien der Wirtschaft für die Qualität der Schulbildung (Schlüsselqualifikationen) aufgeführt:
- Teamfähigkeit
- Selbständigkeit
- Durchsetzungsvermögen
- Kreativität
- Flexibilität
- Allgemeinbildung
- Fachwissen
- Motivation

Eine rezeptartige, endgültige Antwort auf die Frage, was ist eine gute Schule, wird es nicht geben können. Schließlich ändern sich das gesellschaftliche Umfeld der Schulen und damit auch die Ansprüche. Außerdem sollte jede Schule ihr eigenes Profil bilden, allerdings im Bezug zu ihrem Umfeld.

Die Frage ist, wie kommt man zu einer guten Schule. Dazu gehört ein System, das den Leitfaden des Vorgehens bestimmt, um das System Schule in allen Bereichen zu verbessern. Dies sollen Qualitätssysteme leisten. Das ständige, korrekte Benutzen eines Qualitätssystems mit der Folge, dass sich die Schule ständig verbessert, ist das formale Kriterium für eine gute Schule. Das gilt es zu evaluieren.

Die systematische Verbesserung von Dienstleistungen ist ebenfalls das Anliegen der Schulentwicklung, deshalb können auch direkte Verbindungen zu Managementsystemen (s. Teil B Kapitel 3.1 Formales, formelles System Abschnitt auf S. 163 Total Quality Management, TQM) hergestellt werden. Das Konzept umfasst die gesamte Organisation mit allen Bereichen:
- Außenkontakte zum Umfeld
- Zielsetzungen der Schule, Schulprofil
- Schulorganisation
- Soziale Beziehungen zu allen relevanten Kontaktgruppen (wie Vereine, Unternehmen etc.)
- Lehren und Lernen

Jede Lehrkraft ist für die Qualität ihrer Tätigkeiten voll verantwortlich. Wenn es keine Kriterien und Standards gibt, dann kann jeder unter Qualität verstehen, was er will. Fehler machen nur andere.

Auch hier ist Gemeinsamkeit gefordert. Ziele müssen als Kriterien festgelegt werden. Die Ergebnisse des Unterrichts müssen kontinuierlich kontrolliert und verglichen werden, möglichst mit diagnostischen Verfahren, die auch eine detaillierte Fehleranalyse ergeben. Damit erhält man Daten, was alles zu verbessern ist. Das Aufarbeiten der Daten bis zu konkreten Maßnahmen vollzieht sich in Qualitätszirkeln (s. Teil B Kapitel 8 Arbeitsgruppen (und folgende) S. 215ff).

Diese werden in der Schule von den Lehren mit oder ohne Unterstützung von außen durchgeführt. Sie machen sich gemeinsam Gedanken über Verbesserungsmöglichkeiten, beschließen Maßnahmen und führen sie durch. Kontrollen stellen den Fortschritt in Richtung der Ziele fest. Je nach Verbesserungsbereich sollten Eltern und Schüler hinzugezogen werden. Die Regel dazu ist: Betroffene sollen zu Beteiligten gemacht werden.

Anspruchsvolle pädagogische Ziele verlangen die Gestaltung eines kontinuierlichen zyklischen Qualitätsoptimierungsprozesses, an denen alle Betroffenen in der Schule beteiligt sind. Die Lehrerteams leisten diese Aufgabe in Zusammenarbeit mit Schülern und Eltern. Dazu gehört auch eine Klärung der Verantwortung: Für welche Bereiche sind Lehrkräfte, Eltern, Schüler eigentlich verantwortlich. Außerdem müsste sie die Techniken der Verbesserungsgestaltung beherrschen. Dies garantiert, dass die Qualitätsverbesserungen kompetent erarbeitet und auch ohne Widerstände umgesetzt werden. Jede Gruppe verbessert das, was in ihren Verantwortungsbereich fällt. Die Klärung der Verantwortung ist eine wichtige Voraussetzung: Wer ist für das Lehren, wer für das Lernen, wer für das soziale Verhalten eigentlich verantwortlich, mitverantwortlich.

Bei einer Gruppenarbeit wird ein gruppeninternes Wissen erzeugt, das verhaltenslenkend für die Gruppe ist. Sind die Gruppen miteinander vernetzt, kann das Wissen weitergegeben und ein übergeordneter Konsens erzielt werden.

Die Organisation lernt (s. Teil B Kapitel 6 Organisationslernen S. 198ff und 7 Wissensmanagement S. 208ff). So kann es z.B. nicht vorkommen, dass ein Lehrer ohne Hilfe bei der Verbesserung des Unterrichtens bleibt oder die Standards der Schule je nach Lehrer unterschiedlich ausfallen und jeder beliebig soziale Regeln setzt.

3.6.3 Interne und externe Evaluation

Unter Evaluation versteht man das systematische Sammeln von Informationen, um die Schularbeit aus unterschiedlichen Perspektiven zu analysieren, zu den einzelnen Formen (s. Teil B Kapitel,11.4 Kontrollmethoden (Evaluierung) S. 288). Eine interne Evaluation führen die Lehrkräfte selbst durch. Eine externe Evaluation erarbeitet eine Institution außerhalb der Schule, z.B. eine in ihren Aufgabenstellungen veränderte Schulaufsicht. Dabei bedient man sich unterschiedlicher Verfahren: Beobachtungen, Fragebögen, Dokumentenanalysen, standardisierte Test etc.

Ein externes landesweites Evaluations- und Lenkungssystem könnte wie folgt aussehen. Die Übersicht bezieht sich auf das norwegische System.

```
                    ┌─────────────────────────────────────┐
                    │  Zustandsbericht an das Parlament     │
                    └─────────────────────────────────────┘
                                    ▲
    ┌───────────────────────────────────────────────────────────────────┐
    │                            Analysen                                 │
    └───────────────────────────────────────────────────────────────────┘
      ▲       ▲         ▲          ▲            ▲              ▲
┌─────────┬─────────┬──────────┬──────────────┬──────────┬──────────────┐
│ Examina/│ Lern-   │ Lern- und│ Schulbeur-   │ Statistik│              │
│ Klassen-│ effekt  │ Entwick- │ teilung auf  │          │ Evaluation   │
│ arbeiten│         │ lungsbe- │ Basis der    │          │ einzelner    │
│         │         │ dingun-  │ einzelner    │          │ Bereiche     │
│         │         │ gen      │ Schule       │          │              │
└─────────┴─────────┴──────────┴──────────────┴──────────┴──────────────┘
    ▼       ▼         ▼          ▼
┌───────────────────────────────────────────────────────┐
│              Lernen und Entwicklung                     │
└───────────────────────────────────────────────────────┘
```

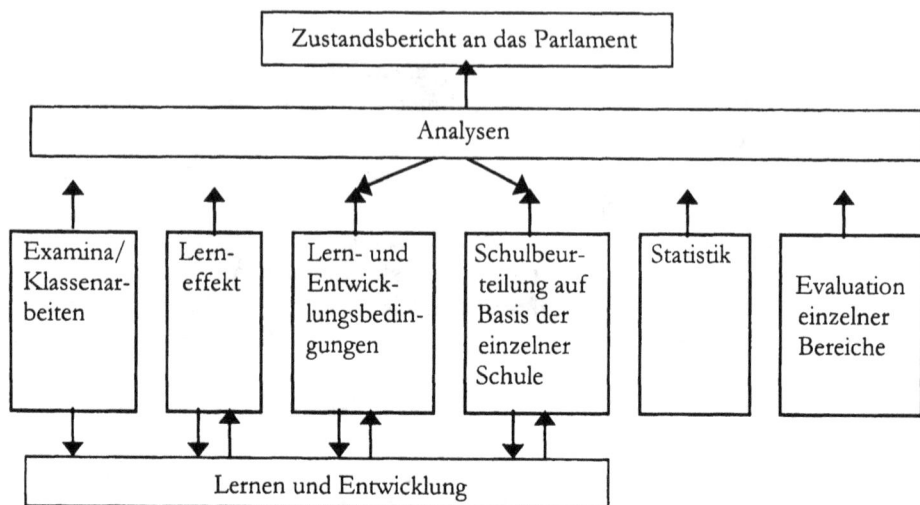

Abb. 93: Externe Evaluation in Norwegen s. *Landesinstitut für Schule und Weiterbildung*: **Schulentwicklung in Norwegen (1995, S. 62)**

Was im Einzelnen inhaltlich bei einer internen Evaluation untersucht werden soll, ist durch die Aufgaben, Zielsetzungen der Schule und die Ergebnisse der externen Evaluation bestimmt. Die Aufgaben und Ziele ergeben die Beurteilungskriterien, die dann durch entsprechende Erhebungsverfahren überprüft werden (z.B. lernzielorientierte Tests). Um die Objektivität der Erfassung und die Entwicklung geeigneter Verfahren zu gewährleisten, empfiehlt es sich, einen externen Berater hinzuzuziehen. In den skandinavischen Ländern ist dies die neue Schulaufsichtsbehörde, die in Zusammenarbeit mit den Schulen die externe Evaluation und Beratung durchführt. Die externe Evaluation erweitert das Analysefeld dahingehend, dass Vergleiche mit anderen Schulen möglich werden. Fremde Sichtweisen können außerdem ergänzende Impulse für Verbesserungen in der Schule geben.

Die Ergebnisse der Evaluation sollen dann die Diskussionsgrundlage für die Entwicklung von Verbesserungen aufzeigen. Die Lehrkräfte einer Schule sollen sich systematisch mit den Ergebnissen auseinander setzen:

- Feststellen der Ist-Soll-Abweichungen
- Zusammenstellen der vermuteten Ursachen für die Abweichungen
- Entwickeln von Maßnahmen
- Durchführen der Maßnahmen
- Erneute Evaluation
- Weitere Bearbeitung der bestehenden Defizite

Im deutschen Schulsystem müssen erst die Strukturen für eine externe Evaluation gebildet werden. Mit Sicherheit genügt es nicht, in zeitlichen Abständen zentrale Untersuchungen durchzuführen. Die Schulen müssen befähigt und unterstützt werden, die Ergebnisse auch weiter für Verbesserungen zu verarbeiten.

Im Prinzip gilt das ebenso für die interne Evaluation, die von den Lehrkräften mit ihrem Schulleiter hauptverantwortlich betrieben wird. Auch hier geht es um eine systematische Informationssammlung und Auswertung. Die Analysen beziehen sich vor allem auf die Leistungen in den Klassen und die interne Schulkultur. Berichte über eine Selbstevaluation findet man auch im Internet. Die Hauptschule in Wipperführt berichtet über einen Modellversuch „Selbstevaluation von Schulen", s. www.hauptschule-wipperfuehrt.de. Sie führte einen Epochenunterricht ein. Die Vorteile sind:

Der Unterricht kann in Blöcken von Doppelstunden unterrichtet werden. Dadurch sind flexible und freie Unterrichtsformen eher möglich. Gerade in der Orientierungsstufe wird projektorientiertes Lernen und das Einbeziehen von außerschulischen Lernorten erleichtert. Durch Doppelstunden kehrt mehr Ruhe ein, der ständige Wechsel der Lehrer und der Fächer entfällt weitgehend. Aspekte des sozialen Lernens können besser berücksichtigt werden.
Die Fachanteile der drei beteiligten (und auch weiterer) Fächer lassen sich in die Epochen integrieren, so dass fächerübergreifend gearbeitet werden kann.

Gesellschaftliche Einflüsse

$\downarrow$

Schulpolitische Einflüsse

$\downarrow$

Schulaufsicht neuer Art:
Durchführung von externer Evaluation
Unterstützung und Beratung des Schulmanagements
Unterstützung und Beratung der Lehrkräfte
Personalentwicklung

$\downarrow$

Schulleitung und Schulkollegium:
Auswertung, Bewertung der Ergebnisse einer externen und internen Evaluation
Gemeinsame Diagnosen,
Schulbeurteilung

für eine

$\downarrow$

Förderung der Schüler/Schülerinnen:
Weiterentwicklung der Lehrerschaft
Curriculumentwicklung
Entwicklung von Schulprogrammen
Entwicklung einer positiven Schulkultur

durch $\downarrow$

Fortbildung
Teamentwicklung
Organisationsentwicklung
Einführung moderner Managementmethoden

Abb. 94: Einflüsse und Aufgaben für eine externe und interne Evaluation s. auch *Landesinstitut für Schule und Weiterbildung* (1996, S. 298)

Die Grundstruktur Schulprogramme zu entwickeln, folgt der allgemeinen Ablaufsystematik wie bei einem OE-Projekt. In der Praxis variiert man den Ablauf je nach Aufgabenstellung (s. *Dalin, Rolff, Buchen* 1996):

- Gemeinsame Diagnose
- Zielklärung,
- Schulprogramm,
- Management des Entwicklungsprozesses,
- Institutionalisierung
- Evaluation

Die Vorstellung, Schulentwicklung bestehe nur darin, Systematiken professionell abzuarbeiten, birgt erhebliche Risiken.

Die Voraussetzung für Schulentwicklung ist genauso wie für die Organisationsentwicklung, dass die Beteiligten Konflikte konstruktiv lösen und ihre Gruppe entwickeln können. Vor allem sind auch für die Schüler positive Lernbedingungen zu entwickeln (soziales Schul- und Klassenklima), um ein Lernen optimal möglich zu machen. Nur um diesen Bereich verbessern zu können, muss die gesamte Schulorganisation verändert und mit Verbesserungssystemen ausgestattet werden. Dazu gibt es keine Alternative. Damit die Systeme überhaupt und auch gut arbeiten können, muss die Schule einen langen Veränderungsprozess gestalten, einen Veränderungsprozess, der zum ständigen Bestandteil der Schularbeit wird.

Der perfekte Unterricht ist eine weitere Zielvorstellung, die eigentlich nie erreichbar ist, wie eine Produktion von Waren und Dienstleistungen ohne Fehler (Null-Fehler-Vorgabe bei Qualitätssystemen). In der nachfolgenden Abbildung 94 sind die Stufen enthalten, die eine Schule durchläuft, wenn sie sich einem Schulsystem nähern will, dass die Optimierungsprozesse verwirklichen kann.

Die Entwicklung der Schulen kann von den Mitgliedern der Schule ohne Unterstützung nicht geleistet werden. Die Mitarbeiter müssen dazu befähigt werden, neue Vorstellungen von Schule zu entwickeln und umzusetzen. Die schwierigste Arbeit wird die Veränderung der Grundeinstellung gegenüber Schule und Lehren sein (s. Teil B Kap. 5 Widerstand bei der Veränderung in Organisationen S. 189).

Unterstützungssysteme *Bertelsmann* (1996, S. 78):

- Lehrerfortbildung nach Fachschwerpunkten
- schulweite Lehrerfortbildung
- Schulleiterfortbildung
- Schulleiter als Prozesshelfer
- Schulleiter als Initiator und als Inspirator
- Schulleiter als Organisationsentwickler
- weisungsunabhängige Schulentwicklungsmoderatoren
- Supervisionsgruppen für: Lehrkräfte, Leitung
- Veränderte Schulaufsicht

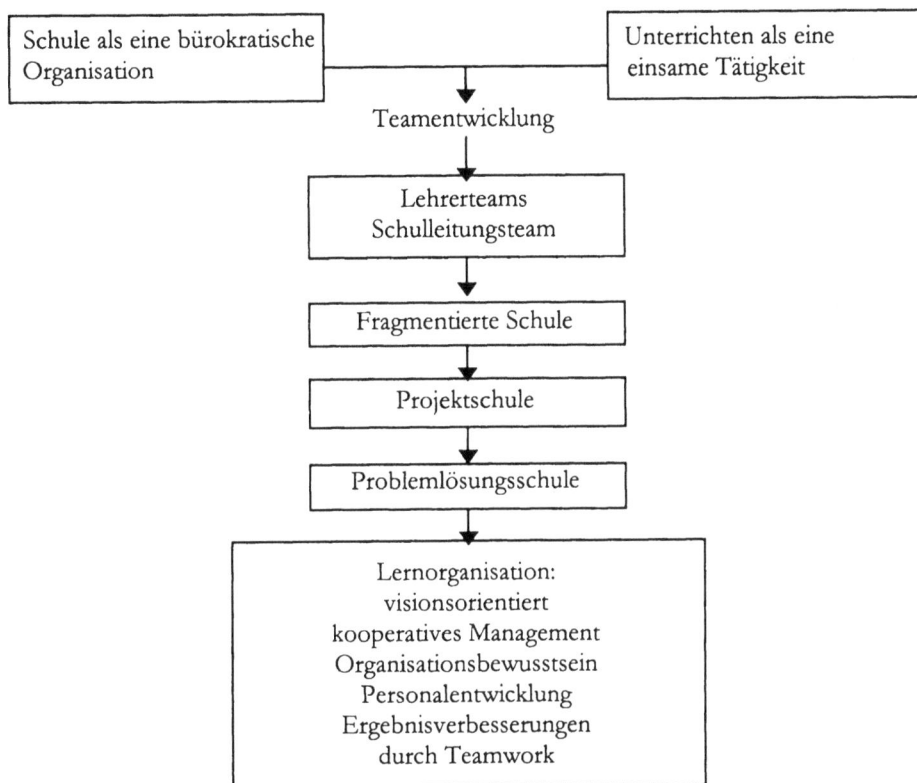

Abb. 95: Stufen der Schulentwicklung , *Bertelsmann* (1996, 77).

Ergänzt werden müssten die Bestandteile: Gruppendynamische Seminare für die Entwicklung von Sozialkompetenz, Systemtechniken zum Lösen von Problemen und interne Fortbildung mit Transferbegleitung. Es sollte außerdem überlegt werden, ob es nicht sinnvoll ist, ein computerunterstütztes System zu schaffen, das das gesamte Wissen der Schule enthält und auf das jede Lehrkraft Zugriff hat. Ein weiterer Schritt wäre, allen das Wissen der Schulen im Internet zur Verfügung zu stellen. Schulen könnten ihre Erfahrungen austauschen und sich gegenseitig unterstützen und helfen (s. Teil B Kap. 7 Wissensmanagement S. 207) Beispiele aus der Praxis sollen die Bestandteile der Schulentwicklung veranschaulichen.

3.6.4 Beispiele für eine gruppenorientierte Organisation in der Schule.

Eine integrierte Gesamtschule hat ihre Schule umorganisiert zu einer gruppenorientierten Organisation. Zu jedem Schuljahrgang gehört ein Lehrerteam (8-10 LehrerInnen). Insgesamt bestehen in der Schule sechs Teams.

Eine Planungsgruppe koordiniert die Aufgaben der Jahrgangsteams und sorgt für den Informationsaustausch. Die Schulleitung initiiert, begleitet und unterstützt die Veränderungen.

Aufgabenbereiche der verschiedenen Gruppen sind:
Jahrgangsteams: Sie entscheiden, welche Unterrichtseinheiten und Projekte im kommenden Jahr durchgeführt werden sollen. Dazu gehört die zeitliche Abfolge der Themen, die Bezüge der Themen und Fächer untereinander, fächerübergreifender Unterricht, Beitrag der einzelnen Fächer zum Projektunterricht (Jahrgangsplanung).
Vor Beginn des Unterrichts treffen sich die Teams, um die unterrichtspraktischen Einheiten vorzubereiten und abzustimmen. Experten werden bei Bedarf hinzugezogen, um dem Team bestimmte Methoden, Techniken zu vermitteln (Unterrichtsplanung).
Planungsgruppe koordiniert die Teams. Vier Mitglieder der Schulleitung und je ein Kollege aus jedem Team sind Mitglieder. In der Gruppe werden organisatorische Fragen geklärt. Die Veränderungsprozesse analysiert und neue Ideen entwickelt.
Die Schulleitung genehmigt Exkursionen, Projektwünsche und Planungsveränderungen. Sie integriert die Teams durch die Planungsgruppe. Die Schulleitung versteht sich als Impulsgeber und nicht als Verwaltungs-, Organisations- und Kontrollinstanz. Zentrale Weisungen oder Beschlüsse von oben werden vermieden.
Projektgruppen bearbeiten Sonderaufgaben wie die Entwicklung von Planungen in den einzelnen Fächern.
Projektgruppen arbeiten zeitlich begrenzt (*Riegel* 1995, S. 67-79)

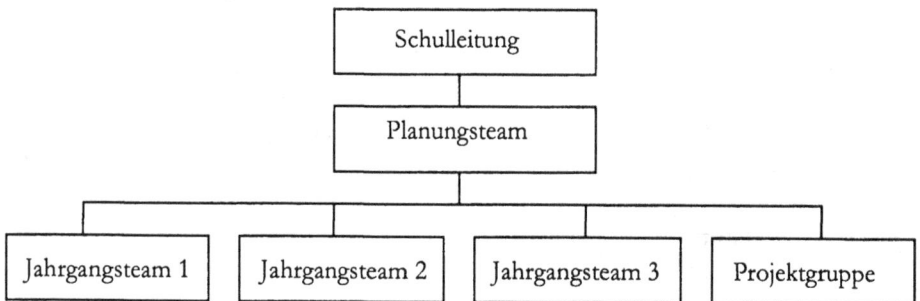

Abb. 96: Organisation einer Schule nach einem Schulentwicklungsprozess

Es ist zweckmäßig, auch die Räumlichkeiten der neuen Organisationsformen anzupassen. Das folgende Beispiel bezieht sich auf die 7. Klassen der Schule.

Computer-raum		Gruppen - raum	
	Klassenraum 7d		Klassenraum 7b

Lehrmittel	Sozial-fläche	Klassenraum 7c
Lehrmittel		Kursraum

Klassenraum 7a		Klassenraum 7e
	Lehrer-stützpunkt	

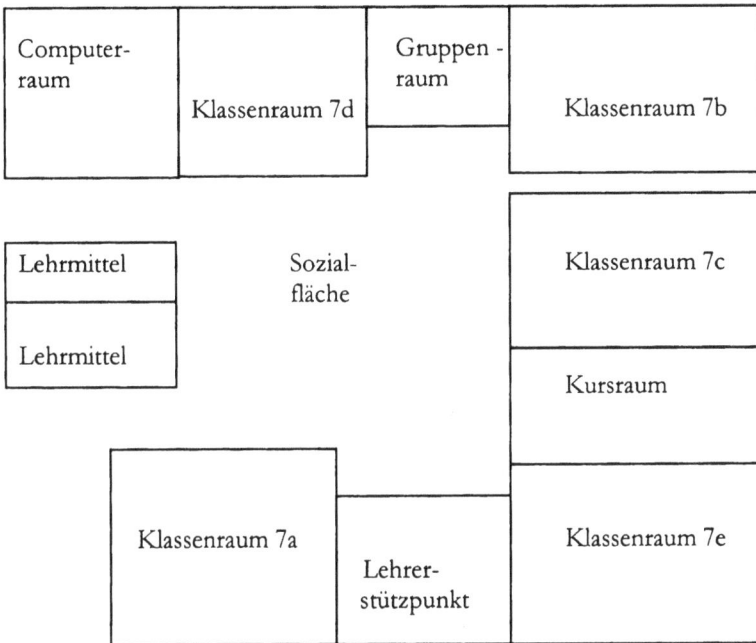

Abb. 97: Raumaufteilung nach einem Schulentwicklungsprozess

Gerade bei großen Schulen ist es notwendig Strukturen zu schaffen, die Innovationen möglich machen und zur Stabilisierung des Prozesses beitragen. Sonst besteht die Gefahr, dass sich Schulen in Schulprogrammen verzetteln. Kleine Schulen haben das Problem nicht. Die Anzahl der Lehrer ist überschaubar, das informelle Miteinander ist auch ohne Organisationsstruktur möglich (8-12 Lehrer). Zum Kernpunkt von Veränderungen gehört auch die Einführung unterstützender Systeme. In diesem Zusammenhang wird berichtet, dass die Schulen Zweierteams für Klassen einführten. Beide Lehrer unterstützen sich in der Funktion des Klassenlehrers und koordinierten Unterricht und insbesondere pädagogische Maßnahmen. Die Lehrkräfte geben auch zeitlich gesehen den Hauptteil des Unterrichts in ihren Klassen.

Weitere Beispiele für die Entwicklung von Schulen und insbesondere auch von Organisationsstrukturen finden sich in der Literatur, z.B. in *Risse* (1998): *Dreske* (1998, S. 356-361), in ersten Ansätzen *Ingenhaag* und *Risse* (1998, S. 362-371), *Buschmann* und *Arlt* (1998, S. 372-380). Auch im Internet findet man zunehmend Berichte über Schulentwicklungsprojekte. Die Förderschule in Biberach berichtet über Veränderungen ihrer Organisation (28 Lehrkräfte, Klassen 1 - zweizügig). Die Verwaltungs- und Entscheidungsstrukturen sind mit dem Ziel größtmöglichster Beteiligung aller Lehrkräfte demokratisiert worden. Die Schulleitung ist erweitert worden. Gesamtkonferenz, Stufenkonferenz, Gremienarbeit sind mit veränderten Kompetenzen und Verantwortlichkeiten versehen worden.

Die Gesamtlehrerkonferenz wurde für Interessen- und Problemdiskussionen als ungeeignet eingestuft. Sie tagt 4 mal pro Jahr und beschäftigt sich mit gesamtschulischen Fragestellungen. Die Stufenkonferenzen (Ober-, Mittel-, Unterstufe) tagt 8 mal pro Schuljahr und bearbeitet Fragen der Stoffverteilung, pädagogische Fragen, außerunterrichtliche Veranstaltungen und Haushaltsverfügungen.

Die erweiterte Schulleitung tagt alle zwei Wochen und besteht aus Schulleiter und seinem Stellvertreter, den Leitern der Stufenkonferenzen und der Verwaltung. Die Erfahrungen der Schule sind positiv (unter www.leu.bw.schule.de/ kann man sie nachlesen).

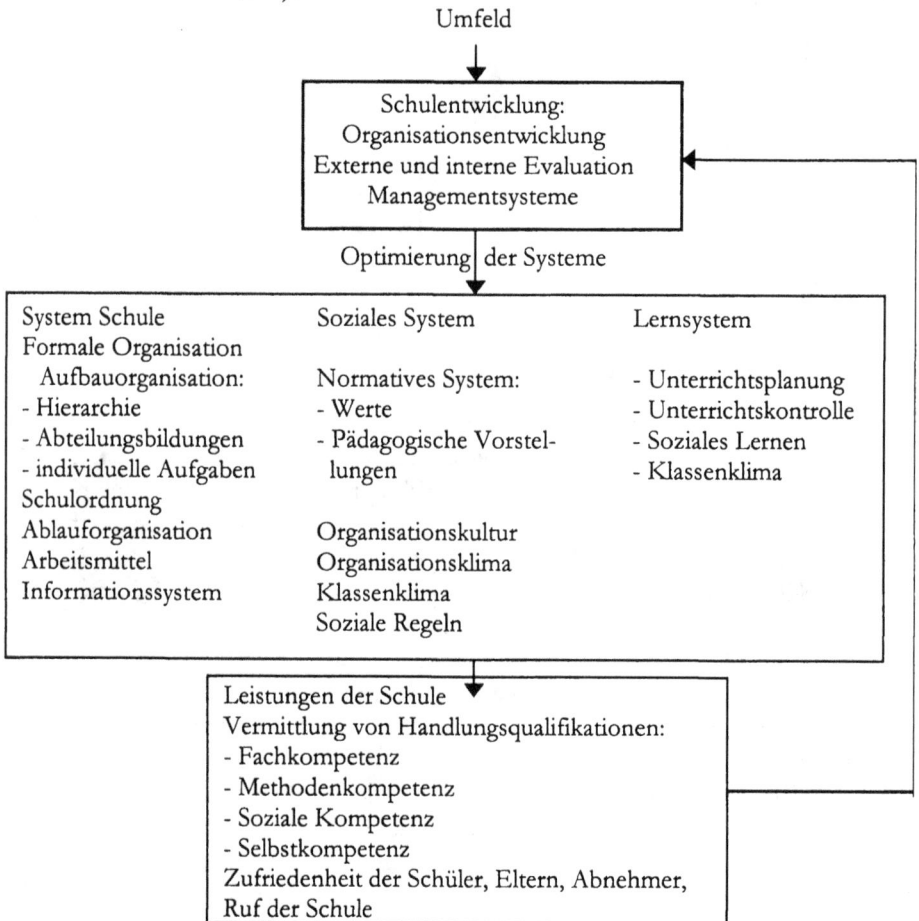

Abb. 98: Zirkelprozess für eine Schulentwicklung

Schulen, die ihre Organisationen ändern, verändern auch die Rolle der Lehrkräfte. Das Individuum ist für die Leistungen in den Gruppen von hoher Bedeutung. Sein Engagement entscheidet mit über den Erfolg seiner Gruppe. Er ist nicht mehr das austauschbare Rädchen in einer Behörde. Das hat weitreichende Folgen z.b. auch für das Umgehen mit dem Wissen in einer Organisation (s. Teil B Kapitel 7 Wissensmanagement S. 207). Wichtig wird auch das informelle System. Positive Rahmenbedingungen unterstützen und ermöglichen erst den offenen Informationsaustausch und das Kooperieren. In gruppenorientierten Organisationen entstehen zusätzliche, mögliche Problemfelder, die den Erfolg dieser Organisationsform allerdings beeinträchtigen, vielleicht sogar verhindern können. Deshalb ist die Gestaltung des informellen Systems eine wichtige Aufgabe und schafft die Grundlage für eine Schulentwicklung.

3.6.5 Schulentwicklung und Organisationsentwicklung

In der Literatur über Schulentwicklung weisen die Autoren auf den Zusammenhang mit der Organisationsentwicklung hin. Sieht man sich die Projekte in der Praxis an, kommen allerdings Zweifel auf, ob tatsächlich alle Grundsätze von OE verwirklicht werden.

Bei der Entwicklung von Schulprogrammen geht man durchaus systematisch vor, auch Berater spielen mehr oder weniger eine Rolle. Die organisatorische Gestaltung ist bei manchen Schulentwicklungsprojekten verwirklicht. Allerdings ist dieser Aspekt nicht immer zu finden. Für die langfristige Verfolgung von Zielen, die die Veränderung des Lernens und der sozialen wie emotionalen Bedingungen einer Schule umfassen, müssen gruppenorientierte Organisationen unbedingt eingeführt werden. Umfassende Qualitätssysteme, Organisationslernen, Wissensmanagement sind nur in solchen Organisationen zu verwirklichen. In diesem Zusammenhang wird die grundsätzliche Schwachstelle von Schulentwicklungsprogrammen deutlich. Es fehlt die systematische Gestaltung des informellen Systems. Die Aufgabe kann nur geleistet werden, wenn die Mitglieder einer Schule in der Lage sind, in Gruppen zu arbeiten, ihre Gruppenprozesse und ihre Zwischengruppenprozesse zu analysieren und zu gestalten. Am Anfang müssen folglich Teamentwicklungstrainings stehen. Die erworbenen Kenntnisse müssen in die Praxis umgesetzt werden. Erst auf dieser Basis ergibt sich eine allgemeine Einstellungsänderung vom ICH zum WIR. Auf dieser Grundlage können dann die Veränderungen durchgeführt werden, die das ganze System organisatorisch und inhaltlich umfassen. Bei einem OE-Programm führt man nach einer Analyse der Organisation und ihrem Umfeld gruppendynamische Trainings durch, die von allen betroffenen Mitarbeitern besucht werden müssen, s. *Grid* Organisationsprogramm von *Blake* und *Mouton*. Dann kommt es auch nicht vor, dass ein Rektor eingreifen muss, um Konflikte in einer Gruppe zu lösen. Meist kann er das nur organisatorisch, in dem er eine Person von einer Gruppe in eine andere schickt. Der Bruch im Konzept ist dabei deutlich: Die Gruppe arbeitet selbständig und eigenverantwortlich im inhaltlichen Bereich, plant Jahresprogramme, koordiniert den Unterricht, plant Projekte. Sie kann aber nicht ihre Konflikte in der Gruppe lösen. Damit fehlt der Gruppe auch das Wissen, wie man soziales Lernen in Klassen organisiert. Die Lücke ist unbedingt zu schließen. Konzepte für Teamentwicklung sind vorhanden. Sie wurden auch bei Lehramtsstudiengängen erprobt, ähnlich Veranstaltungen findet man bei *Heideloff* und *Langosch* (1998 und 2000).

3.6.6 Fragebogen: Einschätzung von Schulen

Die Vorgaben sind positiv formuliert (Sollvorstellungen). Sie enthalten und konkretisieren die Vorstellungen über eine „gute Schule". Es sollte ein Konsens im Kollegium gesucht werden. Der Fragebogen soll nur beispielhaft verstanden werden.

Das Kollegium beurteilt dann die Schule nach den verabschiedeten Vorgaben. Nach den IST-Einstufungen werden Verbesserungsbereiche gemeinsam bestimmt und besprochen. Ideen werden entwickelt und Projekte verabschiedet, um die Schule weiterzuentwickeln.

Wiederholte Beurteilungen können die Entwicklungen einer Schule festhalten und weitere Verbesserungsbereiche feststellen, die dann in weiteren Projekten bearbeitet werden. Der gesamte Vorgang ist für alle transparent. Gemeinsame Zielvorstellungen verbinden die Einzelaktivitäten.

Der IST-Zustand wird mit Hilfe einer 5er-Skala erfasst:

1 = stimmt genau
2 = ist im Wesentlichen verwirklicht
3 = es bestehen Aktivitäten zur Verbesserung
4 = es besteht Verbesserungsbedarf
5 = es besteht dringender Verbesserungsbedarf

1. Zustand der Schule

Der Pausenhof ist für die Schüler zweckmäßig angelegt, die Schüler können ihre Pause dadurch abwechslungsreich gestalten.	1	2	3	4	5
Die Schule macht einen gepflegten äußeren Eindruck.	1	2	3	4	5
Arbeit und Profil der Schule werden im Gebäude sichtbar.	1	2	3	4	5
Besucher können sich durch Informationen, Wegweiser orientieren.	1	2	3	4	5
Schulgebäude und Innenausstattung sind umweltgerecht.	1	2	3	4	5
Der Innenbereich ist so gestaltet, dass eine angenehme Atmosphäre entsteht, z.B. durch wechselnde Ausstellungen von Schülerexponaten.	1	2	3	4	5
Die Klassenräume sind multifunktional, wohnlich und altersgerecht gestaltet.	1	2	3	4	5
Ein Gemeinschaftsraum mit Bühne kann für Versammlungen und Feste genutzt werden.	1	2	3	4	5
Stände und Ausstellungsmöglichkeiten werden für Feste und Basare genutzt.	1	2	3	4	5
In der Schule wird auf Ordnung geachtet und von allen verfolgt.	1	2	3	4	5
In der Schule herrscht ein angenehmes Arbeitsklima.	1	2	3	4	5
Lehrer und Schüler identifizieren sich mit ihrer Schule.	1	2	3	4	5
Die Schule ist gut ausgestattet (Lehrmittel, Mobiliar...).	1	2	3	4	5

Ergänzungen:

2. Organisation der Schule

Die Aufgaben der Schule sind effizient organisiert.	1	2	3	4	5
In der Schule regelt das Miteinander eine von allen akzeptierte Hausordnung.	1	2	3	4	5
Jeder Lehrer, Hausmeister, Sekretärin kennt seine Aufgaben und Verantwortlichkeiten und jeder kontrolliert seine Tätigkeiten selbst.	1	2	3	4	5
Es bestehen feste Gremien, die bestimmte Aufgaben selbstständig durchführen und kontrollieren:					
- Gruppe der Klassenlehrer	1	2	3	4	5
- Gruppe Klassenlehrer mit Fachlehrern einer Klasse	1	2	3	4	5
- Gruppe für die Verteilung von Haushaltsmitteln	1	2	3	4	5
- Ausschuss für Fortbildung	1	2	3	4	5
- Gruppe der Lehrer eines Faches.	1	2	3	4	5
Klassenräte (Schülervertreter, abgeordnete Schüler, Klassenlehrer) besprechen regelmäßig Klassenangelegenheiten.	1	2	3	4	5
Projektgruppen erstellen Schulprogramme.	1	2	3	4	5
Projektgruppen bearbeiten systematisch Probleme.	1	2	3	4	5
Projektgruppen kontrollieren sich selbst und werden von den Kollegen kontrolliert.	1	2	3	4	5
Eltern, Schüler werden sinnvoll in die Projektarbeit eingebunden (Mitverantwortung).	1	2	3	4	5
In Vollversammlungen werden Informationen und Kritik ausgetauscht.	1	2	3	4	5
Die Schülermitverwaltung wird bei der Verbesserung der Schule mit herangezogen.	1	2	3	4	5
Die Elternpflegschaft wird über alle Aktivitäten auf dem laufenden gehalten. Sie arbeitet konstruktiv bei der Weiterentwicklung der Schule mit.	1	2	3	4	5
Die Schule hat ein effizientes Informationssystem.	1	2	3	4	5
Die Hilfsmittel für die Erledigung der Aufgaben sind auf dem neuesten Stand.	1	2	3	4	5
Die Regeln des Miteinanderumgehens sind offen gelegt. Es wird auf die Einhaltung geachtet (Lehrer-Lehrer, Lehrer-Schüler, Schüler-Schüler).	1	2	3	4	5
Vereinbarungen über die Durchführung von außerunterrichtlichen Veranstaltungen bestehen und werden eingehalten.	1	2	3	4	5

Ergänzungen:

3. Unterricht

Es wird ein intensives Lernen durch Einsatz aktiver Methoden organisiert.	1	2	3	4	5
Die Unterrichtsorganisation (Stundenplan, Sitzplan) berücksichtigt pädagogische Kriterien.	1	2	3	4	5
Unterrichtsinhalte werden in Stufenteams abgesprochen.	1	2	3	4	5
Fachkollegien einigen sich in didaktisch-methodischen Grundfragen.	1	2	3	4	5

Das Kollegium ist hinsichtlich der Lernsysteme auf dem neuesten. Stand	1	2	3	4	5
Gruppenunterricht (heterogene, homogene Gruppen) wird in verschiedenen Formen (einheitliche, unterschiedliche Themen) häufig eingesetzt.	1	2	3	4	5
Auf die Vermittlung von Methodenkompetenz (Denk-, Lernstrategien wie Vokabellernen, Texte analysieren, Problemlösungssysthematiken...) wird besonders geachtet.	1	2	3	4	5
Der Unterricht wird nach verschiedenen Kriterien sorgfältig analysiert.	1	2	3	4	5
Emotionale, soziale und lernäßige Gesichtspunkte werden verfolgt.	1	2	3	4	5
Die Leistungskriterien für Beurteilungen sind allen transparent.	1	2	3	4	5
Lernkontrollen werden zum Feststellen von Lernschwierigkeiten genutzt.	1	2	3	4	5
Schüler mit Schwierigkeiten werden systematisch gefördert.	1	2	3	4	5
Schülerprobleme werden aufgegriffen und zu lösen gesucht.	1	2	3	4	5
In den Klassen wird auf ein gutes Klima geachtet.	1	2	3	4	5
Schüler werden zu ihren Interessen und Bedürfnissen regelmäßig befragt.	1	2	3	4	5
Vergehen werden pädagogisch wirksam bearbeitet.	1	2	3	4	5
Schüler mit Schwierigkeiten werden kompetent beraten.	1	2	3	4	5

Ergänzungen:

4. Schulleitung

Die Schulleitung initiiert und moderiert Innovationen im Schulbereich.	1	2	3	4	5
Die Schulleitung berät bei Bedarf Lehrer und Schüler.	1	2	3	4	5
Die Verwaltung wird effizient und effektiv durchgeführt.	1	2	3	4	5
Die Schulleitung sorgt für eine optimale personelle und materielle Ausstattung.	1	2	3	4	5
Die Schulleitung sorgt für einen möglichst reibungslosen Ablauf des Schullebens.	1	2	3	4	5
Die Schulleitung organisiert Gruppen, die sie unterstützt und berät.	1	2	3	4	5
Die Schulleitung hält eine gute Balance zwischen pädagogischen Ansprüchen und administrativen Erfordernissen.	1	2	3	4	5
Die Schulleitung sorgt für die Durchführung und Kontrolle gefasster Beschlüsse.	1	2	3	4	5
Die Schulleitung delegiert Aufgaben und Entscheidungen in Gremien.	1	2	3	4	5
Die Schulleitung sorgt für die Kontakte mit wichtigen Institutionen im Umfeld.	1	2	3	4	5
Die Schulleitung sorgt für ein gutes Klima im Kollegium.	1	2	3	4	5
Die Schulleitung organisiert und führt Sitzungen zügig und wirkungsvoll durch.	1	2	3	4	5

Ergänzungen:

4 Organisation und Umwelt

Bei der Betrachtung dieses Bereichs geht es im besonderen Maß um die Analyse der Organisation, die sich wegen ihrer Komplexität auf verschiedene Aspekte beziehen muss, z. B. die Umwelt, in der die Organisation operiert, die Verarbeitung der Umweltanforderungen, dem kollektiven sozialen System der Organisation etc. An diesen Analysen sind verschiedene Wissenschaften beteiligt. Hier muss insbesondere der Klient darauf achten, dass er durch die Wahl des Beraters nicht eine einseitige Sichtweise aufgedrängt bekommt, etwa die Analyse nur unter sozialpsychologischem Aspekt *(Klages* und *Schmidt* 1980).

Schließlich erfolgt die Problemdiagnose nicht voraussetzungslos, sondern wird durch die jeweiligen Sichtweisen mit ihren Erklärungs-Systemen gesteuert. Ein Organisator z.B. wird vor allem die Probleme in der Organisationsstruktur und in der Ablauforganisation bemerken und auch entsprechend analytisch erfassen. Nach der analytischen Phase des Diagnostizierens ergibt sich dann allerdings das Problem der Integration der Befunde: Wie sind die Abhängigkeiten zwischen den Problemen? Was ist relevant an dem Gefundenen?

Ein anderer Aspekt ist auch wesentlich bei dieser Betrachtung. Alle Maßnahmen werden sich in irgendeiner Weise wieder auf die Organisation auswirken; sei es, dass die Struktur und die Abläufe oder dass die gesamte Personalpolitik sich verändern sollen, vielleicht sogar beides zusammen. Bei der Umsetzung in die Praxis schließt sich der Betrachtungsprozess wieder. Es werden dann auch nur Elemente verändert werden, die bei dem gesamten Prozess jeweils mit berücksichtigt wurden.

Die verschiedenen Variablengruppen sollen in der folgenden Aufstellung dargestellt werden, auf die sich Analysen und Interventionen beziehen können (Abb. 98). Einige Verfahren der Erfassung solcher Variablen werden dann exemplarisch dargestellt.

Greift man den Aspekt auf, dass eine Organisation sich flexibel auf ihre Umwelt einstellen muss, so bedeutet dies zunächst, die wichtigsten Bereiche ihrer Umwelt zu analysieren. Dies kann man dann unter dem Aspekt der sich für die Organisation ergebenden Probleme tun, aber auch unter dem Aspekt der Chancen, die sich aus den Anforderungen der Umwelt ergeben.

Als Beispiel soll hier kurz ein Analyseergebnis skizziert werden, das sich auf eine spezifische Organisation (hier: Konsumindustrie) bezieht. Je nach Industriezweig müssen also die relevanten Bereiche erst herausgefunden und entsprechend analysiert werden.

Struktur der Organisation   Struktur der Arbeitsablaufs

- Aufgabenverteilung   - zeitlicher, logischer Zusammen-
- Aufgabeninhalte   hang der Arbeit
- Zentralisierungsgrad   - Hilfsmittel
- Stellen-/Abteilungsbildung - Informationssystem

Soziales System   Umwelt

- Führungssystem   - Stellung zur Konkurrenz
- Einstellung zur Organisation - Veränderung in den relevanten
- Kommunikation zwischen/   Umweltfaktoren
  innerhalb von Abteilungen   - ökonomische Situationsvariable
- Art der Motivation   - Gesetzgebung
                              - technische Gegebenheiten

Effektivität/ Effizienz der Organisation

- Qualität/Quantiät der Leistung
- Rendite auf eingesetztes Kapital
- Fluktuations-/Krankheitsrate, etc.

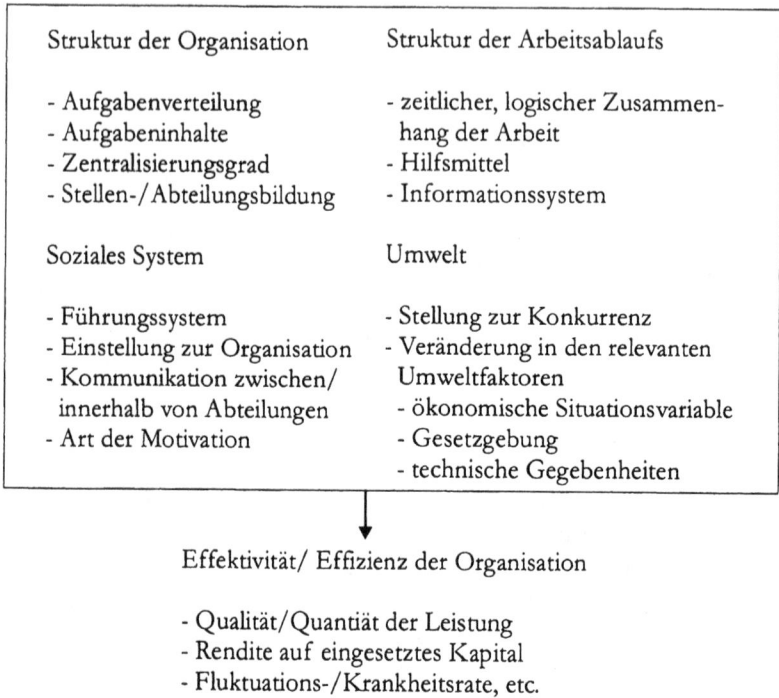

Abb. 99: Variablen einer Organisation

1) *Ökonomische Bereiche*
   Probleme   *Gelegenheiten*
   Steigende Inflation   Steigerung des frei verfügbaren Ein-
   Weitere Konzentration im Handel   kommens bei den Verbrauchern
   Langsames Wachsen des Umsatzes   Höherer Konsum bei Dienstleistungen
   im eigenen Produktbereich   Ansteigen der staatlichen Ausgaben
   ...

2) *Technische Bereiche*
   Probleme   *Gelegenheit*
   Kürzerer Lebenszyklus der   Zunahme der Automatisierung
   Produkte   Mehr Produkte für den Lebens-
   Höhere Forschungskosten   komfort
   Ansteigen der Spezialisierung im
   Produktbereich   ...

3) *Soziale Bereiche*
   Probleme   *Gelegenheit*
   Höhere Ausbildung, kritischere   Gesundheitsbewusstsein
   Einstellung von Konsumenten und   Mehr Freizeit
   Beschäftigten   Mehr weibliche Arbeitskräfte
   Familienplanung   Anwachsen des persönlichen Pflege-
   Umweltschutz   bedürfnisses

4) *Politische Bereiche*

Probleme	*Gelegenheit*
Größere staatliche Kontrolle des Geschäftslebens	Anwachsen der sozialen Sicherheit Staatliche Unterstützung der Industrie
Angst vor fremden Besitztum, Einfluss	Sicherung und Ausbau des Besitzstandes
Grenzen des Wachstum	...

Auf die beiden Bereiche Struktur und Arbeitsabläufe soll hier nur kurz eingegangen werden. Die Organisationsfachleute benutzen die verschiedensten Methoden, um eine Ist-Analyse durchzuführen, z. B. Auswertung vorhandener Materialien (Organigramme, Stellenbeschreibungen, personalpolitische Richtlinien etc.), Befragungen (z.B. Einzelheiten zu aufgabenspezifischen Bedingungen, Regelungen bei Projektabläufen etc.), Beobachtungen (ausgeführte Tätigkeiten an einer Arbeitsstelle, Abläufe bei Konferenzen und Informationsvorgängen etc.) *(Hill u.a. 1974)*.

Das Problem besteht darin, die Organisationsanalyse mit der OE zu verbinden. Eine Mitbeteiligung der Organisationsmitglieder ist eine unverzichtbare Forderung, andererseits besteht meist in den Abteilungen nicht das notwendige Wissen. Dies könnte in Seminaren natürlich vermittelt werden. Auf diese Weise können die Mitarbeiter selbst bei der Analyse mitarbeiten, Probleme feststellen, Ursachen zusammenstellen und die Probleme zueinander in Beziehung setzen, um dann schließlich zu einer Soll-Konzeption zu kommen. In den OE-Prozess wird auf diese Weise entsprechendes Wissen miteingegeben und genutzt *(Haidekker* und *Langosch* 1975).

Es lassen sich aber auch Verbindungen zwischen dem operierenden System und seiner Umwelt analysieren.

Blake und *Mouton* (1969) haben ein Schema entwickelt, nach dem die Leistungen einer Organisation festgestellt werden. Die Bereiche der Organisation werden nach verschiedenen Richtungen hin analysiert.

Unter Funktionen können verschiedene relevante Faktoren der Organisation aufgeführt werden, die es unter bestimmten Gesichtspunkten zu analysieren gilt. Dabei ist es nicht notwendig, in einem analytischen Bereich zu bleiben. Verschiedene Faktoren können je nach Wunsch einbezogen werden, z. B.:

Funktionen

1. Einsatz menschlicher Fähigkeiten
2. Kommerzieller Bereich
3. Produktion
4. Marketing
5. Forschung und Produktentwicklung
6. Zusammenarbeit

Jede Funktion innerhalb der Organisation kann nun unter verschiedenen Aspekten betrachtet werden. Auch hier kann natürlich ganz nach Aufgabenstellung variiert werden.

Perspektiven

Unter Perspektiven werden die Gesichtspunkte erfasst, die sich mit dem Zeitablauf beschäftigen.

Laufende Effektivität: Darunter versteht man, wie gut laufende Arbeiten erledigt werden, welche Stärken oder Schwächen bei dem Führen der Geschäfte auftreten.

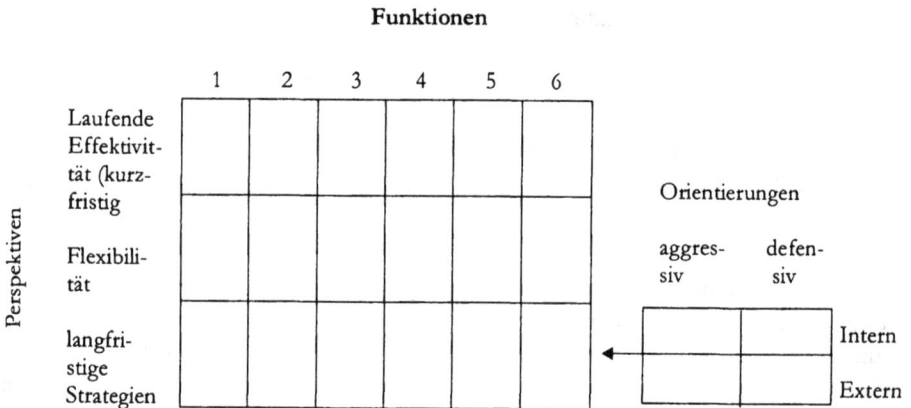

Funktionen

Flexibilität: Es berührt die Fähigkeit der Bereiche, wie sie mit unerwarteten Problemen kurzfristig fertig werden.

Langfristige Strategien: Es betrifft alle langfristigen Planungen, die es ermöglichen, dass das Geschäft profitabel wächst.

Die Perspektiven lassen sich dann noch weiter beschreiben, nämlich in der Weise, wie die Arbeiten ausgeführt werden. Das Tun kann sich dabei auf Abläufe innerhalb wie außerhalb der Organisation beziehen (intern/extern) und es kann in verschiedenen Formen ablaufen (aggressiv/defensiv). Unter „aggressiv" wird das Nutzen von Gelegenheiten verstanden, also das aktive Selbstgestalten, während „defensive" Aktionen mehr reaktive Verhaltensweisen beschreiben, z. B. Beseitigen von akuten Problemen, Eliminieren von Schwächen. Aus der Kombination lassen sich wieder vier Orientierungen bilden, mit denen man die Funktionsausübungen kennzeichnen kann:

Interne aggressive Aktionen

Günstige Gelegenheiten innerhalb der Organisation werden genutzt: Menschen, Geld, Maschinen und Material.

Interne defensive Aktionen

Alles, was die Organisation behindert, wird zu beseitigen gesucht: Schwächen im Verhalten, in der Leistung und in den Resultaten.

Externe aggressive Aktionen

Nutzung der Möglichkeiten, die sich in der Umgebung der Organisation ergeben.

Externe defensive Aktionen

Realistische Einschätzung und Beachtung der Aktionen der Konkurrenz, der Veränderungen im Markt oder der Lieferanten.

Bei der Analyse einer Organisation als soziales System geht es zu erkennen, wie die konkreten Situationen in einer Organisation erlebt werden. Meist versucht man, über Befragungen festzustellen, welcher Stil in einer Organisation vorherrscht. Dies kann in standardisierter Form vor sich gehen, indem zu verschiedenen Bereichen, z.B. Kommunikation, Kontakte, Führung etc. Statements (Behauptungen) vorgegeben werden, zu denen der Befragte Stellung nimmt (stimmt, stimmt nicht, bis hin zu Skalen, in denen die Meinung nuancierter ausgedrückt werden kann).

Bei solchen Befragungen ist zu beachten, dass die Organisation recht verschieden wahrgenommen werden kann (*Weinert* 1981, S.175).

Likert (1967) bietet einen standardisierten Fragebogen an, mit dem man die Organisation insgesamt analysieren kann, und zwar nach den Bereichen: welcher Führungsstil praktiziert wird, wie motiviert wird, wie Entscheidungen getroffen und wie Kontrollen ausgeübt werden. Die Auswertung kann dann in Typologien eingeordnet werden. *Likert* unterscheidet zwischen vier verschiedenen Systemen:

1. System: autoritär - ausbeutend

Das Managementsystem unterstellt, dass Arbeit wie jeder andere Gegenstand ein Marktartikel ist, den man bezahlt und den man kaufen kann. Die Arbeit des Managers besteht aus Entscheiden, Dirigieren und Überwachen. Zur Motivierung wird Zwang ausgeübt, auf menschliche Gefühle und zwischenmenschliche Verbindungen wird überhaupt keine oder nur geringfügige Rücksicht genommen. Das Setzen von Zielen und das Treffen von Entscheidungen wird nur vom Top-Management ausgeführt.

2. System: autoritär - wohlwollend

In diesem System sind die organisatorischen Vorgaben ähnlich wie beim ersten. Nur auf die zwischenmenschlichen Beziehungen wird mehr Rücksicht genommen. Dies kann schon Wirkungen in der Art haben, wie Kommunikation in einer solchen Organisation abläuft. Wenn auch in der Hauptsache die Kommunikation von oben nach unten verläuft, so ist sie in der Regel weniger gestört und verzerrt im Vergleich zum ersten System.

3. System: beratende Mitwirkung

Dieses Managementsystem unterstellt nicht, dass die Arbeit nur ein Marktartikel ist. Der Manager hat Entscheidungen zu treffen, Richtlinien zu geben und die Arbeit zu überwachen, wobei Überwachung nicht als die wichtigste Funktion gesehen wird. Gelegentlich wird Zwang ausgeübt. Vorkommende menschliche Emotionen werden beachtet. Man versucht sie zu steuern, indem man den Angestellten durch Konsultation in die Arbeit einbezieht. Auch die allgemeine Unternehmenspolitik wird vom Top-Management festgelegt. Detailliertere Zielsetzungen werden auf niedrigeren Ebenen ausgearbeitet, die auch bei der Entscheidungsfindung konsultativ hinzugezogen werden.

4. System: Mitwirkung

Dieses Management-System unterstellt, dass die Angestellten ein wesentlicher Teil der Organisation sind. Der Personalaufwand ist mit hohen Kosten verbunden, wodurch eine gleiche Aufmerksamkeit und Sorgfalt wie gegenüber den Vermögenswerten begründet ist. Das Entscheiden wird als ein Prozess, nicht als ein Privileg angesehen. Zielsetzung und Entscheidungsprozesse werden durch das Mitwirken aller festgelegt. Es werden zusammenhängende Gruppen gebildet, die durch die Manager mit verschiedenen Mitgliedschaften in diesen Gruppen koordiniert werden.

Die Auswertung einer solchen Befragung lässt dann die Sichtweisen der Mitarbeiter erkennen. Auf diese Weise können manche Probleme erklärt werden, da man einiges über die Folgen bestimmter Systeme ermittelt hat. Es kann aber dadurch auch überprüft werden, ob in der Organisation tatsächlich die gewünschte Form des Miteinanderarbeitens erreicht ist.

In der Praxis findet man standardisierte Befragungsinstrumente, die routinemäßig eingesetzt werden können, um Problembereiche möglichst schnell erfassen zu können. Der Nachteil liegt darin, dass nur vorgegebene Problembereiche erfasst werden. Deshalb sollte man mit unstrukturierten Befragungen ergänzend Informationen einholen. Auch wenn dies methodisch nicht so befriedigend ist, bringt es doch den Vorteil, dass die unmittelbare Beteiligung der befragten Mitarbeiter spürbarer ist.

Für alle Befragungsarten gilt, dass sie nur dann wirksam werden können, wenn

- der Mitarbeiter über die Ergebnisse informiert wird,
- sichtbar werdende Probleme bearbeitet werden,
- das Verfahren kontinuierlich wiederholt wird.

In den folgenden Abschnitten werden einige Verfahren besprochen, die bestimmte Aspekte einer Analyse betonen oder die je nach Problemart flexibel eingesetzt werden können.

4.1 Die Kräftefeld-Analyse als Arbeitsinstrument der OE

Eine vorzügliche Methode zur Bearbeitung komplexer Probleme in Organisationen und zur Planung von Veränderungen ist die Kräftefeld-Analyse. Sie geht auf *Kurt Lewin* (1947 a und b) zurück, der sie aus seiner Feldtheorie entwickelte.

Jede Situation - auch soziale Verhaltensweisen - kann man als ein Feld sehen, das ein künstlich aufrecht erhaltenes Gleichgewicht (quasi stationary equilibrium) zwischen hindernden und fördernden Kräften darstellt. Nichts geschieht von allein oder ohne Auswirkung auf andere. Jede Veränderung im Feld geschieht durch bewegende Kräfte. Das Feld kann die Umwelt des einzelnen, eine Gruppe, eine Organisation, eine Gemeinde oder die Gesellschaft sein. Der Zustand einer Organisation wird aufgefasst als das Resultat gegenläufiger Kräfte. Man weiß, dass auf Änderungen in einer Organisation häufig eine Reaktion in Richtung auf das frühere Muster erfolgt, eine Reaktion, die dann einsetzt, wenn der Änderungsdruck nachlässt. Will man ein Subsystem oder Teile von ihm ändern, dann muss man die relevanten Aspekte seines Umfeldes ebenfalls ändern. Je genauer man erkennt, welche Kräfte wirksam sind und wie sie wirken, desto besser wird man Veränderungen in der gewünschten Richtung in Gang setzen können.

Die Bedeutung der Kräftefeld-Analyse liegt darin, dass sie folgendes ermöglicht:
a) ein komplexes Problem zu analysieren,
b) Planungen zur Herbeiführung von Veränderungen vorzubereiten,
c) mögliche Schwierigkeiten und Rückschläge, die sich bei der Planung bestimmter Aktionen ergeben können, vorher zu erkennen und bei der Planung zu berücksichtigen.

Der Ansatz der Kräftefeld-Analyse ist überraschend einfach. Es kommt zunächst darauf an, das Problem, um das es geht, genau zu beschreiben und das Ziel zu definieren, das erreicht werden soll. Der eigentliche Lösungsweg liegt dann in der Beantwortung und Bearbeitung von den drei Fragen:
1. Welche hemmenden Kräfte gibt es?
    z. B. für die Entwicklung des Unternehmens in den nächsten 10 Jahren
    a) intern   b) extern
2. Welche fördernden Kräfte gibt es?
    a) intern   b) extern
3. Was haben Sie für Vorschläge,
    a) um die hemmenden Kräfte abzubauen?
       und
    b) um die fördernden Kräfte zu verstärken?

Das ist im Grunde alles. Das Entscheidende dieser Methode liegt natürlich in der Art der Durchführung.

Die Kräftefeld-Analyse wird in der Regel in Gruppen von 5 bis 6 Teilnehmern durchgeführt. Bei größeren Gruppen empfiehlt es sich, Kleingruppen zu bilden und die Ergebnisse nachher im Plenum zu diskutieren.

Die Kräftefeld-Analyse vollzieht sich in folgenden Schritten:
1. Die Gruppe beschreibt das Problem, um das es geht.
    Kernfrage: Was stört uns?
2. Die Gruppe definiert das Ziel, um das es geht.
    Kernfrage: Was wollen wir erreichen?
3. a) Die Gruppe nennt alle hemmenden Kräfte, die auf die zu verändernde Situation einwirken und verhindern, dass das Ziel erreicht wird.
    b) Die Gruppe nennt alle fördernden Kräfte, die auf die zu verändernde Situation einwirken und es ermöglichen oder erleichtern, dass das Ziel erreicht wird.

4. Die Gruppe gewichtet die einzelnen Kräfte, wobei hemmende und fördernde Kräfte, die häufig in Wechselwirkung stehen, einander gegenübergestellt werden. Die Gewichtung wird durch Beispiele und Argumente belegt und dann in einer Rangreihe dokumentiert.

5. Die Gruppe entwickelt Vorschläge zur Veränderung der Situation im Hinblick auf das vorgenommene Ziel.
Kernfrage: Wie können wir erreichen, dass ... Dabei werden die Kräfte ausgewählt und gründlich untersucht, die verändert, d. h. reduziert oder verstärkt werden sollen. Es wird überlegt, wie die fördernden Kräfte verstärkt, unterstützt und zur Wirkung gebracht werden können. Es kommt aber auch - und vor allem - darauf an, zu überlegen, wie die hemmenden Kräfte abgeschwächt oder beseitigt werden können. Wichtig ist hierbei die Frage, welche Kräfte direkt und welche indirekt beeinflusst werden können und wie die Beeinflussung vor sich gehen soll Wichtig ist auch die Frage, welche Wechselwirkungen zwischen den sich verstärkenden Antriebskräften und den antagonistisch wirkenden Hemmkräften bestehen.

6. Die Gruppe entwickelt einen Handlungsplan und eine Strategie des Vorgehens. Dabei werden konkrete Maßnahmen vereinbart.
Kernfrage: Wer tut was, warum und mit wem,
um die gewünschten Veränderungen herbeizuführen? Anschließend werden noch einmal die durch das sich ergebende Kräftespiel voraussehbaren Schwierigkeiten besprochen, und wie man mit ihnen umgeht. Schließlich wird ein Termin vereinbart, an dem eine Überprüfung der geplanten Aktionen und eine Auswertung des gesamten Prozesses erfolgen soll.

Das prinzipielle Vorgehen bei der Kräftefeld-Analyse haben wir etwas vereinfacht in einem Schema dargestellt (Abb. 100).

Zur Veranschaulichung wird ein Beispiel für eine Kräftefeld-Analyse zur Klärung von Schwierigkeiten bei den Besprechungen einer Arbeitsgruppe stichwortartig verkürzt wiedergegeben.

Beispiel

Ein Expertenteam von 6 Leuten klagt darüber, dass: „Vieles unter uns so eingefahren ist. Immer wieder die gleichen Klischees, Vorurteile und Missverständnisse. Entscheidungsprozesse dauern zu lang. Oft ist unklar, wer überhaupt hinter den getroffenen Entscheidungen steht".

1. Problem definieren

Alles was stört, wird genannt und aufgelistet (Brainstorming). Die störenden Verhaltensweisen werden in Dreiergruppen analysiert. Schließlich stellt sich heraus, was die vorherrschenden Verhaltensnormen sind: „Wir sprechen Konflikte nicht offen aus" und „Wir wollen alle Unterschiedliches".

2. Ziel formulieren

Offene Konfliktbearbeitung,
Interessen- und Beziehungsklärung.

3. Kräftefeld analysieren

Das Schema wird angezeichnet und auf Zuruf werden die Spalten beschrieben.

1. Problem beschreiben
   Uns stört, dass . . . .

2. Ziel definieren
   Wie können wir erreiche, dass . . . .

3. Einflusskräfte und Bedingungen auflisten
   Was hemmt . . . .   Was fördert . . . .
   1. . . . .   1. . . . .
   2. . . . .   2. . . . .
   3. . . . .   3. . . . .
   . . . .

4. Einflusskräfte gewichten und analysieren
   Der am meisten   Der am meisten
   hemmende Faktor   fördernde Faktor
   ist . . . .   ist . . . .

5. Vorschläge zur Veränderung
   um die hemmenden   um die fördernden
   Faktoren zu beseitigen   Faktoren zu verstärken
   oder abzuschwächen   und zu unterstützen

6. Aktionsplan erstellen
   Konkrete Maßnahmen vereinbaren:
   Wer tut was, wann und mit wem . . . .
   um die gewünschten Veränderungen zu bewirken

Abb. 100: Kräftefeld-Analyse

Hindernde Kräfte
1. Mangelndes Vertrauen
2. Angst vor Ärger
3. Harmoniebedürfnis
   (keinen Streit kriegen)
4. Angst vor Trennung oder davor,
   isoliert zu werden
5. Unausgesprochene Machtansprüche
6. Zeitdruck
7. Unklarheiten über Einzelfragen usw.

Helfende Kräfte
1. Erklärter Wille, effektiver zu arbeiten
2. Unbehagen mit der gegebenen Situation
3. Wunsch nach Klärung der Probleme
   (Was will eigentlich der andere? Was
   will ich?)
4. Zeitdruck
   Die Tagesordnung der Sitzungen
   könnte schneller abgehandelt werden,
   wenn die Konflikte bearbeitet wären
   usw.

4. Einflusskräfte gewichten und analysieren

Die gewichtigsten Faktoren: „Angst" und „Machtansprüche". Die Ängste und Ansprüche werden analysiert. Es ergeben sich neue Fakten:
- die Rollen und Interessen sind unklar
- Entscheidungsprozesse laufen nicht durchsichtig ab
- viele Phantasien in der Gruppe über die Einstellung anderer
- verschiedene Erwartungen (nie ausgesprochen) wurden enttäuscht usw.

5. Vorschläge zur Veränderung

Die wirklichen Interessen der Beteiligten werden offen ausgesprochen. Die übereinstimmenden Ziele haben Priorität.

Phantasien übereinander werden an Ort und Stelle mit der Realität konfrontiert (Abziehbilder der Wirklichkeit!).

Rolle des Vorsitzenden und einzelner Mitglieder, werden diskutiert und genauer beschrieben.

Die Art des Zustandekommens der Tagesordnung für jede Zusammenkunft wird vereinbart.

Über die Abhandlung der Tagesordnungspunkte und über die Entscheidungsprozesse in der Gruppe werden klare Absprachen getroffen.

Am Ende jeder Sitzung werden 30 Minuten für einen Feedback-Prozess und eine Auswertung eingeplant, die von einem anderen Gruppenmitglied (nicht vom Vorsitzenden) moderiert wird.

6. Aktionsplan erstellen

Maßnahmen werden konkretisiert:
Wer macht was wann und mit wem...
Soweit dieses Beispiel.

Die Kräftefeld-Analyse eignet sich für eine Vielzahl von Problemen, soweit sie sozialpsychologisch relevant sind:
-   für individuelle Probleme
-   für die Zusammenarbeit mit anderen
-   für Gruppen oder Abteilungen
-   für Probleme zwischen Gruppen
-   für Unternehmen und Institutionen
-   für Organisation und Umwelt.

Abschließend sollen noch einige Hinweise für die Anwendung der Kräftefeld-Analyse zur Klärung der Organisation-Umwelt-Beziehungen gegeben werden:

Die Geschäftsführung eines großen Unternehmens ruft einen Kreis ausgewählter Führungskräfte zusammen, um - ausgehend von aktuellen Problemen des Unternehmens - Anhaltspunkte für eine Unternehmensstrategie zu erarbeiten. Die Planungsklausur wird von vornherein in zwei Teile gegliedert. Im ersten, mehr analytischen Teil geht es um eine Diagnose der Unternehmenssituation, im zweiten, mehr synthetischen Teil um die Therapie, d.h. um die Planung der erforderlichen Maßnahmen.

Einleitend gibt es einige Vorbemerkungen:
Wenn Sie anschließend zu einigen Problemen unseres Unternehmens Stellung nehmen, dann
-   vergegenwärtigen Sie sich die Situation unseres Unternehmens zum jetzigen Zeitpunkt und fragen Sie sich nach

- den unternehmenspolitischen Grundsätzen und den langfristigen Unternehmenszielen, nach Absatzplanung, Produktionsplanung, Forschungs- und
  Entwicklungsplanung, Beschaffungsplanung, Organisationsplanung, Perso-
  nalplanung, Kostenplanung, Erfolgsplanung, Finanz- und Investitionspla-
  nung (d.h. soweit diese Grundsätze, Ziele und Pläne formuliert wurden und
  Ihnen bekannt sind),
- betrachten Sie die Probleme im Hinblick auf die gegenwärtigen und zukünf-
  tig zu erwartenden Veränderungen innerhalb und außerhalb unseres
  Unternehmens, mit denen wir Ihrer Meinung nach während der kommenden
  zehn Jahre zu rechnen haben.

Auf dem Analyse-Bogen, der an alle verteilt wird, sind zwei Rubriken vorgesehen, eine linke Seite mit der Überschrift: „Wesentliche externe Antriebskräfte"
und eine rechte Seite mit der Überschrift: „Wesentliche externe hemmende Kräfte".
Diese sind, so wird gesagt, in der Reihenfolge ihrer Bedeutung aufzuführen, und
zwar zunächst durch ein Stichwort zu kennzeichnen, dann in einem zusammenhängenden Satz zu beschreiben und schließlich, wenn nötig, noch zu erläutern.
Zusätzlich wird folgende Instruktion gegeben:
Führen Sie auf der linken Seite Ihres Doppelbogens die fünf wichtigsten externen Antriebskräfte auf, welche die Entwicklung unseres Unternehmens in den
nächsten zehn Jahren begünstigen.
Unter externen Antriebskräften versteht man alle Umweltfaktoren (soziale, politische, technologische und wirtschaftliche), die unser Unternehmen stimulieren
und ihm Möglichkeiten geben, sich zu höherer Wirksamkeit (Existenzsicherung,
Wachstum, Rentabilität) zu entwickeln.

Außerdem:
Führen Sie, auf der rechten Seite Ihres Doppelbogens die fünf kritischsten externen hemmenden Kräfte auf, die Ihrer Meinung nach unser Unternehmen an
der Erreichung seiner Ziele (Behauptung, Wachstum, Rentabilität) behindern
könnten.
Es wird den Teilnehmern genügend Zeit gelassen, die Fragen zu beantworten.
Anschließend wird ein zweiter Doppelbogen verteilt, und es wird nach den in-
ternen fördernden und hemmenden Kräften gefragt..
Welches sind - so lautet die Instruktion - die fünf wichtigsten internen Antriebs-
kräfte, die unser Unternehmen bei der Erreichung seiner Ziele (Behauptung,
Wachstum und Rentabilität) in den nächsten zehn Jahren unterstützen werden?
Unter internen Antriebskräften verstehen wir alle internen Faktoren (Verhal-
tensweisen von Führungskräften und Mitarbeitern, Leistungs- und Know-how-
Potential, Unternehmenspolitik, Verfahrensweisen, finanzielle Mittel usw. im
Unternehmen), die unser Unternehmen stimulieren und ihm Möglichkeiten zur
Behauptung, zum Wachstum und zur Rentabilität geben werden.
Führen Sie auf der linkem Seite des Doppelbogens der Reihe nach die wirksa-

men internen Antriebskräfte auf.

Auf der rechten Seite des Doppelbogens sind die internen hemmenden Kräfte zu beschreiben. Die entsprechende Frage lautet:

Welches sind die fünf kritischsten internen hemmenden Kräfte, die Ihrer Meinung nach unser Unternehmen an der Erreichung seiner Ziele (Behauptung, Wachstum und Rentabilität) in den nächsten zehn Jahren hindern könnten?

Unter internen hemmenden Kräften verstehen wir alle internen Faktoren (Verhaltensweisen von Führungskräften und Mitarbeitern, Leistungs- und Know-how-Defizit, Unternehmenspolitik, Verfahrensweisen, finanzielle Mittel, usw.), welche die Entwicklung unseres Unternehmens behindern könnten.

Nachdem alle Fragebogen ausgefüllt worden sind, folgt der zweite Teil der Kräftefeld-Analyse: die Therapie bzw. die Erarbeitung der erforderlichen Maßnahmen.

Die Instruktion hierzu lautet wie folgt.

Empfehlungen für dringende Maßnahmen:

Zu einer Verstärkung der positiven Wirkung der Antriebskräfte und zur Ausschaltung oder Verringerung der negativen Wirkungen der hemmenden Kräfte müssen gewisse dringende Maßnahmen ergriffen oder Verfahrensweisen geändert oder übernommen werden. Führen Sie die Ihrer Meinung nach geeignetsten Maßnahmen in der Reihenfolge ihrer Dringlichkeit auf.

Zwei Beispiele aus der Stellungnahme europäischer und amerikanischer Unternehmen zu diesen Fragen zeigen, worauf es ankommt:

Antriebskraft Dringende Maßnahmen
Nr.

1 *Dynamische* *Führung*	*Beschreibung:* Zur Verstärkung eines Impulses dynamischer Führung sollte die Führungsspitze systematischer für das Wachstum eines künftigen Weltmarkts planen, unter Einschluss von Beteiligungen an nationalen Unternehmen und Firmenkauf.
Hemmende Kraft Nr.	Dringende Maßnahmen
1 *zu viele unren-* *table Produkte*	*Beschreibung:* Zur Verringerung der hemmenden Vielfalt unrentabler Produkte sollte die Führungsspitze nicht aus Tradition an Produkten festhalten, die Verluste bringen; vielmehr sind unrentable Produkte aufzugeben und das Marketing auf weltweit rentable Produkte zu konzentrieren.

Wiederum sind auf der linken Seite eines Doppelbogens die Maßnahmen aufzulisten, die zu einer Steigerung der angeführten Antriebskräfte führen, auf der rechten Seite die Maßnahmen, die zu einer Ausschaltung bzw. Verringerung der Auswirkungen von hemmenden Kräften führen.

Auf die Auswertung der Fragebogen und die Diskussion der Ergebnisse, die schließlich zur Planung konkreter Maßnahmen führt, kann hier nicht weiter eingegangen werden.

4.2 Entwicklung und Überprüfung von Zielvorstellungen

Für eine Organisation ist es besonders wichtig, dass die Zielvorstellungen klar formuliert sind. Ziele haben wichtige Funktionen:
- die Verhaltensweisen der Mitarbeiter erhalten eine gemeinsame Orientierung und Ausrichtung,
- abweichende Verhaltensweisen können identifiziert und kontrolliert werden,
- Kontrollsysteme und Methoden zur Erfassung des Ist-Zustandes können entwickelt und praktiziert werden,
- bei angestrebten Veränderungen geben die Ziele die Ausrichtung der Veränderungsprozesse an und ermöglichen das Feststellen der Abweichungen.

Bei grundlegenden Umstrukturierungen ist dies deshalb wichtig, weil auch Einstellungsänderungen notwendig sind, die längere Zeit benötigen. Deshalb sollte die Zielformulierung unter Mitwirkung der Mitarbeiter geschehen, damit die Mitarbeiter sich der veränderten Ausrichtung bewusst werden können. Die Mitarbeiter können dann selbst die Konsequenzen für ihre eigenen Verhaltensweisen ableiten und am Geschehen aktiv mitwirken.

Das vorliegende Verfahren hat deshalb in erster Linie die Funktion, eine Diskussion über Ziele in Gang zu setzen. Es bilden sich durch die Diskussion gemeinsame Vorstellungen darüber, was in Zukunft das Handeln bestimmen soll und worauf besonders zu achten ist.

Das Verfahren verlangt konkrete Ausformulierungen der Ziele für jeden Bereich. Auf diese Weise entwickelt sich auch das Verantwortungsbewusstsein für die Gestaltung des Veränderungsprozesses bei jedem Mitarbeiter.

Insbesondere dann, wenn er später für die Veränderungen in seinen Bereich verantwortlich ist und sie kontrolliert. Es werden nämlich auch die Kriterien für eine Bewertung der Situation und des Fortganges des Veränderungsprozesses bestimmt.

Die ausformulierten Kriterien können dazu benutzt werden, um die Mitglieder der Organisation oder die Kunden direkt zu befragen, in welchen Bereichen die Soll-Vorstellungen ihrer Meinung nach erfüllt bzw. nicht erfüllt sind.

Beispiel:
1. Wir (die Kunden) sind mit den Leistungen zufrieden
1.1 die Qualität des Produktes entspricht unseren Vorstellungen
1.2 Reparaturen werden schnell und zufriedenstellend ausgeführt
1.3 die Rechnungen sind gut zu lesen und entsprechen unseren Vorstellungen
etc.

Die Abweichungen von den Idealvorstellungen lassen sich durch eine Skala präzisieren (s. unten aufgeführter Fragebogen).
Der Fragebogen selbst ist nur als Anregung zu verstehen, wie ein Diskussionsergebnis aussehen könnte. Wichtig ist vor allem die gemeinsame Auseinandersetzung, die zu gemeinsamen Zielvorstellungen führen soll.

Der Fragebogen ist nach vier verschiedenen Hauptaufgaben einer Organisation gegliedert:
1. Interne/externe Kunden optimal zufrieden stellen
2. Anfallende Probleme schnell und wirksam lösen
3. Anpassungen an Umweltveränderungen aktiv vornehmen
4. Leistungen des Unternehmens nach außen darstellen.

Fragebogen: Ziele der Organisation

Zielsetzungen des Fragebogens sind:

- Der Fragebogen hilft Soll-Vorstellungen darüber zu entwickeln,
  - wie im Unternehmen gearbeitet werden soll,
  - welche Rahmenbedingungen dazu notwendig sind.
- Der Fragebogen erfasst den Ist-Zustand der Organisation durch eine Befragung der Mitarbeitern
- Von den Abweichungen (Soll-Ist) ausgehend, können Maßnahmen entwickelt werden, die das Unternehmen in Richtung Soll-Vorstellungen verändern.
- Die Veränderungen können während eines Veränderungsprozesses kontinuierlich erfasst werden.

Vorgehen

1. Festlegen der Haupttätigkeitsbereiche der Organisation.
2. Der Fragebogen wird Schritt für Schritt entwickelt, indem zuerst die allgemeinen Zielvorstellungen formuliert werden. Was wollen wir erreichen?
3. Die allgemeinen Ziele werden weiter konkretisiert. Was stellen wir uns z. B. unter Kooperation zwischen den Abteilungen vor?
4. Alle Mitarbeiter/Kunden nehmen Stellung zur vorgelegten Rohfassung.
5. Die überarbeitete Form wird allen Kunden/Mitarbeitern als Fragebogen vorgelegt und nach ihren subjektiven Vorstellungen ausgefüllt. Sie geben mit Hilfe der Fragebogen-Vorgaben an, wie sie das Unternehmen sehen. In welchen Bereichen gibt es Abweichungen zu den Soll-Vorstellungen?
6. Der Fragebogen wird ausgewertet. Mit der Auswertung können die Stärken/Schwächen des Unternehmens in den Aufgabenbereichen beschrieben werden.
7. Von den Ergebnissen der Befragung ausgehend können dann Maßnahmen zur Verbesserung des Unternehmens entwickelt, geplant, verwirklicht werden.
8. Anschließend lassen sich mit wiederholten Befragungen die Maßnahmen auf ihre Wirkung hin beurteilen.

I. Aufbau des Fragebogens

1. Interne/externe Kunden optimal zufrieden stellen

1.1 Allgemeine Beurteilung
1.2 Organisatorische Voraussetzungen
1.3 Ziele und Kontrolle
1.4 Methoden/Systeme
1.5 Information und Kommunikation

2. Anfallende Probleme schnell und wirksam lösen

2.1 Allgemeine Beurteilung
2.2 Organisatorische Voraussetzungen
2.3 Methoden/Systeme
2.4 Kommunikation und Interaktion

3. Anpassungen an Umweltveränderungen aktiv vornehmen

3.1 Methoden
3.2 Kommunikation und Interaktion

4. Leistungen des Unternehmens nach außen darstellen

4.1 Darstellung des Unternehmens in der Öffentlichkeit
4.2 Methoden/Systeme
4.3 Kommunikation und Interaktion

Beantworten der Vorgaben

Im folgenden sind eine Vielzahl von Vorgaben aufgeführt, welche die optimale Ausgestaltung der vier genannten Aufgabenbereiche (1. Interne/externe Kunden optimal zufrieden stellen,..., 4. Leistungen des Unternehmens positiv nach außen darstellen) in einem Unternehmen kennzeichnen.

Diese Soll-Vorstellungen sind mit der Ist-Situation zu vergleichen. Der Ausprägungsgrad der Abweichungen ist durch folgende Antwort-Alternativen zu kennzeichnen:

1. trifft zu	2. trifft weit-gehend zu	3. trifft zum Teil zu	4. trifft kaum zu	5. trifft gar nicht zu

Beispiel

Die Gebrauchsanweisung für das Gerät ist verständlich   1   2   3   4   5

Markieren Sie die „2", wenn Sie der Meinung sind, dass die Gebrauchsanweisung für das von Ihnen verkaufte Gerät weitgehend verständlich ist.

II. Fragebogen Organisationsanalyse

1. Interne/externe Kunden optimal zufrieden stellen

In diesen Aufgabenbereich fallen alle Handlungen, die sich tagtäglich in gleich bleibenden Abläufen vollziehen:

In den Abteilungen werden Teilaufgaben erfüllt, die dann von einer anderen Abteilung weiterverarbeitet werden (interne Kunden). Aufträge werden entgegengenommen, Lieferungen werden ausgeführt (externe Kunden). Bei all diesen Tätigkeiten geht es darum, einen möglichst gleichbleibenden hohen Standard der Ausführung zu garantieren.

	1. trifft zu				5. trifft gar nicht zu

1.1 Allgemeine Beurteilung

Die Aufbau- und Ablauforganisation ist den Aufgaben entsprechend optimal gestaltet.	1	2	3	4	5
Arbeitsmittel sind auf dem neuesten Stand.	1	2	3	4	5
Ziele des Aufgabenbereichs sind für die Mitarbeiter vorgegeben.	1	2	3	4	5
Die Aufgabenbearbeitung ist ständig auf einem hohen Niveau.	1	2	3	4	5
Die Aufgabenerledigung erfolgt termingerecht.	1	2	3	4	5
Die Organisation kann schnell auf Kundenwünsche reagieren.	1	2	3	4	5

1.2 Organisatorische Voraussetzungen

Verantwortlichkeiten/Vollmachten sind in hohem Maße an die einzelnen Arbeitsplatzinhaber delegiert.	1	2	3	4	5
Die Aufgaben mit den Verantwortlichkeiten sind klar vorgegeben.	1	2	3	4	5
Die Aufgaben entsprechen den Fähigkeiten/Fertigkeiten der Mitarbeiter (weder Über- noch Unterforderung).	1	2	3	4	5
In die Arbeit kann das ganze Wissen u. Können eingebracht werden.	1	2	3	4	5
Die Aufgaben der Mitarbeiter sind in qualitativer Hinsicht (höhere Verantwortung, Eigenkontrolle usw.) optimal erweitert.	1	2	3	4	5
Benötigte Daten stehen jederzeit zur Verfügung (z.B. Zugriff auf EDV-Systeme).	1	2	3	4	5
Die Mitarbeiter überblicken den gesamten Arbeitsprozess.	1	2	3	4	5
Arbeitsprozesse werden über die Abteilungen koordiniert.	1	2	3	4	5

1.3 Ziele und Kontrolle

Ziele und Prioritäten für die Abteilung sind für jeden Mitarbeiter klar.	1	2	3	4	5
Die Mitarbeiter können den Weg, die Methode zur Zielerreichung bestimmen.	1	2	3	4	5
Leistungsstandards/Qualitätskriterien sind definiert.	1	2	3	4	5
Die Mitarbeiter achten selbst auf die Qualitäts- und Zeitvorgaben.	1	2	3	4	5
Überprüfungsverfahren sind vorgegeben, verständlich, anwendbar.	1	2	3	4	5
Die Kontrolle der erbrachten Abteilungsergebnisse ist gesichert.	1	2	3	4	5
Die Führungskraft greift nur dann ein, wenn sich Abweichungen ergeben.	1	2	3	4	5

1.4 Methoden/Systeme

Zusätzliche Ziele werden gemeinsam festgelegt (Management by Objectives).	1	2	3	4	5
Verbesserungsvorschläge werden belohnt und gefördert.	1	2	3	4	5
Rückmeldungen über die Leistungen erfolgen regelmäßig (Beurteilungssystem).	1	2	3	4	5
Fortbildung erfolgt systematisch und bedarfsbezogen.	1	2	3	4	5

	1. trifft zu				5. trifft gar nicht zu

Bei Einführung neuer Techniken, Systeme, Abläufe usw. wird die
Fortbildung mitgeplant.   1 2 3 4 5
Das Gelernte wird in die Praxis eingebracht.   1 2 3 4 5

1.5 Information und Kommunikation
Über wichtige Dinge und Vorgänge wird rechtzeitig und ausführlich
informiert.   1 2 3 4 5
Informationen zwischen den einzelnen Fachabteilungen fließen
ungestört.   1 2 3 4 5
Gespräche finden regelmäßig statt. Sie sind ein wesentliches
Führungsmittel.   1 2 3 4 5
Offener Meinungsaustausch ist möglich.   1 2 3 4 5
Die Interessen der Mitarbeiter werden berücksichtigt.   1 2 3 4 5
Der Umgangston ist freundlich und sachlich.   1 2 3 4 5
Mitarbeiter unterstützen sich gegenseitig.   1 2 3 4 5
Der Vorgesetzte hat ein gutes Verhältnis zu seinen Mitarbeitern.   1 2 3 4 5
Die Vorgesetzten regen ihre Mitarbeiter zur Selbständigkeit an.   1 2 3 4 5
Vorgesetzte erkennen die Leistungen der Mitarbeiter an   1 2 3 4 5
.Fehler führen zu einer konstruktiven Auseinandersetzung.   1 2 3 4 5

2. Anfallende Probleme schnell und wirksam lösen

Aus der täglichen Arbeit erwachsen Probleme, aber auch Verbesserungsmöglichkeiten. Sie können sich auf praktizierte Verfahren wie auf die Zusammenarbeit in
und zwischen Abteilungen beziehen. Eine Hauptaufgabe ist es, die Leistungsfähigkeit des Unternehmens ständig zu erhöhen. Dazu müssen Probleme gelöst
und Verbesserungsbereiche bestimmt und Maßnahmen getroffen werden.

	1. trifft zu				5. trifft gar nicht zu

2.1 Allgemeine Beurteilung
Probleme werden systematisch bearbeitet.   1 2 3 4 5
Die nötigen organisatorischen Voraussetzungen zur Problem-
bearbeitung sind vorhanden.   1 2 3 4 5
Verfahren, die die Effizienz des Problemlösens erhöhen, werden
eingesetzt.   1 2 3 4 5

2.2 Organisatorische Voraussetzungen
Projektteams werden von der Geschäftsleitung bzw. von den
Vorgesetzten unterstützt.   1 2 3 4 5
Der Aufgabenbereich der Mitarbeiter ist so gestaltet, dass sie bei
Problemlösungen mitwirken können.   1 2 3 4 5
Betroffene Mitarbeiter sind an Problemlösungen beteiligt.   1 2 3 4 5

2.3 Methoden/Systeme
Methoden zum systematischen Problemlösen sind bekannt und
werden eingesetzt.   1 2 3 4 5
Man ist in der Lage, alternative Möglichkeiten schnell zu erkennen
und zu bewerten.   1 2 3 4 5

	1. trifft zu				5. trifft gar nicht zu

Das Unternehmen nutzt die Kreativität und Sachkenntnis der Mitarbeiter zum Lösen von Problemen.   1 2 3 4 5

Entscheidungen werden von allen Betroffenen getragen.   1 2 3 4 5

Resultate werden daraufhin überprüft, ob sie realistisch und anwendbar sind.   1 2 3 4 5

Nach der Durchführung einer Maßnahme werden die Erfahrungen mit der Lösung systematisch erfasst und ausgewertet.   1 2 3 4 5

2.4 Kommunikation und Interaktion

Probleme werden offen angesprochen und diskutiert.   1 2 3 4 5

Alle Informationen stehen allen Beteiligten zur Verfügung.   1 2 3 4 5

Bei anstehenden Problemen werden die Mitarbeiter rechtzeitig und ausreichend informiert.   1 2 3 4 5

Alle sind gleichberechtigt am Entscheidungsprozess beteiligt.   1 2 3 4 5

Die Verhandlungsmacht aller Beteiligten ist gleich groß.   1 2 3 4 5

Bereitschaft zur Auseinandersetzung mit anderen Meinungen ist vorhanden.   1 2 3 4 5

Widerstände gegen Veränderungen werden ernstgenommen.   1 2 3 4 5

Vorschläge, Beiträge zur Problembearbeitung werden konstruktiv aufgegriffen.   1 2 3 4 5

Neue, überzeugende Ansichten werden aufgegriffen.   1 2 3 4 5

Man versucht, einen Konsens zu erreichen.   1 2 3 4 5

Konflikte werden gründlich untersucht, um die dahinterliegenden Ursachen zu erfassen.   1 2 3 4 5

Jeder trägt dazu bei, vorhandene Konflikte zu lösen.   1 2 3 4 5

3. Anpassungen an Umweltveränderungen aktiv vornehmen

Gerade in unserer Zeit ist eine Organisation ständigen Umweltveränderungen ausgesetzt. Märkte, Technologien, Verfahren, Erkenntnisse, aber auch gesellschaftliche Normen und Werte ändern sich. Diese Dynamik ist sowohl national als auch international anzutreffen.

Ein Unternehmen muss diese Prozesse verfolgen, für seine Existenzabsicherung sogar aktiv nutzen. Die Zukunftsentwicklungen müssen analysiert, für die Aufgabenstellungen des Unternehmens übersetzt und in konkrete Aktivitäten transformiert werden.

	1. trifft zu				5. trifft gar nicht zu

3.1 Methoden

Das Unternehmen setzt sich aktiv mit den Veränderungen in der Umwelt auseinander.   1 2 3 4 5

Es werden regelmäßig langfristige Szenarien über mögliche Zukunftsentwicklungen erstellt.   1 2 3 4 5

Trends werden systematisch herausgearbeitet.   1 2 3 4 5

Die Führungsspitze entwickelt Konzeptionen für die Zukunftsentwicklung des Unternehmens.   1 2 3 4 5

	1. trifft zu			5. trifft gar nicht zu

Zu den ausformulierten Strategien werden operationale Planungen entwickelt.   1 2 3 4 5

Arbeitsgruppen zur Erstellung von Strategien, Konzeptionen werden bei Bedarf eingerichtet.   1 2 3 4 5

Die Mitarbeiter werden in die konzeptionelle Arbeit einbezogen.   1 2 3 4 5

3.2 Kommunikation und Interaktion

Mitarbeiter aller Hierarchieebenen sind über die strategische Ausrichtung des Unternehmens informiert.   1 2 3 4 5

Informationen, die Chancen und Risiken für das Geschäft darstellen, werden systematisch gesucht.   1 2 3 4 5

Impulse, die zu veränderten Sichtweisen des Geschäfts führen, werden aufgenommen.   1 2 3 4 5

Diskussionen über Veränderungen werden systematisch geführt.   1 2 3 4 5

4. Leistungen des Unternehmens nach außen darstellen

Die Darstellung des Unternehmens in der Öffentlichkeit hat wichtige Funktionen: Nicht nur der Kunde muss von der Leistungsfähigkeit überzeugt sein, sondern auch die Öffentlichkeit muss ein positives Bild von der Unternehmung haben. Hiervon hängt unter anderem ab, ob man Mitarbeiter von externen Arbeitsmärkten leichter rekrutieren und diese dann auch „halten" kann. Die Wirkungen gehen nach „innen", und nach „außen".

	1. trifft zu			5. trifft gar nicht zu

4.1 Darstellung des Unternehmens in der Öffentlichkeit

Die Firma hat ein positives, realistisches Erscheinungsbild nach außen.   1 2 3 4 5

Das Unternehmen ist in der Lage, sich und seine Produkte/Projekte überzeugend darzustellen.   1 2 3 4 5

Das Unternehmen hat bei seinen Kunden ein hohes Ansehen.   1 2 3 4 5

Das Unternehmen pflegt Kontakte zu wichtigen Institutionen.   1 2 3 4 5

Zur Außendarstellung bedient sich die Unternehmung auch der Presse.   1 2 3 4 5

Wichtige Umwelttrends (wie Umweltschutz, Humanisierung der Arbeit...) werden erkannt, umgesetzt und für die Außendarstellung genutzt.   1 2 3 4 5

Die Mitarbeiter identifizieren sich mit der Unternehmung.   1 2 3 4 5

Die Mitarbeiter helfen mit, ein positives Bild des Unternehmens in der Öffentlichkeit zu erzeugen.   1 2 3 4 5

Auf die Zusammenarbeit mit dem Betriebsrat und den Vertretern der leitenden Angestellten wird Wert gelegt.   1 2 3 4 5

4.2 Methoden/Systeme

Die Beziehungen zum Kunden werden gepflegt.   1 2 3 4 5

Praktikanten werden sorgfältig betreut.   1 2 3 4 5

Es gibt eine PR-Arbeit im Unternehmen.   1 2 3 4 5

Corporate Identity ist entwickelt und wirksam.   1 2 3 4 5

	1. trifft zu			5. trifft gar nicht zu

4.3 Kommunikation und Interaktion

Informationen über das tatsächliche Erscheinungsbild werden
systematisch gesammelt und ausgewertet.   1   2   3   4   5

Man ergreift die Gelegenheit, das Unternehmen bei verschiedenen
Anlässen zu repräsentieren.   1   2   3   4   5

Kontakte zu wichtigen Organisationen (Berufsschulen, Universitäten,
Verbände ...) werden gesucht und gefestigt.   1   2   3   4   5

Auswertung:

(1) Gesamtzustand mit Häufigkeiten

	Mittelwert	Streuung

(2) Weitere Aufgliederung der Gesamtergebnisse:

1.1

1.2

1.3

2.1

2.2

2.3

3.1

3.2

3.3

(3) Auflistung der kritischen Statements (alles über 25% bei 4 und 5)

(4) nach Abteilungen/Einheiten/Funktionsbereichen der Organisation

4.3 Überprüfung der Organisationsstruktur

Im folgenden wird ein Verfahren geschildert, wie die betroffenen Manager selbst
die Probleme ihrer Arbeit analysieren und auf Strukturen zurückführen können,
die sie dann in Richtung auf effizientere Arbeitsabläufe verändern können.

Das vorgestellte Verfahren richtet sich auf eine Veränderung der Führungsstruktur eines Unternehmens, wobei vorausgesetzt wird,

- dass die befragten Manager an einer Optimierung der Arbeitsabläufe interessiert sind,

- dass sie über Grundkenntnisse der betriebswirtschaftlichen Organisationslehre verfügen,

- dass sie bereit sind, in einem kooperativen Prozess die Probleme zu lösen.

Der Leitfaden gliedert sich in verschiedene Fragen, die zunächst individuell von den betroffenen Führungskräften beantwortet werden. Danach werden Arbeitsgruppen gebildet, in denen die betroffenen Abteilungen repräsentiert sind. Diese erhalten bestimmte Aufgabenstellungen zur Bearbeitung und Zusammenfassung der individuellen Ergebnisse und Vorschläge. Die in den Arbeitsgruppen erarbeiteten Vorschläge werden dann in einer Gesamtkonferenz präsentiert und durchdiskutiert. Dabei werden die brauchbaren Vorschläge zur weiteren Bearbeitung ausgewählt. Die weitere Bearbeitung erfolgt wiederum in Arbeitsgruppen in der Weise, dass die ausgewählten Vorschläge eingehend erörtert und konkretisiert werden. Die von den Gruppen angefertigten Ausarbeitungen werden dann der Gesamtkonferenz präsentiert.

Danach erfolgt eine vorläufige Festlegung der neuen Organisationsstruktur. Diese wird anschließend in den neu gebildeten Arbeitsgruppen überprüft. Die Arbeitsgruppen sind so zusammengesetzt, dass sie der gewünschten neuen Struktur entsprechen. Erst danach werden die gesammelten Erfahrungen ausgewertet und die Ergebnisse als endgültige Vorschläge der Geschäftsleitung präsentiert.

Auf den folgenden Seiten wird das Verfahren in Form einer Handlungsanleitung wiedergegeben.

Ziel

Mit diesem Verfahren soll die zur Zeit bestehende Organisationsstruktur überprüft werden. Das Ziel ist eine größere Effektivität.

Durchführung

Dieses Verfahren wird von Managern, die innerhalb des Unternehmens führende Positionen einnehmen, wie folgt durchgeführt:

1. Die Organisationsstruktur wird von jedem Manager zunächst individuell überprüft (Vorarbeit).
2. Alle Änderungsvorschläge werden anschließend in einer Konferenz gemeinsam diskutiert.

Die Vorteile des Verfahrens:

1. Die Überprüfung wird von solchen Personen durchgeführt, die mit der Organisationsstruktur am besten vertraut sind.
2. Verbesserungsvorschläge werden von denjenigen leichter akzeptiert, die sie selbst entwickelt haben.
3. Lösungen werden nicht von außerhalb aufgezwungen.

Der Erfolg dieses Verfahrens hängt vor allem von der Bereitschaft der Manager ab, ungeachtet ihres persönlichen Status objektiv zu urteilen und Vorhandenes in Frage zu stellen.

Vorarbeiten

Sie bestehen darin, die Fragen 1 bis 5 einzeln zu beantworten.

1. Welches sind nach ihrer Meinung die Hauptschwächen in der jetzigen Organisationsstruktur? Führen Sie diese bitte auf.

   ....
   ....

2. a) Welche Änderungen schlagen Sie vor?

   ....
   ....

   b) Stellen Sie durch ein Ablaufdiagramm die Struktur dar, die sich aus Ihren Vorschlägen ergeben würde.

   ....

3. a) Welche der unter 1 aufgeführten Probleme würden durch Ihren Vorschlag gelöst werden? Führen Sie aus, wie diese Probleme gelöst würden, wenn dies nicht unmittelbar einsehbar ist.

   ....
   ....

   b) Welche neuen Probleme könnten sich durch die neue Struktur ergeben? Wie würden Sie diese lösen?

   ....
   ....

4. a) Welche Konsequenzen hätte ihr Vorschlag für das Management, das Nachwuchs-Management und für die übrige Belegschaft?

   ....
   ....

   b) Welche Kosten würden dadurch entstehen?

   ....
   ....

5. a) Welche Position erwarten Sie für sich selbst von der neuen Organisationsstruktur?

   ....
   ....

   b) Glauben Sie, dass sich ihr Status erniedrigt oder erhöht? Auch wenn Ihnen diese Frage zu direkt erscheint, versuchen Sie bitte, sie trotzdem ehrlich zu beantworten. Berücksichtigen Sie dabei, dass „Status" mehr beinhaltet als den Titel, und dass jede organisatorische Veränderung den Status niemals völlig unberücksichtigt bleiben lässt.

Konferenz

Nach den Vorarbeiten erfolgt die Besprechung der einzelnen Punkte gemeinsam in einer Konferenz. Die Gruppe sollte aus nicht mehr als sechs Mitarbeitern bestehen, die die verschiedenen Abteilungen repräsentieren. Es können mehrere Arbeitsgruppen nebeneinander gebildet werden.

Aufgaben der Arbeitsgruppen

- Überprüfung der Probleme/Vorschläge

- Entscheidung für 1 bis 2 Änderungen
- Auflisten der Vor- und Nachteile der Vorschläge im Vergleich zur vorhandenen Organisationsstruktur (insbesondere Auswirkungen auf Personal- und Finanzstruktur)
- Ausführung des einzelnen Mitarbeiters über seine Rolle in der neuen Organisationsstruktur.

Aufgaben der Gesamtkonferenz
- Die Ergebnisse der einzelnen Arbeitsgruppen werden präsentiert.
- Vom Plenum werden höchstens 3 Änderungsvorschläge zur weiteren Bearbeitung ausgewählt.
- Anschließend stellt jeder für sich die Auswirkungen für seinen Tätigkeitsbereich zusammen.

Aufgaben der Arbeitsgruppen
- Zusammenstellen der Auswirkungen auf die Arbeitsgruppe, auch ob dadurch ein objektives Urteilen beeinträchtigt wird (eigene Betroffenheit)
- Auflisten aller Vor- und Nachteile der Änderungsvorschläge unter Berücksichtigung von Kosten und Effizienz der Operationen.

Nachdem das Plenum die Änderungsvorschläge angenommen hat, beraten die neu gebildeten Gruppen über die Auswirkungen für ihre Abteilung. Aus den Konferenzteilnehmern werden Mitglieder für die *Präsentation bei der Geschäftsleitung* ausgewählt.

4.4 Beurteilung der Wirksamkeit von Organisationen

Eine Organisation wird durch viele Menschen gestaltet, die sich recht unterschiedlich verhalten. Aber einige Verhaltensweisen treten allgemein auf und charakterisieren die Organisation. Wenn die Frage nach der Art und Weise des Zusammenarbeitens in einer Organisation beantwortet werden soll, geht es um die Identifizierung solcher kollektiven Verhaltensweisen. Dies soll durch den vorliegenden Fragebogen ermöglicht werden, wobei auch der Zustand der Organisation mit den Vorstellungen einer idealen Organisation verglichen werden soll.

Vorgehensweise:

• **Beschreibung der idealen Organisation (Soll-Zustand)**

Verschiedene Aspekte von Verhaltensweisen in Organisationen sind in dem Fragebogen vorgegeben. Innerhalb jeden Aspekts stehen verschiedene Verhaltensmöglichkeiten zur Auswahl. Wählen Sie die Verhaltensweise, die Ihrer Ansicht nach am besten eine ideal funktionierende Organisation beschreibt. *Machen Sie ein Kreuz* in der linken Spalte unter „ideal".

- **Beschreibung des augenblicklichen Zustandes (Ist-Zustand)**

Gehen Sie nun in gleicher Weise vor. Wählen Sie aber nun die Beschreibung, die am besten den heutigen Zustand der Organisation beschreibt. *Machen Sie ein Kreuz* in der rechten Spalte unter „aktuell".

Beziehen Sie möglichst die ganze Organisation in dieser Beurteilung mit ein, also beziehen Sie alle Erfahrungen innerhalb der Organisation mit ein.

- **Identifizierung der sieben wichtigsten Probleme innerhalb der Organisation**

Stellen Sie nach den Beschreibungen der Organisation die sieben bedeutsamsten Beschreibungen zusammen, die die Probleme in der Organisation darstellen (Soll-Ist-Vergleich). Die Lösung dieser Probleme würde die Wirksamkeit der Organisation entscheidend erhöhen und andere damit zusammenhängende Probleme lösen helfen.

1. Veränderung der Organisation

ideal   aktuell

a) Problemlösungen werden vor allem auf ihre Verwendbarkeit hin überprüft, um eine gesicherte Entwicklung zu gewährleisten.

b) Realistische, anwendbare Lösungen führen zu einer schrittweisen, systematischen Veränderung.

c) Lösungsvorschläge tendieren mehr zu einer Verbesserung des Betriebsklimas als zu einer Steigerung der ökonomischen Leistung.

d) Es werden kaum Anstrengungen für Veränderungen gemacht. Problemlösungen werden weitgehend durch spezifische Umstände bestimmt. Man drückt sich vor Entscheidungen.

e) Lösungen werden auf ihren wirtschaftlichen Fortschritt hin überprüft. Auf die Sicherheit und das Wohlergehen der Mitarbeiter wird nicht oder kaum geachtet.

2. Entscheidungsprozesse

a) Bei Entscheidungen bezieht man die Vorstellungen der Mitarbeiter mit ein.

b) Entscheidungen sollen nur dem Gesichtspunkt genügen, sicher über die Runden zu kommen.

c) Bei Entscheidungen wird besonders auf das gute Betriebsklima geachtet.

d) Mitbeteiligung an Entscheidungen wird als echte Bestätigung von den Mitarbeitern empfunden.

e) Entscheidungen werden auch durchgesetzt, wenn das gute Betriebsklima gefährdet wird.

3. Profitbewusstsein

ideal   aktuell

_____ a) Das Ziel ist die wirtschaftliche Leistung.   _____

_____ b) Profitdenken ist bei den Mitarbeitern ein fester Bestandteil.   _____

_____ c) Profitdenken ist bei den Mitarbeitern kaum vorhanden.   _____

_____ d) Gewinn nimmt den zweiten Platz ein, wichtiger ist das Wohl-   _____
                    ergehen der Mitarbeiter.

_____ e) Profitdenken und die Erfüllung menschlicher Bedürfnisse   _____
                    sind ausbalanciert.

4. Autorität

_____ a) Der Vorgesetzte gibt die Anweisungen, die Mitarbeiter führen _____
                    sie aus.

_____ b) Bei Entscheidungen wird deutlich, dass die Richtlinien an hö-   _____
                    herer Stelle gesetzt werden.

_____ c) Der Vorgesetzte beachtet bei Entscheidungen, dass die Fä-   _____
                    higkeiten seiner Mitarbeiter genutzt werden.

_____ d) Es wird so lange daran gearbeitet, bis jeder mit der Lösung   _____
                    zufrieden ist.

_____ e) Es wird so vorgegangen, dass möglichst keine Schwierigkeiten _____
                    auftreten.

5. Kontrolle

_____ a) Es werden genaueste Untersuchungen darüber angestellt, wie   _____
                    die Dinge laufen. Perfektion wird angestrebt, um vor allem
                    Leistungen zu erzielen.

_____ b) Das Kontrollsystem zeigt Stärken wie Schwächen auf. Von   _____
                    den Mitarbeitern wird gute Arbeit erwartet.

_____ c) Eigenverantwortung wird erzeugt durch Unterstützung, Ver-   _____
                    trauen und Zustimmung.

_____ d) Die Mitarbeiter werden danach beurteilt, was sie machen und   _____
                    wie genau sie dabei die Erwartungen treffen.

_____ e) Die Mitarbeiter werden allein gelassen.   _____

6. Organisationsstruktur

_____ a) Die Organisation ist durch einen klaren Aufbau der Autorität,   _____
                    Verantwortlichkeit und der Anordnungsbefugnisse gekenn-
                    zeichnet.

_____ b) Ordnungsstrukturen fehlen völlig.   _____

_____ c) Grundlage der Organisation sind harmonische Beziehungen   _____
                    und das Vermeiden von Konflikten.

_____ d) Die Organisation ist auf ihre Aufgaben bezogen, funktionale   _____
                    Aufgabenbewältigungen durch Arbeitsgruppen haben Vor-
                    rang.

_____ e) Die Organisation ist aufgabenbezogen, wichtige Interessen   _____
                    und Notwendigkeiten werden mit berücksichtigt.

7. Beziehung zwischen Stab und Linie

ideal   aktuell

_____ a) Jeder macht seine Arbeit für sich, ohne dass man von den Arbeitstätigkeiten der anderen viel weiß. _____

_____ b) Es werden gute zwischenmenschliche Beziehungen gepflegt. Probleme sind dabei nebensächlich. _____

_____ c) Probleme werden gemeinsam analysiert, man versucht ein möglichst wirkungsvolles Team aufzubauen. _____

_____ d) Die Beziehung ist durch Konkurrenzdenken gekennzeichnet. _____

_____ e) Beide Seiten gehen aufeinander zu, damit die Zusammenarbeit besser läuft. _____

8. Koordination

_____ a) Koordination ist ein fester Bestandteil in der Organisation. _____

_____ b) Man achtet möglichst auf die anderen. _____

_____ c) Meinungsaustausch dient vor allem der Pflege zwischenmenschlicher Beziehungen. _____

_____ d) Jeder macht seine Arbeit, ohne auf die Koordination zu achten. _____

_____ e) Koordination wird als vielseitiges Instrument genutzt, um die gemeinsamen Anstrengungen zu erhöhen. _____

9. Einstellungen

_____ a) Dies ist ein Unternehmen, Personalentscheidungen sind unter wirtschaftlichen Gesichtspunkten zu fällen. _____

_____ b) Ausruhen auf dem Job wird geduldet. _____

_____ c) Mitarbeiter haben ein Recht auf Sicherheit und Zufriedenheit. _____

_____ d) Die Arbeit kann ohne das Schädigen von anderen ausgeführt werden. _____

_____ e) Eine Organisation setzt ihre Mitarbeiter voll und produktiv ein, dies erhöht den wirtschaftlichen wie persönlichen Nutzen. _____

10. Kostenbewusstsein

_____ a) Die Mitarbeiter sind voll bei der Kostenkontrolle beteiligt. _____

_____ b) Kosten müssen niedrig gehalten werden, es muss bei allem gespart werden. _____

_____ c) Kostenprobleme gehen mich nichts an. _____

_____ d) Die Kosten hoch zu lassen ist besser, als sich Ärger mit den Mitarbeitern einzuhandeln. _____

_____ e) Kompromisse werden gefunden, die die Mitarbeiter trotz wirtschaftlichen Drucks nicht zu sehr einschränken. _____

11. Planung

ideal   aktuell

_____ a) Planungen werden ohne Beteiligung der Mitarbeiter durchge- ———
führt. Die Mitarbeiter werden auch nicht darüber informiert.

b) Planungen verringern die Probleme und sorgen für sichere _____
_____ Abläufe.

c) Planungen berücksichtigen die Bequemlichkeit der Mitarbei-
_____ ter. Sie drücken das aus, was die Mitarbeiter zu tun gewillt _____
sind.

d) Es wird kaum geplant, die Organisation reagiert nur auf be-
_____ stehenden Druck. _____

e) Planungen entstehen durch enge Zusammenarbeit. Ziele und
_____ Rahmendaten werden unter Mitwirkung aller festgelegt und _____
so auch von allen getragen.

12. Arbeitstreffen

_____ a) Verhandlungen zielen auf Kompromisse, wobei sich ver- _____
schiedene Meinungen einander annähern.

b) Die Entscheidungen entstehen aufgrund einer Gewin-
_____ ner/Verlierer-Situation. _____

c) Es herrscht eine freundliche Atmosphäre, aber es kommt we-
_____ nig dabei heraus. _____

_____ d) Treffen sind Routine und entsprechend leblos. _____

_____ e) Intensive und harte Auseinandersetzungen führen zu abgesicherten und wirkungsvollen Entscheidungen. _____

13. Kommunikation

_____ a) Die Hauptquelle für die Kommunikation ist das informelle
System bei Kaffee und Kuchen. _____

_____ b) Kommunikation läuft hauptsächlich in Form von Anordnun- _____
gen ab, die entsprechend Tatsachen schaffen.

_____ c) Die Mitarbeiter werden nicht nur informiert, sondern nehmen _____
auch Stellung, die berücksichtigt wird.

_____ d) Es wird kaum miteinander gesprochen. _____

_____ e) Es gibt so etwas wie eine systematische Kommunikation, es _____
fließen aber nur unwichtige Informationen.

14. Kreativität

——— a) Die Regel lautet: Nur keine Veränderung. ———

b) Viele kreative Ideen werden darauf verwendet, das System zu
_____ unterlaufen und Autorität zu untergraben. _____

c) Die besten Fortschritte werden bei der Arbeitszufriedenheit _____
_____ und persönlichem Wohlergehen gemacht.

_____ d) Kreativität kommt durch Routine und Tagespolitik nicht zum _____
Zuge.

ideal   aktuell

——— e) Es wird in vernünftiger Weise mit neuen Ideen und Verfahren   ———
         experimentiert; Kreativität wird gefördert.

15. Konflikte

——— a) Konflikte werden gründlich untersucht, um die dahinter lie-   ———
         genden Ursachen zu erfassen.

——— b) Bei Konflikten führen Verhandlungen zu fairen und soliden   ———
         Lösungen, die möglichst vielen gerecht werden.

——— c) Man bemüht sich, bei Konflikten zu beschwichtigen und die   ———
         Leute wieder zusammenzubringen.

——— d) Konflikte werden in der Hoffnung ignoriert, dass sie sich von   ———
         selbst erledigen.

——— e) Macht wird eingesetzt, um Konflikte und konfliktträchtige   ———
         Ansichten zu unterdrücken.

16. Gefühle

——— a) Positive Gefühle werden ausgedrückt, andere aber kontrol-   ———
         liert, um Störungen zu vermeiden.

——— b) Gefühle werden in der Regel gut kontrolliert. Manchmal gibt   ———
         es allerdings Schwierigkeiten, sie unter Kontrolle zu halten.

——— c) Gefühle werden ausgedrückt, aber so, dass Widerstände ver-   ———
         mieden werden. Dadurch werden die Bemühungen zur ge-
         genseitigen Verständigung gefördert.

——— d) Aggressive Ausbrüche sind Bestandteile, eigene Positionen   ———
         durchzusetzen.

——— e) Gefühle kommen erst gar nicht auf, weil sie im Arbeitspro-   ———
         zess nicht zugelassen werden.

17. Überzeugungen

——— a) Die Mitarbeiter setzen ihre Ansichten nach dem Motto durch: ———
         Wo gehobelt wird, fallen Späne.

——— b) Ansichten werden offen und überzeugend dargestellt. Die   ———
         Mitarbeiter greifen neue überzeugende Ansichten auf und än-
         dern auch ihre Ansichten.

——— c) Ansichten zu äußern wird vermieden. Man schlängelt sich   ———
         durch, statt neue Ideen zu äußern.

——— d) Man bemüht sich nur soweit, bis halbwegs überzeugende Lö-   ———
         sungen gefunden worden sind.

——— e) Die Mitarbeiter geben eher dem Druck von oben nach als   ———
         Konflikte zu riskieren.

18. Verbundenheit mit der Organisation

——— a) Die Mitarbeiter fühlen sich nur mit Angelegenheiten außer-   ———
         halb der Organisation verbunden.

——— b) Man fühlt sich mit den Kollegen verbunden, nicht so sehr mit   ———
         der Organisation.

ideal   aktuell

_____ c) Man fühlt sich der Arbeit verpflichtet, will professionelle   _____
Leistungen bringen.

_____ d) Jeder hat ein allgemeines Interesse an der Organisation und
fühlt sich mit ihr verbunden. Jeder bringt seine Leistungen   _____
mit ein, damit die Ziele erreicht werden.

_____ e) Mitarbeiter reagieren auf Forderungen, die von der Organisa-   _____
tion gesetzt werden, weniger aus innerer Überzeugung.

19. Arbeitsmoral

_____ a) Bezahlung und andere Vergünstigungen machen den Arbeits-   _____
platz attraktiv, was den Druck ausgleicht, der nun mal auf
Mitarbeiter ausgeübt werden muss.

_____ b) Es wird im ausreichenden Maß Leistung erbracht, man lässt   _____
den Mitarbeitern auch den Spaß.

_____ c) Eine grundliegende Befriedigung der Mitarbeiter liegt darin,   _____
hervorragende Leistungen zu erbringen.

_____ d) Man ist mehr oder weniger gleichgültig.   _____

_____ e) Mitarbeiter werden dafür bezahlt, dass sie ihre Arbeit machen.   _____

20. Organisationsstil

_____ a) Man sucht Leistung und Betriebsfrieden auszubalancieren.   _____
Man ist fair, aber auch konsequent.

_____ b) Es werden hohe Anforderungen gesetzt. Wer nicht mithalten
kann, muss gehen.   _____

_____ c) Zufriedene Mitarbeiter arbeiten auch gut.   _____

_____ d) Mitarbeitern gibt man Anweisungen, alles andere kann man   _____
vergessen.

_____ e) Mitarbeiter leisten dann etwas, wenn sie mitgestalten können.   _____

Identifizieren Sie die 7 wichtigsten Vorgaben, bei deren Umgestaltung sich die
Organisation stark verbessern würde. Stellen Sie eine Rangfolge auf:

1. Stelle ————————————————————————————
2. Stelle ————————————————————————————
3. Stelle ————————————————————————————
usw.

4.5 Interview-Leitfaden zur Organisationsanalyse

Ein bedeutender Faktor bei der Ingangsetzung des OE-Prozesses ist die Phase
der Voruntersuchung. Hier gilt es, die Komponenten Mensch und System zu
betrachten, zu analysieren und die vorhandenen Ungleichgewichte und Spannungen festzustellen. Eine entscheidende Rolle spielt dabei die Formulierung der
Fragestellungen, die zu den Ursachen der Probleme hinführen soll.

Der zu erarbeitende Fragenkatalog wird allen Systemmitgliedern in gleicher Weise vorgelegt und mit ihnen durchgearbeitet. Er sollte sowohl Fragen zur Person als auch zum Klima und zum System beinhalten. Diese sollten gegenseitig gekoppelt werden, sodass die Aussagen abgeglichen werden können und damit auch eine gewisse Sachlichkeitskontrolle stattfinden kann.

Die Analyse sollte 4 Aspekte berücksichtigen, die für den OE-Prozess wichtig scheinen:
1. Zielsetzung der Organisationseinheit
2. Verhaltensweisen und Führungsstile in der Organisation
3. Ist- und Soll-Zustand der Organisation
4. Leistungen der Organisation.

Unter Berücksichtigung dieser Komponenten können die folgenden Fragestellungen (sachliche und Hintergrundfragen) als Beispiele angesehen werden. Die offene Gestaltung des Fragebogens ermöglicht es, sehr viel flexibler auf die jeweiligen Probleme einer Organisation einzugehen. In der Praxis muss ein solcher Fragebogen auf die konkreten Probleme einer Organisation ausgerichtet sein.

Frage 1
Welches Ziel verfolgen Sie mit Ihrer Abteilung/an Ihrem Arbeitsplatz? Welche Aufgaben nehmen Sie dazu im einzelnen wahr? Wo haben Sie sich Arbeitsschwerpunkte gesetzt?
Sinn der Fragen:
- Sammlung von Hinweisen und Fakten für die Analyse der Aufgabenverteilung und -abgrenzung
- Aussagen über das Vorhandensein von Zielsetzungen sowie deren Erreichungsgrad
- Übereinstimmung mit den Systemzielen
- Abgleich zwischen offizieller Aufgabenstellung und individuellen Inhalten des Arbeitsplatzes.

Frage 2
Wer sind Ihre häufigsten/wichtigsten Gesprächspartner innerhalb Ihrer Organisationseinheit und was ist jeweils der Anlass?
Sinn der Frage:
- Feststellen der formellen und informellen Beziehungen
- Erkennen von Kommunikationsschwerpunkten und der Opinionleader
- Feststellen der Art der Beziehungen, z.B. einseitig/gegenseitig, aufgabenbezogen/persönlich.

Frage 3
Wie läuft in Ihrer Organisationseinheit/bei Ihnen der Prozess der Informationsauswahl, -bearbeitung und -weitergabe ab? Was ist der Anlass?
Sinn der Fragen:
- Sammlung von Hinweisen und Fakten für die Analyse der Aufgabenverteilung und der Abläufe
- Fakten über Art und Ablauf der Entscheidungsfindung

- Aussagen über die Art der ausgeübten Tätigkeit in Bezug auf ein Agieren und/oder Reagieren
- Feststellen der vorhandenen Beziehungssysteme.

Frage 4

Wie erfolgt die Abstimmung mit den vor- und nachgelagerten oder gleichartigen Stellen des Systems?

Sinn der Frage:

- Sammlung von Fakten und Hinweisen für die Analyse der Aufgabenverteilung und -abgrenzung
- Fakten über Art und Ablauf der Entscheidungsfindung
- Aussagen über die Koordination der Durchführung.

Frage 5

Nennen Sie die häufigsten/wichtigsten Gesprächspartner außerhalb Ihrer Organisationseinheit und was ist jeweils der Anlass?

Sinn der Frage:

- Feststellen der formellen und informellen Beziehungen außerhalb der Organisationseinheit (systemintern und -extern)
- Erkennen von Kommunikationsschwerpunkten
- Feststellen der Art der Beziehungen, z. B. einseitig/gegenseitig, aufgabenbezogen/persönlich.

Frage 6

Entspricht die derzeitige Struktur Ihrer Organisationseinheit sowohl den internen als auch den externen Anforderungen?

Sinn der Frage:

- Hinweise auf die Leistungsfähigkeit der Organisationseinheit
- Kritik (positiv/negativ) an Aufgabenabgrenzung und Entscheidungsfindung
- Aussagen zum Organisationsklima
- Aussagen zur Kongruenz der Zielsetzungen.

Frage 7

Wenn Sie die Möglichkeit hätten, Ihre Organisationseinheit neu zu gestalten, was würden Sie vom Bisherigen übernehmen und was gerne neu einführen?

Sinn der Frage:

- Aussagen des Befragten zum derzeitigen Zustand
- Abfragen vorhandener Ideen bezogen auf eigenen Arbeitsplatz/Organisationseinheit.

Frage 8

Wie, glauben Sie, ist das Image Ihrer Organisationseinheit und worauf ist dies zurückzuführen?

Sinn der Frage:

- Hinweise auf Leistungsbereitschaft der Organisationseinheit
- Aussagen zur Kooperationsbereitschaft und Informationsoffenheit
- Hinweise und Fakten zum Organisationsklima und zur Motivation
- Hinweise auf Schwachstellen und Problemfelder.

Frage 9
Wie würden Sie spontan in wenigen Schlagworten den Alltag Ihrer Organisationseinheit beschreiben?
Sinn der Frage:
- Hinweise auf Unbehagen, persönliche Konflikte, Führungsverhalten
- Aussagen zu versteckten Schwachstellen.

Zur Auswertung:
Die Aussagen werden nach dem Interview auf Kärtchen übertragen und strukturiert. Daraus lässt sich im nächsten Schritt eine Problemlandkarte entwickeln.

4.6 Zukunftskonferenz (Future Search)

Seit den 80er Jahren gewinnen Verfahren zur Arbeit mit großen Gruppen an Bedeutung, die durch ihre Methodik intensive Austausch- und Klärungsprozesse unter vielen Beteiligten in kurzer Zeit ermöglichen. Neben dem Gewinn an konkreten Veränderungen in der Organisation sind die Erlebnisse eines anregenden Klimas und guter Begegnungen ein wichtiges Element dieser Großgruppentechniken. Aus der Praxis der Organisationsentwicklung heraus entwickelt bilden sie heute ein in vielen OE-Prozessen an Schlüsselstellen eingesetztes Instrumentarium.

Eines der wichtigsten Großgruppenverfahren ist das von *Weisbord* und *Janoff* angewandte Moderationskonzept „Future search". Die Idee ist faszinierend. Die „Zukunftskonferenz" gibt Antwort auf die Frage: Wie soll unsere Organisation die Zukunft planen und gestalten? – Vertreter aller am Gesamtprozess beteiligten Interessengruppen entwerfen eine gemeinsame Vision zur Entwicklung ihrer Organisation.

Die von *Marvin Weisbord* entwickelte Methode führt Ansätze der Großgruppenarbeit zusammen, die in den siebziger Jahren entwickelt wurden: Die *Large Scale Community Futures Conference* von *Eva Schindler-Rainman* und *Ron Lippitt*, die bewusst alle relevanten Gruppen einer Gemeinde unter ein Dach brachte und dabei den Blick auf die gemeinsame Zukunft richtete, und die *Search Conference* von *Eric Trist* und *Fred Emery*, die besonders die Selbstorganisation der Beteiligten förderte. In der immer weiter verfeinerten Methodik der Zukunftskonferenz (*Future Search*) wurde daraus ein zweieinhalbtägiger Lern-, Austausch- und Planungsworkshop, in dessen Verlauf bis zu 72 Personen aus den Wurzeln der Vergangenheit über die Wahrnehmung relevanter Trends und Einflussgrößen der Gegenwartwart die Zukunftsvision einer Organisation oder eines Gemeinwesens entwickeln und in konkrete Planungsschritte umsetzen.

Die bewusste Einbeziehung unterschiedlicher Gruppen (in einem Unternehmen z. B. verschiedene Hierarchieebenen, Kunden, Lieferanten, Partner aus Politik und Verwaltung) sorgt dabei für differenzierte Perspektiven, die durch die schrittweise aufgebaute und abwechslungsreiche Methodik in einen fruchtbaren

Dialog gebracht werden. (*Weisbord, M. S., S. Janoff.* Future Search – die Zukunfts-konferenz, Stuttgart 2001)

Der Ablauf einer Zukunftskonferenz

In jeder Phase ist der *Prozess* der gleiche: Alle bringen ihre Informationen ein, diskutieren sie und entscheiden, was das bedeutet und was sich daraus zu tun ergibt.

Vorbereitung: Im Vorbereitungskreis der Konferenz wurden die Personen-gruppen bestimmt, die auf der Konferenz vertreten sein sollen. Aus jeder dieser (im Idealfall 8) Gruppen (stakeholder-groups) sind Personen (im Idealfall wie-derum 8) angesprochen und eingeladen worden. Die Teilnehmer wurden gebe-ten, zur Konferenz ein Symbol mitzubringen, das für sie im Zusammenhang mit dem Thema besondere Bedeutung hat oder eine kurze Beschreibung ihrer Tätig-keit vorzubereiten. Diese werden in der Vorstellungsrunde mitgeteilt.
Die Konferenz beginnt zwischen Mittag und 17.00 Uhr am ersten Tag. Die Teil-nehmer werden in gemischten Gruppen zusammen gesetzt, jede bildet einen Querschnitt der ganzen Konferenz. Es ist wichtig, gerade wenn Fremde zusam-men treffen, zunächst etwas zu tun, was dem gemeinsamen Boden sichtbar macht.

Erster Tag – Nachmittag

Schritt 1: Fokus auf die Vergangenheit

Wer wir sind, wo wir waren, wie wir weltweite Trends wahrnehmen, was wir für die Zukunft wollen. Dauer: 2 - 2 $1/2$ h.

Struktur: Drei Zeitlinien (30 Jahre bis heute) auf großen Papierbahnen an der Wand: persönlich, global, lokal (ich selbst, die Gesellschaft, die Organisation, um die es geht). Jede Person notiert Meilensteine oder Ereignisse und schreibt ihre Punkte auf die Papierbahnen. Gemischte Gruppen betrachten die gefüllten Zeit-linien und berichten beobachtete Trends, Muster und Zusammenhänge zwischen den drei Linien.

Schritt 2: Fokus auf die Gegenwart – außen

Es wird mit der Gesamtgruppe eine mindmap der weltweiten Trends erarbeitet, so wie sie auf die Organisation wirken. Oft ist das eine verwirrende Erfahrung. Nicht selten bringen Gruppen angesichts der Komplexität Ehrfurcht (Entsetzen gemischt mit Staunen) zum Ausdruck. Es ist wichtig, dass die Menschen, die die Beiträge geliefert haben auch diejenigen sind, die sie erklären. Dann markiert jeder im Bild die Trends und Erscheinungen, die ihm besonders wichtig erschei-nen. Oft geschieht das mit 7-10 Markierungspunkten, je eine Farbe für jede *sta-keholder*-Gruppe. Die Farbunterscheidung verringert die Phantasien darüber, welche Interessengruppen wohl welche Themen betont. Wichtig: Das ist keine Abstimmung, um Prioritäten für die weitere Planung zu setzen, sondern eher ein Anstoß zum Dialog. Dauer: 1 - 1 $1/2$ h.

Zweiter Tag – Morgen

Schritt 2 (Fortsetzung): Fokus auf die Gegenwart – außen

Jede *stakeholder*-Gruppe analysiert die mindmap nach (1) Prioritäten für ihre Gruppe (2) das, was sie jetzt in Auseinandersetzung mit diesen Trends tun und (3) was sie in Zukunft unternehmen wollen. Alle Gruppen berichten, Übereinstimmungen und Differenzen in der Wahrnehmung werden notiert und besprochen. Oft ist das ein Wendepunkt in der Konferenz. Verschiedene Gruppen erleben einander dabei, Verantwortung zu übernehmen. Dauer: 1 $^1/_2$ h.

Schritt 2: Fokus auf die Gegenwart – innen

Jede stakeholder-Gruppe erstellt eine Liste „worauf wir stolz sind" und „was wir bedauern" in Beziehung zum Thema der Zukunftskonferenz. So übernehmen sie Verantwortung für ihren Beitrag zur gegenwärtigen Realität – und zeigen nicht mit dem Finder auf andere. Die stolzesten Errungenschaften und die bedauerlichsten Schwächen werden im Plenum berichtet und diskutiert. Dauer: 1 $^1/_2$ h.

Zweiter Tag – Nachmittag

Schritt 3: Fokus auf die Zukunft

Gemischte Gruppen bereiten das Szenario einer idealen Zukunft vor. Sie reisen in die Zukunft. z. B. zehn Jahre voraus, und beschreiben konkret die Strukturen und Prozesse, die sie dann geschaffen haben werden. Sie listen Themen, Leitlinien, Vorgänge und Beziehungen auf, wie sie dann unter den Beteiligten bestehen und malen aus, wie diese dann ihre Tätigkeiten ausüben. Außerdem beschreiben sie das entscheidende Hindernis, das sie auf dem Weg überwinden mussten – und wie das gelang. Dann wählen sie eine Form, wie sie ihre Vision der ganzen Konferenz präsentieren. Gruppen haben dramatische Formen, z. B. ein Schauspiel oder einen Querschnitt durch einen typischen Tag gewählt, andere die Form von Fernsehreportagen oder Berichten in Magazinen. Sie präsentieren ihre Details so konkret wie möglich, als ob sie bereits Wirklichkeit seien.

Indem wir unsere Bilder einer idealen Zukunft dramatisch umsetzen (und nicht einfach berichten) gründen wir sie tief in uns selbst, verknüpfen sie mit unbewussten Wünschen und Erwartungen und machen sichtbar, was wir wirklich wollen. Diese Szenarien sind weit entfernt von Luftschlössern, sondern spiegeln sehr klar wieder, worauf wir gerne zuarbeiten möchten. Dauer: 3 $^1/_2$ h.

Wichtig: Die gesamte Gruppe beobachtet die gemeinsamen Zukunftsoptionen.

Schritt 4: Gemeinsamen Boden entdecken (Discover Ground)

Jede gemischte Gruppe erstellt eine Liste von (1) gemeinsamen Anliegen („was") und (2) möglichen Projekten, um auf die gemeinsame Zukunft zuzuarbeiten („wie"). Zwei Gruppen tun sich dann zusammmen, um aus ihren Listen eine gemeinsame zu bilden und schneiden anschließend die einzelnen Anliegen und Projekte in einzelnen Streifen aus. Dauer: 1 h.

Dritter Tag – Vormittag

Schritt 4 (Fortsetzung): Gemeinsamen Boden festigen

Die Gesamtgruppe trifft sich vor einer Wand und bespricht und bestätigt jedes Anliegen. Die Diskussion stellt sicher, dass alle das gleiche meinen, wenn sie von einem bestimmten Anliegen sprechen. Jedes Anliegen, das die gesamte Gruppe teilt, ist gemeinsamer Boden. Falls Uneinigkeit besteht, die nicht einfach bearbeitet werden kann. kommt das Anliegen auf eine besondere Liste mit der Überschrift: „Nicht gemeinsam geteilt". Die Liste der Anliegen, die den gemeinsamen Boden bilden, bildet die Zielrichtung für die weiteren Aktionen der Gruppe. Dauer: 30-60 Minuten.

Wichtig: Ein offener Dialog ist an diesem Punkt wesentlich. Die Umsetzbarkeit von Plänen hängt weniger an der Leistungsfähigkeit der einzelnen Personen, als daran, wie weit eine Veränderung in der Fähigkeit zur Zusammenarbeit zwischen den Beteiligten stattgefunden hat. Diese Veränderung wird durch das Erfahrungslernen gefördert, dass wir in derselben Welt leben, ein gemeinsames Schicksal teilen und trotz unserer Unterschiede auf gegenseitige Unterstützung vertrauen können. Dabei kann auch gelernt werden, wie unterschiedlich verschiedene Menschen Worte gebrauchen, welche verschiedenen Denkschemata sie anwenden und wie nötig daher gegenseitiges Verstehen ist, um zusammen arbeiten zu können. Menschen vollziehen diese Veränderung mit unterschiedlicher Geschwindigkeit. Wenn man in dieser Phase zu schnell auf einen Abschluss drängt, kann die Beteiligung wichtiger Konferenzteilnehmer verloren gehen.

Schritt 5: Handlungsplanung

Stakeholder-Gruppen oder aus der Konferenz entstandene Projektgruppen machen kurz- und langfristige Handlungspläne, um mit der Umsetzung der idealen Zukunft zu beginnen. Vor dem Ende der Konferenz werden ihre Pläne vorgestellt. Es wird besprochen, wie Lernergebnisse und Dokumente der Konferenz gesichert werden. Oft wird auch der Termin für ein rückblickendes Treffen im Abstand von sechs Monaten vereinbart. Dauer: 2-4 h.

Die Konferenz schließt zwischen Mittag und drei Uhr nachmittags am dritten Tag.

(Arbeitspapier von *M. Weisbord* / *S. Janoff*, *Übersetzung H. Federmann*)

4.7 Freiräume (Open Space Technology)

Open space, Ende der achtziger Jahre von *Harrison Owen* entdeckt, ist eine Konferenzmethode, bei der 15 bis 1000 Personen in einer Zeit zwischen wenigen Stunden und zweieinhalb Tagen gemeinsam ihre Anliegen zu einem Thema benennen und bearbeiten. Im Gegensatz zu herkömmlichen Konferenzen entsteht hier die Agenda erst im Verlauf. Die Methode stellt sicher, dass dabei jedes An-

Auf diese Weise ist in kurzer Zeit eine Fülle selbstorganisierter Gruppen am Werk. Wechseln ist erlaubt: Das eine Gesetz im open space, das „Gesetz der zwei Füße" fordert dazu sogar ausdrücklich auf: Wenn du merkst, dass du in einer Gruppe weder etwas lernen, noch etwas beitragen kannst – dann ehre diese Gruppe, indem du sie verlässt. In der Form kurzer Berichte aus allen Gruppen werden die erarbeiteten Ergebnisse schon im laufenden Prozess für alle sichtbar gemacht. Alle Berichte gehen in eine Dokumentation ein, die die Teilnehmenden am Ende der Konferenz erhalten. Bei einem zweieinhalbtägigen open space folgt am letzten Tag auf die Lektüre des Berichtsbandes eine Runde, in der die erarbeiteten Ideen und Vorhaben auf ihre Relevanz für die Gesamtgruppe hin priorisiert werden (*Owen, H.*: Open Space Technology. Ein Leitfaden für die Praxis, Stuttgart 2001)

„Open Space" kann wörtlich mit „offener Raum" übersetzt werden. Gemeint ist der freie Raum – Freiraum -, den die Teilnehmer einnehmen und ausfüllen können, indem sie nach Belieben Gruppen bilden und darüber sprechen, was sie – im Hinblick auf ein bestimmtes Thema – bewegt.

Die Quintessenz dieser Methodik ist bestechend einfach und einleuchtend: *Harrison Owen*, ihr Erfinder, hat bei Seminaren und Tagungen beobachtet, dass gerade in den Pausen eine intensive Kommunikation entsteht – gerade dann nämlich wählen die Teilnehmenden den Gesprächspartner und das Thema aus, das sie wirklich interessiert. Dieses Moment hat Owen zum Prinzip gemacht und eine „Konferenz von Kaffeepausen" kreiert und sie „Open Space" genannt.

Jede Open Space-Veranstaltung beginnt mit einem Kreis der Teilnehmenden. Die Konferenz-Leitung, der „Facilitator", erläutert kurz die sehr einfach gehaltenen Regeln, hier im Originalton von Owen.

Grundlegende Regel:
* The Law of two feet
  (Bewege Dich nach Deinen Bedürfnissen)

Für die Veranstaltung gilt:
* Whoever comes is the right people.
* Whatever happes is the onlly thing that could have.
* Whenever it starts is the right time.
* Whenever it is over it is over.

Für die Workshops gilt der vierfache Weg:
* Show up.
* Be Present.
* Tell the Truth.
* Let it all go.

Anschließend entwickeln die Teilnehmer gemeinsam ihr Programm. Es ist jedem einzelnen überlassen, ob und wie er sich mit einem Thema einbringen will. Vorgegeben ist ein bestimmtet Zeitraster mit festgelegten gemeinsamen Pausen. Für den Verkauf der Tagung ordnen sich die Teilnehmer den angebotenen Workshops zu, d. h. in sich ständig ändernden Gruppenzusammensetzungen werden unterschiedliche Themen behandelt. (Nach *B. Seibold* u. *I. Ebeling*: Open Space Technology – Fragen und erste Antworten. AGOGIK 4/97)

Schematische Grundstruktur

(am Beispiel eines Open Space Symposiums zu Thema Organisationslernen, nach *Ingrid Ebeling*, a.a.O., S. 20)

1. Tag	2. Tag	3. Tag	4. Tag
	8.30 Uhr	Information und Rückkopplung	
	Regeln Agenda	Open Space	Netzwerke Dokumentation Schlussrunde
18.00 Uhr	Information und Rückkopplung		12.00 Uhr
Begegnung Vielfalt Fokus	**Open Space**	Gemeinsamer Abend	

Nachstehend wird eine Anleitung für den Ablauf einer Open Space-Veranstaltung und die wichtigsten Verfahrensregeln dargestellt.

Open space-Einführung

Methodische und inhaltliche Hinweise im Überblick (nach *H. Owen*)

1. Phase: Willkommen
- Begrüßung durch den Veranstalter. Kurz, konzentriert. Keine Ansprache. Das Wesentliche ist bereits durch die Einladung bekannt. Open space BegleiterIn ansagen.

2. Phase: Die Gruppe wahrnehmen
- BegleiterIn begrüßt die Gruppe: Willkommen im open space!
- Den Innenkreis abschreiten , alle TeilnehmerInnen wahrnehmen und jede/n einladen, sich umzuschauen. Wer ist alles da? Wen kenne ich? Mit diesen Menschen werde ich zusammensein, arbeiten, Ideen entwickeln, Pläne aushecken. Zeit sich zu sammeln.

3. Phase: Das Thema ansagen
- In die Mitte des Kreises treten.

- Knapp benennen, was als Ergebnis des open space erwartet wird, wie es sein soll und wofür es verwendet werden wird.

4. Phase: Das Verfahren beschreiben

- Ganz kurz etwas zur Entwicklungsgeschichte von open space sagen.
- Ansagen, was nach der Vorstellung des Verfahrens geschehen wird: Alle, die im Rahmen des Themas ein Anliegen haben, das ihnen unter den Nägeln brennt und für das sie was tun wollen, haben die Gelegenheit dies zu benennen. Wenn jemand ein Anliegen hat, in die Mitte des Kreises treten, Anliegen und Namen auf ein Blatt schreiben, sich vor die Gruppe stellen, Namen und Anliegen nennen. Danach wird das Blatt an der Anliegenwand angebracht.
- Die vier Grundsätze, das Gesetz, die zwei Erscheinungen und die Ermahnungen vorstellen.
- Räume, Zeiten, Essenszeiten, etc. ansagen.
- Arbeitsweise in den Gruppen vorstellen: selbstorganisiert, EinberuferIn leitet ein und sorgt für Dokumentation, die zusammen mit den Berichten aus allen anderen Gruppen laufend an der Nachrichtenwand ausgehängt werden. Auf Arbeitsmaterial hinweisen.
- Dokumentationshinweise geben: Ergebnisse, Empfehlungen und Vereinbarungen aus den Arbeitsgruppen werden entweder handschriftlich auf vorgefertigten Ergebnisbögen oder per Computer in bereits angelegte Masken geschrieben.

5. Phase: Die Anliegenwand erstellen

- Alles ist vorgestellt, jetzt aufrufen, die Anliegen zu benennen.
- Etwas, wofür ich mich einsetze, was mir auf den Nägeln brennt, woran ich mit Leib und Seele hänge und wofür ich Verantwortung übernehme, aufschreiben, der Gruppe mitteilen und an die Anliegenwand bringen.
- Kein Anliegen? Keine Panik! Ruhe bewahren! Abwarten! Es kommt!

6. Phase: Den Markt eröffnen

- Alle auffordern aufzustehen, zur Anliegenwand zu gehen und sich dort einzutragen, wo Mensch mitmachen will.
- Bei Zeitkonflikten: mit EinberuferIn verhandeln, Prioritäten setzen (nicht vergessen, es kann geschummelt werden).
- Ähnliche Themen nicht gleich zusammenlegen: je mehr Gruppen, um so mehr Vielfalt.
- Jetzt verabschiedet sich der/die BegleiterIn bis zur angekündigten nächsten gemeinsamen Runde.

Das Verfahren im open space (nach *H. Owen*)
Vier Grundsätze

- Die da sind, sind genau die Richtigen
- Was auch immer geschieht: es ist das Einzige, das geschehen konnte
- Es fängt an, wenn die Zeit reif ist
- Vorbei ist vorbei ... Nicht vorbei ist nicht vorbei

Ein Gesetz
- Das Gesetz der Füße (Bewege Dich nach Deinen Bedürfnissen)

Zwei Erscheinungen als Folge des Gesetzes
- Hummeln
- Schmetterlinge

Eine Ermahnung
- Augen auf, mit Überraschungen ist zu rechnen

4.8 Potential entwickeln (Appreciative Inquiry)

Das Ziel, verborgene Reserven zu erschließen und Leistungspotenziale zu entdecken und zu entwickeln, ist für viele Organisationen (Unternehmen, Behörden,
Kirchengemeinden u.a.) bedeutsam (Human Ressources). Hierzu wurde in den
neunziger Jahren von einem Team um David Cooperrider eine bestimmte Methode entwickelt: „Appreciative Inquiry", zu deutsch: Wertschätzende Erkundung. Gestützt auf die Methodik des gegenseitigen Erzählens von Erfahrungen
großer Leistungsfähigkeit, gelungener Initiative und guter Zusammenarbeit zielt
die Methode auf das Entdecken der (oft verborgenen oder gering geschätzten)
Potenziale und Werte in einer Organisation. Geleitet von der Annahne, dass
Organisationen sich immer in die Richtung dessen entwickeln, worauf sie ihre
Aufmerksamkeit richten, werden die so entdeckten Werte vertieft und speisen
die Vision, was die Organisation sein und leisten könnte. Auf diese Zukunftsvi-
sion hin werden in weiteren Schritten leitende Vereinbarungen und konkrete
Planungsschritte entwickelt. Die wertschätzende Erkundung kann als veränderte
Form der Kommunikation von einer Ebene aus in eine Organisation getragen
werden und sich parallel zum laufenden Betrieb fortpflanzen. Daneben bietet die
Form des *Appreciative-Inquiry-Summit* eine Möglichkeit, mit einer großen Zahl von
Personen in begrenzter Zeit (zweieinhalb Tage) die vier methodischen Schritte
der wertschätzenden Erkundung zu gehen (zur *Bonsen, M., C. Maleh*, 2001).

5 Gruppen in Organisationen

Organisationen bestehen aus Gruppen. Diese Feststellung mag befremden, wenn man davon ausgeht, dass Unternehmen und Institutionen, die handelsrechtlich als „juristische Personen" betrachtet werden, auch von Personen, von Individuen, vertreten und betrieben werden. Schließlich - kann man einwenden - stellt eine Organisation, wenn Mitarbeiter benötigt werden, keine Gruppen, sondern Individuen ein. Andererseits ist es (gerade auch bei neuen Mitarbeitern) offensichtlich, dass ein Individuum allein und auf sich gestellt, in Organisationen wenig bewirken kann und dass die „Belegschaft", wie die Gesamtheit der Organisationsmitglieder oft genannt wird, sich aufgliedert in funktionsfähige Einheiten, in Arbeitsgruppen (z. B. Geschäftsführung, Einkauf, Verkauf, Produktion), die dann - speziell in größeren Organisationen - als Abteilungen, Bereiche und Betriebe ausdifferenziert und arbeitsteilig weiter untergliedert werden.

Vroom (1969) definiert die Organisation als Gesamtheit vieler Arbeitsgruppen, die aus je einem Vorgesetzten und seinen unmittelbar Unterstellten bestehen. Nach *Schein* (1965) bildet die Organisation in sich Kräfte aus, die auf die Bildung verschiedener kleiner funktionsfähiger Arbeitsgruppen hindrängen. Das besondere Kennzeichen solcher Gruppen ist die Abhängigkeit vom Organisationsplan, der entsprechend den Organisationszielen geregelte „formelle Kontrolle" vorschreibt, d. h. einen Zwang zur Interaktion mit sich bringt.

Von der formellen Seite her können die Interaktionen über drei unterschiedliche organisatorische Prinzipien geregelt werden:
Das einfachste Organisationsprinzip, das **Lineare System**, gliedert die Organisation in hierarchische Gruppen in Form einer Pyramide. Da hierbei der „Dienstweg" immer über den Vorgesetzten läuft und dieser mit zu viel Einzelfragen belastet wird, empfahl *Taylor* das **Funktionale System**, das Mehrfachunterstellungen vorsieht. Entsprechend ihrer fachlichen Spezialkompetenz haben verschiedene Vorgesetzte direkte Weisungsbefugnisse gegenüber einer nachgeordneten Stelle. Ein Nachteil dieses Systems liegt in unklaren Autoritätsverhältnissen und den schwer abgrenzbaren Zuständigkeiten. Das **Stabliniensystem** ist als Kompromiss zwischen dem linearen und dem funktionalen System zu verstehen: Die Linien-Instanzen erhalten Stäbe zugeordnet, die nur Beratungsaufgaben, aber keine Weisungsbefugnis haben.

Diese klassischen Organisationsprinzipien wurden in vielfältiger Weise abgewandelt und weiterentwickelt (z. B. Matrix-Organisation, Cluster-Organisationen). Auch das *Likerts* **Modell der überlappenden Arbeitsgruppen** (1961) ist in diesem Zusammenhang zu erwähnen: Jeder Vorgesetzte einer Arbeitsgruppe ist zugleich Mitarbeiter einer hierarchisch höheren Gruppe; dadurch werden neben den hierarchisch strukturierten Gruppenbeziehungen die Querverbindungen zwischen verschiedenen Gruppen erleichtert. Außerdem gibt es in den meisten Betrieben neben den funktional und hierarchisch geordneten Arbeitsgruppen, die dem Organisationsplan entsprechen, auch Gruppen, die nur vorübergehend - aus speziellem Anlass – gebildet worden sind, um bestimmte Aufgaben zu erledigen, z.B. Ausschüsse, **Projektgruppen**, Task-Forces usw.

Dass neben den formellen Gruppenstrukturen, die durch den Organisationsplan vorgegeben sind, auch **informelle Beziehungen** eine wichtige Rolle spielen, ist durch die Hawthorne-Untersuchungen (*Roethlisberger* und *Dickson* 1939) erstmals in den Blick gerückt worden. Formale Gruppen sind schließlich, wenn man die sozial-psychologische Realitäten, die wirklichen Machtstrukturen, Rollenverteilung, Gruppennormen, Kommunikationsprozesse usw. unberücksichtigt lässt, nur papierne „Plankonstrukte" (*Irle* 1963). Die Abweichungen zwischen den formellen und den informellen Strukturen sind außerordentlich aufschlussreich für die Funktionalität oder Dysfunktionalität einer Organisation (*Rosenstiel* 1980). *Franke* (1980) weist darauf hin, dass die informellen Beziehungen der Belegschaftsmitglieder gewissermaßen als Quer- und Diagonalverbindungen den Betrieb in kommunikativer wie in emotionaler Hinsicht zusammenhalten und ihm eine gewisse Elastizität geben.

„Wo gute informelle Beziehungen bestehen, hilft man sich gegenseitig, obgleich es formell nicht vorgeschrieben ist . . . Immer wieder kann man in der Praxis feststellen, dass durch informelle Beziehungen formelle Mängel ausgeglichen werden . . . Denkt man sich aus einem Betrieb konsequent alle informellen Beziehungen weg, bleibt ein praktisch kaum noch arbeitsfähiges organisatorisches Gerüst übrig" (*Franke* 1980, S. 71).

Eine wesentliche Aufgabe der OE liegt gerade in der flexiblen und dynamischen Angleichung zwischen dem formellen System und den informellen Beziehungen.

„Ergeben sich unerwünschte Abweichungen zwischen Organisationsplan und faktischen Gruppenbeziehungen, so kann man den Plan der Realität anpassen oder die Realität an den Plan annähern. Auf diese Weise könnten etwa zu große Gruppen aufgeteilt und damit homogener gestaltet werden. Umgekehrt könnten organisatorische Vorbedingungen geschaffen werden, die dem Zerfall sozialer Einheiten entgegenwirken, die als funktionstüchtig angesehen werden" (*Wiswede* 1981, S. 186).

Der Weg hierzu liegt hauptsächlich in der Förderung der Zusammenarbeit in und zwischen Gruppen. Er führt über die Verbesserung der Infrastruktur der betrieblichen Kommunikation. Hierbei wird in der Regel die Aufgabenstellung einer Gruppe als unabhängige Variable, das Gruppenverhalten und das Verhalten zwischen Gruppen als abhängige Variable angesehen.

Als **Gruppe** bezeichnen wir eine überschaubare Anzahl von Menschen (in der Regel nicht mehr als 12 Personen), die über längere Zeit miteinander in Interaktion stehen, wobei die Mitglieder sich als zusammengehörig erleben (Wir-Gefühl), gemeinsame Ziele, Aufgaben oder Interessen haben, gemeinsame Normen entwickeln und in der Interaktion untereinander eine bestimmte Machtstruktur und eine Rollenverteilung aufweisen, die sich auch in den affektiven Bindungen (Sympathie, Antipathie) und in den Kommunikationsmerkmalen äußert (*Homans* 1960, *Rosenstiel* 1978 u.a.).

5.1 Probleme und Phasen der Gruppenentwicklung

Wirklich leistungsfähig ist eine Gruppe nur dann, wenn interne Spannungen zwischen den Gruppenmitgliedern bewältigt werden können und die Interaktionen zum Instrument der Aufgabenbewältigung geworden sind. Emotionale Reaktionen rufen keine Krisen mehr hervor. Die Aktionen der Gruppe beschränken sich nicht auf ihren Zusammenhalt, sondern werden in den Dienst der gemeinsamen Sache gestellt.

Der Weg dahin, die Entwicklung zu einer reifen und leistungsfähigen Gruppe, ist jedoch mit vielen Schwierigkeiten verbunden.

Wichtig ist zunächst die Erkenntnis, dass sich jede Gruppe auf zwei Ebenen entwickelt, nämlich im Bereich der Arbeit an der vorgegebenen Aufgabe und im Bereich der sozialen Beziehungen.

Der erste Bereich: die Arbeit an einer gestellten Aufgabe, z. B. die Vorbereitung einer Verkaufskampagne, ist für die meisten Menschen klar und einsehbar. Gleichzeitig müssen die Teilnehmer einer Gruppe aber auch miteinander umgehen und miteinander auskommen. Sie müssen sich bei der Lösung der Sachaufgaben irgendwie beteiligen, sich durchsetzen oder sich zurückhalten, aufeinander reagieren, ihre Ansichten, Fähigkeiten und Bedürfnisse miteinander in Einklang bringen. Dieser zweite Bereich: die Gestaltung der interpersonellen Beziehungen, vollzieht sich meist unterschwellig, wird von den Teilnehmern weniger ausdrücklich wahrgenommen und selten als besondere Aufgabe erkannt. Dabei liegen gerade hier die Fußangeln auf dem Weg zur Entwicklung einer reifen Gruppe.

Die Entwicklung zur „reifen Gruppe" verläuft nie gradlinig und ungestört. In der Auseinandersetzung um die Sache (Zielerreichung) und die soziale Struktur der Gruppe (Zusammenhalt) kommt es immer wieder zu Krisen, die den Bestand der Gruppe gefährden können. Diese Krisen – auch das Pendeln zwischen Sachlichkeit und Emotionalität – sind keineswegs „pathologisch", also nicht als Symptome einer kranken Gruppe und als Ausdruck von Ineffizienz anzusehen, sondern als notwendige, unvermeidliche Entwicklungserscheinung.

Vopel (1976, S. 83) unterscheidet (in Anlehnung an Beobachtungen von *Bennis., Bion, Gibb, Mills, Rogers* u.a.) vier typische **Phasen der Gruppenentwicklung**:

Stufe 1: Orientierung
Stufe *2:* Konfrontation und Konflikt
Stufe *3:* Konsensus, Kooperation, Kompromiss
Stufe 4: Integration von persönlichen Bedürfnissen und Anforderungen der Gruppenaufgabe.

Gerade in der letzten Phase ist es für die Gruppe wichtig, ein Bewusstsein für Inhalt, Interaktion und Prozedur eines Gruppenprozesses zu entwickeln und allmählich zu lernen, wie Gruppensituationen diagnostiziert und analysiert werden können. Das periodische Auswerten des Gruppenprozesses kann zu einer

Standard-Prozedur werden („Manöverkritik"). Durch das Bewusstsein der individuellen Ergänzungsbedürftigkeit, des „Aufeinander-Angewiesen-Seins" wird es möglich, die Verhaltensmuster der Teilnehmer situationsspezifisch zu verändern. Das eigene Verhalten kann zur Diskussion gestellt und Gruppenprobleme transparent gemacht werden. Die Spannung der unterschiedlichen Standpunkte kann in einer gesteigerten Gruppenleistung fruchtbar gemacht werden.

Mit Hilfe der Auswertung des Gruppenprozesses unter dem Grundsatz der gegenseitigen Unterstützung wird ein kontinuierlicher Reifeprozess der Gruppe und ihrer Mitglieder in Gang gesetzt, der auch den Sachergebnissen zugute kommt.

Die Gruppe wird im OE-Prozess als die bedeutendste Einheit angesehen. Sie arbeitet an sich selbst, überprüft ihre Beziehungen zu anderen Gruppen, nimmt Einfluss auf kollektiv zu verfolgende Veränderungen, auf das Individuum und auf die Organisation. Dies betrifft vor allem die Arbeitsgruppe, aber auch Gruppen, die nur zeitlich begrenzt existieren, z.B. Ausschüsse, Projektgruppen usw.

Bei allen Bemühungen zur Förderung der Gruppenarbeit und der Teamentwicklung darf jedoch nicht übersehen werden, dass die Gruppenarbeit in ihren Konsequenzen für die Organisation auch negative Auswirkungen haben kann. Eine Gruppe kann, bedingt durch die Konzentration auf bestimmte Ziele, bestimmte Methoden oder bestimme Lösungsvorschläge und mitbedingt durch die Gruppensolidarität, auch blind werden gegenüber Situationsveränderungen oder unkritisch gegenüber bestimmten Risiken, die mit den eigenen Handlungsentwürfen verbunden sind. Man spricht vom **„group-thinking"-Zwang**.
Auch im Betrieb besteht stets die Gefahr, dass gut funktionierende Gruppen sich verselbständigen, die eigenen Wertmaßstäbe für die allein maßgebenden ansehen und dass dadurch die Zusammenarbeit mit anderen Betriebsbereichen erschwert wird. Es kommt zu Interessen-Kollisionen und zu Gruppenrivalitäten. Die Förderung der Zusammenarbeit in Gruppen muss also stets im Hinblick auf übergeordnete Ziele kontrolliert und durch die Förderung der Zusammenarbeit zwischen Gruppen ergänzt werden.

5.2 Zusammenarbeit zwischen Gruppen

Empirische Untersuchungen zeigen, dass Gruppen oder Abteilungen eines Betriebes mäßig miteinander integriert sind und zum Teil unterschiedliche Ziele verfolgen (*Wiswede* 1981). Das bezieht sich sowohl auf die strukturelle Integration (Deckungsgleichheit der Gruppenstruktur mit der formalen Organisationsstruktur) als auch auf die normative Integration (Kongruenz von Gruppennormen mit den Erwartungen und Zielen des Gesamtsystems).
Schon die Bildung formaler Arbeitseinheiten mit abgegrenzten Funktionen impliziert die Gefahr des „Ressort-Egoismus". Es ist allgemein zu beobachten, dass

mit der Zugehörigkeit zu einem bestimmten Bereich und mit zunehmender Bejahung der Gruppe, der man angehört, die Tendenz verbunden ist, den eigenen Tätigkeitsbereich auf- und den fremden abzuwerten (*Franke* 1980).

So besteht in Organisationen stets die Möglichkeit von Konflikten zwischen verschiedenen Gruppen. Solche Konflikte sind weitgehend bedingt durch die funktional unterschiedlichen, z.T. gegenläufigen Interessen, z. B.

- zwischen Stab und Linie
- zwischen Verkauf und Produktion
- zwischen Schlossern und Elektrikern
- zwischen Kaufleuten und Technikern
- zwischen Arbeitern und Angestellten
- zwischen Arbeitgebern (Unternehmensleitung) und Arbeitnehmern (Betriebsrat).

In gewisser Weise sind solche Konflikte sogar als sachlich notwendig und fruchtbar anzusehen, insofern als divergierende Funktionen in einem labilen Gleichgewicht, in der Balance gehalten werden, was in organisatorischer Hinsicht, vom übergeordneten Ziel her gesehen, auf eine Optimierungsleistung hinausläuft. Man kann den Konflikt sogar, wie *March* und *Simon* (1958, S. 115), als Auslöser eines Suchverhaltens auffassen, mit dessen Hilfe die Lösung neuer Probleme gefunden werden soll. In diesem Sinne wäre Konkurrenz als eine Art unterentwickelte Kooperation zu betrachten.

Unter solchen Gesichtspunkten kann es nicht nur Aufgabe der OE sein, die Gruppenarbeit zu fördern und Arbeitsgruppen zu entwickeln. Ebenso wichtig - und für die Effektivität der Organisation oft entscheidend - ist die Zusammenarbeit funktional verschiedener Gruppen unter einer übergeordneten gemeinsamen Zielsetzung. Der Intergruppen-Entwicklung und der Bearbeitung von Problemen zwischen Gruppen kommt deshalb erhöhte Bedeutung zu. Auf entsprechende Interventionen wird hier näher eingegangen.

5.3 Hinweise zur Gesprächsführung in Gruppen

Wenn es um die Lösung von Problemen in Gruppen geht, kann man beobachten, wie durcheinander diskutiert wird. Oft wird schon die Problemstellung nicht klar umrissen oder von den Beteiligten sehr unterschiedlich aufgefasst.

Einzelne Gruppenmitglieder sind stark, andere fast überhaupt nicht beteiligt. Am Ende einer längeren Diskussion, manchmal sogar nach mehreren Sitzungen, stellt man fest, dass wichtige Informationen zu Anfang gar nicht erfragt oder entscheidende Kriterien, die zur Lösung des Problems hätten beitragen können, nicht berücksichtigt worden sind. Um für das praktische Vorgehen eine Hilfe anzubieten, sollen hier die Phasen des Problemlösungsweges dargestellt werden, wie sie insbesondere von den Vertretern des NPI (Niederländisches Pädagogisches Institut) entwickelt wurden. Es handelt sich um eine Methode zur Strukturierung der Gruppendiskussion für die Bearbeitung von Sachproblemen verschiedenster Art.

Gesprächsverlauf und Gesprächsordnung (Prozedur)

Obwohl der Gesprächsverlauf in den verschiedensten Formen erscheinen kann, gibt es eine Grundform für jede Gesprächsgruppe, die sich die Lösung eines Problems als Aufgabe gestellt hat. Der Weg zu diesem Ziel gliedert sich in folgende Hauptphasen:

1. Gruppenbildung

Die Gruppe muss sich als Einheit empfinden können, um fruchtbar miteinander zu arbeiten. Die sachliche Grundlage dazu wird geschaffen, wenn erst eine *gemeinsame Zielvorstellung* erarbeitet worden ist. Das geschieht durch Beantwortung folgender *Fragen:*

a) Was ist genau unser Problem?
b) Hat es Sinn (ist es erwünscht, wichtig, notwendig), das Problem lösen zu wollen?
c) Sind wir alle bereit (gewillt), an der Lösung mitzuhelfen?
d) Können wir (im Prinzip) das Problem lösen? (Auftrag, Kompetenz, Fähigkeit dieser Gruppe).
e) Was wollen (können) wir in diesem Gespräch erreichen?
f) Wie wollen wir vorgehen?

Die eigentliche Arbeit am Problem erfolgt dann in drei Phasen, an die sich eine Rückschau zur Absicherung der Ergebnisse anschließt.

2. Vorstellungsbildung

Es wird versucht, sich ein Bild von der Situation zu machen, in der das Problem auftaucht. Alle *Informationen,* über die die Mitglieder verfügen, werden gesammelt und geordnet (Daten, Beispiele, Aspekte, Erfahrungen *von allen).* Es sollen keine Vermutungen, Deutungen, Lösungsvorschläge geäußert werden (keine Vorurteile!).
Fragen:

a) Wie und in welchem Zusammenhang ist das Problem entstanden?
b) Welche Informationen sind vorhanden oder müssen noch gesucht werden?
c) Welche Umstände und welche Aspekte sind zu beachten?
d) Haben alle Mitglieder jetzt eine deutliche Vorstellung, ein klares Bild, um was es sich handelt?

3. Urteilsbildung

Alle Informationen werden geordnet und auf ihren Wert geprüft. Es geht um die Klärung der Probleme im Hinblick auf Zusammenhänge, Bedingungen und mögliche Ursachen, oder, wenn bestimmte Maßnahmen zu planen sind, um die Erörterung von Lösungsmöglichkeiten.
Fragen:

a) Welche Informationen sind wichtig, welche weniger wichtig?
b) Wie lassen sich die Fakten und Beobachtungen verdichten?
c) Wie kann man auslösende Bedingungen ermitteln?

d) Welche Kriterien sind bei der Analyse zu beachten?

e) Haben die Mitglieder alle Argumente, Anhaltspunkte und Vermutungen austauschen und abwägen können?

f) Was sind die eigentlichen Ursachen der Probleme?

g) Welche Ideen zur Realisierung der Maßnahmen gibt es?

4. Entschlussbildung

Fragen:

a) Welche Lösungsmöglichkeiten gibt es?

b) Welche Vorteile, Nachteile, Konsequenzen haben diese?

c) Gibt es noch andere Alternativen?

d) Für welchen Lösungsvorschlag soll sich die Gruppe entscheiden?

e) Wird der Entschluss von allen Gruppenmitgliedern bejaht?

f) Wie lässt sich der Vorschlag realisieren?

g) Handlungsplan: Wer tut was, wie, wann und womit?

h) Wie sind die Ergebnisse abzusichern?

5. Auswertung

Fragen:

a) Was haben wir erreicht? (Ergebnisse)

b) Wie sind wir vorgegangen, und wie ist es gelaufen? (Prozess)

c) Was können (müssen) wir ändern?

d) Was haben wir gelernt?

5.4 Bearbeitung von Problemen in Gruppen: Methoden zur Team-Entwicklung

Gruppen können in Organisationen verschiedene Funktionen innehaben. Meist handelt es sich um formale Arbeitsgruppen, die Aufgaben zu erfüllen und Leistungen zu erbringen haben. Es können aber auch Gruppen sein, die nur für eine bestimmte Zeit eingerichtet wurden, um bestimmte Aufgaben (z.B. Ausschüsse) oder Projekte (Projektgruppen) zu erledigen.

Im Laufe der Zeit pendelt sich die Gruppenleistung auf einem relativ konstanten Niveau ein. Allerdings entspricht dieses gruppenspezifische Leistungsniveau nicht einem stabilen Gleichgewicht. Es kann sich durch den Einfluss einer Reihe von Variablen verändern: durch individuelle und situative Faktoren.

Folgende Variablen können positiven oder negativen Einfluss auf die Gruppenleistung haben:

- Fähigkeiten und Kenntnisse der einzelnen Gruppenmitglieder,

- Motivation und Einstellung der Gruppenmitglieder, z.B. Einstellung zur Arbeit, Leistungsmotivation,

- Emotionaler Zustand der Gruppenmitglieder, z.B. Interesse, Desinteresse, Unzufriedenheit,

- Zwischenmenschliche Beziehungen zwischen den Gruppenmitgliedern, z.B. Konkurrenz-Gefühle, Kooperationsbereitschaft, Intergruppen-Konflikte,

- Äußere Bedingungen (vorgegebene Arbeitsaufgabe, räumliche und zeitliche Umstände, Einfluss von übergeordneten Vorgesetzten usw.),

wobei die situativen Randbedingungen und die personellen Voraussetzungen sich wechselseitig beeinflussen und sowohl hemmenden wie auch fördernden Einfluss auf die Gruppenleistung haben.

Eine gut eingespielte Gruppe bezeichnet man als Team.

Für die Team-Entwicklung lassen sich folgende Ziele aufstellen:

- Klärung der Aufgabe des Teams und seiner Rolle innerhalb der Organisation,
- Verbesserung der Zusammenarbeit mit anderen Arbeitsgruppen innerhalb der Organisation,
- Analyse und Verstehen der in der Gruppe ablaufenden Prozesse, z. B. der Wechselwirkung zwischen Sach- und Beziehungsproblemen,
- Entwickeln von „Spielregeln" und Verfahren zur besseren Bewältigung von Problemen auf der Sach- und der Beziehungsebene,
- Bewusst machen der gegenseitigen Abhängigkeit der Gruppenmitglieder und Stärkung des gegenseitigen Beistands,
- Entwickeln der Kommunikation zwischen den Gruppenmitgliedern, um die Effektivität zu erhöhen,
- Entwickeln und Einüben von Regeln zur konstruktiven Bearbeitung von Konflikten,
- Verteilen und Akzeptieren der Rolle eines jeden Gruppenmitglieds.

Im Folgenden werden beispielhaft einige Analyse- und Interventionstechniken dargestellt, durch die eine Gruppe sich entwickeln und die Effizienz ihrer Arbeit systematisch verbessern kann. Die Beachtung der für die OE wichtigen Prinzipien und Methoden setzen wir dabei voraus.

Als Auswahl werden folgende Maßnahmen kurz beschrieben:

5.4.1 Problem-Inventur
5.4.2 Überprüfung der Gruppeneffektivität
5.4.3 Blitzlicht
5.4.4 Stimmungsbarometer
5.4.5 Befindlichkeitsfragebogen
5.4.6 Fragebogen zur Team-Entwicklung
5.4.7 Interaktionsspiele und Übungen
5.4.8 Feedback
5.4.9 Konfliktgespräche in Gruppen
5.4.10 Rollenverhandeln
5.4.11 Vereinbarung gemeinsamer Spielregeln.

5.4.1 Problem-Inventur

Eine gebräuchliche Art, vorhandene Probleme zu ermitteln, besteht darin, dass die Gruppenmitglieder zunächst individuell und unbeeinflusst die von ihnen wahrgenommenen Probleme aufschreiben, und zwar jedes Problem auf eine eigene Karte (Kartenabfrage).

Diese Karten werden anschließend gesammelt und auf einer Stellwand für alle sichtbar angeheftet. Dabei werden die Karten bereits nach Problemfeldern geordnet und nach Möglichkeit durch ein Stichwort zusammengefasst.

Die so aufgelisteten Probleme oder Problemfelder werden dann durch die Gruppenmitglieder bewertet, indem jeder Teilnehmer eine Anzahl Klebepunkte, die ihm zur Verfügung gestellt werden, an die Probleme klebt, die ihm wichtig erscheinen. Die Bearbeitung der Probleme erfolgt dann nach Auszählen aller Punkte in der Reihenfolge der gemeinsam festgelegten Priorität.

Inhaltlich kann es sich bei den von der Gruppe benannten Problemen um verschiedene Bereiche handeln, z. B.:
- kritische Vorfälle: Reklamationen, Unfälle, Fluktuation, Fehlzeiten,
- Spannungen in Gruppen: Streitereien und Beschwerden, Ineffektivität
- negative Veränderungen in der Produktivität: Ausschuss, Qualitätsverschlechterung, Absinken der Produktionszahlen.

5.4.2 Überprüfung der Gruppeneffektivität

Die Gruppe stellt bei einem Treffen fest, in welche Richtung sie geht und wie erfolgreich sie ist. Das Vorgehen wird durch folgende Schritte gekennzeichnet:
1. Individuelle Vorarbeit besteht in der Beantwortung folgender Fragen:
    - Was hindert die Gruppe daran, so wirkungsvoll zu sein, wie sie es sich wünscht?
    - Was hindert Sie persönlich daran, so wirkungsvoll zu sein, wie Sie es gern möchten?
    - Was gefällt Ihnen an Ihrer Gruppe so, dass es beibehalten werden soll?
    - Was möchten Sie ändern, um die Funktionsweise der Gruppe zu verbessern?
2. Die individuellen Antworten werden zusammengetragen und visualisiert.
3. Durch Gewichtung der Antworten werden Schwerpunkte gebildet, die dann weiter bearbeitet werden können.
4. Dann tritt man in den Problemlösungsprozess ein, der in die Entwicklung eines Veränderungs- oder Handlungsplanes einmünden kann: genaue Beschreibung der Aufgaben, der dazu benötigten Zeit und der dafür verantwortlichen Person (Wer tut was, wann bzw. bis wann?).
5. In einem späteren Treffen wird überprüft, wie weit die beschlossenen Maßnahmen realisiert worden sind.

Wichtig ist bei diesem Verfahren, dass nicht nur die Sach-, sondern auch die Beziehungsebene in den Diagnose- und Problemlösungsprozess einbezogen wird.

5.4.3 Blitzlicht

Dies ist eine gute Methode, den augenblicklichen Stimmungszustand, eventuelle Störungen und die Motivation in einer Gruppe zu erfassen und alle Gruppenmitglieder in gleicher Weise zu beteiligen.
Jeder Teilnehmer sagt der Reihe nach in wenigen Sätzen, wie er sich in diesem Augenblick fühlt, was er denkt und was er gern machen möchte.

Auswertungsgesichtspunkte sind dann:

- Gibt es Störungen, die zu besprechen sind?
- Sind Bedürfnisse nicht berücksichtigt worden?
- Soll in der Gruppe etwas geändert werden?

Oft wird durch ein Blitzlicht eine Diskussion ausgelöst, die alle in gleicher Weise interessiert. So kann ein „Toter Punkt" überwunden und die vielleicht ermüdete oder auseinander driftende Gruppe wieder in Schwung gebracht und zentriert werden.

5.4.4 Stimmungsbarometer

Gibt es Schwierigkeiten in der Gruppe, Gefühle verbal auszudrücken, und will man sich mit einer schnellen „Temperaturmessung" begnügen, wird gelegentlich folgendes Mittel angewandt:
Auf einer übersichtlichen Skala, die der vergrößerten Abbildung eines Thermometers ähnlich sieht, wird von jedem Teilnehmer der Gruppe nach einer Arbeitseinheit durch einen beliebig zu platzierenden Klebepunkt sichtbar gemacht, wie seine Stimmung war, nämlich tief (gelangweilt, schlechtlaunig, „sauer") oder hoch (heiter, schwungvoll, engagiert). Durch die Verteilung der Stimmungspunkte wird deutlich, wie die Gruppenatmosphäre ist und welchen Schwankungen das Gruppenklima unterliegt. Die Stimmungsschwankungen lassen sich über mehrere Arbeitseinheiten in Form einer „Fieberkurve" graphisch verfolgen.
Eine Variante des Stimmungsbarometers stellt ein Koordinatenkreuz dar, das auf der Abszisse die Funktion „Leistung" auf der Ordinate die Funktion „Spaß" darstellt, zwei Komponenten, die bei vielen Gruppenarbeiten eine Rolle spielen, sich aber gegenseitig nicht ausschließen. Auch bei dieser Variante erhalten die Gruppenmitglieder Klebepunkte, die sie in der vorgegebenen Matrix - ihren Eindrücken entsprechend - platzieren können.

5.4.5 Befindlichkeitsfragebogen

Er dient zur Ermittlung des Stimmungszustandes in einer Gruppe. Es wird mit einer Vorgabe gearbeitet, z. B. Polaritätsprofil

Gruppe . . . . .   Datum . . . . .

Ich fühle mich heute in der Gruppe:

	deut-lich	mittel	eher	eher	mittel	deut-lich	
1. unterlegen							überlegen
2. selbstkontrolliert							impulsiv
3. resigniert							hoffnungsvoll
4. nachdenklich							lebhaft
5. kämpferisch							fliehend
6. geschützt							ausgeliefert
7. zurückhaltend							draufgängerisch
8. behaglich							unbehaglich
9. fremd							vertraut
10. pudelwohl							elend
11. verwirrt							durchblickend
12. unverstanden							verstanden
13. souverän							kindlich-hilflos
14. verunsichert							selbstsicher
15. spontan							zögernd

Abb. 100 Befindlichkeitsfragebogen

5.4.6 Fragebogen zur Team-Entwicklung

Es sind verschiedene Fragebögen üblich, die meist auf die Beantwortung folgender Fragen hinzielen:

- Wie fühle ich mich in dieser Gruppe?
- Wie weit sind mir die Ziele und Aufgaben klar?
- Bin ich bereit, die Arbeit konstruktiv zu unterstützen?
- Glaube ich, dass die anderen mitmachen?
- Sind alle bereit, offen zu sagen, was sie denken?
- Bekam ich Hilfe, wie ich sie gebraucht hätte?

Die Bögen werden individuell ausgefüllt, zusammen ausgewertet und in ein Ablaufdiagramm eingetragen. Durch die offene Darstellung der Ergebnisse wird das Gruppenklima für alle transparent.

Eine Variante bietet der folgende Fragebogen, der – wiederholt angewandt – auch den Fortschritt in den Gruppenbeziehungen deutlich machen kann.

1. Ausmaß des gegenseitigen Vertrauens

großes gegenseitiges Misstrauen | | | | | | | | | | großes gegenseitiges Vertrauen

2. Art der Kommunikation

vorsichtig, verdeckt | | | | | | | | | | frei und offen

3. Ausmaß der gegenseitigen Unterstützung

jeder für sich | | | | | | | | | | Hilfsbereitschaft auf allen Seiten

4. Klarheit der Gruppenziele

unklar, unverstanden | | | | | | | | | | klar verständlich

5. Reaktion auf Konflikte innerhalb der Gruppe

Konflikte werden ignoriert, unterdrückt | | | | | | | | | | Konflikte werden offen und freimütig besprochen

6. Nutzung der Fähigkeiten der Gruppenangehörigen

Fähigkeiten liegen brach | | | | | | | | | | Fähigkeiten werden genutzt

7. Art der Kontrolle

Kontrolle von außen | | | | | | | | | | Selbstkontrolle

8. Arbeitsatmosphäre

unfrei, Konformitätszwang | | | | | | | | | | frei, kollegial, Rücksicht auf Individualität

Abb. 102 Fragebogen zur Team-Entwicklung (*McGregor* 1967, S. 172)

5.4.7 Interaktionsspiele und Übungen

Bei der Zusammenarbeit in Gruppen ergeben sich oft Schwierigkeiten derart, dass ein Gruppenmitglied bestimmte Informationen zurückhält, oder Erklärungen gibt anstatt Fakten zu nennen, oder dass Wahrnehmungs- und Beziehungsprobleme die sachliche Arbeit behindern. Hier können gezielte Interventionen eingesetzt werden, die vom Berater oder Moderator gesteuert werden: bestimmte Interaktionsspiele, gruppendynamische Übungen oder auch Methoden wie die Themenzentrierte Interaktion (TZI), Rollenspiele, Psychodrama usw. Es gibt eine Vielzahl solcher Übungen wie „Kontrollierter Dialog" „Quadrat-Übung", „Kooperation in Gruppen" usw. Solche Übungen können als Lernschritte für verschiedene Problembereiche angewandt werden: als „Eisbrecher" in der Anfangsphase einer Gruppenarbeit, zur Erschließung von unterdrückten Konflikten, zur Einleitung einer kreativen Phase, zur Stimulation von Wettbewerb, zur Erleichterung von Entscheidungsprozessen, zum Umgang mit Macht und Status. Eine gute Übersicht über Interaktionsspiele und gruppendynamische Übungen geben *Weber* (1990) und *Röschmann* (1990).

Interaktionsspiele reproduzieren auf vereinfachende Weise die Struktur wirklicher Lebens- und Gruppensituationen. Sie können als „Augenöffner" wirken oder wie eine Lupe bzw. wie ein Brennglas bestimmte Probleme deutlich werden lassen.

5.4.8 Feedback

Ein wichtiges Mittel, die Gruppenmitglieder zu veranlassen, sensibler aufeinander zu achten und sich mit den Verhaltensweisen der anderen Gruppenmitglieder ebenso die mit dem eigenen Verhalten auseinander zusetzen, liegt darin, nach Ablauf von Gruppenprozessen die eigenen Wahrnehmungen zur Sprache zu bringen. Feedback ist die Widerspiegelung des wahrgenommenen Verhaltens an denjenigen, der dieses Verhalten gezeigt hat.

Die mit Feedback bezeichneten Vorgänge können als Schlüssel für soziale Lernprozesse angesehen werden (*Bradford* u.a. 1972, S. 45).

Die Regeln nach denen Feedback ablaufen sollte, sind u.a. bei *Schwäbisch* und *Siems* (1974, S. 68 ff.) eingehend beschrieben.

In der Praxis hat es sich bewährt, darauf hinzuweisen, dass derjenige, der Feedback zu bekommen wünscht, es aufgeschlossen und offen entgegennehmen soll, und zwar möglichst ohne selbst Stellung zu nehmen; er soll sich nicht verteidigen, nicht rechtfertigen und braucht sein Verhalten auch nicht zu erklären.

Die Bedingungen, nach denen Feedback gegeben werden soll, lassen sich in drei K's zusammenfassen:

Feedback soll sein

- *konkret*

Die wahrgenommenen Verhaltensweisen müssen konkret beschrieben werden, so wie sie wahrgenommen wurden. Sie sollen nicht interpretiert, verallgemeinert (Eigenschaften!) oder bewertet werden.

- *kurz*

Feedback sollte sich auf wenige wichtige Eindrücke beschränken, die unmittelbar Erlebtes knapp und präzise wiedergeben. („So und so hat das auf mich gewirkt").

- *konstruktiv*

Feedback soll nur gegeben werden, wenn es erwünscht ist. Negatives Feedback wird ungern angenommen oder nur dann, wenn es mit positivem Feedback in einem ausgewogenen Verhältnis steht. Kurz: Man kann Kritik nur vertragen, wenn man auch Kredit hat. Eine in der Praxis bewährte Regel lautet: Einem negativen Punkt sollten mindestens zwei positive gegenüberstehen.

5.4.9 Konfliktgespräche in Gruppen

Bei der Zusammenarbeit in Gruppen kommt es immer wieder zu Meinungsverschiedenheiten und zu Interessenkollisionen. Die Konflikte in der Gruppe können so stark werden, dass die Gruppe zerbricht oder einzelne Mitglieder ausscheren. Andererseits sind die Möglichkeiten, Konflikte kooperativ zu lösen, größer als gewöhnlich angenommen wird. Schwierigkeiten liegen meist darin, dass ein Gruppenmitglied versucht, dem anderen seine Wünsche „auszureden" anstatt den Versuch zu machen, den anderen zu verstehen. Es kommt deshalb bei Konfliktgesprächen vor allem darauf an, dass vorhandene Verschiedenheiten akzeptiert werden und dass Verständnis für die unterschiedlichen Interessen vermittelt wird, bis diese völlig transparent sind. Erst dann, wenn alle Gruppenmitglieder das Gefühl haben, dass die anderen verstehen, was sie eigentlich wollen, sollte an mögliche Lösungen gedacht werden. *Schwäbisch* und *Siems* (1974, S. 136 f.) schlagen für das Konfliktgespräch folgende Vorgehensweise vor:

- **Anmeldungen der Störungen**

Ein Gruppenmitglied spricht davon, was es in der Gruppe stört. Es soll dabei seine Gefühle direkt ausdrücken und den anderen Gruppenmitgliedern keinen Vorwurf und kein schlechtes Gewissen für seine Störung machen.

- **Summierung der verschiedenen Meinungen zu dem Punkt**

Die anderen Gruppenmitglieder stellen nun ihre Meinungen dar. Dabei sollen alle diese verschiedenen Einstellungen zu dem Konfliktpunkt additiv nebeneinandergestellt werden, mit der Haltung: „Du bist der Meinung und ich bin dieser Meinung." Die Gruppenmitglieder sollten darauf achten, dass sie nicht das Spiel spielen: „Meine Meinung ist besser als deine."

- **Herausarbeiten der Hintergrundsbedürfnisse**

Das Gruppenmitglied, das zunächst seine Störung geäußert hat, erhält die Gelegenheit, seine Bedürfnisse weiter zu klären und alle seine Gefühle zu äußern, die mit dem Punkt zusammenhängen. Auch die anderen Gruppenmitglieder sollten ihre Hintergrundsbedürfnisse klären können. Wichtig ist dabei, dass zunächst nicht an Lösungen gedacht wird und es in dieser Phase nur darum geht, erst einmal zu hören und zu verstehen, was denn die verschiedenen Motive und Interessen sind.

- **Formulierung von Wünschen**

Alle Gruppenmitglieder formulieren ihre Störungen und ihren Ärger in Wünsche um. Diese Wünsche müssen ganz konkret sein, sodass die anderen auch Stellung dazu nehmen können. Auf den Wunsch: "Ich wünsche mir, dass du netter zu mir bist", kann man zum Beispiel schwerer reagieren als auf den Wunsch: „Ich wünsche mir, dass du nicht mehr ironisch lachst, wenn ich etwas erzähle".

- **Brainstorming über mögliche Lösungen**

Alle Gruppenmitglieder nehmen an einem Brainstorming teil, bei dem alle möglichen Lösungsmöglichkeiten aneinander gereiht werden, ohne dass sie auf ihre Praktizierbarkeit untersucht werden. Es soll also kein Vorschlag kritisiert werden, und es sollen so viele Vorschläge wie möglich aufgezählt werden. .Diese können lustig sein oder unsinnig; dadurch wird die Phantasie angeregt.

- **Bemühung, eine Lösung zu finden, die alle zufrieden stellt**

Die Gruppe bemüht sich, sich auf eine Lösung zu einigen, die alle oder die meisten Gruppenmitglieder befriedigt. Die Wahrscheinlichkeit für "gute" Lösungen ist jetzt recht groß, da die Gruppenmitglieder sich verstanden fühlen und im Laufe des Konfliktgesprächs gemerkt haben, dass die anderen ihre Interessen wichtig nehmen und darüber nachdenken. Sie sind deswegen auch selbst bereit, sich auf Kompromisse zu einigen, zumal jetzt die sachlichen Gesichtspunkte realistischer aufgenommen werden können.

5.4.10 Rollenverhandeln

Zur Klärung der gegenseitigen Verhaltenserwartungen und zur Überbrückung der Interessengegensätze bietet sich folgende Vorgehensweise an:
Ein Gruppenmitglied wird in den Mittelpunkt der Diskussion gestellt, um seine Rolle transparent zu machen und ihre Verzahnung mit den Rollen der anderen zu verdeutlichen.

Man geht in folgender Weise vor:

- Die Zentralperson beschreibt ihre Tätigkeit aus eigener Sicht.
- Dann beschreiben die anderen Gruppenmitglieder der Reihe nach, wie sie die Tätigkeit der Zentralperson sehen und welche Aufgaben diese auszuführen hat.
- Danach gibt die Zentralperson an, was sie von den anderen Gruppenmitgliedern an Zuarbeit benötigt, um die eigene Arbeit gut leisten zu können.
- Anschließend geben alle Gruppenmitglieder der Reihe nach an, was sie an

Zuarbeiten von der Zentralperson benötigen, um ihre Arbeit gut durchführen zu können.

Dieses Verfahren kann der Reihe nach bei jedem Gruppenmitglied durchgeführt werden. Die Ergebnisse können auch schriftlich festgehalten und evtl. in die Arbeitsplatzbeschreibungen eingearbeitet werden. Wichtiger ist jedoch, dass jedem Gruppenmitglied klar wird, dass eine effiziente Arbeitsleistung nur in einem Miteinander möglich ist. Natürlich sind gegenseitige Zugeständnisse notwendig.

Bei einem anderen, ähnlichen Verfahren füllt jedes Mitglied der Gruppe einen Bogen aus, auf dem folgende Fragen vorgegeben sind:

- Was soll der andere mehr oder besser tun?
- Was soll der andere weniger oder nicht mehr tun?
- Was soll der andere unverändert tun?

Auf diese Weise erfährt jedes Gruppenmitglied, wie die anderen seine Arbeitsaufgabe sehen und was sie von ihm erwarten. Jeder kann für seine Position auf einem Flip-Chart die Antworten auf diese Fragen zusammenstellen. Die Fremdbeschreibungen des eigenen Arbeitsfeldes werden gegenseitig präsentiert, diskutiert und ggf. ergänzt. Davon ausgehend können verbleibende Unterschiede in den Auffassungen ausdiskutiert und Präzisierungen in den Tätigkeitsfeldern vorgenommen werden. Dies kann dann in das nächste Verfahren einmünden.

5.4.11 Vereinbarung gemeinsamer Spielregeln

Zwischen Menschen gibt es „Spielregeln", die das Miteinander gestalten. Meist sind diese Spielregeln uns gar nicht bewusst, sie sind Selbstverständlichkeiten, die nicht hinterfragt werden. Durch die vorgenannten Verfahren werden solche Spielregeln offen dargelegt und können nach einer Diskussion in veränderter Form festgelegt werden. Es geht hier um das Aushandeln und Festlegen von Regeln der Zusammenarbeit. Unterschiedliche Erwartungen werden ausdiskutiert, aufeinander abgestimmt und schließlich in einem Kontrakt festgelegt.

Solche Kontrakte können nur in gegenseitigen Einvernehmen geschlossen werden. Jeder Mitarbeiter muss die Gelegenheit haben, auch „nein" sagen zu können. Ein solcher Kontrakt soll enthalten:

- die jeweilige Rolle und die Rollenerwartungen,
- die Verantwortlichkeiten für bestimmte Tätigkeiten und
- die Konsequenzen bei Nichteinhaltung der Regeln.

Es ist zweckmäßig, solche „Kontrakte" nach bestimmten Zeitabständen zu überprüfen, um sicherzustellen, dass die Spielregeln wirklich eingehalten oder im Hinblick auf neue Situationen abgewandelt werden.

5.5 Bearbeitung von Problemen zwischen Gruppen: Methoden zur Intergruppen-Entwicklung

Je nach Ausgangslage der zwischen verschiedenen Gruppen (Abteilungen, Betrieben) bestehenden Spannungen und Konflikte bieten sich verschiedene Strategien und Interventionen an, z. B.:

5.5.1 Intergruppen-Entwicklung
5.5.2 Konfrontationstreffen
5.5.3 Dritt-Partei-Schlichtung
5.5.4 Kooperations-Kontrakt.

5.5.1 Intergruppen-Entwicklung

Blake und *Mouton* (1962) entwickelten ein Konzept, um Spannungen zwischen Gruppen (z. B. Unternehmern und Gewerkschaften) abzubauen.

1. Sie machten die Mitglieder der Gruppen mit dem Phänomen der Gruppenkonkurrenz vertraut.
2. Innerhalb der Gruppen wird über Einstellungen und Wahrnehmungen diskutiert, die sich auf die eigene und auf die andere Gruppe beziehen.
3. Die Repräsentanten der beiden Gruppen treffen sich, wobei Mitglieder ohne Eingriffsrecht der beiden Gruppen teilnehmen. Thema des Treffens: Beschreibung des Eigen- und Fremdbildes.
4. In der eigenen Gruppe werden die Diskrepanzen zwischen Eigenbild und dem der von der anderen Gruppe entworfenen Bild besprochen. Es wird versucht, die Unterschiede zu verstehen.
5. Treffen der Repräsentanten. Gegenstand des Gespräches: Korrektur der Wahrnehmungsverzerrungen und Herausarbeiten der unterschiedlichen Positionen.
6. Danach beginnt die eigentliche Verhandlung
   - gemeinsame Feststellung der Probleme
   - Lösung der Probleme.

Kommt es nicht zu einer gemeinsamen Lösung, erhalten die Repräsentanten und ihre Gruppen die Aufgabe, eine Liste möglicher Lösungen aufzustellen. Dadurch soll die Polarisierung auf jeweils eine Position vermieden werden.

Ziele dieses Vorgehens:

- Abbau emotionaler Spannungen zwischen den Gruppen
- Abbau der Wahrnehmungsverzerrungen
- Klarstellung der Positionen
- Gleichzeitige Entwicklung der Gruppen und der Repräsentanten.

Weitere Intergruppenaktivitäten kann man bei *Pfeiffer* und *Jones* (1977-1979) finden.

5.5.2 Das Konfrontationstreffen

Nach *Beckhard* (1975) sollte ein solches Treffen dann durchgeführt werden, wenn ein Bedürfnis zur Untersuchung der eigenen Arbeitsweise besteht, insbesondere dann, wenn nur wenig Zeit vorhanden ist und Veränderungen schnell stattfinden sollen. Hierzu ist allerdings die Unterstützung des Top-Managements notwendig. Es muss an der Lösung der bestehenden Probleme interessiert sein, um die Realisierung der erarbeiteten Lösungen zu gewährleisten. Diese beiden Punkte sind wichtig, weil sonst bei negativen Erfahrungen kaum Interesse für eine ernsthafte Bearbeitung der Probleme erreicht werden kann.

Das Konfrontationstreffen läuft in sieben Phasen ab:

Phase 1: Klima schaffen.

Phase 2: Informations-Sammlung.

Phase 3: Informations-Weitergabe.

Phase 4: Setzen von Prioritäten, Planung von Gruppenaktionen.

Phase 5: Gemeinsame Aktionsplanung.

Phase 6: Nachfolge-Treffen des Top-Management.

Phase 7: Erfolgskontrolle.

Phase 1: Klima schaffen. In dieser Phase geht es hauptsächlich um die Eröffnung des Treffens. Wichtig ist hierbei, dass das Top-Management bei dieser ersten Erörterung der Probleme beteiligt wird. Der Berater erfragt die Ziele, Erwartungen und Hintergründe aller am Problem beteiligten Gruppen. Ziel dieser Phase ist es, alle Teilnehmer für die Problemlösung zu motivieren. Manchmal erweist es sich als zweckmäßig, dass der Berater dem Teilnehmerkreis schon einige Informationen vermittelt über Interaktionsprozesse, Kooperation und Möglichkeiten zur Konfliktlösung. Entscheidend ist, dass ein gutes Arbeitsklima entsteht.

Phase 2. Informations-Sammlung: Die Teilnehmer werden in kleine Gruppen aufgeteilt, die *nicht* den Funktionsgruppen entsprechen sollen, die auch im Alltag zusammenarbeiten. Es soll vielmehr darauf geachtet werden, dass in jeder Gruppe Vertreter verschiedener Funktionsbereiche mitwirken, damit unterschiedliche Meinungen zum Zuge kommen. Für die Kommunikation zwischen den Mitgliedern ist es wesentlich, dass kein Vorgesetzter in den Gruppen ist, der die Informationen womöglich filtert oder stark beeinflussen könnte. Die gebildeteten Gruppen beschreiben und definieren die Probleme. Dabei können auch die vermuteten Ursachen für die Probleme erörtert werden. Neben den Schwierigkeiten können auch Idealvorstellungen entwickelt werden.

Phase 3. Informations-Weitergabe: Die Ergebnisse der Arbeitsgruppen werden in einer Plenumsveranstaltung untereinander ausgetauscht. Dazu präsentiert ein Vertreter jeder Gruppe die Arbeitsergebnisse und stellt sie zur Diskussion. Die wesentlichen Ergebnisse müssen visualisiert werden (Flip-chart, Stellwände usw.), damit alle voll informiert sind. Dann werden die verschiedenen Probleme der Reihe nach diskutiert. Der Berater moderiert dabei so, dass nach Möglichkeit im Teilnehmerkreis eine einheitliche Meinung über die bestehenden Probleme zustande kommt.

Phase 4. Setzen von Prioritäten, Planung von Gruppenaktionen: In dieser Phase werden neue Gruppen gebildet, die nun den jeweiligen Funktionsbereichen entsprechen und ihre Vorgesetzten dabei haben.

Drei Aufgaben sind zu bearbeiten:
1. Auswahl der wichtigsten Probleme, die den eigenen Bereich betreffen. Diese Probleme werden bearbeitet; es werden Lösungsvorschläge entwickelt.
2. Auswahl der Probleme, die man aus eigener Kraft nicht lösen kann, die vielmehr dem Top-Management vorgetragen werden müssen.
3. Planung des Transfers, speziell der Weitergabe der erarbeiteten Ergebnisse an die eigenen Mitarbeiter.

Phase 5. Gemeinsame Aktionsplanung: Die Gruppen treffen sich wieder im Plenum. Jede Gruppe präsentiert die
- Überlegungen zur Lösung der Probleme im eigenen Bereich,
- die Liste der Probleme, die das Top-Management angeht,
- die Pläne für die Informationsweitergabe an die eigenen Mitarbeiter.

Die anschließende Diskussion dient der Abstimmung der erarbeiteten Aktionspläne zwischen den verschiedenen Bereichen.

Das Top-Management nimmt zu den Vorschlägen Stellung und schlägt notfalls einige Änderungen vor. Beispielsweise können Projektgruppen gebildet werden, die bestimmte Probleme weiterbearbeiten.

Phase 6: Nachfolge-Treffen des Top-Management. Die Geschäftsleitung trifft sich, um die Ergebnisse noch einmal zu sichten und entsprechende eigene Maßnahmen zu planen, die die Aktionen der Mitarbeiter erleichtern oder unterstützen. Außerdem werden Zusammenhänge zwischen verschiedenen Änderungsschritten geklärt, um eine Gesamtbewegung des Systems zu gewährleisten, die zur Erhöhung der Effizienz führt. Die Ergebnisse des Nachfolge-Treffens gibt das Top-Management an alle beteiligten Funktionsgruppen weiter.

Phase 7: Erfolgskontrolle. Nach einigen Wochen (Monaten) werden in einer Plenum-Sitzung die bisher vorliegenden Ergebnisse und die bisherigen Erfahrungen referiert. Dabei werden auch eventuell noch bestehende Probleme dargestellt und Lösungsmöglichkeiten erörtert. In der Regel werden auch weiterführende Maßnahmen beraten und beschlossen.

Wichtig sind auch die *Nebeneffekte* eines solchen Konfrontationstreffens. Durch die gemeinsame Arbeit in Gruppen werden informelle Beziehungen aufgebaut, die das Arbeiten in und zwischen Gruppen erleichtern. Dadurch können langfristige Wirkungen erzielt werden, die der Gesamtorganisation zugute kommen.

5.5.3 Dritt-Partei-Schlichtung

Bei auftretenden Konflikten in und zwischen Gruppen besteht immer die Gefahr, dass sie eskalieren und außer Kontrolle geraten. Um das zu verhindern, ist es erforderlich, dass ein „neutraler Dritter" für die Lösung der Konflikte eingeschaltet wird.

Nach dem deutschen Betriebsverfassungsgesetz von 1972 (§ 76 und § 108) ist ausdrücklich eine „Einigungsstelle" vorgesehen, die bei Meinungsverschiedenheiten zwischen der Geschäftsleitung eines Unternehmens und dem Betriebsrat dann in Anspruch genommen werden muss, wenn die Vertragsparteien sich nicht einigen können. Auch bei Tarifverhandlungen, in der Auseinandersetzung zwischen den Gewerkschaften und den Arbeitgeberverbänden, wird oft eine Schlichtungsstelle in Anspruch genommen, um einen Arbeitskampf zu beenden und die gesellschaftlichen Auswirkungen des Konflikts zu begrenzen.

Kennzeichnend für die Dritt-Partei-Schlichtung ist immer, dass der Prozess der Konfliktbearbeitung über den Berater läuft und durch ihn strukturiert wird. Der Berater führt die Kontrahenten zunächst zu einer offenen Konfrontation. Das hat den Vorteil, dass die Ausgangslage klar wird und die Unterschiede (Forderungen, Meinungen, Interessen, Gefühle) der Konfliktparteien deutlich herausgestellt werden. Erst danach kann der Berater seine eigentliche Funktion - die Vermittlung zwischen den widerstreitenden Parteien -wahrnehmen.

Im einzelnen sieht der Ablauf etwa folgendermaßen aus:

a) Datensammlung

Der Berater sammelt bereits vorher in Form von getrennten Interviews Informationen über die Streitpunkte beider Parteien. Dadurch können von ihm hilfreiche Beziehungen zu jeder der beiden Parteien (nicht zwischen den streitenden Parteien) aufgebaut werden. Gleichzeitig erzeugt der Berater ein situatives Machtgleichgewicht.

b) Gestaltung der Vermittlungsverhandlung

Der Schlichter vereinbart ein Treffen zwischen den Konfliktparteien, das möglichst an einem neutralen Ort stattfinden soll. Dabei legt er eine Tagesordnung und das Vorgehen fest. Auch der Teilnehmerkreis wird genau fixiert.

c) Interventionen zu gemeinsamen Aussprachen

Bei dem vereinbarten Treffen strukturiert der Berater den Ablauf so, dass der Dialog zwischen den Konfliktparteien erleichtert wird. Der Berater beeinflusst die Auswahl der Probleme und die Reihenfolge. Er achtet darauf, dass bestimmte „Spielregeln" eingehalten werden, z. B. Einander ausreden lassen, keine persönlichen Angriffe, keine beleidigenden Äußerungen etc. Der Schlichter sorgt dafür, dass emotionale Spannungen zwischen den Konfliktparteien abgebaut werden. Das führt dazu, dass die sachlichen Differenzen nüchtern dargestellt und präzisiert werden. Dadurch wird die Bedeutung bestimmter Forderungen und ihrer möglichen Auswirkungen den Parteien klar bewusst. So wird eine Ausgangsbasis dafür geschaffen, Kompromisse zu finden, und zwar zunächst für die Problempunkte, bei denen eine Annäherung sichtbar geworden ist. Hierdurch entsteht ein Prozess, in dem nach und nach auch differierende Punkte konstruktiv diskutiert werden können. Die positive Erfahrung, dass man sich über bestimmte Punkte bereits einig ist, begünstigt die weitere Verhandlung.

Für den Schlichter kommt alles darauf an, die ursprüngliche Gewinner-Verlierer-Situation durch das Aushandeln von Kompromissen allmählich in eine Gewinner-Gewinner-Situation zu überführen. Jede Partei erfährt, dass sie durch ihr Nachgeben auch Vorteile erhält.

d) Planung weiterer Treffen

Nicht immer führt das erste Treffen schon zu endgültigen Lösungen. Oft sind weitere Treffen erforderlich. Die gemeinsame Planung des nächsten Treffens und das Festlegen der Themen können ein weiterer Schritt zur Lösung der Probleme sein.

5.5.4 Kooperations-Kontrakt

Viele Spannungen und Konflikte zwischen Gruppen sind dadurch bedingt, dass die Funktionen, die Zuständigkeiten und die gegenseitigen Verpflichtungen nicht klar definiert sind oder sich unterschiedliche Auffassungen darüber verfestigt haben, wie man die „gemeinsamen" Ziele am besten erreichen kann. Emotionalisiert werden die unterschiedlichen Auffassungen dadurch, dass mit diesen Divergenzen unausweichlich bestimmte Macht- und Interessenfragen verbunden sind.

Die Vorgehensweise, solche Probleme zu lösen, ist analog der Verfahrensweise, die bei der Klärung von individuellen Rollen in Gruppen angewandt wird: dem „Rollenverhandeln" (vgl. Kapitel 5.4.10).

Auch beim Koordinieren von abteilungsspezifischen Aufgaben, Rechten und Pflichten, wie sie die hier beschriebene Intergruppen-Intervention vorsieht, werden zunächst die eigenen Vorstellungen jeder Gruppe über sich und die andere Gruppe herausgearbeitet. Dies bezieht sich jeweils auf konkrete Tätigkeiten und Verantwortlichkeiten, die für die Zielerreichung wichtig sind. Es geht also um die Abklärung der gegenseitigen Verhaltenserwartungen. Es ist zu beschreiben, wie bestimmte Leistungen und Bearbeitungsabläufe, die für die eine wie für die andere Seite wichtig sind, gestaltet sein sollen. Dabei sollten die emotionalen Beziehungen zwischen den Abteilungen und einzelnen Personen so weit wie möglich ausgeklammert bleiben. Die Ergebnisse des Klärungsprozesses müssen von beiden Seiten präzisiert und schriftlich fixiert werden.

Die aufgelisteten Erwartungen und Forderungen werden dann verglichen und auf Übereinstimmung und Abweichungen überprüft. Über die Abweichungen muss so lange verhandelt werden, bis eine Übereinkunft erzielt worden ist.

Dieser Verhandlungsprozess ist äußerst konfliktreich und muss von einem Berater begleitet werden, damit ein Abgleiten in eine Gewinner-Verlierer- Situation verhindert wird.

Das Ergebnis dieser Verhandlung wird in einer vertragsähnlichen Form, dem Kooperations-Kontrakt, schriftlich festgelegt, damit beide Gruppen auf die neuen Formen der Zusammenarbeit verpflichtet werden und daran gebunden sind. Außerdem wird dadurch eine Überprüfung der Erfahrungen mit den neuen Abläufen und Verhaltensweisen ermöglicht.

Nach einer vorher vereinbarten Zeit der Erprobung treffen sich beide Gruppen erneut, um zu untersuchen, wie weit die ausgehandelten Vereinbarungen sich bewährt haben oder modifiziert werden müssen.

6 Individuen in Organisationen

Es gibt keinen Betrieb, der ohne das koordinierte Zusammenwirken von Menschen funktionieren würde. Andererseits scheint auch der einzelne Mensch, das Individuum, auf die Einbindung in leistungsorientierte Organisationen als zweckrationale Subsysteme unserer Gesellschaft angewiesen zu sein.

„In Organisationen sind Leistungen möglich, die ein unorganisiertes Zusammenwirken von Menschen nicht zu erbringen vermag. Diese Überlegenheit von Organisationen beruht auf Arbeitsteilung und Einsatz von Koordinationsmechanismen; komplexe Aufgaben werden in Teilaufgaben aufgespaltet, die von Individuen bewältigt' werden können. Und der Vollzug der Teilaufgaben wird so gesteuert, dass sich die individuellen Leistungen zu einer komplexen Gesamtleistung zusammenfügen ... Diese Effizienz wird durch eine Trennung von organisatorischem Zweck (Organisationsziele) und Motiv des Individuums erkauft: Individuen müssen in Organisationen Handlungen verrichten, die ihren eigentlichen Motiven nicht oder nur zum Teil entsprechen ..." (*Kieser* 1980, S. 864).

Aus dieser offen zutage tretenden Diskrepanz zwischen organisatorischen Zwecken und individuellen Zielen ergeben sich eine Reihe von Problemen für die Beziehung zwischen Individuum und Organisation. Andererseits ist nicht zu übersehen, dass es in unserer Gesellschaft eine Vielzahl von „Überbrückungsmechanismen" gibt, die für eine Vermittlung zwischen den sehr verschiedenartigen Arbeitsaufgaben in allen möglichen Organisationen und den ebenso verschiedenartigen Motiven, Interessen und Befähigungen aller möglichen Menschen sorgen.

Die Einbindung in mögliche Arbeitszusammenhänge wird dem Individuum von klein auf durch Schule und Elternhaus, durch Ausbildung und Berufserziehung vermittelt und durch die unmerkliche Sozialisation erleichtert: durch Orientierung an bestimmten soziokulturellen Werten, Normen und Prinzipien (z. B. Leistungsdenken, Gelderwerb, zweckrationales Handeln, Abhängigkeit von Hierarchie, Begabungsvorteilen, Funktionsnutzen usw.). Im konkreten Fall, bei der Einbindung in eine ganz bestimmte Organisation, ist es die Entsprechung zwischen den Anforderungen des Arbeitsplatzes und den eigenen Leistungsmöglichkeiten (Fähigkeiten, Fertigkeiten, Kenntnissen, Interessen) im Sinne der Eignung. Bei der Einbindung in eine Abteilung, eine Gruppe sind es die Sozialbeziehungen zu den Arbeitskollegen, zum Vorgesetzten, zur „Betriebsgemeinschaft", die, sofern sie zufrieden stellend verlaufen und mit den ungeschriebenen Gesetzen des Betriebes konvergieren, zur „Verkopplung von Organisation und Individuum" (*Türk* 1982) beitragen.

Die spezifische Beziehung, die eine Person aufgrund ihrer Einstellung und ihrer Situation in einer konkreten Organisation aufbaut, hat *Türk* (1981) eingehend untersucht und in einer Übersicht zusammengestellt (Abb. 103).

	instrumentalische Einbindung	bürokratische Einbindung	professionalistische Einbindung	organisationspolitische Einbindung
Orientierungsobjekt	positive oder negative Sanktionen, z. B. Einkommen, Freizeit	Organisationszwecke, Verfahren	Berufsstandards, "Berufsethos"	organisationale Ziele und Werte
Erfolgsdefinition	über Grad des Erreichens von Gratifikationen bzw. Vermeiden von Deprivationen	über Erreichung von Bestands- und Funktionsinteressen	über berufliche Vervollkommnung und Leistung	über Verwirklichung organisationaler Ziele und Werte
affektive Bindung a.d. Betrieb	eher neutral bis negativ	eher kurz	eher lang	eher lang
normative Verhaltenskontrolle	durch Regeln und Sanktionen	durch Organisationsloyalität	durch Berufskollegen als Normsender und Erfolgskontrolleure	durch Internalisierung von Leitideen
Autoritätsgrundlage	Verfügungsmacht über Sanktionsmittel	Amtsposition	Expertenschaft	Identifikation oder Charisma
Einflussmittel	sekundäre bzw. extrinsische Sanktionsmittel	verfahrensbezogene Sanktionen, wie Titel, Laufbahn, formelle Belobigung, Disziplinarmaßnahmen	Anerkennung von Arbeitserfolg, Gewährung von Freiräumen	Partizipation, individuelle Zurechnung von Zielerreichung

Abb. 103 Verhaltenskorrelate organisationaler Einbindungsmuster (*Türk* 1981, S. 185)

Viele Probleme der Beziehungen zwischen Individuum und Organisationsstruktur können besser verstanden werden, wenn man die Verhaltenserwartungen der

Organisation an die Individuen als „Stelleninhaber" oder „Funktionsträger" im Sinne **sozialer Rollen** interpretiert (*Wiswede* 1977, *Kieser* und *Kubicek* 1978, *Sievers* 1980). Die Rolle ist gewissermaßen das Bindeglied zwischen Individuum und Organisation.

„Für die Organisation hat dies den Vorteil, dass nur Teile der Erwartungen an Organisationsmitglieder formalisiert werden müssen: Wie ein Buchhalter sich zu verhalten hat, ist für eine solche Stelle sich bewerbenden Personen schon weitgehend klar." (*Kieser* 1980, S. 868)

Aber auch für das Individuum ermöglichen Rollen eine Distanzierung: Das Individuum kann auf die Rollenhaftigkeit seines Verhaltens verweisen und die Ich-Identität auch aufrechterhalten, wenn die Rollenanforderungen seinem Selbstbild widersprechen (*Türk* 1976, *Kieser* 1980). Was die Motivations-Problematik angeht, die sich aus den Beziehungen zwischen Individuum und Organisation ergeben, so sieht der Ist-Zustand in der Regel so aus:

Das Individuum bedient sich der betrieblichen Möglichkeiten, um seine eigenen Ziele zu erreichen (Einkommen, Weiterkommen, soziale Sicherheit) ebenso wie der Betrieb sich des Individuums zur Erfüllung seiner betrieblichen Ziele bedient. Eine unmittelbare Ziel- und Interessen-Kopplung wird dabei kaum erreicht. Die Überlappung ist gering, nur jeweils mittelbar und äußerlich. Es gibt nur ein geringes beiderseitiges Engagement.

Eine vollständige Interessen-Identität zwischen Individuum und Organisation wird nie erreichbar sein und ist wohl auch nicht wünschenswert. Bei der Erfüllung der Bedürfnisse des Individuums spielt nicht nur die „Arbeit" eine Rolle. Bei vielen Menschen liegt die Erfüllung außerhalb der Arbeit – in ihrer Familie zum Beispiel (*Gross* 1971, S. 277). Selbstverwirklichung kann auch durch „kreativen Konsum" und aktive Freizeitgestaltung erreicht werden (*Naase* 1978, S. 78). Trotzdem ist die Arbeit für die meisten Menschen – wie die Erfahrungen mit Arbeitenden, aber auch Erfahrungen mit Arbeitslosen zeigen – die Hauptquelle ihrer Zufriedenheit und Unzufriedenheit (*Groskurth* 1979, *Jahoda* 1983). Aus diesem Grund kommt allen Bemühungen, die Anforderungen der Organisation mit den Bedürfnissen und Interessen des Individuums in Einklang zu bringen, besondere Bedeutung zu.

Je weniger eine Organisation die Bedürfnisse und Interessen ihrer Mitglieder befriedigt, desto häufiger treten Konflikte zwischen den Organisationsmitgliedern und der Organisation auf. Und je weniger die Bedürfnisse und Interessen der Organisationsmitglieder mit den Anforderungen und Normen der Organisation korrespondieren, desto größer ist das Ausmaß des Konfliktes zwischen Organisationsmitgliedern und der Organisation (*Naase* 1978, S. 78 f).

Das Kernproblem ist aber nicht so sehr der Konfliktfall. Das Problem liegt vielmehr in der Gleichgültigkeit vieler Organisationsmitglieder, nämlich darin, dass sie sich für die betrieblichen Zielsetzungen überhaupt nicht oder nur wenig interessieren. Andererseits interessiert sich aber „der Betrieb" auch nicht für das

Individuum. Gerade diesen Aspekt des gegenseitigen menschlichen und sachlichen Interesses füreinander rückt die OE in den Vordergrund.

Neben den Karriere-Wünschen, neben Lohn und Gehalt und guten Beziehungen zu Vorgesetzten und Arbeitskollegen, die von der Organisation durch eine individuelle Einsatzplanung zu beeinflussen sind, spielen die vielfältigen, hier nicht zu behandelnden Möglichkeiten der Arbeitsgestaltung (Job design) eine große Rolle zur Verbesserung der Arbeitssituation des Individuums in der Organisation. Die Methoden des gezielten Arbeitsplatzwechsels (Job rotation), der Ausweitung des Aufgabenbereichs (Job enlargement) und die Anreicherung der Aufgaben mit Entscheidungsbefugnissen (Job enrichment) sind von der Arbeitswissenschaft hinreichend beschrieben (*Rühl* 1973, *Ulich* 1979 u.a.) und in Projekten zur Humanisierung des Arbeitslebens planmäßig gefördert worden.

Trotzdem hat man den Eindruck, dass alle Maßnahmen auf diesem Gebiet nur statisches Stückwerk bleiben, wenn sie nicht mit innovativen Prozessen, welche zugleich die Lernbereitschaft und die Kooperationsfähigkeit der Organisationsmitglieder fördern, kombiniert sind. Es ist sogar eine offene Frage, ob das, was hier für den Menschen getan wird und aus Sicht der Ergonomie-Abteilungen auch berechtigt erscheint, von den durch diese Maßnahmen Betroffenen auch wirklich gewünscht wird. Auch hier liegt das Kernproblem darin, dass die Beschäftigten zunächst am betrieblichen Geschehen und an ihrer eigenen Weiterentwicklung interessiert werden müssen.

Unsere These: Auch Maßnahmen des „Job design" kommen für die Organisation ebenso wie für das Individuum nur dann voll zur Wirkung, wenn sie eingebettet sind in einen Prozess der OE.

Praktisch bedeutet das - im Hinblick auf das Individuum:

- Intensive Bemühungen um Information, Mitwirkung und Mitbeteiligung der Mitarbeiter, insbesondere durch Förderung der Gruppenarbeit.
- Bemühungen um eignungsgemäßen Arbeitseinsatz, der sich von der Rekrutierung und Selektion über Einsatz, Einführung und Unterweisung bis zu einer kontinuierlichen Personalentwicklung erstreckt.
- Permanente Qualifizierung der Mitarbeiter nicht nur in fachlicher Hinsicht, sondern auch im Hinblick auf das Erlernen bestimmter Arbeits- und Kommunikationstechniken (z. B. Methoden zur Problemlösung und zur Förderung der sozialen Kompetenz, Zusammenarbeit in Gruppen usw.).
- Unterstützung des Individuums bei der Lebens- und Laufbahnplanung und Beratung bei persönlichen Problemen und bei der Realisierung notwendiger Veränderungen.

Einige Methoden und Maßnahmen, die den einzelnen Mitarbeiter direkt betreffen, werden in den folgenden Kapiteln ansatzweise beschrieben.

Selbstverständlich lassen auch die Interventionen, die bei den Eingriffsbereichen „Organisation" und „Gruppen" dargestellt sind, das Individuum nicht unbeeinflusst.
Individuelle Förderungsmaßnahmen werden heute schon in vielen fortschrittlichen Unternehmen betrieben. Sie haben jedoch im Kontext eines umfassenden OE-Programms einen anderen Stellenwert. So kann es nicht verwundern, dass den gruppenorientierten Analysen und Interventionen auch im Rahmen dieses Buches mehr Raum gegeben ist als den ausschließlich auf das Individuum ausgerichteten Maßnahmen.

6.1 Permanente Qualifizierung der Mitarbeiter

Wenn man OE als Lernprozess von Organisationen betrachtet, setzt dies lernende Organisationsmitglieder voraus. Dies Lernen der Organisationsmitglieder muss jedoch von der Organisation ermöglicht und organisiert werden. Die Lernprozesse müssen auch weit über das hinausgehen, was herkömmlich an Ausbildungsmaßnahmen oder Fortbildungsmaßnahmen in Organisationen geboten wird. Durch die Institutionalisierung solcher Lernprozesse soll ein kooperatives System entstehen, in dem die Autonomie und Integrität der Individuen gewährleistet bleibt (*Beckhard* 1972).

Betrachtet man dieses Ziel unter inhaltlichen Aspekten, so werden bestimmte Themenbereiche für eine OE relevant, die es in Lernprozessen aufzugreifen gilt.

Die Organisationsmitglieder sollen befähigt werden

1. ihr Fachgebiet zu beherrschen, also funktionsbezogene Kenntnisse und Fertigkeiten anzuwenden, die zur Lösung der aktuellen und zukünftigen Aufgaben erforderlich sind (Fach-Kompetenz),
2. Probleme zu erkennen, zu bearbeiten und die erarbeiteten Lösungen in die Praxis umzusetzen (Methoden-Kompetenz),
3. besser miteinander zu kommunizieren, zu kooperieren und Konflikte konstruktiv zu lösen (Sozialkompetenz).

Wir können den fachlichen Bereich, auf den sich die traditionellen Schulungsmaßnahmen in Betrieben und Institutionen konzentrieren, hier vernachlässigen. Dafür erhalten - im Hinblick auf OE - die beiden letzten Bereiche umso größeres Gewicht:

- In sachlich-methodischer Hinsicht müssen die Mitglieder einer Organisation trainiert werden, Probleme darzustellen und systematisch an einer Lösung der Probleme mitzuarbeiten. Die Systematik des Problemlösens soll dabei helfen, Zielsetzungen, Auffassungen, Interpretationen usw. transparent zu machen. Deshalb müssen die Mitarbeiter mit Methoden der Informationsbeschaffung, der Problemanalyse und Entscheidungsfindung und mit Interpretationsmodellen vertraut gemacht werden. Darüber hinaus geht es um die Erschließung des kreativen Potentials der Individuen, damit brauchbare Lösungsansätze gefunden werden. Das Einüben von kreativen Techniken kann dabei eine wesentliche Hilfe sein.

- Im Hinblick auf eine bessere Kommunikation und Kooperation ist es erforderlich, dass Individuen sowie Gruppen Meinungen und ihre Gefühle darstellen und offen austauschen können. Dies stellt die Basis für eine systematische Bearbeitung von zwischenmenschlichen und sachlichen Problemen dar. Mit dem Aussprechen einer Unzufriedenheit, die dann weiter durch ein Gespräch präzisiert wird, entsteht meist erst eine Situation, welche die Erfassung und Klärung des dahinter stehenden Problems möglich macht. Es geht hier nicht um die Schaffung eines konfliktfreien Arbeitens - dies ist nicht möglich -, sondern darum, Konflikte fassbar, für alle transparent und damit auch lösbar zu machen. Gefühle darstellen und Feedback geben können, kann gelernt und geübt werden durch gruppendynamische Trainingsformen. Darüber hinaus müssen auch Kenntnisse über Konflikte und ihre Verläufe erarbeitet und konfliktlösende Vorgehensweisen eingeübt werden. Hierin liegt die besondere Bedeutung von spezifischen Verhaltenstrainings.

Solche Fähigkeiten und Fertigkeiten müssen gelernt und geübt werden. Meist kann nicht davon ausgegangen werden, dass gerade diese Kompetenzen von den Mitarbeitern in Organisationen eingebracht werden.

Auf die Durchführung von Schulungs- und Trainingsmaßnahmen kann hier nicht näher eingegangen werden. Hier sollen nur die für alle Fälle wichtigen Schritte zur Entwicklung und Realisierung solcher Qualifizierungsprozesse vergegenwärtigt werden.

Ausgangspunkt sind immer Probleme der Praxis, die (besser) gelöst werden sollen. Dazu müssen vorab die Erfahrungen und Bedürfnisse der möglichen Teilnehmer geklärt werden. Es müssen operationale Lernziele festgelegt, die Lerngruppe abgegrenzt und analysiert und der Lernstoff strukturiert werden. Wesentlich ist daher die methodische Aufbereitung (Lernablauf, Zeitplanung, Lehr- und Lernmittel, Medien). Schließlich muss der Lernerfolg ermittelt und der Transfer gesichert werden (*Langosch* 1994).

Es geht dabei jeweils um folgende Fragen:

1. *Wofür - Wozu* soll gelernt werden?
2. *Wer* soll zur Erreichung dieses Zieles lernen?
3. *Was* soll er lernen, um das Ziel zu erreichen?
4. *Wie* soll das Lernen organisiert werden?
5. *Womit - Wodurch* soll gelernt werden?
6. *Wodurch* soll festgestellt werden, *wie viel* gelernt wurde?
7. *Woran* kann der Nutzen nachgewiesen werden?

Wichtig ist in diesem Zusammenhang noch der Hinweis, dass bei allen Qualifizierungsmaßnahmen das Individuum nicht nur als Einzelperson, sondern immer im Zusammenhang mit der Personengruppe gesehen werden muss, mit der es in

Beziehung steht. Als Wirkung von Trainingsmaßnahmen ist also nicht nur die Funktionstüchtigkeit des einzelnen, sondern zugleich auch die Funktionsfähigkeit der organisatorischen Einheit zu sehen, in der und für die das Individuum tätig ist.

Praktisch bedeutet das, dass schon für die Erhebung des Trainingsbedarfs Instrumentarien zu entwickeln sind, die nicht nur auf die Einzelperson, sondern auf die Beziehungen der Einzelpersonen zur Organisation und zu den Organisationszielen ausgerichtet sind. Beispielsweise sollten die Mitarbeiter nicht „an sich" besser kooperieren können, sondern „in der eigenen Abteilung" oder „mit anderen Bereichen". Dazu müssen sie möglicherweise auch über die Fachaufgaben dieser Nachbarbereiche besser informiert werden. Insofern erhält auch die bisher nur spezialistisch ausgerichtete Fachkompetenz rückbezüglich, unter dem Blickpunkt erhöhter Methodenkompetenz und besserer Sozialkompetenz, ein anderes Gesicht. Die Lernziele sind jeweils in Abhängigkeit voneinander zu sehen. So ist es durchaus denkbar, dass künftig zwei verschiedene Bereiche mit Hilfe von aktiven Lehr- und Lernmethoden in die Lage versetzt werden, sich gegenseitig über ihr Fachgebiet zu informieren (z. B. technisches Wissen für Kaufleute, kaufmännisches Wissen für Ingenieure) und damit gleichzeitig die Intergruppenbeziehung zu verbessern, Vorurteile abzubauen und die Kooperation zu fördern.

Insofern hat die Trainingsarbeit für OE eine echte Methodenfunktion. Sie ist oder kann sein:

- Vorfeldarbeit zur OE,
- Initialzündung für OE,
- integrierende Kraft bei OE.

Aber: Training ist dann mehr als nur Training. Es ist dann nicht mehr:

- Fachtraining, das Fachkompetenz vermittelt,
- Methodentraining, das Methodenkompetenz vermittelt,
- Verhaltenstraining, das Sozialkompetenz vermittelt,

sondern alles zugleich und noch mehr, nämlich angewandtes Problemlösungstraining, das für alle Beteiligten - für Individuen, Gruppen und Organisation - in gleicher Weise nützlich ist.

6.2 Organisationsinterne Einsatzplanung

In allen Organisationen werden Personen eingestellt, ausgebildet und ihren Fähigkeiten entsprechend an bestimmten „Arbeitsplätzen" eingesetzt; da „sitzen" sie dann und erledigen die anfallenden Arbeiten.

Wir müssen davon ausgehen, dass diese Methode des „geregelten Arbeitseinsatzes" doch mit vielerlei Zufälligkeiten, Willkür und Halbherzigkeit verbunden ist, mit einem allmählichen „Sich begnügen" auf beiden Seiten, auf Seiten des Individuums ebenso wie auf der Seite der Organisation. Die Unzufriedenheit mit dem Betrieb, das „Leiden an der Arbeit" ist zwar außerordentlich unterschiedlich, aber – zumindest in der Industrie – noch weit verbreitet. Ausgesprochene „Freude an der Arbeit" ist demgegenüber eher die Ausnahme als die Regel.

Bei der OE kommt es darauf an, eine „Feinabstimmung" zwischen Mensch und Organisation schon im Prozess der Einstellung eines Mitarbeiters, also möglichst früh, zu erreichen. Das Augenmerk der Organisation darf nicht nur auf die „Zwangslage" gerichtet sein, offene Stellen möglichst „irgendwie" zu besetzen (Zufälligkeit des Bedarfs und des Angebots!). Es kommt vielmehr schon bei der Stellenausschreibung und erst recht bei der Rekrutierung von Bewerbern für diese Stellen darauf an, möglichst solche Individuen – und *nur* solche Individuen – zu finden, die für die zu besetzenden Positionen die erforderlichen Fähigkeiten und Kenntnisse, aber auch ein echtes Interesse und die nötige Lernbereitschaft mitbringen. Über die fachliche Eignung hinaus ist es wichtig, zu erkunden, ob der neue Mitarbeiter in den Betrieb „passt", ob er mit den anderen Mitarbeitern zusammenarbeiten und seine Leistungsfähigkeit voll einbringen kann.

Für jedes Individuum ist der Eintritt in eine ihm fremde Organisation ein einschneidendes Erlebnis. Der neue Mitarbeiter hat eine Reihe von Erwartungen, die er zu verwirklichen hofft. Wird er eine ihm zusagende Arbeit erhalten? Was verdient er? Findet er sympathische Arbeitskollegen? Wird er sich mit dem Vorgesetzten verstehen? Gibt es Aufstiegsmöglichkeiten? Wird er (wenn nötig) eine nahe gelegene Wohnung finden?

Oft hat der Bewerber eine vertraute Umgebung verlassen, um sich zu verbessern oder um ungünstigen Verhältnissen aus dem Wege zu gehen. Die neuen Arbeitsbedingungen sind für ihn meist ungewohnt. Ganz natürlich entsteht ein Gefühl der Unsicherheit. Auf der anderen Seite ergeben sich auch für den Betrieb mehrere Fragen: Wo kann der neue Mitarbeiter sinnvoll eingesetzt werden? Über welche beruflichen Kenntnisse und Erfahrungen verfügt er? Kann er später eine höherwertige Arbeit übernehmen?

Es ergeben sich somit Ungewissheiten über den Erfolg der Einstellung. Ein Mitarbeiter, der schon nach kurzer Zeit wieder ausscheidet, verursacht dem Betrieb erhebliche Kosten. Er hat selbst auch Unannehmlichkeiten. Ein Mitarbeiter jedoch, der bleibt, obwohl ihm die Arbeit nicht passt und ihm der Betrieb nicht gefällt, ist für den Betrieb eine noch größere Belastung.

Am Anfang einer Einstellung besteht also auf beiden Seiten das Bedürfnis nach Information:
- Der Betrieb will die Befähigung und Fertigkeiten, die Erfahrungen und Kenntnisse des Neuen kennen lernen.
- Der Neue möchte etwas über die Arbeit und den Betrieb, über die Verdienst- und Aufstiegsmöglichkeiten wissen.

Die Klärung dieser Fragen ist für beide Teile von Vorteil:
- Der Betrieb erfährt, was zu tun ist, um den Neuen richtig einzusetzen und ihn sobald wie möglich zu einem voll leistungsfähigen Mitarbeiter zu machen.
- Dem neuen Mitarbeiter wird durch die Darstellung der Arbeitsbedingungen eine Vorstellung davon gegeben, was er erwarten kann.

Zur Klärung der gegenseitigen Erwartungen gibt es - schon von Anfang an - keinen anderen Weg als den der möglichst offenen und ehrlichen Information, und zwar der „Information auf Gegenseitigkeit". Ein jeder soll wissen, woran er ist. Die Organisation muss sich intensiv mit dem einzelnen Mitarbeiter und der Einzelne ebenso intensiv mit der Organisation auseinandersetzen, der er dann angehört.

Unter solchen Umständen wäre es falsch, die Einstellung und Eingliederung neuer Mitarbeiter - und später die Förderung der Mitarbeiter - dem Zufall oder der Bereitwilligkeit einzelner Vorgesetzter zu überlassen. Es ist notwendig, planvoll und systematisch vorzugehen. Dabei stellen sich - unter organisationspsychologischer Akzentuierung - eine Reihe von Aufgaben, die durch die Stichworte: Bedarfsklärung, Rekrutierung, Einstellung, Einführung, Ausbildung, Fortbildung und Förderung nur grob umschrieben sind.

Die organisationsinterne Einsatzplanung, die schon die Eignungsfeststellung im Sinne einer individuellen Beratung handhabt und spätere Beurteilungen als Gelegenheiten zur „Manöverkritik" und zur weiteren Persönlichkeitsentwicklung ansieht, kann nicht im Detail beschrieben werden. Sie stellt sich - im Gegensatz zur herkömmlichen Personalverwaltung - idealtypisch dar als eine „mitmenschliche Personalberatung", deren Vertreter sich dem Leitbild der OE verpflichtet fühlen. Sie trägt der Arbeitszufriedenheit und der Leistungsentfaltung der Mitarbeiter in gleicher Weise Rechnung wie den Zielen und Erfordernissen der Organisation.

6.2.1 Individuelle Laufbahnberatung

Ausschnittsweise soll hier eine Teilaufgabe der Einsatzplanung, die *individuelle Laufbahnberatung*, kurz beschrieben werden.

Die individuelle Förderung eines Mitarbeiters durch die Organisation muss von folgenden Fragen ausgehen:

1. Welche Aufgaben hat der Mitarbeiter zur Zeit und wie nimmt er sie wahr? Wie hat sich der Mitarbeiter bisher entwickelt? Wie sieht er seinen eigenen Standort? Welche Fähigkeiten bringt er mit und wie kann er sie nutzen? Wo und auf welche Weise möchte er künftig tätig sein?
2. Welche Perspektiven kann ihm das Unternehmen bieten? Welche Anforderungen müssen jetzt und in Zukunft erfüllt werden, und wie können daraus - für beide Seiten - akzeptable Zielsetzungen entstehen?
3. Wie kann das Unternehmen, speziell die Einsatzplanung, im Sinne der OE dazu beitragen, den Mitarbeiter lernbereit und die Organisation (Gruppe, Abteilung, Betrieb) lern- und anpassungsfähig zu halten?

Wichtige Anhaltspunkte für die Beratung und Förderung bieten regelmäßige Gespräche und Befragungen der Mitarbeiter durch legitimierte Beauftragte der Organisation. Diese Gespräche müssen von jeglichen Sanktionen oder Disziplinierungsversuchen frei gehalten werden. Es kommt darauf an, ein klares Bild über die Wünsche und Interessen des einzelnen Mitarbeiters, aber auch über den

Grad der Zufriedenheit oder Unzufriedenheit mit seiner derzeitigen Arbeitssituation zu erhalten.

Die Lokalisierung von „Störungen" in der Beziehung von Individuum und Organisation kann durch einen Fragenkatalog erfolgen, wie er z. B. von *Zaleznik, Dalton* und *Barnes* (1970) erarbeitet wurde.

6.2.2 Ermittlung des Zufriedenheitsgrads mit der Laufbahnsituation im Unternehmen

a) Wenn Sie die Entwicklungsmöglichkeiten Ihrer Laufbahnsituation hinsichtlich Ihres Potentials und Ihrer Fähigkeiten mit denen anderer vergleichen, inwieweit stellen Sie diese Möglichkeiten zufrieden?
   - Ich bin sehr zufrieden mit meinen Möglichkeiten.
   - Ich bin einigermaßen zufrieden mit meinen Möglichkeiten.
   - Ich bin etwas unzufrieden mit meinen Möglichkeiten.
   - Ich bin sehr unzufrieden mit meinen Möglichkeiten.

b) Inwieweit entspricht ihrer Meinung nach ihr Gehalt der Ihnen übertragenen Verantwortung und den Aufgaben, die Ihre Position bereit hält?
   - In Anbetracht meiner Verantwortung und meiner Aufgaben glaube ich, dass mein Gehalt wesentlich höher sein sollte.
   - In Anbetracht meiner Verantwortung und meiner Aufgaben glaube ich, dass mein Gehalt etwas höher sein sollte.
   - In Anbetracht meiner Verantwortung und meiner Aufgaben glaube ich, dass mein Gehalt meiner Position entspricht.
   - In Anbetracht meiner Verantwortung und meiner Aufgaben glaube ich, dass mein Gehalt etwas zu hoch ist.

c) Inwieweit sind Sie mit Ihrem derzeitigen Vorgesetzten zufrieden, wenn Sie Ihre allgemeinen Erfahrungen mit früheren Vorgesetzten vergleichen?
   - Sehr zufrieden
   - Einigermaßen zufrieden
   - Etwas unzufrieden
   - Sehr unzufrieden

d) Inwieweit sind Sie mit Ihrem unmittelbaren Vorgesetzten hinsichtlich seines Fachwissens und seiner Fähigkeit, Vorschläge zu unterbreiten, Entscheidungen zu treffen, Stellungnahmen abzugeben usw., in Ihrem Arbeitsbereich zufrieden?
   - Sehr zufrieden
   - Einigermaßen zufrieden
   - Etwas unzufrieden
   - Sehr unzufrieden

e) Inwieweit sind Sie mit den Führungseigenschaften Ihres unmittelbaren Vorgesetzten und den Anregungen, die er Ihnen bei Ihrer Arbeit gibt, zufrieden?
   - Sehr zufrieden
   - Einigermaßen zufrieden
   - Etwas unzufrieden
   - Sehr unzufrieden

f) Inwieweit sind Sie mit den charakterlichen Eigenschaften Ihres unmittelbaren Vorgesetzten wie Verständnis, Aufrichtigkeit und Entgegenkommen zufrieden?
   - Sehr zufrieden
   - Einigermaßen zufrieden
   - Etwas unzufrieden
   - Sehr unzufrieden

g) Inwieweit entsprechen diejenigen, mit denen Sie - abgesehen von Ihrem Vorgesetzten - regelmäßig und sehr eng zusammenarbeiten, Ihren Vorstellungen?
   - Sie entsprechen fast völlig meinen Vorstellungen.
   - Manchmal entsprechen sie nicht meinen Vorstellungen, aber generell bin ich mit ihnen zufrieden.
   - In manchen wichtigen Dingen entsprechen sie nicht meinen Vorstellungen, und im Allgemeinen „verhalte ich mich neutral ihnen gegenüber".
   - In vielen wichtigen Dingen entsprechen sie nicht meinen Vorstellungen, und generell bin ich mit ihnen nicht zufrieden.

h) Inwieweit kann ihnen nach ihrer Meinung und ihren Vorstellungen ihre Position in dem Unternehmen, in dem sie gegenwärtig beschäftigt sind, zukünftige Entwicklungsmöglichkeiten bieten?
   - Sie bietet mir meinen Vorstellungen entsprechende und darüber hinausgehende Möglichkeiten.
   - Die Möglichkeiten entsprechen nicht völlig meinen Vorstellungen, sind aber ausreichend, um mich zufrieden zu stellen.
   - Die Möglichkeiten müssten etwas größer sein, um mich zufrieden zustellen.
   - Die Möglichkeiten müssten bedeutend größer sein, um mich zufrieden zustellen.

i) Falls Ihnen ein anderes Unternehmen eine Position zu Bedingungen anböte, die mit den jetzigen weitestgehend übereinstimmen, inwieweit würden Sie ernsthaft einen Wechsel in Betracht ziehen?
   - Ein derartiges Angebot wäre sehr interessant, und ich würde mir einen Wechsel bestimmt überlegen.
   - Ich wäre interessiert und würde einen Wechsel nicht ausschließen.
   - Ich wäre interessiert, glaube jedoch nicht, dass ich den Wechsel vornähme.
   - Das Angebot würde mich keineswegs interessieren.

j) Wenn Sie sich mit Kollegen und Bekannten und deren Laufbahnsituation vergleichen, inwieweit sind Sie mit Ihrer Situation zufrieden?
   - Sehr zufrieden
   - Einigermaßen zufrieden
   - Etwas unzufrieden
   - Sehr unzufrieden

k) Am Anfang Ihres Berufslebens hatten Sie - vielleicht vage - Vorstellungen darüber, wie erfolgreich Sie bis zur heutigen Zeit sein würden. Wenn Sie diese Erwartungen mit Ihrer jetzigen Situation vergleichen, inwieweit sind Sie dann zufrieden?
   - Meine Karriere verlief weit besser, als ich erwartet hatte.
   - Meine Karriere verlief etwas besser, als ich erwartet hatte.

- Meine Karriere verlief nicht genau so, wie ich es erwartet hatte, aber der Unterschied zwischen meinen Erwartungen und dem Erreichten ist gering.
- Meine Karriere verlief nicht so, wie ich es erwartet hatte, und es besteht ein riesiger Unterschied zwischen meinen Erwartungen und dem Erreichten.

l) Inwieweit sind Sie mit der Sicherheit Ihres Arbeitsplatzes und Ihrer Arbeit im Unternehmen zufrieden (vorausgesetzt, Sie führen Ihre Aufgaben zufrieden stellend aus)?
 - Sehr zufrieden
 - Einigermaßen zufrieden
 - Etwas unzufrieden
 - Sehr unzufrieden

m) Inwieweit sind Sie mit dem Prestige Ihrer Abteilung gegenüber anderen Führungsfunktionen und Aufgabenbereichen im Unternehmen zufrieden?
 - Sehr zufrieden
 - Einigermaßen zufrieden
 - Etwas unzufrieden
 - Sehr unzufrieden

n) Inwieweit sind Sie mit Ihrer Abteilung als einem maßgebenden, erfolgreichen Bereich im Vergleich zu anderen Führungsfunktionen und Aufgabenbereichen in der Wirtschaft zufrieden?
 - Sehr zufrieden
 - Einigermaßen zufrieden
 - Etwas unzufrieden
 - Sehr unzufrieden

o) Inwieweit stellt Sie das Prestige zufrieden, das Ihre Arbeit im Unternehmen in Ihrer Umwelt, bei Freunden und Bekannten findet?
 - Sehr zufrieden
 - Einigermaßen zufrieden
 - Etwas unzufrieden
 - Sehr unzufrieden

p) Inwieweit sind Sie mit den Informationsquellen zufrieden, die Ihnen in Ihrer Abteilung geboten werden?
 - Sehr zufrieden
 - Einigermaßen zufrieden
 - Etwas unzufrieden
 - Sehr unzufrieden

q) Inwieweit sind Sie mit den vorhandenen Möglichkeiten zufrieden, eigene Ideen zu verwirklichen und Eigeninitiative zu ergreifen?
 - Sehr zufrieden
 - Einigermaßen zufrieden
 - Etwas unzufrieden
 - Sehr unzufrieden

r) Inwieweit sind Sie mit den Möglichkeiten zufrieden, die Ihnen bei der Anwendung neuer Erkenntnisse und Durchsetzung neuer Richtungen in Ihrer Abteilung geboten werden?

- Sehr zufrieden
- Einigermaßen zufrieden
- Etwas unzufrieden
- Sehr unzufrieden

s) Inwieweit sind Sie mit der Anerkennung zufrieden, die Ihre Arbeit im Unternehmen erzielt?
- Sehr zufrieden
- Einigermaßen zufrieden
- Etwas unzufrieden
- Sehr unzufrieden

Die einzelnen Fragen stehen jeweils für die Zufriedenheit mit unterschiedlichen Aspekten der Laufbahnsituation:

Frage b	- Zufriedenheit mit dem gegenwärtigen Einkommen
Fragen k und 1	- Zufriedenheit mit der bisherigen Laufbahn
Fragen a, h, s, t, u	- Zufriedenheit mit der gegenwärtigen Tätigkeit (einschließlich der sich bietenden Entwicklungsmöglichkeiten)
Fragen n, o, p, r	- Zufriedenheit mit dem Unternehmen
Fragen c, d, e, f	- Zufriedenheit mit dem unmittelbaren Vorgesetzten
Fragen i und m	- Zufriedenheit mit den Aussichten auf eine sichere Zukunft im Unternehmen
Frage g	- Zufriedenheit mit den Mitarbeitern.

Bei der Auswertung einer solchen Befragung der Organisationsmitglieder ergeben sich nicht nur Ansätze zur Beratung des einzelnen, sondern auch Anhaltspunkte zur Verbesserung der organisatorischen Bedingungen. So kann die Unzufriedenheit eines Mitarbeiters mit der gegenwärtigen Tätigkeit eine Neustrukturierung des Arbeitsplatzes, eine Arbeitsplatzbereicherung oder die Schaffung eines neuen Arbeitsplatzes zur Folge haben - Interventionen, die sich auch aus der Befragung ausscheidender Mitarbeiter ergeben können.

6.3 Konflikte in Organisationen

Dass Konflikte zwischen Individuen – ebenso wie zwischen Gruppen und Organisationen – üblich und beinah unvermeidlich sind, ist in Teil B ausführlich dargestellt worden.

In der Auseinandersetzung zwischen verschiedenen Organisationen im Hinblick auf einen gemeinsamen Markt oder Kundenkreis ergeben sich solche Konflikte häufig schon aus der Konkurrenzsituation.

In der Zusammenarbeit zwischen verschiedenen Bereichen einer Organisation sind es oft die unterschiedlichen Interessen, die sich aus der jeweiligen Aufgabenstellung ergeben (z.B. Divergenzen zwischen Produktion und Verkauf), die zu Konflikten führen. Die methodischen Möglichkeiten der Problembearbeitung sind in Kapitel 5.5 (Probleme zwischen Gruppen) herausgearbeitet worden.

Bei Konflikten zwischen Individuen in einer Organisation kommt es vor allem darauf an, die Vorgeschichte und die Interessenlage der Konfliktpartner zu klären. Dabei ist die Mitwirkung eines Beraters, einen unbeteiligten Dritten, eine große Hilfe.

In jedem Konflikt gibt es, unter Beachtung der zwischen den Konfliktpartnern bestehenden Divergenzen, eine Inhalts- und eine Beziehungskomponente, die sich gegenseitig beeinflussen (*Zöchbauer* und *Hoekstra*, 1974 S. 45ff).

Inhaltskonflikte (Sachkonflikte) beruhen auf Interessengegensätzen und sich widersprechenden Zielsetzungen der Konfliktpartner.
Sie sind überwiegend rational bestimmt.

Beziehungskonflikte (Gefühlskonflikte) liegen in mangelnder Akzeptanz zwischen beiden Konfliktparteien (Wirksamkeit von Feindbildern, böswillige Unterstellungen, Kränkungen usw.). Sie sind überwiegend emotional bedingt.

Emotionale Konflikte können in der Regel nicht rational und rationale Konflikte nicht emotional gelöst werden. Hat ein Konflikt beide Komponenten – und das ist die Regel – müssen die unterschiedlichen Anteile geklärt werden. Sie müssen offen und ehrlich angesprochen werden („Nicht um den heißen Brei herumreden!") und zwar ohne Vorwürfe und gegenseitige Beschuldigung.

Dabei ist außerordentlich wichtig, dass die Konfliktpartner – unter der Anleitung des Beraters – sich zunächst gegenseitig einmal zuhören, den anderen nicht unterbrechen, bestenfalls nachfragen, ohne sich zu rechtfertigen. Die subjektiven Empfindungen, enttäuschte Erwartungen, Kränkungen, frustrierende Vorkommnisse müssen offengelegt werden. Nur dann ist ein gewisses Verständnis für den anderen – auch eine Erkenntnis des eigenen Anteils an dem Konflikt, ein Gefühl der „Mitschuld" – zu erwarten. Erst danach, wenn „aller Schutt beiseite geräumt ist", kann es darum gehen, eine für beide Seiten tragbare Lösung des Problems auszuhandeln. Entscheidend ist, dass es dabei keinen „Verlierer" geben darf. Beide Konfliktpartner können durch die konstruktive Verhandlung nur gewinnen! Konkurrenz ist meist unterentwickelte Kooperation.

6.3.1 Schritte des Konfliktgesprächs

Aus den Erfahrungen der Gemeindeberatung (OE in der Kirche) hat *J. Pfander* ein einfaches Schema entwickelt, ein Verfahren, das sich bei Konfliktlösungen in vielen Bereichen – auch im betrieblichen Raum, in Schulen, Hochschulen, Behörden und Kliniken – anwenden lässt und sich sogar in der Familientherapie bewährt hat.

Die Konfliktlösung vollzieht sich dabei in folgenden Schritten:

0. Stop and think
    Durchatmen. Klären: Ist jetzt der passende Zeitpunkt und Rahmen für eine Klärung gegeben? Gegebenenfalls Termin vereinbaren.

1. A erläutert sein Erleben der Situation, bis B sie so verstehen kann.

2. B erläutert sein Erleben der Situation, bis A sie so verstehen kann.

    ⮕ Irrweg 1: Diskussion „Wer hat jetzt recht?"
    ⮕ Irrweg 2: Zu schnell eine Lösung benennen.

3. Herausarbeiten der zugrunde liegenden Bedürfnisse beider Partner
    „Um was geht dir / mir eigentlich bei der Sache?"
    Bedürfnisse gelten lassen!

4. Lösungssuche
    Sammeln von Wünschen / Verbesserungen / Lösungsideen, die beiden Partnern einfallen (Brainstorming)

5. Bewertung von Lösungsideen
    Was spricht für / gegen die Lösungsvorschläge?
    Kriterium für gute Lösungen:
    Können beide damit leben? Werden die Bedürfnisse beider realisiert?

6. Einigung und Verabredung der bestmöglichen Lösung.

Umsetzung

7. Folgegespräch
    Ist das Problem ...... behoben? ...... teilweise behoben?
    Ist ein neues Problem aufgetaucht?⮕ 1.

6.4 Förderung der beruflichen Weiterentwicklung

Es gehört zu den Aufgaben der OE, die Organisationsmitglieder menschlich und beruflich zu fördern - auch über die Grenzen der eigenen Organisation hinaus, sogar um den Preis eines Wechsels in ein anderes Unternehmen.

Das Individuum soll sich klar werden über den eigenen beruflichen Standort, seine Interessen, seine Pläne - und Sehnsüchte - und seine Entwicklungsmöglichkeiten. Hierzu gibt es eine Reihe von Übungen, die nicht so sehr auf die Organisation, als vielmehr auf das Individuum ausgerichtet sind und die teilweise wieder in Gruppen durchgeführt werden. Prototypisch soll hier eine Übung zur eigenen beruflichen Situation und zur persönlichen Weiterentwicklung wiedergegeben werden (Abb. 104) (*Pfeiffer* und *Jones* 1970, *Antons* 1974).

Die Teilnehmer sammeln so viele Antworten zu den 7 Fragen, die unten genannt sind, wie möglich. Die Fragen beziehen sich auf die Einstellung der Teilnehmer zu Werten und auf die Möglichkeiten, die die Teilnehmer zur Verwirklichung dieser Werte haben. Ein praktisches Verfahren bei der Beantwortung besteht in folgendem:

1. Die Teilnehmer nehmen sich einige Zeit, um so viele Antworten niederzuschreiben, wie ihnen ohne langes Nachdenken einfallen. Je spontaner die Teilnehmer reagieren, desto besser.

2. Die Teilnehmer vergleichen ihre Antworten mit denen der anderen Gruppenmitglieder. Vielleicht bekommen sie dadurch Anregungen zur Erweiterung ihrer eigenen Liste.

3. Die Teilnehmer benutzen die anderen Gruppenmitglieder als Berater, um sich eingehender mit der Aufgabe auseinander zusetzen und ggf. neue Gesichtpunkte zu finden.

Dies sind die 7 Fragen:

1. Wann fühle ich mich im Beruf ganz glücklich? Welche Dinge, Ereignisse oder Tätigkeiten vermitteln mir das Gefühl, dass es sich wirklich lohnt, diesen Beruf auszuüben?

2. Was beherrsche ich wirklich? Welche Fähigkeiten habe ich bis zu einer gewissen Vollkommenheit ausgebildet? Was tue ich für meinen eigene berufliche Entfaltung und Zufriedenheit?

3. Was muss ich in meiner gegenwärtigen Situation noch lernen, um meine Vorstellungen und Ansprüche zu verwirklichen?

4. Welche Wünsche sollte ich jetzt in Pläne umsetzen? Gibt es Träume, die ich früher als unrealistisch abgetan habe, die ich eigentlich wieder aufgreifen sollte?

5. Welche unterentwickelten oder falsch angewandten Mittel und Möglichkeiten habe ich? (Materialien, Talente, Verbindungen oder anderes).

6. Womit sollte ich jetzt gleich anfangen?

7. Womit sollte ich jetzt gleich aufhören?

Abb. 104 Berufliche Lebensbilanz

Literaturliste

Adam, J.; E. R.. Schmidt.: Gemeindeberatung. Gelnhausen/Berlin/ Freiburg 1977.

Adizes, L.: How to solve mismanagement crisis. Homewood III. 1979.

Adizes, L.: Organizational passages: diagnosing and treating life cycle problems in organizations. Organizational Dynamics 7, 1979, 1, 3-24.

Anderson, H.; Goolishian, H.: Der Klient ist Experte. Zeitschrift für systemische Teraphie. 10. Jg. 1992, S. 176-209.

Anger, H.: Befragung und Erhebung. Handbuch der Psychologie, Sozialpsychologie, 1. Handband. Göttingen 1969, S, 567-617.

Antons, H.: Praxis der Gruppendynamik. Göttingen 1974.

Argyris, Ch.: Personality and organization. New York 1957.

Argyris, Ch.: Understanding Organizational Behaviour. Homewood/III. 1960.

Argyris, Ch.: Interpersonal competence and the organizational effectiveness. Homewood/Ill. 1962.

Argyris, Ch.: Integrating the individual and the organization. New York 1964.

Argyris, Ch.: Intervention, theory and method. Reading/Mass. 1970.

Argyris, Ch.: Das Individuum und die Organisation: Einige Probleme gegenseitiger Anpassung. In: Türk, K. (Hrsg.): Organisationstheorie. Hamburg 1975, S.215-233.

Argyris, Ch., Schon, D. A.: Organizational learning: a theory of action perspective. Reading/Mass. 1978.

Ashby, R.: An Introduction to Cybernetics. London 1956.

Atkinson, J. W: Einführung in die Motivationsforschung. Stuttgart 1975.

Aurin, K.: Das Interesse an der „guten Schule". In: Aurin, K. (Hrsg.): Gute Schulen - Worauf beruht ihre Wirksamkeit? Bad Heilbrunn 1990, S. 9-12.

Bales, R.F.: Interaction process analysis. A method of the study of small groups. Cambridge 1950.

Bartölke, K.; Rettenmeier, J.; Wilfer R..F.: Veränderungen in der Arbeitssituation eines Betriebes der Holz verarbeitenden Industrie unter Mitwirkung der Betroffenen. In: Trebesch, K. (Hrsg.): Organisationsentwicklung in Europa. Bd. 1B, Bern/Stuttgart 1980, S. 187-232.

Bass, B.M.: Organizational Psychology. Boston 1965.

Bateson, G.: Steps to an ecology of mind. New York 1972:

Becker, H.: Gruppendynamik und Arbeitsorganisation. Zeitschrift für Arbeitswissenschaft, 29, 1975/H. 3, S. 146-150.

Becker, H.: Organisationsentwicklung und Gruppendynamik in der betrieblichen Praxis. Der Betriebswirt (DBw), Zeitschrift für angewandte Wirtschaftswissenschaften, 1977/H. 4, S. 93-99 und 121-123.

Becker, H.: Organisationsentwicklung. Zeitschrift für Arbeitswissenschaft. 31, 1977/H. 4, S. 203-208.

Becker, H.: Organisationsentwicklung in der Praxis. In: Neubauer, R.; Rosenstiel, L.v. (Hrsg.): Handbuch der angewandten Psychologie. München 1980, X. 869-894.

Becker, H.: Krisen als Herausforderung – Was nutzt Organisationsentwicklung? Zeitschrift für Organisation (ZFO). 1982/H. 5-6, S. 276-282.

Becker, H.; Langosch, I.: Produktivität und Menschlichkeit. Organisationsentwicklung und ihre Anwendung in der Praxis. Stuttgart 1995.

Beckhard, R.: Die Konfrontationssitzung. In: Bennis/Benne/Chin (Hrsg.): Änderung des Sozialverhaltens. Sctuttgart 1975, S. 402-412.

Beckhard, R.: Organisationsentwicklung, Strategien und Modelle. Bad Homburg v.d.H. 1972.

Bennis, W G., H.D. Benne R. Chin (Hrsg.): The Planning of Change. New York 1969 ². Deutsch: Änderung des Sozialverhaltens. Stuttgart 1975.

Bennis, W. G.: Organisationsentwicklung. Ihr Wesen, ihr Ursprung, ihre Aussichten. Bad Homburg v.d.H. 1972.

Bennis, WG., M.A. Shepard: A theory of group development. Human Relations 9, 1956, S. 415-437.

Bergholz, H. -J.: Total Ouality Management. Der Weg in die Zukunft. München 1991.

Berkel, K.: Wandel in der Einstellung zur Arbeit? Vorbereitende Überlegungen zur Erfassung des subjektiven Arbeitsverständnisses. Psychologie und Praxis. H. 4/1983, S. 150-159.

Bernard J.: The sociological study of conflict. In: International Sociological Association (Hrsg.): The nature of conflict. Paris 1957, S. 33-117.

Bertalanfil'y, L v.: General System Theory. In: N.J Demarath, R.A. Peterson (Hrsg.): System, Change and Conflict. New York 1967.

Bertelsmann Stiftung (Hrsg.): Schule neu gestalten. Dokumentation zum Sonderpreis Innovative Schule. Im Rahmen des Carl Bertelsmann-Preises 1996. Gütersloh 1996.

Berthel, J., Diesner, R.A., de Grave, A.J., Langosch, L: Swing Tours. Ein Verhaltensplanspiel zur Diagnose und zum Training von Managementqualifikationen. Zeitschrift für Führung + Organisation 1. Teil, H. 2,1988,111-116, und 2. Teil, H. 3, 1988, 186-191.

Berthel, J.: Personalmanagement. Stuttgart 19

Berthel, J.: Zielorientierte Unternehmenssteuerung. Die Formulierung operationaler Zielsysteme. Stuttgart 1973.

Beutel-Wedewardt, K.: Multiplikatorenkonzepte - ein Einstieg in die lernende Organisation? In Sattelberger, Th. (Hrsg.): Die lernende Organisation. Wiesbaden 1991, S. 229-244.

Bien, D.: Problemanalyse durch Mitarbeiterbefragung. Freiburg 1995.

BJU Bundesverband Junger Unternehmer (Hrsg.): Heute für morgen Initiative mobilisieren. Ein Leitfaden der Organisationsentwicklung. Bonn 1978.

Blake, R.R., J.S Mouton: Aufbau dynamischer Unternehmen mit Hilfe der Verhaltensgitter-Organisationsentwicklung. Bad Homburg v.d.H. 1972 .

Blake, R.R.; Mouton, J.S.: Building a dynamic corporation trhough GRID organization developement. Reading u.a. 1969.

Blake, R.R., J.S Mouton: Overevaluation of own group's product in intergroup competitions. Journal of Abnormal and Social Psychology, 1962, Vol. 64.3, S. 237-238.

Blake, R.R., J.S. Mouton: Managing Intergroup Conflicts in Industry. Houston/ Texas 1965.

Blake, R.R., J.S. Mouton: Verhaltenspsychologie im Betrieb. Düsseldorf/Wien 1968 [2].

Bleicher, K., E. Meyer: Führung in der Unternehmung. Reinbeck bei Hamburg 1976.

Bleicher, K.: Die Entwicklung eines systemorientierten Organisations- und Führungsmodells der Unternehmung. Zeitschrift für Organisation (ZfO) 39/1970, S. 3-8, 59-63, 111-120, 166-176.

Bleicher, K.: Unternehmensentwicklung und organisatorische Gestaltung. Stuttgart, New York 1979.

Bödiker, M. L., W. Lange: Gruppendynamische Trainingsformen. Hamburg 1975.

Böhm, J.: Einführung in die Organisationsentwicklung. Heidelberg 1981.

Böhnisch, W.: Personelle Widerstände bei der Durchsetzung von Innovationen. Stuttgart 1979.

Bonsen, M.; Maleh, C.: Appreciative Inquiry (AI): Der Weg zu Spitzenleistungen. Weinheim, Basel 2001.

Borg, I.: Führungsinstrument Mitarbeiterbefragungen. Theorie, Tools und Praxiserfahrungen. Göttingen 2000.

Botkin, J.W., M. Elmandjra, M. Malitza: Das menschliche Dilemma. Zukunft und Lernen. Club ob Rome. Bericht über die achtziger Jahre. Hrsg.: A. Peccei, Wien/München/Zürich/Innsbruck 1979.

Bourdieu, P.; Passeron, J.C.: Die Illusion der Chancengleichheit. Stuttgart 1971.

Bowers, D. G.: OD Techniques and their results in 23 organizations. The Michigan ICL Study. Journal of Applied Behavioral Science, Volume 9, Nr. 1, 1973.

Bradford, L.P, J.R. Gibb, K.D. Benne (Hrsg.): T-Group theory and Laboratory method. Innovation in reeducation. New York 1964: deutsch: Gruppentraining. Stuttgart 1972.

Breisig, Th.: It's Team Time. Kleingruppenkonzepte in Unternehmen. Köln 1990.

Breitenbach, G.: Gemeindeberatung - Klärungshilfe für Gemeinden. Arbeitspapier, Rummelsberg 1994.

Brinkmann, E., G. Rehn: Betriebliches Vorschlagswesen und Organisationsentwicklung. Personal - Mensch und Arbeit. H1/1978, S. 6-9.

Brinkmann, E.: Innovationsgruppen beim Betrieblichen Vorschlagswesen. Personal - Mensch und Arbeit. H. 1/1976, S. 52-55.

Buchanan, PC: Crucial Issues in Organizational Development. In: G.L. Lippitt, L.E. This, R. G. Bidwell: Optimizing human resources: Reading in indidual and organization development. London 1971, S. 171-189.

Bullinger, H.-J.; Warschat, J.; Prieto, J.; Wörner, K.: Wissensmanagement - Anspruch und Wirklichkeit: Ergebnisse einer Unternehmensstudie in Deutschland. In: IM Information Management & Consulting. 1998, 13, 1. 7-23.

Buschmann, R., Arlt, J.: Schulprogramme an Gesamtschulen. Ein Beispiel aus Schleswig-Holstein: Integrierte Gesamtschule Flensburg. In: Risse, E. (Hrsg.): Schulprogramm - Evaluation. Neuwied 1998.

Cartwright, D., A. Zander: Group Dynamics. London 1968.

Cartwright, D.: Studies in social power. Ann Arbor 1959.

459

Cohn, R.: Von der Psychoanalyse zur themenzentrierten Interaktion. Stuttgart 1975.

Collier, J.: United States Indian Administration as a Laboratory of Ethnic Relations. Social Research 12, 1945, S. 265 ff.

Comelli, G.: Training als Beitrag zur Organisationsentwicklung. München/ Wien 1985.

Cooper, M.R., B.S. Morgan, PM. Foley, L.B. Kaplan: Mitarbeiter mit neuen Wertmaßstäben - mehr Unzufriedenheit am Arbeitsplatz. Harward Manager 1979/H. 3.

Corsten, H.: Vergleichende Gegenüberstellung des Quality-Circle-Ansatzes mit anderen mitarbeiterorientierten Qualitätsförderungskonzepten. In: WISU, 1987, H. 4 und 5, 196-200, 250-253.

Cremer, Ch., W. Haft, W. Klehm: Entwicklungslinien von Action-Research. In: U. Hameyer, H. Haft (Hrsg.): Handlungsorientierte Schulforschungsprojekte. Praxisberichte, Analysen, Kritik. Weinheim, Basel 1977, S. 171-198.

Dahl, R.A.: The concept of power. Behavioral Science 2/1957, S. 201-215.

Dalin, P, Rolff, H.-G., Buchen, H.: Institutioneller Schulentwicklungsprozeß. Bönen 1996.

Dalin, P, Theorie und Praxis der Schulentwicklung. Neuwied 1999.

Dalin,P., Rolff, H.-G., Buchen, H.: Institutioneller Schulentwicklungs-Prozess (ISP). Ein Handbuch . Hrsg. vom Landesinstitut für Schule und Weiterbildung NRW. Bönen 1995, 2. Auflage.

Decker, F.: Grundlagen und neue Ansätze in der Weiterbildung. München, Wien 1984.

Deissler, K.G.; Keller, Th.; Schug, R.: Kooperative Gesprächsmoderation. Zeitschrift für systemische Therapie. 13. Jg., 1995/H. 1, S. 176-209.

Deppe, J.: Quality Circle und Lernstatt. Ein integrativer Ansatz. Wiesbaden 1989.

Der Spiegel.- „Ihr seid wieder wer". Radikalkur in den Betrieben. 11/1994, 94-111.

De Shazer, St.: Der Dreh. Überraschende Wendungen und Lösungen in der Kurzzeittherapie. Heidelberg 1989.

Deutsch, M: Konfliktregelung. München/Basel 1976, S. 84-91.

Dewey, J: How we think. Boston 1910. Neuauflage New York 1933.

Dewey, J: Problems of men. New York 1946.

Dollase, R.: Soziometrische Techniken. Weinheim 1973.

Doppler, K.; Voigt B.: Gruppendynamik und der institutionelle Faktor. In: CH. Bachmann (Hrsg.): Kritik der Gruppendynamik. Frankfurt 1981, S. 350-353.

Doppler, K.; Lauterburg, Ch.: Change Management. Frankfurt, New York 1994.

Doppler, K.; Lauterburg, Ch.: Change Management. Frankfurt/Main, New York 1995, 4. Auflage.

Döring, K. W.; Ziep, K.-D.: Mediendidaktik in der Weiterbildung. Weinheim 1989.

Döring, K. W.: Lehren in der Weiterbildung. Weinheim 1990.

Döring-Katerkamp, U.; Trojan, J.: Einzelergebnisse der Umfrage „Wissensmanagement in der Praxis". 2000, www.knowledgemarkt.de

Dörner, D.; Kreuzig, H.W.; Reither, E.; Stäudel, Th. (Hrsg.): Lohhausen. Vom Umgang mit Unbestimmtheit und Komplexität. Bern/Stuttgart/Wien 1983.

Dörner, D.: Ober die Schwierigkeiten menschlichen Umgangs mit Komplexität. Psychologische Rundschau, 3/1981, S. 163-179.

Dreger, W: Systemtechnik. Eine neue Disziplin oder eine Systematisierung von Banalitäten? Siegener Hochschulblätter, 3/1980, H. 1, S. 37-54.

Dreske, U.: Schulprogramme an Gymnasien. Ein Beispiel aus Sachsen. Kreisgymnasium Freital-Deuben. In: Risse, E. (Hrsg.): Schulprogramm - Evaluation. Neuwied 1998.

Duncan, R.B.: Characteristics of Organizational Environments and Perceived Environmental Uncertainty. Administrative Science Quarterly 17/1972, S. 313-327.

Duttweiler G. Institut (Hrsg.): Arbeit. Beispiele für ihre Humanisierung. Olten, Freiburg i.Br. 1983.

Ekholm, M.: Evaluation als Bestandteil der Arbeitskultur von Schule. In: Landesinstitut für Schule und Weiterbildung (Hrsg.): Schulentwicklung und Qualitätssicherung in Schweden. Soest 1995.

Engel, P.: Japanische Organisationsprinzipien. Verbesserung der Produktivität durch Qualitätszirkel. Zürich 1981.

Erikson, E.H.: Kindheit und Gesellschaft. 5. Auflage Stuttgart 1973.

Esser: Individuelles Konfliktverhalten in Organisationen. Urban Taschenbücher Bd. 511, Stuttgart 1975.

Etzioni, A.: A comparative analysis of complex organizations. New York 1975.

Fayol, H.: General and industrial management. London 1949.

Fiedler, FE.: A theory of leader-ship effectiveness. New York 1967.

Francis, D.; Young, D.: Mehr Erfolg im Team. Ein Trainingsprogramm mit 46 Übungen zur Verbesserung der Leistungsfähigkeit in Arbeitsgruppen. Essen-Werden 1982.

Franke, H.- Das Lösen von Problemen in Gruppen. München 1975.

Franke, J.: Sozialpsychologie des Betriebes. Stuttgart 1980.

Fraunhofer Institut: Was ist Wissensmanagement? 2000, www.do.isst.fhg.de

French, WL.; Bell, C.H.: Organization development. Behavioral science interventions for organization improvement. Engelwood Cliffs (N.J.) 1973, S. 15.

French, WL.; Bell. C.H.: Organisationsentwicklung. Sozialwissenschaftliche Strategien zur Organisationsveränderung. Bern/Stuttgart 1977.

French, W.L.; Bell, C. H.: Organisationsentwicklung. Bern/Stuttgart 1983.

Frey, D., Irle, M.: Theorien der Sozialpsychologie. Bd. 2, Bern 1985.

Fried. Krupp GmbH: Konzernseminar „Organisationsentwicklung" (3), Arbeitsmaterial, hrsg. v. Stabsabteilung Führungskräfte, Essen 1981.

Friedländer F.; Brown, L.D.: Organization Development. In: Annual Review of Psychology. Palo Alto, Vol. 25, 1974, S. 313-341.

Fromm, E.: Haben oder Sein. Die seelischen Grundlagen einer neuen Gesellschaft. Stuttgart 1976.

Fullan, M.: Overcoming Barriers to Educational Change. Notat til US Dep. of Education, University of Toronto, 1991.

Fürstenau, P.: Zur Psychoanalyse der Schule als Institution. In: Das Argument Nr. 29, 6. Jg., Heft 2, 1964.

Fürstenberg, F.- Grundlagen der Betriebssoziologie. Köln/Opladen 1964.

Gebert, D.: Organisation und Umwelt. Stuttgart 1978.

Gebert, D.: Organisationsentwicklung. Probleme des geplanten organisatorischen Wandels. Stuttgart 1974.

Geißler, H.: Grundlagen des Organisationslernens. Weinheim 1994.

Gelink, M.; Conrad, P: Neue Konzepte bieten neue Chancen. In: Betriebswirt, 1993/H. 2.

Gibson, J.L.; Ivancevich, J.M.; Donnelly, J.H.jr.: Organizations. Structure, Processes, Behavior. Dallas/Texas, Georgetown/Ontario 1973.

Glasl F.- Wie geht Organisationsentwicklung mit Macht in Organisationen um? Organisationsentwicklung, Zeitschrift der GOE, 1983/H.2, S. 41-71.

Glasl, F, L. de la Houssaye: Organisationsentwicklung. Das Modell des NPI und seine praktische Bewährung. Bern 1975.

Gleave, S., Oliver, N.: Human Resource Management in Japanese Manufacturing in the UK, 5 Case Studies. In: Journal of General Management, 1990/ H., S. 154-68

GOE e. V: Leitbild und Grundsätze der Gesellschaft für Organisationsentwicklung. Langenfeld 1980.

Goerke, W: Organisationsentwicklung als ganzheitliche Innovationsstrategie. Berlin, New York 1981.

Gomez, P.; Zimmermann, T.: Unternehmensorganisation. Frankfurt, New York 1992.

Gordon, Th.: Grou-Centered Leadership. A Way of Releasing the Creative Potential of Groups. Boston 1955.

Gordon, Th.: Manager-Konferenz. Effektives Führungstraining. Hamburg 1979.

Götzen, G., W Kirsch: Problernfelder und Entwicklungstendenzen der Planungspraxis. Zeitschrift für betriebswirtschaftliche Forschung. 31. Jg., Nr. 3, 1979, S.162-193.

Gray, B.; Ariss, S.A.: Politics and strategic change across organizational life cycles. Journal of Management 11, 1985, S. 83-95.

Greiner, L., u.a: Breakthrough in Organization Development. Harvard Business Review, Nov./Dez. 1974, S. 133-155.

Greiner, L.E.: Organization Change and Development. Ph.D.-Dissertation, Harvard University 1965.

Greiner, L.E.: Patterns of organizational change. Harvard Business Review 45, 1967/3., S. 119-130, zitiert nach Manager-Magazin (ohne Verfasser): Die Macht teilen. Manager-Magazin 4/1982, S. 141-146.

Grochla, E.; Welge, M.K.: Zur Problematik der Effizienzbestimmung von Organisationsstrukturen. Zeitschrift für betriebswirtschaftliche Forschung 1975 /27, S. 273-289

Grochla, E.: Grundlagen der organisatorischen Gestaltung. Stuttgart 1982.

Groskurth, P.: Arbeit und Persönlichkeit. Berufliche Sozialisation in der arbeits-teiligen Gesellschaft. Reinbeck bei Hamburg 1979.

Gross, E.: Industrial problems. In: Smigel, E.D. (Hrsg.): Handbook on the study of social problems. Chicago 1971, S. 254-290.

Guilford, J. P: Creativity. American Psychologist, 5, 1950, S. 444-454.

Gulik, L.; Urwick, L.F. (Eds.): Papers on the science of administration. New York 1937.

Hacker, W.: Vollständige vs unvollständige Arbeitstätigkeiten. In: Greif, S.; Holling, H.; Haeberlin, U.; u.a.: Fragebogen zur Erfassung von Dimensionen der Integration von Schülern (FDI 4 - 6). Bern, Stuttgart 1989.

Hagedorn, O.: Unterrichtsideen. Konfliktlotsen. Stuttgart 1994.

Haidekker D.; Langosch, I.: Betriebswirtschaftliche Organisationsentwicklung - Ansätze zur Integration betriebswirtschaftlicher und verhaltensorientierter Organisationsarbeit. Zeitschrift für Organisation, 6, 1975, S. 331- 341.

Harrison, R.: Rollenverhandeln - ein harter Ansatz zur Team-Entwicklung. In: Sievers H. (Hrsg.): Organisationsentwicklung als Problem. Stuttgart 1977, S. 116-133.

Hartmann, W. D. : Managementtechniken. Berlin 1990.

Heideloff, F.; Langosch, I.: Methoden- und Sozialkompetenz. Trainingskonzepte für die Aus- und Weiterbildung von Sozialwissenschaftlern. Freiburg 1998.

Heideloff, F.; Langosch, I.: Organisationen selber gestalten. Trainingskonzepte und Trainingsunterlagen. Stuttgart 2000.

Hemphill, J.K.: Administration as problem-solving. In: Halpin, A.W. (ed.): Administrative theory in education. New York 1967, 89-118.

Hemphill, J.K: The leader and his group. In: Gibb C.A. (Hrsg.): Leadership. Harmondsworth 1969, S. 223-229.

Herbst, D.: Erfolgsfaktor Wissensmanagement. Berlin 2000.

Herrmann, Th: Einführung in die Psychologie. Bd. 5: Sprache. Frankfurt 1972.

Herter, R. N.: Weltklasse mit Benchmarking. In: Fortschrittliche Betriebsführung und Industrial Engineering, H. 5, 1993.

Herzberg, F.; Mausner, B.; Peterson, R.O.; Capwell, D.F.: The motivation to work. New York 1967.

Herzberg, EH.: Work and the nature of man. Cleveland 1966.

Hill, W.; Fehlbaum, R.; Ulrich, P.: Organisationslehre. Ziele, Instrumente und Bedingungen der Organisation sozialer Systeme. 2 Bde. Bern/Stuttgart 1974.

Hill, W.; Fehlbaum, R..; Ulrich, P.: Organisation. Bde. 1 und 2. Stuttgart 1976.

Hillmann, G.: Zentralisierte Organisation und Gruppenprozesse. Gruppendynamik, 2, 1970, S. 134-263.

Hoefert, H.-W: Psychologische und soziologische Grundlagen der Organisation. Gießen 1976.

Hoffmann, F.; Bühner, R.: Organisationsgestaltung. Probleme, Konzeptmerkmale und Ergebnisse. Wiesbaden 1976.

Hoffstätter, P: Lexikon der Psychologie. Frankfurt 1957.

Höhn, R.: Die innere Kündigung im Unternehmen - Ursachen, Folgen, Gegenmaßnahmen. Bad Harzburg 1983.

Holleis, W.: Unternehmenskultur und moderne Psyche. Frankfurt, New York 1987.

Homans, G. C.- Theorie der sozialen Gruppe. Köln/Opladen 1960.

Huse, E.F.: Organization Development and Change. St. Paul/New York/Boston 1975.

Imai, M.: Kaizen - der Schlüssel zum Erfolg der Japaner im Wettbewerb. München 1992.

Ingenhaag,P.; Risse, E.: Schulprogramme an Gymnasien. Ein Beispiel aus NRW. Elsa-Brandström-Gymnasium Oberhausen. In: Risse, E. (Hrsg.): Schulprogramm - Evaluation. Neuwied 1998

Irle, M: Macht und Entscheidungen in Organisationen. Studie gegen das Linien-Stab-System. Frankfurt/M. 1971.

Irle, M: Soziale Systeme. Eine kritische Analyse der Theorie von formalen und informalen Organisationen. Göttingen 1963.

Jahoda, M.: Concurrent concepts of positive mental health. New York 1958.

Jahoda, M: Wieviel Arbeit braucht der Mensch? Arbeit und Arbeitslosigkeit im 20. Jahrhundert Weinheim/Basel 1983.

Jeserich, W.: Mitarbeiter auswählen und fördern. Assesment-Center-Verfahren. Bd. 1. In: Handbuch der Weiterbildung für die Praxis in Wirtschaft und Verwaltung. 1981.

Jeserich, W.: Top-Aufgaben. Die Entwicklung von Organisationen und menschlichen Ressourcen. München/Wien 1988.

Jones, G.N. : Planned Organizational Change. London 1969.

Juran Institute: Planing for Quality. Wilton 1987.

Juran, J. M.: Handbuch der Qualitätsplanung. Wilton 1992.

Kappler, E.: Wem nützt Organisationsentwicklung? Acht kritische Thesen und ihr Begründung. In: Koch, U.; Meuers, H.; Schuck, M. (Hrsg.): Organisationsentwicklung in Theorie und Praxis. Frankfurt a.M. 1980, S. 214-226.

Katerkamp, U.; Trojan, J.: Einzelergebnisse der Umfrage "Wissensmanagement in der Praxis. 2000, www.knowledgemarkt.de

Kratz, D.; Kahn, R.L.: The social psychology of organizations. New York 1966.

Katz, D.; Kahn, R.L.: The social psychology of organization. New York 1978, 2. Auflage.

Kepner-Tregoe: Handbuch für paktische Ergebnisplanung. Kepner-Tregoe and Associates, Inc. Princeton/New Jersey 1967, deutsche Übersetzung (ohne Orts- und Verlagsangabe) 1969.

Kepner-Tregoe: Rationales Management. Probleme lösen – Entscheidungen fällen. Augsburg 1971.

Kieser, A., Kubicek, H.: Organisationstheorien. Bd. I und II. Stuttgart, Berlin, Köln, Mainz 1978.

Kieser, A., Kubicek, H.: Organisation. Berlin, New York 1977.

Kieser, A.: Der Einfluß der Umwelt auf die Organisationsstruktur. Zeitschrift für Organisation 1974/43, S. 302 ff.

Kieser, A.: Individuum und Organisation. In: Grochla, E. (Hrsg.): Handwörterbuch der Organisation. Stuttgart 1980, 2. Auflage, S. 862-872.

Kirchhoff, S.; Kuhnt, S. Lipp, P. u.a.: Der Fragebogen, Datenbasis, Konstruktion und Auswertung. Stuttgart 2001.

Kirsch, W.; Trux, M.: Portfolio-Analyse und Strategische Frühaufklärung. 1. unveröffentlichte Fassung, München 1979.

Kirsch, W.; Esser, W.-M.; Gabele, E.: Das Management des geplanten Wandels von Organisationen. Stuttgart 1979.

Kirsch, W.: die Handhabung von Entscheidungsprobleme. München 1978.

Klages, H.; Schmidt, R.W.: Organisationsanalyse als Vorbedingungen der Organisationsentwicklung. In: Trebesch, K. (Hrsg.): Organisationsentwicklung in Europa. Bd. 1A. Bern, Stuttgart 1980.

Knebel, H.: Die hierachiearme Organisation. In Personal 1992/H. 7.

Knopf, R.H.; Esser, W.M.; Kirsch, W.: Der Abbruch von Reorganisationsprozessen. München 1976.

Kolb, D. A.: Experiential learning. Englewood Cliffs 1984.

Komarnicki, J. (Hrsg.) Simulationstechnik. Düsseldorf 1980.

Konrad, K.: Mündliche und schriftliche Befragung. 1999.

Kopp, S.B.: Triffst Du Buddha unterwegs. Hamburg 1979.

Krafft, W.: Das betriebliche Vorschlagswesen als Gruppenaufgabe und Gruppenproblem. Berlin 1966.

Krech, Crutchfield, Ballachey: Individual in society, a textbook of social psychology. New York 1962, pp. 383-530.

Krüger, W.: Grundlagen, Probleme und Instrumente der Konflikthandhabung in der Unternehmung. Berlin 1972.

Kubicek, H.; Leuck, H.G.; Wächter, H.: Organisationsentwicklung: entwicklungsbedürftig und entwicklungsfähig. In: Trebesch, K. (Hrsg.): Organisationsentwicklung in Europa. Bd. 1A. Bern, Stuttgart 1980, S. 281-319.

Kubicek, H.; Breisig, Th.: Hierachie im Wandel? Angestellten-Magazin, hrsg. Vom DGB, Oktober 1981.

Kubicek, H.: Empirische Organisationsforschung. Konzeption und Methodik. Stuttgart 1975.

Kubicek, H.; Welter, G.: Messung der Organisationsstruktur. Eine Dokumentation von Instrumenten zur quantitativen Erfassung von Organisationsstrukturen. Stuttgart 1985.

Kurtzke, C. Popp, P.: Das wissensbasierte Unternehmen - Praxiskonzepte und Management-Tools. München, Wien 1999.

Kurtz, H.-J., Stiefel, R.Th.: Seminarentwürfe und Workshopkonzepte. München 1984.

Kurtz, H.J.: Was ist ein Workshop? Ein Definitions- und Klassifikationsversuch. Personal - Mensch und Arbeit, H. 5/1981, S. 184-186.

Landesinstitut für Schule und Weiterbildung (Hrsg.): Evaluation und Schulentwicklung. Bönen 1996

Landesinstitut für Schule und Weiterbildung (Hrsg.): Schulentwicklung und Qualitätssicherung in Schweden. Bönen 1995.

Landesinstitut für Schule und Weiterbildung (Hrsg.): Schulentwicklung und Qualitätssicherung in Schottland. Bönen 1995.

Landesinstitut für Schule und Weiterbildung (Hrsg.): Schulentwicklung und Qualitätssicherung in Norwegen. Bönen 1995.

Langosch, I.: Unterricht: Planen – kontrollieren. Aachen 1999.

Langosch, I.: Weiterbildung. Stuttgart 1994.

Laucken, U.; Schick, A.: Einführung in das Studium der Psychologie. Stuttgart 1978, 4. Auflage.

Laucken, U.: Naive Verhaltenstheorie. Stuttgart 1974.

Lauterburg, Ch.: Organisationsentwicklung - Strategie der Evolution. Industrielle Organisation 1/1980, S. 1-4.

Lauterburg, Ch.: Vor dem Ende der Hierarchie. Modelle für eine bessere Arbeitswelt. Düsseldorf, Wien 1978.

Lawler, E.E.: Motivierung in Organisationen. Bern, Stuttgart 1977.

Lawrence, P.R.; Lorsch, J.W.: Die Entwicklung von Organisationen. Diagnose und Auswirkungen. Bad Homburg v.d.H. 1972.

Leavitt, H.J.: Grundlagen der Führungspsychologie. München 1974.

Leavitt, H.J.: Applied organizational change in industry: structural, technological, and humanistic approaches. In March, J.H. (ed.): Handbook of organization. Chicago 1965.

Lehrerfortbildung in Nordrhein-Westfalen (Hrsg.): Evaluation und Schulentwicklung. Ansätze, Beispiele und Perspektiven aus der Fortbildungsmaßnahme Schulentwicklung und Schulaufsicht. Bönen 1996.

Leiter, R., Runge, Th., Burschik, R., Grausam, G.: Weiterbildungsbedarf in Unternehmen. Methoden der Ermittlung. München, Wien 1982.

Lewin, K., R. Lippitt, R.K. White: Patterns of Aggressive Behavior in Experimentally Created ‚Social Climates", Journal of Social Psychology 1939, 10, S.271-299.

Lewin, K.: A dynamic theory of personality. New York 1935.

Lewin, K.: Action Research and Minority Problems. Journal of Social Issues 2, Nr. 4/1946, S. 34-46.

Lewin, K.: Die Lösung sozialer Konflikte. Bad Nauheim 1953.

Lewin, K: Feldtheorie in den Sozialwissenschaften. Bern 1963.

Lewin, K: Frontiers in Group Dynamics. Human Relations 1/1947 (a) S. 5-41 und (b) S. 143-153.

Lewin, K: Group Decision and Social Change. In: TH. Newcomb. Hartley, E.L (Hrsg.): Readings in Social Psychology. New York 1947.

Lievegoed, B. CJ.: Organisationen im Wandel. Bern 1974.

Likert, R.: New Patterns of Management. New York 1961

Likert, R.: New patterns of management. New York 1961. Deutsch: Neue Ansätze der Unternehmensführung. Bern/Stuttgart 1972.

Likert, R.: The human organization. Its management and values. New York 1967.

Lindner, T Das monarchisch-aristokratische Organisationsmodell. Gruppendynamik 1. 1971, S. 1-11.

Lippitt R., G. Watson, B. Westley: The Phases of planned Change. Margulies, Raia 1972.

Lippitt, G.L.: Visualizing Change-Model] Building and the Change Process. University Associates 1973.

Lippitt, R., G. Watson, B. Westley: The Dynamics of planned Change. New York 1958.

Loth, W.: Lösungsmittel: Sich lösen vom Mittel. Zeitschrift für systemische Therapie. 16. Jg., 1998/H.1, S. 9-15.

Luft, J.: Einführung in die Gruppendynamik. Stuttgart 1971.

Luhmann, H.: Funktionen und Folgen formaler Organisation. Berlin 1964.

Luhmann, H.: Zweckbegriff und Systemrationalität. Ober die Funktion von Zwecken in sozialen Systemen. Tübingen 1973

Luhmann, N.: Soziologische Aufklärung. Bd. 1 u. 2. Opladen 1970/1975.

Lummer, F: Gemeindeberatung. In: Baumgartner, L (Hrsg.): Handbuch der Pastoralpsychologie. Regensburg 1990, S. 333-347.

Macharzina, K.; Oechsler, W.A.: Empirische Untersuchungen zur organisatorischen Effizienz. Arbeitspapier Nr. 4 des Instituts für Betriebswirtschaftslehre der Universität Hohenheim, Stuttgart 1979.

March, LG.; Simon, H.A.: Organizations. New York 1958. Deutsch: Organisation und Individuum. Wiesbaden 1976.

Marcus, H.-J.: Aspekte einer Praxistheorie kirchlicher Gemeindeberatung. München 1998.

Maslow, A.H.: Motivation and Personality. New York 1954.

Maslow, A.H.: Psychologie des Seins. Ein Entwurf. München 1973.

Maurer, J. G. (Hrsg.): Reading in Organization Theory: Open-System Approaches. New York 1971.

Mayo, E.: The human problems of an industrial civilization. New York 1966 (orig. publiziert 1933).

Mayo, E.: The social problems of an industrial civilization. Boston Mass. 1945.

McGregor, D.: The Human Side of Enterpreise. New York 1960, deutsch: Der Mensch im Unternehmen. Düsseldorf 1970.

McGregor, D.: The Professional Manager. New York 1967.

Miles, M.B.: Innovation in Education. New York 1964.

Mintzberg, H.: Power and organization life cycles. Academy of Management Review 9, 1984, S. 207-224.

Mohr, H.: Wissen - Prinzip und Ressource. Berlin, Heidelberg 1999.

Möller, Ch.: Technik der Lernplanung. Methoden und Probleme der Lernziel-erstellung. Weinheim, Basel 1973, 4. Auflage.

Moreno, J. L.: Die Grundlage der Soziometrie. Köln 1967, 6. Auflage.

Moreno, J.L.: Gruppenpsychotherapie und Psychodrama. Stuttgart 1959.

Moser, H.: Aktionsforschung als kritische Theorie der Sozialwissenschaften. München 1978.

Münch, E.: Neue Führungsperspektiven in der Schulleitung. Neuwied 1999.

Mutius, B.v.: Die Kunst der Erneuerung. Was die Erfolgreichen anders machen: Die 12 Gebote des Gelingens. Frankfurt/Main, New York 1995.

Naase, C: Konflikte in Organisationen. Stuttgart 1978.

Neuberger, O.: Führen und geführt werden. Stuttgart 1990.

Neuberger, O.: Miteinander arbeiten - miteinander reden! Vom Gespräch in unserer Arbeitswelt. Hrsg. vom Bayrischen Staatsministerium für Arbeit und Sozialordnung. München 1981.

Neuberger, O.: Theorien der Arbeitszufriedenheit. Stuttgart/Berlin/Köln/Mainz 1974.

Nicholson, N. (Hrsg.): Arbeits- und Organisationspsychologie. Weinheim 1995.

Nick, F.R.: Management durch Motivation. Stuttgart, Berlin, Köln, Mainz 1974.

Nonaka, I.; Takeuchi, H.: Die Organisation des Wissens - Wie japanische Unternehmen eine brachliegende Ressource nutzen. Frankfurt, New York 1997.

Oess, A.: Dynamisches betriebliches Vorschlagswesen. In: Trebesch, K. (Hrsg.): Organisationsentwicklung in Europa. Bd. 1 A: Konzeptionen. Bern, Stuttgart 1980, S. 755-769.

Oess, A.: Total Quality Management: Bausteine einer umfassenden Qualitätsförderung. Zeitschrift für industrielle Qualitätssicherung. 1992/ H. 37.

Oess, A.: Total Quality Management: Die Praxis des Qualitätsmanagements. Wiesbaden 1989.

Owen, H.: „Open Space Technology – A User's Guide" (aus dem Amerikanischen übertragen von Michael M. Pannwitz).

Owen, H.: Open Space Technology. Ein Leitfaden für die Praxis. Stuttgart 2001.

Panse, W.; Stegmann, W.: Kostenfaktor Angst. Landsberg 1996.

Parsons, T: The Social System Glencoe/111. 1951.

Pauls, W., H.4. Walther.: Gruppendynamik - ein Weg zur Demokratisierung? In: A. Heigl-Evers (Hrsg.): Die Psychologie des 20. Jahrhunderts, Bd. VIII -Lewin und die Folgen. Zürich 1979, S. 634-645.

Peabody, G.L.: Umgang mit Macht in der Gemeinwesenarbeit. Gruppendynamik. 1973/4, S. 422-434.

Perich, R.: Unternehmungsdynamik. Bern, Stuttgart, Wien 1992

Perls, ES.: Gestalt-Therapie in Aktion. Stuttgart 1974.

Perls, ES.: Grundlagen der Gestalt-Therapie, Einführung und Sitzungsprotokolle. München 1977

Peters, Th.J.; Waterman, R.H.: Auf der Suche nach Spitzenleistungen. Landsberg a. Lech 1984, 6. und 1994, 9. Auflage.

Petillon, H.: Soziometrische Tests für 3. - 7. Klassen (ST 3 - 7). Weinheim 1980.

Pfeifer D. K.: Organisation und Umwelt. In:. Beckerath P.G.v. u.a. (Hrsg.). Handwörterbuch der Betriebspsychologie und Betriebssoziologie. Stuttgart 1981, S.287-289.

Pfeiffer J.W.; Jones, J.E.: Arbeitsmaterial zur Gruppendynamik. GeInhausen, Freiburg, Nürnberg, Bd. 1, 1974, Bd. 2, 1976, Bd. 3 u. Bd. 4, 1977, Bd. 5, 1978, Bd. 6, 1979.

Pfeiffer J.W.; Jones, J.E.: A Handbook of Structural Experiences for Human Relations Training. Bd. 1 u. 11. Iowa City/Iowa 1970.

Pfeiffer, D.K.: Organisation als System. In: Wöhler, K. (Hrsg.): Organisationsanalyse. Stuttgart 1978, S. 3-19.

Pfeiffer, D.K.: Systemtheorie. In: Beckerath PG. v. u.a. (Hrsg.): Handwörterbuch der Betriebspsychologie und Betriebssoziologie. Stuttgart 1981, S. 348-350.

Philip, E.; Rolff, H.-G.: Schulprogramme und Leitbilder entwickeln. Weinheim, Base 1998.

Pieper, R. (1988): Diskursive Organisationsentwicklung. Ansätze einer sozialen Kontrolle von Wandel. Berlin 1988.

Polanyi, M.: Personal Knowledge. London 1998.

Poppelreuter, W.: Arbeitspsychologische Leitsätze für den Zeitnehmer. München 1929.

Porter, L.W.; Lawler, E.E.; Hackman, R.J.: Behavior in Organizations. New York 1975.

Pranse, W., Stegmann, W.: Kostenfaktor Angst. Landsberg/Lech 1998.

Preuß, V.: Berufliche Weiterbildung. In: Dahm, G.; Gerhard, R., Graeßner, G.; u.a. (Hrsg.): Wörterbuch der Weiterbildung. München 1980.

Probst, G., Romhardt, K.: Bausteine des Wissensmanagements - ein praxisorientierter Ansatz. 2000, www.uni-kl.de

Probst,G.J.B.: Selbst-Organisation. Ordnungsprozesse in sozialen Systemen aus ganzheitlicher Sicht. Berlin, Hamburg 1987.

Probst, G.; Raub, S.; Romhardt, K.: Wissen managen - Wie Unternehmen ihr wertvollste Ressource optimal nutzen. Wiesbaden 1999.

Pugh, D.S.; Hickson, D.J.: The Context of Organization Structures. In: Administrative Science Quarterly 14/1969, S. 91-114.

Pugh, D.S.: Modern organizational theory: A psychological and sociological study. Psychological Bulletin, 66, 235-251.

Quinn, R.E.; Cameron, K.S.: Organizational life cycles and shifting criteria of effectiveness. Some preliminary evidence. Management Science 29, 1983, 33-51.

Rambeck, E: Das Partizipationspotential. Diss. Berlin 1978.

Raven, B.H.; Kruglanski, A. W: Conflict and Power. In: Swingle P. (Hrsg.): The Structure of Conflict. New York 1970, S. 69-109.

Reber, G. (Hrsg.): Macht in Organisationen. Stuttgart 1980.

Redel, W: Kollegienmanagement. Effizienzaussagen über Einsatz und interne Gestaltung betrieblicher Kollegien. Bern/Stuttgart 1982.

REFA: Methodenlehre der Planung und Steuerung. Teil 1: Grundlagen 1974/75.

Rehm, S.: Total Quality Management-Theorie, Chancen und die Praxis. Personalführung. 1992/H. 3.

Rehn, G.: Modelle der Organisationsentwicklung. Bern, Stuttgart 1979.

Reibnitz, U. von: Szenario-Technik. Wiesbaden 1992.

Reinmann-Rothmann, G.; Mandl, H.: Multiple Wege zur Förderung von Wissensmanagement in Unternehmen. In: Dehnbostel, P.; Dybowski, G. (Hrsg.): Lernen, Wissensmanagement und berufliche Bildung. (Berichte zur beruflichen Bildung H. 234) Bielefeld 2000, S. 72 - 92.

Rick, M.: Moderne Qualitätssicherung - Merkmale, Möglichkeiten, Ergebnisse. Verein Deutscher Ingenieure (Hrsg.): Qualitätssicherung. Beherrschte Prozesse/Qualitätsgesicherte Produkte. Düsseldorf 1989, 1-14.

Rieckmann, H.: OE-Interventionen. Ein Systematisierungsversuch in zwei Teilen. Teil 1. In: OE, S. 17-39; Teil 2. In: OE, 1983, S.55-78.

Rieckmann, H.: Organisationsdiagnose. Typoscript, Klagenfurt 1987.

Rieckmann, H.: Organisationsentwicklung einer Werksneugründung. Diss., Wuppertal 1981.

Riegger, M.: Lernstatt erlebt - Praktische Erfahrungen mit Gruppeninitiativen am Arbeitsplatz. Ein Modell aus der Produktion. Essen 1983.

Riemann, F: Grundformen der Angst. München, Basel 1977 12. Auflage.

Risse, E. (Hrsg.): Schulprogramm - Evaluation. Neuwied 1998.

Roethlisberger, EJ.; Dickson, WJ.: Management and the worker. Cambridge, Mass. 1939.

Rogers C.R.: The Nondirective Method as a Technique for Social Research. American Journal of Sociology. 50/1945, S. 279-283.

Rogers, C.R.: Die klientenbezogene Gesprächstherapie. München 1973.

Rogers, CR.: Encountergruppen. Das Erlebnis der menschlichen Begegnung. München 1974.

Rogers, CR.: Entwicklung der Persönlichkeit. Stuttgart 1976.

Rohmert, W.; Weg, EJ.: Organisation teilautonomer Arbeitsgruppen. Betriebliche Projekte, Leitregeln und Gestaltung. Bd. 1, München, Wien 1976.

Rolff, H.-G.; Tilmann, K.-J. : FOCUS, 5/1999, S. 55.

Röschmann, D.: Arbeitskatalog der Übungen und Spiele. Hamburg 1990.

Rosenstiel, L.v.: Arbeitsgruppe. In: Mayer, A. (Hrsg.): Organisationspsychologie. Stuttgart 1978.

Rosenstiel, L.v.: Betriebsklima geht jeden an! München 1988, 3. Auflage.

Rosenstiel, L.v.: Für die Menschen und für die Organisation. Blick durch die Wirtschaft. FAZ v. 14.1.1981.

Rosenstiel, L. v.: Grundlagen der Organisationspsychologie. Stuttgart 1980.

Rosenstiel, L.v.: Organisationsklima. In: Greif, S.; Holling, H.; Nicholson, N.: Arbeits- und Organisationspsychologie. Weinheim 1995.

Rosenstiel, L. v.; Molt, W.; Rüttinger, B.: Organisationspsychologie. Stuttgart u.a. 1975 2. Auflage.

Rosenstiel L. v.: Wertewandel und Organisationsentwicklung. Organisationsentwicklung, Zeitschrift der GOE, 1/1983, S. 29-43.

Rühl, G.: Untersuchungen zur Arbeitsstrukturierung. Industrial Engineering, 3, 1973, S.147-197.

Rutter, M.; Maughan, B.; u.a.: Fünfzehntausend Stunden. Schulen und ihre Wirkung auf die Schüler. Weinheim 1980.

Rüttinger, B.: Konflikt und Konfliktlösen. München 1977.

Rüttinger, B.: Macht im Betrieb. In: Beckerath, H.G.v.; u.a. (Hrsg.): Handwörterbuch der Betriebspsychologie und Betriebssoziologie. Stuttgart 1981, S. 249-252.

Rüttinger, R.: Unternehmenskultur. Düsseldorf, Wien 1986.

Sackmann, S.A.: Die lernfähige Organisation. In: Fatzer (Hrsg.): Organisationsentwicklung für die Zukunft. Köln 1993, 227-254,

Sader, M.: Psychologische Anmerkungen zur Theorie der Gruppendynamik. Gruppendynamik, 3/1972, S. 111-122.

Saldern, M. v., Littig, K. E.: Landauer Skalen zum Sozialklima 4. bis 13. Klassen (LASSO 5 - 13). Weinheim 1996 2. Auflage.

Sand, H.: Neue Methoden zum kreativen Denken und Arbeiten. Kissing 1979.

Sandner, D.: Psychodynamik in Kleingruppen. München, Basel 1978.

Sandström, B.; Ekholm, M.: Innovationer i grunnskolan - metodor og resultatern Skolöverstyrelsen. Stockholm 1986.

Sandström, B.; Ekholm, M.: Stabilitet och förändringi skolan. Utbildingforskning FoU rapport 50, Stockholm 1984.

Sattelberger, Th.: Bildungsbedarfserfassung - Nadelöhr einer entwicklungs- und problemlösungsorientierten Bildungsarbeit. Zeitschrift für Organisationsentwicklung. 1983/H. 4, S. 1-34.

Scharmann, Th.: Teamarbeit in der Unternehmung. Bern/Stuttgart 1972.

Schein, E.H.; Bennis, W.G.: Personal and Organizational Change Through Group Methods. New York 1965.

Schein, E.H.: Arbeitsablauf-Beratung. Ihre Funktion in der Organisationsentwicklung. Bad Homburg v.d.H. 1972.

Schein, E.H.: Organisationspsychologie. Wiesbaden 1980.

Schmidt, E.R.; H.G. Berg: Beratung mit Kontakt. Handbuch für Gemeinde- und Organisationsberatung. Offenbach 1995.

Schnack, J.: Systemzwang und Schulentwicklung. Hamburg 1997.

Schnelle, E.: Metaplan - Gesprächstechnik. Kommunikations-Werkzeug für planende und lernende Gruppen. Metaplan-Reihe Heft 2, Quickborn (o.J.)

Schnelle, E.: Metaplanung - Zielsuche. Lernprozess der Beteiligten und Betroffenen. Metaplan-Reihe Heft 1, Quickborn (o.J.)

Schulz von Thun, F. : Miteinander reden. 3 Bde Hamburg 2001.

Schwäbisch, L., M. Siems: Anleitung zum sozialen Lernen für Paare, Gruppen und Erzieher. Hamburg 1974.

Seibold, B.; I. Ebeling: Open Space Technology – Fragen und erste Antworten. Agogik 4/97.

Seidel, E.: Betriebliche Führungsformen. Stuttgart 1978.

Shaffer, J.B.P.; Galinsky, M.D.: Handbuch der Gruppenmodelle. Bd. 2 Gelnhausen, Freiburg, Stein 1977.

Shinoda, Y: Organisationsentwicklung der Japaner. Industrielle Organisation. Zürich 10/1980, S. 453 ff.

Siemens AG (Hrsg.): Organisationsplanung, Planung durch Kooperation. Berlin, München 1974.

Sievers B. (Hrsg.): Organisationsentwicklung als Problem. Stuttgart 1977.

Sievers, B.: Das Phasenmodell der Organisationsentwicklung. Industrielle Organisation 49/1980, S. 5-8.

Sievers, B.: Organisationsentwicklung. In: Potthoff, E. (Hrsg.): RKW-Handbuch Führungstechnik und Organisation, Berlin 1978, S. 1-31.

Simon, H.: Die heimlichen Gewinner (Hidden Champions). Die Erfolgsstrategien unbekannter Weltmarktführer. Frankfurt, Main, New York 1996, 2. Aufl.

Slesina, W., H. Krüger.- Zur Theorie und Praxis der Organisationsentwicklung. Zeitschrift für Arbeitswissenschaft 32/1978, S. 165-185.

Sprenger, RX.: Mythos Motivation. Wege aus einer Sackgasse. Frankfurt, New York 1992.

Stallings, J. A.: School achievment effects and staff development: What are some critical factors? Paper presented at American Sociological Association meeting, 1989.

Stiefel, R. Th.: Betriebliche Weiterbildung. München 1980.

Stiefel, R.Th.: Lernen im Zweier-Team. München 1980.

Steers, R.M.: Problems in the Measurement of Organizational Effectiveness. Administrative Science Quarterly 20/1975, S. 546-558.

Steinmann (1976) zitiert nach H. Rieckmann: Organisationsentwicklung einer Werksneugründung. Diss., Wuppertal 1981.

Stiefel, R. Th.: Betriebliche Weiterbildung. München 1980.

Strasmann, J.; Schüller, A. (Hrsg.): Kernkompetenzen. Was Unternehmen wirklich erfolgreich macht. Stuttgart 1996.

Strombach, M., Johnson, G.: Qualitätszirkel im Unternehmen: Ein Leitfaden für Praktiker. Köln 1983.

Stufflebeam, D.L.: Evaluation als Entscheidungshilfe. In: Wulf, Ch. (Hrsg.): Evaluation. München 1972, S. 113-145.

Tannenbaum, A.S.; Kavacic, B.; u.a.: Hierarchy in organizations, an international comparison. San Francisco, 1974.

Tannenbaum, R, S.A. Davis: Values, man and organization. Industrial Management Review, Band 10, 1969, S. 67-86.

Tavistock-Institute: Characteristics of Sociotechnical Systems. Document 527, London 1959.

Taylor, R.F.: Principles of scientific management. New York 1911.

Thompson, D.J.: Organizations in action New York 1967.

Thurner, M.: Den Weg in die Zukunft beraten. Ziele und Methoden der Gemeindeberatung. In: Zeitschrift „Die lebendige Zelle", München, 1991/H. 6, S.178-180.

Tillmann, K.-J.: Zwischen Euphorie und Stagnation. Erfahrungen mit der Bildungsreform. Hamburg 1987.

Todt, E. (Hrsg.): Motivation. Einführung in Probleme, Ergebnisse und Anwendungen. Heidelberg 1977.

Tress, D.W.: Organisationsentwicklung. Erkenntnisobjekt und Beurteilungskriterien. Frankfurt/M. u.a. 1985.

Trist, E.L. et al. (Hrsg.): Organizational Choice. London, Tavistock Publications 1963.

Trost, A.; Jöns, I.; Bungard, W.: Mitarbeiterbefragung. 1999.

Tucker, F G., Seymour, M.Z.- Mit Benchmarking zu mehr Effizienz. In: Havard Manager 1987/H. 3.

Türk, K.: Organisation und Individuum. In: Beckerath u.a. (Hrsg.): Handwörterbuch der Betriebspsychologie und Betriebssoziologie. Stuttgart 1981, S.283-286.

Türk, K.: Soziologie der Organisation. Stuttgart 1978.

Ulich, E.: Gestaltung der Arbeitstätigkeit und Führung von Mitarbeitern. In: Schäkel, U.; Scholz, J. (Hrsg.): Neue Wege der Leistungsgesellschaft. Essen 1982, S. 106-159.

Ulich, E.: Neue Formen der Arbeitsstrukturierung. Fortschrittliche Betriebsführung. 1974, 23, S.187-196.

Ulich, E.: Ober mögliche Auswirkungen von Arbeitsstrukturierung auf Zufriedenheit und Beanspruchung. Fortschrittliche Betriebsführung und Industrial Engineering, 25, H. 6/1976, S. 343-345.

Ulrich, H.: Managementphilosophie für die Zukunft. Bern, Stuttgart 1981.

Vopel, K. W: Handbuch für Gruppenleiten Zur Theorie und Praxis der Interaktionsspiele. Hamburg 1976.

Vroom, V: Work and motivation. New York 1964.

Wahren, H.-K. E.: Zwischenmenschliche Kommunikation und Interaktion in Unternehmen. Grundlagen, Probleme und Ansätze zur Lösung. Berlin 1987.

Walter-Busch, E.: Das Auge der Firma. Stuttgart 1989.

Walton, R.E.: Interpersonal Peacemaking. Confrontations and Third-Party Consuliation. Reading/Mass. 1969.

Walton, R.E.: Zwischenmenschliche Befriedigung. Bad Homburg v.d.H. 1972.

Watson, G. (Hrsg.): Concepts for Social Change. Washington 1967.

Watson, G.: Resistance to Change, in: American Behavioral Scientist, 1971, Vol. 14, 5, S. 745ff.

Watzlawick P.; Weakland, , J.H.; Fisch, R.: Lösungen. Zur Theorie und Praxis menschlichen Wandels. Bern, Stuttgart, Wien 1974, 1. Nachdruck 1975, 1988, 4. Auflage.

Watzlawick, P.; Beavin, , J.H.; Jackson, D.D.: Menschliche Kommunikation. Bern, Wien, Stuttgart 1974, 4. Auflage.

Weber, H.: Arbeitskatalog der Übungen und Spiele. Hamburg 1990.

Weber, M.: Wirtschaft und Gesellschaft. Berlin 1922, 1970, 5. Auflage.

Weinert, A.B.: Lehrbuch der Organisationspsychologie. München, Wien, Baltimore 1981 und 1998.

Weisbord, M.: Organisationsdiagnose. Bratt-Institut für Neues Lernen, Karlsruhe-Goch 1983.

Weisbord, M.: Organizational Diagnosis. Reading/Mass. 1978.

Weisbord, M.; S. Janoff: Future Search – die Zukunftskonferenz. Stuttgart 2001.

Wendt, W. R.: Soziales Wissensmanagement. Baden-Baden 1998.

Wertheimer, M.: Produktives Denken. Frankfurt 1957.

Whyte, WE, E.L. Hamilton: Action Research for Management. Homewood/III 1964.

Wiendieck, G., Wiswede, G.: Führung im Wandel. Stuttgart 1990.

Wilkens, N.: Was ist Wissensmanagement? oder warum wird Wissen in Unternehmen nicht besser genutzt. 1997, http//home.t-online.de/home/norbert.wilkens/wm.htm

Wiswede, G.: Gruppe im Betrieb. In: Beckerath, P.G.v. u.a. (Hrsg.): Handwörterbuch der Betriebspsychologie und Betriebssoziologie. Stuttgart 1981, S. 185-192.

Wiswede, G.: Rollentheorie. Stuttgart 1977.

Wöhler, K. (Hrsg.): Organisationsanalyse. Stuttgart 1978.

Womack, J.P.; Jones, D.T.; Roos, D.: Die zweite Revolution in der Autoindustrie. Frankfurt, New York 1991.

Wunderer, R.; Grunwald, W. (1980): Führungslehre. Band 1, Grundlagen der Führung. Berlin u.a. 1980.

Zaleznik, A.; Danton, G.W.; Barnes, L.B.: Orientation and Conflict in Career. Boston 1970.

Zenker, J.: Lean Management - Erfolgsbausteine eines integrierten Managementansatzes. In: Wirtschaftwissenschaftliches Studium H. 8, 1992.

Ziegler, R.: Organisation. In: R. König (Hrsg.): Soziologie. Frankfurt 1967.

Zink, K., Schildknecht, R.: Total Ouality Management: Bausteine einer umfassenden Qualitätsförderung. Zeitschrift für industrielle Qualitätssicherung H. 37, 1992.

Zöchbauer, F.; Hoekstra, H.: Kommunikationstraining. Heidelberg 1974.

Zündorf L.; Grunt, M.: Hierarchie in Wirtschaftsunternehmen. Frankfurt/New York 1980.

Zur Bonsen, M.; C. Maleh: Appreciative Inquiry (AI): Der Weg zu Spitzenleistungen. Weinheim, Basel 2001.

Abbildungsverzeichnis

Sachwortregister

42, 46f, 50, 53ff, 63, 72, 86, 91,
111, 115, 117, 123, 130, 134, 220,
304, 306, 351, 399, 430f, 437
Vorschlagswesen · 71, 350ff

W

Wandel · 7, 145, 150, 164, 179, 185,
192, 220, 355, 362
Wechselwirkungen · 15, 23, 43, 46,
124, 130, 134, 172, 272, 278, 315,
319, 354, 384, 424
Werte · 46, 90, 99f, 102, 133, 173f,
176f, 179, 185, 224, 286, 334,
356, 372, 394, 415, 454
Wertesystem · 11
Widerstände · 21, 84, 114, 123, 125,
181, 185ff, 190, 192ff, 209, 311,
332, 345, 351, 361, 365, 394, 404
Wirksamkeit · 3ff, 12f, 27, 100, 129,
201, 321, 325f, 330, 335, 339,
387, 399f, 452
Wirksamkeit einer Organisation · 3,
5, 13, 129, 321
Wirkung · 37, 39, 60, 78, 85, 111,
218, 230, 240, 288, 297, 309, 313,
315, 330, 384, 388, 391, 442, 445
Wissen · 49, 73, 133, 137f, 147, 153,
155, 160, 165, 195ff, 201, 203,
205ff, 218, 245f, 253, 263, 303,
327, 343, 345, 349, 365, 369, 373,
379, 392, 445
Wissensmanagement · 146, 153,
162, 205ff, 211, 365, 369, 373
Workshops · 61, 77, 115, 201, 206,
213, 302f, 306, 334, 412f

Z

Zeitperspektive · 23, 43, 107, 303
Ziele · 11, 13ff, 23f, 28, 33, 40ff,
46ff, 54, 63, 67, 70, 73ff, 84, 92,
98ff, 104, 117f, 122, 128, 130,

138, 141, 149f, 152ff, 159, 168,
174, 180, 182, 188, 199f, 202,
207, 215, 218, 220f, 227, 235,
252, 259f, 273, 280f, 310f, 320ff,
324, 326f, 332f, 344, 354, 359f,
362, 364ff, 386ff, 403, 405, 420,
424, 427, 433f, 437, 441
Zielorientierung · 8, 73f, 84f
Zufriedenheit · 140, 149, 153, 226,
327, 338, 340, 372, 402, 441, 447,
451, 454
Zukunftskonferenz · 408ff
s.a. Future Search
Zusammenarbeit · 5, 6, 9, 11, 15,
19f, 22, 24, 26ff, 31, 35f, 45, 47,
50, 65, 67, 73, 78, 82, 89f, 95ff,
100, 104, 106, 115ff, 127, 133,
143f, 146, 159f, 162, 165, 170ff,
175, 179, 209, 215f, 223, 226ff,
234, 247, 249f, 293, 296, 298f,
302, 316, 320ff, 327, 330f, 333f,
345, 348, 351f, 354, 358, 361,
363, 365f, 379, 386, 393, 395,
402f, 411, 415, 418, 420f, 424,
428, 430, 432, 437, 442, 451

Die Autoren

Hortst Becker (Dipl.-Psychologe, Dr. phil.) ist selbstständiger Unterenehmens-berater. Er war viele Jahre als Betriebspychologe in verschiedenen Industrieun-ternehmen tätig, zuletzt als Leiter des betrieblichen Bildungswesens in einem Großunternehmen verantwortlich für Personal- und Organisationsentwicklung mit Lehraufträgen für Arbeits- und Organisationspsychologie an den Universitä-ten Frankfurt und Bochum.
Er berät Firmen und soziale Organisationen bei Fragen der Unternehmensent-wicklung und beim Training von Führungskräften.

Kontaktadresse:
Dr. Horst Becker
Heidenbachswald 32
57234 Wilnsdorf

Ingo Langosch (Dipl. Psych., Dr. rer. Nat.) ist an der Universität Gesamthoch-schule Siegen, Fachbereich 2, als Akademischer Oberrat im Bereich Organisati-onspsychologie tätig. Schwerpunkte in Forschung, Lehre und Beratung bilden Organisationsentwicklung und Weiterbildung. Frühere Tätigkeiten waren in der Stabsabteilung Weiterbildung bei der Deutschen Unilever und im Deutschen Institut für Internationale Pädagogische Forschung.

Kontaktadresse:
Dr. Ingo Langosch
Universität-Gesamthochschule Siegen
Fachbereich 2
57068 Siegen
langsoch@psychologie.uni-siegen.de

Organisationen selber verändern

Trainingskonzepte und Trainingsunterlagen

Von F. Heideloff, München, und I. Langosch, Siegen

2000. VIII, 288 S., kt. € 29,- / sFr 51,60
(ISBN 3-8282-0143-1)

"Dies Handbuch überzeugt durch seine systematische Darstellung, den ganzheitlichen Ansatz, den praktischen Nutzen und das Expertenwissen der Autoren. Auch die Aufmachung und das Layout sind sehr ansprechend. Die Skripte sind für die praktische Arbeit bestens geeignet und enthalten zahlreiche Kopiervorlagen. Das Preis-Leistungsverhältnis dieses Buches ist bemerkenswert, da zahlreiche Materialien enthalten sind, die Sie sonst in dieser Kombination vergeblich suchen." management & training

Führen und führen lassen

von Oswald Neuberger

6. völlig neu bearb. und erw. Auflage
2002. XV, 899 S., mit 82 Abb. u. zahlr. Tab. u. Übers.,
kt. € 34,90 / sFr 57,80
ISBN 3-8282-0173-3UTB 2234 (ISBN UTB 3-8252-2234-9)

Das erfolgreiche Lehrbuch zum Thema 'Führen' wird in einer völlig neu konzipierten und stark erweiterten Auflage vorgelegt. Ziel ist es weiterhin, einen Überblick über die wichtigsten Ansätze und Befunde der Führungsforschung zu geben und sie kritisch zu kommentieren. Folgende Fragestellungen werden behandelt:

* Führungsbegriffe, Definitionsstrategien, Rahmenmodelle;
* Führungsideologien, Menschenbilder, Führungsmetaphern und -archetypen;
* charismatische, transformationale, visionäre Führung;
* Eigenschaftsansatz, Kategorisierungstheorien, Assessment Center;
* Rollentheorien; Dilemmata und Paradoxa der Führung;
* Führungsverhaltensbeschreibung und -beobachtung, Führungsstile und Führungserfolg;
* pragmatische Führungsmodelle, grundlagentheoretische Fundierungen (Lern-, Attributions- und Motivationstheorien);
* Paradigmen der Führung (symbolische, systemische, politische Ansätze);
* Führungsethik;
* Frauen und Führung.

et LUCIUS LUCIUS *Stuttgart*

Personalmanagement

Strategien, Erfolgsbeiträge, Entwicklungsperspektiven

Von R. G. Klimecki und M. Gmür, Konstanz

2001. XII/482 S., 142 Abb., kt. € 23,90/sFr 43,50

(Grundwissen der Ökonomik - BWL) UTB 2025, ISBN 3-8252-2025-7

Personalmanagement ist eine unternehmerische Entwicklungsaufgabe. Dieses Lehrbuch bietet einen konzentrierten Überblick zu Funktionen und Instrumenten der Personalarbeit und zeigt ihre strategische und operative Bedeutung für die Entwicklungs- und Lernfähigkeit von Unternehmen. Die Darstellung weist vier Besonderheiten auf:
Funktionen and Instrumente des Personalmanagements werden aus der Perspektive eines entwicklungsorientierten Ansatzes beleuchtet, der personalpolitische Entscheidungen als einen Evolutionsprozeß stabilisierender and flexibilisierender Gestaltungseingriffe versteht. Das Hauptziel des Personalmanagements besteht somit darin, alle Personalfunktionen so auszurichten, daß die Entwicklungsfähigkeit eines Unternehmens erhalten and gesteigert wird. Dieses konzeptionelle Grundgerüst wird durch sozial- and verhaltenswissenschaftliche Theorien fundiert. Sie sollen ein vertieftes Verständnis von Ausgangsbedingungen and Wirkungen der Personalarbeit im Unternehmen vermitteln. Empirische Untersuchungsergebnisse sollen die Stichhaltigkeit theoretischer Erklärungen belegen und ein möglichst repräsentatives Bild der aktuellen Praxis des Personalmanagements vermitteln. Ein Leitfaden zur Analyse and Gestaltung des Personalmanagements soll einen praktischen Weg zur Umsetzung des hier zugrunde gelegten entwicklungsorientierten Konzepts aufzeigen.

Systemisches Wissensmanagement

Von Helmut Willke, Bielefeld

2., neubearb. Aufl.

Mit Fallstudien von C. Krück, S. Mingers, K. Piel, T. Strulik, O. Vopel

2001. VIII, 373 S., 36 Abb., 9 Tab., kt. € 24,90 / sFr 45,-

UTB 2047, ISBN 3-8252-2047-8

Heute ist allgemein anerkannt, dass im Zuge einer nachhaltigen und rasanten Globalisierung Wissen, Wissensbasierung und Wissensarbeit zur unabdingbaren Voraussetzung der Wettbewerbsfähigkeit von Organisationen, Regionen und ganzen Gesellschaften geworden ist. Die Frage, welche die Autoren dieses Buches leitet, ist: Welche Formen der Erzeugung und Nutzung von Wissen setzen Personen und Organisationen in die Lage, Lernen und Innovationsfähigkeit zu Kernkompetenzen zu gestalten? Besonderer Wert wird darauf gelegt, die Vielfalt - und auch die Schwierigkeiten - möglicher Antworten anhand einer Reihe von Fallstudien aufzuzeigen. Diese Fallstudien sind ausnahmslos aus empirischen Forschungsobjekten entstanden. Der Band bietet somit eine enge Verzahnung von Theorie, Praxis und Projektarbeit.

_et_ LUCIUS LUCIUS   *Stuttgart*

Bea/Dichtl/Schweitzer

Allgemeine Betriebswirtschaftslehre
Band 2: Führung

8., neubearb. und erw. Auflage, mit 198 Abb. u. 7 Tab.
2001. XX/762 S. kt. € 22,90 / sFr 41,10.
ISBN 3-8252-1082-0 (UTB Uni-Taschenbücher)

Der zweite Band der *Allgemeinen Betriebswirtschaftslehre* aus der Reihe *Grundwissen der Ökonomik* ist den Grundlagen und Instrumenten der Unternehmensführung gewidmet. Er beginnt mit einer Darstellung der klassischen Führungsfunktionen wie Planung, Kontrolle und Organisation und behandelt dann das Thema Information unter den Gesichtspunkten Informationsbeschaffung, Informationstechnologie und Rechnungswesen sowie die Prognosen.

Das Gesamtwerk der *Allgemeinen Betriebswirtschaftslehre* beinhaltet außerdem Band 1: Grundfragen und Band 3: Leistungsprozeß.

Aus dem Inhalt: (Band 2)

Einleitung: Führung
 (Franz X. Bea)
1. Begriff der Führung
2. Theorien der Führung
3. Funktionen der Führung
4. Modelle der Führung
5. Instrumente der Unternehmensführung

1. Kapitel: Planung und Steuerung
 (Marcell Schweitzer)
1. Planung und Steuerung als Führungs-
 instrumente
2. Arten und Phasen der Planung
3. Arten und Phasen der Steuerung
4. Betriebliche Planungs- und Steuerungs-
 systeme
5. Anwendungen hierarchisch differenzierter Planungen

2. Kapitel: Organisation
 (Wilfried Krüger)
1. Organisation als Führungsinstrument
2. Grundfragen der Bildung und Integration organisatorischer Subsysteme
3. Prozessorganisation
4. Aufbauorganisation
5. Organisation und Unternehmensentwicklung

3. Kapitel: Controlling
 (Birgit Friedl)
1. Abgrenzung des Controlling
2. Controlling bei verschiedenen Koordi-
 nationskonzepten
3. Organisation und Controlling

4. Kapitel: Information
1. Beschaffung und Aufbereitung von
 Informationen
 (Bernd Erichson/Peter Hammann)
2. Informationstechnologie und Informa-
 tionsmanagement
 (Erich Zahn)
3. Rechnungswesen
 3.1 Rechnungswesen als Informationssystem
  (Wolfgang Eisele)
 3.2 Bilanzen
  (W. Eisele)
 3.3. Kostenrechnung
  (Gerhard Scherrer)
4. Prognosen
 (Klaus Brockhoff)

LUCIUS & LUCIUS

Stuttgart

www.ingramcontent.com/pod-product-compliance
Lightning Source LLC
Chambersburg PA
CBHW050658190326
41458CB00008B/2609